Soviet and Post-Soviet Politics and Society (SPPS) Vol. 73
ISSN 1614-3515

General Editor: Andreas Umland, *Shevchenko University of Kyiv*, umland@stanfordalumni.org

Editorial Assistant: Olena Sivuda, *Dragomanov Pedagogical University of Kyiv*, sivuda@ukrcognita.com.ua

EDITORIAL COMMITTEE*

DOMESTIC & COMPARATIVE POLITICS
Prof. **Ellen Bos**, *Andrássy University of Budapest*
Dr. **Ingmar Bredies**, *Kyiv-Mohyla Academy*
Dr. **Andrey Kazantsev**, *MGIMO (U) MID RF, Moscow*
Dr. **Heiko Pleines**, *University of Bremen*
Prof. **Richard Sakwa**, *University of Kent at Canterbury*
Dr. **Sarah Whitmore**, *Oxford Brookes University*
Dr. **Harald Wydra**, *University of Cambridge*
SOCIETY, CLASS & ETHNICITY
Col. **David Glantz**, *"Journal of Slavic Military Studies"*
Dr. **Rashid Kaplanov**, *Russian Academy of Sciences*
Dr. **Marlène Laruelle**, *EHESS, Paris*
Dr. **Stephen Shulman**, *Southern Illinois University*
Prof. **Stefan Troebst**, *University of Leipzig*
POLITICAL ECONOMY & PUBLIC POLICY
Prof. em. **Marshall Goldman**, *Wellesley College, Mass.*
Dr. **Andreas Goldthau**, *Stiftung Wissenschaft und Politik*
Dr. **Robert Kravchuk**, *University of North Carolina*
Dr. **David Lane**, *University of Cambridge*
Dr. **Carol Leonard**, *University of Oxford*

Dr. **Maria Popova**, *McGill University, Montreal*
FOREIGN POLICY & INTERNATIONAL AFFAIRS
Dr. **Peter Duncan**, *University College London*
Dr. **Taras Kuzio**, *George Washington University, DC*
Prof. **Gerhard Mangott**, *University of Innsbruck*
Dr. **Diana Schmidt**, *University of Bremen*
Dr. **Lisbeth Tarlow**, *Harvard University, Cambridge*
Dr. **Christian Wipperfürth**, *N-Ost Network, Berlin*
Dr. **William Zimmerman**, *University of Michigan*
HISTORY, CULTURE & THOUGHT
Dr. **Catherine Andreyev**, *University of Oxford*
Prof. **Mark Bassin**, *University of Birmingham*
Dr. **Alexander Etkind**, *University of Cambridge*
Dr. **Gasan Gusejnov**, *University of Bremen*
Prof. em. **Walter Laqueur**, *Georgetown University*
Prof. **Leonid Luks**, *Catholic University of Eichstaett*
Dr. **Olga Malinova**, *Russian Academy of Sciences*
Dr. **Andrei Rogatchevski**, *University of Glasgow*
Dr. **Mark Tauger**, *West Virginia University*
Dr. **Stefan Wiederkehr**, *DHI, Warsaw*

ADVISORY BOARD*

Prof. **Dominique Arel**, *University of Ottawa*
Prof. **Jörg Baberowski**, *Humboldt University of Berlin*
Prof. **Margarita Balmaceda**, *Seton Hall University*
Dr. **John Barber**, *University of Cambridge*
Dr. **Timm Beichelt**, *European University Viadrina*
Prof. **Archie Brown**, *University of Oxford*
Dr. **Vyacheslav Bryukhovetsky**, *Kyiv-Mohyla Academy*
Prof. **Timothy Colton**, *Harvard University, Cambridge*
Prof. **Paul D'Anieri**, *University of Kansas, Lawrence*
Dr. **Heike Dörrenbächer**, *DGO, Berlin*
Dr. **John Dunlop**, *Hoover Institution, Stanford, California*
Dr. **Sabine Fischer**, *EU Institute for Security Studies*
Dr. **Geir Flikke**, *NUPI, Oslo*
Prof. **Alexander Galkin**, *Russian Academy of Sciences*
Prof. **Frank Golczewski**, *University of Hamburg*
Dr. **Nikolas Gvosdev**, *"The National Interest," DC*
Prof. **Mark von Hagen**, *Arizona State University*
Dr. **Guido Hausmann**, *Trinity College Dublin*
Prof. **Dale Herspring**, *Kansas State University*
Dr. **Stefani Hoffman**, *Hebrew University of Jerusalem*
Prof. **Mikhail Ilyin**, *MGIMO (U) MID RF, Moscow*
Prof. **Vladimir Kantor**, *Higher School of Economics*
Dr. **Ivan Katchanovski**, *University of Toronto*
Prof. em. **Andrzej Korbonski**, *University of California*
Dr. **Iris Kempe**, *Center for Applied Policy Research*
Prof. **Herbert Küpper**, *Institut für Ostrecht München*
Dr. **Rainer Lindner**, *Stiftung Wissenschaft und Politik*
Dr. **Vladimir Malakhov**, *Russian Academy of Sciences*
Dr. **Luke March**, *University of Edinburgh*

Dr. **Michael McFaul**, *Stanford University, California*
Prof. **Birgit Menzel**, *University of Mainz-Germersheim*
Prof. **Valery Mikhailenko**, *The Urals State University*
Prof. **Emil Pain**, *Higher School of Economics, Moscow*
Dr. **Oleg Podvintsev**, *Russian Academy of Sciences*
Prof. **Olga Popova**, *St. Petersburg State University*
Dr. **Alex Pravda**, *University of Oxford*
Dr. **Erik van Ree**, *University of Amsterdam*
Dr. **Joachim Rogall**, *Robert Bosch Foundation, Stuttgart*
Prof. **Peter Rutland**, *Wesleyan University, Middletown*
Dr. **Sergei Ryabov**, *Kyiv-Mohyla Academy*
Prof. **Marat Salikov**, *The Urals State Law Academy*
Dr. **Gwendolyn Sasse**, *University of Oxford*
Prof. **Jutta Scherrer**, *EHESS, Paris*
Prof. **Robert Service**, *University of Oxford*
Mr. **James Sherr**, *Defence Academy of the UK, Swindon*
Dr. **Oxana Shevel**, *Tufts University, Medford*
Prof. **Eberhard Schneider**, *University of Siegen*
Prof. **Olexander Shnyrkov**, *Shevchenko University, Kyiv*
Prof. **Hans-Henning Schröder**, *University of Bremen*
Prof. **Viktor Shnirelman**, *Russian Academy of Sciences*
Dr. **Lisa Sundstrom**, *University of British Columbia*
Dr. **Philip Walters**, *"Religion, State and Society," Leeds*
Prof. **Zenon Wasyliw**, *Ithaca College, New York State*
Dr. **Lucan Way**, *University of Toronto*
Dr. **Markus Wehner**, *"Frankfurter Allgemeine Zeitung"*
Dr. **Andrew Wilson**, *University College London*
Prof. **Jan Z**
Prof. **And**

* While the Editorial Committee and Advisory Board support the General Ed
for publication, responsibility for remaining errors and misinterpretations in t

Soviet and Post-Soviet Politics and Society (SPPS)
ISSN 1614-3515

Founded in 2004 and refereed since 2007, SPPS makes available affordable English-, German- and Russian-language studies on the history of the countries of the former Soviet bloc from the late Tsarist period to today. It publishes approximately 20 volumes per year, and focuses on issues in transitions to and from democracy such as economic crisis, identity formation, civil society development, and constitutional reform in CEE and the NIS. SPPS also aims to highlight so far understudied themes in East European studies such as right-wing radicalism, religious life, higher education, or human rights protection. The authors and titles of previously published and forthcoming manuscripts are listed at the end of this book. For a full description of the series and reviews of its books, see http://www.ibidem-verlag.de/red/spps.

Note for authors (as of 2007): After successful review, fully formatted and carefully edited electronic master copies of up to 250 pages will be published as b/w A5 paperbacks and marketed in Germany (e.g. vlb.de, buchkatalog.de, amazon.de). English-language books will, in addition, be marketed internationally (e.g. amazon.com). For longer books, formatting/editorial assistance, different binding, oversize maps, coloured illustrations and other special arrangements, authors' fees between €100 and €1500 apply. Publication of German doctoral dissertations follows a separate procedure. Authors are asked to provide a high-quality electronic picture on the object of their study for the book's front-cover. Younger authors may add a foreword from an established scholar. Monograph authors and collected volume editors receive two free as well as further copies for a reduced authors' price, and will be asked to contribute to marketing their book as well as finding reviewers and review journals for them. These conditions are subject to yearly review, and to be modified, in the future. Further details at www.ibidem-verlag.de/red/spps-authors.

Editorial correspondence & manuscripts should, until 2008, be sent to: Dr. Andreas Umland, DAAD, German Embassy, vul. Bohdana Khmelnitskoho 25, UA-01901 Kiev, Ukraine; umland@stanfordalumni.org.

Business correspondence & review copy requests should be sent to: *ibidem*-Verlag, Julius-Leber-Weg 11, D-30457 Hannover, Germany; tel.: +49(0)511-2622200; fax: +49(0)511-2622201; spps@ibidem-verlag.de.

Book orders & payments should be made via the publisher's electronic book shop at: http://www.ibidem-verlag.de/red/SPPS_EN/

Recent Volumes

65 Ingmar Bredies, Andreas Umland and Valentin Yakushin (Eds.)
Aspects of the Orange Revolution III
The Context and Dynamics of the 2004 Ukrainian Presidential Elections
ISBN 978-3-89821-803-0

66 Ingmar Bredies, Andreas Umland and Valentin Yakushin (Eds.)
Aspects of the Orange Revolution IV
Foreign Assistance and Civic Action in the 2004 Ukrainian Presidential Elections
ISBN 978-3-89821-808-5

67 Ingmar Bredies, Andreas Umland and Valentin Yakushin (Eds.)
Aspects of the Orange Revolution V
Institutional Observation Reports on the 2004 Ukrainian Presidential Elections
ISBN 978-3-89821-809-2

68 Taras Kuzio (Ed.)
Aspects of the Orange Revolution VI
Post-Communist Democratic Revolutions in Comparative Perspective
ISBN 978-3-89821-820-7

69 Tim Bohse
Autoritarismus statt Selbstverwaltung
Die Transformation der kommunalen Politik in der Stadt Kaliningrad 1990-2005
Mit einem Geleitwort von Stefan Troebst
ISBN 978-3-89821-782-8

70 David Rupp
Die Rußländische Föderation und die russischsprachige Minderheit in Lettland
Eine Fallstudie zur Anwaltspolitik Moskaus gegenüber den russophonen Minderheiten im „Nahen Ausland" von 1991 bis 2002
Mit einem Vorwort von Helmut Wagner
ISBN 978-3-89821-778-1

71 Taras Kuzio
Theoretical and Comparative Perspectives on Nationalism
New Directions in Cross-Cultural and Post-Communist Studies
With a foreword by Paul Robert Magocsi
ISBN 978-3-89821-815-3

72 Christine Teichmann
Die Hochschultransformation im heutigen Osteuropa
Kontinuität und Wandel bei der Entwicklung des postkommunistischen Universitätswesens
Mit einem Vorwort von Oskar Anweiler
ISBN 978-3-89821-842-8

Julia Kusznir

DER POLITISCHE EINFLUSS VON WIRTSCHAFTSELITEN IN RUSSISCHEN REGIONEN

Eine Analyse am Beispiel der Erdöl- und Erdgasindustrie, 1992-2005

Mit einem Vorwort von Wolfgang Eichwede

ibidem-Verlag
Stuttgart

Bibliografische Information der Deutschen Nationalbibliothek
Die Deutsche Nationalbibliothek verzeichnet diese Publikation in der
Deutschen Nationalbibliografie; detaillierte bibliografische Daten sind im
Internet über http://dnb.d-nb.de abrufbar.

Bibliographic information published by the Deutsche Nationalbibliothek
Die Deutsche Nationalbibliothek lists this publication in the Deutsche Nationalbibliografie;
detailed bibliographic data are available in the Internet at http://dnb.d-nb.de.

Diese Arbeit wurde dem Fachbereich Sozialwissenschaften der Universität Bremen im
Wintersemester 2006/2007 mit dem Titel „Der politische Einfluss von Wirtschaftseliten in
russischen Regionen 1992-2005: Eine Analyse am Beispiel der Erdöl- und Erdgasindustrie"
vorgelegt und als Dissertation angenommen.

Umschlagsbild: Matthias Neumann (mit einer Grafik von Sebastian Klüsener und einer Fotografie
von Fotobank Lori (http://lori.ru)).

Technische Redaktion: Matthias Neumann

∞

Gedruckt auf alterungsbeständigem, säurefreien Papier
Printed on acid-free paper

ISSN: 1614-3515

ISBN-10: 3-89821-821-X
ISBN-13: 978-3-89821-821-4

© *ibidem*-Verlag
Stuttgart 2008

Alle Rechte vorbehalten

Das Werk einschließlich aller seiner Teile ist urheberrechtlich geschützt. Jede Verwertung
außerhalb der engen Grenzen des Urheberrechtsgesetzes ist ohne Zustimmung des Verlages
unzulässig und strafbar. Dies gilt insbesondere für Vervielfältigungen,
Übersetzungen, Mikroverfilmungen und elektronische Speicherformen sowie die
Einspeicherung und Verarbeitung in elektronischen Systemen.

All rights reserved. No part of this publication may be reproduced, stored in or introduced into a retrieval
system, or transmitted, in any form, or by any means (electronical, mechanical, photocopying, recording or
otherwise) without the prior written permission of the publisher. Any person who does any unauthorized act
in relation to this publication may be liable to criminal prosecution and civil claims for damages.

Printed in Germany

Inhaltsübersicht

Technische Anmerkungen 10

Abstract in English 11

Verzeichnis der Tabellen 12

Verzeichnis der Grafiken 14

Danksagung 15

Vorwort von Wolfgang Eichwede 17

0. Einleitung 23
1. Regeln, Akteure, Regime. Ein analytischer Rahmen 33
2. Die russische Öl- und Gaswirtschaft im föderalen System 87
3. Fallstudie: Republik Tatarstan 151
4. Fallstudie: Gebiet Tjumen 179
5. Fallstudie: Autonomer Bezirk der Chanten und Mansen – Jugra 215
6. Fallstudie: Autonomer Bezirk der Jamal-Nenzen 241
7. Ergebnisse 267

Literaturverzeichnis 297

Anhang: Biographien der relevanten Vertreter von Exekutiv- und Legislativorganen in den untersuchten Regionen 333

Inhaltsverzeichnis

Technische Anmerkungen	10
Zur Transliteration russischer Orts- und Personennamen	10
Zu Währungsangaben	10
Abstract in English	11
Verzeichnis der Tabellen	12
Verzeichnis der Grafiken	14
Danksagung	15
Vorwort von Wolfgang Eichwede	17

0. Einleitung 23
   0.1. Fragestellung 23
   0.2. Forschungsstand 28
   0.3. Aufbau der Arbeit 32

1. Regeln, Akteure, Regime. Ein analytischer Rahmen 33
   1.1. Die russischen Regionen im föderalen System 33
       1.1.1. Die Entwicklung des Föderalismus in Russland –
              Ein Überblick 33
           1.1.1.1. Unklare und ungleiche Kompetenzabgrenzungen
                    unter Jelzin 33
           1.1.1.2. Die föderalen Reformen unter Putin 38
       1.1.2. Fiskalische Arrangements zwischen dem föderalen
              Zentrum und den Regionen 44
           1.1.2.1. Die Entwicklung des fiskalischen Föderalismus
                    1991–1998 44
           1.1.2.2. Das Reformkonzept 1999 – 2001 47
           1.1.2.3. Das Reformkonzept 2002 – 2005 49
       1.1.3. Relevante Akteursgruppen in den russischen Regionen 54
           1.1.3.1. Wirtschaftseliten 55
           1.1.3.2. Politiker 59
           1.1.3.3. Bürokraten 67
       1.1.4. Mittel der politischen Einflussnahme von Wirtschaftseliten 72

	1.2.	Modelle der Interaktion und resultierende Regime	77
		1.2.1. Patronage-Modell	80
		1.2.2. Partnerschaftsmodell	81
		1.2.3. Modell der »Privatisierung der Macht«	81
		1.2.4. Modell der »Unterdrückung« oder des »Kampfes aller gegen alle«	81
	1.3.	Untersuchungsdesign	82
2.	Die russische Öl- und Gaswirtschaft im föderalen System		87
	2.1.	Die russische Erdölindustrie	87
		2.1.1. Die Entwicklung der Organisationsstruktur	87
		2.1.2. Staatliche Regulierung der Ölbranche	92
		2.1.2.1. Besteuerung der Ölbranche	97
		2.1.2.2. Lizenzierung der Ölbranche	108
		2.1.2.3. Production Sharing Agreements (PSA)	112
	2.2.	Die russische Erdgasindustrie	114
		2.2.1. Die Entwicklung der Organisationsstruktur	115
		2.2.2. Staatliche Regulierung der Branche	117
		2.2.2.1. Lizenzierung	117
		2.2.2.2. Besteuerung der Gasbranche	118
	2.3.	Die wirtschaftspolitischen Kompetenzen der Untersuchungsregionen	126
		2.3.1. Lizenzierung	128
		2.3.1.1. Republik Tatarstan	130
		2.3.1.2. Gebiet Tjumen, Autonome Bezirke der Chanten und Mansen – Jugra sowie der Jamal-Nenzen	132
		2.3.2. Besteuerung	135
		2.3.2.1. Republik Tatarstan	142
		2.3.2.2. Gebiet Tjumen, Autonome Bezirke der Chanten und Mansen sowie der Jamal-Nenzen	146
3.	Fallstudie: Republik Tatarstan		151
	3.1.	Die Position der Region im föderalen System	151
	3.2.	Die relevanten politischen Akteure	158
		3.2.1. Die regionale Exekutive	158
		3.2.2. Die regionale Legislative	159
		3.2.3. Elitenstruktur und informelle Machtverhältnisse	163
	3.3.	Die relevanten Wirtschaftsakteure	167
		3.3.1. Tatneft	167
	3.4.	Die wirtschaftspolitischen Entscheidungsprozesse auf der regionalen Ebene	168
	3.5.	Resümee	176

4. Fallstudie: Gebiet Tjumen 179
   4.1. Die Position der Region im föderalen System 179
   4.2. Die relevanten politischen Akteure 185
      4.2.1. Die regionale Exekutive 185
      4.2.2. Die regionale Legislative 188
      4.2.3. Die Struktur der regionalen politischen Elite 192
   4.3. Die relevanten Wirtschaftsakteure 196
      4.3.1. Gazprom 196
         4.3.1.1. Sibur 201
         4.3.1.2. Zapsibgazprom 202
      4.3.2. TNK 203
   4.4. Die wirtschaftspolitischen Entscheidungsprozesse auf der regionalen Ebene 205
   4.5. Resümee 213

5. Fallstudie: Autonomer Bezirk der Chanten und Mansen – Jugra 215
   5.1. Die Position der Region im föderalen System 215
   5.2. Die relevanten politischen Akteure 217
      5.2.1. Die regionale Exekutive 217
      5.2.2. Die regionale Legislative 219
      5.2.3. Die Struktur der regionalen politischen Elite 222
   5.3. Die relevanten Wirtschaftsakteure 224
      5.3.1. Gazprom 224
      5.3.2. Lukoil 224
      5.3.3. Slavneft 226
      5.3.4. Surgutneftegas 228
      5.3.5. TNK 229
      5.3.6. Jukos 229
   5.4. Die wirtschaftspolitischen Entscheidungsprozesse auf der regionalen Ebene 232
   5.5. Resümee 238

6. Fallstudie: Autonomer Bezirk der Jamal-Nenzen 241
   6.1. Die Position der Region im föderalen System 241
   6.2. Die relevanten politischen Akteure 241
      6.2.1. Die regionale Exekutive 241
      6.2.2. Die regionale Legislative 244
      6.2.3. Die Struktur der regionalen politischen Elite 247
   6.3. Die relevanten Wirtschaftsakteure 250
      6.3.1. Gazprom 250
      6.3.2. Itera 251
      6.3.3. Novatek 253
      6.3.4. Rosneft 254

	6.3.5. Sibneft	256
6.4.	Die wirtschaftspolitischen Entscheidungsprozesse auf der regionalen Ebene	258
6.5.	Resümee	265
7.	Ergebnisse	267
7.1.	Die relevanten Akteure	267
	7.1.1. Die Akteurskonstellation in den Untersuchungsregionen	272
	7.1.2. Die regionale politische Elite	274
	7.1.3. Die Vertreter des föderalen Zentrums	276
	7.1.4. Die Wirtschaftseliten	278
7.2.	Die Mittel der Einflussnahme der Erdöl- und Erdgasindustrie in den Untersuchungsregionen	280
	7.2.1. Ergebnisse der Fallstudien	280
	7.2.2. Vergleichende Analyse	283
7.3.	Modelle der Interaktion zwischen politischen und wirtschaftlichen Akteuren auf der regionalen Ebene	285
7.4.	Die Rolle des föderalen Zentrums in der regionalen Politik	286
7.5.	Resümee: Interessenvertretung im russischen Föderalstaat	293

Literaturverzeichnis	297
Wissenschaftliche Literatur	297
Journalistische Berichterstattung	312
Unternehmensberichte und Unternehmensanalysen	320
Sonstige Texte und Analysen	322
Rechtstexte	323
Föderale Ebene	323
Regionale Ebene	327
Republik Tatarstan	327
Gebiet Tjumen	329
Autonomer Bezirk der Chanten und Mansen – Jugra	329
Autonomer Bezirk der Jamal-Nenzen	330

Anhang: Biographien der relevanten Vertreter von Exekutiv- und Legislativorganen in den untersuchten Regionen   333

Technische Anmerkungen

Zur Transliteration russischer Orts- und Personennamen

Im vorliegenden Buch wird im Textteil für die Transliteration russischer Orts- und Personennamen die Duden-Transkription verwendet, die der in den Massenmedien üblichen Schreibweise weitgehend entspricht. In den Fußnoten hingegen wird die wissenschaftliche Transliteration verwendet, um eine eindeutige Zuordnung zu ermöglichen. Die Namen russischer Autoren werden im Falle nichtrussischsprachiger Publikationen in der jeweils dort verwendeten Schreibweise belassen. Auf diesem Grund werden mitunter unterschiedliche Schreibweisen desselben Autorennamens aufgeführt.

Kyrillisch	Wissenschaftliche Transliteration	Transliteration Englisch	Duden-Transkription
В, в	V	V	W
Е, е	E	E, Ye	Je
Ё, ё	Ë	E, Yo	Jo
Ж, ж	Ž	ZH	Sch
З, з	Z	Z	S
И, и	I	I	I
Й, й	J	I, Y	J
Х, х	Ch	Kh	Ch
Ц, ц	C	C, Ts	Z
Ч, ч	Č	Ch	Tsch
Щ, щ	ŠČ	Shch	Schtsch
Ъ, ъ	-	-	[entfällt]
Ы, ы	Y	Y	
Ь, ь	-	-	[entfällt]
Э, э	E	E	E
Я, я	Ja	Ja, Ya	Ja
Ю, ю	Ju	Ju, Yu	Ju

Zu Währungsangaben

Angaben zu finanziellen Kennzahlen in Rubel wurden teilweise in US-Dollar umgerechnet, um eine bessere Vergleichbarkeit der Größenordnungen zu erlauben. Dabei wurde der mittlere Wechselkurs des jeweiligen Jahres verwendet.

Tabelle 0.1: Der mittlere Wechselkurs des Rubels 1994–2005

	1994	1995	1996	1997	1998	1999	2000	2001	2002	2003	2004	2005
1 US-Dollar	2204	4571	5125	5787	9,79	24,65	28,12	29,18	31,36	30,69	28,56	26,73

Quelle: Ekspert Datenbank, abrufbar unter www.expert.ru

Abstract in English

The existing literature on post-socialist transformations in general, and on the role of Russian business elites in particular, sees business elites ('oligarchs') as a fundamental threat to the democratic process in that they have taken on political power through informal agreements and corruption. This book asks under what conditions, in what form and with what consequences business elites influence political processes in Russia's regions. The study uses a regime-based approach: it concentrates on the development of the forms of coordination and regulation by state and business actors. The book looks at the oil and gas companies in the most important oil and gas-producing regions in Russia by comparing different case studies. Finally, it looks at the influence of these regimes on the political and economic development of the regions. The author argues, contrary to the current orthodoxy, that under certain conditions business actors, even in the case of the Russian oligarchs, can be constructive and can intervene in politics to the benefit of general economic development. An assessment of their role in economic policy must therefore always be specific to each case.

Verzeichnis der Tabellen

0.1: Der mittlere Wechselkurs des Rubels 1994–2005   10

1.1: Die Aufteilung der Steuereinnahmen zwischen den Haushaltsebenen 49

1.2: Anteil der Föderation und der Regionen an den Einnahmen des konsolidierten Staatshaushaltes 1992–2005   52

1.3: Ausgaben aus dem föderalen Haushalt für Finanzhilfen an die russischen Regionen (in Mrd. Rubel)   53

1.4: Die dominanten Akteure in russischen Regionen 2000   80

2.1: Erdölproduktion der großen Ölgesellschaften 1993–2005   89

2.2: Die staatlichen Anteile an den großen Ölunternehmen 1993–2005   93

2.3: Besteuerung der russischen Ölindustrie (bis Ende 2001)   102

2.4: Besteuerung der russischen Ölindustrie (2002–2005)   107

2.5: Russlands Erdgasproduktion 1993–2005   116

2.6: Besteuerung der russischen Gasindustrie (bis Ende 2001)   120

2.7: Besteuerung der russischen Erdgasindustrie (2002–2005)   124

2.8: Die Steuereinnahmen der Untersuchungsregionen im Jahre 2003   127

2.9: Besteuerung der Öl- und Gasindustrie auf der regionalen und lokalen Ebene (bis Ende 2001)   138

2.10: Besteuerung der Öl- und Gasindustrie auf der regionalen Ebene (2002–2005)   141

2.11: Die Verteilung der Steuerzahlungen der Öl- und Gasindustrie zwischen den Haushaltsebenen   142

TABELLEN

2.12: Besteuerung der Öl- und Gasindustrie in der Republik Tatarstan (bis Ende 2001) — 144

2.13: Die Steuervergünstigungen für die Ölförderung in Tatarstan (bis Ende 2001) — 145

3.1: Vertreter der Erdölwirtschaft im Parlament Tatarstans 1995–2004 — 161

3.2: Die Organisationsstruktur von Tatneft — 168

3.3: Wirtschaftliche Bewertung der steuerlichen Stimulierung der Ölförderung von Tatneft — 170

4.1: Die Vertreter von Öl- und Gasunternehmen in der zweiten und dritten Legislaturperiode der Duma im Gebiet Tjumen — 191

4.2: Die Organisationsstuktur von Gazprom — 198

4.3: Organisationsstruktur des Erdölunternehmens TNK — 204

4.4: Die Struktur der regionalen Industrie im Gebiet Tjumen — 206

5.1: Die Vertreter von Öl- und Gasunternehmen in der zweiten und dritten Legislaturperiode der Duma im Autonomen Bezirk der Chanten und Mansen — 221

5.2: Die Organisationsstruktur von Lukoil — 226

5.3: Die Organisationsstruktur von Slavneft — 227

5.4: Die Organisationsstruktur von Surgutneftegas — 228

5.5: Die Organisationsstruktur von Jukos — 231

5.6: Ergebnisse der durchgeführten Lizenz-Auktionen im Bezirk der Chanten und Mansen 1994–2003 — 233

5.7: Ergebnisse der stimulierten Steuererhebung im Autonomen Bezirk der Chanten und Mansen (April 2000). — 236

6.1:	Die Vertreter von Öl- und Gasunternehmen in der zweiten und dritten Legislaturperiode der Duma im Autonomen Bezirk der Jamal-Nenzen	246
6.2:	Die Organisationsstruktur von Itera (1999–2002)	252
6.3:	Die Organisationsstruktur von Novatek	254
6.4:	Die Organisationsstruktur von Rosneft	255
6.5:	Die Organisationsstruktur von Sibneft	257
7.1:	Die Fallstudien im Überblick	268
7.2:	Anteil der Wirtschaftsakteure in den regionalen Parlamenten der zweiten und dritten Legislaturperiode	283
7.3:	Vertreter der Wirtschaftsakteure in politischen Gremien	284

Verzeichnis der Grafiken

0.1:	Administrative Gliederung der Russländischen Föderation	21
2.1:	Die Organisationsstruktur der russischen Erdölindustrie 1992–2005	94
3.1:	Karte der Republik Tatarstan	152
4.1:	Karte des Gebietes Tjumen	180
5.1:	Karte des Autonomen Bezirks der Chanten und Mansen – Jugra	216
6.1:	Karte des Autonomen Bezirks der Jamal-Nenzen	242

Danksagung

Das vorliegende Buch wäre ohne die Hilfe vieler Menschen nicht zu Stande gekommen. Es ist das Resultat meiner dreijährigen Forschungsarbeit und verdankt seine Entstehung vor allem Wolfgang Eichwede und Hans-Henning Schröder, die mich wissenschaftlich betreut und mir dabei große inhaltliche Freiheit gewährt haben.

Besonders danke ich Heiko Pleines für die vielen engagierten, konstruktiven Gespräche und seinen kritischen Blick auf Inhalt und Form der Arbeit.

Hans-Hermann Höhmann und Jakob Fruchtmann möchte ich ebenfalls für wertvolle Ratschläge und Anregungen danken. Darüber hinaus gilt mein Dank den Experten in Russland, deren organisatorische und inhaltliche Hilfe die Arbeit bereichert und vorangebracht haben. Dies sind vor allem Wladimir Kochanowskij, Rostislaw Turowskij, Jakow Pappe, Galina Michaleva, Natalia Zubarewitsch, Nikolaj Petrow, Mitchat Farukschin, Alla Tschirikowa und Natalia Lapina.

Nicht zuletzt erwähnen möchte ich die gute Arbeitsatmosphäre an der Forschungsstelle Osteuropa an der Universität Bremen.

Bei der Zentralen Forschungsförderung und Förderung des wissenschaftlichen Nachwuchses an der Universität Bremen möchte ich mich für die finanzielle Unterstützung bedanken. Ohne sie würde diese Studie wohl kaum in der vorliegenden Form existieren. Ebenso danke ich Andreas Umland und dem ibidem Verlag für die Aufnahme des Buches in das Verlagsprogramm.

Außerdem danke ich Anne Kuhlmann und Jana Mattischok für die sprachliche Redaktion meiner Arbeit und Sebastian Klüsener für die Kartographie. Matthias Neumann möchte ich für die umfassende technische Redaktion meinen herzlichen Dank aussprechen.

Christopher Gilley danke ich vielmals für seine humorvolle Unterstützung in allen Arbeitsphasen.

Ich widme diese Arbeit meiner Tante Jelena Freund.

Vorwort

Das vorliegende Buch, das auf der Dissertation der Autorin an der Universität Bremen basiert, präsentiert eine Studie, die sich über die erste große Transformationsphase Russlands nach dem Zusammenbruch der Sowjetunion erstreckt. Mit der Ära Jelzin und der Ära Putin umfasst sie zudem zwei Abschnitte dieses Prozesses, die von unterschiedlichen Prioritätensetzungen und politischen Strategien geprägt sind. Indem die Autorin am Beispiel der Erdöl- und Erdgasindustrie nach dem Einfluss von Wirtschaftseliten auf die Politik fragt, widmet sie sich einer Problemstellung, die sowohl auf die föderale wie regionale Ebene der russischen Entwicklung zielt. Frau Kusznir spricht von einer »Dreiecksbeziehung« zwischen föderalem Zentrum, regionaler Politik und nationalen Wirtschaftsakteuren, deren Zusammenspiel oder deren Konfliktkonstellationen sie in vier Regionen untersucht. Vorwegnehmend kann damit die Arbeit sowohl als ein Beitrag zur Regionalforschung als auch zur Profilierung der nachsowjetischen Wirtschaftseliten charakterisiert werden.

Nach einer Skizze des zeitlichen Rahmens, der Handlungsebenen und des methodischen Zugriffs wird zunächst die Öl- und Gaswirtschaft vorgestellt. Als Akteure fungieren weniger Verbände als individuelle Unternehmen. Im Anschluss daran präsentiert Frau Kusznir vier Fallstudien, die sie in der Republik Tatarstan, dem Gebiet Tjumen sowie den Autonomen Bezirken der Chanten und Mansen als auch der Jamal-Nenzen durchführt. Die vier Detailuntersuchungen sind nach einem einheitlichen Konzept unterteilt, so dass ein systematischer Vergleich in bemerkenswerter Stringenz ermöglicht wird. Dabei verdient für die Aussagekraft der Dissertation Beachtung, dass mit den mächtigen Akteuren der beiden Industrien auch »starke« Regionen ausgesucht wurden. So kommt Frau Kusznir in ihrer Dissertation zu Aussagen, die für den russischen Weg nach 1991 insgesamt von maßgebender Bedeutung sind.

Die Wechselbeziehungen zwischen Wirtschaft und Politik, genauer zwischen Wirtschaftseliten, politischen Akteuren und institutionellen Strukturen gehört zu den klassischen Themen der gegenwartsbezogenen Russlandforschung. Vor dem Hintergrund spektakulärer Einzelfälle und rasanter Geldkarrieren ist die Stilfigur des Oligarchen fast schon zu einem festen Begriff in der öffentlichen Diskussion geworden. Julia Kusznir widmet sich in ihrer Arbeit diesem Fragenkreis mit Hilfe eines strengen Fragenkatalogs, der sowohl unter methodischen Gesichtspunkten als auch auf der Folie sich schnell ändernder Konstellationen durchgängig reflektiert wird. Dabei werden Modifikationen und Präzisierungen, die sich aus den konkreten Sachverhalten ergeben, kontinuierlich eingearbeitet. Kann in Russland von einer »Kolonisierung« der Politik gesprochen werden? Gab es ein Aufbegehren der Regionen gegen das Zentrum? Oder versuchte umgekehrt das Zentrum mit Hilfe nationaler Unternehmen die Regionen zu disziplinieren?

Um auf die Fragenkreise Antworten zu finden, stellt die Autorin vier Ordnungsmodelle vor, die sie in Anlehnung an die aktuelle Forschungsliteratur auf die spezifischen Bedingungen Russlands bezieht. Entwickelt werden Konzepte der Patronage politischer Führer über Wirtschaftsakteure, der Partnerschaft zwischen beiden Gruppen, umgekehrt der Privatisierung von Macht durch die ökonomischen Eliten sowie eines Kampfes aller gegen alle. Von großer Bedeutung ist dabei, ob in den einzelnen Regionen jeweils ein Unternehmen den Ton angibt (»corporate regions«) oder mehrere mitspielen (»pluralistische Regionen«), ob die Regionen staatlich kontrolliert sind, ausländische Investoren oder Interessen durchschlagen oder ob es sich um Regionen handelt, die als vernachlässigt charakterisiert werden können. Über den gesamten Untersuchungszeitraum hin sind auch Trendwenden und Wechsellagen zu erkennen. War die Ära Jelzin durch eine »unregulierte Dezentralisierung« und »Implementierungsschwäche« gekennzeichnet, so setzt Putin mit seiner »Vertikale der Macht« auf eine Stärkung des Zentrums, die er jedoch erst sicherstellen konnte, als er sich das Recht aneignete, die Gouverneure zu ernennen. Außerordentlich spannend und für die gesamte Russland-Expertise bedeutsam ist die Feststellung Kusznirs, dass Putins Reformen zwar die Regionen schwächten, aber das föderale System nicht in eine wirksame institutionelle Struktur umzugießen vermochten. Dabei wurden die regionalen Elitenkonstellationen in ihrem Wirkungsradius gestützt, ohne gänzlich ausgehebelt zu werden. Interessant auch die Beobachtung, dass sich auf regionaler Ebene eine relativ hohe Elitenkontinuität aus sowjetischen Zeiten feststellen lässt, während den neuen Parteien nur ein marginaler Einfluss zuzukommen scheint.

Jede der vier Regionen, die Frau Kusznir im Detail untersucht, weist in dem Beziehungsgeflecht zwischen Politik und Wirtschaft unverwechselbare, eigene Strukturen auf.

Dennoch nimmt die Republik Tatarstan eine nochmalige Sonderstellung ein, deren Kern in der herausragenden Position liegt, die sich über den gesamten Zeitraum hin Präsident Mintimer Schajmijew gesichert hat. Ihm bzw. seiner Familie oder seinem »Clan« gelang es, nicht nur alle Schlüsselpositionen in der regionalen Administration einzunehmen, sondern auch auf formellen wie auf informellen Wegen die Ölindustrie seiner Republik (Tatneft) zu kontrollieren. Eine Wirtschaftsmacht jenseits von Schajmijew ist in Tatarstan nicht sichtbar. Auch das Zentrum vermochte hier keine Keile zu treiben.

Anders das Gebiet von Tjumen, in dem es bis zum Jahre 2000 trotz enger Verflechtungen von politischen und wirtschaftlichen Interessen zu häufigen Konflikten kommt, ansatzweise einem »Kampf aller gegen alle«. Erst unter dem neuen Gouverneur zeichnen sich nach 2001 kooperative Schienen heraus, die es schließlich erlauben, von einem Partnerschaftsmodell zu sprechen.

In dem Autonomen Bezirk der Chanten und Mansen ist von Beginn an eine Verzahnung von Energieindustrie und Regionalverwaltung charakteristisch. Zeitweise mutierte das Regionalparlament zu einem Ort des »bargainings« zwischen den beiden Eliten. Offenbar war es die Politik, die von den Einflussnahmen auch finanziell profitierte.

Noch ausgeprägter tritt die Dominanz wirtschaftlicher Interessen in dem Autonomen Bezirk der Jamal-Nenzen zutage. Hier gelang Gazprom eine regelrechte Strategie der Vereinnahmung. Zeitweilige Versuche des Gouverneurs, ein Stück mehr an Unabhängigkeit zu gewinnen, wurden von der Gasindustrie ausmanövriert, sodass dieser Bezirk am ehesten von einer »Privatisierung« politischer Macht gekennzeichnet ist.

In der Summe wird ein faszinierendes Spektrum unterschiedlicher Arrangements sichtbar, das von einem Übergewicht der Politik bis zu deren Unterordnung reicht. Generalisierend aber lässt sich für den Berichtszeitraum nicht von einem Befund des »state-capture« sprechen. Frau Kusznirs Fallstudien zeichnen ein höchst differenziertes Bild, das trotz der allgegenwärtigen Präsenz von Öl- und Gasinteressen von spezifischen Handlungsmustern geprägt ist. Im Spannungsverhältnis zwischen den fragmentierten Eliten auf regionaler Ebene einerseits sowie zwischen Zentrum und Regionen andererseits folgt die Republik Tatarstan dem Patronagemodell, während das Gebiet Tjumen' und der Bezirk der Chanten und Mansen dem Partnerschaftsmodell zugeordnet werden können, der Bezirk der Jamal-Nenzen hingegen, wie erwähnt, dem Privatisierungsmodell der Macht. Dabei fielen der Zentralisierungspolitik Putins nicht nur Kompetenzen der Regionen zum Opfer, sondern auch (lokale) Privilegien der Unternehmen. Wiederum konnte Tatarstan durch eine geschickte Politik seines Präsidenten gewisse, wenngleich reduzierte Autonomieräume wahren. Bei einem Trend zur Unterordnung wurden insgesamt die regionalen Elitenkonfigurationen nicht generell aufgehoben.

Ihre Untersuchung stützt Frau Kusznir auf eine breite Material- und Quellenbasis, die sowohl die wissenschaftliche Literatur als auch die zeitgenössische Publizistik und Berichterstattung einschließt. Von besonderem Nutzen sind die oftmals schwer zugänglichen Unternehmensanalysen und die regionalen Studien, die in die Arbeit einfließen. Normative Texte sind hier ebenso zu nennen, wie Situationsberichte und Hintergrundpapiere, die auf fast schon detektivischen Recherchen fußen. Schließlich hat Frau Kusznir eigene Feldforschungen betrieben, die Regionen besucht und Interviews sowohl mit Vertretern der Industrie als auch der regionalen Verwaltungen durchgeführt. Ein intensiver Gedankenaustausch mit Fachkollegen versteht sich für die Autorin von selbst.

Wolfgang Eichwede

Grafik 0.1: Administrative Gliederung der Russischen Föderation (Stand: September 2007)

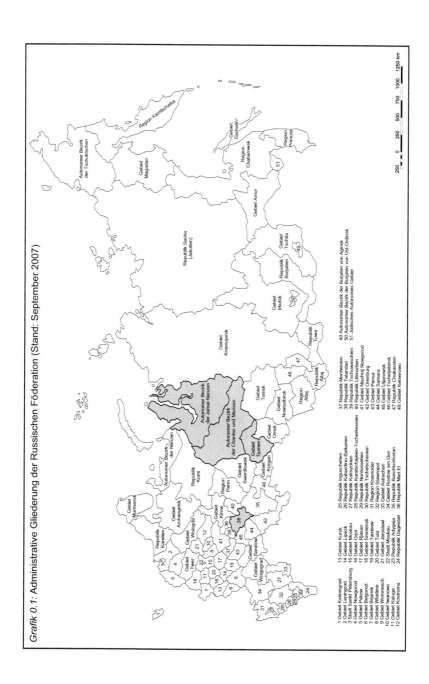

0. Einleitung

0.1. Fragestellung

Als Wladimir Putin Anfang des Jahres 2000 russischer Präsident wurde, versuchte er sich deutlich von der als »Chaos« empfundenen Schlussphase der Amtszeit seines Vorgängers Boris Jelzin abzugrenzen. Wesentliches Element zur Schaffung von »Ordnung« wurde der Versuch, die zentralen politischen Opponenten, die im Verlauf der 1990er Jahre erheblichen Einfluss gewonnen hatten, unter Kontrolle zu bringen. Dies betraf vor allem die Regionen und die nationalen Wirtschaftsakteure. Die entsprechende Dreiecksbeziehung zwischen föderalem Zentrum, den Vertretern der Regionen und den nationalen Wirtschaftsakteuren ist das Thema der vorliegenden Arbeit. Der Untersuchungszeitraum umfasst die Jelzin-Ära (1992–1999), in der die Regionen nach einer tief greifenden Umstrukturierung den eigenen politischen Status gestärkt und politische Entscheidungsfreiheit gewonnen haben und nationale Wirtschaftsakteure als »Oligarchen« begannen Politik zu gestalten sowie die Amtsperiode Putins bis zum Jahre 2005, in der das Zentrum versucht, stärkeren Einfluss auf politische Entscheidungsprozesse in den Regionen zu nehmen und die Oligarchen aus der Politik zu verdrängen.

Die themenübergreifende Relevanz dieser Fragestellung ist zweifach. Erstens ist aus der Perspektive der Regionalforschung festzuhalten, dass die Analyse von russischen Regionen für den Transformationsprozess in Russland – sowohl für Entstehung und Entwicklung neuer staatlicher und rechtlicher Institutionen als auch für darüber hinaus gehende gesellschaftliche Veränderungen – eine wesentliche Bedeutung hat. Dabei geht es sowohl um die Entwicklung des föderalen Systems, das sich in permanenten Umbrüchen befindet, als auch um die eigenständige Entwicklung regionaler Regime, die innerhalb Russland eine beachtliche Vielfalt und etliche divergierende Tendenzen aufweisen.

Zweitens ist der politische Einfluss von Wirtschaftseliten ein zentrales Thema der Politikwissenschaft. Dabei werden traditionell Wirtschaftsverbände untersucht und es wird festgestellt, dass der Staat seinerseits abhängig vom Handeln der »staatsfernen« Wirtschaftssubjekte ist. Eine solche, für westliche Industriestaaten klassische Konstellation im Verhältnis zwischen Staat und Wirtschaft ist durch ein strukturelles Repräsentationsprivileg von »business interests« geprägt.[1] Die Verbände und Interessenorgane besitzen unverzichtbare Funktionen für die Aggregation und Repräsentation von Interessen gegenüber

---

1   Lindblom, Charles E.: Politics and Markets, New York, 1977, S. 12.

dem politisch- administrativen Entscheidungssystem und spielen eine wichtige Rolle bei der Umsetzung und Legitimation politischer Regime. Sie werden auch als wichtige Ressource für die Wahrnehmung und Vertretung lokaler, regionaler und nationaler gesellschaftlicher Interessen betrachtet, deren Berücksichtigung eine wichtige Voraussetzung für langfristige politische Prozesse sein können.[2] In diesem Kontext stellt Russland einen interessanten Fall dar, aus dem sich einige differenzierende Fragestellungen ergeben.

In der vorliegenden Arbeit soll dabei beiden Aspekten nachgegangen werden, da sie im russischen Fall eng miteinander verknüpft sind. In den ausgewählten Untersuchungsregionen ist sowohl die Entwicklung der regionalen politischen Landschaft als auch die Beziehung der Regionen zum föderalen Zentrum nicht ohne Einbeziehung der Großunternehmen und ihrer Interessen zu verstehen.

Eine zentrale Untersuchungsfrage ist deshalb, welche Interessenkoalitionen in der Dreiecksbeziehung Zentrum – Region – Großunternehmen gebildet wurden. Konnten die Unternehmen die Politik kolonisieren, verbündeten sich Politik und Wirtschaft auf der regionalen Ebene gegen das Zentrum oder wurden umgekehrt die Unternehmen durch das Zentrum instrumentalisiert, um die regionale politische Führung wirtschaftlich unter Druck zu setzen? In diesem Zusammenhang ist auch zu untersuchen, inwieweit die Großunternehmen überhaupt an einem politischen Engagement interessiert waren.

Ausgehend von den Interessen der beteiligten Akteure und den Interessenkoalitionen sind dann die Interaktionsformen zu analysieren. Wurde Kooperation formell oder informell gestaltet, welche Akteure vertraten dabei die jeweiligen Gruppen und inwieweit waren sie zu kollektivem Handeln fähig?

Ebenfalls von großer Bedeutung ist die zeitliche Entwicklung. Durch den starken Kontrast zwischen der Präsidentschaft Jelzins und Putins in Bezug auf das föderale System und in Bezug auf die politischen Handlungsmöglichkeiten von Wirtschaftsakteuren ergibt sich hier ein guter Ansatz für eine vergleichende Analyse. Zu fragen ist so, welche Auswirkungen der Druck des Zentrums auf die regionale Politik hatte und wie stabil die Interessenkoalitionen unter den sich wandelnden Bedingungen blieben. Abschließend gilt es dann zu klären, welche Bedeutung die hier erfassten Beziehungen im Dreieck Föderation – Regionen – Wirtschaft für die Entwicklung des politischen Systems Russland insgesamt haben.

Für die regionalen Fallstudien wurde die russische Erdöl- und Erdgaswirtschaft ausgewählt, weil sie erstens als einflussreichster Wirtschaftsakteur in Russland gilt, zweitens über die Lage von Förderfeldern einen konkreten regionalen Bezug aufweist und drittens in den Förderregionen von überragender

---

2   Reutter, Werner / Rütters, Peter: Verbände und Verbandssysteme, in: Westeuropa, Opladen 2000, S. 7.

wirtschaftlicher und finanzieller Bedeutung ist.³ Die Fallstudien sollen so helfen, den maximalen politischen Einfluss von Wirtschaftsakteuren auf der regionalen Ebene zu bestimmen und die Bedeutung der Wirtschaftseliten für die regionale Entwicklung zu analysieren.

Die Untersuchung wird auf Fallstudien von folgenden Regionen basieren: Republik Tatarstan, Gebiet Tjumen mit dem Autonomen Bezirk der Chanten und Mansen – Jugra und dem Autonomen Bezirk der Jamal-Nenzen.⁴ Die Wahl ist dadurch bedingt, dass es sich um wirtschaftlich starke Regionen handelt, in denen die historisch gewachsene Wirtschaftsstruktur durch sehr starke Großbetriebe des erdgas- und ölproduzierenden Bereichs geprägt ist. Die Bedeutung der Öl- und Gasindustrie für die wirtschaftliche Entwicklung der Förderregionen zeigt auch ihr Anteil an den regionalen Haushalten, wobei mehr als die Hälfte der Steuereinnahmen aus Zahlungen der Erdöl- und Erdgaswirtschaft kommt.⁵ Gleichzeitig sind die Unternehmen der Erdöl- und Erdgaswirtschaft auch für das föderale Zentrum von großer wirtschaftlicher Bedeutung und ihre Vertreter haben Kontakte in die nationale Politik entwickelt.

Unter dem föderalen Zentrum werden in der vorliegenden Arbeit die staatlichen Akteure verstanden, die die föderale, d.h. nationale Ebene repräsentieren, wobei im russischen Fall die Exekutive dominiert, vertreten durch Präsident und Regierung, und vor allem unter Putin auch die regionalen Vertreter des Präsidenten an Bedeutung gewannen. Die Regionen werden von den Gouverneuren⁶ als Leiter der regionalen Exekutive und den regionalen Parlamenten präsentiert.

Die nationalen Wirtschaftsakteure werden in der Politik fast ausschließlich von individuellen russischen Großunternehmen vertreten.⁷ Sie werden in der Literatur zu Russland unter drei verschiedenen Schlagwörtern analysiert. Vor allem in der zweiten Hälfte der 1990er Jahre dominierte der Oligarchenbegriff. In den letzten Jahren ist hingegen zunehmend von transnationalen Unter-

---

3 Einen Überblick über die Fallstudien gibt Tabelle 7.1.
4 Die geographische Lage der Untersuchungsregionen zeigen die Karten 2-1, 3-1, 4-1, 5-1 und 6-1.
5 Dazu ausführlich die Fallstudien.
6 Hier verwendet als Oberbegriff für die Leiter der regionalen Verwaltung von 89 Subjekten der Russischen Föderation (= Regionen). Die offizielle Amtsbezeichnung der Gouverneure lautet in vielen Fällen anders (Präsident, Chef der regionalen Exekutive, Gouverneur).
7 Zur Schwäche von Wirtschaftsverbänden siehe etwa: Stykow, Petra: Staat, Verbände und Interessengruppen in der russischen Politik, in: Merkel, Wolfgang / Sandschneider, Eberhard: Systemwechsel 4. Die Rolle von Verbänden in Transformationsprozessen, Opladen 1999, S. 137–179; Stykow, Petra: Staat und Wirtschaft in Russland. Interessenvermittlung zwischen Korruption und Konzertierung, Wiesbaden 2006.

nehmen die Rede. Durchgängig wird auch auf den Terminus Wirtschaftseliten Bezug genommen.

In der politikwissenschaftlichen Staatslehre wird die Oligarchie unter Bezugnahme auf Platon und Aristoteles als gesetzlose Herrschaft der wenigen Reichen verstanden.[8] Ähnlich wurde auch im Marxismus der Terminus »Finanzoligarchie« für eine kapitalistische Herrschaftsform verwendet, in der eine nur durch Reichtum ausgezeichnete Minderheit den Staat leitet. Im journalistischen Sprachgebrauch und zunehmend auch in wissenschaftlichen Analysen wird der Begriff »Oligarch« seit der Entkolonialisierung der Nachkriegszeit benutzt, um vor allem lateinamerikanische und südostasiatische Großunternehmer zu beschreiben, die politischen Einfluss nehmen, ohne dass automatisch unterstellt wird, dass sie die Herrschaftsform prägen würden. Mit dem Zusammenbruch der Sowjetunion wurde diese Variante des Oligarchenbegriffs auch in Russland und der Ukraine sehr populär. Was und wer ein »Oligarch« ist, ist dabei häufig nicht klar – Politiker werden darunter ebenso gefasst, wie erfolgreiche Unternehmer. Ohne Anspruch auf eine exakte Definition zu erheben, benutzt die vorliegende Arbeit »Oligarchen« als Bezeichnung für diejenigen Unternehmer, die für die russische Volkswirtschaft insgesamt von Bedeutung sind und die in einer Symbiose mit der politischen Führung auf politische Entscheidungsprozesse in ihrem Interesse Einfluss nehmen. In der russischen Erdöl- und Erdgasbranche werden sie von den Persönlichkeiten wie Roman Abramowitsch (Sibneft), Wagit Alekperow (Lukoil), Wladimir Bogdanow (Surgutneftegas) so wie Michail Chodorkowskij (Jukos), Michail Fridman (Alfa – Group/TNK-BP) vertreten.[9]

Den Begriff transnationales Unternehmen definiert die Uno-Konferenz für Handel und Entwicklung (UNCTAD) folgendermaßen:

> A transnational corporation (TNC) is generally regarded as an enterprise comprising entities in more than one country which operate under a system of decision-making that permits coherent policies and a common strategy. The entities are so linked, by ownership or otherwise, that one or more of them may be able to

---

8   Hildebrandt, Kurt / Apelt, Otto (Hg.): Platon: Sämtliche Dialoge Timaios und Kritias. Sophistes. Politikos. Briefe, Leipzig 1919, 291c–303d.
9   Zum Phänomen der »Oligarchen« in Russland vgl. die ausführliche Darstellung bei Schröder, Hans-Henning: Mächte im Hintergrund: Die Rolle von »Familie« und »Oligarchen« im politischen Kräftespiel, in: Höhmann, Hans-Hermann / Schröder, Hans-Henning (Hg.): Russland unter neuer Führung. Politik, Wirtschaft und Gesellschaft am Beginn des 21. Jahrhunderts, Bremen 2001, S. 67–77; vgl. dazu auch Harter, Stefanie / Grävingholt, Jörn / Pleines, Heiko / Schröder, Hans-Henning: Geschäfte mit der Macht. Wirtschaftseliten als politische Akteure im Rußland der Transformationsjahre 1992–2001, Bremen 2003, S. 116–146.

exercise a significant influence over the others and, in particular, to share knowledge, resources and responsibilities with the others.[10]

Diese Definition trifft in Russland vor allem auf Unternehmen im Rohstoffsektor zu, in der russischen Erdöl- und Erdgasbranche vor allem auf Gazprom, Jukos (bis 2005), Lukoil und TNK.[11] Auf viele der russischen Großunternehmen trifft die Definition jedoch nicht zu, da ihre Internationalisierung noch nicht weit fortgeschritten ist. Im Erdölsektor gilt dies z.b. für Surgutneftegaz, Tatneft oder Baschneft. Die Definition von transnationalen Unternehmen nimmt im Übrigen auch keinen Bezug auf das politische Engagement bzw. das Gewicht des Unternehmens in der Politik eines bestimmten Staates und wird damit der Fragestellung der vorliegenden Arbeit nicht gerecht.

Der Begriff der Wirtschaftselite nimmt Bezug auf die sozialwissenschaftliche Elitentheorie. Bei der Bestimmung der Zugehörigkeit zur Elite gehen moderne Elitentheorien von den Funktionen aus, die gesellschaftlichen Führungsgruppen zukommen, und damit von den Aufgaben, die sie in der Gesellschaft erfüllen. So gewinnen bei der Bestimmung von Eliten Struktur und Funktionsweise des politischen Systems sowie die innere Organisation der Gesellschaft an Bedeutung. Danach werden unter Eliten Gruppen von einflussreichen Personen in einer Gesellschaft verstanden, deren Macht institutionalisiert und an Positionen oder Funktionen gebunden ist. Zur Identifizierung von Mitgliedern einer Elite greift die Elitenforschung unter anderem auf den Positionsansatz (»positional approach«) zurück.[12] Der Ansatz untersucht die sozialen Hintergrunddaten von Eliten, wie z.B. soziale Rollen, Rollengeflechte und Rollenverhalten. Zu den Elitenmitgliedern werden die Inhaber von Spitzenpositionen in Institutionen oder größeren Gruppen gezählt, die in der Regel auf der Grundlage von rechtlichen Bestimmungen oder anderen formalen Ordnungen über die größte Entscheidungsbefugnis in ihrem jeweiligen Kompetenzbereich verfügen. Dementsprechend werden zur Wirtschaftselite im engeren Sinne die Eigentümer und Führungskräfte der größten Unternehmen gezählt.[13] Die Gruppe der größten Unternehmen kann nach dem jährlichen Umsatz des Unternehmens bestimmt werden. In Russland ver-

---

10 Definition nach Transnational Corporations Statistics, im Internet abrufbar unter http://www.unctad.org/templates/Page.asp?intItemID=3159&lang=1.
11 Ausführlich siehe bei: Heinrich, Andreas: Globale Einflussfaktoren auf das Unternehmensverhalten. Die corporate governance des russischen Erdöl- und Erdgassektors, Münster 2004; Pappè, Ja.Š.: »Oligarchi«: ėkonomičeskaja chronika 1992–2000, Moskau 2000.
12 Stammer, Otto / Weingart, Peter: Politische Soziologie, München 1972, S. 146.
13 Ausführlich siehe bei: Hoffmann-Lange, Ursula: Eliten, Macht und Konflikt in der Bundesrepublik, Opladen 1992, Hartmann, Michael: Der Mythos von den Leistungseliten, Frankfurt a. M./New York, 2002.

öffentlicht die Zeitschrift »Ekspert« seit 1994 jährlich ein Ranking der 200 größten Unternehmen Russlands. Die in dieser Arbeit behandelten Wirtschaftsakteure gehören in diesem Sinne alle zu den größten Unternehmen und ihre Vertreter damit zur Wirtschaftselite im Sinne des Positionsansatzes. So berücksichtigt der Begriff des transnationalen Unternehmens sowie die Definition von Wirtschaftseliten nicht das politische Engagement bzw. das Gewicht des Unternehmens in der Politik und nimmt damit keinen Bezug auf die Fragestellung der vorliegenden Arbeit.

Für die vorliegende Untersuchung ist also keine der drei Bezeichnungen optimal. Der Begriff der TNC erscheint ungeeignet, da er nicht alle hier analysierten Wirtschaftsakteure umfasst. Gleichzeitig zeigen die für die Arbeit durchgeführten Fallstudien, dass es innerhalb der Gruppe der hier erfassten Großunternehmen keine relevanten systematischen Verhaltensunterschiede gibt, die eine grundlegende Differenzierung innerhalb der Gruppe rechtfertigen würden. Die Begriffe »Oligarch« und »Wirtschaftseliten« umfassen alle analysierten Unternehmen, sind aber relativ unscharf. Dementsprechend werden sie in der folgenden Arbeit zwar verwendet, sie beziehen sich aber grundsätzlich direkt auf die in der vorliegenden Arbeit erfassten nationalen Großunternehmen der Erdöl- und Erdgaswirtschaft. Die konkret einbezogenen Unternehmen werden in Kapitel 2 kurz vorgestellt.

0.2. Forschungsstand

In den 1990er Jahren ist wegen der Veränderungen im föderalen System Russlands das wissenschaftliche Interesse an den Regionen gewachsen. Seit Mitte der 1990er Jahre ist eine Reihe von Monographien und Aufsatzbänden erschienen, die sich auf verschiedene Aspekte des Regionalismus konzentrieren.[14] Einerseits wird die föderale Asymmetrie als Grund für die Instabilität des föderalen Systems Russlands genannt und festgestellt, dass diese Struktur Verhandlungen zwischen Zentrum und Regionen über Rechte und Vollmachten stimuliert und zur Instabilität der staatlichen Einheit führt.[15] Anderseits wird argumentiert,

---

14 So etwa: Hough, J.: The Political Geography of European Russia: Republics and Oblasts, in: Post-Soviet Geography and Economics, 2/1998, S. 63–95; Traut, J.Ch. (Hg.): Verfassung und Föderalismus Rußlands im internationalen Vergleich, Baden-Baden 1995.
15 Vgl. dazu: Kirkow, P.: Roulette zwischen Zentrum und Regionen. Rußlands asymmetrischer Föderalismus, in: Osteuropa, 11/1995, S. 1004–1020; Heinemann-Grüder, A.: Der heterogene Staat. Föderalismus und regionale Vielfalt in Rußland, Berlin 2000, S. 78–86; Stoner-Weiss, Kathryn: Pričiny nepokornosti rossijskich regionov central'noj vlasti: in: Institut prava i publičnoj politiki (Hg.): Strana posle kommunizma: gosudarstvennoje upravlenie v novoj Rossii, T. 2, Moskau 2004, 60–88; Luchterhandt, Otto: Der Aufbau der föderalen Vertikale, in: Brunner, Georg (Hg.): Der russische Föderalismus. Bilanz eines Jahrzehnts, Münster 2004, S.241–280.

0.2. FORSCHUNGSSTAND

dass durch die föderale Asymmetrie das föderale System Russlands gesichert wurde. Durch die Verhandlungen zwischen Zentrum und Regionen wurde ein Gleichgewicht von Macht und Interessen gehalten und die politische und sozioökonomische Einheit des Staates so bewahrt, ohne die Eigenständigkeit der Regionen zu beschränken.[16]

In anderen wissenschaftlichen Arbeiten werden regionale politische Prozesse untersucht, die die Entwicklung von Marktwirtschaft und Demokratie beeinflussen. Die Mehrzahl konzentriert sich auf die Entwicklung von regionalen politischen Regimen, wobei die ordnungstheoretische Bewertung von politischen Prozessen, ausgehend vom Grad der Einführung und Entwicklung der demokratischen Institutionen, im Vordergrund steht.[17]

In den ersten wissenschaftlichen Arbeiten, die sich mit der Rolle der Wirtschaftseliten im post-sowjetischen Russland beschäftigten, wurde die klassische politikwissenschaftliche Theorie der Formierung und Funktion von Interessenverbänden angewandt.[18] Später wurde festgestellt, dass die Interessen der Unternehmen nur begrenzt kollektiv repräsentiert wurden und Verbände keinen erwähnenswerten politischen Einfluss erlangen konnten. Deshalb kam es in der Russland-Forschung zu einem Paradigmenwechsel weg von Interessenverbänden und hin zu Eliten, die häufig in Gestalt individueller Akteure analysiert wur-

---

16 Poliščuk, L.: Rossijskaja model' peregovornogo federalizma, in: Voprosy ekonomiki 6/1998, S.68–86.

17 Vgl. weiterfürend zu diesem Thema: Gel'man, V.: Regime Transition, Uncertainty and Prospects for democratisation: The Politics of Russia's Regions in a Comparative Perspektive, in: Europe-Asia Studies, 6/1999, S.939–956; Gel'man, V.: Transformacii i režimy. Neopredelennost' i ee posledstvija, in: Gel'man, V. / Ryženkov, S. / Brie, M.: Rossija regionov: Transformacija političeskich režimov, Moskau 2000, S. 16–60; Matsuzato, Kimitaka: From ethno-bonapartism to centralized caciquismo: Characteristics and origins of the Tatarstan political regime, 1990–2000, in: Journal of Communist Studies and Transition Politics, 14/2001, S. 43–77; Fedosov, P.A. / Valentej, S.D. / Solovej, V.D. / Ljubovnyj, V.Ja.: Perspektivy rossijskogo federalizma: federal'nye okruga; regional'nye političeskie režimy; municipalitety, in: Političeskie issledovanija, 4/2002, S. 159–183; Macuzato Kimitaka (Hg.): Fenomen Vladimira Putina i rossijskie regiony. Pobeda neožidannaja ili zakonomernaja?, Moskau 2004, S.312–366.

18 Siehe etwa: Stykow, Petra: Repräsentation von Wirtschaftsinteressen im russischen Transformationsprozeß. Eine Fallstudie, in: Wollmann, Helmut / Wiesenthal, Helmut / Bönker, Frank (Hg.): Transformation sozialistischer Gesellschaften: Am Ende des Anfangs, Levithan Sonderheft 15/1995, Opladen, S. 437–458; Wiesenthal, Helmut / Stykow, Petra: Unternehmenverbände im Systemwechsel: Entwicklung und Status organisierter Wirtschaftsinteressen in der Transformationsprozessen Ostmitteleuropas und Rußlands, in: Streeck, Wolfgang (Hg.): Staat und Verbände. Politische Vierteljahresschrift, Sonderheft 25, Opladen 1994, S.293–336; Stykow, Petra: Staat und Wirtschaft in Russland. Interessenvermittlung zwischen Korruption und Konzertierung, Wiesbaden 2006.

den.[19] Im Rahmen wissenschaftlicher Diskussionen, die sich mit dem Entscheidungsprozess auf der russischen föderalen Ebene beschäftigen, dominiert der »Oligarchen«-Ansatz. Dabei werden unter dem Begriff der »Oligarchen« Wirtschaftseliten verstanden, die in enger Verbindung zu Präsident und Regierung stehen und auf die Entscheidungsprozesse in ihrem Interesse informell Einfluss nehmen.[20]

Parallel zum »Oligarchen«-Ansatz wird durch einige Wissenschaftler die traditionelle Lobbyismus-Analyse fortgesetzt, wobei der Schwerpunkt auf einzelne Unternehmen als Vertreter der Wirtschaftsbranchen gelegt wird.[21] Der politischen Interessendurchsetzung von Unternehmen der Erdöl- und Erdgasindustrie wird dabei besondere Aufmerksamkeit gewidmet.[22]

---

19 Dazu zum Beispiel: Kryštanovskaja, O.: Transformacija staroj nomenklatury v novuju rossijskuju ėlitu, in: Obščestvennyje nauki i sovremennost', 1/1995, S. 51–65; Peregudov, S.: Organizovannyje interessy i rossijskoje gosudarstvo: smena paradigm, in: Polis, 5/1994, S. 70–75; Peregudov S.P. / Lapina, N. / Semenenko I.S. (Hg.): Gruppy interessov i rossijskoje gosudarstvo, Moskau 1999; Kryshtanovskaya, Olga / White, Stephen: From Soviet nomenklatura to Russian elite, in: Europe-Asia Studies, 5/1996, S. 711–733; Kryshtanovskaya, Olga / White, Stephen: The rise of the Russian business elite, in: Communist and Post-Communist Studies 3/2005; Kryschtanowskaia, Olga: Anatomie der russischen Elite. Die Militarisierung Russlands unter Putin. Köln 2005.

20 Wesentliche Darstellungen sind: Petuchov, V.V. / V'juniskij, V.: Rol' ėkonomičeskich ėlit v formirovanii politiki novoj administracii prezidenta B. El'cina, Moskau 1996; Graham, T.E: From Oligarchy to oligarchy, in: Demokratizatsiya 3/1999, S. 325–340, Schröder, H.-H.: Mächte im Hintergrund: Die Rolle von »Familie« und »Oligarchen« im politischen Kräftespiel, in: Höhmann, H.-H. / Schröder, H.-H. (Hg.): Rußland unter neuer Führung, Münster 2001, S. 67–78; Kryštanovskaja, Ol'ga: Biznes-ėlita i oligarchi: itogi desjatiletija, in: Mir Rossii, 4/2002, im Internet veröffentlicht unter http://www.socio.ru/wr/4-02/Kr.doc.

21 Genannt seien hier: Peregudov, Sergej P. / Semenko, Irina S.: Lobbizm v političeskoj sisteme Rossi, in: Meždunarodnaja ėkonomika i meždunarodnye otnošenija, 9/1996, S. 28–42; Peregudov, S.P. /Lapina, N. / Semenenko I.S. (Hg.): Gruppy interessov i rossijskoje gosudarstvo, Moskau 1999; Lapina, Natalia: Die Formierung der neuen rußländischen Elite: Probleme der Übergangsperiode, in: Berichte des BIOst 7/1997; Peregudov, Segej P.: Korporacii, obščestvo i gosudarstvo. Ėvolucija otnošenij, Moskau 2003; Zaslavskij, S.E. / Nefedova, T.I.: Lobbizm v Rossii: istoričeskij opyt i sovremennye probemy, in: Pravo i politika, 2/2000; Lubimov, Aleksej: Istorija lobbizma v Rossii, Moskau 2005.

22 Genannt seien hier: Pappé, Jakov: Neftjanaja i gazovaja diplomatija Rossii, in: Pro et Contra 3/1997, S. 55–71; Kryukov, Valery: Interrelations between the state and large businesses in Russia, in: Oil & Gas Law and Taxation Review 12/1999, S. 349–357; Kryukov, Valery: Adjustment to change. The case of the oil and gas industry, in: Harter, Stefanie/Easter, Gerald (Hg.): Shaping the economic space in Russia, Aldershot 2000, S. 102–126.

0.2. FORSCHUNGSSTAND

Ende der 1990er Jahre entstanden Analysen, die Einflussnahme von Wirtschaftseliten auf die russische Politik mit Netzwerkansätzen erfassen. Dabei werden die Netzwerke bestimmter Wirtschaftsbranchen untersucht, wobei der Schwerpunkt auf der Interaktion zwischen verschiedenen Unternehmen gelegt wird und die Interaktion mit staatlichen Akteuren nur einen Randaspekt darstellt.[23] Eine Analyse von Netzwerken zwischen Wirtschaftseliten und staatlichen Akteuren auf regionaler Ebene wurde von Kirkow/Hanson/Treivish vorgenommen.[24]

In einer Reihe von Studien hat man versucht, das Verhältnis zwischen Wirtschaft und Politik in den russischen Föderationssubjekten systematisch zu ordnen. Orttung legt seiner Typologie die Frage zugrunde, welcher Akteur Wirtschaft und Politik der Region dominiert. Er unterscheidet demnach: corporate regions, pluralistische Regionen, staatlich-kontrollierte Regionen, ausländischbeeinflusste Regionen, vernachlässigte Regionen.[25] Eine Studie der Weltbank untersucht ebenfalls, wer regionale Politik bestimmt. Ähnlich wie Orttung nennt auch die Weltbank-Studie nationale und regionale Unternehmen, föderale und regionale Regierungen sowie ausländische Investoren als mögliche Akteure. Die Weltbank identifiziert aber nur etwa ein Dutzend Regionen, in denen einer dieser Akteure wirklich die regionale Politik dominiert.

Die Untersuchungen von politischen Regimen als Formen von Koordination politischer Interaktionen kollektiv handelnden Akteuren sind für Russland bisher nur unzureichend geführt worden. Es gibt nur wenige Darstellungen, die sich systematisch mit der Repräsentation von Interessen wirtschaftlicher und politischer Akteure und dem Aushandeln politischer Entscheidungen in politischen Regimen befassen und etwa der Frage nachgehen, inwiefern sich der Einfluss der Wirtschaftseliten auf regionaler Ebene nachweisen lässt.[26]

---

23 Einen Überblick über Netzwerkstudien bieten: Harter, Stefanie: Wirtschaftliche Transformation in Rußland. Ein Netzwerkansatz, Arbeitspapiere des Osteuropa-Instituts der FU Berlin 5/1997; Lehmbruch, Barbara: Managing uncertainty. Hierarchies, markets and »networks« in the Russian timber industry 1991–1998, BOFIT Discussion Papers 4/1999 (im Internet veröffentlicht unter: http.//www.bof.fi/bofit); Pleines, Heiko: Wirtschaftseliten und Politik im Russland der Jelzin-Ära (1994–99), Münster 2003.

24 Kirkow, Peter / Handson, Philip/Treivish, Andei: Networks, linkages and legacies. Evidence from an elite survey in six Russian provinces in 1996–1997, in: Communist Economies & Economic Transformation 10/1998, S. 405–413.

25 Ausführlich siehe im Abschnitt 1.2. dieser Arbeit.

26 Vgl. dazu: Zudin, A.: Rossija: biznes i politika, in: Meždunarodnaja ėkonomika i meždunarodnye otnošenija, 4/1996, S. 17–27; Lapina, N.J.: Gruppy interesov rossijskich regionov, in: Semenenko, I.S. / Peregudov, S.P. (Hg.): Gruppy interesov i rossijskoje gosudarstvo, Moskau 1999, S. 178–210; Stykow, Petra: Repräsentation von Wirtschaftsinteressen im russischen Transformationsprozeß. Eine Fallstudie, in: Wollmann, Helmut / Wiesenthal, Helmut / Bönker, Frank (Hg.): Transformation sozialistischer Gesellschaften: Am Ende des Anfangs, Leviathan Sonderheft, 15/1995, Opladen, S. 437–458;

0.3. Aufbau der Arbeit

Die Darstellung beginnt im ersten Kapitel mit einem Überblick über die Entwicklung des Föderalismus in Russland, wobei der Schwerpunkt auf die politische und fiskalische Kompetenzverteilung zwischen dem föderalen Zentrum und den Regionen im Verlauf der Untersuchungsperiode gelegt wird. Ausgehend davon werden die relevanten Akteursgruppen auf der regionalen Ebene identifiziert. Anschließend werden Modelle der Interaktion von wirtschaftlichen und politischen Eliten sowie daraus resultierende Regime vorgestellt und auf ihre Eignung für die vorliegende Untersuchung überprüft. Darauf basierend wird dann das Untersuchungsdesign entwickelt.

Im zweiten Kapitel wird die Entwicklung der Erdöl- und Erdgaswirtschaft analysiert, um das Handlungsumfeld der betrachteten Wirtschaftseliten zu verstehen. Gleichzeitig werden die politischen und wirtschaftlichen Rahmenbedingungen der Interaktion von wirtschaftlichen und politischen Eliten auf der regionalen Ebene untersucht. Dazu werden auch die wirtschaftspolitischen Kompetenzen der Regionen beschrieben, um aufzuzeigen, welche Verhandlungsspielräume die regionalen politischen Akteure besitzen.

Auf dieser Grundlage werden im dritten bis sechsten Kapitel die insgesamt vier Fallstudien vorgestellt. Für die Republik Tatarstan, das Gebiet Tjumen, den Autonomen Bezirk der Chanten und Mansen – Jugra und den Autonomen Bezirk der Jamal-Nenzen werden jeweils die relevanten politischen und wirtschaftlichen Akteure portraitiert, der Entscheidungsprozess analysiert und im Sinne des Regime-Ansatzes kategorisiert.

Im siebten Kapitel werden abschließend die Ergebnisse der Untersuchung zusammengefasst, wobei neben einer Überprüfung und Spezifizierung der Modelle des Regime-Ansatzes eine Kategorisierung der Akteure und Entscheidungsmechanismen und die Beantwortung der oben einleitend vorgestellten zentralen Untersuchungsfragen der Arbeit erfolgen.

Brie, Michael: Regional'nyje političeskije režimy i sistemy upravlenija, in: Gel'man, V. / Ryženkov, S. / Brie, M.: Rossija regionov: Transformacija političeskich režimov, Moskau 2000, S. 61–109; Pappė, Jakov: Otnošenija federal'noj ėkonomičeskoj ėlity i vlasti v Rossii v 2000–2004 godach: tormoženie v centre i novaja strategija v regionach, in: Fruchtmann, Jakob (Hg.): Regional'naja ėlita v sovremennoj Rossii, Moskau 2005, S. 77–92; Zubarevič, Natalja: Zony vlijanija krupnych korporacij v rossijskich regionach, in: ebd., S. 93–113; Turovskij, Rostislav: Vlast' i biznes v regionach Rossii: sovremennye processy obnovlenija regional'noj ėlity, in: ebd., S. 143–176.

1. Regeln, Akteure, Regime. Ein analytischer Rahmen

1.1. Die russischen Regionen im föderalen System

Dieser Abschnitt bietet einen kurzen Überblick über die Entwicklung des Föderalismus unter den Präsidenten Boris Jelzin und Vladimir Putin. Der Schwerpunkt liegt dabei auf den formellen und informellen Machtverhältnissen und Beziehungen zwischen Zentrum[1] und Regionen, die für die vorliegende Arbeit von besonderer Bedeutung sind. Der fiskalische Föderalismus, das heißt der vom Zentrum organisierte Finanzausgleich zwischen den Regionen wird separat dargestellt, da er für die hier untersuchten rohstofffördernden Regionen einen zentralen Konfliktpunkt mit dem Zentrum darstellt. Im Ergebnis bietet dieser Abschnitt die Grundlage für das Verständnis der in den Fallstudien erfassten Beziehungen zwischen den staatlichen Akteuren auf regionaler und föderaler Ebene. Eine einführende Darstellung der Interaktion der staatlichen Akteure mit Wirtschaftsakteuren findet sich dann im folgenden Abschnitt 1.2. Anschließend wird im Abschnitt 1.3. das Untersuchungsdesign entwickelt.

1.1.1. Die Entwicklung des Föderalismus in Russland – Ein Überblick

1.1.1.1. Unklare und ungleiche Kompetenzabgrenzungen unter Jelzin
Die Russische Föderation unterscheidet sich von der Mehrzahl der föderalen Systeme in der Welt erstens durch die hohe Zahl der Regionen, die auf föderaler Ebene repräsentiert sind, und zweitens durch die sehr starken Unterschiede zwischen den regionalen politischen Systemen und ihren sozioökonomischen Bedingungen.[2] Die politische und sozioökonomische Asymmetrie zwischen den Regionen ist ein Ergebnis der Dezentralisierungsprozesse der 1990er Jahre, die durch starke Konflikte zwischen den Regionen und dem föderalen Zentrum geprägt waren.

Die erste Krise begann in der Zeit 1990–91 mit dem Konflikt zwischen Gorbatschow und Jelzin um die Gestalt der zukünftigen Russischen Föderation. Um den Machtkampf mit den Vertretern der sowjetischen Führung zu gewinnen, versuchte Jelzin die regionalen Akteure, vor allem die der Autonomien (d.h. der

---

1 Unter Zentrum werden dabei die staatlichen Akteure verstanden, die die föderale, d.h. nationale, Ebene repräsentieren, wobei im russischen Fall die Exekutive dominiert, vertreten durch Präsident und Regierung.
2 Heinemann-Grüder, Andreas: Der asymmetrische Föderalismus Rußlands und die Rolle der Regionen, in: Höhmann, H.-H. / Schröder, H.-H. (Hg.): Rußland unter neuer Führung, Münster 2001, S. 78–84, hier S. 78.

Republiken und Bezirken) für sich zu gewinnen, indem er ihnen ein größeres Maß von Souveränität als Mitglied einer russischen Föderation versprach. Die danach schrittweise eingeführten wirtschaftlichen Vergünstigungen bewegten die politische Elite in den Regionen, die Gelegenheit wahrzunehmen und ihre Macht unabhängig vom föderalen Zentrum zu sichern, indem sie »sowjetische« und »russische« Akteure gegeneinander ausspielten.[3] Im Zuge dieser Entwicklung erklärten vor allem die ethnisch definierten Autonomen Republiken und Bezirke ihre Unabhängigkeit. In den meisten Fällen folgten die Leiter der Regionalverwaltung dem Beispiel von Jelzin auf der gesamtrussischen Ebene, indem sie für ihre Region die Position eines mit weitreichenden Vollmachten ausgestatteten Präsidenten einführten.

Im August 1991 wurde die Verwaltungsstruktur der Russischen Föderation festgelegt. Die aus 89 Subjekten (d.h. Regionen) bestehende Föderation umfasste damit: 21 Republiken (russ. respublika), 10 Autonome Bezirke (russ. Avtonomnyj Okrug), ein Autonomes Verwaltungsgebiet (auch: Autonomes Gebiet, russ.: Avtonomnaja oblast'), 49 Gebiete (auch: Verwaltungsgebiet, russ.: Oblast'), 6 Bezirke (auch: Verwaltungsregionen, russ.: kraj) und zwei Städte von föderaler Bedeutung (Moskau und St. Petersburg).

Die Regionen mit einem bedeutenden Anteil ethnisch nicht-russischer Gruppen erhielten einen speziellen Status. Die entsprechenden Autonomen Bezirke wurden als gleichberechtigte Regionen den sie umgebenden Regionen zugeordnet. Dieses »Matroschka-Modell« einer Region innerhalb einer Region betraf neun der insgesamt zehn Autonomen Bezirke Russlands (mit Ausnahme des Autonomen Bezirks der Tschuktschen).

Ebenfalls noch 1991 wurde von der föderalen Regierung eine Reihe rechtlicher Maßnahmen verabschiedet, die die Reform der regionalen Machtstrukturen nach dem Ende der dominierenden Rolle der Kommunistischen Partei vorsahen. Dabei wurden alle Kompetenzen der Exekutive auf die Regionalverwaltung übertragen.[4] Ursprünglich sollten die Leiter der Regional- und Kommunal-

---

3   Fruchtmann, Jakob: Der russische Föderalismus unter Präsident Putin: Diskurse – Realitäten, Dissertation, eingereicht an der Universität Bremen, Juli 2003, im Internet veröffentlicht unter: http://deposit.ddb.de/cgi-bin/dokserv?idn=975326511&dok_var=d1&dok_ext=pdf&filename=975326511.pdf#search=%22Fruchtmann%2C%20Jakob%3A%20Der%20russische%20F%C3%B6deralismus%20%22, S. 27; so wie Fillipov, Michail / Švecova, Ol'ga: Asymmetric bilateral bargaining in the new Russian Federation: a path-dependence explanation, in: Communist and Post-Communist Studies, 32/1999, S. 61–76; Busygina, Irina M.: Die Gouverneure im föderativen System Rußlands, in: Osteuropa, 6/1997, S. 544–556, Turovskij, R.F.: Centr i Regiony. Problemy političeskich otnošenij, Moskau 2006, S. 228–240.

4   Gesetz der RSFSR »Ob izmenenijach i dopolnenijach Konstitucii (Osnovnogo Zakona) RSFSR« vom 01.11.1991, veröffentlicht in: Vedomosti S"ezda narodnych deputatov

1.1. DIE RUSSISCHEN REGIONEN IM FÖDERALEN SYSTEM

verwaltungen demokratisch gewählt werden.[5] Nach dem Putschversuch vom August 1991 erhielt aber der Präsident das Recht zur Ernennung der Leiter der Regionalverwaltungen.[6] Die Präsidenten der Republiken wurden allerdings von dieser Regel ausgenommen. Gleichzeitig wurde in allen Regionen mit Ausnahme der Republiken der Posten eines regionalen Vertreters des Präsidenten der Föderation eingeführt. Diese Vertreter erhielten nur sehr begrenzte Kompetenzen. Sie dienten aber der Entwicklung informeller Kontakte zwischen Zentrum und Region.[7]

Die Beziehungen des Zentrums mit den einzelnen Regionen entwickelten sich sehr unterschiedlich in Abhängigkeit davon, wie stark die regionalen Eliten ihre Interessen gegen das Zentrum behaupten konnten. Die vielfältigen Konflikte und die schwachen Sanktionsmechanismen führten dazu, dass der Aushandlungsprozess jeweils bilateral geführt wurde.[8]

Ende März 1992 wurde dann von allen Regionen mit Ausnahme der Republiken Tatarstan, Tschetschenien, und Inguschetien der Föderationsvertrag unterschrieben, der die Beziehungen zwischen dem Zentrum und den Regionen regeln sollte. Auf dieser Basis wurden die Regionen zu »souveränen Subjekten innerhalb der Russischen Föderation« mit Eigentumsrechten an Land und natürlichen Ressourcen auf ihrem Territorium sowie mit dem Recht auf eigenen Außenhandel.[9] Einige Monate später verabschiedete die russische Regierung

---

5   RSFSR i Verchhovnogo Soveta RSFSR, 45/1991, St. 1497.
    Gesetz der RSFSR: »O vyborach glavy administracii« vom 24.10.1991, in: Rossijskaja Gazeta. 14.11.1991.
6   Präsidialerlass der RSFSR »O nekotorych voprosach dejatel'nosti organov ispolnitel'noj vlasti v RSFSR« vom 22.08.1992, veröffentlicht in: Vedomosti S''ezda narodnych deputatov i Verchovnogo Soveta RSFSR 34/1991, St. 1146.
7   Ausführlich dazu siehe Abschnitt 1.1.3.3.
8   Mehr bei: Stoner-Weiss, Kathryn: Local Heroes: The Political Economy Of Russian Regional Governance, Princeton, New York, 1997, S. 56–89; Stavrakis, Peter J. / DeBardeleben, Joan / Black, J. L./ Koehn, Jodi (Hg.): Beyond the monolith. The emergence of regionalism in post-Soviet Russia, Baltimore 1997; Heinemann-Grüder, Andreas: Föderalismus in Russland, in: Mangott, Gerhard (Hg.): Zur Demokratisierung Russlands, Band 2. Leadership, Parteien, Regionen und Zivilgesellschaft, Baden-Baden, 2002, S. 79–114; Gel'man, V.Ja.: Vozvraščenie Leviafana? Politika recentralizacii v sovremennoj Rossii, in: Polis, 2/2006, S. 90–109.
9   »Dogovor o razgraničenii predmetov vedenija i polnomočij meždu federal'nymi organami gosudarstvennoj vlasti Rossijskoj Federacii i organami vlasti suverennych respublik v sostave Rossijskoj Federacii« vom 31.03.1992, veröffentlicht in Rossijskaja Gazeta, 18.04.1992, und »Dogovor o razgraničenii predmetov vedenija i polnomočij meždu federal'nymi organami gosudarstvennoj vlasti Rossijskoj Federacii i organami vlasti avtonomnoj oblasti, avtonomnych okrugov v sostave Rossijskoj Federacii« vom 31.03.1992, veröffentlicht in Rossijskaja Gazeta, 18.04.1992 sowie »Dogovor o razgraničenii predmetov vedenija i polnomočij meždu federal'nymi organami gosudarstvennoj vlasti Ros-

ein Programm zur Entwicklung des föderalen Systems, das einerseits föderationsweit einheitliche Regeln vorsah, aber andererseits den Regionen eigene politische und wirtschaftliche Entwicklungsmodelle zugestand.[10] Dies wurde insbesondere als Konzession an die drei Republiken gesehen, die den Föderationsvertrag nicht unterschrieben hatten und mit Abspaltung drohten. Diese Doppeldeutigkeit zwischen Vereinheitlichung und regionaler Autonomie wurde charakteristisch für den russischen Föderalismus unter Präsident Jelzin.

Eine stärkere Institutionalisierung der Beziehungen zwischen Zentrum und Regionen erfolgte durch die im Dezember 1993 angenommene neue Verfassung. Die Regionen werden in der Verfassung als »staatliche Gebilde« definiert, die über Elemente einer eigenen Verfassungsgebung, über Territorialhoheit und eine unabhängige Gesetzgebung verfügen. Dabei unterscheidet sie generell Kompetenzen der föderalen Ebene, der Regionen und gemeinsame Kompetenzen.[11] Wie letztere zu realisieren sind, wird allerdings nicht klar geregelt. Dies gilt unter anderem für die Sicherung einer übereinstimmenden Rechtsordnung in den Regionen und der Föderation im Bereich der Bildungs-, Gesundheits-, und Familienpolitik, der Steuer- und Verwaltungsgrundsätze, sowie der Koordination der Außen- und Wirtschaftspolitik sowie für Personalfragen im Polizei und Gerichtswesen und die Nutzung von Naturressourcen.[12]

Die neue Verfassung sieht aber eine eindeutige Regelung für den Einfluss der Regionen auf die föderale Gesetzgebung vor. Durch die Schaffung der zweiten Kammer des regionalen Parlaments – des Föderationsrates – bekamen die Regionen weit reichende legislative Kompetenzen. Jede Region wurde jeweils

---

sijskoj Federacii i organami vlasti kraev, oblastej, gorodov Moskvy i Sankt-Peterburga v sostave Rossijskoj Federacii« vom 31.03.1992, veröffentlicht in: Rossijskaja Gazeta, 18.04.1992.

10 Fruchtmann, Jakob: Der russische Föderalismus unter Präsident Putin: Diskurse – Realitäten, Dissertation, eingereicht an der Universität Bremen, Juli 2003, im Internet veröffentlicht unter: http://deposit.ddb.de/cgi-bin/dokserv?idn=975326511&dok_var=d1&dok_ext=pdf&filename=975326511.pdf#search=%22Fruchtmann%2C%20Jakob%3A%20Der%20russische%20F%C3%B6deralismus%20%22, S. 30–31.

11 Art. 5, 11, 66, 72–73, 76–78 der Verfassung der Russischen Föderation vom 12.12.1993, in: Rossijskaja Gazeta, 25.12.1993.

12 Heinemann-Grüder, Andreas: Föderalismus in Russland, in: Mangott, Gerhard (Hg.): Zur Demokratisierung Russlands, Band 2. Leadership, Parteien, Regionen und Zivilgesellschaft, Baden-Baden, 2002, S. 79–114, hier S. 83–84; Fruchtmann, Jakob: Der russische Föderalismus unter Präsident Putin: Diskurse – Realitäten, Dissertation, eingereicht an der Universität Bremen, Juli 2003, im Internet veröffentlicht unter: http://deposit.ddb.de/cgi-bin/dokserv?idn=975326511&dok_var=d1&dok_ext=pdf&filename=975326511.pdf#search=%22Fruchtmann%2C%20Jakob%3A%20Der%20russische%20F%C3%B6deralismus%20%22, S. 30–31.

1.1. DIE RUSSISCHEN REGIONEN IM FÖDERALEN SYSTEM

durch die Leiter ihrer Exekutive und Legislative im Föderationsrat repräsentiert. Die regionalen Vertreter genossen auch parlamentarische Immunität.[13]

Eine Reihe von Republiken, unter anderem Tschetschenien, Tatarstan, Baschkortostan und Karelien, lehnten die Verfassung ab und drohten mit einem wirtschaftlichen Boykott der Föderation. In Reaktion darauf setzte das föderale Zentrum erneut auf bilaterale Verhandlungen, die 1994 mit der Unterzeichnung bilateraler Verträge endeten. Die Verträge räumten den Republiken jeweils etliche Privilegien ein, darunter das Recht auf eigene Steuereinnahmen und eigene internationale Beziehungen.

Die Verträge wurden zum Vorbild für andere Regionen, die ebenfalls versuchten über individuelle Verhandlungen mit dem Zentrum eine Vorzugsbehandlung zu erhalten. Dem Zentrum gelang es so gleichzeitig, eine kollektive Interessenvertretung der Regionen zu verhindern. Bis Juli 1998 wurden insgesamt 46 grundlegende bilaterale Verträge zwischen dem Zentrum und einzelnen Regionen geschlossen. Hinzu kamen etwa hundert weitere bilaterale Verträge zu einzelnen Fragen der gemeinsamen Beziehungen.[14] Im Ergebnis besaß jede Region innerhalb der Föderation ihre spezielle Kombination aus Rechten und Pflichten gegenüber dem Zentrum.

Heinemann-Grüder konstatiert, dass die Zeit nach der Annahme der Verfassung durch den Gegensatz zwischen der formalen Machtfülle Präsident Jelzins und der faktischen Implementationsschwäche des Zentrums charakterisiert war. Ergebnis des Jelzinschen Föderalismus war damit eine unregulierte Dezentralisierung von Zuständigkeiten und eine zunehmende Ausdifferenzierung der Regionen.[15] Wie Heinemann-Grüder betont, führte dies zu einer Flexibilisierung der föderalen Beziehungen, nicht jedoch zu einer Konföderalisierung, da die Ansprüche auf Eigenständigkeit, die in den Souveränitätserklärungen und den Verfassungen der Republiken Anfang der 1990er Jahre gestellt worden waren, mit den bilateralen Verträgen zu Gunsten der föderalen Gesamtstaatlichkeit zurückgestellt wurden.[16]

Mit der Einführung regionaler Parlaments- und Gouverneurswahlen wuchs die regionale Autonomie Mitte der 1990er weiter, da die regionalen politischen Eliten unabhängiger vom Zentrum wurden. Sie entwickelten so auch ihr eigenes

---

13 Föderales Gesetz »O porjadke formirovanija Soveta Federacii Federal'nogo Sobranija Rossijkoj Federacii« vom 5.12.1995, in: Sobranie zakonodatel'stva RF, 50/1995, St. 4869.
14 Dogovornyj prozess, včera, segodnja, zavtra, in: Rossijskaja Federacija, 19/1996, S. 17 ff., vgl. Heinemann-Grüder, Andreas: Föderalismus in Russland, in: Mangott, Gerhard (Hg.): Zur Demokratisierung Russlands, Band 2. Leadership, Parteien, Regionen und Zivilgesellschaft, Baden-Baden 2002, S. 79–114, hier S. 83–84.
15 Heinemann-Grüder, Andreas: Föderalismus in Russland, in: ebd., S. 82.
16 Ebd., S. 94.

regionales politisches Regime weiter und begannen den Föderationsrat für eine Interessenvertretung auf der föderalen Ebene zu nutzen. Sie konnten sowohl in ihren Regionen als auch auf der föderalen Ebene ihre Macht konsolidieren. Die zweite Hälfte der 1990er Jahre wird so von einigen Autoren als die »goldene Zeit der Gouverneure« bezeichnet.[17]

Um ihre Position zu behaupten, begannen die Gouverneure zum Ende der Amtszeit von Präsident Jelzin eigene Kandidaten für seine Nachfolge zu positionieren. Dazu wurden 1999 zwei Parteien gebildet: »Otetschestwo – wsja Rossija« (Vaterland Gesamtes Russland) auf Initiative von Mintimer Schajmijew (Präsident der Republik Tatarstan) und Jurij Luschkow (Bürgermeister der Stadt Moskau) sowie »Golos Rossii« (Russlands Stimme) unter Konstantin Titow (Gouverneur des Gebiets Samara). Dieses Engagement der regionalen Eliten auf der föderalen Ebene stieß auf den Widerstand der föderalen Eliten. Die föderalen Eliten, deren Kandidat Vladimir Putin die Präsidentschaftswahl im März 2000 gewann, setzten so auf eine Rezentralisierung der Föderation.

1.1.1.2. Die föderalen Reformen unter Putin

Präsident Putin erklärte in einer Fernsehansprache am 19. Mai 2000 und erneut in seiner Rede vor der föderalen Versammlung (»Rede zur Lage der Nation«) vom 8. Juli 2000, dass das föderative Modell Russlands nicht vollwertig sei und ein starker einheitlicher Staat geschaffen werden müsse.[18]

Bei der Umsetzung dieser Politik verfolgte das föderale Zentrum folgende Ziele: 1) Konsolidierung des russischen Staates durch die Verstärkung der Kontrolle über die Regionen; 2) Gewährleistung der gewünschten politischen Ergebnisse durch die Sicherung der Loyalität der regionalen politischen Eliten; 3) Erhöhung der Effizienz der föderalen Verwaltung durch die Einschränkung der politischen und wirtschaftlichen Kompetenzen der Regionen. Dies sollte durch die Zentralisierung der föderalen Staatsorgane und die Stärkung der Präsidentenvertreter in den Regionen erreicht werden.[19]

---

17 Siehe etwa: Luchterhandt, Otto: Der Aufbau der föderalen Vertikale, in: Brunner, Georg (Hg.): Der russische Föderalismus. Bilanz eines Jahrzehnts, Münster 2004, S. 241–280, oder Michaleva, Galina: Russlands regionale Oberhäupter: von autonomen Akteuren unter Jelzin zu loyalen Dienern Putins, in: Bos, Ellen / Helmerich, Antje (Hg.): Zwischen Diktatur und Demokratie. Staatspräsidenten als Kapitäne des Systemwechsels in Osteuropa, Berlin 2006, S. 55–78, S. 65.

18 Jahresbotschaft des Präsidenten »Vystuplenie pri predstavlenii ežegodnogo Poslanija Prezidenta Rossijskoj Federacii Federal'nomu Sobraniju Rossijskoj Federacii« vom 08.06.2006, im Internet veröffentlicht unter: http://www.prezident.kremlin.ru/events/42.html.

19 Gel'man, V.Ja.: Vozvraščenie Leviafana? Politika recentralizacii v sovremennoj Rossii, in: Polis, 2/2006, S. 90–109, S. 97–98; Busygina, Irina M.: Neue Strukturen des Föde-

1.1. DIE RUSSISCHEN REGIONEN IM FÖDERALEN SYSTEM 39

Die unter dem Schlagwort der »Vertikale der Macht« von Präsident Putin begonnene administrative Reform wurde von der föderalen politischen Elite unterstützt. Durch seine hohe Popularität bei der Bevölkerung hatte Putin zusätzlichen Rückhalt. Die Einigung der unterschiedlichen Gruppen innerhalb der föderalen Elite ermöglichte es dem föderalen Zentrum, als einheitlicher politischer Akteur gegenüber den Regionen aufzutreten. Gleichzeitig übergab Putin die Zuständigkeit für die Föderalreform an neue Verwaltungskader, was eine effizientere Implementierung ermöglichte.[20]

Die Föderalismusreform wurde in zwei Etappen realisiert. Die erste Etappe, 2000–2004, begann mit der Einführung der neuen Steuer- und Haushaltskodices, die die Kompetenzen des Zentrums bei der Besteuerung und beim regionalen Finanzausgleich deutlich vergrößerten, wie im folgenden Abschnitt ausführlich dargestellt wird. Im nächsten Schritt wurden sieben Föderalbezirke[21] (federalnye okruga) gebildet. Sie entsprechen territorial beinahe den Militärkreisen, die in der Sowjetunion existierten, und sind den bevollmächtigten Vertretern des Präsidenten untergeordnet. Zu seinen Vertretern ernannte Putin vor allem Personen aus den unterschiedlichen föderalen Machtstrukturen (silowye struktury), wie etwa dem Sicherheitsdienst, Innen- oder Katastrophenschutzministerium. Die bevollmächtigten Vertreter erhielten schrittweise eine Reihe wichtiger Kompetenzen der Koordination und Kontrolle ihrer Bezirke, darunter die Koordinierung der Arbeit der Föderalorgane in den Regionen und die Überprüfung der Übereinstimmung der föderalen und regionalen Gesetze.[22] Zusätzlich wurde im Juli 2000 ein Gesetz verabschiedet, das ein vereinfachtes Verfahren zur Absetzung der Leiter der Regionalverwaltungen und zur Auflösung der Regionalparlamente vorsah, für den Fall, dass identifizierte Widersprüche regionaler Gesetze zu föderalen Gesetzen nicht beseitigt wurden.[23] Auch wurden die bilateralen Verträge mit den Regionen mit Ausnahme von Tatarstand von der Seite des föderalen Zentrums nach ihrem Ablauf nicht mehr verlängert.

Außerdem wurde der Föderationsrat als Interessenvertretung der Regionen durch eine Reihe von Reformen geschwächt. Durch ein Gesetz vom August 2000 wurden die Leiter der regionalen Exekutive und Legislative im Föderations-

---

ralismus in Rußland, in: Osteuropa, 10/2001, S. 1131–1145.
20 Gel'man, V.Ja.: ebd., S. 96.
21 Dies sind: Nordwestlicher Föderalbezirk, Zentraler Föderalbezirk, Südlicher Föderalbezirk, Föderalbezirk Wolga, Föderalbezirk Ural, Sibirischer Föderalbezirk, Föderalbezirk Fernost.
22 Ausführlich siehe Abschnitt 1.1.3.3.
23 Föderales Gesetz »O vnesenii izmenenij i dopolnenij v federal'nyj zakon ›Ob obščich principach organizacii zakonodatel'nych (predstavitel'nych) i ispolnitel'nych organov gosudarstvennoj vlasti sub"ektov Rossijskoj Federacii‹« vom 29.07.2000, in: Rossijskaja Gazeta, 01.08.2000.

rat durch von ihnen ernannte Vertreter ersetzt, die aber de facto auf Druck des Kremls oft nicht aus der regionalen sondern aus der föderalen Elite kamen.[24] Damit verloren die höchsten Vertreter der regionalen Eliten neben ihrer parlamentarischen Immunität auch ihr direktes Mitspracherecht auf föderaler Ebene und eine ideale Plattform zur Bildung informeller Netzwerke. Der stattdessen von Putin eingerichtete Staatsrat (Gosudarstwennyj Sowjet pri Presidente Rossii), der die Gouverneure aller Regionen viermal jährlich mit dem Präsidenten zusammenbringt, hat hingegen keine Entscheidungskompetenzen und ist nicht über die Verfassung abgesichert, sondern nur über einen leicht zu revidierenden Präsidialerlass geschaffen worden.[25] Das neue Parteigesetz vom Juli 2001 machte dann gleichzeitig regionale Parteien unmöglich, was den regionalen Eliten die Möglichkeit einer eigenständigen formalen politischen Organisation nahm.[26]

Den Regionen gelang es nicht, eine einheitliche Position gegenüber dem Zentrum zu entwickeln. Sie setzten weiterhin auf informelle bilaterale Verhandlungen. Eine wesentliche Ursache hierfür ist die unter Jelzin entstandene asymmetrische Struktur des russischen Föderalismus, in dem die Regionen erstens aufgrund ihrer politischen und sozioökonomischen Differenzen unterschiedliche Interessen verfolgen und zweitens aufgrund der bilateralen Verträge auch unterschiedliche Rechte verteidigen. Durch die Schwächung des Föderationsrates hatte Putin den regionalen Eliten gleichzeitig ihr einziges entscheidungsrelevantes kollektives Organ auf der föderalen Ebene genommen.[27] Die im Präsidentschaftswahlkampf 1999 gebildeten politischen Koalitionen zwischen einzelnen Regionen zerfielen so unter dem politischen Druck des Zentrums schnell wieder. 2001 wurden beide Parteien von der Putin nahestehenden Partei der Macht Jedinaja Rossija (Einiges Russland) übernommen.[28]

Zu Beginn seiner zweiten Amtszeit im Jahre 2004 verstärkte Präsident Putin seine Kontrolle über die Gouverneure erneut, in dem er eine Gesetzesin-

---

24 Föderales Gesetz »O porjadke formirovanija Soveta Federacii Federal'nogo Sobranija Rossijskoj Federacii« vom 05.08.2000, veröffentlicht in: Sobranie Zakonodatel'stva RF, 32/2000, St. 3336.
25 Perović, Jeronim: Die Regionen Russlands als neue politische Kraft, Bern 2001, S. 144; Perović, Jeronim: Regionalisierung unter Putin. Alte Muster und neue Trends, in: Osteuropa, 4/2002, S. 427–442.
26 Mehr dazu in Abschnitt 1.1.3.2.
27 Petrov, Nikolaj (Hg.): Federal'naja Reforma 2000–2004, Tom II, Strategii, instituty, problemy, Moskau 2005; Ross, Cameron (Ed.): Regional politics in Russia, Manchester 2002.
28 Ausführlich siehe: Michaleva, Galina: Russlands regionale Oberhäupter: Von autonomen Akteuren unter Jelzin zu loyalen Dienern Putins, in: Bos, Ellen / Helmerich, Antje (Hg.): Zwischen Diktatur und Demokratie. Staatspräsidenten als Kapitäne des Systemwechsels in Osteuropa, Berlin 2006, S. 55–78.

itiative auf den Weg brachte, die ihre direkte Wahl durch die regionale Bevölkerung wieder abschaffte und stattdessen eine Bestätigung des vom Präsidenten vorgeschlagenen Kandidaten durch das regionale Parlament vorsah. Die Gouverneure waren damit wieder direkt vom föderalen Präsidenten abhängig.[29] In den folgenden Jahren schlug Putin jedoch in der Regel die bisherigen Amtsinhaber für den Gouverneursposten vor. Anstatt auf eine »Rotation der Kader« setzte er somit vielmehr auf erhöhte Loyalität der alten politischen Elite.[30]

Nachdem so die Loyalität gesichert schien, erhielten die Regionen durch einen Präsidialerlass im Sommer 2005 einen Teil ihrer politischen Kompetenzen zurück. Der Schwerpunkt war dabei die Sozialpolitik.[31] Putin gestand den Regionen zu, die Durchführung der laufenden Verwaltungsreform bis zum Jahre 2008 auszusetzen. Ferner schlug der Präsident die Bildung einer »erweiterten föderalen Regierung« vor, in die alle Gouverneure aktiv einbezogen werden sollen. Der politische Preis, den die Gouverneure zahlen müssen, ist allerdings hoch. Von nun an sind sie für den gesamten Bereich der sozialen Reform zuständig. In den ersten Monaten des Jahres 2005, als allein das Zentrum für diese Fragen zuständig war, hatte die Politik des Sozialabbaus (»Monetarisierung von Sozialleistungen und Reformen in der Wohnungs- und Kommunalwirtschaft«) massive Proteste in der russischen Bevölkerung ausgelöst. Die Proteste waren nicht nur Folge der groben handwerklichen Fehler, die der Kreml gemacht hatte, sondern vor allem auch Ergebnis der Entmündigung der Regionen, die an der gegebenen Situation kein Interesse mehr daran hatten, der Reform, mit der der Kreml sich übernommen hatte, zum Erfolg zu verhelfen.

Putins Neuordnung der Zuständigkeiten zeigt die Absicht des Kremls, den Gouverneuren durch Übertragung erweiterter Kompetenzen die Hauptverantwortung für die soziale und wirtschaftliche Situation in den Regionen zuzuschieben. Insgesamt gehen 129 Aufgabenbereiche in die Zuständigkeit der Gouverneure über. U.a. ging es dabei um die Stellenbesetzung in den territorialen Organen föderaler Behörden, wie z.B. des Innenministeriums, des Ministeriums für Kata-

---

29 Mehr dazu siehe in Abschnitt 1.1.3.2.
30 Petrov, Nikolaj: Naznačenija gubernatorov. Itogi pervogo goda. Brifing Moskovskogo Centra Karnegi, 3/2006, im Internet veröffentlicht unter: http://www.carnegie.ru/ru/pubs/briefings/Briefing-2006-03-web2.pdf; Golosov, Grigorii, V.: Die Abschaffung der Gouverneurswahlen, in: Russlandanalysen, 74/2005, im Internet veröffentlicht unter: http://www.russlandanalysen.de/content/media/Russlandanalysen74.pdf, S. 2–8; Ettner, Hagen: Putin und Matrjoschkas – das Ende des russländischen Föderalismus, in: Ost-West Gegeninformationen, 1/2006, S. 26–30.
31 Präsidialerlass »Voprosy vzaimodejstvija i koordinacii dejatel'nosti organov ispolnitel'noj vlasti sub"ektov RF i territorial'nych organov federal'nych organov ispolnitel'noj vlasti« vom 02.07.2005, im Internet veröffentlicht unter: http://document.kremlin.ru/doc.asp?ID=028513.

strophenschutz und des Justizministeriums. Die Gouverneure können nun unerwünschte Kandidaten für diese Posten ablehnen. Das bezieht sich allerdings nicht auf die territorialen Vertreter des Föderalen Sicherheitsdienstes und des Verteidigungsministeriums.

Hinzu kommt, dass die Abgabe der Zuständigkeiten an die Regionen nur bedingt erfolgt. Sie ist an die Lösung konkreter strategischer, sozialer und wirtschaftlicher Aufgaben gekoppelt – wie etwa die Verdopplung des Bruttoinlandsprodukts oder die Bekämpfung der Armut. Wenn die Gouverneure keine Erfolge vorzuweisen haben, wird das Zentrum entsprechende Maßnahmen einleiten – bis hin zur Entlassung des erfolglosen Gouverneurs. Wie Stoner-Weiss treffend bemerkte »wurde nach einer sowjetische Lösung für die postsowjetischen Probleme gesucht.«[32]

Im September 2005 legte eine Arbeitsgruppe unter Leitung des Präsidialbevöllmachtigten im Südlichen Bezirk, Dmitrij Kozak, einen insgesamt 30 Indikatoren umfassenden Bewertungskatalog für die Tätigkeit der Gouverneure vor. Erfasst werden vor allem die wirtschaftliche, soziale und finanzielle Entwicklung der Region. Gemäß der Vorschläge der Arbeitsgruppe soll jeder Gouverneur bei der Vorlage des regionalen Haushalts eine Prognose über die regionale Entwicklung gemäß dieser 30 Kriterien präsentieren und am Ende des Jahres einen Rechenschaftsbericht vorlegen. Auf dieser Grundlage wird vom Präsidenten und seinem föderalen Stellvertreter entschieden, ob der Gouverneur im Amt bestätigt wird.[33] Präsident Putin hat seine Unterstützung für die Einführung des Bewertungskatalogs erklärt. Bis Ende des Untersuchungszeitraums gab aber keine entsprechende Gesetzesinitiative.

Im Rahmen verschiedener Initiativen zur Einschränkung der politischen Handlungsspielräume der Regionen wurden unter Präsident Wladimir Putin auch Pläne entwickelt, neun Autonome Bezirke mit den sie umgebenden Regionen zusammenzulegen. Da zwei der in den folgenden Fallstudien behandelten vier Regionen von diesen Plänen betroffen sind, sollen sie hier ausführlicher vorgestellt werden. Begründet wurden die geplanten Zusammenlegungen offiziell mit der Beseitigung bestehender Widersprüche rechtlicher, politischer und wirtschaftlicher Natur innerhalb der zusammenzulegenden Regionen. Außerdem sollte die

---

32 Stoner-Weiss, Kathyn: Pričiny nepokornosti rossijskich regionov central'noj vlasti: in: Institut prava i publičnoj politiki (Hg.): Strana posle kommunizma: gosudarstvennoe upravlenie v novoj Rossii, T. 2, Moskau 2004, S. 60–88, hier S. 78.

33 Mehr dazu siehe: Barachova, Alla / Tirmaste, Maria-Luisa: Dmitrij Kozak spustil prezidentov s gor na zemlju, in: Kommersant'', 24.09.2005, im Internet veröffentlicht unter: http://www.kommersant.ru/doc.html?docId=611855; Gajdar, E. / Sinel'nikov-Murylev, S. / Glavackaja, N. (Hg.): Rossijskaja ėkonomika v 2005 g. Tendencii i perspektivy, Institut perechodnogo perioda, Moskau 2006, im Internet veröffentlicht unter: http://www.iet.ru/files/text/trends/2005/2005.pdf?PHPSESSID=3943f9484bb0, S. 122–123.

gesunkene Zahl der Regionen die Effektivität der föderalen Leitung erhöhen und die Probleme mit den alten regionalen Eliten lösen. Zudem sollte so die Zahl der »armen« Regionen gesenkt werden, die ihre Ausgaben vor allem mit Hilfe von Subventionen aus dem föderalen Haushalt bestritten.

Die Zusammenlegung wurde auch von einigen Gouverneuren unterstützt, die hofften, auf diese Weise ihre Region vergrößern zu können. Dies ist ein wichtiger Faktor, da fünf der betroffenen Autonomen Bezirke einen großen Ressourcenreichtum aufweisen. Der Autonome Bezirk der Jamal-Nenzen ist die Hauptregion für die Erdgasproduktion Russlands, die Autonomen Bezirke der Dolganen und Nenzen von Taimyr und Ewenken gehören zu den führenden Produzenten von Edel- und Buntmetallen; der Autonome Bezirk der Korjaken ist der zweitgrößte russische Platinumproduzent, der Autonome Bezirk der Chanten und Mansen beherbergt die Hälfte der russischen Erdölreserven.

2001 wurde ein föderales Gesetz über das Verfahren zur Bildung der neuen Regionen beschlossen. Das Verfahren sieht folgende Schritte vor: Zuerst müssen die betroffenen Regionalverwaltungen sich auf eine gemeinsame Verwaltungsstruktur und Regionalpolitik einigen, die in einem offiziellen Abkommen festgeschrieben werden. Das Abkommen geht dann als Vorschlag an den russischen Präsidenten, der das Parlament und die Regierung informiert. Stimmt der Präsident dem Vorschlag zur Zusammenlegung zu, muss er durch ein Referendum in den betroffenen Regionen bestätigt werden. Wird in allen Regionen zugestimmt, leitet der Präsident den Vorschlag zur Zusammenlegung in Form eines Verfassungsgesetzes an das föderale Parlament weiter. Nach der Verabschiedung des Gesetzes kann die Zusammenlegung durchgeführt werden.

Die vom Kreml geplanten Zusammenlegungen sind jedoch auf erhebliche Widerstände gestoßen und kommen nur langsam voran. Insbesondere die Gouverneure der wirtschaftlich starken Autonomen Bezirke opponierten gegen die Zusammenlegungen. Erst als das Zentrum über das Recht zur Ernennung der Gouverneure und über eine Neuregelung des regionalen Finanzausgleichs zusätzliche Druckmittel erhielt, bekamen die Projekte neue Dynamik.

Bisher wurden drei Projekte der Zusammenlegung von Regionen durchgeführt. Dies sind die Zusammenlegung des Gebietes Perm mit dem Autonomen Bezirk der Komi-Permjaken zum Bezirk Perm (2005); die Eingliederung des Autonomen Bezirkes der Dolganen und Nenzen von Tajmyr sowie des Autonomen Bezirks der Ewenken in den Bezirk Krasnoyarsk (2007); die Zusammenlegung des Gebietes Kamtschatka mit dem Autonomen Bezirk der Korjaken (2007). Damit ist die Zahl der Regionen der Russischen Föderation zum Stand Juli 2007 von 89 auf 85 gesunken.[34]

---

34   Kusznir, Julia: Die russische Territorialreform. Die Zusammenlegung von Regionen im politischen Kontext, in: Russlandsanalysen 90/2006, im Internet veröffentlicht unter:

1.1.2. Fiskalische Arrangements zwischen dem föderalen Zentrum und den Regionen

1.1.2.1. Die Entwicklung des fiskalischen Föderalismus 1991–1998

Die Entwicklung des post-sowjetischen Systems des fiskalischen Föderalismus begann 1991. Die wirtschaftliche Dezentralisierung Russlands führte zu einer Umverteilung realer Vollmachten hin zu den Regionen. Dies geschah nicht als Folge von Reformen oder Änderungen in der föderalen Gesetzgebung, sondern aufgrund der Schwächung des Zentrums und seiner Unfähigkeit, dem größten Teil der bisherigen Zahlungsverpflichtungen nachzukommen.

Im Rahmen bilateraler Verträge mit dem Zentrum erhielten die regionalen Gouverneure Entscheidungskompetenzen für ihre Regionen und die Kontrolle über einen großen Teil des staatlichen Eigentums und der Finanzressourcen ihrer Regionen. Die finanzstarken Regionen strebten während der post-sowjetischen Wirtschaftskrise danach, ihre Steuertransfers in den föderalen Haushalt zu reduzieren. Einige Republiken wie Tatarstan, Baschkortostan und die Republik Sacha (Jakutien) überwiesen keine Steuern mehr in den föderalen Haushalt und verlangten den Übergang zur Zahlung in Form eines einmaligen Transfers auf vertraglicher Basis.

Bereits Ende 1991 verlor das Zentrum teilweise seine Kontrolle über die staatliche Geldemission und die Umsetzung des föderalen Haushaltes. Da die Steuerzahlungen in den föderalen Haushalt drastisch zurückgingen, fing das Zentrum an, einige Zahlungsverpflichtungen (Subventionen für das öffentliche Verkehrswesen und kommunale Dienstleistungen, soziale Unterstützung der Bevölkerung u.a.) auf die regionale Ebene zu übertragen. Dabei wurde die Finanzhilfe aus dem föderalen Haushalt für die oben genannten Ziele bis auf 1% des Gesamtumfangs des Haushalts reduziert.[35] Die Verlangsamung der Desintegration der verschiedenen Haushaltsebenen gelang mit der Annahme einer Reihe föderaler Gesetze, in denen die Unabhängigkeit der Haushalte verschiedener Ebenen und die Grundlagen des russischen Steuersystems festgelegt wurden.[36]

---

http://www.russlandanalysen.de/content/media/Russlandanalysen90.pdf, S. 2–7; Ettner, Hagen: Putin und Matrjoschkas – das Ende des russländischen Föderalismus, in: Ost-West Gegeninformationen, 1/2006, S. 26–30.

35 Neščadin, Andrej: Einheit der Reformen oder Reform der Einheit, in: Segbers, Klaus (Hg.): Rußlands Zukunft: Räume und Regionen, Baden-Baden 1994, S. 75–98, hier S. 81.

36 Föderales Gesetz »Ob osnovach bjudžetnogo ustrojstva i bjudžetnogo processa v RF« vom 10.10.1991, veröffentlicht in: Vedomosti Soveta narodnych deputatov RSFSR i Verchovnogo Soveta RSFSR, 46/1991, St. 1543). Föderales Gesetz »Ob osnovach nalogovyj sistemy v RF« vom 27.12.1991, veröffentlicht in: Vedomosti Soveta narodnych deputatov RSFSR i Verchovnogo Soveta RSFSR, 11/1992, St. 52.

1.1. DIE RUSSISCHEN REGIONEN IM FÖDERALEN SYSTEM

Das russische Steuersystem wurde in drei Ebenen aufgeteilt: föderale, regionale und lokale. Die Entscheidungskompetenzen für die Erhebung der wichtigsten Steuerarten (Festsetzung der Steuersätze, Regeln für Steuervergünstigungen usw.) und die Regulierung des Transfers der Einnahmen aus föderalen Steuern in die regionalen Haushalte wurde dem Zentrum übertragen. Die Finanzautonomie der Regionen wurde wesentlich begrenzt. Die Regionen verloren die Kontrolle über ihre Haushaltseinnahmen. Sie konnten damit nur noch die Ausgabenseite ihrer Haushalte beeinflussen. Gleichzeitig wurden die Finanzbehörden der Regionen nicht nur den Regionalverwaltungen, sondern auch dem föderalen Finanzministerium unterstellt. Finanzhilfen aus dem föderalen Haushalt wurden Regionen nur zugeteilt, wenn ihre Steuereinnahmen[37] unterhalb der zwischen Zentrum und Regionen vertraglich festgelegten Mindestgrenze lagen.

Die neue russische Verfassung von 1993 ermöglichte Reformen des Systems des fiskalischen Föderalismus. Die Artikel 71 und 72 der Verfassung regeln die allgemeinen Kompetenzen der föderalen, regionalen und lokalen Ebene. Außerdem wurden Verträge geschlossen zwischen dem Zentrum und den Regionen, die ihren Verpflichtungen zum Transfer von Steuereinnahmen in den föderalen Haushalt nicht nachgekommen waren. Diese Verträge legten konkrete Bedingungen für die Steuerabführung in den föderalen Haushalt fest. Im föderalen Haushalt wurde der Fonds für die finanzielle Unterstützung der Regionen eingerichtet. Die Finanzierung dieses Fonds aus dem föderalen Anteil an den Mehrwertsteuereinnahmen wurde im föderalen Haushaltsgesetz jährlich festgeschrieben. Die Verteilung der Mittel aus diesem Fonds erfolgte nach allgemeingültigen Prinzipien, die sich am Steuerpotential und den Ausgaben der Regionen orientierten. Von 1994 bis 1998 wurden aus diesem Fonds jährlich 70 bis 80 der insgesamt 89 Regionen subventioniert.

Zwischen Zentrum und Regionen wurde die Aufteilung der nationalen Steuereinnahmen festgelegt. Der Anteil der Regionen an den Einnahmen des konsolidierten Staatshaushalt aus den drei grundlegenden nationalen Steuern hat sich zwischen 1994 und 1998 faktisch nicht verändert und belief sich auf 25% der Mehrwertsteuer, 22–25% der Gewinnsteuer und 90–100% der Einkommenssteuer. Die Regionen erhielten das Recht zur Aufteilung der vom Zentrum erhaltenen Finanzmittel zwischen der regionalen und der lokalen Ebene. Außerdem durften sie bis 1996 zusätzliche Steuern in ihrer Region einführen, darunter zusätzliche 5% Gewinnsteuer, die direkt beim regionalen Haushalt verblieben.[38]

---

37 Dies sind die von den Regionen selbst erhobenen Steuern sowie ihr Anteil an den nationalen Steuern.

38 Föderaler Präsidialerlass »O formirovanii respublikanskogo bjudžeta RF i otnošenijach s bjudžetami sub"ektov RF v 1994 g.« vom 22.12.1993, veröffentlicht in: Sobranie Aktov Presidenta i Pravitel'stva RF, 52/1993, St. 5074.

Ein Grund für die ineffiziente Entwicklung des fiskalischen Föderalismus war die Überwälzung einer Reihe von Zahlungsverpflichtungen vom föderalen auf die regionalen und lokalen Haushalte, darunter Sozialhilfeleistungen sowie Zuschüsse für die Kommunalwirtschaft.[39] Dabei wurden die Finanzmittel für diese Zwecke nicht gleichmäßig zwischen den Regionen aufgeteilt. Bevorzugt berücksichtigt wurden die Zahlungsverpflichtungen, die sich aus den individuellen Verträgen zwischen dem Zentrum und den reichen Regionen ergaben, die ihrerseits das Zentrum für diese Vorzugsbehandlung finanziell unterstützten. Dadurch ergab sich eine starke Disproportionalität zugunsten der reichen Regionen. Während die Pro-Kopf-Einnahmen der reichsten Region 1991 gerade 12% über den Pro-Kopf-Einnahmen der ärmsten Region gelegen hatten, belief sich dieser Wert 1998 bereits auf 30%.[40]

Gleichzeitig kam es zu einer weitgehenden Demonetarisierung vieler regionaler Haushalte. Die Mängel der staatlichen Haushaltspolitik nahmen einen chronischen Charakter an. Die Pläne für Steuererhebungen und Steuerzahlungen wurden nicht erfüllt, Verzögerungen bei der Auszahlung von Arbeitslöhnen an staatliche Angestellte und Unterstützungszahlungen wurden häufiger. Die Verbindlichkeiten der regionalen und lokalen Haushalte für erhaltene Leistungen (darunter Zahlungen für Strom usw.) stiegen.[41]

Die in der zweiten Hälfte der 1990er Jahre vorgenommenen Verbesserungen der Gesetze zum Übergang von der individuell ausgehandelten Verteilung der Finanzmittel zu einer allgemeingültigen Regelung waren inkonsequent und blieben ohne große Bedeutung. Es fehlten Richtlinien, die den subnationalen Ebenen das Recht garantierten, Umfang, Struktur und Prioritäten der Ausgabenseite ihrer Haushalte selbständig zu bestimmen. Stattdessen stand der Mechanismus des Finanzausgleichs zwischen den regionalen Haushalten im Mit-

---

39 Nach Angaben des russischen Finanzministeriums entsprach allein der Umfang der 25 wichtigsten auf diese Weise übertragenen Zahlungsverpflichtungen im Jahre 1999 etwa 60% der tatsächlichen Ausgaben des konsolidierten Haushalts der Regionen und der Gesamtumfang dieser Zahlungsverpflichtungen belief sich auf 170%. Christenko, V.: Reforma mežbjudžetnych otnošenij: novye zadači, in: Voprosy Ėkonomiki, 8/2000, S. 4–14, hier S. 5.

40 Zu diesen bevorzugten Regionen gehörten Moskau, Sankt Petersburg, die Gebiete Samara und Tjumen, Republik Sacha und der Bezirk Krasnojarsk, die im Rahmen des regionalen Finanzausgleichs die wesentlichen Geberregionen waren. Bikalova, Nadežda: Intergovernmental Fiscal Relations in Russia, in: Finance & Development, September 2001, S. 36–39, hier S. 37.

41 Gorokhovskij, Bogdan: Non-monetäre Steuerzahlungen im post-sowjetischen Russland, in: Höhmann, Hans-Hermann / Fruchtmann, Jakob / Pleines, Heiko (Hg.): Das russische Steuersystem im Übergang. Rahmenbedingungen, institutionelle Veränderungen, kulturelle Bestimmungsfaktoren, Bremen 2002, S. 174–194.

telpunkt, der auf der zentralisierten Umverteilung von Haushaltsmitteln basierte. Dabei wurden zwischen Zentrum und Regionen informelle Verhandlungen geführt und zusätzliche Vergünstigungen ausgehandelt.[42]

1.1.2.2. Das Reformkonzept 1999 – 2001

Grundlage der folgenden Reformen des fiskalischen Föderalismus war ein Konzept der Regierung für den Zeitraum 1999 bis 2001,[43] welches das erste zumindest mittelfristige Programm in diesem Bereich wurde. Zum Jahresanfang 2000 trat dann der föderale Haushaltskodex in Kraft, in dem eine Reihe von Einschränkungen und Forderungen für Haushalte und Haushaltspolitik der Regionen festgelegt wurde. Ziel war dabei nicht mehr der Finanzausgleich zwischen den regionalen Haushalten, sondern die Finanzmittel wurden zweckgebunden verteilt. Der Transfer der föderalen Finanzhilfen erfolgte über fünf Kanäle: den Fonds für die finanzielle Unterstützung der Regionen, den Kompensationsfonds, den Fonds für regionale Entwicklung, den Fonds zur Reform der regionalen Finanzen und den Fonds für die gemeinsame Finanzierung sozialer Aufgaben.[44]

Im Rahmen der Realisierung des Regierungskonzepts zur Reform des fiskalischen Föderalismus wurde auch eine Inventur der »föderalen Mandate« und der Rechtsnormen zur Regulierung der Ausgaben der Haushalte aller Ebenen durchgeführt. Anschließend wurde beschlossen, in den Haushalt keine Ausgabeposten aufzunehmen, für die keine Finanzquelle existierte. Es wurde den regionalen und den lokalen Verwaltungen empfohlen, die gleichen Prinzipien bei der Aufstellung ihrer Haushalte anzuwenden.[45]

Im Zuge der Umsetzung der Konzeption wurde außerdem eine ständige trilaterale Arbeitsgruppe zur »Vervollkommnung der Beziehungen zwischen den Haushalten« eingerichtet, an der Vertreter der Regierung, der Staatsduma und des Föderationsrates teilnahmen. In der Diskussion der Entwürfe für die föderalen Haushalte 1999–2000 traf diese Gruppe Entscheidungen über die Verteilung von Finanzhilfen. Bei der Berechnung der Transferzahlungen lässt sich ein all-

---

42   Trunin, I. / Zolotarova, A.: Bjudžetnyj federalizm v Rossii: problemy, teoria, opyt, Moskau 2001, im Internet veröffentlicht unter: http://www.jet.ru/special/cepra/federalizm/federalizm.html-1K-02.10.2001.

43   Das Konzept wurde festgeschrieben in der Regierungsverordnung »O koncepcii reformirovanija mežbjudžetnych otnošenij v RF v 1999–2001 gg.« vom 30.07.1998, veröffentlicht in: Sobranie zakonodatel'stva RF, 32/1998, Nr. 3905.

44   Zu den Fonds siehe: Lavrov, A. / Klimanov, V. / Oniščenko, V.: Perspektivy reform bjudžetnoj sistemy na regional'nom urovne, in: Ėkonomist, 8/2001, S. 77–82, hier S. 79–82.

45   Trunin, I. / Zolotarova, A.: Bjudžetnyj federalizm v Rossii: problemy, teoria, opyt, Moskau 2001, im Internet veröffentlicht unter: http://www.jet.ru/special/cepra/federalizm/federalizm.html-1K-02.10.2001.

mählicher Übergang von der Verwendung individueller Kennzahlen hin zu einer Abstimmung mit den Mitgliedern der Arbeitsgruppe und den Vertretern der regionalen Finanzbehörden feststellen. Dies bewirkte eine drastische Reduzierung der Finanzhilfen für einige Regionen. Die entsprechenden Entscheidungen wurden anschließend von der Staatsduma und dem Föderationsrat im Gesetzgebungsprozess bestätigt.

Die Kontrolle über die Einhaltung der regionalen Haushaltspläne wurde deutlich verstärkt. Nach Artikel 153 des zum Jahresanfang 2000 in Kraft getretenen Haushaltskodex ist die Bundeskasse berechtigt, die Kontrolle über die Umsetzung regionaler und lokaler Haushalte zu übernehmen, falls entsprechende Haushaltsvereinbarungen getroffen worden sind. Außerdem erhielten föderale Behörden das Recht, leitende Angestellte der Regionalverwaltungen zu entlassen, falls diese die föderale Gesetzgebung in ihrer Region missachteten.[46]

Das System der gegenseitigen Schuldenverrechnung zwischen regionalem und föderalem Haushalt wurde überprüft. Mit der Verrechnung der gegenseitigen Forderungen wurden die regionalen Vertretungen der Bundeskasse beauftragt. Von 1998 bis 2001 gelang dann eine deutliche Verbesserung der Haushaltspraktiken der Regionen. Der Umfang der Schuldenverrechnungen sank von 34% der regionalen Einnahmen auf nur noch 4%. Die regionalen Lohnschulden gingen von 12,7 Mrd. Rubel auf 1,5 Mrd. Rubel zurück.[47]

Der neue Steuerkodex änderte die Proportionen der Verteilung der Steuereinnahmen zwischen den Haushalten der verschiedenen Ebenen. Die Mehrwertsteuer wurde nun vollständig in den föderalen Haushalt gezahlt, die Regionen erhielten die gesamte Einkommenssteuer. Einen Überblick über die Aufteilung der gemeinsamen Steuereinnahmen gibt Tabelle 1.1.[48]

---

46   Christenko, V.: Reforma mežbjudžetnych otnošenij: novye zadači, in: Voprosy Ėkonomiki, 8/2000, S. 4–14.

47   So Finanzminister Kudrin, A.L.: Ob itogach ispolnenija federal'nogo bjudžeta za 2000 g. i zadačach organov finansovoj sistemy RF za 2001 g. i na srednesročnuju perspektivu, im Internet veröffentlicht unter: http://www1.minfin.ru/off_inf/kudrin.htm.

48   Die Verteilung der Steuer zwischen dem föderalen Zentrum und den Regionen im Bereich der Erdöl- und Erdgasindustrie wird im Kapitel 2 detailliert vorgestellt.

1.1. DIE RUSSISCHEN REGIONEN IM FÖDERALEN SYSTEM

Tabelle 1.1: Die Aufteilung der Steuereinnahmen zwischen den Haushaltsebenen

Steuer		Föderaler Haushalt	Regionale Haushalte	Lokale Haushalte
Mehrwertsteuer	Bis 2000	85%	15%	0%
	Ab 2001	100%	0%	0%
Einkommenssteuer	Bis 2000	16%	84%	0%
	Ab 2001	1%	99%	0%
Gewinnsteuer	Bis 2000	Steuersatz von 11%	Steuersatz von bis zu 11%	0%
	Ab 2001	65%	30%	5%
Verbrauchssteuern auf Spirituosen		50%	50%	0%
Verbrauchssteuern auf Importe, mineralische Rohstoffe, Brennstoffe und Autos		100%	0%	0%
Übrige Verbrauchssteuern		0%	100%	0%
Steuer auf den Kauf von Devisen		60%	40%	0%
Grundsteuer		30%	20%	50%
Verkaufssteuer		0%	40%	60%
Einheitssteuer auf den anrechenbaren Ertrag, die von Organisationen bezahlt wird		25% föderaler Haushalt 25% Sozialfonds und Straßenbaufonds	50%	0%
Einheitssteuer auf den anrechenbaren Ertrag, die von Unternehmern bezahlt wird		0%	75% regionale Haushalte 25% außerbudgetäre Fonds	0%

Quelle: Artikel 10 des Gesetzes Nr. 227 FZ »O federal'nom bjudžete na 2000 g.« vom 31.12.1999, veröffentlicht in: Sobranie Zakonadatel'stva 1/2000, St. 10; Brief des Finanzministeriums der Russischen Föderation »O začislenii nalogov i sborov na sčet No. 40101 i ich raspredelenie v porjadke mežbjudžetnogo regulirovanija« vom 28.01.2001, im Internet veröffentlicht unter: http://moscow.clever.net/labas/dokument.html?dos=32233; Artikel 9 des Gesetzes Nr. 150-FZ »O federal'nom bjudžete na 2001 g.« vom 27.12.2000, veröffentlicht in: Sobranie Zakonodatel'stva 1/2001, St. 2.

1.1.2.3. Das Reformkonzept 2002 – 2005

In dem 2001 verabschiedeten Konzept der Regierung zur Entwicklung des fiskalischen Föderalismus bis 2005 wurden weitere Reformen anvisiert.[49] Ein zentraler Aspekt war dabei die Regulierung der kommunalen Haushalte. Das bisherige

---

49 Föderale Regierungsverordnung »O Programme razvitija bjudžetnogo federalizma v RF na period do 2005 g.« vom 15.08.2001, veröffentlicht in: Sobranie zakonodatel'stva RF, 34/2001, St. 3503.

Fehlen konkreter rechtlicher Vorschriften hatte oft zu Auseinandersetzungen auf lokaler Ebene geführt. Die Haushaltspolitik auf der subnationalen Ebene insgesamt war weiterhin häufig wenig verantwortungsbewusst und geprägt von Versuchen, föderale Zahlungsforderungen und Beschränkungen zu umgehen. Folgen waren u.a. individuelle Steuervergünstigungen, das Umleiten von Geldern in außerbudgetäre Fonds und Manipulationen bei Schuldenverrechnungen. Die Reform des fiskalischen Föderalismus sollte der Beseitigung solcher Nachteile dienen.[50]

Das neue Regierungsprogramm sah außerdem eine Umstellung der staatlichen Einnahmenverwaltung vor. Steuereinnahmen mussten grundsätzlich direkt auf der Haushaltsebene verbleiben, der sie zustehen, das heißt, der Transfer an den föderalen Haushalt mit anschließender Rückzahlung an die subnationale Ebene musste entfallen. In diesem Zusammenhang wurden die föderalen Vorschriften zur Aufteilung der Steuereinnahmen zwischen den verschiedenen Haushaltsebenen abgeschafft, so auch die Verteilung 50:50, die oft zu Konflikten geführt hat. Das Programm sah vor, dass die Regionen das Recht erhalten, zusätzliche Steuersätze in Ergänzung zu den föderalen Sätzen festzulegen. Gleichzeitig konnten die Regionen und Kommunen wählen, ob sie ihre Finanzen durch die jeweiligen Vertretungen der Bundeskasse bzw. des Steuerministeriums verwalten lassen oder ob sie eigene Haushalts- und Steuerorgane schaffen möchten, die auf Grundlage einer Genehmigung (Zertifizierung) durch die föderalen Organe arbeiten. Gleichzeitig wurde aber eine Reihe weiterer regionaler Steuern entweder dem föderalen Zentrum übergeben, wie etwa die Verbrauchsteuer auf Tabakwaren und die Wassersteuer, oder abgeschafft, wie die Umsatzsteuer und andere Einnahmen, die dem regionalen Haushalt gehörten. Zum Ausgleich dieses Steuerverlusts wurden von der föderalen Regierung verschiedene finanzielle Hilfen eingeführt.[51]

Um föderale Finanzhilfen für subnationale Haushalte gerecht zuteilen zu können, hat das Programm die Einführung neuer Anreizmechanismen vorgesehen. Falls die Einnahmen subnationaler Haushalte steigen oder Haushaltsmittel eingespart werden, müssen diese zusätzlichen Finanzmittel nicht an die übergeordneten Haushalte abgeführt werden. Entsprechend werden zusätzliche Ausgaben nicht aus übergeordneten Haushalten kompensiert. Diese Strategie sollte die Verwaltungen dazu motivieren, ihre Abhängigkeit von übergeordneten Haus-

---

50 Vgl. Christenko, V.: Reforma mežbjudžetnych otnošenij: novye zadači, in: Voprosy Ėkonomiki, 8/2000, S. 4–14, S. 5–6.
51 Mehr bei: Gajdar, E. / Sinel'nikov-Murylev, S. / Glavackaja, N. (Hg.): Rossijskaja ėkonomika v 2005 g. Tendencii i perspektivy, Institut perechodnogo perioda, Moskau 2006, im Internet veröffentlicht unter: http://www.iet.ru/files/text/trends/2005/2005.pdf?PHPSESSID=3943f9484bb0, S. 85–87.

1.1. DIE RUSSISCHEN REGIONEN IM FÖDERALEN SYSTEM

halten zu reduzieren und die Effizienz ihrer eigenen Haushaltspolitik zu steigern. Die gesetzlichen Beschränkungen bezüglich der Defizite und Neuverschuldung subnationaler Haushalte blieben bestehen. Falls subnationale Haushalte ihre Zahlungsverpflichtungen gegenüber der Bevölkerung, gegenüber Empfängern von Haushaltsmitteln oder unter Verletzung föderaler Gesetze nicht erfüllten, konnte eine externe Finanzverwaltung eingeführt werden. Eine entsprechende Regelung wurde in den Haushaltskodex aufgenommen.

Zusätzlich wurde mit der Entwicklung von Minimalanforderungen an staatliche Haushalte, etwa in den Bereichen Haushaltsklassifikationen, Buchführung und Zahlungsmodalitäten begonnen. Parallel wurde die Erstellung eines best codex mit Gütekriterien für staatliche Haushaltspolitik geplant. Nur Regionen, die diese Kriterien erfüllen, sollen das Recht haben, zusätzliche Finanzhilfen aus dem föderalen Haushalt und von internationalen Finanzorganisationen zu erhalten.

Ein weiterer Schwerpunkt des neuen Reformprogramms war die Reduzierung »nicht finanzierbarer föderaler Zahlungsverpflichtungen«. Die Subventionierung der Kommunalwirtschaft musste schrittweise abgebaut werden. Die Wohnungsnebenkosten mussten dann von der Bevölkerung voll bezahlt werden.[52] Härtefallregeln sollten von den Regionen mit Hilfe von Transfers aus dem föderalen Haushalt finanziert werden.

Die im Regierungsprogramm zur Reform des fiskalischen Föderalismus vorgeschlagenen Maßnahmen führten zu einer zielgenaueren und besser kontrollierbaren Verteilung föderaler Haushaltsmittel. Zu den positiven Aspekten gehören z.B. die wesentliche Reduzierung der gegenseitigen Schuldenverrechnung auf nur noch 0,01% des BIP im Jahr 2005.[53] Die Reformen führten jedoch nicht automatisch zur Beseitigung der grundlegenden Defizite des fiskalischen Föderalismus in Russland. Ein zentrales Problem des Systems ist die Verteilung von Haushaltskompetenzen und Steuereinnahmen. So ist es etwa immer noch nicht gelungen, die seit 1998 anhaltende Verringerung der Einnahmen der regionalen Haushalte zu stoppen. Wie Tabelle 1.2. zeigt, wurde der in Artikel 48 des Haushaltskodex vorgeschriebene regionale Mindestanteil an den gesamten Steuereinnahmen von 50% seit 1999 nicht mehr erreicht. Der regionale Anteil im konsolidierten Haushalt ist vielmehr von 56,6% im Jahr 1998 auf 30,9% im

---

52 1997 zahlte die Bevölkerung im Durchschnitt ein Drittel der Wohnungsnebenkosten. 2001 waren es bereits zwei Drittel (http://www.comhoz.ru/News/News-Dai Cy12/421201st.1.htm).

53 Gajdar, E. / Sinel'nikov-Murylev, S. / Glavackaja, N. (Hg.): Rossijskaja ėkonomika v 2005 g. Tendencii i perspektivy, Institut perechodnogo perioda, Moskau 2006, im Internet veröffentlicht unter: http://www.iet.ru/files/text/trends/2005/2005.pdf?PHPSE SSID=3943f9484bb0, S. 90.

Jahre 2005 gesunken. Hier ist deutlich die Tendenz zur Zentralisierung der Einnahmen im föderalen Haushalt zu sehen.

Tabelle 1.2: Anteil der Föderation und der Regionen an den Einnahmen des konsolidierten Staatshaushaltes 1992–2005 (in %)

	1992	1993	1994	1995	1996	1997	1998	1999	2000	2001	2002	2003	2004	2005
Föderale Steuereinnahmen	55,8	46,9	46,6	52,4	50,5	46,9	43,4	50,8	56,5	62,6	64,9	60,4	63,9	69,1
Regionale Steuereinnahmen	44,2	53,1	53,4	47,6	49,5	53,1	56,6	49,2	43,5	37,4	35,1	39,6	36,1	30,9
Regionale Einnahmen*	44,1	53,1	52,9	47,6	49,5	53,1	54,0	48,9	45,4	40,1	37,4	37,6	34,1	33,8
Regionale Ausgaben	34,0	40,3	37,7	43,4	45,4	48,1	54,1	51,9	54,4	54,2	49,3	50,0	50,8	49,5

Anmerkungen: * ohne finanzielle Hilfe aus dem föderalen Haushalt und Einnahmen von den föderalen Haushaltsfonds.
Quelle: Gajdar, E. / Sinel'nikov-Murylev, S. / Glavackaja, N. (Hg.): Rossijskaja ėkonomika v 2005 g. Tendencii i perspektivy, Institut perechodnogo perioda, Moskau 2006, im Internet veröffentlicht unter: http://www.iet.ru/files/text/trends/2005/2005.pdf?PHPSESSID =3943f9484bb0, S. 83.

Ein weiteres Problem sind die weichen Haushaltsbeschränkungen, die zu einer disproportionalen Verteilung der föderalen Finanzhilfen an die Regionen führen. Der seit 2003 verteilte Umfang der finanziellen Ressourcen an die Regionen ist wesentlich höher als in den föderalen Haushaltsgesetzen jeweils vorgesehen. (siehe Tabelle 1.3.). Zentrale Ursache für die zusätzlichen Zahlungen ist die Unfähigkeit vieler Regionen, grundlegende Sozialleistungen aus den regulären Einnahmen vollständig zu finanzieren.[54] Zudem war die zusätzliche Finanz-

---

54 So wurden z.B. die im föderalen Haushalt 2005 vorgesehenen Zahlungen an die Regionen um 80% erhöht. Von den Mehrausgaben wurde mehr als die Hälfte für den Ausgleich der regionalen Haushalte ausgegeben und weitere 19% für die Unterstützung der Reformen in der Wohnungs- und Kommunalwirtschaft auf der regionalen Ebene. Weitere 5% wurden für die Realisierung des föderalen Programms »Sozial-wirtschaftliche Entwicklung der Republik Tatarstan bis 2006« verwendet, 4% für den Kompensationsfonds (finanzielle Mittel für die Erfüllung der zusätzlichen regionalen Kompetenzen in den Bereichen Umweltschutz, Personalstandsmeldungen und den Sekundärschulbereich), 3% für die Kompensation der finanziellen Ausgaben der Bevölkerung für die Wohnungsnebenkosten. Gajdar, E. / Sinel'nikov-Murylev, S. / Glavackaja, N. (Hg.): Rossijskaja ekonomika v 2005 g. Tendencii i perspektivy, Institut perechod-

hilfe für die regionalen Haushalte oft politisch motiviert, z.B. im Hinblick auf föderale und regionale Wahlen.[55]

Tabelle 1.3: Ausgaben aus dem föderalen Haushalt für Finanzhilfen an die russischen Regionen (in Mrd. Rubel)

	2002	2003	2004	2005
Vorgesehen im Gesetz über den föderalen Haushalt vor dem Anfang des Finanzjahres	239	258	274	379
Vorgesehen im Gesetz über den föderalen Haushalt am Ende des Finanzjahres	249	348	347	446
Erhöhung im Verlauf des Finanzjahres (in %)	*4*	*34*	*27*	*18*

Quelle: Gajdar, E. / Sinel'nikov-Murylev, S. / Glavackaja, N. (Hg.): Rossijskaja ėkonomika v 2005 g. Tendencii i perspektivy, Institut perechodnogo perioda, Moskau 2006, im Internet veröffentlicht unter: http://www.iet.ru/files/text/trends/2005/2005.pdf?PHPSESSID=3943f9484bb0, S. 93.

2005 begann die Präsidialadministration in einer gemeinsamen Arbeitsgruppe mit dem Finanzministerium unter Leitung des Präsidialbevöllmachtigten im Südlichen Bezirk, Dmitrij Kozak, die Kontrolle über die Realisierung der regionalen Haushalte zu verstärken. Das Finanzministerium führte ein Monitoring der regionalen Haushalte ein, das zentrale Kennzahlen überwacht und Obergrenzen für bestimmte Ausgabenposten und für die Gesamtverschuldung festlegt. Zusätzlich werden auch Rahmenbedingungen wie etwa Verwaltungsreform oder Maßnahmen zur Einnahmensteigerung (u.a. Investitionsklima) erfasst.[56] Ende 2005 wurde das erste Monitoring basierend auf dieser Ordnung durchgeführt. Da

---

nogo perioda, Moskau 2006, im Internet veröffentlicht unter: http://www.iet.ru/files/text/trends/2005/2005.pdf?PHPSESSID=3943f9484bb0, S. 95.

55 Z.B. die Erhöhung der finanziellen Hilfe für die Realisierung des föderalen Programms »Sozial-wirtschaftliche Entwicklung der Republik Tatarstan bis 2006«, mehr in ebd., S. 96.

56 Verordnung des föderalen Finanzministeriums »O monitoringe sobljudenija sub"ektami Rossijskoj Federacii trebovanij Bjudžetnogo kodeksa i kačestva upravlenija bjudžetami sub"ektov Rossijskoj Federacii« vom 11.5.2005, im Internet veröffentlicht unter: http://minfin1.metric.ru/fvr/fvr.htm.

jedoch bisher keine Sanktionsmechanismen vorgesehen sind, ist die praktische Relevanz des Monitoring eher begrenzt.[57]

1.1.3. Relevante Akteursgruppen in den russischen Regionen

Natalia Lapina und Alla Tschirikowa, die in den neunziger Jahren begannen, empirische Studien zur Formation der regionalen Eliten zu erstellen, haben über mehrere Jahre an einem Konzept zur Identifizierung regionaler Eliten gearbeitet.[58] In einer Veröffentlichung aus dem Jahre 1999 unterscheiden sie zwei relevante Gruppen mit hohem Einflusspotenzial, eine politisch-administrative und eine Geschäftselite.[59] Unter Berücksichtigung einiger Veränderungen seit dem Amtsantritt von Präsident Putin im Jahr 2000 orientiert sich die vorliegende Arbeit im Wesentlichen an dieser Klassifizierung, die im folgenden Abschnitt ausführlicher beschrieben wird.

Auf Seiten der staatlichen Akteure wird zwischen Politikern und Bürokraten unterschieden, denen bei Entscheidungsprozessen verschiedene Rollen zukommen. Unter Politikern werden diejenigen politischen Kräfte verstanden, die ihre Positionen durch politische Prozesse – etwa als Ergebnis von Wahlen – erhalten oder verlieren. Dagegen ist die Position von Bürokraten in der Regel

---

57 Gajdar, E. / Sinel'nikov-Murylev, S. / Glavackaja, N. (Hg.): Rossijskaja ėkonomika v 2005 g. Tendencii i perspektivy, Institut perechodnogo perioda, Moskau 2006, im Internet veröffentlicht unter: http://www.iet.ru/files/text/trends/2005/2005.pdf?PHPSESSID=3943f9484bb0, S. 120.

58 Sie unterschieden dabei anfangs sieben Einflussgruppen: 1. Gouverneur und seine Umgebung; 2. regionale Verwaltungsspitze; 3. Vertreter föderaler Strukturen in den Regionen; 4. Präsidentenvertreter in den Regionen; 5. Legislative (gesetzgebende Versammlung, Duma, Sowjet); 6. Wirtschaftsvertreter; 7. das organisierte Verbrechen, vgl. Lapina, N. / Tschirikowa, A.: Regionale Machtstrukturen, in: Schulze, Peter W. / Spanger, Hans-Joachim (Hg.): Die Zukunft Rußlands. Staat und Gesellschaft nach der Transformationskrise, Frankfurt 2000, S. 114–125. Ausgenommen von dieser Klassifizierung sind Republiken, die größere politische Selbständigkeit besitzen und als erste eigene Regierungsformen entwickelten. Einige von ihnen sind Präsidialrepubliken (Kalmückien, Tatarstan, Baschkorostan, Jakutien, Tuwa), Republiken mit parlamentarischer Struktur (wie Udmurtien), multiethnische Republiken mit der besonderen Regierungsform einer »kollektiven Partnerschaft«, denen ein auf zwei Jahre gewählter Staatsrat vorsteht; vgl. Lapina, N. / Tschirikowa, A.: Regionale Machtstrukturen, in: Schulze, Peter W. / Spanger, Hans-Joachim (Hg.): Die Zukunft Rußlands. Staat und Gesellschaft nach der Transformationskrise, Frankfurt 2000, S. 114.

59 Lapina, N. / Čirikova, A.: Regional'nye elity RF: Modeli povedenija i političeskoj orientacii, Moskau 1999, S. 13, für eine vereinfachte deutsche Version siehe Tschirikowa, Alla: Regionale Eliten und regionale Machtstruktur, in: Goszka, Gabriele / Schulze, Peter (Hg.): Rußlands Weg zur Zivilgesellschaft, Bremen 2001, S. 127–139, S. 129.

nicht unmittelbar von politischen Machtkonstellationen abhängig.[60] Der Begriff der Wirtschaftseliten schließt sowohl einzelne Unternehmerpersönlichkeiten als auch die sie repräsentierenden Verbandsfunktionäre ein. Im folgenden Abschnitt werden die drei Akteursgruppen auf der regionalen Ebene danach untersucht, welche Interessen und Strategien sie bei der Beeinflussung von politischen Prozessen verfolgen. Darüber hinaus wird im Anschluss daran jeweils konkretisiert, welche Ämter in den russischen Regionen von den einzelnen Akteursgruppen besetzt werden.

1.1.3.1. Wirtschaftseliten

Kontakte zu staatlichen Akteuren werden von Wirtschaftsakteuren in der Regel dann aufgenommen, wenn dies konkrete Vorteile für die Unternehmenstätigkeit und infolgedessen größere Profite verspricht. Politische Kontakte können Unternehmern dazu dienen, möglichst frühzeitig wichtige Informationen über Pläne der Politiker zu erhalten, die für die Entwicklung der Unternehmenstätigkeit wichtig sind. Dabei können die Akteure auch ihre spezifischen Kenntnisse und Erfahrungen bei Änderungen von staatlich gesetzten Rahmenbedingungen einbringen, was dazu beitragen kann, die Effizienz politischer Entscheidungsprozesse zu steigern.[61] Kontakte zur politischen Machtelite werden von der Wirtschaftselite außerdem genutzt, um individuelle Vorteile im Sinne eines rent-seeking zu sichern: Beim rent-seeking streben Unternehmer danach, mit Hilfe staatlicher Akteure Einnahmen (Renten) zu erzielen, die über den auf dem freien Markt möglichen Gewinnen liegen.[62] Wirtschaftsakteure verfolgen dabei in der Regel eines oder mehrere der folgenden Ziele:
- Erhalt von staatlichen Haushaltsmitteln, um die eigene Unternehmenstätigkeit zu fördern (Staatsaufträge, Subventionen).
- Ausstattung mit staatlichen Privilegien (Steuervergünstigungen, eine Monopolstellung oder günstige Exportquoten).

---

60 Hierzu insbesondere Kirsch, Guy: Neue Politische Ökonomie, Düsseldorf 1997, S. 308–322.

61 Vgl. Urban, Franz / König, Thomas: Informationsaustausch in politischen Netzwerken, in: Jansen, D. / Schubert, K. (Hg.): Netzwerke und Politikproduktion, Marburg 1995, S. 111–131.

62 Zu den makroökonomischen Konsequenzen des rent-seeking vgl. Tullock, Gordon: The welfare costs of tariffs, monopolies, and theft, in: Western Economic Journal 3/1967, S. 224–232; Krueger, Anne: The political economy of the rent-seeking society, in: American Economic Review, 5/1974, S. 291–303; Buchanan, James / Tollison, Robert / Tullock, Cordon (Hg.): Toward a theory of the rent seeking society, College Station 1980.

- Ausschaltung von staatlichen Bestimmungen, die die eigene Unternehmenstätigkeit behindern (Außenhandelsbeschränkungen, Sicherheits- oder Umweltauflagen, Lizenzpflichten).[63]

Ein Risikofaktor bei rent-seeking Geschäften besteht allerdings darin, dass sie stark von der politischen Durchsetzungskraft der staatlichen Akteure abhängen. Ein politischer Machtwechsel kann die Bilanz eines Unternehmens erheblich beeinträchtigen, wenn Wirtschaftspartner der ehemaligen Machtelite bewusst benachteiligt werden. Auch setzt rent-seeking bei den Unternehmern andere Kompetenzen voraus als das wettbewerbsorientierte Wirtschaften auf dem freien Markt.

Unter den *russischen Wirtschaftseliten*, die auf der regionalen Ebene Einfluss auf die Politik nehmen, so Lapina und Tschirikowa, ist eine Führungsschicht von Branchen- und Regionalgruppierungen zu verstehen, die in Eigentumsfragen Schlüsselpositionen innehat und einen bestimmten Teil des Industrie-, Finanz- und Geschäftskapitals der Region kontrolliert und ihre Interesse in den Regionen durch einzelne Unternehmerpersönlichkeiten und / oder durch Verbandsfunktionäre verteidigt.[64] Sie besteht aus zwei Untergruppen, den Direktoren von großen staatlichen oder ehemals staatlichen Betrieben und den Vertretern der großen privaten Finanz- und Industriekonglomerate (FIG), die nach dem Ende der Sowjetunion entstanden.

Die *erste Untergruppe*, die so genannten »roten Direktoren«, sichert ihre Position durch ihre alten Verbindungen sowohl zur politischen Nomenklatura als auch zur industriellen Verwaltung der großen Staatsbetriebe. Dadurch konnten die alten Direktoren im Energiesektor, in der Schwerindustrie, im Bergbau und in der Metallindustrie im Zuge der Privatisierung häufig ihre Betriebe ohne Konkurrenz zu günstigen Bedienungen erwerben. Schon in der Zeit der Sowjetunion hatten die Leiter großer staatlicher Betriebe Kontakte im Parteiapparat und in den Verwaltungsorganen, mit deren Hilfe auch später nach dem Zusammenbruch der Sowjetunion wirtschaftliche Vergünstigungen wie etwa Handelslizenzen und Vorzugszölle gesichert wurden. Den staatlichen Beamten wiederum gaben diese Beziehungen die Möglichkeit bei der Umverteilung des staatlichen Eigentums Profite etwa durch lukrative Export-Import-Geschäfte zu erzielen. Etliche Beamte verließen für Unternehmensaktivitäten ihre staatlichen Dienststellungen, nutzten jedoch weiterhin ihre Kontakte zu staatlichen Funktionsträgern.

Auch in der Erdöl- und Erdgaswirtschaft gibt es etliche Vertreter der ersten Untergruppe. Von besonderer Bedeutung ist dabei die Erdgaselite, die durch

---

63 Vgl. Pleines, Heiko: Wirtschaftseliten und Politik im Russland der Jelzin-Ära (1994–99), Münster 2003, S. 64.
64 Vgl. Lapina, Natalia / Čirikova, Alla: Regional'nye elity RF: Modeli povedenija i političeskoj orientacii, Moskau 1999, S. 13.

Vertreter des Konzerns Gazprom repräsentiert wird. Der staatliche Konzern Gazprom wurde auf Grundlage des Mitte 1989 aufgelösten sowjetischen Erdgasministerium gegründet. Der damalige Minister für die Erdgaswirtschaft, Wiktor Tschernomyrdin, wurde zum Vorsitzenden des Konzerns ernannt. Diese Funktion wurde 1992 nach der Wiederernennung Tschernomyrdins zum Minister an Rem Wjachirew übergeben. Die Mehrheit der Angestellten des ehemaligen Erdgasministeriums wurde im neu geschaffenen Konzern beschäftigt, der mehrheitlich im Staatsbesitz verblieb.[65]

Zur ersten Untergruppe gehört auch der Teil der leitenden Manager der sowjetischen Erdölindustrie, der nach dem Ende der Sowjetunion die Kontrolle über Erdölbetriebe übernehmen konnte. Anfang der neunziger Jahre wurden im Rahmen der Privatisierung insgesamt 13 vertikal integrierte Ölgesellschaften geschaffen, die Förderbetriebe sowie petrochemische und erdölverarbeitende Unternehmen vereinigten. In einigen Fällen standen Betriebsdirektoren der sowjetischen Ölindustrie weiterhin an der Spitze der Unternehmen. So wurde Surgutneftegas vom Management unter Leitung von Wladimir Bogdanow, dem Direktor dieses Betriebes in der Sowjetunion, übernommen. Bei Lukoil wird das Management vom ehemaligen stellvertretenden sowjetischen Öl- und Gasminister Wagit Alekperow geleitet und kontrolliert die Mehrheit der Unternehmensanteile. Im Gegensatz zu der Erdgaselite sind die Vertreter der Erdölelite damit die zentralen Eigentümer der von ihnen geleiteten Unternehmen und haben wesentliche Entscheidungskompetenzen.[66] Die Dominanz der roten Direktoren in der Erdölelite bestätigt auch eine empirische Erhebung von David Lane für die Mitte der neunziger Jahre. Danach hatten rund 54% der führenden Manager der Branche ihre Karriere in der Sowjetunion bereits weit vorangetrieben.[67]

Die *zweite Untergruppe* von Wirtschaftsakteuren bestand aus *newcomers* unterschiedlichster Herkunft, die Finanz-Industrieholdings schufen. Oftmals waren es Männer, etwa dreißig Jahre alt, die in der Zeit der Perestrojka an renommierten sowjetischen Hochschulen oder im Ausland Wirtschaftswissenschaften, Finanz- und Ingenieurwesen studierten. In einer ersten Phase formierte sich Ende der achtziger Jahre noch in der UdSSR eine neue Wirtschaftselite, die von der Einführung freier kommerzieller Tätigkeit profitierte. Die führenden Positionen nahmen dabei Vertreter der Nomenklatura von Partei und Komsomol[68] ein. Mit Hilfe ihrer persönlichen Kontakte und der finanziellen Mittel

---

65   Ein ausführliches Portrait von Gazprom findet sich in Abschnitt 4.3.1.
66   Portraits der Ölfirmen finden sich in den Kapiteln 4 bis 6.
67   Lane, David: Russia. The oil elite's evolution, divisions, and outlooks, in: Higley, John / Lengyel, György: (Hg.): Elites after state socialism. Theory and analysis, Lanham/NY 2000, S. 179–198, hier S. 188.
68   Der kommunistische Jugendverband in der Sowjetunion.

aus Mitgliederbeiträgen gründeten sie erfolgreich gemeinsame mittelständische Unternehmen, Kooperativen und Zentren wissenschaftlich-technischer Zusammenarbeit oder Finanz- und Kreditinstitute. Diese Formen kommerzieller Tätigkeit zeichneten sich dadurch aus, dass sie ohne den Einsatz eigenen Kapitals große Profite erbrachten.

Die zweite Phase ab Anfang der neunziger Jahre und der Übergang zur Marktwirtschaft brachte Vertreter der Staats- und Wirtschafts-Nomenklatura zu einer neuen Finanzelite zusammen. Unter Ausnutzung der ersten Marktmechanismen gelang es ihnen, große Finanz-Industriegruppen durch die Privatisierung von Betrieben und die Reorganisierung der staatlichen Spezialbanken aufzubauen.[69] Sie entwickelten sich zu jener kleinen Gruppe von Finanzmagnaten, die in dieser Phase eng mit Präsident und Regierung verbunden waren und als so genannte »Oligarchen« zu einem wichtigen Faktor der russischen politischen Arena wurden.[70]

Ein Beispiel ist etwa Michail Chodorkowskij, der Ende der achtziger Jahren vom Direktor eines Zentrum des wissenschaftlich-technischen Schaffens der Jugend beim Komsomol zum Gründer der Bank »Menatep« und Mitte der neunziger Jahren zum Eigentümer des Ölkonzerns Jukos wurde oder der Präsident der Holding Interros, Wladimir Potanin, der seine Karriere in den achtziger Jahren im Ministerium für Außenwirtschaft der Sowjetunion begann und 1993 die einflussreiche ONEKSIM-Bank gründete. Mitte der neunziger Jahre gelang es ihm, unter anderem den Ölkonzern Sidanko zu übernehmen. Vertreter dieser

---

69 Dazu ausführlicher: Kryštanovskaja, Ol'ga: Biznes-èlita i oligarchi: itogi desjatiletija, in: Mir Rossii, 4/2002, veröffentlicht unter http://www.socio.ru/wr/4-02/Kr.doc; vgl. auch Harter, Stefanie / Grävingholt, Jörn / Pleines, Heiko / Schröder, Hans-Henning: Geschäfte mit der Macht. Wirtschaftseliten als politische Akteure im Rußland der Transformationsjahre 1992–2001, Bremen 2003, S. 147–176; Pleines, Heiko: Aufstieg und Fall. Oligarchen in Russland, in: Osteuropa, 3/2004, S. 71–81.

70 Zur politischen Rolle der »Oligarchen« vgl. die ausführliche Darstellung bei Schröder, Hans-Henning: Mächte im Hintergrund: Die Rolle von »Familie« und »Oligarchen« im politischen Kräftespiel, in: Höhmann, Hans-Hermann / Schröder, Hans-Henning (Hg.): Russland unter neuer Führung. Politik, Wirtschaft und Gesellschaft am Beginn des 21. Jahrhunderts, Bremen 2001, S. 67–77; Schröder, Hans-Henning: Auf dem Weg zu einer neuen Ordnung? Der wirtschaftliche, soziale und politische Wandel in Rußland von 1992 bis 2002, in: Hillenbrand, Olaf / Kempe, Iris (Hg.): Der schwerfällige Riese. Wie Rußland den Wandel gestalten soll, Gütersloh 2003, S. 25–199, S. 125–141; vgl. dazu auch Harter, Stefanie / Grävingholt, Jörn / Pleines, Heiko / Schröder, Hans-Henning: Geschäfte mit der Macht. Wirtschaftseliten als politische Akteure im Rußland der Transformationsjahre 1992–2001, Bremen 2003, S. 116–146.

Gruppe gehörten, darunter Chodorkowskij und Potanin, meistens zur Bankelite, die sich nach dem Ende der Sowjetunion weitgehend neu formierte.[71]

In der Amtszeit von Präsident Vladimir Putin ab 2000 verloren die Wirtschaftseliten aus beiden Untergruppen einen Teil ihres politischen Einflusses, nachdem prominente Vertreter der zweiten Untergruppe, darunter auch Chodorkowskij, durch staatsanwaltschaftliche Ermittlungen und Gerichtsverfahren aus ihrer Eliteposition gedrängt worden waren. Es gelang der Mehrheit der Wirtschaftseliten jedoch, die eigene wirtschaftliche Position zu konsolidieren. Politisch verstärkten sie bereits seit Ende der 1990er Jahre ihr Engagement in der regionalen Politik.[72]

1.1.3.2. Politiker

Idealtypisch lassen sich zwei Ziele im Verhalten von Politikern bestimmen: Zum einen ist es gekennzeichnet durch das Streben nach Sicherung bzw. Mehrung politischer Macht, zum anderen durch Maßnahmen, die eigene materielle Situation zu sichern oder zu verbessern. Dabei geht es vor allem um die Absicherung für den Fall eines Endes der politischen Karriere. Welches der beiden Ziele dominiert und wie sie realisiert werden, hängt unter anderem vom jeweiligen politischen System ab, das die Verteilung der Macht, die Bestimmung politischer Positionen und die Absetzung von politischen Machtträgern festlegt. So besteht zum Beispiel in demokratischen Systemen das Risiko, im Rahmen von Neuwahlen oder aber in der Folge von politischen Skandalen ein politisches Amt zu verlieren. Auch eine gesetzlich vorgesehene maximale Amtszeit kann der politischen Karriere eine zeitliche Grenze setzen.

Am Kontakt zu Wirtschaftsakteuren können Politiker entsprechend ihren Zielen aus verschiedenen Gründen interessiert sein. Sie werden Interesse am Informationsaustausch mit Unternehmern haben, wenn sie auf zuverlässiger Informationsbasis adäquate politische Lösungen zu finden und damit gleichzeitig ihre Macht zu sichern hoffen. Auch können sie von Wirtschaftsvertretern für die Machtsicherung hilfreiche Ressourcen akquirieren, insbesondere Wahlkampfspenden und die Unterstützung privater Medien. Schließlich können Ressourcen und Garantien, die von Vertretern der Wirtschaft bereit gestellt wer-

---

71 Vgl. Lane, David: Russia. The oil elite's evolution, divisions, and outlooks, in: Higley, John / Lengyel, György: (Hg.): Elites after state socialism. Theory and analysis, Lanham/NY 2000, S. 179–198, S. 188.
72 Vgl. Kryshtanovskaya, Olga / White, Stephen: The rise of the Russian business elite, in: Communist and Post-Communist Studies 3/2005; Kusznir, Julia: Wirtschaftsakteure in der regionalen Politik, in: Höhmann, Hans-Hermann / Pleines, Heiko / Schröder, Hans-Henning (Hg.): Nur ein Ölboom? Bestimmungsfaktoren und Perspektiven der russischen Wirtschaft, Münster 2005, S. 185–209.

den, der materiellen Sicherung nach dem Ende der politischen Karriere dienen. Gleichzeitige bedeuten Finanzflüsse jeder Art zwischen Politikern und Vertretern der Wirtschaft die Gefahr, in den Verdacht der Korruption zu geraten. Selbst wenn finanzielle Mittel ganz legal transferiert werden, können die Wahlchancen von Politikern sinken, wenn sie dadurch in die Nähe eines politischen Skandals rücken.[73]

Auf der Ebene der russischen Regionen kommt die wichtigste Rolle für die regionalen politischen Prozesse dem Gouverneur[74] zu. Während der 1990er Jahre lag beim Gouverneur die Verfügungsgewalt über wesentliche politische, administrative und wirtschaftliche Ressourcen. Er bestimmte wesentlich die Personalpolitik der regionalen Administration, war verantwortlich für die Einführung und Entwicklung von Wirtschaftsreformen und sozialen Programmen, für die Planung der langfristigen Gebietsentwicklung und de facto für den Verlauf der Privatisierung, die Preisregulierung und Haushaltskontrolle. In einigen Regionen hatten die Gouverneure ein Vetorecht gegen Entscheidungen der regionalen Parlamente.[75] Darüber hinaus besaßen die Gouverneure in der Regel großen Einfluss auf die regionalen Medien.

Die Position der Gouverneure und ihre Stärkung sowohl im russischen föderativen als auch im regionalen politischen System waren in den 1990er Jahren durch verschiedene Faktoren bedingt. Zum einen ging diese Stärkung aus dem System der regionalen Vertretung auf föderaler Ebene in Form des Föderationsrates hervor. Ihre doppelte Legitimation – einerseits als gewählte Exekutivvorsteher und andererseits als Senatoren im Föderationsrat – führte hier faktisch zur Unersetzlichkeit der Gouverneure. Der fehlende personelle Wechsel der Amtsinhaber wirkte sich negativ auf den Aufstieg neuer politischer Führungs-

---

73 Einen prägnanten Überblick über rent-seeking Modelle der Beziehung zwischen Politikern und Wirtschaftseliten bieten: Mitchell, William C. / Munger, Michael C.: Economic models of interest groups, in: American Journal of Political Science, 2/1991, S. 512–546, hier S. 526–531.

74 Unabhängig von der tatsächlichen Amtsbezeichnung wird Gouverneur hier als Sammelbegriff für die Leiter aller regionalen Exekutiven verwendet.

75 Afanas'ev, Michail: Rossijskaja provincija: peredel vlasti ili gosudarstvennoe stroitel'stvo, in: Vlast', 6/1994, S. 52–58; Kukolev, I.: Regional'nye élity: bor'ba za veduščie roli prodolžaetsja, in: Vlast', 1/1996, S. 46–52; Magomedov, A.: Političeskie élity rossijskoj provincii, in: Mirovaja ékonomika i meždunarodnye otnošenija, 4/1994, S. 72–79; Slepcov, S.N.: Institut gubernatora v Rossii: tradicii i sovremennye real'nosti, Moskau 1997, S. 44–88; Tulejev, A. M.: Političeskoe liderstvo v sovremennoj Rossii. Regional'nyj rakurs, Moskau 2000, S. 152–179; Heinemann-Grüder, Andreas: Der asymmetrische Föderalismus Russlands, in: Höhmann, Hans-Hermann / Schröder, Hans-Henning (Hg.): Russland unter neuer Führung. Politik, Wirtschaft und Gesellschaft am Beginn des 21. Jahrhunderts, Bremen 2001, S. 78–86, hier S. 82.

kräfte aus.[76] Diese Tendenz verstärkte sich 2003 noch durch die Entscheidung, die Amtszeit der Gouverneure, die gesetzlich auf zwei Amtsperioden beschränkt war, erst ab Oktober 1999 zu rechnen.[77] Dementsprechend wurden in den folgenden Jahren mehr als 20 Gouverneure zum dritten Mahl gewählt.

Zum anderen wurde die Position der Gouverneure durch die Praxis bilateraler Machtabgrenzungsverträge und durch gegenseitige Delegierung von Vollmachten zwischen dem föderalen Zentrum und den Regionen verstärkt. In jeweils zwischen den einzelnen Regionen und dem Zentrum abgeschlossenen bilateralen Verträgen wurden die Verfassung, die föderalen Verfassungsgesetze sowie die regionalen Verfassungen und Gesetze anerkannt. Darüber hinaus wurden in solchen Verträgen die gegenseitigen wirtschaftlichen Beziehungen, die Aufnahme von außenwirtschaftlichen Beziehungen sowie die Haushaltsbeziehungen geregelt, die den Regionen beträchtliche Vollmachten und Finanzressourcen einräumten.[78]

Durch das bis 1996/97 vollständig eingeführtes und 2005 dann wieder abgeschafftes Prinzip der Wählbarkeit der Leiter der regionalen Exekutive wurden die Gouverneure zudem für diesen Zeitraum unabhängiger vom Zentrum.

Unter Präsident Wladimir Putin begann ab 2000 aber eine Politik der Unterordnung und der Entmachtung der Regionen Russlands, die vor allem auf die Schwächung der Positionen der Gouverneure zielte. Dazu gehört die Anfang 2000 begonnene Anpassung der regionalen Gesetze an das übergeordnete föderale Recht, das große Teile der Privilegien der Regionen für ungültig erklärte, da sie mit föderalem Recht nicht vereinbar seien. Auch die bilateralen Verträge zwischen dem Zentrum und den Regionen wurden abgeschafft. Der nächste Schritt in der Realisierung der föderalen Politik wurde die Reorganisation des Födera-

---

76 Mehr zur Rolle des Föderationsrates bei der Gestaltung der Beziehungen zwischen dem föderalen Zentrum und Regionen bei: Petrov, Nikolaj: Sovet Federacii i predstavitel'stvo interesov regionov v centre, in: Ders.: Regiony Rossii v 1998 godu: Ežegodnoe priloženie k političeskomu al'manachu Rossii, Moskau 1999, S. 180–233; Margarete Wiest: Russlands schwacher Föderalismus und Parlamentarismus. Der Föderationsrat, Münster 2003; Slider, Darrell: The Region's Impact on Federal Policy: The Federation Council, in: Reddaway, Peter / Orttung, Robert W. (Hg.): The Dynamic of Russian Politics. Putin's Reform of Federal–Regional Relations, Vol. II, S. 123–144.

77 Föderales Gesetz »O vnesenii izmenenij i dopolnenij v federal'nyj zakon ›Ob občsich principach organizacii zakonodatel'nych (predstavitel'nych) i ispolnitel'nych organov vlasti subjektov Rossijskoj Federacii«« vom 04.07.2003, in: Sobranie Zakonodatel'stva RF, 27/2003 (Band I), St. 2706.

78 Busygina, Irina M.: Die Gouverneure im föderativen System Rußlands, in: Osteuropa, 6/1997, S. 544–556, S. 550–553; Heinemann-Grüder, Andreas: Der asymmetrische Föderalismus Russlands, in: Höhmann, Hans-Hermann / Schröder, Hans-Henning (Hg.): Russland unter neuer Führung. Politik, Wirtschaft und Gesellschaft am Beginn des 21. Jahrhunderts, Bremen 2001, S. 78–86, S. 81.

tionsrates im Juni 2000, die die direkte Vertretung der Gouverneure im Föderationsrat abschaffte.[79]

Eine weitere Einschränkung der regionalen Unabhängigkeit bewirkte die Einrichtung neuer Föderationsbezirke durch die Kompetenzerweiterung der Präsidentenstellvertreter in diesen Bezirken. Gleichzeitig wurden die Kompetenzen der regionalen Ebene im föderalen System eingeschränkt. Die 2000 verabschiedeten föderalen Steuer- und Haushaltskodices haben die regionalen Kompetenzen in den Bereichen der regionalen Steuer- und Haushaltsregulierung zum großen Teil zu Gunsten des föderalen Zentrums verändert. Die regionalen Organe der föderalen Behörden, wie z.B. des Innenministeriums, des Justizministeriums oder des Steuerministeriums werden eindeutig dem Zentrum unterstellt.[80]

Im Dezember 2004 kam es mit der Abschaffung der regionalen Direktwahl der Gouverneure zu einer weiteren Reform des föderalen Systems.[81] An die Stelle der direkten Wahlen trat ein Verfahren, in dem der Kandidat für den Gouverneurposten vom russischen Präsidenten dem regionalen Parlament vorgeschlagen wird. Der Vorschlag muss vom Regionalparlament innerhalb von 14 Tagen behandelt werden. Wenn das regionale Parlament die Kandidatur gebilligt hat, kann der Kandidat sein Amt eintreten. Bei Ablehnung durch das Parlament muss der Präsident spätestens nach sieben Tagen entweder denselben oder einen alternativen Kandidaten vorschlagen. Wenn danach kein Kompromiss erreicht wird, wird das regionale Parlament vom Präsidenten aufgelöst und anschließend neu gewählt.

Mehr noch als auf der nationalen Ebene kann in Bezug auf die Elitenbildung auf regionaler Ebene von einer Kontinuität der sowjetischen Nomenklatur zu den neuen herrschenden Eliten gesprochen werden. Eine Reihe von soziologischen Untersuchungen vertritt die These, dass der neu gebildete regionale politische Kern das Ergebnis einer Transformation der Parteinomenklatura ist. Nach Untersuchungen von Kryshtanovskaya / White waren es im Jahr 1993 rund 80% der regionalen politischen und wirtschaftlichen Eliten, deren Wurzeln

---

79 Föderales Gesetz »O porjadke formirovanija Soveta Federacii Federal'nogo Sobranija Rossijskoj Federacii« vom 05.08.2000, veröffentlicht in: Sobranie Zakonodatel'stva RF 32/2000, St. 3336.

80 Siehe dazu den Überblick in: Kusznir, Julia: Der Präsident und die Gouverneure: »New Deal«?, in: Russlandanalysen, 74/2005, im Internet veröffentlicht unter: http://www.russlandanalysen.de/content/media/Russlandanalysen74.pdf, S. 14–15.

81 Föderales Gesetz der RF »O vnesenii izmenenij v federal'nyj zakon ›Ob obščich principach organizacii zakonodatel'nych (predstavitel'nych) i ispolnitel'nych organov gosudarstvennoj vlasti sub"ektov Rossijskoj Federacii‹ i v federal'nyj zakon ›Ob osnovnych garantijach izbiratel'nych prav i prava na učastije v referendume graždan Rossijskoj Federacii‹« vom 11.12.2004, veröffentlicht in: Sobranie zakonodatel'stva RF, 50/2004, St. 4950.

1.1. DIE RUSSISCHEN REGIONEN IM FÖDERALEN SYSTEM

in die Nomenklatur des alten Systems zurückreichten. Der größte Teil von ihnen hatte seine Karriere bereits in der Breschnew-Ära begonnen.[82] Eine Analyse von Michael McFaul und Nikolaj Petrow Ende 1992 betont diese Tendenz ebenfalls.[83] Eine Untersuchung der sozialen Herkunft der fünf jeweils einflussreichsten Politiker aus Exekutive und Legislative der einzelnen Regionen ergab, dass in 27 der 89 russischen Regionen die politischen Eliten vollständig aus der alten Nomenklatura gebildet worden waren, wobei die führenden Politiker die jeweils gleichen Positionen wie zu Sowjetzeiten innehatten. In weiteren sieben Regionen ließ sich eine fast übergangslose Kontinuität in der personellen Besetzung der höchsten Führungsämter feststellen. Hier wurde die Leitung der administrativen Exekutive durch den ehemaligen ersten Sekretär des *obkom*[84] übernommen. In 14 Regionen besaßen die jeweiligen politischen Führer in der Sowjetzeit ebenso einflussreiche Positionen in den gesellschaftlichen und wirtschaftlichen Institutionen wie danach. 19 Regionen wurden von McFaul und Petrow der Gruppe des »Direktorentyps« zugeordnet, bei dem eine Mehrheit der Vertreter politischer Macht gleichzeitig Direktorenposten in der Industrie oder im Militärwesen innehatte. Im Jahr 1995 stellte Afanasjew in seiner Untersuchung eine Erneuerung der regionalen politischen Elite fest: Es kam zur Ablösung der regionalen Parteisekretäre in leitenden Verwaltungspositionen, von denen ein großer Teil in den staatlichen und privaten Wirtschaftssektor wechselte. Allerdings waren rund 40% der ehemaligen regionalen Verwaltungschefs in ihren Ämtern verblieben.[85] Diese Tendenz wurde von Lapina und Tschirikowa nach den regionalen Exekutivwahlen 2000 bestätigt: In zwölf der 21 nationalen Republiken und 25 der 67 übrigen Regionen sind Nomenklatura-Mitglieder gewählt worden. Damit bilden sie anteilig die größere Gruppe unter den Gouverneuren in Russland.[86] Nach einer Studie des russischen Politologen Grigorij Golosow wurden in 42 russischen Regionen, in denen zwischen August 2003 und Februar 2005

---

82 Kryshtanovskaya, Olga / White, Stephen: From Soviet nomenklatura to Russian elite, in: Europe-Asia Studies, 5/1996, S. 711–733, S. 728–729.
83 Die Resultate dieser Untersuchung wurden veröffentlicht in Makfol, Majkl / Petrov, Nikolaj (Hg.): Političeskij al'manach Rossii 1997, Bd. 1, Moskau 1998, S. 109–111. Vgl. dazu auch Barzilov, Sergej / Černyšov, Aleksej: Provincija, èlita, nomenklatura, intelligencija, in: Svobodnaja mysl', 1/1996, S. 44–56.
84 Die Abkürzung Obkom (Oblastnoj Komitet) bedeutet regionales Komitee der Kommunistischen Partei der Sowjetunion.
85 Afanas'ev, Michail N.: Pravjaščie èlity Rossii: Obraz dejatel'nosti, in: Mirovaja èkonomika i meždunarodnye otnošenija, 3/1996, S. 46–56, S. 50.
86 Chirikova, Alla / Lapina, Natalia: Regional Elite: A quiet revolution on a Russian scale, Working Paper, 4/2001, Eidgenössische Technische Hochschule, Zürich, S. 26; Rigby, T.H.: Russia's provincial bosses: a collective career profile, in: Journal of Communist Studies and Transition Politics, 17/2001, S. 1–14.

Direktwahlen durchgeführt wurden, nur in 14 Fällen die Leiter der regionalen Administration ausgewechselt. Auch die erneute Ernennung der Gouverneure durch den Präsidenten änderte daran erst einmal nichts. Putin schlug in den meisten Fällen den Amtsinhaber als Kandidaten vor. Nur in 7 der 32 Regionen, in denen zwischen Februar und September 2005 Gouverneure ernannt wurden, wurden neue Kandidaten auf den Gouverneurposten berufen.[87]

Neben dem Gouverneur als Leiter der regionalen Exekutive hat sich in vielen Regionen die Legislative zum politischen Zentrum etabliert. Die Anzahl der Abgeordneten liegt zwischen 15 und 50. Die Unterschiede in den einzelnen Regionen beziehen sich darüber hinaus sowohl auf das Wahlsystem als auch auf den institutionellen Status der regionalen Parlamente. Die Parlamentswahlen erfolgen in einigen Regionen nach einem gemischten System von Verhältnis- und Mehrheitswahl. In einer Reihe von Regionen hat sich nach einem komplizierten Wahlbezirkssystem mit mehreren Mandaten ein Mehrheitswahlrecht herausgebildet. Der formale Status der Abgeordneten zeichnet sich dadurch aus, dass die Abgeordnetentätigkeit mit Ausnahme des Parlamentsvorsitzenden, seiner Stellvertreter und der Vorsitzenden der ständigen Ausschüsse nicht hauptberuflich ausgeübt wird. Obwohl die Vertreter der regionalen Administration offiziell nicht für einen Parlamentssitz kandidieren dürfen, haben höhere Beamte ebenso wie Manager und Unternehmer ihren Sitz im Parlament zur Durchsetzung eigener Interessen genutzt.[88] In den regionalen Parlamentswahlen Ende der 1990er Jahre hat sich eine deutliche anteilige Erhöhung der Wirtschaftseliten unter den Abgeordneten gezeigt. Dies wird nicht nur durch das Erscheinen einzelner Wirtschaftsvertreter belegt, sondern kam auch in dem Versuch der großen regionalen Wirtschaftskorporationen zum Ausdruck, ihre Kandidaten zu Gruppen zusammenzufassen. Dabei wurde das Ziel verfolgt, sich als konsolidierte Kraft zu präsentieren und eine starke Lobby für die eigenen Interessen zu bilden.[89]

Im Vergleich zu den Funktionen der föderalen Legislative sind die Vollmachten der regionalen Parlamente jedoch zum Teil recht begrenzt. Nichtsdestotrotz bestehen in vielen Regionen ausgeprägte Konflikte zwischen den Parla-

---

87 Golosov, Grigorii V.: Die Abschaffung der Gouverneurswahlen, in: Russlandanalysen, 74/2005, im Internet veröffentlicht unter: http://www.russlandanalysen.de/content/media /Russlandanalysen74.pdf, S. 2–8.
88 Lapina, Natalia / Čirikova, Alla: Regional'nye elity RF: Modeli povedenija i političeskoj orientacii, Moskau 1999, S. 32–34.
89 Vgl. hierzu die ausführliche Darstellung von Makarenko, Boris I.: Die Regionalparlamente zwischen Volksvertretung und Elitenkartell, in: Schulze, Peter W. / Spanger, Hans-Joachim (Hg.): Die Zukunft Rußlands. Staat und Gesellschaft nach der Transformationskrise, Frankfurt 2000, S. 172–207, vgl. auch Tuleev, A. M.: Političeskoe liderstvo v sovremennoj Rossii. Regional'nyj rakurs, Moskau 2000, S. 179–189.

menten und den Gouverneuren.[90] Dabei wurde die Position der Regionalparlamente ab 2000 durch föderale Gesetze gestärkt. Nach einem im August 2000 verabschiedeten Gesetz[91] werden von jeder Region je ein Vertreter der legislativen und der exekutiven Organe in den Föderationsrat entsandt. Danach ist nunmehr der Gouverneur nicht mehr direkt im Föderationsrat vertreten, sondern durch Delegierung des von ihm ernannten Stellvertreter repräsentiert, während der Vertreter der Legislative von den Abgeordneten des Parlamentes gewählt wird. Gleichzeitig können die regionalen Parlamente mit Zweidrittelmehrheit Einspruch gegen die Ernennung des von der Exekutive vorgeschlagenen Kandidaten für den Föderationsrat erheben und mit einem entsprechenden Veto auch den Entscheid zu ihrer Abberufung blockieren.

Nach einer Ende 2004 vorgenommenen Änderung kann der Vorsitzende des Föderationsrates jetzt außerdem einzelne Mitglieder des Rates entlassen.[92] Seit 2005 haben die Regionalparlamente die Kompetenz, den vom Präsidenten vorgeschlagenen Gouverneur zu bestätigen. Aufgrund der oben beschriebenen Gestaltung des Bestätigungsverfahrens kann das Regionalparlament die Zustimmung aber nur um den Preis von Neuwahlen verweigern, so dass im Ergebnis bisher keine Aufwertung der Regionalparlamente in der regionalen Politik festzustellen ist.[93] Ende 2005 erhielt die größte Partei im Regionalparlament das Recht, dem Präsidenten einen Kandidaten für den Gouverneursposten vorzuschlagen.

---

90 Für eine ausführliche Darstellung vgl. Perović, Jeronim: Die Regionen Russlands als neue politische Kraft, Bern 2001, S. 165–170; Lapina, Natalia / Čirikova, Alla: Strategii regional'nych élit: ėkonomika, modeli vlasti, političeskij vybor, Moskau 2000, S. 69–106.

91 Föderales Gesetz »O porjadke formirovanija Soveta Federacii Federal'nogo Sobranija Rossijskoj Federacii« vom 5.08.2000, veröffentlicht in: Sobranie Zakonodatel'stva RF 32/2000, St. 3336.

92 Föderales Gesetz »O vnesenii izmenenij v Federal'nyj zakon ›O porjadke formirovanija Soveta Federacii Federal'nogo Sobranija Rossijskoj Federacii‹ i Federal'nyj Zakon ›O statuse člena Soveta Federacii i statuse deputata Gosudarstvennoj Dumy Federal'nogo Sobranija Rossijskoj Federacii‹ o priznanii utrativšim silu punkta 12 stat'i 1 Federal'nogo zakona ›O vnesenii izmenenij i dopolnenij v Federal'nyj Zakon ›O statuse člena Soveta Federacii i statuse deputata Gosudarstvennoj Dumy Federal'nogo Sobranija Rossijskoj Federacii‹« vom 16.12.2004, in: Sobranie Zakonodatel'stva RF, 51/2004, St. 5128.

93 Ausführlicher dazu: Reddaway, Peter / Orttung, Robert: The dynamics of Russian politics. Putin's reform of federal-regional relations, Band II, Lanham 2005; Busygina, I. M.: Neue Strukturen des Föderalismus in Rußland, in: Osteuropa, 10/2001, S. 1131–1145, hier S. 1139–1140, auch Perović, Jeronim: Regionalisierung unter Putin, in: Osteuropa, 4/2002, S. 427–442, S. 437–438.

Dieser Vorschlag ist aber unverbindlich und dürfte somit auch nur eine symbolische Kompetenzaufwertung darstellen.[94]

Die Parteienlandschaft bildet in den Regionen einen weiteren, mit Ausnahme der kommunistischen Partei bisher wenig tragfähigen Pfeiler des politischen Lebens.[95] Die demokratischen Parteien zeichnen sich durch innere Zersplitterung aus und sind in den regionalen Parteistrukturen nur wenig präsent. Nur ausnahmsweise haben sich in einigen Regionen regionale Wahlvereinigungen bzw. Parteien gebildet, die in den meisten Regionen jedoch nur kurzfristig aus wahltaktischen Gründen bestehen. Die regionalen Wahlen sind durch eine starke Personalisierung und durch die besondere Rolle der jeweiligen »Partei der Macht« der regionalen Exekutive gekennzeichnet, die ihren Einfluss auf die regionale Politik zu maximieren versucht. Obwohl die Regionalverwaltung offiziell nicht an den Wahlen teilnimmt, sichert sie ihre Teilnahme indirekt durch die Aufstellung eigener Kandidaten und die Gründung von Wahlblöcken. Die meisten der von ihr aufgestellten Kandidaten gehören zur Wirtschaftselite aus Industrie und Landwirtschaft, mitunter werden auch Staatsbeamte aufgestellt. Die regionalen Leiter sind oft an einer starken Präsenz von Verwaltungsbeamten im Parlament interessiert, da sie sich in der Regel loyal gegenüber der Verwaltungsspitze verhalten. In einigen Regionen unterstützt die regionale Partei der Macht unabhängige Kandidaten durch Erstellung von so genannten »Unterstützungslisten«, in der die von ihr gewünschten Kandidaten verzeichnet sind.[96] Im Vorfeld werden mögliche gemeinsame Interessen von Kandidaten und Gouverneuren

---

94 Föderales Gesetz »O vnesenii izmenenij v stat'ju 18 Federal'nogo zakona ›Ob obščich principach organizacii zakonodatel'nych (predstavitel'nych) i ispolnitel'nych organov gosudarstvennoj vlasti sub"ektov Rossijskoj Federacii‹ i v Federal'nyj zakon ›O političeskich partijach‹« vom 31.12.2005, in: Sobranie zakonodatel'stva RF, 1/2006, St. 13.

95 Zum regionalen Parteiensystem vgl. DeBardeleben, Joan / Galkin, Aleksander A.: Electoral behavior and attitudes in Russia: Do regions make a difference or do regions just differ?, in: Stavrakis, Peter J. / DeBardeleben, Joan / Black,J. L. / Koehn, Jodi (Hg.): Beyond the monolith. The emergence of regionalism in post-Soviet Russia, Baltimore 1997, S. 57–80; Ljuchterchandt-Michaleva, Galina: Partii v regionach i na municipal'nom urovne, in: Ryženko, Sergej / Vinnik, Nikolaj (Hg.): Reforma mestnogo samoupravlenija v regional'nom izmerenii: Po materialam iz 21 regiona Rossijskoj Federacii, Moskau 1999, S. 134–148.

96 Ausführliche Beispiele bei Makarenko, Boris I.: Die Regionalparlamente zwischen Volksvertretung und Elitenkartell, in: Schulze, Peter W. / Spanger, Hans-Joachim (Hg.): Die Zukunft Rußlands. Staat und Gesellschaft nach der Transformationskrise, Frankfurt 2000, S. 172–207, vgl. auch Gel'man, Vladimir: Regime transition, uncertainty and prospects for democratisation: The politics of Russia's regions in a comparative perspective, in: Europe-Asia Studies, 6/1999, S. 939–956, S. 941; vgl. auch Makarenko, Boris I.: Gubernatorskie »partii vlasti« kak novyj obščestvennyj fenomen, in: Politija, 1/1998, S. 50–58.

abgesprochen und dann gezielte Wahlkampagnen durchgeführt, die den Erfolg der Kandidaten sicherstellen sollen.

Die von Putin begonnene föderale Reform hatte einen starken Einfluss auf die regionalen Parteisysteme. Im Jahre 2002 wurde eine Reihe föderaler Gesetze verabschiedet, die die Basis für die Bildung landesweiter Parteien schaffen sollte und dabei regionale politische Parteien benachteiligte.[97] Die neue Ordnung zur Registrierung politischer Parteien legt etwa fest, dass eine Partei in mindestens der Hälfte der Regionen Russlands mit jeweils mindestens 100 (ab 2005: 500) Mitgliedern registriert sein muss.[98] Zusätzlich wurde für die regionalen Parlamentswahlen ein gemischtes Wahlsystem verbindlich vorgeschrieben. Dementsprechend sind ab Juni 2003 mindestens die Hälfte der Abgeordneten eines Parlaments oder einer seiner Kammern über Parteilisten nach dem Verhältniswahlrecht zu wählen. Dadurch ist die Vertretung von Parteien in den regionalen Parlamenten gestärkt worden. Während von 1999 bis 2003 nur 14% der Abgeordneten regionaler Parlamente als Vertreter von Parteien kandidierten, betrug ihr Anteil von Dezember 2003 bis Februar 2005 bereits 51%. Der Anteil parteiloser Abgeordneter in Regionalparlamenten sank aufgrund der Eintritte in Fraktionen sogar auf unter 20%.[99] Von der Schwächung der regionalen Parteien profitierte vor allem die der föderalen Exekutive nahe stehende »Partei der Macht« Jedinaja Rossija (Einiges Russland).

1.1.3.3. Bürokraten

Ihrer Bestimmung nach setzen Bürokraten die von Politikern getroffenen Entscheidungen möglichst reibungslos um.[100] Aufgrund mehrerer Faktoren haben Bürokraten jedoch gleichzeitig selbst Einfluss auf politische Entscheidungen und

---

97 Nach dem föderalen Gesetz über politische Parteien können Parteien zugelassen werden, die nicht weniger als 10.000 Mitglieder haben und in mindestens der Hälfte der 89 russischen Regionen vertreten sind. Die regionalen Parteiabteilungen müssen auch mindestens 100 Mitglieder haben, siehe: Föderales Gesetz »O političeskich partijach« vom 11.7.2001, in: Sobranie zakonodatel'stva RF, 29/2001, St. 95.

98 Mehr bei: Nußberger, Angelika: Die Gründlagen des russischen Wahlrechts, in: Russlandanalysen, 5/2003, im Internet veröffentlicht unter: http://www.russlandanalysen.de/content/media/Russlandanalysen5.pdf, S. 2–4; Golosov, Grigorij V.: Die Novellierung von Partei- und Wahlgesetz in ihren Folgen für das russische Parteisystem, in: Russlandanalysen, 53/2005, im Internet veröffentlicht unter: http://www.russlandana lysen. de/content/media/Russlandanalysen53.pdf, S. 2–5.

99 Golosov, Grigorij V.: Wahlen der Regionalparlamente, Dezember 2003 bis Februar 2005, in: Russlandanalysen 56/2005, im Internet veröffentlicht unter: http://www.russ landanalysen.de/content/media/Russlandanalysen56.pdf, S. 2–5.

100 Vgl. Bruder, W. / Dose, N.: Bürokratie, in: Nohlen, Dieter (Hg.): Wörterbuch Staat und Politik, Bonn 1995, S. 74–79, hier S. 75.

ihre Umsetzung.[101] Zum einen verfügen sie gegenüber den Politikern über einen Kompetenzvorsprung, der auf eine sachbezogene Ausbildung und Berufserfahrung zurückgeht. Politiker sind deshalb bereits bei der Informationssammlung auf ihre Hilfe angewiesen und werden von ihnen darüber hinaus fachlich beraten.[102] Dies räumt den Bürokraten faktisch einen Einfluss auf politische Entscheidungsprozesse selbst ein. Ein weiterer Einflussfaktor der Bürokraten besteht in den Ermessensspielräumen, die ihnen zur Sicherstellung einer flexiblen und problemspezifischen Handhabung politischer Bestimmungen zugewiesen werden. Schließlich können politische Entscheidungen durch Bürokratien gänzlich unterlaufen werden, wenn sich ihre Handlungen der Kontrolle durch die Politik entziehen.

Ebenso wie Politiker und Wirtschaftsakteure verfolgen Bürokraten eigene Interessen. So können Bürokraten individuell das Ziel verfolgen, Karriere zu machen. Damit verbunden ist neben einer Steigerung des Gehaltes und des persönlichen Prestiges die Wahrscheinlichkeit, eine erhaltene Position dauerhaft besetzen oder ausbauen zu können.[103] Dagegen haben Politiker in demo-

---

101   Dunleavy unterscheidet folgende Funktionsbereiche der öffentlichen Verwaltung: »basic agencies« und »additional agencies«. Insgesamt existieren fünf »basic agencies«: 1) »delivery agencies«, deren Aufgabe darin besteht, Güter zu produzieren und Dienstleistungen bereitzustellen; 2) »regulatory agencies«, die das Verhalten der Wirtschaftssubjekte auf ausgewählten Märkten überwachen; 3) »transfer agencies«, die Transfers und Subventionen abwickeln; 4) »contrast agencies«, die Spezifikationen für Leistungen entwickeln, die anschließend über Märkte beschafft werden, und 5) »control agencies«, die anderen Ämtern Finanzmittel zuweisen und ihre Verwendung kontrollieren. Zu den additional agencies gehören die folgenden Ämter: 1) »taxing agencies«, deren Aufgabe in der Erhebung von Steuern besteht; 2) »trading agencies«, die Güter wie privatwirtschaftliche Unternehmen auf Märkten handeln, und 3) »servicing agencies«, die Leistungen an andere Ämter liefern, vgl. Dunleavy, P.: Democracy, bureaucracy and public choice. Economic explanations in political science, New York 1991, S. 183, vgl. auch Daumann, Frank: Interessenverbände im politischen Prozeß, Tübingen 1999, S. 125.

102   Grundlegend für die Analyse der Binnenstruktur der Bürokratie sind Downs, A.: Theory of bureaucracy, in: American Economic Review, 55/1965, S. 439–446; Ders.: Inside bureaucracy, Boston 1967; Tullock, G.: The politics of bureaucracy, Washington 1965. Einen Überblick über unterschiedliche Ansätze zur Erklärung der Außenstruktur der Bürokratie verschaffen Blankart, B.: Zur ökonomischen Theorie der Bürokratie, in: Public Finance, 30/1975, S. 166–185; Kühne, K.: Zur ökonomischen Theorie der Bürokratie, in: Helmstädter, E. (Hg.): Neuere Entwicklungen in den Wirtschaftswissenschaften, Berlin 1978, S. 609–632.

103   Dies ist grundsätzlich vereinbar mit den Verhaltensannahmen, die Downs und Tullock unterstellen. Beide gehen davon aus, dass Bürokraten nach Macht, Prestige und Einkommen streben, vgl. Downs, Anthony: Theory of bureaucracy, in: American Economic Review, 55/1965, S. 439–446; Downs, Anthony: Inside bureaucracy, Boston

kratischen politischen Systemen ein Interesse daran, dass durch die Umsetzung der von ihnen getroffenen Entscheidungen ihre Wiederwahlchancen erhöht werden. Die unterschiedlichen Interessen von Politikern und Bürokraten sind damit einerseits grundsätzlich kompatibel, wenn letztere für die erfolgreiche Umsetzung politischer Vorgaben befördert werden, andererseits können sich Interessenkonflikte ergeben, wenn etwa Bürokraten politische Zielvorgaben für unrealistisch halten oder sie ihre Karriere durch geplante Reformen zum Beispiel der Verwaltung gefährdet sehen. Auch ein absehbarer Machtwechsel kann dazu führen, dass sich Bürokraten von herrschenden Politikern abwenden. Grundsätzlich angelegt ist ein Interessenkonflikt, wenn Politiker bestimmte Bürokraten für inkompetent halten oder wenn Bürokraten von den von ihren Handlungen Betroffenen attraktivere Angebote erhalten als durch von Politikern gemachte Zusagen.

Im Verhältnis von Wirtschaft und Bürokratie ist der Austausch von Informationen wichtigstes Motiv, solange ihre Beziehung nicht von Korruption geprägt ist. Dabei wird die Bürokratie mit dem zur Entwicklung von Konzeptionen erforderlichen Wissen versorgt. Den Wirtschaftsakteuren wird umgekehrt eine rechtzeitige und adäquate Reaktion auf anstehende Verwaltungsmaßnahmen erleichtert.

In den russischen Regionen bilden die Spitzen der bürokratischen Elite der Regionalverwaltung eine wichtige Einflussgruppe. Damit sind vor allem die Ressortleiter der regionalen Exekutive gemeint. In einer Reihe von Regionen wird die regionale Exekutive als regionale Regierung mit einem Premierminister an der Spitze gebildet. In einigen Fällen ist der Premierminister direkt dem Gouverneur verantwortlich. Die Ressortleiter sind in der Regel politisch wenig engagiert, ihre Ernennung wird vom Gouverneur bestimmt. Bei jedem Machtwechsel sind sie grundsätzlich bereit, eine neue Führungsspitze zu unterstützen. Nach Lapina und Tschirikowa können die meisten Leiter der regionalen Verwaltung in ihrem Arbeitsbereich unabhängig vom jeweiligen Gouverneur Entscheidungen treffen. Sie betonen dabei allerdings, dass ihr zustimmendes Verhalten ihnen die Arbeit erleichtert.[104]

Zur Gruppe der Bürokraten in den russischen Regionen gehören auch die offiziellen Vertreter des Präsidenten der Russischen Föderation in der Region. Das Amt wurde 1991 im Rahmen der Stärkung der vertikalen Repräsentanz des russischen Präsidenten in den Regionen geschaffen. Zu den Aufgaben der

---

1967; Tullock, G.: The politics of bureaucracy, Washington 1965. Auch Noll identifiziert im Wesentlichen drei handlungsleitende Motive der Bürokraten: 1) Risiko-Aversion, 2) Macht, 3) zukünftige Berufschancen in der Politik und der Wirtschaft, vgl. Noll, R.: The political foundations of regulatory policy, in: Zeitschrift für die gesamte Staatswissenschaft, 129/1983, S. 377–407, hier S. 395.

104 Lapina, N. / Čirikova, A.: Regional'nye elity RF: Modeli povedenija i političeskoj orientacii, Moskau 1999, S. 27–28.

Amtsinhaber gehören unter anderem die Beobachtung der politischen Ereignisse und die diesbezügliche regelmäßige Berichterstattung gegenüber der Präsidialadministration. Eine eigene organisatorische und technische Basis wurde ihnen jedoch nicht zugeteilt. Dies hatte zur Folge, dass die Ausübung ihres täglichen Dienstes vom Gouverneur direkt abhängig und ihre Position vom Verhältnis der beiden zueinander bestimmt war. Trotz der Erweiterung der rechtlichen Kompetenzen der Präsidentenvertreter im Jahr 1997[105] – zu denen unter anderem die Kontrolle über die Einhaltung von föderalen Gesetzen, die Koordination der föderalen Organe in den Regionen, die Überwachung der regionalen Exekutive und Legislative und die Ausarbeitung von Vorschlägen zur Regionalpolitik gegenüber dem russischen Präsidenten gehören – sind sie ohne großen Einfluss auf die regionalen politischen Prozesse geblieben.[106]

Erneute Versuche, diese Institution effizienter zu gestalten, wurden nach dem Amtsantritt von Präsidenten Putin im Jahr 2000 unternommen. Ein Dekret des russischen Präsidenten[107] führte eine neue administrative Ordnung ein, die die alte Institution des Präsidentenvertreters auflöste und in sieben neu gebildeten föderalen Bezirken neue Vertreter berief.[108] Ihre Vollmachten wurden auf die Kontrolle über die Anpassung der regionalen Gesetze an das übergeordnete föderale Recht und die Überwachung von Aktivitäten der gesetzgebenden regionalen Organe und die Präsentation von Vorschlägen zur Aussetzung von regionalen Entscheidungen durch das föderale Zentrum erweitert. Im Falle von Verstößen gegen föderales Recht können die Präsidialvertreter dafür votieren, dass Gouverneure abgesetzt werden und regionale Parlamente, die verfassungswidrige Gesetze annehmen, aufgelöst werden. Auch die Kontrolle über die Verteilung der föderalen finanziellen Mittel und die Überwachung der Erhebung von

---

105 Föderaler Präsidialerlass »O polnomočnom predstavitele Prezidenta Rossijskoj Federacii v regione Rossijskoj Federacii« vom 09.07.1997, veröffentlicht in: Sobranie Zakonodatel'stva RF, 28/1997, St. 3421.
106 Lapina, N. / Čirikova, A.: Regional'nye elity RF: Modeli povedenija i političeskoj orientacii, Moskau 1999, S. 35–36; vgl. ausführlich Busygina, Irina M.: Das Institut der Vertreter des Präsidenten in Rußland: Probleme des Werdegangs und Entwicklungsperspektiven, in: Osteuropa, 7/1996, S. 664–695; Huskey, Eugene: Presidential power in Russia, Armonk/NY 1999, S. 183–211.
107 Föderaler Präsidialerlass »O polnomočnom predstavitele Prezidenta Rossijskoj Federacii v federal'nom okruge« vom 13.05.2000 veröffentlicht in: Sobranie Zakonodatel'stva RF, 20/2000, St. 2112.
108 Heinemann-Grüder, Andreas: Putins Reform der föderalen Struktur. Vom Nachtwächterstaat zum Etatismus, in: Osteuropa, 9/2000, S. 979–990; vgl. dazu auch Busygina, Irina M.: Neue Strukturen des Föderalismus in Rußland. Zu den administrativen Reformen von Präsident Putin, in: Osteuropa, 10/2001, S. 1131–1145; Perović, Jeronim: Regionalisierung unter Putin. Alte Muster und neue Trends, in: Osteuropa, 4/2002, S. 427–442.

1.1. DIE RUSSISCHEN REGIONEN IM FÖDERALEN SYSTEM

Steuern gehört zu ihren neuen Aufgaben. Außerdem wurden sie für die Koordination der Tätigkeit der föderalen Exekutivorgane auf der regionalen Ebene und die Kontrolle über die Kompetenzaufteilung zwischen den föderalen, regionalen und lokalen Organen zuständig. Zu ihren Aufgaben gehörten zudem die Bildung eines Informationszentrums der in ihrem Föderalbezirk vertretenen überregionalen Medien, eines Zentrums für die Ausarbeitung der wirtschaftlichen Entwicklungsprogramme der Regionen sowie die Organisation eines Dialoges mit der Bevölkerung und die Bildung der regionalen Gesellschaftskammern.

In den Jahren 2003 und 2004 wurden dann weitere wichtige Kompetenzen vom föderalen Zentrum auf die Ebene der föderalen Bezirke übertragen, insbesondere die Vorbereitung der Kader für die föderalen Organe in den jeweiligen Regionen, dabei fällt ab Ende 2004 auch die Auswahl geeigneter Kandidaten für die Gouverneursposten in den Aufgabenbereich der Präsidentenvertreter in den föderalen Bezirken. Außerdem wurden sie zuständig für die Führung eines Dialoges zwischen den föderalen, regionalen und kommunalen Eliten. Zusätzlich wurde den Präsidialvertretern die Kontrolle über die Durchführung der föderalen Kommunalreform[109] übertragen und sie gewannen auch Verantwortung bei den Initiativen zur Zusammenlegung von Regionen[110].

Durch diese Kompetenzerweiterungen übernahmen die Vertreter des Präsidenten in vielen Fällen eine wichtige Position als Vermittler zwischen föderalen und regionalen Interessen. Im Vergleich zu den 1990er Jahren haben die Präsidentenvertreter in den Regionen damit erheblich an Bedeutung gewonnen. Sie können mittlerweile häufig als unabhängige politische Akteure politischen und auch wirtschaftlichen Einfluss ausüben.[111]

---

109 Mehr zur Kommunalreform bei: Fedosov, P.A./ Valentej, S.D./ Solov'ev, V.D./ Ljubovnyj, V.J.: Perspektivy rossijskogo federalizma: federal'nye okruga, regional'nye političeskie režimy, municipalitety, in: Polis, 4/2002, S. 159–183; Lankina, Tomila: President Putin's Local Government Reforms, in: Reddaway, Peter / Orttung, Robert W. (Hg.): The Dynamic of Russian Politics. Putin's Reform of Federal –Regional Relations, Vol. II, S. 145–177.

110 Ausführlich dazu: Gligič-Zolotareva, M.:»Ukrupnenie sub''ektov Federacii: pro et contra«, in: Federalizm, 1/2002, S. 93–108; Gud, D.Pol [Georg Paul Good]: Rossija pri Putine: ukrupnenie regionov, im Internet veröffentlicht unter: http://www.ruthenia.ru/logos/number/46/06.pdf; Kusznir, Julia: Die russische Territorialreform. Die Zusammenlegung von Regionen im politischen Kontext, in: Russlandanalysen, 90/2006, im Internet veröffentlicht unter: http://www.russlandanalysen.de/content/media/Russland analysen90.pdf, S. 2–7.

111 Mehr dazu bei: Petrov, Nikolaj: How Have the Presidential Envoys Changed the Administrative-Political Balance of Putin's Regime?, in: Reddaway, Peter / Orttung, Robert W. (Hg.): The Dynamics of Russian Politics. Putin's Reform of Federal–Regional Relations, Vol. II, S. 33–63; Petrov, Nikolaj: Polpredy v sisteme federal'noj ispolnitel'noj vlasti, in:

Neben den offiziellen Präsidentenvertretern sind auch andere Vertreter der föderalen Strukturen den regionalen bürokratischen Akteuren zuzurechnen, vor allem aus dem Verteidigungs- und Innenministerium, dem Föderalen Sicherheitsdienst, dem Steuerministerium und der Zentralbank. Die Positionen der Leiter von regionalen Zweigstellen der föderalen Strukturen werden nach Absprache mit dem Gouverneur besetzt. Allgemein werden sie der Gruppe regionaler Akteure mit geringem Einfluss auf politische Prozesse zugeordnet – nur in einigen Einzelbereichen, wie der regionalen Steuerpolitik und der Ausarbeitung von Entwicklungsprogrammen ist ihre Rolle als Kooperationspartner der regionalen Exekutive deutlicher erkennbar.[112]

1.1.4. Mittel der politischen Einflussnahme von Wirtschaftseliten

Bei der Analyse politischer Entscheidungsprozesse wird im Weiteren auf die Interaktionsformen zwischen den beteiligten Akteuren auf Seiten der Wirtschaft und des Staates eingegangen. Der klassische Lobbyismusbegriff orientiert sich an den legalen Maßnahmen, die von Interessenverbänden, Lobbies oder pressure groups eingesetzt werden, um auf die Entscheidungen von staatlichen Akteuren einzuwirken.[113]

Seit den sechziger Jahren wurden im Rahmen von empirischen Untersuchungen verschiedene Systematiken von Lobbyismus-Methoden erstellt, die im Folgenden zusammenfassend kurz dargestellt werden sollen. Aufgrund ihrer wesentlichen Merkmale lassen sich vier klassische Gruppen von Methoden des legalen Lobbyismus differenzieren. Die *direkte Beeinflussung staatlicher Akteure* durch Wirtschaftsakteure basiert auf persönlichen Kontakten und unmittelbaren Beratungen mit staatlichen Akteuren. Dabei werden Informationen an staatliche Akteure weitergeleitet (Daten / Statistiken, Stellungnahmen, Gutachten, Vorlagen für staatliche Gesetze / Verordnungen). Auftritte oder die Mitarbeit in Beratungskommissionen von Legislative und Exekutive gehören ebenso zu den Mitteln direkter Beeinflussung wie auch das Positionieren von loyalen Verbündeten in staatlichen Positionen und legale Spenden an Parteien oder Politiker wie Wahlkampfhilfe über Medien in Firmenbesitz. Eine zweite Methode des klassischen Lobbyismus ist die *Mobilisierung der öffentlichen Meinung* im eige-

---

Petrov, Nikolaj (Hg.): Federal'naja reforma 2000–2004, Tom II. Strategii, instituty, problemy, Moskau 2005, S. 157–198.
[112] Lapina, N. / Čirikova, A.: Regional'nye elity RF: Modeli povedenija i političeskoj orientacii, Moskau 1999, S. 28–29.
[113] Vgl. hierzu insbesondere Breitling, R.: Die zentralen Begriffe der Verbandsforschung. ›Pressure Groups‹, Interessengruppen, Verbände, in: Politische Vierteljahresschrift, 61/1960, S. 47–73; vgl. auch Daumann, Frank: Interessenverbände im politischen Prozeß, Tübingen 1999, S. 9–15.

nen Interesse, wenn Wirtschaftsakteure Informationen in Form von Interviews, Daten bzw. Statistiken oder Gutachten an Massenmedien weiterleiten, bezahlte Werbekampagnen initiieren oder Massenaktionen durchführen (Unterschriftenaktionen, Demonstrationen, Boykotte, Streiks, Referenden). Eine dritte Methode besteht im *Beschreiten des Rechtsweges*. Zu diesem Zweck können Angehörige von Wirtschaftseliten Klage gegen staatliche Gesetze oder Vorschriften erheben oder Anzeigen gegen staatliche Akteure erstatten. Schließlich können zur *Steigerung der eigenen Handlungsfähigkeit* Koalitionen mit anderen nicht-staatlichen oder staatlichen Akteuren gebildet, die eigene Finanzkraft gesteigert, eine Massenorganisation geschaffen oder formal unabhängige Frontorganisationen für verschiedene Aufgaben gegründet werden. Taktisch können dazu scheinbar neutrale Expertenurteile, zusätzliche Spenden an Parteien oder Politiker sowie die Mobilisierung zusätzlicher Geldmittel zum Einsatz kommen.[114]

Diese Methoden lassen sich nach Heiko Pleines in drei wesentlichen Lobbyismus-Strategien zusammenfassen. Die *kooperative Strategie* beruht auf dem Austausch von Informationen und Standpunkten und hilft bei der Abstimmung von bestimmten Maßnahmen unter den betroffenen Akteuren. Die *Vereinnahmungsstrategie* dient dazu, durch Spenden oder durch Positionierung von Bündnispartnern in wichtigen staatlichen Stellen oder aber durch Einflussnahme auf die Medien zugunsten von staatlichen Akteuren direkt Einfluss auf politische Entscheidungsprozesse zu nehmen. Dabei muss zwischen einer legalen Variante und der nachfolgend behandelten illegalen politischen Korruption unterschieden werden. Durch die *konfrontative Strategie* wird dagegen versucht, die öffentliche Meinung gegen bestimmte Maßnahmen oder Akteure zu mobilisieren oder durch rechtliche Mittel Druck auf staatliche Akteure auszuüben.[115]

Während Lobbyismus eine Möglichkeit legaler Einflussnahme bietet, wird teilweise auch mit den illegalen Mitteln der Korruption versucht, auf staatliche Entscheidungen Einfluss auszuüben. Unter Korruption ist dabei nicht nur der direkte Austausch von Bestechungszahlung und Gegenleistung zu verstehen, sondern ein Verhältnis gegenseitigen Vertrauens und eine grundsätzliche Bereitschaft zur Korruption bei staatlichen Akteuren, die die erhaltenen Gelder zum Beispiel zur Finanzierung ihres Wahlkampfes oder sonstiger Maßnahmen des Machter-

---

114 Ball, Alan R. / Millard, Frances: Pressure politics in industrial societies, Basingstoke 1986, S. 65–80; Frank, R. / Leech, Beth L.: Basis interest. The importance of groups in politics and in political science, Princeton/NJ 1998, S. 152; Kollman, Ken: Outside lobbying, Princeton 1998, S. 35; Blümle, Ernst-Bernd: Lobby, in: Staatslexikon, Bd. 3, Freiburg 1987.

115 Pleines, Heiko: Sozialpartner, Oligarchen und graue Eminenzen. Zur Rolle nicht-staatlicher Akteure in wirtschaftspolitischen Entscheidungsprozessen, in: Höhmann, Hans-Hermann / Pleines, Heiko (Hg.): Wirtschaftspolitik in Osteuropa zwischen ökonomischer Kultur, Institutionenbildung und Akteursverhalten, Bremen 2003, S. 225–245.

halts einsetzen, aber auch um sich persönlich zu bereichern.[116] Auf der Grundlage dieser grundsätzlichen Korrumpierbarkeit entstehen Beziehungsgeflechte, die eine systematische Anwendung von Korruption gewährleisten.

In Bezug auf die Wirtschaftsakteure kann demnach der Erhalt bzw. die Maximierung von Bestechungsgeldern ein attraktives Ziel für Bürokraten werden. Umgekehrt werden Wirtschaftseliten versuchen, Bürokraten zu bestechen, wenn sie sie für fähig und bereit zur Manipulation von politischen Entscheidungen halten und wenn eine Bestrafung korrupten Handelns nicht wahrscheinlich erscheint. Die Strategie der Maximierung von Bestechungsgeldern wird von Bürokraten angewendet, die über große Kompetenzen bei der Entwicklung politischer Entscheidungen in Bereichen verfügen, in denen zahlungswillige und -fähige Wirtschaftsvertreter agieren und in denen die Aufdeckung ihres Verhaltens unwahrscheinlich erscheint. So können bewusst bürokratische Hürden für Unternehmenstätigkeiten geschaffen werden, deren Beseitigung durch Bestechungsgelder zu bezahlen ist.

Staatliche Zugeständnisse als Folge von Korruption wirken sich nicht immer zugunsten einer ganzen Branche aus. Von illegalen rent-seeking profitieren ganz im Gegenteil oft nur bestimmte Unternehmen. Entsprechend entstehen in den betroffenen Branchen rivalisierende Beziehungsgeflechte, innerhalb derer durch gegenseitige Bekämpfung versucht wird, staatliche Entscheidungsprozesse nach eigenen Interessen zu beeinflussen.[117]

Petra Stykow hat versucht, die neu entstandenen Strukturen der Interessenvertretungen im post-sowjetischen Russland systematisch zu erfassen. Dabei unterscheidet sie folgende Typen verbandlich organisierter Wirtschaftsinteressen in Russland: 1) Zu den multisektoralen Verbänden als »Spitzenverbänden«, deren Mitglieder Verbände, Firmen oder Individuen sind, werden der Russische Verband der Industriellen und Unternehmen (RSPP) und die Handels- und Industriekammer der Russischen Föderation (TPP RF) gezählt. Eine bedeutende Rolle spielt auch der von den neuen Unternehmen gegründete Runde Tisch der Geschäftsleute Russlands (KSBR). 2) Als Branchenverbände, die zum verbreitetsten Typus von Wirtschaftsverbänden gehören, formierten sich einerseits die »roten Direktoren« der großen staatlichen Industriebetriebe. Anderer-

---

116 Zu den Motiven von Bürokraten und Politikern vgl. Mitchell, William C. / Munger, Michael C.: Economic models of interest groups, in: American Journal of Political Science, 2/1991, S. 512–546, hier S. 526–531.
117 Einen Überblick über den aktuellen Forschungsstand und die umfangreiche neuere Literatur zum Thema geben: Rose-Ackerman, Susan: Corruption and government. Causes, consequences, and reform, Cambridge 1999; Transparency International: Global Corruption Reports, Berlin, laufende Jahre.

1.1. DIE RUSSISCHEN REGIONEN IM FÖDERALEN SYSTEM 75

seits entstanden wirtschaftliche Assoziationen der neuen Sektoren (Finanzwesen etc.).[118]

Unter den Industrielobbyisten und den mit ihnen verbundenen Branchenministerien sind nach Lapina zwei Gruppen mit unterschiedlichem Einflusspotenzial zu unterscheiden. Während die Gruppe der Rohstoffproduzenten, in der Vertreter der Erdgas- und Erdölförderung dominieren, in der Regierung und im Parlament der RF erfolgreich lobbyieren, können sich die Vertreter der technisch veralteten, verarbeitenden Industrie kaum durchsetzen.[119]

Zur allgemeinen Entwicklung der russischen Verbände stellt Stykow fest, dass sie nur in geringem Maße organisiert sind und selten als primäre Form der Konsolidierung neuer kollektiver Akteure erscheinen. Vielmehr sind sie abhängig von einem »System der oligarchischen Interessenabstimmung«. Dieses System ist durch folgende Merkmale gekennzeichnet: 1) die Gewährleistung personell (statt institutionell-prozedual) vermittelter Stabilität, 2) schnelle und flexible Entscheidungsfindung durch eine beschränkte Zahl von Teilnehmern und den informellen Charakter ihrer Beziehungen zueinander und 3) Einbindung einflussreicher Teile der Wirtschaftselite in das politischen System, wobei Elemente von politischer Korruption zu erkennen sind.[120] In Wahlkampfzeiten haben politisch

---

118 Stykow, Petra: Staat, Verbände und Interessengruppen in der russischen Politik, in: Merkel, Wolfgang / Sandschneider, Eberhard: Systemwechsel 4. Die Rolle von Verbänden in Transformationsprozessen, Opladen 1999, S. 137–179, S. 144–145.

119 Lapina, N.: Die rußländischen Wirtschaftseliten und Probleme der nationalen Entwicklung, Berichte des BIOst 16/1997, Köln; vgl. auch Schröder, Hans-Henning: Auf dem Weg zu einer neuen Ordnung? Der wirtschaftliche, soziale und politische Wandel in Rußland von 1992 bis 2002, in: Hillenbrand, Olaf / Kempe, Iris (Hg.): Der schwerfällige Riese. Wie Rußland den Wandel gestalten soll, Gütersloh 2003, S. 25–199, S. 93–94.

120 Stykow, Petra: Staat, Verbände und Interessengruppen in der russischen Politik, in: Merkel, Wolfgang / Sandschneider, Eberhard: Systemwechsel 4. Die Rolle von Verbänden in Transformationsprozessen, Opladen 1999, S. 137–179, S. 170–171. Zu einer ähnlichen Einschätzung bezüglich der schwachen Rolle der Verbände und der Dominanz individueller Einflussnahme durch »Oligarchen«: Petuchov, Vladimir V. / V'juniskij, Vladimir: Rol' ékonomičeskich élit v formirovanii politiki novoj administracii prezidenta B. Jelzina, Moskau 1996; Johnson, Juliet E.: Russia's emerging financial-industrial groups, in: Post-Soviet Affairs, 4/1997, S. 333–365; Schröder, Hans-Henning: Mächte im Hintergrund: Die Rolle von »Familie« und »Oligarchen« im politischen Kräftespiel, in: Höhmann, Hans-Hermann / Schröder, Hans-Henning (Hg.): Russland unter neuer Führung. Politik, Wirtschaft und Gesellschaft am Beginn des 21. Jahrhunderts, Bremen 2001, S. 67–77; Rutland, Peter: Introduction. Business and the state in Russia, in: Ders. (Hg.): Business and the state in contemporary Russia, Boulder 2001, S. 1–21; Barnes, Andrew: Russia's new business groups and state power, in: Post-Soviet Affairs, 19/2003, S. 154–186; Harter, Stefanie / Grävingholt, Jörn / Pleines, Heiko / Schröder, Hans-Henning: Geschäfte mit der Macht. Wirtschaftseliten als politische Akteure im Rußland der Transformationsjahre 1992–2001, Bremen 2003.

einflußreiche Unternehmer auch ihre Kontrolle über Massenmedien benutzt, um bestimmte Politiker zu unterstützen.[121]

Aufgrund der Dominanz der individuellen Einflussnahme der »Oligarchen« haben kollektive Wege der Einflussnahme auf Politik im post-sowjetischen Russland nur geringe Bedeutung gehabt. Die einzige wirkliche Ausnahme sind die Proteste der Bergarbeiter bis 1998, die erheblichen politischen Druck erzeugten.[122] Das Beschreiten des Rechtsweges wurde, wohl aufgrund der Schwäche des russischen Rechtsstaates, von russischen nicht-staatlichen Akteuren nicht als relevantes Mittel der Einflussnahme betrachtet.[123]

Untersuchungen zu Mitteln der Einflussnahme von Wirtschaftsakteuren auf die Politik auf der Ebene der russischen Regionen gibt es bisher kaum. Barnes unterscheidet drei Wege der Einflussnahme regionaler Unternehmer auf die regionale Politik: Erstens die Expansion in weitere Regionen, um die jeweiligen Regionalverwaltungen gegeneinander ausspielen zu können, zweitens die Unterstützung von Wahlkämpfen und drittens der direkte Einstieg von Unternehmern in die Politik, vor allem über die Kandidatur bei regionalen Parlamentswahlen.[124]

Die einzige Studie auf einer breiteren empirischen Grundlage stammt bisher von Frye. Er kommt zu dem Ergebnis, dass auf der regionalen Ebene staatliche Unternehmen wesentlich erfolgreicher ihre Interessen durchsetzen können als private Neugründungen. Frye weist darauf hin, dass die Beziehungen zwischen Wirtschaftsakteuren und staatlichen Akteuren häufig nicht auf politischer Korruption basieren, sondern auf komplexeren Austauschbeziehungen zwischen Eliten, bei denen beide Seiten in gleichem Umfang profitieren. Außerdem betont Frye die Bedeutung von Wirtschaftsverbänden für die Einflussnahme auf

---

121 Ausführliche Darstellungen zur Instrumentalisierung der Massenmedien durch ihre Eigentümer finden sich bei: Zasurskij, Ivan: Politika, den'gi i pressa v sovremennoj Rossii, in: Svobodnaja Mysl' 10/1996, S. 3–18; Belin, Laura / Fossato, Floriana / Kachkaeva, Anna: The distorted Russian media market, in: Rutland, Peter: Business and the state in contemporary Russia, Boulder 2001, S. 65–87; Zasurskii, Ivan: Mass media between political instrumentalization, economic concentration and global assimilation, in: Segbers, Klaus (Hg.): Explaining post-Soviet patchworks, Bd. 1, Actors and sectors in Russia between accommodation and resistance, Aldershot 2001, S. 201–227.

122 Bizyukov, Petr u.a.: Bergarbeiterproteste im Kuzbass. Das Jahr des »Schienenkrieges« in Fallstudien, Bericht des BIOst, 36/1999; Pleines, Heiko: Wirtschaftseliten und Politik im Russland der Jelzin-Ära (1994–99), Münster 2003, S. 292–300; vgl. auch Crowley, Stephen: Between a Rock and a Hard Place: Russia's Troubled Coal Industry, in: Rutland, Peter (Hg.): Business and the State in Contemporary Russia, Boulder 2001, S. 129–151.

123 Radygin, A. / Entov, R.: Infosment prav sobstvennosti i kontraktnych objazatel'stv, in: Voprosy ėkonomiki, 5/2003, S. 83–100.

124 Vgl. Barnes, Andrew: Russia's new business groups and state power, in: Post-Soviet Affairs, 19/2003, S. 154–186, hier S. 179–181.

die regionale Politik. Dieser Befund steht in deutlichem Gegensatz zu der oben dargestellten Situation auf der föderalen Ebene. Eine Ursache hierfür kann aber auch Frye's Verzicht auf die Einbeziehung der »Oligarchen« in seine Untersuchung sein.[125]

1.2. Modelle der Interaktion und resultierende Regime

Welche Bedeutung kommt den im vorhergehenden Abschnitt beschriebenen Interaktionsformen und Strategien für die Entstehung und Aufrechterhaltung von politischen Regimen zu? Nach Brie / Stykow lässt sich Robert Keohanes Regimeansatz auf die interne Welt der Transformationsgesellschaften übertragen.[126] Auf der Grundlage der Analyse internationaler Beziehungen, kommt Keohane zu dem Schluss, dass in der Welt der internationalen Politik hoheitlich gesetzte Institutionen schwach sind und ihre Implementation nahezu unkontrollierbar ist, wobei Reproduktionsbedingungen und soziale Lagen schnellen, häufig unvorhersehbaren Umbrüchen unterliegen. Dennoch gleicht die internationale Staatenwelt nichts weniger als »anarchischen Selbsthilfesystemen«. Zur Entstehung von Regimen führt er aus:

> Under certain circumstances defining the demand and supply of agreements, there will be no need for regimes and we should expect none to form. [...] But where the demand for agreements is positive at some level of feasible cost, and the supply of agreements is not infinitely elastic and free, there may be a demand for regimes if they actually make possible agreements yielding net benefits that would not be possible on an ad hoc basis. In such a situation regimes can be regarded as »efficient«.[127]

Die Entstehung von Regimen ist damit an die Notwendigkeit von Bündnissen zwischen verschiedenen Akteuren gebunden, die ohne ein bestehendes Regime als institutioneller Rahmen nicht zustande kommen können. Dabei muss mindestens eine der folgenden Bedingungen erfüllt sein: »(a) lack of clear legal framework establishing liability for actions; (b) information imperfections (information is costly); (c) positive transaction costs«.[128]

---

125 Vgl. Frye, Timothy: Capture or exchange? Business lobbying in Russia, in: Europe-Asia Studies, 7/2002, S. 1017–1036.
126 Vgl. Brie, Michael / Stykow, Petra: Regionale Akteurkoordinierung im russischen Transformationsprozeß, in: Wollmann, Helmut / Wiesenthal, Helmut / Bönker, Frank (Hg.): Transformation sozialistischer Gesellschaften: Am Ende des Anfangs, Leviathan Sonderheft, 15/1995, Opladen, S. 207–232, hier S. 210.
127 Keohane, Robert O.: The demand for international regimes, in: International Organization, 2/1982, S. 325–355, S. 337.
128 Ebd., S. 338.

In Transformationsgesellschaften muss sich eine Vielzahl mehr oder weniger autonomer, kollektiver Akteure auf gemeinsame Deutungsmuster, Normen, Regeln und Verhandlungsprozeduren als »Rahmen« für ihre gegenseitigen Beziehungen einigen. Brie und Stykow verstehen in diesem Zusammenhang unter einem Regime »einen bestimmten Typus der Koordination und Regelung politischer Interaktionen von kollektiven Akteuren«.[129] Im Hinblick auf die politischen Systeme in den russischen Regionen sind es vor allem die staatlichen und wirtschaftlichen Eliten, die als Akteure den Rahmen für Koordination und Interaktion der entstehenden Regime gestalten. Regime im Sinne dieser Arbeit sind damit relativ stabile Muster von formellen und informellen Interaktionen zwischen staatlichen und wirtschaftlichen Akteuren im politischen Raum. Dieser Ansatz folgt keinem Systemfunktionalismus, sondern erklärt die »Zwecke« der Regime endogen ausgehend »from the perceptions of the actors who build, maintain, and destroy regimes«.[130] Haas geht davon aus, dass die Akteure sich pragmatisch jene Rahmen der Interaktion mit anderen Akteuren auswählen, die aus ihrer Sicht funktional erscheinen. Akteure, denen dies nicht gelingt, müssen anderen weichen oder ihre Ziele, Präferenzen und Strategien ändern. Regelungsrahmen, die diesen unmittelbar auf die Interessen und Sichtweisen der beteiligten Akteure abgestimmten Anforderungen nicht gerecht werden, werden entweder angepasst oder bleiben bedeutungslos und verschwinden.

Die Beziehungen zwischen wirtschaftlichen und politischen Eliten gestalteten sich in den einzelnen russischen Regionen ganz unterschiedlich. In einer Reihe von Studien ist versucht worden, das Verhältnis zwischen Wirtschaft und Politik in den 89 russischen Föderationssubjekten systematisch zu ordnen. Orttung legt seiner Typologie die Frage zugrunde, welcher Akteur Wirtschaft und Politik der Region kontrolliert. Er unterscheidet demnach:
- *»corporate regions«*, in denen ein Unternehmen dominiert. Diese Gruppe umfasst nicht nur die kleinen Regionen, die nur über geringe Wirtschaftsressourcen verfügen, wie beispielsweise der Autonome Bezirk der Tschuktschen, in dem das bis 2005 von Roman Abramowitsch kontrollierte Ölunternehmen Sibneft die regionale Wirtschaft dominiert, sondern auch finanzreiche Regionen wie die Stadt Moskau, in der FIG Sistema die Regeln auf dem Markt bestimmt;

---

129 Vgl. Brie, Michael / Stykow, Petra: Regionale Akteurkoordinierung im russischen Transformationsprozeß, in: Wollmann, Helmut/ Wiesenthal, Helmut / Bönker, Frank (Hg.): Transformation sozialistischer Gesellschaften: Am Ende des Anfangs, Leviathan Sonderheft, 15/1995, Opladen, S. 207–232.
130 Haas, Ernst B.: Words can hurt you or who said what to whom about regimes, in: International Organization, 2/1982, S. 207–243, hier S. 239.

1.2. MODELLE DER INTERAKTION UND RESULTIERENDE REGIME

- *pluralistische Regionen*, in denen mehrere Unternehmen um politischen Einfluss rivalisieren. Hier stellt das Gebiet Krasnojarsk ein interessantes Beispiel dar, auf dessen Territorium mehrere Finanzgruppen agieren wie etwa die Finanzgruppe Interros von Wladimir Potanin und das Unternehmen Bazowyj Element von Oleg Deripaska;
- *staatlich-kontrollierte Regionen*, in denen die Wirtschaft unter der Kontrolle der Regionalverwaltung steht. Hierzu gehören die Republiken Udmurtien, Tatarstan, Baschkortostan und die Region Chabarowsk;
- *ausländisch-beeinflusste Regionen*, in denen die Wünsche ausländischer Investoren die regionale Politik bestimmen. Dies sind nach Orttung vor allem Sachalin, wo mehrere weltweit agierende Unternehmen im Bereich der Öl- und Gasproduktion tätig sind, sowie die Regionen Leningrad, Moskau, Nischnij Nowgorod und Samara;
- *vernachlässigte Regionen*, für die sich kein großes Unternehmen interessiert. Die Regionen sind wenig industriell entwickeln und oft auf die Mittel des föderalen Haushalts angewiesen. Hierzu gehören die Republiken des Nordkaukasus und die an die asiatischen Republiken grenzenden Regionen.[131]

Auch eine neuere Studie der Weltbank stellt die Frage, wer regionale Politik bestimmt. Ähnlich wie Orttung nennt auch die Weltbank-Studie nationale und regionale Unternehmen, föderale und regionale Regierungen sowie ausländische Investoren als mögliche Akteure. Die Weltbank identifiziert aber nur etwa ein Dutzend Regionen, in denen einer dieser Akteure wirklich die regionale Politik dominiert (siehe Tabelle 1.4). Die Weltbank-Studie kommt zu dem Schluss, dass regionale Unternehmer und ausländische Investoren bei der Einflussnahme auf Politik in »ihren Regionen« am erfolgreichsten sind.[132]

Während die beiden vorgenannten Studien den Blick auf die relevanten Akteure richten, unternehmen Natalja Lapina und Alla Tschirikowa in einer empirischen Studie[133], die auf soziologischen Erhebungen und analytischen Exper-

---

131 Orttung, Robert W.: Business and politics in the Russian regions, in: Problems of Post-Communism, 2/2004, S. 48–60, S. 54–56. (zur Zuordnung aller russischen Regionen siehe S. 52–54.)
132 From transition to development. A country economic memorandum for the Russian Federation. April 2004. The Document of the World Bank, April 2004. Im Internet veröffentlicht unter: http://www.worldbank.org.ru/ECA/Russia.nsf/bef4f7b517099c0-a85256bfb006e03e0/fe49ab3fb21ae703c3256e6f00410397/$FILE/Country%20Economic %20Memorandum%20(English).pdf
133 Dabei wurden 70 standardisierte Interviews und Tiefeninterviews mit Repräsentanten der politischen und einflussreichen Wirtschaftseliten durchgeführt, darunter Vertreter großer Industriebetriebe und Banken in verschiedenen Regionen Russlands. Die Auswahl der Regionen wurde durch die regionale sozioökonomische Entwicklung einerseits und durch das Bestehen von ausreichend entwickelten Eliten andererseits bestimmt.

tisen über die Struktur regionaler Macht in den Jahren 1995 bis 1998 basiert, den Versuch, die Beziehungen von staatlichen und wirtschaftlichen Akteuren zu typologisieren.[134] Sie unterscheiden vier Modelle, die im Folgenden vorgestellt werden sollen.

Tabelle 1.4: Die dominanten Akteure in russischen Regionen 2000

Föderales Zentrum	Republik Sacha (Jakutien); Gebiet Belgorod; Gebiet Kurgan; Gebiet Nischnij Nowgorod; Gebiet Omsk.
Regionalverwaltung	Republik Baschkortostan; Republik Tatarstan; Stadt Moskau.
Regionale Privatunternehmen	Republik Mordwinien; Republik Tatarstan; Gebiet Kaliningrad; Gebiet Moskau; Gebiet Perm; Gebiet Rostow; Gebiet Tula; Gebiet Tjumen; Gebiet Tscheljabinsk.
Föderale Privatunternehmen	Republik Karelien; Bezirk Krasnojarsk; Bezirk Primorje; Gebiet Wologda; Gebiet Lipezk; Gebiet Swerdlowsk.
Ausländische Investoren	Republik Udmurtien; Gebiet Saratow.

Quelle: From Transition To Development. A Country Economic Memorandum for the Russian Federation, April 2004. The Document of the World Bank, April 2004. Im Internet veröffentlicht unter: http://www.worldbank.org.ru/ECA/Russia.nsf/bef4f7b517099c0a85256bf b006e03e0/ fe49ab3fb21ae703c3256e6f00410397/$FILE/Country%20Economic%20Memorandum%20 (English).pdf.

1.2.1. Patronage-Modell

Nach Lapina und Tschirikowa beschreibt das Patronage-Konzept die Dominanz des individuellen politischen Leiters über die Wirtschaftsakteure. Der politische Leiter, im vorliegenden Fall der Gouverneur, entscheidet über die Organisation der Machtstruktur in der Region wie über die Aufteilung und Allokation materieller und finanzieller Ressourcen. Er bestimmt die staatliche bzw. regionale Wirtschaftspolitik durch die Festlegung bestimmter Regeln für die Entwicklung von in- und ausländischen Unternehmen. Zwischen dem Gouverneur als Patron und den staatlichen oder regionalen Wirtschaftsakteuren werden informelle Pakte geschlossen, durch die Unternehmer die vom Patron vorgegebenen administrativen Regeln akzeptieren, um Vergünstigungen, Budgetmittel und andere Privilegien zu bekommen. Das Patronage-Modell findet sich in den ethnischen Repu-

---

Außerdem wurden Politiker und Beamte der Staatsduma und des Präsidentenapparates interviewt, die für die Entwicklung der Regionen zuständig sind.

134 Vgl. Lapina, Natalia / Čirikova, Alla: Regional'nye elity RF: Modeli povedenija i političeskoj orientacii, Moskau 1999, S. 85–94, auch dies.: Strategii regional'nych elit: ekonomika, modeli vlasti, političeskij vybor, Moskau, 2000, S. 79–93. Für eine vereinfachte deutsche Darstellung vgl. Lapina, Natalia: Business und Macht in den russländischen Regionen, Berichte des BIOst 41/1998, Köln.

bliken, deren wirtschaftliche Selbständigkeit am weitesten entwickelt ist. Bilaterale Verträge zwischen dem Zentrum und diesen Republiken führten dazu, dass letztere das Eigentumsrecht an Bodenschätzen und Grund und Boden erhielten. Sie verfügen damit über das auf ihrem Territorium geförderte Erdöl und Erdgas, besitzen das Recht auf eigene Steuererhebung und auf einen großen Teil des Exporterlöses. In den Republiken hat der jeweilige Präsident die Kontrolle über das Staatseigentum und die Wirtschaftstätigkeit. Die Wirtschaftsakteure müssen hier nicht mit Marktkonkurrenz, sondern mit bürokratischer Konkurrenz rechnen. Gelingt es ihnen nicht, Netzwerke mit der regionalen politischen Führung aufzubauen, haben sie auf dem regionalen Markt keine Chance.

1.2.2. Partnerschaftsmodell

Dieses Modell bildet sich in Regionen heraus, wo zwischen Politikern und Wirtschaftsakteuren ein Dialog geführt wird, um zum beiderseitigen Vorteil zu kooperieren. Diese Regionen sind gekennzeichnet durch erfolgreich durchgeführte Marktreformen und ein hoch entwickeltes Unternehmerturm. Im Gegensatz zum Patronage-Modell erkennen die staatlichen Akteure, dass ihre Regionen nicht mit Druck auf die Wirtschaftsakteure aus der Wirtschaftskrise herausgeführt werden können, sondern nur, indem günstige Vorbedingungen für die Entwicklung der Produktion und des Privatunternehmertums geschaffen werden. Der Gouverneur spielt dabei die Rolle eines Garanten für Stabilität auf dem regionalen Markt, oder für informelle Abkommen zwischen den verschiedenen Unternehmensgruppen über die Aufteilung der Einflussphären oder die Sicherung der privilegierten Situation eines Unternehmens. Einige Regionen, in denen das Partnerschaftsmodell erfolgreich eingeführt werden konnte, sind Sankt Petersburg und die Gebiete Nowgorod, Nischnij Nowgorod und Leningrad.

1.2.3. Modell der »Privatisierung der Macht«

Dieses Modell entwickelt sich in Regionen, wo die Unternehmen zentrale politische Macht oder Kontrollfunktionen übernommen haben. Dabei hat sich eine konsolidierte Wirtschaftselite herausgebildet, die über die politischen Akteure dominiert und sich selbständig als Machtelite präsentiert. Das Ergebnis ist eine regionale politische Führung, die sich nicht in die Wirtschaftspolitik und vor allem nicht in die Verteilung der Wirtschaftsressourcen einmischt. Zwischen der regionalen politischen Führung und der Wirtschaft wird ein »politischer Vertrag« abgeschlossen, in dem die Kompetenzen abgegrenzt werden.

1.2.4. Modell der »Unterdrückung« oder des »Kampfes aller gegen alle«

Dieses Modell entsteht in Regionen, die nur über geringe Wirtschaftsressourcen verfügen und stark vom Geldtransfer aus dem föderalem Zentrum abhängen. Die regionale politische Elite ist zu schwach, um politische Entscheidungsprozesse zu bestimmen. Deswegen können keine Beziehungen mit Wirtschaftsakteuren auf der Grundlage der Patronage oder der Zusammenarbeit hergestellt werden. Resultat ist ein Konflikt, der auf der regionalen Ebene nicht nur zwischen Wirtschaftsakteuren und Politikern, sondern auch zwischen konkurrierenden Gruppen der politischen Elite und innerhalb der Wirtschaftselite ausgetragen wird.

1.3. Untersuchungsdesign

Um die Dreiecksbeziehung Großunternehmen – regionale politische Eliten – föderales Zentrum und ihre Bedeutung für die Entwicklung regionaler Politik zu analysieren, wird in der Arbeit die Methode einer vergleichenden Fallstudie angewandt, die auch regionalen Differenzen berücksichtigt. Diese Form der »makroqualitativen vergleichenden Analyse«[135], oder des »fokussierten Vergleichs«[136] erscheint als gelungener Kompromiss zwischen Einzelfallstudien und stark generalisierenden makrostatistischen Untersuchungen, insbesondere wenn die einbezogenen Fälle bisher nur sehr begrenzt empirisch erschlossen wurden,[137] wie es bei den hier ausgewählten Untersuchungsregionen der Fall ist.

Demgemäß sollen die fokussierten Vergleiche in der vorliegenden Arbeit helfen einerseits vor allem mit Hilfe qualitativer Methoden Aussagen über den Untersuchungsgegenstand zu erhalten und andererseits die gewählten Modelle der Interaktion unter der Einbeziehung der als relevant erkannten Variablen zu testen und dadurch weitere alternative Wirkungszusammenhänge zu erkennen. Bei der Auswahl der Regionen für die Fallstudien wurde nach der oben vorgestellten Regimetypologie von Lapina und Tschirikowa vorgegangen. Für die Regimetypen wurden folgende vier Regionen ausgewählt:

Das *Patronage-Modell* wird anhand der Republik Tatarstan und ihrer Ölfirma Tatneft untersucht. Das Unternehmen wird über direkte und indirekte Beteiligungen von der politischen Führung der Republik dominiert und spielt eine wichtige Rolle bei der Subventionierung der regionalen Wirtschaft.[138]

---

135 Berg-Schlosser, Dirk: Makro-qualitative vergleichende Methoden, in: Berg-Schlosser, Dirk / Müller-Rommel, Ferdinand (Hg.): Vergleichende Politikwissenschaft, Opladen 1997³, S. 67–87, S. 68.
136 Im Englischen: focused comparison, siehe z.B: Hague, Rod / Harrop, Martin: Comparative government and politics, New York 2001, S. 73.
137 Hall, Peter: Beyond the comparative method, in: APSA-CP Newsletter, 2/2004, S. 1–4.
138 Zum politischen Regime Tatarstans siehe N.N.: Tatarstanskaja Model': Mify i real'nost', Kazan' 1997; McAuley, Mary: Russia's politics of uncertainty, Cambridge 1997, S. 82–108; Moukhariamov, N. M.: The Tatarstan model: A situational dynamic, in: Stavrakis, Peter J. (Hg.): Beyond the monolith. The emergence of regionalism in post-Soviet Russia, Washington 2000, S. 213–232; Makarychev, Andrei S. / Valuev, Vasilii N.: External rela-

1.2. MODELLE DER INTERAKTION UND RESULTIERENDE REGIME

Für das *Partnerschaftsmodell* wird der Autonome Bezirk der Chanten und Mansen – Jugra in einer Fallstudie untersucht. Neben der hier registrierten Ölgesellschaft Surgutneftegas sind drei weitere Ölfirmen (Jukos, Sibneft und Lukoil) in der Region aktiv. Gemeinsam stellen sie 70% der regionalen Haushaltseinnahmen. Die kooperative Strategie von Surgutneftegas und die Möglichkeit der regionalen Regierung, mit den vier Firmen jeweils separat zu verhandeln, haben hier zu einer partnerschaftlichen Parität zwischen Wirtschaft und Politik geführt.[139]

Anhand des Autonomen Bezirks der Jamal-Nenzen und des hier dominanten Erdgasmonopolisten Gazprom wird das Modell der *Privatisierung der Macht* untersucht. Gazprom scheint in der Lage zu sein, politische Entscheidungen zu diktieren.[140]

---

tions of Tatarstan: Neither inside, nor outside, but alongside Russia, Working Paper Nr. 23, März 2002, Swiss Federal Institute of Technology Zurich.
Zu Tatneft vgl. Mazalov, Ivan: Tatneft, Troika Dialog Research, Moskau 2000; Reznikov, Konstantin: Tatneft. Results and prospects, Alfa-Bank, Moskau 2000 (im internet veröffentlicht unter: http://www.alfa-bank.com); Reznikov, Konstantin: Tatnefts debt restructuring, Alfa-Bank, Moskau 2000 (im internet veröffentlicht unter: http://www.alfa-bank.com); Lubash, D.: Tatneft – Company reports Merill Lynch capital markets, New York 1999; Pleines, Heiko: Russia's oil companies and the present crisis. Part 8. Is no news really good news?, in: FSU Oil&Gas Monitor (NewsBase), 16.3.1999; RMG Securities: Tatneft. Company report, Moskau 1998; Ross, Priscilla: Unkown Russian giant, in: Energy Economist, 12/1996, S. 15–18.

139   Zum politischen Regime und zur Rolle des Erdöls in der Region vgl. Ščupko, Genadij: Zdes' možno delat' luboj biznes, in: Expert, 13/2002, S. 79–86; Zubarevič, Natalia: Prišel, uvidel, pobedil? Krupnyj biznes i regional'naja vlast', in: Pro et Contra, 7/2002, veröffentlicht im Internet unter: http://pubs.carnegi.ru/p&c/Vol7-2002/1/07nz.asp.
Zu Surgutneftegas vgl. Thomas, Matthew: Surgutneftegaz, ING Barings Russian Research, London 2000; O'Sullivan, Stephen / Avdeev, Dmitry: Surgutneftegaz. Share issue assessed, United Financial Group, Moskau 2000; Reznikov, Konstantin: Surgutneftegaz. Drilling during consolidation, Alfa-Bank, Moskau 2000, veröffentlicht im Internet unter: http://www.alfa-bank.com; Company profiles: Surgutneftegaz, in: Analytica Newsletter 12/1998 (HTML-Dokument ohne Seitenzahlen); Lane, David / Seifulmulukov, Iskander: Structure and ownership, in: Lane, David (Hg.): The political economy of Russian oil, LanhamOxford 1999, S. 15–46, hier S. 32–33; Mazalov, Ivan: Surgutneftegaz, Troika Dialog Research, Moskau 1999; Henderson, James / Saliterman, Scott / Satskov, Eugene: Surgutneftegaz, MFK Renaissance Company Profile, Moskau 1998.

140   Zu den beiden westsibirischen Regionen siehe Sevastianova, Anastasia: Resource rent and regions: The case of the West Siberian oil and gas complex, in: Segbers, Klaus (Hg.): Explaining post-Soviet patchworks. The political economy of regions, regimes and republics, Bd. 3, Ashgate 2001, S. 123–137; Krjukov, V. A. / Sevast'janova, A. E. / Tokar'ev, A. N. / Šmat, V. V. (Hg.): Regional'nye aspekty reformirovanija nalogovoj sistemy v neftegazovom sektore Rossii, Novosibirsk 2001, S. 20–28.
Firmenportraits von TNK finden sich bei Drankina, Ekaterina: Kreking gorjučich monstrov, in: Ekspert, 17.1. 2000, S. 54–56; Mazalov, Ivan: TNK (Tyumen Oil Company),

Das Modell der »*Unterdrückung*« oder des »*Kampfes aller gegen alle*« wird entgegen der empirisch nicht überprüften Zuordnung von Lapina und Tschirikowa hier für das Gebiet Tjumen (1991–2000) gewählt. Eine ausführliche Begründung findet sich in der entsprechenden Fallstudie.

Der Untersuchungszeitraum umfasst die Jelzin-Ära (1992–1999), in der die Regionen nach einer tief greifenden Umstrukturierung den eigenen politischen Status gestärkt und politische Entscheidungsfreiheit gewonnen haben und die Amtszeit von Präsident Putin bis 2005, in der das Zentrum versucht, erneut stärkeren Einfluss auf politische Entscheidungsprozesse in den Regionen zu nehmen und die regionalen Machtverhältnisse zu dominieren.

Nach den oben vorgenommenen Definitionen relevanter Akteure werden in den vier Fallstudien die regionalen wirtschaftlichen und politischen Eliten untersucht. Dabei soll nach dem Positionsansatz und ergänzend dem Reputationsansatz vorgegangen werden. Die gleichzeitige Nutzung mehrerer Quellen dient dazu, die zugänglichen Informationen zu vervollständigen und zu überprüfen. Für die Fallstudien wird vor allem auf wissenschaftliche Analysen, Presseberichte, offizielle Dokumente auf föderaler und regionaler Ebene, unter anderem Gesetze, Präsidialerlasse, Regierungsverordnungen, Beschlüsse der Ministerien und regionalen Parlamente sowie Statistiken zurückgegriffen. Zusätzlich wurden in den vier Untersuchungsregionen sowie in Moskau umfangreiche qualitative Interviews mit relevanten Akteuren und mit Experten durchgeführt. Die Interviews waren wichtig, um ein Bild davon zu bekommen, wie verschiedene

---

Troika Dialog Research, Moskau 1999; RMG Securities: Tyumen Oil Company »TNK«, Moskau 1998; Company profiles: Tyumen Oil Company (TNK), in: Analytica Newsletter 12/1998 (HTML-Dokument ohne Seitenzahlen); Pleines, Heiko: Russia's oil companies and the current crisis. Part 4. Tyumenneft. Is good management enough?, in: FSU Oil & Gas Monitor (NewsBase), 16.2.1999; RMG Securities: Tyumenneftegaz, Moskau 1997; Federal Stock Corporation: Tyumenskaya Oil Joint Stock Company, Moskau 1995.

Firmenportraits von Gazprom geben Heinrich, Andreas: Large corporations as national and global players. The case of Gazprom, in: Segbers, Klaus (Hg.): Explaining post-Soviet patchworks, Bd. 1, Actors and sectors in Russia between accommodation and resistance, Aldershot 2001, S. 97–115; Westphal, Kirsten: Russische Energiepolitik. Ent- oder Neuverflechtung von Staat und Wirtschaft?, Baden-Baden 2000, S. 42–123; Krjukov, Valerij A.: Institucional'naja struktura neftegazovogo sektora, Novosibirsk 1998, S. 217–262; Pleines, Heiko / Westphal, Kirsten: Rußlands Gazprom. Teil 1. Die Rolle des Gaskonzerns in der russischen Politik und Wirtschaft, Bericht des BIOst, 33/1999; Heinrich, Andreas: Rußlands Gazprom. Teil 2. Gazprom als Akteur auf internationaler Ebene, Bericht des BIOst, 34/1999, Köln; Preuss Neudorf, Katharina C.: Die Erdgaswirtschaft in Russland. Probleme und Perspektiven unter besonderer Berücksichtigung der Integration der russischen und der europäischen Erdgaswirtschaft, Köln 1996, S. 68–145 und S. 165–204.

Gruppen der Eliten die Situation in den jeweiligen Regionen und die politischen Regime einschätzen. Außerdem wurden die Interviews genutzt, um Beziehungen zwischen den Elitengruppen zu rekonstruieren und Hintergrundinformationen zu erhalten.

2. Die russische Öl- und Gaswirtschaft im föderalen System

Als Grundlage für die in den nächsten Kapiteln folgenden Fallstudien werden hier die wirtschaftlichen und wirtschaftspolitischen Rahmenbedingungen der Interaktion von wirtschaftlichen und politischen Eliten auf der regionalen Ebene untersucht. Zum einen wird die Entwicklung der Erdöl- und der Erdgaswirtschaft analysiert, um das Handlungsumfeld der betrachteten Wirtschaftseliten zu verstehen. Zum anderen werden die wirtschaftspolitischen Kompetenzen der untersuchten Regionen beschrieben, um aufzuzeigen, welche Gestaltungs- und Verhandlungsspielräume die regionalen politischen Akteure besitzen.

2.1. Die russische Erdölindustrie

Generell kommt der Erdölindustrie große Bedeutung für die russische Wirtschaft zu. 2005 betrug ihr Anteil am russischen BIP (Bruttoinlandsprodukt)[1] 21,8 % und an den Exporteinnahmen 32%.[2] Eine wesentliche Rolle spielen ihre Einnahmen auch für den russischen Haushalt: die Quoten variieren zwischen 20% und 25%. Die Produktion erreichte mit rund 569 Millionen Tonnen im Jahr 1987 ihren Höhepunkt. Danach war sie rückläufig, bevor die Produktion im Jahr 2000 auf 323 Millionen Tonnen wieder anstieg (siehe Tabelle 2.1). Derzeit ist die Russische Föderation mit 11,3% des Weltmarktanteiles nach Saudi-Arabien der zweitgrößte Erdölproduzent der Welt.[3]

2.1.1. Die Entwicklung der Organisationsstruktur

Die Ölindustrie ist eine derjenigen Branchen des Energiesektors, die die stärksten Umstrukturierungen und Reorganisationen erfahren hat. Nach dem Zerfall der Sowjetunion wurde das sowjetische Ministerium für Öl- und Gasindustrie aufgelöst und das Ministerium für Brennstoffe und Energie *Mintopenergo* geschaffen. Unter seiner Aufsicht kam es zu formellen Änderungen des Rechtsstatus der Ölunternehmen. Die wichtigsten strukturpolitischen Maßnahmen waren mit der Bildung von vertikal-integrierten Gesellschaften verbunden, die in sich die

---

[1] Christenko, V.B.: Doklad »O sostojanii i perspektivach razvitija vnutrennego rynka uglevodnogo syr'ja i produktov ego pererabotki, vključaja neftechimičeskuju promyšlennost'«, Ministerstvo promyšlennosti i ėnergetiki Rossijskoj Federacii, Moskau, März 2006.

[2] Statistika vnešnej torgovli: Ėksport Rossii važnejšych tovarov za janvar' – dekabr' 2005 goda, Federal'naja tamožennaja služba Rossii, 14.02.2006, im Internet veröffentlicht unter: http://www.customs.ru/ru/stats/arhiv-stats-new/trfgoods/popup.php?id286=120.

[3] International Energy Agency: Key World Energy Statistics, Paris 2004, S. 11.

Produktion, Verarbeitung, Verteilung und den Verkauf vereinten. Ende 1992 wurden die Erdölbetriebe in Kapitalgesellschaften umgestaltet, deren Anteile anfangs von der Staatsholding Rosneft gehalten wurden.[4] Ab 1993 wurden durch Regierungsverordnungen die Kapitalgesellschaften in weitere Holdings umgewandelt und insgesamt 13 vertikal-integrierte Gesellschaften gegründet. In ihnen wurden zentrale leitende Positionen von Betriebsdirektoren aus der sowjetischen Ölindustrie übernommen. Einen Überblick über die Gesellschaften und ihre Erdölproduktion gibt Tabelle 2.1.

Ebenfalls Anfang der 1990er Jahre wurden die Pipelinebetreiber für Rohöl und Erdölprodukte Transneft und Transneftprodukt als hundertprozentige staatliche Gesellschaften geschaffen, denen die Kontrolle über die Lieferung von Rohöl und Ölprodukten und der Betrieb der Pipelines übertragen wurde. Die Unternehmensführung wurde direkt dem Energieministerium unterstellt. Transneft und Transneftprodukt blieben während des gesamten untersuchten Zeitraums in Staatsbesitz.

Die ersten Pläne für die Zeit nach der Privatisierung sahen für die vertikal integrierten Ölgesellschaften folgende Eigentümerstruktur vor: 45% der Anteile sollten im Besitz der staatlichen Holding Rosneft verbleiben. Weitere 40% sollten an Investoren, einschließlich maximal 15% ausländische Investoren verkauft werden und die restlichen 15% sollte die Bevölkerung durch Verkauf erhalten. Die zugeordneten Produktionsbetriebe wurden in Aktiengesellschaften umgewandelt, an denen die jeweilige Holding 38% der Aktien erhielt. Bis zu 35% der Aktien von Tochterfirmen ohne Stimmenrecht wurden an die Beschäftigten verteilt, davon 5% an das Management und 5% an die lokale Administration. 17% waren für den Verkauf an die Öffentlichkeit vorgesehen.[5]

Allerdings entwickelten sich die tatsächlichen Eigentümerstrukturen aufgrund widersprüchlicher staatlicher Regelungen und fehlender Kontrolle anders. Dies lag vor allem daran, dass die neu entstehenden vertikal-integrierten Gesellschaften den Verkauf ihrer Anteile selbst organisieren sollten. Die zugeteilten 5% für das Management und 25% für die Beschäftigten wurden quasi von der Holding selbst übernommen, um dem Management die Kontrollrechte der Unternehmen weiterhin zu sichern. Im Falle von Surgutneftegas kam es nach einem Voucherverkauf von Anteilen ohne Beschluss der Aktionärsversammlung zu einer

---

4   Föderaler Präsidialerlass »Ob osobennostjach privatizacii i preobrazovanija v akcionernye obščestva gosudarstvennych predprijatij, proizvodstvennych i naučno-proizvodstvennych ob'edinenij neftjanoj, neftepererabatyvajuščej promyšlennosti i nefteproduktoobespečenija« vom 17.11.1992, veröffentlicht in: Sobranie aktov Prezidenta i Pravitel'stva RF, 22/1992, St. 1878.
5   Troschke, Manuela: Die Energiewirtschaft Russlands im Transformationsprozess. Eine ökonomische und politische Analyse, München 1999, S. 140f.

Tabelle 2.1: Erdölproduktion der großen Ölgesellschaften 1993–2005 (in Mio. Tonnen)

	1993	1994	1995	1996	1997	1998	1999	2000	2001	2002	2003	2004	2005
Russland gesamt	355	318	307	301	306	303	305	323	348	380	421	459	470
Lukoil	62	57	53	51	53	54	53	62	63	75	82	87	86
Jukos	45	37	36	35	35	34	34	50	58	70	81	86	23
Surgutnefte-gas	38	34	33	33	34	35	38	41	44	49	54	59	64
Tatneft	-	24	25	25	24	24	24	25	25	25	24	25	25
TNK	-	25	23	21	21	20	20	36	41	38	43	72	75
Sidanko	-	26	23	21	20	20	20	11	16		(zu TNK)		
Sibneft	-	23	20	19	18	17	16	17	25	26	31	34	45
Rosneft	14	12	13	13	13	12	12	14	15	16	19	22	75
Bashneft	-	18	17	16	15	13	12	12	12	12	12	12	12
Slavneft	-	13	13	13	12	12	12	12	15		(zu Sibneft und TNK)		
Onako	-	7	7	8	7	8	7	8			(zu TNK)		
Komi-TEK	-	5	-	8	9	9				(zu Lukoil)			
VNK	-	11	11	11						(zu Jukos)			
Andere	-	19	19	24	34	38	37	30	33	69	75	62	65

Quelle: Ministerstvo Promyšlennosti i Ènergetiki Rossijskoj Federacii; InfoTEK; Internetseite der Erdölunternehmen.

neuen stimmrechtslosen Aktienemission durch eigenmächtige Entscheidung der Manager, was ihnen die Kontrolle über die Holding sicherte. Sehr wenige der geplanten Anteile der Unternehmen wurden an ausländische Investoren verkauft. Einige der Unternehmen, wie etwa Lukoil, versuchten mit Hilfe eines dafür geschaffenen Investmentfonds bereits verkaufte Anteile zurückzukaufen.[6]

Eine erste Reorganisierung der geschaffenen Ölunternehmen fand 1995 statt. Dabei wurden weitere Ölgesellschaften aus dem staatlichen Unternehmen Rosneft ausgegliedert und im Sinne der neuen Strukturen umgewandelt. Die Aktienpakete von Rosneft wurden der Kontrolle des Komitees für Staatsbesitz übergeben, jedoch existierte das Unternehmen Rosneft als Aktiengesellschaft im Staatsbesitz weiter.[7] Aus dem Bestand von Rosneft entstanden die Ölgesellschaften Sibneft, Sidanko, Slavneft, Jukos, VNK (Vostotschnaja Neftjanaja Kompanija) und TNK (Tjumenskaja Neftjanaja Kompanija). In Aktien-Kredit-Swaps (Pfandauktionen) ging Ende 1995 die Kontrolle über die drei großen Ölunternehmen Sibneft, Sidanko und Jukos an Finanzunternehmen.[8] Die zwei großen Gesellschaften Lukoil und Surgutneftegas blieben unter der Kontrolle ihres Managements. Einige Ölunternehmen, deren Produktion in einer Region konzentriert war, wurden von regionalen Verwaltungen übernommen. Dazu gehörten Bashneft in der Republik Baschkortostan, Komi-TEK in der Republik Komi und Tatneft in der Republik Tatarstan.

Mitte 1997 wurden die staatlichen Anteile von VNK an das Finanzunternehmen Menatep / Rosprom, die Besitzer von Jukos, verkauft und später in die Jukos-Holding eingegliedert. Die staatlichen Anteile an TNK kauften die Finanzunternehmen Alfa-Group und Access-Renova (AAR). Der Reorganisierung folgte auch Sidanko, das 10% seiner Aktien an British Petroleum (BP) verkaufte. Im Jahr 1997 war die Privatisierung der russischen Ölindustrie größtenteils abgeschlossen.[9] Die Frage der Privatisierung von Rosneft blieb jedoch ungeklärt. Ein langjähriger Streit zwischen Rosneft und Sidanko um die Produktionsfirma Purneftegaz behinderte den Privatisierungsprozess von Rosneft.[10] Immer wie-

---

6 Troschke, Manuela: Die Energiewirtschaft Russlands im Transformationsprozess. Eine ökonomische und politische Analyse, München 1999, S. 142f.

7 Föderale Regierungsverordnung »O preobrazovanii gosudarstvennogo predprijatija Rosneft' v otkrytoe akcionernoe obščestvo neftjanaja kompanija Rosneft'« vom 29.09.1995, veröffentlicht in: Sobranie zakonodatel's'va RF, 41/1995, St. 3902.

8 Föderaler Präsidialerlass »O porjadke peredači v 1995 godu v zalog akcij, nachodjaščichsja v federal'noj sobstvennosti« vom 31.08.1995, veröffentlicht in: Sobranie zakonodatel'stva RF, 36/1995, St. 36.

9 Locatelli, C.: The Russian oil industry restructuration: towards the emergence of western type enterprises?, in: Energy Policy, 27/1999, S. 435–449, hier S. 437–439.

10 Browning, Lynnley: Court rules Rosneft to keep control of Purneftegaz, in: Moscow Times, 03.09.1996; Doroveev, Ilja / Baranov, Alexandr: Rosneft': vse ešče vperedi,

2.1. DIE RUSSISCHE ERDÖLINDUSTRIE 91

der wurden von der föderalen Regierung Pläne über die Bildung einer größeren, über Rosneft hinausgehenden, nationalen Ölgesellschaft entwickelt, die in sich die verbliebenen staatlichen Ölgesellschaften vereinen sollten, ohne dass jedoch ein konkretes Konzept verabschiedet wurde.[11] Während die anderen staatlichen Ölfirmen privatisiert wurden, blieb Rosneft so bis 2005 zu 100% unter staatlicher Kontrolle.[12]

Zwischen 1999 und 2002 kam es zu weiteren Konzentrationsprozesse in der Branche. Im Sommer 1999 ging Komi-TEK im Rahmen eines gegenseitigen Aktienaustausches in den Besitz von Lukoil über.[13] Im September 2000 übernahm TNK als Ergebnis des Verkaufs von 85% des staatlichen Aktienpaketes von Onako die Kontrolle über dieses Unternehmen.[14] Danach wurde Sidanko nach dem Verkauf eines weiteren Mehrheitspaketes im August 2001 unter die Kontrolle von Alfa-Group / Access-Renova (AAR), die Hauptaktionäre von TNK, gebracht.[15] Die Entwicklung der Konsolidierungsprozesse in der Ölindustrie zeigte sich auch durch den Erwerb von Slavneft in Dezember 2002 durch Sibneft und

---

in: Interfax-AiF, im Internet veröffentlicht unter: http://www.icsmir.ru/aif97/aifask33.asp?slprod=1076.

11 Mehr dazu bei Krjukov, Valerij A.: Institucional'naja struktura neftegazovogo sektora: problemy i napravlenija transformacii, Novosibirsk 1998, S. 126–127.

12 Für einen Überblick zu den Debatten über die Bildung einer nationalen Ölgesellschaft vgl.: Kladkova, L.: Bitva za Rosneft'. Drang nach Osten, in: Profil', 36/1997, S. 18–21; Westphal, Kirsten: Russische Energiepolitik. Ent- oder Neuverflechtung von Staat und Wirtschaft?, Baden-Baden 2000, S. 130–132; Krjukov, Valerij A.: Diktatura nefti, in: Ėko, 3/1999, S. 63–70; Krjukov, Valerij A: Začem nužna Rossii nacional'naja neftjanaja kompanija?, in: Ėko, 4/1999, S. 2–10; Sergeev, Petr: »Rosneft« konsolidiruet aktivy, no ne terjaet status krupnejšej neftjanoj kompanii, Agenstvo SMI, 16.04.1999, im Internet veröffentlicht unter: http://www.smi.ru/01/04/16/141641.html; http://www.smi.ru/01/04/16/141641.html Mazalov, Ivan: Oil production subsidiaries, Troika Dialog Research, Moskau 2000, S. 7f.

13 Orechin, Pavel: »Lukoil« razmestilsja. Neft' Komi teper' pod kontrolem, Vedomosti, 19.11.1999, im Internet veröffentlicht unter: http://www.lukoil.ru/press-center/artic.htm; O'Sullivan, Stephen / Adveev, Dmitry: Lukoil acquires Komi-TEK, United Financial Group company report, Moskau 1999; Glazer, Sergej / Reznikov, Konstantin: Lukoil-Komi-TEK merger, Alfa-Bank, Moskau, 05.10.1999.

14 Kolčin, Sergej: Ternistoj tropoj konsolidacii idut veduščie kompanii rossijskoj neftjanki, in: Neft' Rossii, 2/2003, im Internet veröffentlicht unter: http://www.oilru.com/nr/110/1883/.

15 O'Sullivan, Stephen / Avdeev, Dmitry: TNK/Sidanko: Sealing the deal, in: Russia Oil Comment, 02.08.2001, United Financial Group, Moskau; Lukina, Natalia P.: Mirovye tendencii v restrukturizacii neftjanych kompanij, in: Neft', gaz i biznes, 25.02.2003, im Internet veröffentlicht unter http://afnet.integrum.ru/artefact3/ia/ia5.aspx?lv; Slavneft: All bets off?, The Russian Oil and Gas Comment, 14.10.2002 (pdf).

TNK.[16] Im Februar 2003 wurde von AAR und BP eine neue Holding, die TNK-BP, gegründet. In diese wurden die russischen und ukrainischen Anteile dieser Unternehmen eingegliedert. AAR und BP gehören je 50% der Aktien von TNK-BP.[17] Mit der Zerschlagung von Jukos über Zwangsversteigerungen zur Begleichung von Steuerschulden begann Ende 2004 eine neue Konsolidierungsphase in der Erdölindustrie, bei der die staatlichen Firmen Rosneft und Gazprom zu zentralen Akteuren wurden.[18]

Zusammenfassend lässt sich sagen, dass es im Beobachtungszeitraum von 1992 bis 2005 zu erheblichen Konsolidierungsprozessen in der russischen Ölindustrie kam. Die Zahl der vertikal-integrierten Erdölunternehmen reduzierte sich von 13 im Jahre 1995 auf acht zum Ende des Jahres 2003, die sich ausgehend von der Eigentümerstruktur in folgende Gruppen einteilen lassen: Rosneft untersteht weiterhin der Kontrolle der föderalen Regierung; Baschneft und Tatneft sind Regionalregierungen untergeordnet; Lukoil und Surgutneftegas werden von ihrem Management kontrolliert; und Sibneft, TNK-BP und Jukos sind in von Finanzunternehmen geleiteten Holdinggesellschaften integriert. 2004/05 gingen dann Sibneft und wesentliche Teile von Jukos an staatliche Firmen. Die staatlichen Anteile an den großen vertikal integrierten Ölfirmen zeigt Tabelle 2.2.

Einen Überblick über die Entwicklung der Organisationsstruktur der Branche gibt Grafik 2.1.

2.1.2. Staatliche Regulierung der Ölbranche

Bezogen auf die staatliche Regulierung sind für russische Ölunternehmen vor allem die Besteuerung und die Lizenzvergabe für Erdölquellen von Bedeutung. Für Unternehmen im Staatsbesitz hat der Staat als Eigentümer darüberhinausgehend eine zentrale Rolle bei der Unternehmensleitung. Diese ist aber unternehmensspezifisch und wird deshalb im Unternehmensportrait bei der jeweiligen Fallstudie behandelt. Hier sollen nun die Besteuerung und die Lizenzvergabe als zentrale wirtschaftspolitische Einflussfaktoren auf die Geschäftstätigkeit der Ölunternehmen vorgestellt werden. Die konkreten Kompetenzen der vier für die Fallstudien gewählten Regionen werden später in Abschnitt 2.3 noch einmal explizit zusammengefasst.

---

16 Kolčin, Sergej: Tenistoj tropoj konsolidacii idut veduščie kompanii rossijskoj neftjanki, in: Neft' Rossii, 2/2003, im Internet veröffentlicht unter: http://www.oilru.com/nr/110/1883/.

17 Information auf der Internetseite des Unternehmens unter: http://tnk-bp.ru; »V Rossii načal rabotu novyj neftjanoj koncern«, im Internet veröffentlicht unter: http://lenta.ru/economy/2003/09/12/tnkbp/.

18 Pleines, Heiko / Schröder, Hans-Henning (Hg.): Die Jukos-Affäre, Arbeitspapiere und Materialien der Forschungsstelle Osteuropa Nr. 64, Februar 2005.

2.1. DIE RUSSISCHE ERDÖLINDUSTRIE

Tabelle 2.2: Die staatlichen Anteile an den großen Ölunternehmen 1993–2005 (in Prozent)

	1993	1994	1995	1996	1997	1998	1999	2000	2001	2002	2003	2004	2005
Lukoil	90,8	80,0	54,9	33,1	26,6	26,6	18,1	15,5	14,1	12,0	7,59	0,0	0,0
Jukos	100	100	48	0,1	0,1	0,1	0,1	0,1	0,1	0,1	0,1	an Rosneft	
Surgutnefte-gas	100	40,1	40,1	40,1	0,8	0,8	0,8	0,8			0,0		
TNK (TNK-BP)	-	-	100	100	51	49,8	49,8				0,0		
Sidanko	-	100	85	51			0,0			an TNK			
Sibneft	-	-	100	51									an Gaz-prom
Rosneft							100						
Slavneft	-	83	83	79	75	75	75	75	75	an TNK und Sibneft			
Onako	-	100	85	85	85	85	85	0,0		an TNK			
Komi-TEK	-	100	100	91–95	1,1	1,1				an Lukoil			
VNK	-	100	85	85	36,8	36,8	36,8	36,8		an Jukos			

Anmerkung: Bashneft und Tatneft sind den regionalen Verwaltungen zugeordnet und werden hier nicht berücksichtigt.
Quelle: Ènergetičeskaja politika Rossii. Obzor 2002, Meždunarodnoe ènergetičeskoe agenstvo, Moskau 2002, S. 82, für die Jahre 2002–2005 eigene Zusammenstellung der Autorin.

94　　　2. DIE RUSSISCHE ÖL- UND GASWIRTSCHAFT IM FÖDERALEN SYSTEM

Grafik 2.1: Die Organisationsstruktur der russischen Erdölindustrie 1992–2005

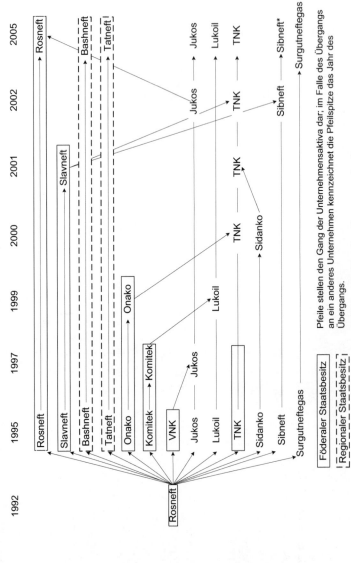

Grafik: Matthias Neumann

2.1. DIE RUSSISCHE ERDÖLINDUSTRIE

Die Regulierung der Nutzung von Naturressourcen und Rohstoffen in der Russischen Föderation gründet sich auf folgende gesetzliche Regelungen: die Verfassung der Russischen Föderation, die föderativen Gesetze »Über die Bodenschätze«[19], »Über das Kontinentalschelf der RF«[20], »Über die Teilung der Produktion«[21], »Über natürlichen Monopole«[22], auf das Bürgerliche Gesetzbuch, die Regierungsverordnungen »Über die Lizensierung von Bodennutzung«, »Über die Lizensierung von Aktivitäten zur Speicherung von Erdöl und Produkten der Erdölverarbeitung« sowie auf den zweiten Teil des Steuergesetzbuches.

Mit diesen Regelungen werden unter anderem die Verteilung von Rechten an der Bodennutzung zwischen der Russischen Föderation und den Regionen, die Vergabe von Lizenzen für die Gewinnung und Verarbeitung von Rohstoffen, die Nutzung von geologischen Informationen, die Besteuerung der Ölunternehmen sowie notwendige Umweltschutzmaßnahmen geregelt. Laut Artikel 1.2. des föderalen Gesetzes »Über die Bodenschätze« fallen Boden und Naturressourcen in den gemeinsamen Kompetenzbereich von Russischer Föderation und Regionen. Aus diesem Grund können die russischen Regionen eigene Gesetze verabschieden, die Fragen der Nutzung von Rohstoffen und ihrer Besteuerung regeln.[23] Die regionale Gesetzgebung hat dabei allgemeine Normen und die allgemeine Rechtslage im Hinblick auf die Besonderheiten in der Region zu spe-

---

19 Föderales Gesetz »O nedrach« vom 21.02.1992, veröffentlicht in: Vedomosti S"ezda narodnych deputatov RF i Verchovnogo Soveta RF 16/1992, St. 834; zusätzliche Änderungen wurden festgelegt im föderalen Gesetz »O vnesenii izmenenij i dopolnenij v zakon ›O nedrach‹« vom 08.02.1995, veröffentlicht in: Sobranie zakonodatel'stva RF 10/1995, St. 823; sowie im föderalen Gesetz »O vnesenii v zakonodatel'nye akty RF izmenenij i dopolnenij, vytekajuščich iz Federal'nogo zakona ›O soglašenii o rozdele produkcii‹« vom 10.02.1999, veröffentlicht in: Sobranie zakonodatel'stva, 7/1999, St. 879.

20 Föderales Gesetz »O kontinental'nom šel'fe« vom 30.11.1995, veröffentlicht in: Sobranie zakonodatel'stva, 49/1995, St. 4694; mit zusätzlichen festgelegten Änderungen im föderalen Gesetz »O vnesenii izmenenij i dopolnenij v zakon ›O kontinental'nom šel'fe‹« vom 20.04.2003, veröffentlicht in: Rossijskaja Gazeta, 26.04.2003, S. 3.

21 Engl. Production sharing agreements (PSA), vgl. föderales Gesetz »O soglašenijach o razdele produkcii« vom 30.12.1995, veröffentlicht in: Sobranie zakonodatel'stva RF, 1/1996, St. 18; mit weiteren Aktualisierungen: föderales Gesetz »O vnesenii izmenenij i dopolnenij v Federal'nyj zakon o soglašenijach o razdele produkcii« vom 07.01.1999, veröffentlicht in: Sobranie zakonodatel'stva RF, 2/1999, St. 246.

22 Föderales Gesetz »O estestvennych monopolijach«, vom 17.08.1995, veröffentlicht in: Sobranie zakonodatel'stva, 34/1995, St. 3426.

23 Zu ihnen gehören die Republik Komi, Udmurtien, Tatarstan, Baschkortostan und Burjatien, vgl. Troschke, Manuela: Die Energiewirtschaft Russlands im Transformationsprozess. Eine ökonomische und politische Analyse, München 1999, S. 132; Šafranik, Jurij K. / Krjukov, Valerij A.: Neftegazovye resursy v kruge problem, Moskau 1997, S. 158.

zifizieren und zu konkretisieren. Dies hat allerdings vielfach zu Widersprüchen zwischen der föderalen und den regionalen Gesetzgebungen geführt.[24]

Auf der institutionellen Ebene waren im Untersuchungszeitraum die Behörden zu unterscheiden, die sich mit der Lizenzierung des Öl- und Gassektors befassten, und solche, die sich mit der Besteuerung beschäftigten. In das Verfahren der Lizenzierung auf föderaler Ebene waren das russische Wirtschaftsministerium (Ministerstwo ekonomiki RF)[25], das russische Energieministerium (Ministerstwo topliwa i energetiki RF)[26], das russische Finanzministerium (Ministerstwo finansow RF), das Staatliche Komitee für Geologie und die Nutzung von Bodenschätzen (Rossijskij komitet po geologii i ispolsovaniju nedr)[27], das russische Umweltkomitee (Gosudarstvennyj komitet po ekologii RF) sowie die russische Föderale Bergbau- und Industrieaufsicht (Gosgortechnadsor RF) und andere involviert. Eine eigene Behörde befasste sich mit den Förderrechten in von indigener Bevölkerung besiedelten Gebieten im Norden Russlands. Auf der regionalen Ebene bestanden spezielle, in den Regionen selbst entwickelte Behörden, die mit der Lizenzierung befasst waren. Diese konnten von Region zu Region unterschiedlich sein.

Für das Besteuerungsverfahren war auf föderaler Ebene das russische Steuerministerium (Ministerstvo RF po nalogam i sboram)[28] zuständig, das auf den untergeordneten Verwaltungsebenen die als staatliche Steuerinspektionen (gosudarstwennye nalogowye inspekzii) bezeichneten Steuerbehörden umfasste. Viele von diesen kooperierten mit den Regionalverwaltungen.

---

24   Zu diesem Aspekt siehe Abschnitt 3.1. (Die wirtschaftspolitische Kompetenz der regionalen politischen Eliten).
25   Mit föderalem Präsidialerlass vom 18.05.2000 wurde das Wirtschaftsministerium in das Ministerium für Wirtschaftsentwicklung und Handel der Russischen Föderation umgebildet. Siehe: Föderaler Präsidialerlass »Vorposy struktury federal'nych organov ispolnitel'noj vlasti« vom 18.05.2000, veröffentlicht in: Sobranie Zakonodatel'stva RF, 21/2000, St. 2168.
26   Das russische Energieministerium wurde 09.03.2004 in das Ministerium für Industrie und Energiewirtschaft (Ministerstvo promyšlennosti i ėnergetiki der RF) umstrukturiert. Siehe: Präsidialerlass »O sisteme i strukture federal'nych organov ispolnitel'noj vlasti« vom 09.03.2004, in: Sobranie Zakonodatel'stva RF, 11/2004, St. 314.
27   Das Roskomsnedra (Staatliches Komitee für Geologie und die Nutzung von Bodenschätzen) wurde 1996 in das Ministerium für Naturressourcen umgewandelt; Föderaler Präsidialerlass »O sisteme federal'nych organov gosudarstvennoj vlasti« vom 15.08.1996, veröffentlicht in: Sobranie zakonodatel'stva, 34/1996, St. 4082.
28   Das Steuerministerium wurde auf Grund des Präsidialerlasses »O sisteme i strukture federal'nych organov ispolnitel'noj vlasti« vom 09.03.2004 in den Föderalen Steuerdienst (Federal'naja nalogovaja služba) umgebildet. Siehe: Präsidialerlass vom 09.03.2004, in: Sobranie Zakonodatel'stva RF, 11/2004, St. 314.

2.1.2.1. Besteuerung der Ölbranche

Die russischen Ölunternehmen unterliegen zum einen einer allgemeinen Besteuerung, die jedes in Russland tätige Unternehmen unabhängig von der Branchenzugehörigkeit zu entrichten hat. Dazu gehören unter anderem die Mehrwertsteuer, die Vermögenssteuer, die Gewinnsteuer und die Sozialabgaben. Zum anderen gibt es tätigkeits- und produktspezifische Steuern und Abgaben speziell für die Erdölwirtschaft.[29] Einen Überblick über die einzelnen Steuern und Abgaben geben die Tabellen 2.3 und 2.4.

Die *Mehrwertsteuer* (MWst) auf den Verkauf von Rohöl und Raffinerieprodukten wurde im Januar 1992 mit 28% eingeführt. Sie wurde nur auf den Warenverkehr innerhalb der Russischen Föderation und auf Exporte in die Staaten der GUS[30] erhoben. Ab 1. Januar 1993 wurde diese Steuer auf 20% gesenkt, jedoch schon zu Beginn des Jahres 1994 um eine spezielle Unternehmensteuer von 3% erweitert. Anfang des darauffolgenden Jahres wurde sie auf 1,5% reduziert. Schließlich wurde sie zum 1. Januar 1996 für den Binnenmarkt ganz aufgehoben. Seit Anfang 2001 wird sie nicht mehr auf Exporte in die Staaten der GUS erhoben, mit Ausnahme des Exportes von Erdöl, das nach wie vor nach dem üblichen Satz besteuert wird. Die Höhe der Mehrwertsteuer liegt nach dem neuen

---

29 Zur Besteuerung der Branche siehe Sagers, Matthew J. / Kryukov, Valerij A. / Shmat, Vladimir V.: Resource rent from the oil and gas sector and the Russian economy, in: Post-Soviet Geography, 7/1995, S. 387–425; Westphal, Kirsten: Russische Energiepolitik. Ent- oder Neuverflechtung von Staat und Wirtschaft, Baden-Baden 2000, S. 167–172; Heinrich, Andreas: Die Besteuerung der russischen Erdölindustrie: Viele Köche verderben den Brei, in: Heinrich, Andreas / Pleines, Heiko: Steuerlast und Steuerverhalten russischer Wirtschaftsbranchen. Teil II, Besteuerung der russischen Öl- und Gasindustrien: Arbeitspapiere und Materialien der Forschungsstelle Osteuropa, 28/2001, S. 4–36, hier S. 10–11; vgl. auch Mazalov, Ivan: Oil sector report, Troika Dialog: Moskau 2001, S. 81–90; Bobylev, Jurij N.: Reformirovanie nalogooblozenija mineral'nosyr'evogo sektora, Moskau 2001, S. 40–54; Heinrich, Andreas: Das Steuerverhalten der russischen Erdölindustrie, in: Höhmann, Hans-Hermann / Fruchtmann, Jakob / Pleines, Heiko: Das russische Steuersystem im Übergang. Rahmenbedingungen, institutionelle Veränderungen, kulturelle Bestimmungsfaktoren, Bremen 2002, S. 121–140; Ziener, Gert: Fiskalische Ansätze zur Gewinnung notwendiger Auslandsinvestitionen für die Erdölwirtschaft Russlands, in: Osteuropa Wirtschaft, 2/2002, S. 118–134; Chernavskii, S.Ia: The tax and structural tools of macroeconomic policy in the energy sector, in: Problems of Economic Transition, 3/2002, S. 5–100, hier S. 55–100; Pleines, Heiko: Wirtschaftseliten und Politik im Russland der Jelzin-Ära (1994–99), Münster 2003, S. 311–319; Smirnov, A.: Problemy regulirovanija neftegazovogo kompleksa Rossii, in: Obščestvo i ėkonomika 10/2003, S. 138–147; Nikolaev, I./ Kalinin, A.: Prirodnaja renta: cena voprosa (na primere neftjanoj otrasli), in: Obščestvo i ėkonomika, 12/2003, S. 75–107.

30 Die Abkürzung GUS bedeutet Gemeinschaft Unabhängiger Staaten (Sodružestvo nezavisimych gosudarstv). Sie umfasst die Mehrheit der ehemaligen Sowjetrepubliken.

Steuergesetz bei 20%. Bis Ende 2000 wurden die Einnahmen aus dieser Steuer zwischen den föderalen und regionalen Haushalten im Verhältnis 85:15 geteilt.

Die *Gewinnsteuer* betrug bis Ende 2001 35% des besteuerten (Brutto-) Gewinns eines Unternehmens. Es gab jedoch bis dahin vielfältige Möglichkeiten, um verschiedene Steuernachlässe, Abschreibungen und Steuervergünstigungen für die Senkung der Gewinnsteuer zu erhalten. Alle Steuernachlässe in der Geschäftsbilanz wurden deklariert und später zurückerstattet. Ein Verlustübertrag in einem Zeitraum von fünf Jahren war möglich. Steuervergünstigungen wurden unter der Bedingung gewährt, dass die Gesamtsumme dieser Vergünstigungen nicht mehr als die Hälfte der vorgesehenen Steuersumme betragen durfte. Zu den wesentlichen Vergünstigungen gehörte die Reduzierung der Steuergrundlage durch Re-Investitionen. Außerdem waren weitere Vergünstigungen auf der Grundlage von regionalen administrativen Entscheidungen bezüglich des regionalen Steueranteils möglich. 11% des versteuerten Gewinns flossen in den föderalen Haushalt; die restlichen 24% wurden unter den regionalen und örtlichen Haushalten aufgeteilt.

Die *Vermögensteuer* beträgt 2% des unbaren Vermögens von Unternehmen. Die Steuer wird direkt an die regionalen Haushalte abgeführt.

Sozialabgaben der Ölindustrie umfassten die obligatorischen Beitragszahlungen in den Sozialversicherungsfonds, den Arbeitsfonds, den Gesundheitsfonds und den Rentenfonds. Die Höhe des Satzes wurde progressiv als Prozentsatz des Bruttolohns der Beschäftigten eines Unternehmens berechnet. Dabei variierte die Besteuerung zwischen 5% und 39,5%. Ende 2001 wurden die vier Fonds zu einer einheitlichen Sozialsteuer zusammengefasst, die zwischen 2% und 35,6% des Lohns beträgt. Sie werden direkt in den föderalen Haushalt abgeführt.

Neben der allgemeinen Besteuerung gibt es spezielle Steuerabgaben. Auf der Grundlage des Gesetzes »Über Bodenschätze« werden Steuern erhoben, die auf mehreren produktionsabhängigen Abgaben basieren, darunter die Verbrauchsteuer (Akzisen) für Erdöl, Erdgas und Erdölprodukte; Abgaben für die Nutzung von Ressourcen (Lizenzgebühren und Rohstoffentnahmesteuer) sowie Zollgebühren (vor allem Exportzölle).

Zu den wichtigsten produktspezifischen Steuern der russischen Ölbranche gehörte bis 2001 die *Verbrauchsteuer (Akzise)* für Erdöl, Erdgas und Erdölprodukte, die im Dezember 1991 eingeführt wurde.[31] Anfangs betrug diese Steuer durchschnittlich 18% des Verkaufswertes der Erdölprodukte. Schon kurze Zeit danach wurde die Höhe der Steuer nach den Produktionskosten der Unternehmen berechnet. Mitte 1993 stieg die Verbrauchsteuer auf bis zu 24% und in eini-

---

31 Föderales Gesetz »Ob akcizach« vom 06.12.1991, veröffentlicht in: Vedomosti S"ezda narodnych deputatov RSFSR i Verchovnogo Soveta RSFSR, 52/1991, St. 1872.

gen Fällen bis 42% an. Erlaubt waren auch Barterzahlungen. Um die Berechnung der Steuer zu vereinfachen, wurden im April 1994 die Prinzipien der Steuererhebung geändert. Die bis dahin übliche prozentuale Abgabe wurde für alle Unternehmen bis auf die joint ventures durch ein pauschales Rubel-Äquivalent pro Tonne des geförderten Produktes ersetzt, indiziert nach dem Wechselkurs zum US-Dollar.[32] Einzelne Unternehmen wurden 1994 von der Verbrauchsteuer befreit. Gleichzeitig waren bis 1995 Nachlässe auf die Verbrauchsteuer für die Dauer von fünf Jahren möglich, wenn Unternehmen auf Erdölfeldern förderten, für die Lizenzen zwischen 1993 bis 1995 vergeben worden waren.[33] Ab 1996 wurde die Höhe der Verbrauchsteuer auf Erdöl und Erdölprodukte nicht mehr durch Regierungsverordnungen bestimmt, sondern durch ein föderales Gesetz. Die Erhebung der Verbrauchsteuer durch Indizierung nach dem Wechselkurs zum US-Dollar wurde im Jahr 1997 abgeschafft. In der Regel flossen die Steuereinnahmen in den föderalen Haushalt. Den Republiken Baschkortostan und Tatarstan wurde es jedoch im Rahmen von bilateralen Verträgen mit dem föderalen Zentrum ermöglicht, die gesamten Einnahmen oder Teile der Verbrauchsteuer direkt an die regionalen Haushalte abzuführen.[34] Anfang 2000 wurde eine einheitliche Verbrauchsteuer in Höhe von 55 Rubel pro Tonne für alle Ölproduzenten eingeführt. Berechnungsgrundlage bildeten die Produktionsquoten der Unternehmen. Im Jahr 2001 betrug die Verbrauchsteuer 73,9 Rubel pro Tonne. Seit 1. Januar 2002 entfiel die Steuer ganz.[35]

---

32 Schon im Mai 1994 betrug der Steuersatz durchschnittlich 14.750 Rubel pro Tonne (8,2 USD). Im ersten Halbjahr 1995 stieg die Verbrauchssteuer von durchschnittlich 22.000 Rubel (12,2 USD) auf 50.000 Rubel pro Tonne und im darauffolgenden Halbjahr auf 70.000 bis 75.000 Rubel an. Am Ende des Jahres erreichte sie 100.000 Rubel pro Tonne (21,3 USD). Vgl. Heinrich, Andreas: Die Besteuerung der russischen Erdölindustrie: Viele Köche verderben den Brei, in: Heinrich, Andreas / Pleines, Heiko: Steuerlast und Steuerverhalten russischer Wirtschaftsbranchen. Teil II. Besteuerung der russischen Öl- und Gasindustrie, in: Arbeitspapiere und Materialien, 28/2001, Forschungsstelle Osteuropa, Bremen, S. 4–35, hier S. 10–12; vgl. auch Khartukov, Eugene M.: Changing tax system challenges producers and refiners in Russia, in: Oil and Gas Journal, special issue, 25.03.1996, S. 41–46, hier S. 42; Sagers, Matthew J. / Kryukov, Valeriy A. / Shmat, Vladimir V.: Resource rent from oil and gas sector and Russian economy, in: Post-Soviet Geography, 7/1995, S. 389–425, hier S. 416–417.

33 Zu den Spezifika der Steuerfestsetzung vgl. Krjukov, V.A.: Institucional'naja struktura neftegazovogo sektora: problemy i napravlenija transformacii, Novosibirsk 1998, S. 134.

34 Eine detaillierte Darstellung zur Republik Tatarstan findet sich in Abschnitt 3.1.1. dieser Arbeit.

35 Krjukov, V.A. / Sevast'janova, A.E. / Tokarev, A.N. / Šmat, V.V.: Regional'nye aspekty reformirovanija nalogovoj sistemy v neftegazovom sektore Rossii, Novosibirsk 2001, S. 83.

Zu den wesentlichen Abgaben gehören auch die *Zollgebühren*. Alle Export- und Importoperationen der Unternehmen sind mit einer Abfertigungsgebühr in Höhe von 0,15% des Zollwertes verbunden. Die Gebühr für den Import von Ausrüstungsgegenständen beträgt zwischen 5% und 20% des Zollwertes. Einige Güter und Ausrüstungen können von den Gebühren zum Teil oder ganz befreit werden. Exportzölle und Exportquoten wurden Anfang 1992 eingeführt. Der Grund für ihre Einführung lag in der großen Differenz zwischen den russischen Inlandspreisen für Öl und Ölprodukte und den Weltmarktpreisen. Die russische Regierung hat versucht, die damit verbundenen hohen Exportzahlen dieser Produkte zu verringern und den Export zu zentralisieren. Dazu wurden Erdöl und Erdölprodukte zu Inlandspreisen aufgekauft und zu Weltmarktpreisen weiterverkauft. So versorgte die Regierung den innerrussischen Markt für Rohöl und Ölprodukte und profitierte gleichzeitig von Gewinnen aus dem Export.[36]

Um Preismanipulationen durch die Unternehmen zu verhindern, wurden die Exportzölle nicht prozentual zu den Exporteinnahmen erhoben. Anfangs wurden sie in ECU[37] berechnet, konnten jedoch auf der Grundlage des durch die russische Zentralbank festgelegten offiziellen Wechselkurses auch in Rubel entrichtet werden. 1992 betrug der Zollsatz zwischen 26 und 35 ECU pro Tonne. Ausnahmen bei den Exportzöllen und Exporttarifen wurden im Jahr 1994 eingeführt. 1996 wurden die Exportzölle abgeschafft, Anfang 1999 jedoch erneut eingeführt. Dabei wurden die Zollsätze periodisch festgesetzt und die Zollrate von 5 auf 15 EUR pro Tonne erhöht. Im April 2000 wurde von der Regierung ein System flexibler Steuersätze für Exportabgaben eingeführt, nach dem die Zollsätze zum Weltmarktpreis für Ural-Öl in Beziehung gesetzt wurden.[38] Im September 2001 wurde das Zolltarifgesetz wiederum geändert und die Zollgebühren auf den Export von Rohöl nach dem Durchschnittspreis für Ural-Öl in zwei

---

36 Heinrich, Andreas: Die Besteuerung der russischen Erdölindustrie: Viele Köche verderben den Brei, in: Heinrich, Andreas / Pleines, Heiko: Steuerlast und Steuerverhalten russischer Wirtschaftsbranchen. Teil II. Besteuerung der russischen Öl- und Gasindustrie, in: Arbeitspapiere und Materialien, 28/2001, Forschungsstelle Osteuropa, Bremen, S. 4–35, hier S. 8.
37 ECU steht für »European Currency Unit«. Ab 1979 diente diese künstliche Währung als Bezugsgröße, Rechnungseinheit und Reservewährung innerhalb des Europäischen Währungssystems und ab 1991 als Emissionswährung an den internationalen Finanzmärkten. 1999 wurde die ECU durch den Euro abgelöst.
38 Ratnovsky, Lev: Taxation system and export duties. Weekly analytical report, 24.04.2000, Institute for Financial Studies, S. 1–4; Reznikov, Konstantin: Effect of tax changes on oil companies, Alfa Bank, 07.12.2000; Landes, Adam / Metnev, Vladislav: Russian Oil & Gas Yearbook: Data Mining, 25.07.2002, Renaissance Capital Research, Moskau (pdf), S. 114–118.

aufeinanderfolgenden Monaten festgelegt.[39] Die Zollgebühren werden von der russischen Regierung bestimmt.[40]

Als weitere Abgabe für die Gewinnung von mineralischen Vorkommen wurde die *Rohstoffentnahmesteuer* in Höhe von 10% des Verkaufswertes der ersten extrahierten Rohstoffe berechnet. Für die weitere Exploration des Ölfeldes wurde sie den speziellen Gegebenheiten des Projektes angepasst. Dabei wurde vom Lizenznehmer ein Marktpreis für die Rohstoffe kalkuliert. Wenn der Preis nicht berechnet werden konnte, wurde die Besteuerungsgrundlage durch Multiplikation der Produktionskosten mit der normalen Profitabilitätsrate des Unternehmens berechnet. Ab Ende 1993 konnte diese Steuer bis zu 10% betragen. Für die Unternehmen war die Rohstoffentnahmesteuer von der Körperschaftssteuer voll abzugsfähig. Bei der Durchführung von geologischen Untersuchungen ließ sich diese Steuer teilweise berücksichtigen.[41] Die Steuereinnahmen gingen zu 30% in den föderalen Haushalt und zu 70% in die regionalen Haushalte ein. Einen Überblick über die Besteuerung der Erdölindustrie bis zum Inkrafttreten der Steuerreform zum Jahresbeginn 2002 gibt Tabelle 2.3.

---

39 Der Preis für Ural-Öl wird nach dem Weltmarktpreis für Ural-Öl (Mittelmeer und Rotterdam) für die zwei Monate berechnet, die unmittelbar auf eine laufende, zweimonatige Exportzollperiode folgen. Zu den Änderungen des Zolltarifgesetzes vgl. Gesetz »O vnesenii izmenenij i dopolnenij v čast' vtoruju Nalogovogo kodeksa RF i nekotorye drugie akty zakonodatel'stva RF, a takže o priznanii utrativšimi silu otdel'nych aktov zakonodatel'stva RF«, in: Rossijskaja gazeta, 10.08.2001, S. 2.

40 Landes, Adam / Metnev, Vladislav: Russian Oil & Gas Yearbook: Data Mining, 25.07.2002, Renaissance Capital Research, Moskau (pdf), S. 116f.; Nikolajev, I. / Kalinin, A.: Prirodnaja renta: cena voprosa (na primere neftjanoj otrasli), in: Obščestvo i ėkonomika, 12/2003, S. 75–107, hier S. 91f.

41 Heinrich, Andreas: Die Besteuerung der russischen Erdölindustrie: Viele Köche verderben den Brei, in: Heinrich, Andreas / Pleines, Heiko: Steuerlast und Steuerverhalten russischer Wirtschaftsbranchen. Teil II. Besteuerung der russischen Öl- und Gasindustrie, in: Arbeitspapiere und Materialien, 28/2001, Forschungsstelle Osteuropa Bremen, S. 4–35, hier S. 11; vgl. auch Sagers, Matthew J. / Kryukov, Valeriy A. / Shmat, Vladimir V.: Resource rent from oil and gas sector and Russian economy, in: Post-Soviet Geography, 7/1995, S. 389–425, hier S. 418; auch Andersen, Arthur: Russia oil and gas tax guide, o.O. 2001, S. 11.

Tabelle 2.3: Besteuerung der russischen Ölindustrie (bis Ende 2001)

Steuerart	Verteilung der Steuereinnahmen auf administrativen Ebenen (in %)	Steuersatz	Steuergrundlage
Mehrwertsteuer (MWst)	Föderaler Haushalt: 85% Regionale Haushalte: 15%	20%	Verkauf von Rohöl
Verbrauchsteuer (Akzise)	Föderaler Haushalt: 100%	73,92 Rubel/Tonne	Produktionsquoten über geförderten Rohstoff
Lizenzgebühren für das Recht, mineralische Ressourcen zu suchen und zu schätzen	Lokale Haushalte: 100%	1–2%	Summierte Such- und Schätzkosten sowie Erkundungskosten für mineralische Ressourcen
Lizenzgebühr für die Erforschung mineralischer Rohstoffe	Lokale Haushalte: 100%	3–5%	Forschungskosten
Lizenzgebühren für die Förderung mineralischer Ressourcen (Royalties)	Föderaler Haushalt: 40% Regionale Haushalte: 30% Lokale Haushalte: 30%	6–16%	Verkaufswert der Produktion
Rohstoffentnahmesteuer	Föderaler Haushalt: 30% Regionale Haushalte: 70%	10%	Verkaufswert der ersten extrahierten Rohstoffe
Exportzölle	Föderaler Haushalt: 100%	Euro/Tonne	Abhängig vom jeweiligen Weltmarktpreis
Vermögensteuer	Regionale Haushalte: 100%	bis 2%	Unbares Vermögen
Gewinnsteuer	Föderaler Haushalt: 65% Regionale Haushalte: 30% Lokale Haushalte: 5%	35%	Besteuerter (Brutto-) Gewinn

2.1. DIE RUSSISCHE ERDÖLINDUSTRIE

Steuerart	Verteilung der Steuereinnahmen auf administrativen Ebenen (in %)	Steuersatz	Steuergrundlage
Einmalige Lizenzgebühren für das Recht, mineralische Rohstoffe zu fördern	Föderaler Haushalt: 40% Regionale Haushalte: 30% Lokale Haushalte: 30%	Mindestens 10%	Höhe der regelmäßigen Zahlung, berechnet nach dem Jahresdurchschnitt der voraussichtlichen Kapazität der Förderunternehmen
Steuern für die Straßennutzung	Regionale Haushalte: 100%	1%	Verkaufswert der Produktion (ohne MWst und Verbrauchsteuer)
Grundsteuer	Föderaler Haushalt: 30% Regionale Haushalte: 20% Lokale Haushalte: 50%	Abhängig von der Fläche	Pro Hektar nach durch die lokale Administration festgesetzten Tarifen

Quelle: eigene Zusammenstellung der Autorin nach: Krjukov, V.A. / Sevast'janova, A.E. / Tokarev, A.N. / Šmat, V.V.: Regional'nyje aspekty reformirovanija nalogovoj sistemy v neftegazovom sektore Rossii, Novosibirsk 2001, S. 83; Heinrich, Andreas: Die Besteuerung der russischen Erdölindustrie: Viele Köche verderben den Brei, in: Heinrich, Andreas / Pleines, Heiko: Steuerlast und Steuerverhalten russischer Wirtschaftsbranchen. Teil II. Besteuerung der russischen Öl- und Gasindustrie, Arbeitspapiere und Materialien 28/2001, Forschungsstelle Osteuropa Bremen, S. 4–35.

Am 1. Januar 2001 beziehungsweise 2002 trat der zweite Teil des neuen Steuergesetzes in Kraft, dessen Ziel es war, die Unternehmensbesteuerung zu vereinfachen und die Steuerlast zu senken.[42] Die für die Ölindustrie relevanten Reformmaßnahmen wurden erst im Sommer 2001 gesetzlich festgelegt und traten zum 1. Januar 2002 in Kraft.[43]

---

42 Mehr zur russischen Steuerreform bei: Panskov, V.G.: Nalogi i nalogoobloženie v Rossijskoj Federacii, Moskau 2001; Reznikov, Konstantin: Effect of tax changes on oil companies, Alfa Bank, 07.12.2000; Höhmann, Hans-Hermann / Fruchtmann, Jakob / Pleines, Heiko: Das russische Steuersystem im Übergang. Rahmenbedingungen, institutionelle Veränderungen, kulturelle Bestimmungsfaktoren, Bremen 2002.
43 Einen Überblick zur Steuerreform für die Ölbranche geben: Krjukov, V.A. / Sevast'janova, A.E. / Tokarev, A.N. / Šmat, V.V.: Regional'nye aspekty reformirovanija nalogovoj sistemy v neftegazovom sektore Rossii, Novosibirsk 2001, S. 75; vgl. auch Krjukov, V.A.: Zakrytaja éffektivnost', ili kak gosudarstvo pytaetsja upravljat' neftjanymi kompanijami, in: Ėko, 9/2002, S. 19–37; Nash, Ronald / Jacob, Harmut / Moisseev, Alexei: The eco-

Nach dem 25. Kapitel des neuen Steuergesetzes beträgt die *Gewinnsteuer* seit 1. Januar 2002 24%. Allerdings wurden wichtige Ausnahmeregelungen für Ölunternehmen abgeschafft, unter anderem die Möglichkeit, bis zu 50% der Investitionskosten abzusetzen. Gleichzeitig wurde der Zeitlauf der Abschreibungen wesentlich gekürzt. Wichtige Änderungen wurden auch bei der Verteilung der Einnahmen aus der Gewinnsteuer zwischen den administrativen Ebenen vorgenommen: 7,5% fließen nunmehr in den föderalen Haushalt, 10,5% bis 14,5% in die regionalen Haushalte und 2% in die lokalen Haushalte. 2003 wurden 5% der Einnahmen in den föderalen Haushalt überwiesen, 17% in die regionalen Haushalte und 2% in die lokalen Haushalte. Und 2004 wurde diese Verteilung erneut geändert: 6,5% der Einnahmen fließen in den föderalen Haushalt, die restlichen 17,5% in die regionalen Haushalte.[44] Die Regionen haben nun in Bezug auf den regionalen Steueranteil einen Spielraum von maximal vier Prozentpunkten[45]

Mit Beginn des Jahres 2002 wurden die *Verbrauchsteuer, Lizenzgebühren auf die Förderung mineralischer Ressourcen* (*Royalties*) und die *Rohstoffentnahmesteuer* nach Artikel 26 des zweiten Teils des russischen Steuergesetzes durch eine neue *Steuer auf die Förderung mineralischer Ressourcen* ersetzt.[46] Bei der Berechnung dieser Steuer wird nach einem pauschalen Rubel-Äquivalent pro Tonne vorgegangen. Die Steuer wurde für den Zeitraum vom 01.01.2002 bis 31.12.2004 auf 340 Rubel pro Tonne festgelegt. Dabei wird der Steuersatz nach einem Koeffizienten berechnet, der der Dynamik der Weltmarktpreise für Erdöl Rechnung trägt. Berechnungsgrundlage bildeten die Produktionsquoten des geförderten Rohstoffes. Durch einen Präsidialerlass Anfang 2003 wurden jedoch einige Korrekturen zur Steuer auf die Förderung mineralischer Ressour-

---

nomics of tariff reform, Renaissance Capital, 10.07.2002, S. 16–18. (pdf); Landes, Adam / Metnev, Vladislav: Russian Oil & Gas Yearbook: Data Mining, 25.07.2002, Renaissance Capital Research, Moskau (pdf), S. 114–118; Smirnov, A.: Problemy regulirovanija neftegazovogo kompleksa Rossii, in: Obščestvo i ėkonomika, 10/2003, S. 138–147; Nikolajev, I. / Kalinin, A.: Prirodnaja renta: cena voprosa (na primere neftjanoj otrasli), in: Obščestvo i ėkonomika, 12/2003, S. 75–107, hier S. 87–92.

44 Artikel 2 des föderalen Gesetzes »O vnesenii izmenenij v časti pervuju i vtoruju nalogovogo kodeksa Rossijskoj Federacii i priznanii utrativšim silu nekotorych zakonodatel'nych aktov (položenij zakonodatel'nych aktov) Rossijskoj Federacii o nalogach i sborach«, vom 29.07.2004, veröffentlicht in: Sobranie zakonodatel'stva RF, 31/2004, St. 3231.

45 Föderales Gesetz »O vnesenii izmenenij i dopolnenij v čast' vtoruju Nalogovogo kodeksa RF i nekotoryje drugie akty zakonodatel'stva RF o nalogach i sborach, a takže o priznanii utrativšim silu otdel'nych aktov (položenij aktov) zakonodatel'stva RF o nalogach i sborach« vom 06.08.2001, veröffentlicht in: Sobranie zakonodatel'stva, RF, 33/2001, St. 3413.

46 Föderales Gesetz »Nalogovyj Kodeks Rossijskoj Federacii. Čast' vtoraja« vom 05.08.2000, veröffentlicht in: Sobranie zakonodatel'stva RF, 32/2000 St. 3340.

2.1. DIE RUSSISCHE ERDÖLINDUSTRIE

cen gemacht, die bis 2006 gelten sollen.[47] Der Steuersatz wurde auf 347 Rubel angehoben. 2005 wurde dieser Satz noch einmal auf 419 Rubel erhöht.[48] Änderungen wurden auch bei der Verteilung der Einnahmen zwischen den Haushalten der einzelnen Ebenen beschlossen. Danach fließen 80% der Steuern in den föderalen Haushalt und die restlichen 20% in die regionalen Haushalte. In Autonomen Bezirken, die ein administrativer Teil eines Gebiets oder eines Bezirks sind, gehen 74,5% der Einnahmen aus Lizenzgebühren auf die Förderung von mineralischen Ressourcen in den föderalen Haushalt, 20% in den Haushalt des Autonomen Bezirkes und 5,5% in die regionalen Haushalte.[49] Allerdings wurde 2003 dieses Verhältnis geändert: 81,6% gingen in den föderalen Haushalt, 13,4% in den Haushalt des Autonomen Bezirkes und 5% in die regionalen Haushalte.[50]

Nach den Änderungen im Föderalen Haushaltkodex 2004 wurde die Verteilung dieser Steuer wieder neu reguliert: Seit 01.01.2005 fließen 95% der Steuer in den föderalen Haushalt und 5% in die regionalen Haushalte.[51]

Außerdem wurden die *Sozialabgaben* durch die *einheitliche Sozialsteuer* ersetzt. Der neue Sozialsteuersatz ist regressiv und variiert zwischen 2% und 35,6% des individuellen Lohns. Die Steuereinnahmen werden direkt in den staatlichen Haushalt abgeführt.[52] Einen Überblick über die Besteuerung der Erdölindustrie nach der Steuerreform von 2001 gibt Tabelle 2.4.

---

47 Föderales Gesetz »O vnesenii izmenenij i dopolnenij v glavy 22, 24, 25, 26², 26³ i 27 časti vtoroj Nalogovogo kodeksa RF i nekotorye drugie zakonodatel'nye akty RF«, vom 31.12.2002, veröffentlicht in: Sobranie zakonodatel'stva RF, 1/2003, St. 2.
48 Artikel 4 des föderalen Gesetzes »O vnesenii izmenenij v čast vtoruju Nalogovogo kodeksa Rossijskoj Federacii i nekotorye drugie akty zakonodatel'stva Rossijskoj Federacii« vom 18.08.2004, veröffentlicht in: Sobranie zakonodatel'stva RF, 34/2004, St. 3517.
49 Krjukov, V.A. / Sevast'janova, A.E. / Tokarev, A.N. / Šmat, V.V.: Regional'nye aspekty reformirovanija nalogovoj sistemy v neftegazovom sektore Rossii, Novosibirsk 2001, S. 75.
50 Artikel 8 des föderalen Gesetzes »O federal'nom bjudžete na 2004 god« vom 23.12.2004, veröffentlicht in: Rossijskaja Gazeta, 30.12.2004.
51 Artikel 31 des föderalen Gesetzes »O vnesenii izmenenij v bjudžetnyj kodeks Rossijskoj Federacii v časti regulirovanija mežbjudžetnych otnošenij« vom 20.08.2004, veröffentlicht in: Rossijskaja Gazeta (Special'nyj Vypusk) Nr. 3559, 25.08.2004.
52 Mehr bei: Nies, Susanne: Die Einheitliche Sozialsteuer und die Reform des russischen Sozialversicherungssystems, in: Höhmann, Hans-Hermann / Fruchtmann, Jakob / Pleines, Heiko: Das russische Steuersystem im Übergang. Rahmenbedingungen, institutionelle Veränderungen, kulturelle Bestimmungsfaktoren, Bremen 2002, S. 298–313.

Steuerart	Verteilung der Steuereinnahmen auf administrativen Ebenen (in %)	Steuersatz	Steuergrundlage
Gewinnsteuer Ab 2002	Föderaler Haushalt – 7,5% Regionale Haushalte – 14,5% Lokale Haushalte – 2%	24%	Unterschied zwischen Einnahmen und Ausgaben, die mit der Produktion und dem Verkauf von Waren verbunden sind
Ab 2003	Föderaler Haushalt – 5% Regionale Haushalte – 17% Lokale Haushalte – 2%		
2004–2005	Föderaler Haushalt – 6,5% Regionale Haushalte – 17,5%		
Einmalige Lizenzgebühren für das Recht, mineralische Rohstoffe zu fördern	Föderaler Haushalt – 100%	Mindestens 10%	Höhe der Steuer für die Förderung mineralischer Ressourcen, berechnet nach dem Jahresdurchschnitt der voraussichtlichen Kapazität der Förderunternehmen
Grundsteuer	Lokale Haushalte – 100%	0,1–2%	Kosten für Grundbucheinträge und Grundstückspreise
Einheitliche Sozialsteuer	Föderaler Hauhalt: 100%	2%–35,6%	Bruttoarbeitslohn

Quelle: eigene Zusammenstellung der Autorin nach: Krjukov, V.A. / Sevast'janova, A.E. / Tokarev, A.N. / Šmat, V.V.: Regional'nyje aspekty reformirovanija nalogovoj sistemy v neftegazovom sektore Rossii, Novosibirsk 2001, S. 87; Heinrich, Andreas: Die Besteuerung der russischen Erdölindustrie: Viele Köche verderben den Brei, in: Heinrich, Andreas / Pleines, Heiko: Steuerlast und Steuerverhalten russischer Wirtschaftsbranchen. Teil II. Besteuerung der russischen Öl- und Gasindustrie, Arbeitspapiere und Materialien 28/2001, Forschungsstelle Osteuropa Bremen, S. 4–35; St. 26, 341 des Steuerkodex der RF; Artikel 31 des föderalen Gesetzes »O vnesenii izmenenij v bjudžetnyj kodeks Rossijskoj Federacii v časti regulirovanija mežbjudžetnych otnošenij« vom 20.08.2004, veröffentlicht in: Rossijskaja Gazeta (Special'nyj Vypusk) Nr. 3559, 25.08.2004.

Tabelle 2.4: Besteuerung der russischen Ölindustrie (2002–2005)

Steuerart	Verteilung der Steuereinnahmen auf administrativen Ebenen (in %)	Steuersatz	Steuergrundlage
Mehrwertsteuer (MWst)	Föderaler Haushalt 100%	20% ab 2004 18%	Verkauf allen Rohöls
Steuer der Förderung mineralischer Ressourcen,	Föderaler Haushalt 80% Regionale Haushalte 20%	340 Rubel pro Tonne	Produktionsquoten des geförderten Rohstoffes; Steuersatz wird mit einem Koeffizienten angewendet, der der Dynamik der Weltmarktpreise auf Erdöl entspricht.
ab 2004	Föderaler Haushalt 85,6% Regionale Haushalte 14,4%	347 Rubel pro Tonne	
ab 2005	Föderaler Haushalt 95% Regionale Haushalte 5%	419 Rubel pro Tonne	
Lizenzgebühren für die Suche, Schätzung und Erforschung von Flächen (Rentals)	Föderaler Haushalt 100%	1 Rubel pro km²	Nach km²
Exportzölle	Föderaler Haushalt – 100%	bis 40%	Abhängig vom durchschnittlichen Weltmarktpreis der zwei vorangegangenen Monate
Vermögensteuer	Regionale Haushalte – 100%	2%	Jährlicher Durchschnittswert des Vermögens

2.1.2.2. Lizenzierung der Ölbranche[53]

Von entscheidender Bedeutung für die russische Ölindustrie ist das Gesetz »Über Bodenschätze«, das im Jahr 1992 verabschiedet und im Folgenden mehrmals modifiziert wurde.[54] Das Gesetz erklärt ausschließlich den russischen Staat zum Eigentümer aller Bodenschätze. Gleichzeitig wird sowohl russischen als auch ausländischen Unternehmen über vom Staat vergebene Lizenzen die Förderung und Verarbeitung der Rohstoffe gestattet, die im Rahmen von Auktionen (Tendern) oder Ausschreibungen für festgelegte Laufzeiten vergeben werden. Für geologische Studien sind sie auf fünf Jahre begrenzt, für die Rohstoffförderung auf bis zu 20 Jahre, für kombinierte Tätigkeiten einschließlich der Produktion auf bis zu 25 Jahre.[55] Nach Ablauf dieser Zeit können die Lizenzen in der Regel verlängert werden. Die Lizenzvergabe wurde dem Staatlichen Komitee für Geologie und die Nutzung von Bodenschätzen (Roskomnedra)/ Ministerium für Naturressourcen übertragen. Mit der Vergabe von Lizenzen werden dem Lizenznehmer bestimmte Auflagen gemacht, etwa bezüglich vorzunehmender Investitionen und zu beachtender Umweltstandards. Theoretisch können durch Entscheidungen des Komitees, beispielsweise wenn diese Auflagen nicht erfüllt werden, einmal vergebene Lizenzen ausgesetzt oder entzogen werden.[56] Zu den Kompe-

---

53 Überblicksdarstellungen zur Lizenzierung finden sich bei: Šafranik, Jurij K. / Krjukov, Valerij A.: Neftegazovye resursy v kruge problem, Moskau 1997, S. 170–203; Westphal, Kirsten: Russische Energiepolitik. Ent- oder Neuverflechtung von Staat und Wirtschaft?, Baden-Baden 2000, S. 158–161; Krjukov, Valerij A.: Zakrytaja effektivnost', ili kak gosudarstvo pytaetsja upravljat' neftjanymi kompanijami, in: Ėko, 9/2002, S. 19–37; Ziener, Gert: Fiskalische Ansätze zur Gewinnung notwendiger Auslandsinvestitionen für die Erdölwirtschaft Russlands, in: Osteuropa Wirtschaft, 2/2002, S. 118–134.
54 Föderales Gesetz »O nedrach« vom 21.02.1992, veröffentlicht in: Vedomosti S''ezda narodnych deputatov RF i Verchovnogo Soveta RF 16/1992, St. 834; zusätzliche Änderungen wurden festgelegt im föderalen Gesetz »O vnesenii izmenenij i dopolnenij v zakon ›O nedrach‹« vom 08.02.1995, veröffentlicht in: Sobranie zakonodatel'stva RF, 10/1995, St. 823; sowie im föderalen Gesetz »O vnesenii v zakonodatel'nye akty RF izmenenij i dopolnenij, vytekajuščich iz Federal'nogo zakona »O soglašenii o rozdele produkcii« vom 10.02.1999, veröffentlicht in: Sobranie zakonodatel'stva 7/1999, St. 879.
55 Föderale Regierungsverordnung »O dejatel'nosti, svjazannoj s geologičeskim izučeniem i ispol'zovaniem nedr« vom 31.07.1995, veröffentlicht in: Sobranie zakonodatel'stva, 32/1995, St. 3315.
56 Föderale Regierungsverordnung »O porjadke licenzirovanija pol'zovanija nedrami« vom 15.07.1992, veröffentlicht in: Sobranie aktov Presidenta RF i Pravitel'stva RF 3/1992, St. 165. Im Rahmen der geltenden Gesetze ist die Entziehung einer Lizenz zum einen durch eine nochmalige Auktion (Tender) oder Ausschreibung möglich. Zum anderen kann das Verfahren durch den Verkauf von mindestens 51% der Anteile eines Unternehmens, das die Lizenz besitzt, in Gang gesetzt werden. Bis 2003 wurden wegen fehlender klarer Regelungen jedoch fast keine Lizenzen entzogen.

tenzen des Komitees gehört auch die Zulassung von ausländischen Bewerbern zu Tendern oder Auktionen.

Nach Art. 72 der russischen Verfassung und dem Gesetz »Über Bodenschätze« sind auch die russischen Regionen an der Vergabe von Lizenzen beteiligt. Lizenzen sind erst dann gültig, wenn neben den föderalen Behörden auch die entsprechende Förderregion zugestimmt hat. Entscheidungen über Fragen der Vergabe von Lizenzen und der Teilnahme ausländischer Unternehmen müssen sowohl von Roskomnedra/Ministerium für Naturressourcen als auch von Vertretern der regionalen Administration befürwortet werden. Die Beteilung regionaler Behörden bei Lizenzabgabeverfahren wird durch regionale Gesetze reguliert, die auch weitere staatliche Organe, beispielsweise die betroffenen Kommunen, einbeziehen können. Deshalb können sich bei den Lizenzierungsverfahren je nach Region wesentliche Unterschiede ergeben.[57]

Die Regionen streben durch ihren Einfluss auf dieses Verfahren vor allem danach, den großen staatlichen Unternehmen den Vorzug zu geben und in den wirtschaftlichen und sozialen Aufbau der Region zu investieren. Allerdings erfüllt die Mehrheit der Ölunternehmen die mit ihren Förderlizenzen verbundenen Auflagen nicht einmal annährend.[58]

Auch die Verarbeitung und Lieferung sowie der Vertrieb von Rohöl und Erdölprodukten wird durch Lizenzen geregelt.[59] Für diese Fragen ist das Ministerium für Brennstoffe und Energie zuständig. Die Lizenzen werden für fünf Jahre erteilt und können ebenfalls verlängert werden.[60]

---

57 Die konkreten Regelungen in den für die Fallstudien ausgewählten Regionen werden in Abschnitt 2.3.1 beschrieben.

58 Anfang 2002 wurden allgemein nur rund 50% der mit den Lizenzen verbunden Auflagen durch Ölunternehmen völlig oder zumindest teilweise erfüllt. Regionale Abteilungen des föderalen Ministeriums für Bodenschätze verfügen über keine Informationen über die Zahlungen von fast 30% der Lizenzbesitzer. Beispielsweise wurden mehr als 40% der Ölreserven des Bezirkes der Chanten und Mansen nicht wie geplant durch die großen Ölunternehmen gefördert. Krjukov V.A.: Zakrytaja éffektivnost', ili kak gosudarstvo pytaetsja upravljat' neftjanymi kompanijami, in: Éko, 9/2002, S. 19–37, hier S. 21–22; vgl. auch Rybal'čenko, I.: Minprirody atakuet licenzii, in: Kommersant'', 11.01.2002, S. 3.

59 Föderale Regierungsverordnung »Ob utverždenii položenija o licenzirovanii dejatel'nosti po chraneniju nefti i produktov ee pererabotki«, vom 03.04.1996, veröffentlicht in: Sobranie zakonodatel'stva RF, 15/1996, St. 246; mit weiteren Aktualisierungen zur Regierungsverordnung »O licenzirovanii dejatel'nosti v oblasti éksploatacii élektričeskich i teplovych setej, transportirovki, chranenija, pererabotki i realizacii nefti, gaza i produktov ich pererabotki« vom 28.08.2002 veröffentlicht in: Sobranie zakonodatel'stva, 36/2002, St. 3476.

60 Nach Angaben des Ministeriums für Naturressourcen wurden in Russland seit der Verabschiedung des Gesetzes »Über Bodenschätze« insgesamt 57.000 Lizenzen verge-

2. DIE RUSSISCHE ÖL- UND GASWIRTSCHAFT IM FÖDERALEN SYSTEM

Ab 2002 plante das Ministerium für Naturressourcen wichtige Änderungen am russischen Öl- und Gaslizenzvergabesystem, die im Untersuchungszeitraum, d.h. bis 2005, aber nicht mehr umgesetzt wurden.

Für die Bodennutzung unter Lizenzabkommen bestehen folgende spezifische Abgaben: eine Gebühr für die Zulassung zu den Auktionen der Förderstelle, eine Garantiegebühr für die Lizenz, sowie Lizenzgebühren. Zu den *Lizenzgebühren*[61] gehörten:[62]

1. Lizenzgebühren für das Recht, mineralische Ressourcen zu suchen und zu schätzen. Sie wurden während der gesamten Laufzeit der Lizenz fällig. Die Höhe dieser Lizenzgebühr belief sich auf ein bis zwei Prozent der summierten Such- und Schätzkosten sowie der Erkundungskosten (exklusive Mehrwertsteuer), wobei auch die geförderten Rohstoffe und die geographische Lage des Ölfeldes eine wichtige Rolle spielten. Die Einnahmen aus diesen Gebühren flossen zu 100% in die regionalen Haushalte.
2. Lizenzgebühr auf die Erforschung mineralischer Rohstoffe. Diese Gebühr lag zwischen drei und fünf Prozent der Erforschungskosten (exklusive Mehrwertsteuer) und war für die gesamte Laufzeit der Lizenz vorgesehen, um die Kosten der Erforschungsarbeiten einzuschließen. Die Einnahmen aus der Gebühr wurden an die örtlichen Haushalte abgeführt. Im Falle der Entdeckung von Ressourcen entfielen die Gebühren.
3. Lizenzgebühren auf die Förderung mineralischer Ressourcen, so genannte Royalties, wurden im Rahmen des Gesetzes »Über Bodenschätze« Mitte 1992 eingeführt. Die Höhe der Lizenzgebühren wurde durch Vereinbarung der Beteiligten und für neue Erdölfelder auf den Auktionen (Tendern) bestimmt. Dabei fanden folgende Faktoren Beachtung: die Komplexität von Förderung und Produktion, die Einschätzung des mit dem Projekt verbundenen Risikos, die Quantität und Qualität des geförderten Rohstoffes und die geschätzte Amortisationszeit der Investitionen. Die Lizenzgebühr für Erdöl- und Erdgaskondensat lag zwischen 6 und 16% des Verkaufswertes der Produktion.

---

ben, von denen nur rund 30.000 im Jahr 2003 in Kraft traten, vgl. Kornyševa, A.: Dekret o podzemel'e, in: Kommersant''-Vlast', 10.–16.02.2003, S. 36–39, hier S. 36.

61 Die Lizenzgebühren wurden in der föderalen Regierungsverordnung »Ob utverždenii položenija o porjadke i uslovijach vzimanija platežej za pravo pol'zovanija nedrami, akvatoriej i učastkami morskogo dna« vom 28.10.1992 festgelegt, veröffentlicht in: Vedomosti S''ezda narodnych deputatov RF i Verchovnogo Soveta RF, 36/1992, St. 1985.

62 Im Folgenden in Anlehnung an Heinrich, Andreas: Die Besteuerung der russischen Erdölindustrie: Viele Köche verderben den Brei, in: Heinrich, Andreas / Pleines, Heiko: Steuerlast und Steuerverhalten russischer Wirtschaftsbranchen. Teil II. Besteuerung der russischen Öl- und Gasindustrie, Arbeitspapiere und Materialien, 28/2001, Forschungsstelle Osteuropa Bremen, S. 4–35, S. 10f.; vgl. auch Andersen, Arthur: Russia oil and gas tax guide, o.O. 2001, S. 8–11.

Durchschnittlich betrug diese Quote 8%. Royalties waren für die gesamte Zeit der Förderung zu entrichten. Bis Ende 2001 wurden die Gebühren folgendermaßen an die unterschiedlichen Haushaltsebenen abgeführt: 40% in den föderalen und je 30% in die regionalen und lokalen Haushalte.[63] Die russische Gesetzgebung gestattete darüber hinaus, zusätzliche Vergünstigungen bezüglich des Gebührenanteils zu gewähren oder Ölproduzenten von diesen Lizenzgebühren ganz zu befreien. Dies galt insbesondere für Unternehmen, die auf Erdölfeldern mit geringer Rohstoffqualität förderten oder die ökologisch sicheren Technologien nutzten, und so höhere Förderquoten ermöglichen. Die Entscheidungen in diesen Fragen wurden vom Ministerium für Naturressourcen mit den regionalen administrativen Vertretern abgestimmt. Die Förderregionen hatten das Recht, eigene ergänzende Begründungen für die Befreiung einzelner Unternehmen von in die regionalen Haushalte einfließenden Lizenzgebühren einzubringen.[64] Bei der Förderung mineralischer Ressourcen in Förderregionen mit ethnischen Minderheiten wurde oft ein Teil der Einnahmen aus Lizenzgebühren, der in die regionalen Haushalte floss, an bestimmte Fonds für die Entwicklung der Regionen abgeführt.[65]

4. Lizenzgebühr auf die Nutzung von Nebenprodukten. Diese Gebühr wurde von Ölunternehmen in Höhe von 1 bis 5% des Verkaufspreises der betreffenden Rohstoffe entrichtet.

5. Lizenzgebühren auf die Errichtung und den Betrieb von unterirdischen Einrichtungen, die nicht für die Ölförderung genutzt wurden. Die Gebühr variierte zwischen 1 und 3% der geplanten Kosten des Projektes und war als Pauschalbetrag oder in Form von regelmäßigen Zahlungen vorgesehen.

Seit Januar 2002 hat sich auch das System von Lizenzgebühren entscheidend geändert.[66] Die bisherigen Gebühren wurden durch folgende ersetzt:

- Lizenzgebühren auf die Nutzung mineralischer Rohstoffe bei Eintreten gewisser Ereignisse, die in einer Lizenz festgelegt sind (Bonusse). Diese Gebühren sind vom Lizenznehmer nur einmal zu zahlen.
- Lizenzgebühren auf die Nutzung mineralischer Rohstoffe (Rentals) werden dann erhoben, wenn dem Lizenznehmer die ausschließliche Vollmacht zugewiesen wird, die Suche, Schätzung und Erforschung mineralischer Rohstoffe

---

63 Im Falle des Gebiets Tjumen betrug der gesamte Anteil der regionalen Zahlungen an Royalties 80%, wobei 60% in die Haushalte der Autonomen Bezirke und 20% in den Tjumener Haushalt flossen; vgl. Krjukov, V.A. / Sevast'janova, A.E. / Tokarev, A.N. / Šmat, V.V.: Regional'nyje aspekty reformirovanija nalogovoj sistemy v neftegazovom sektore Rossii, Novosibirsk 2001, S. 75.
64 Ebd. S. 76f.
65 Mehr dazu im Abschnitt 3.1.
66 Kapitel V des föderalen Gesetzes »Über Bodenschätze« vom 21.02.2000, veröffentlicht in: Sobranie zakonodatel'stva, 2/2000, St. 141.

durchzuführen. Die Gebühren werden nach Quadratkilometern der erforschten Fläche berechnet und von den Unternehmen regelmäßig gezahlt. Ihre Höhe wird jeweils von der regionalen Administration bestimmt, wobei sie sich innerhalb einer durch die russische Regierung festgelegten Spannweite zu bewegen hat.

2.1.2.3. Production Sharing Agreements (PSA)

Zu einer besonderen Form der Regelung der Lizenzierung der Rohstoffförderung gehören die Production Sharing Agreements (PSA),[67] die meistens von ausländischen Investoren verwendet werden. Zudem können auch russische Investoren, juristische Personen und Konsortien ohne den Status einer juristischen Person dieses Verfahren zur Erdölförderung nutzen. Unter Production Sharing Agreements werden Lizenzverträge zwischen der Russischen Föderation sowie der Förderregion und einem Investor verstanden, die die Vergabe des Exklusivrechts zur Suche und Förderung mineralischer Rohstoffe in einem bestimmten Gebiet und einem bestimmten Zeitraum vorsehen und über eine Aufteilung des produzierten Erdöls zwischen dem russischen Staat und dem Investor finanziert werden.[68] Alle damit verbundenen Kosten und das potenzielle Projektrisiko werden vom Investor übernommen. Nach Zahlung einer Lizenzgebühr produziert der Investor im Auftrage des russischen Staates Erdöl und Erdgas und erhält dafür einen Teil der Produktionsgewinne. Dabei werden Steuern und Abgaben des Investors reduziert. Die Höhe der verbindlichen Steuersätze wird für die gesamte Laufzeit der Vereinbarungen im Vorhinein festgelegt. Einseitige Änderungen und Ergänzungen des abgeschlossenen Vertrages werden ausgeschlossen. Im Falle von Änderungen der föderalen Gesetze, die die Situation des Investors verschlechtern, muss eine Kompensation durch Änderung des PSA-Vertrages ermöglicht werden. Im Vergleich zu den normalen Lizenzierungsverfahren sind die Rechte auf Nutzung der Ressourcen und Einbehaltung von Erträgen deutlich eingeschränkt.

Die erste rechtliche Regelung zu PSA wurde per Präsidialdekret im Dezember 1993 getroffen.[69] Ein entsprechendes Gesetz kam lange nicht zustande. Die Kritiker im Parlament betrachteten PSA als Ausverkauf des russischen Vermögens an ausländische Kapitalisten und darüber hinaus als Verstoß gegen bestehende Gesetze. Somit war keine Garantie für die rechtliche Sicherheit der Inves-

---

67 Die russische Bezeichnung lautet »Soglašenija o razdele produkcii«.
68 Für dieses Verfahren war bis 2000 auf der föderalen Ebene das Energieministerium zuständig. Danach wurde die Zuständigkeit an das Wirtschaftsministerium übergeben.
69 Föderaler Präsidialerlass »Voprosy soglašenii o razdele produkcii« vom 24.12.1993, veröffentlicht in: Sobranie aktov prezidenta i pravitel'stva RF, 52/1993, St. 5084.

2.1. DIE RUSSISCHE ERDÖLINDUSTRIE

toren gegeben. Erst zwei Jahre später trat nach starken Kontroversen im März 1995 eine Ergänzung zu dem Gesetz »Über die Bodenschätze« in Kraft, die Vereinbarungen zur Besteuerung von PSA traf. Im Dezember 1995 wurde dann ein PSA-Gesetz verabschiedet, das den Bezugsrahmen jedoch nur sehr vage und ohne Details festlegte.[70] Spezifische Details werden nach diesem Gesetz in jedem PSA individuell reguliert, unter anderem auch die Festlegung des staatlichen Anteils am Produktionsgewinn.

Allerdings wurde der Abschluss eines PSA zu einem langwierigen Prozess, da für jedes Ölfeld die Zulässigkeit eines PSA in einem gesonderten Gesetz geregelt werden muss und die konkreten Vertragsbedingungen von der Regierung mit der betroffenen Region ausgehandelt werden müssen. Insgesamt durften nicht mehr als zehn Prozent der russischen Rohstoffreserven nach PSA-Regelungen gefördert werden. Die Investoren wurden von den meisten föderalen Steuern, darunter Gewinnsteuer, spezifische Mehrwertsteuer sowie den Zöllgebühren befreit. Der Investor hat neben Bodennutzungsgebühren, einer modifizierten Gewinnsteuer, der Mehrwert- und der Verbrauchsteuer für russische Güter und Produkte Sozialabgaben zu zahlen. Zudem wurden Steuerbefreiungen auf der regionalen und lokalen Ebene ermöglicht. All diese Regelungen betrafen nur den Investor selbst. Angebundene Unternehmen, beispielsweise Zulieferer des Investors, wurden nicht berücksichtigt.

Der wesentliche Vorteil von PSA für Investoren war die Festlegung verbindlicher Steuersätze für die gesamte Laufzeit der Vereinbarungen. Damit wurde dem Investor die Unterwerfung unter mögliche Veränderungen der russischen Steuergesetzgebung erspart. Trotzdem befürchteten die Investoren, dass PSA-Kontrakte zukünftig unter die regulären Steuerbestimmungen fallen könnten. Zudem war die rechtliche Position vor allem der ausländischen Investoren unklar, da sie kein Recht besaßen, ein internationales Schiedsgericht anzurufen. Die Widersprüche zwischen dem PSA-Gesetz und dem Gesetz »Über die Bodenschätze« brachten keine Rechtssicherheit für Investoren. In Zeitraum von 1993 bis 1998 wurden so nur drei russische Ölfelder unter PSA-Regelungen ausgebeutet: zwei im Pazifik bei Sachalin und eins im russischen Nordwesten.

Erst Anfang 1999 wurde das PSA-Gesetz ergänzt und Widersprüche zu anderen Gesetzen ausgeräumt.[71] Danach wurde der potenzielle Umfang von PSA-Vereinbarungen auf höchstens 30% der russischen Ölreserven erhöht. Zudem sollen mindestens 70% der benötigten Waren und Dienstleistungen von

---

70 Föderales Gesetz »O soglašenii o razdele produkcii« vom 30.12.1995, veröffentlicht in: Sobranie zakonodatel'stva RF, 1/1996, St. 18.

71 Föderales Gesetz »O vnesenii izmenenij i dopolnenij v Federal'nyj zakon o soglašenijach o razdele produkcii« vom 07.01.1999, veröffentlicht in: Sobranie zakonodatel'stva RF, 2/1999, St. 246.

russischen Unternehmen hergestellt, geliefert bzw. ausgeführt werden. Mindestens 80% der Arbeitskräfte müssen russische Staatsbürger sein. Auch wird jedes PSA-Projekt weiterhin einzeln vom Parlament genehmigt. Trotz dieser Einschränkungen stieg die Zahl der durch das Parlament genehmigten Projekte in den folgenden zwei Jahren deutlich an. Bis Ende 2001 waren 22 PSA-Projekte genehmigt.[72]

Der wesentliche Anstieg der Erdölpreise verbesserte die finanzielle Lage der russischen Erdölfirmen. Dies führte dazu, dass die russischen Ölunternehmen aktuell an PSA wenig interessiert sind und ausländische Investoren als Partner aus Projekten oft ausgeschlossen werden. Im Rahmen der Steuerreform sollten die Ausnahmenregelungen abgeschafft werden. So wurden Anfang 2003 die Voraussetzungen für neue PSA stark eingeschränkt, was dazu führen wird, dass in Zukunft noch weniger PSA-Projekte abgeschlossen werden.[73] Nach dem neuen Gesetz werden potenzielle Ölfelder nur für ausländische Investoren freigegeben, nachdem sie russischen Firmen im Rahmen von Auktionen angeboten worden sind. Der staatliche Anteil darf nicht weniger als 32% betragen. Überschreitet der Gewinn eine erwartete Summe, so kann der Staat seinen Anteil erhöhen. Darüber hinaus bemisst sich der Steuersatz für die Erdöl- und Erdgasförderung nicht mehr nach dem Verkaufswert, sondern nach der Fördermenge.[74]

2.2. Die russische Erdgasindustrie

Für die russische Volkswirtschaft ist Erdgas unentbehrlich. Der Anteil von Erdgas am Primärenergieverbrauch Russlands beträgt rund 50%. Die Russische

---

72 Nähere Ausführungen bei Heinrich, Andreas / Kusznir, Julia / Pleines, Heiko: Foreign investment and national interests in the Russian oil and gas industry, in: Post-Communist Economies, 4/2002, S. 495–507.

73 Föderales Gesetz »O vnesenii dopolnenija v čast' vtoruju Nalogovogo kodeksa Rossijskoj Federacii, vnesenii izmenenij i dopolnenij v nekotorye drugie zakonodatel'nye akty Rossijskoj Federacii i priznanii utrativšimi silu nekotorych zakonodatel'nych aktov Rossijskoj Federacii«, vom 06.06.2003, veröffentlicht in: Sobranie zakonodatel'stva, 23/2003, St. 2174.

74 Wie auch bei der Steuer für die Förderung mineralischer Ressourcen beträgt der Steuersatz 340 Rubel pro Tonne und wird nach einem Koeffizienten berechnet, der der Dynamik der Weltmarktpreise für Erdöl Rechnung trägt. Die in laufenden Projekten genutzten Ölfelder unterliegen weiterhin den in den entsprechenden PSA getroffenen Bestimmungen, so vor allem Sachalin-1, Sachalin-2, Sachalin-3, Charjaginskoje, Priraslomnoje, das Schtokmanowskoje-Feld und die Felder am Kaspischen Meer. Vgl. Smirnov, A.: Problemy regulirovanija neftegazovogo kompleksa Rossii, in: Obščestvo i ėkonomika, 10/2003, S. 138–147, hier S. 142. Aktuell auch bei DeLay, Jennifer: Russian government's transfer of PSA responsibility essentially meaningless, in: FSU Oil & Gas Monitoring (NewsBase), 14/2004, S. 4.

2.2. DIE RUSSISCHE ERDGASINDUSTRIE

Föderation gehört zu den größten Gasproduzenten der Welt.[75] Dabei ist der russische Gasmonopolist Gazprom der wichtigste Gasproduzent und Gasversorger. Das Erdgasunternehmen produziert etwa 90% des Gases in Russland und hat einen Anteil von etwa 20% an der weltweiten Produktion.[76]

2.2.1. Die Entwicklung der Organisationsstruktur

Als Folge der unter Gorbatschow 1989 durchgeführten Reformen wurde ein Ministerium für die Öl- und Gasindustrie auf der Basis der sowjetischen Ministerien für die Gas und Ölindustrie und die Ölverarbeitung gebildet. Gleichzeitig war die Gründung eines Staatskonzerns für die Gasindustrie – Gazprom[77] geplant.

In der neuen Organisation Gazprom als Nachfolgerin des sowjetischen Gasministeriums fanden sich nicht nur deren direkt mit der Gasversorgung verbundenen Strukturen wieder, wie etwa die regionalen Produktionsgesellschaften, das Transportsystem, der Gasexporteur Sojuzgazèksport, die Importeure von Material und technischer Ausrüstung für die Gasindustrie sowie die Forschungs- und Entwicklungsinstitute, die früher dem sowjetischen »Einheitlichen System der Gasversorgung« (ESG)[78] gehörten, sondern auch Unternehmen, die indirekt mit der Gasversorgung zu tun hatten, wie Ausrüstungsproduzenten, Informations- und Konsumgüterproduzenten sowie Bauunternehmen.[79] Durch das damit geschaffene hochzentralisierte System von Produktion, Transport und Export von Erdgas in einem Unternehmen erhielt Gazprom ein Monopol auf dem russischen Erdgasmarkt.

Zunehmend wird jedoch seit Ende der 1990er Jahre in Russland Erdgas von unabhängigen Produzenten gefördert, die sich in zwei Gruppen einteilen lassen. Zur ersten Gruppe gehören die russischen Ölgesellschaften, die gleichzei-

---

75 Ènergetičeskaja politika Rossii. Obzor 2002, Meždunarodnoe ènergetičeskoe agenstvo, Moskau 2002, S. 135f., 165f., 176.
76 AOA Gazprom na puti k globalnoj ènergetičeskoj kompanii, veröffentlicht unter: http://www.gazprom.ru/articles/article2378.shtml.
77 Die Bezeichnung Gazprom ist die Abkürzung für »gazovaja promyšlennost'« (Gasindustrie).
78 Zur sowjetischen Gasindustrie siehe: Bethekenhagen, Jochen / Hermann, Clement: Die sowjetische Energie- und Rohstoffwirtschaft in den 80er Jahren, München 1985; Preuss Neudorf, Katharina: Die Erdgaswirtschaft in Russland: Merkmale, Probleme und Perspektiven unter besonderer Berücksichtigung der Integration der russischen und der europäischen Erdgaswirtschaft, Köln 1996, S. 29–68.
79 Zur Gründungsgeschichte von Gazprom vgl. Kryukov, Valerij A. / Moe, Arild: The new Russian corporatism? A case study of Gazprom, London 1996, S. 7–9; Preuss Neudorf, Katharina: Die Erdgaswirtschaft in Russland: Merkmale, Probleme und Perspektiven unter besonderer Berücksichtigung der Integration der russischen und der europäischen Erdgaswirtschaft, Köln 1996, S. 70f.; Krjukov, Valerij: Institucional'naja struktura neftegazovogo sektora, Novosibirsk 1998, S. 217–227.

tig mit Erdöl immer auch Gas in wesentlichem Umfang produziert haben. Hohe Wachstumsraten, die Erwerbung von Gasaktiva und die Ausarbeitung eines »Gasprogramms« durch die führenden Ölgesellschaften Russlands zeugen von der wachsenden Bedeutung der Gasproduktion. Diese wird dadurch ermöglicht, dass Gazprom den Ölgesellschaften Zugang zu seinem Leitungsnetz gewährt.

Die zweite Gruppe der alternativen Produzenten bilden die unabhängigen Gasfirmen. Zu den größten von ihnen zählen die Itera-Unternehmensgruppe und Novatek. 2005 haben diese Firmen bereits 44 Milliarden Kubikmeter Gas produziert. Ihre Produktion begann ebenfalls Ende der 1990er Jahre zu wachsen, als der Zugang zum Erdgastransportnetz erleichtert wurde. Insgesamt beträgt der Anteil der unabhängigen Unternehmen an der russischen Gasproduktion seit 2000 etwa 10–13%.[80]

Tabelle 2.5: Russlands Erdgasproduktion 1993–2005 (in Mrd. m²)

	1993	1994	1995	1996	1997	1998	1999	2000	2001	2002	2003	2004	2005
Russland gesamt	618	607	595	600	569	591	591	584	581	595	623	636	636,6
Gazprom	578	571	560	565	534	554	546	523	515,5	528	540	545	547,9
Ölfirmen	k.A.	k.A.	29	29	29	29	30	31	32	34	43	44,9	44,7
unabhängige Gasfirmen	k.A.	k.A.	6	6	6	8	17	30	33	33	40	46	44

Quellen: Ministerstvo ėnergetiki RF; Info TEK; Gazprom, Unternehmensinformationen, Analitičeskaja služba neftegazovoj vertikali, 17/2005, im Internet veröffentlicht unter: http://www.ngv.ru/magazin/view.hsql?id=2911&mid=112; Rossijskoe gazovoe obščestvo: Rossijskoe gazovoe obščestvo i gazovaja otrasl' v 2005–2006 gg., 21.04.2006, im Internet veröffentlicht unter http://www.gazo.ru/ru/main/news/news_current.shtml?2006/04/1408.html.

Die Bedeutung des staatlichen Konzerns Gazprom ist dementsprechend rückläufig. Gazprom prognostiziert einen Produktionsrückgang bis 2020. Diese Situation ist durch eine Reihe von Faktoren bedingt, von denen die natürliche Erschöpfung der Ressourcenbasis und eine verspätete Einführung von neuen Produktionstechnologien als die wichtigsten angesehen werden.[81] Nach Prognosen

---

80   Einen ausführlichen Überblick über die beiden Gruppen der unabhängigen Erdgasproduzenten geben: Heinrich, Andreas / Kusznir, Julia: Independent gas producers in Russia, KICES Working Paper 2/2005.
81   Ėnergetičeskaja politika Rossii. Obzor 2002, Meždunarodnoe ėnergetičeskoe agenstvo, Moskau 2002, S. 135f.

russischer Experten wird sich die Erdgasproduktion bis 2010 maximal um 20% erhöhen, wobei ein Drittel davon durch unabhängige Produzenten und Beteiligte an PSA-Projekten in neuen Feldern in Westsibirien und im Fernen Osten gefördert werden soll.[82] Einen Überblick über die Aufteilung der russischen Erdgasproduktion im Untersuchungszeitraum gibt Tabelle 2.5.

2.2.2. Staatliche Regulierung der Branche

Genau wie für die Erdölindustrie sind auch für die Erdgasindustrie die Regelungen der Lizenzierung und Besteuerung die zentralen wirtschaftspolitischen Interessenfelder. Für Gazprom als Unternehmen unter staatlicher Kontrolle ist darüber hinaus auch die konkrete Unternehmensleitung Bestandteil der Wirtschaftspolitik. Im Gegensatz zur Regulierung der Lizenzierung und Besteuerung ist die Unternehmensleitung jedoch erstens Ergebnis spezifischer Entscheidungen in Unternehmensgremien und zweitens unabhängig von regionalen Akteuren. Sie wird deshalb beim Unternehmensportrait von Gazprom in der entsprechenden Fallstudie behandelt. Hier sollen nun die Besteuerung und die Lizenzvergabe als zentrale wirtschaftspolitische Einflussfaktoren auf die Geschäftstätigkeit der Erdgasunternehmen vorgestellt werden. Die konkreten Kompetenzen der vier für die Fallstudien gewählten Regionen werden später in Abschnitt 2.3 noch einmal explizit zusammengefasst.

2.2.2.1. Lizenzierung

Die formelle Grundlage für die Lizenzierung wurde im Wesentlichen durch das föderale Gesetz »Über Bodenschätze« festgelegt. Im Sinne des Gesetzes sind alle Bodenschätze das Eigentum der Russischen Föderation. Zuständig für die Vergabe von Lizenzen über Tender und Ausschreibungen ist die Russische Kommission für Geologie (Roskomnedra) / Ministerium für Naturressourcen. Diese und die mit der Lizenzierung verbundenen staatlichen Gesetze und Regierungsverordnungen, wie etwa »Über das Kontinentalschelf der RF« und »Über die Lizenzierung der Bodennutzung«, sind im Falle Gazproms weniger relevant, da Gazprom bereits die Lizenzen für die wichtigsten russischen Gasförderstätten besitzt. Damit ist der zukünftige Wettbewerb stark behindert, trotz des Gesetzes »Über die Bodenschätze«, durch das der rechtliche Rahmen geschaffen wurde, welcher theoretisch den Zugang zu den russischen Gasfeldern durch Wettbewerb ermöglicht.

Große Bedeutung kommt dabei einem im Juni 1992 verabschiedeten Präsidialerlass zu, in dem die Übertragung des Rechtes auf die Entwicklung von Gas- und Gaskondensatreserven in den Regionen Nadym-Pur-Tazovskij und Jamal

---

82 Ėnergetičeskaja strategija Rossii na period do 2020 g., im Internet veröffentlicht unter: http://www.mte.gov.ru/files/103/1354.strategy.pdf (S. 72–74).

durch die föderale Regierung und die Administration des Autonomen Kreises der Jamal-Nenzen an Gazprom festgelegt wird.[83] Dies geschah ohne die vorherige Durchführung von Auktionen. Dabei wurden Gazprom nicht nur Rechte für Explorationen der Felder zugestanden, die das Unternehmen bereits besaß, sondern auch für noch nicht erschlossene Felder mit sehr hohem Potenzial. Dies widersprach dem Gesetz »Über die Bodenschätze«, nach dem für Entwicklungslizenzen ein Tendersystem vorgesehen war. Hinzu kam noch das juristische Problem, dass die Rechte dem Konzern als Ganzes und nicht den einzelnen Förderbetrieben verliehen wurden.[84]

Wie in dem Abschnitt zur staatlichen Regulierung der Erdölbranche beschrieben wurde, sind die rechtlichen Bestimmungen zum Boden und zu den Naturressourcen durch das Gesetz »Über Bodenschätze« für das gesamte Territorium der Russischen Föderation verbindlich und gelten für die Erdgaswirtschaft in der selben Form wie für die Erdölwirtschaft. In der Praxis ergibt sich jedoch ein Unterschied durch die weitreichende Monopolstellung von Gazprom. Da viele Regionen und Kommunen fast vollständig von Gazprom abhängig sind, u.a dadurch, dass der Konzern in den entlegenen Förderregionen die Versorgung und das soziale Leben sicherstellt, besitzt der Konzern bei fehlender Konkurrenz eine starke Verhandlungsposition.

2.2.2.2. Besteuerung der Gasbranche
Bei der Gründung von Gazprom Ende der 1980er Jahre war das Unternehmen fast von allen Steuerzahlungen befreit. Stattdessen wurde es verpflichtet, 50% seiner Deviseneinnahmen zum vorgegebenen Wechselkurs an den Staat zu verkaufen. Mit der Reform des russischen fiskalischen Föderalismus Mitte 1992 kam es zu radikalen Änderungen, die mit der Einführung von verschiedenen Steuer- und Abgabeverpflichtungen auf föderaler, regionaler und lokaler Ebene verbunden waren. Dabei wurden die konkreten Zahlungsverpflichtungen für Gazprom oft nicht gesetzlich festgeschrieben, sondern folgten aus einem Durcheinander von Sonderregelungen und Privilegien. Dabei verwendete der Staat als größter Gazprom-Aktionär seine Steuer- und Preisregulierungspolitik gegenüber Gazprom als spezielles Druckmittel: Einerseits konnte die vom Staat gesetzlich vorgeschriebene Steuerlast verändert werden, andererseits konnten Steuerschulden geduldet, informelle Vergünstigungen gewährt oder im Gegenteil auf sofortiger Begleichung ausstehender Schulden bestanden werden.

---

83   Föderaler Präsidialerlass »Ob obespečenii dejatel'nosti Edinoj sistemy gazosnabženija strany«, vom 01.06.1992, veröffentlicht in: Pravovaja sistema Garant, 22.03.2003.
84   Westphal, Kirsten: Russische Energiepolitik. Ent- oder Neuverflechtung von Staat und Wirtschaft, Baden-Baden 2000, S. 71f.; Kryukov, Valerij A. / Moe, Arild: The new Russian corporatism? A case study of Gazprom, London 1996, S. 13.

2.2. DIE RUSSISCHE ERDGASINDUSTRIE

Seit der Steuergesetzgebung 1993 bis zur Steuerreform 2000 fielen für Gazprom elf föderale Steuern und Abgaben an, die sich in vier Gruppen einteilen lassen: 1. allgemeine Steuer auf unternehmerische Tätigkeit, darunter die Gewinn- und Vermögensteuer, die Mehrwertsteuer und – branchenspezifisch – die Erdgasakzise (Verbrauchsteuer) sowie die Straßen- und Wohnungsbausteuer; 2. spezielle Abgaben auf die Förderung von Bodenschätzen; 3. Zölle auf Erdgasexporte; und 4. Abgaben in die Sozialfonds.[85] Einen Überblick über die Besteuerung der Erdgaswirtschaft bis zum Inkrafttreten der Steuerreform zum Jahresanfang 2002 zeigt Tabelle 2.6.

---

85 Zur allgemeinen Besteuerung der russischen Gasindustrie 1992 bis 2000 siehe Sagers, Matthew J. / Kryukov, Valerij A. / Shmat, Vladimir V.: Resource rent from the oil and gas sektor and the Russian economy, in: Post-Soviet Geography, 7/1995, S. 387–425; Preuss Neudorf, Katharina: Die Energiewirtschaft in Russland, Köln 1996, S. 232–236; Gray, Dale F.: Evaluation of taxes and revenues from the energy sector in the Baltics, Russia, and other former Soviet Union countries, Washington 1998 (IMF Working Paper WP34/1998), S. 66–68; Troschke, Manuela: Die Energiewirtschaft Russlands im Transformationsprozeß: Eine ökonomische und politische Analyse, München 1998, S. 96–103; Pleines, Heiko / Westphal, Kirsten: Rußlands Gazprom. Teil I: Die Rolle des Gaskonzerns in der russischen Politik und Wirtschaft, Berichte des BIOst 33/1999, Köln; Andersen, Arthur: Russia oil and gas tax guide, o.O. 2001, S. 8–11; Tokarev, A.N.: Nalogovoe regulirovanie neftegazovogo sektora, Novosibirsk 2000, S. 43–46; Miljakov, N.V.: Nalogi i nalogoobloženie, Moskau 2000, S. 269–273; Pleines, Heiko: Die Besteuerung der russischen Erdgasindustrie, in: Heinrich, Andreas / Pleines, Heiko: Steuerlast und Steuerverhalten russischer Wirtschaftsbranchen. Teil II, Besteuerung der russischer Öl- und Gasindustrie, Arbeitspapiere und Materialien, 28/2001, Forschungsstelle Osteuropa, Bremen, S. 36–48.

Tabelle 2.6: Besteuerung der russischen Gasindustrie (bis Ende 2001)

Steuerart	Verteilung der Steuereinnahmen auf administrativen Ebenen (in %)	Steuersatz	Steuergrundlage
Mehrwertsteuer (MWst)	föderaler Haushalt: 85% regionale Haushalte: 15%	20%	Verkauf der Rohstoffe
Verbrauchsteuer (Akzise) für Inlandsprodukte sowie Exportprodukte in GUS-Staaten	föderaler Haushalt: 100%	15%	Verkaufswert der Rohstoffe abhängig vom staatlich festgelegten Großhandelspreis
Verbrauchsteuer (Akzise) Für Exportprodukte in nicht-GUS-Staaten	föderaler Haushalt: 100%	30%	Verkaufswert der Rohstoffe abhängig vom staatlich festgelegten Großhandelspreis
Vermögensteuer	regionaler Haushalt: 100%	2%	durchschnittlicher Wert des unbaren Vermögens
Gewinnsteuer	föderaler Haushalt: 65% regionale Haushalte: 30% lokale Haushalte: 5%	13–22%	besteuerter (Brutto-) Gewinn
Lizenzgebühren für das Recht, mineralische Ressourcen zu suchen und zu schätzen	lokale Haushalte: 100%	1–2%	summierte Such- und Schätzungskosten und die Erkundungskosten für mineralische Ressourcen
Lizenzgebühr für die Erforschung mineralischer Rohstoffe	lokale Haushalte: 100%	3–5%	Erforschungskosten
Lizenzgebühren für die Förderung mineralischer Ressourcen (Royalties)	föderaler Haushalt: 40% regionale Haushalte: 30% lokale Haushalte: 30%	6–16%	Verkaufswert der Produktion
Rohstoffentnahmesteuer	föderaler Haushalt: 30% regionale Haushalte: 70%	10%	Verkaufswert der extrahierten Rohstoffe

Steuerart	Verteilung der Steuereinnahmen auf administrativen Ebenen (in %)	Steuersatz	Steuergrundlage
Erdgasexportzoll	föderaler Haushalt: 100%	5%	Zollwert der Rohstoffe (pro Tonne)
Straßenbenutzungssteuer	regionale Haushalte: 100%	1%	die Bruttoeinnahmen (ohne MWst und Verbrauchsteuer)
Sozialabgaben	Überweisung an die entsprechenden Kassen	5%–39,5%	Prozentsatz des Bruttolohns der Beschäftigten des Unternehmens

Quelle: eigene Zusammenstellung der Autorin nach: Krjukov, V.A. / Sevast'janova, A.E. / Tokarev, A.N. / Šmat, V.V.: Regional'nyje aspekty reformirovanija nalogovoj sistemy v neftegazovom sektore Rossii, Novosibirsk 2001, S. 83; Pleines, Heiko: Die Besteuerung der russischen Erdgasindustrie, in: Heinrich, Andreas / Pleines, Heiko: Steuerlast und Steuerverhalten russischer Wirtschaftsbranchen. Teil II, Besteuerung der russischen Öl- und Gasindustrie, Arbeitspapiere und Materialien, 28/2001, Forschungsstelle Osteuropa, Bremen, S. 36–48, S. 39–40.

Die *Gewinnsteuer* betrug 13%, die dem föderalen Haushalt zuflossen. Dabei konnten die Regionen zusätzlich den Gewinnsteuersatz auf bis zu 22% erhöhen. Investitionen im Umfang von bis zu 50% der Steuerbasis konnten abgesetzt werden.

Die *Mehrwertsteuer (MWSt)* umfasste alle Inlandsverkäufe von Erdgas und betrug 20%.

Die im August 1993 eingeführte *Erdgasakzise (Verbrauchsteuer)* betrug 15% des staatlich festgelegten Großhandelspreises auf Erdgaslieferungen an inländische Kunden und an die Staaten der GUS. Im März 1995 stieg die Verbrauchsteuer auf 25% und schon Ende 1995 erreichte sie eine Höhe von 30%. In einigen Fällen konnte sie zwischen 0% und 42% variieren. Die Verbrauchsteuer wurde Anfang 1999 gesenkt und betrug nun wieder 15%.[86] Im Falle der *Erdgasakzise (Verbrauchsteuer)* für die Erdgaslieferung außerhalb der GUS belief sich die Steuer auf 30%.

---

86 Sagers, Matthew J. / Kryukov, Valerij A. / Shmat, Vladimir V.: Resource rent from the oil and gas sector and the Russian economy, in: Post-Soviet Geography, 7/1995, S. 387–425, hier S. 419; Miljakov, N.V.: Nalogi i nalogoobloženie, Moskau 2000, S. 269–273; Pleines, Heiko: Die Besteuerung der russischen Erdgasindustrie, in: Heinrich, Andreas / Pleines, Heiko: Steuerlast und Steuerverhalten russischer Wirtschaftsbranchen. Teil II, Besteuerung der russischen Öl- und Gasindustrie, Arbeitspapiere und Materialien, 28/2001, Forschungsstelle Osteuropa, Bremen, S. 36–48, hier S. 39f..

Die *Vermögensteuer* wurde von regionalen Körperschaften erhoben. Sie umfasste das unbare Vermögen von Unternehmen und belief sich auf bis zu 2% des Vermögenswertes.

Neben den Steuerzahlungen spielten für die Unternehmensbilanz von Gazprom *Exportzölle* eine wesentliche Rolle, die im Januar 1992 eingeführt wurden. Dabei versuchte die russische Regierung die Gasexporte ähnlich wie die Ölexporte zu zentralisieren und forderte sehr hohe Exportzölle, die anfangs bis zu 18 ECU pro 1000 Kubikmeter betrugen. Schon im Jahr 1993 gingen insgesamt 55% der Exporteinnahmen von Gazprom in den staatlichen Haushalt. Von Seiten des Gaskonzerns kam es zu starken Protesten. Das hatte zur Folge, dass schon Ende 1993 die Exportzölle deutlich verringert wurden und zwar auf 0,5 ECU pro 1000 Kubikmeter. Anfang Januar 1995 wurde die Steuer jedoch auf 2 ECU pro 1000 Kubikmeter wieder erhöht. Ausgeschlossen von den Exportzollzahlungen waren Exporte zur Begleichung von Regierungsanleihen und zur Bezahlung von Importen unter Regierungsabkommen. Auf Druck des IWF auf die russische Regierung wurden 1996 neben den Öl- auch die Gasexportzölle abgeschafft. Stattdessen unterlagen die Erdgasexporte nun der Mehrwertsteuer von 20%, wobei die Mehrwertsteuer auf Gasexporte in nicht-GUS-Länder nach der Lieferung zurückgezahlt wurde. Außerdem wurden mit den wichtigsten GUS-Importländern bilaterale Abkommen geschlossen, nach denen für den gegenseitigen Handel keine Mehrwertsteuern erhoben wurden. Ein Exportzoll auf Erdgas wurde dann wieder Anfang 1999 in Höhe von 5% in Kraft gesetzt, jedoch nach 13 Tagen abgeschafft. Ab Januar 2000 wurde dieser wieder von den Gasexporten abgeführt.

Die speziellen Abgaben auf die Förderung von Bodenschätzen der russischen Gasindustrie umfassten zum einen die Lizenzgebühren und zum anderen die Rohstoffentnahmesteuer. Für die russische Erdgasindustrie ebenso wie für die russische Erdölindustrie galten *Lizenzgebühren*, unter anderem für das Recht, mineralische Ressourcen zu suchen und zu schätzen, wobei der Gebührensatz 1–2% der mit der Suche verbundenen Kosten betrug. Die Lizenzgebühren für die Erforschung mineralischer Rohstoffe variierten zwischen 3–5% der Explorationskosten (ohne MWst), die Lizenzgebühren für die Förderung mineralischer Ressourcen *(Royalties)* betrugen zwischen 6% und 16% des Verkaufswertes der Produktion. Die Anfang 1993 eingeführte *Rohstoffentnahmensteuer* umfasste die Nutzung aller Vorkommen, darunter auch die schon zu sowjetischen Zeiten erschlossenen Erdgasfelder, und betrug 10% des Verkaufswertes der extrahierten Rohstoffe.

Sozialabgaben umfassten die obligatorischen Beitragszahlungen in die vier Sozialversicherungsfonds: den Sozialversicherungs-, Arbeits-, Gesundheits- und Rentenfonds. Die Höhe des Satzes wurde progressiv nach dem Prozentsatz des

Bruttolohns der Beschäftigten des Unternehmens berechnet. Dabei variierte der Steuersatz zwischen 5% und 39,5%.[87]

Außerdem konnten die regionalen und lokalen Behörden zusätzlich eine ganze Reihe von Steuern und Abgaben für die Entwicklung der regionalen Infrastruktur erheben.

Nach der Steuerreform 2000, deren wesentlichen Maßnahmen mit dem zweiten Teil des russischen Steuergesetzes verbunden waren, wird zum einen die Besteuerung der Gasbranche vereinfacht und zum anderen die Zahl der regionalen und lokalen Steuerarten deutlich reduziert.[88] Einen Überblick über die neue Besteuerung gibt Tabelle 2.7.

Nach den neuen Regelungen beträgt die *Gewinnsteuer* seit 1. Januar 2002 24%. Allerdings wurden wichtige Ausnahmeregelungen für Ölunternehmen abgeschafft, unter anderem die Möglichkeit, bis zu 50% der Investitionskosten abzusetzen. Gleichzeitig wurde der Zeitraum der Abschreibungen wesentlich verkürzt. Wichtige Änderungen wurden auch bei der Verteilung der Einnahmen aus der Gewinnsteuer zwischen den administrativen Ebenen vorgenommen: 7,5% fließen nunmehr in den föderalen Haushalt, 10,5% bis 14,5% in die regionalen Haushalte und 2% in die lokalen Haushalte. 2003 wurden 5% der Einnahmen in den föderalen Haushalt überwiesen, 17% in die regionalen Haushalte und 2% in die lokalen Haushalte. Und 2004 wurde diese Verteilung erneut geändert: 6,5% der Einnahmen fließen in den föderalen Haushalt, die restlichen 17,5% in die regio-

---

87 Mehr zur Sozialpolitik der neunziger Jahre vgl.: Kempe, Iris: Russland am Wendepunkt: Die soziale Frage. Eine Untersuchung der russischen Sozialpolitik von 1991 bis 1996, Berlin 1996; Gontmacher, Evgenij: Social'naja politika v Rossii: Ėvolucija 90-ch i novyj start, in: Pro et Contra, 3/2001, S. 7– 23; Nies, Susanne: Die Einheitliche Sozialsteuer und die Reform des russischen Sozialversicherungssystems, in: Höhmann, Hans-Hermann / Fruchtmann, Jakob / Pleines, Heiko: Das russische Steuersystem im Übergang. Rahmenbedingungen, institutionelle Veränderungen, kulturelle Bestimmungsfaktoren, Bremen 2002, S. 298–313.

88 Einen Überblick zur Steuerreform für die Gasbranche geben: Krjukov, V.A. / Sevast'janova, A.E. / Tokarev, A.N. / Šmat, V.V.: Regional'nyje aspekty reformirovanija nalogovoj sistemy v neftegazovom sektore Rossii, Novosibirsk 2001, S. 75–78; vgl. auch Nash, Ronald / Jacob, Hartmut / Moisseev, Alexei: The economics of tariff reform, Renaissance Capital, 10.07.2002, S. 16–18. (pdf); Landes, Adam / Metnev, Vladislav: Russian Oil & Gas Yearbook: Date Mining, 25.07.2002, Renaissance Capital Research, Moskau (pdf), S. 114–118; Smirnov, A.: Problemy regulirovanija neftegazovogo kompleksa Rossii, in: Obščestvo i ėkonomika, 10/2003, S. 138–147.

nalen Haushalte.[89] Die Regionen haben nun in Bezug auf den regionalen Steueranteil einen Spielraum von maximal vier Prozentpunkten.[90]

Tabelle 2.7: Besteuerung der russischen Erdgasindustrie (2002–2005)

Steuerart	Steuerverteilung auf administrativen Ebenen (in %)	Steuersatz	Steuergrundlage
Mehrwertsteuer (MWst) Bis Ende 2002 Ab 2003	Föderaler Haushalt: 100%	20% 18%	Auf den Verkauf der Rohstoffe
Verbrauchsteuer (Akzise)¹ Für Inlandsprodukte und Exportprodukte in die GUS-Staaten	Föderaler Haushalt: 100%	15%	Verkaufswert der Rohstoffe, abhängig vom staatlich festgelegten Großhandelspreis
Verbrauchsteuer (Akzise)² für Exportprodukte in nicht-GUS-Staaten	Föderaler Haushalt: 100%	30%	Verkaufswert der Rohstoffe, abhängig vom staatlich festgelegten Großhandelspreis
Steuer für die Förderung mineralischer Ressourcen vom 1.01.2002 bis 31.12.2002	Föderaler Haushalt: 80% Regionale Haushalte: 20%	16,5%	Verkaufswert der Produktion, abhängig von der Entwicklung der Weltmarktpreise
Steuer für die Förderung mineralischer Ressourcen ab 01.01.2003 ab 01.01.2005	Föderaler Haushalt: 100%	107 RUB 135 RUB³	für je 1.000 Kubikmeter
Erdgasexportzoll bis Ende 2002 ab 1.1.2003	Föderaler Haushalt: 100%	5% 20%	Zollwert der Rohstoffe (pro 1000 Kubikmeter)

89 Artikel 2 des föderalen Gesetzes »O vnesenii izmenenij v časti pervuju i vtoruju nalogovogo kodeksa Rossijskoj Federacii i priznanii utrativšim silu nekotorych zakonodatel'nych aktov (položenij zakonodatel'nych aktov) Rossijskoj Federacii o nalogach i sborach«, vom 29.07.2004, veröffentlicht in: Sobranie zakonodatel'stva RF, 31/2004, St. 3231.

90 Föderales Gesetz »O vnesenii izmenenij i dopolnenij v čast' vtoruju Nalogovogo kodeksa RF i nekotoryje drugie akty zakonodatel'stva RF o nalogach i sborach, a takže o priznanii utrativšim silu otdel'nych aktov (položenij aktov) zakonodatel'stva RF o nalogach i sborach« vom 06.08.2001, veröffentlicht in: Sobranie zakonodatel'stva RF, 33/2001, St. 3413.

2.2. DIE RUSSISCHE ERDGASINDUSTRIE

Steuerart	Steuerverteilung auf administrativen Ebenen (in %)	Steuersatz	Steuergrundlage
Vermögensteuer	Regionale Haushalte: 100%	2%	Durchschnittlicher jährlicher Verkaufswert des Vermögens
Gewinnsteuer	Föderaler Haushalt: 7,5% Regionale Haushalte: 14,5% Lokale Haushalte: 2%	24%	Differenz zwischen Einnahmen und Ausgaben, die mit der Produktion und der Realisierung der Güter verbunden sind
Ab 2003	Föderaler Haushalt: 5% Regionale Haushalte: 17% Lokale Haushalte: 2%		
2004–2005	Föderaler Haushalt: 6,5% Regionale Haushalte: 17,5%		
Einheitliche Sozialsteuer	Föderaler Hauhalt: 100%	2%–35,6%	Bruttoarbeitslohn

[1] Am 1.1.2004 wurde die Verbrauchssteuer für Inlandsprodukte und Exportprodukte in die GUS-Staaten abgeschafft; [2] Am 1.1.2004 wurde die Verbrauchsteuer für Exportprodukte in nicht-GUS-Staaten abgeschafft; [3] Artikel 1 des föderalen Gesetzes »O vnesenii izmenenij v čast' vtoruju Nalogovogo kodeksa Rossijskoj Federacii i nekotorye drugie akty zakonodatel'stva Rossijskoj Federacii« vom 18.08.2004, veröffentlicht in: Sobranie zakonodatel'stva RF, 34/2004, St. 3517.
Quelle: eigene Zusammenstellung der Autorin nach: Krjukov, V.A. / Sevast'janova, A.E. / Tokarev, A.N. / Šmat, V.V.: Regional'nyje aspekty reformirovanija nalogovoj sistemy v neftegazovom sektore Rossii, Novosibirsk 2001, S. 83; Pleines, Heiko: Die Besteuerung der russischen Erdgasindustrie, in: Heinrich, Andreas / Pleines, Heiko: Steuerlast und Steuerverhalten russischer Wirtschaftsbranchen. Teil II, Besteuerung der russischen Öl- und Gasindustrie, Arbeitspapiere und Materialien, 28/2001, Forschungsstelle Osteuropa, Bremen, S. 36–48, S. 39f.; Smirnov, A.: Problemy regulirovanija neftegazovogo kompleksa Rossii, in: Obščestvo i ėkonomika, 10/2003, S. 138–147, hier S. 143. Artikel 31 des föderalen Gesetzes »O vnesenii izmenenij v bjudžetnyj kodeks Rossijskoj Federacii v časti regulirovanija mežbjudžetnych otnošenij« vom 20.08.2004, veröffentlicht in: Rossijskaja Gazeta (Special'nyj Vypusk) Nr. 3559, 25.08.2004.

Ab 2003 wurde auch die *Mehrwertsteuer* von 20% auf 18% gesenkt.

Die *Erdgasakzise (Verbrauchsteuer)* blieb zunächst unverändert bei 15%–30%, jedoch wurde diese Steuer mit dem 1. Januar 2004 abgeschafft. Im

Rahmen der neuen Steuerreform wurden auch die *speziellen Abgaben auf die Förderung von Bodenschätzen* abgeschafft, die durch eine einheitliche Rohstoffsteuer ersetzt wurden, deren Höhe bis Ende 2002 16,5% des Verkaufswertes der Produktion betrug. Die Steuereinnahmen wurden zu 80% in den föderalen und zu 20% in den regionalen Haushalt abgeführt. Ab 2003 wurde der Steuersatz jedoch geändert und auf 107 Rubel pro 1.000 Kubikmeter des geförderten Gases festgelegt, die direkt in den föderalen Haushalt fließen. 2004 wurden die Änderungen in dem föderalen Steuergesetz verabschiedet. Auf deren Grundlage wurde der Steuersatz auf 135 Rubel pro 1.000 Kubikmeter erhöht.[91]

Einige Änderungen wurden auch für den *Erdgasexportzoll* verabschiedet, wobei der Steuersatz bis Ende 2002 in Höhe von 5% unverändert blieb und Anfang 2003 auf 20% erhöht wurde. Zusätzlich wurde die Mehrwertsteuer für Exporte abgeschafft.

Zum Januar 2001 wurde eine *einheitliche Sozialsteuer* statt der *Sozialabgaben* eingeführt. Der neue Sozialsteuersatz ist regressiv und variiert zwischen 2% und 35,6% des individuellen Lohns. Die Steuereinnahmen werden direkt in den staatlichen Haushalt abgeführt.[92]

2.3. Die wirtschaftspolitischen Kompetenzen der Untersuchungsregionen

Nach der allgemeinen Darstellung der relevanten Wirtschaftsakteure, also der Erdöl- und Erdgasunternehmen sowie der staatlichen Regulierung ihrer Tätigkeit, soll nun abschließend die konkrete Regulierung ihrer wirtschaftlichen Tätigkeit in den vier Untersuchungsregionen – Republik Tatarstan, Gebiet Tjumen mit den Autonomen Bezirken der Chanten und Mansen – Jugra und der Jamal-Nenzen – beschrieben werden. In diesen Regionen hat die Erdöl- und Erdgasbranche eine zentrale Bedeutung für die Entwicklung der regionalen Wirtschaft.

Die wirtschaftliche Bedeutung der Erdöl- und Erdgasindustrie für die Förderregionen wird nicht so sehr durch ihr Produktionsvolumen bestimmt, sondern vor allem durch die Höhe ihrer Zahlungen in die regionalen Haushalte. Rund 80% der Einnahmen der regionalen und lokalen Haushalte der Westsibirischen Regionen – in Tatarstan allerdings nur 50% – bestanden aus Steuereinnahmen.

---

91 Artikel 1 des föderalen Gesetzes »O vnesenii izmenenij v čast vtoruju Nalogovogo kodeksa Rossijskoj Federacii i nekotorye drugie akty zakonodatel'stva Rossijskoj Federacii« vom 18.08.2004, veröffentlicht in: Sobranie zakonodatel'stva RF, 34/2004, St. 3517.

92 Mehr bei: Nies, Susanne: Die Einheitliche Sozialsteuer und die Reform des russischen Sozialversicherungssystems, in: Höhmann, Hans-Hermann / Fruchtmann, Jakob / Pleines, Heiko: Das russische Steuersystem im Übergang. Rahmenbedingungen, institutionelle Veränderungen, kulturelle Bestimmungsfaktoren, Bremen 2002, S. 298–313.

Der größte Teil dieser Steuereinnahmen stammte aus Zahlungen der Erdöl- und Erdgaswirtschaft. Einen Überblick gibt Tabelle 2.8.

Tabelle 2.8: Die Steuereinnahmen der Untersuchungsregionen im Jahre 2003

Region	Steuereinnahmen (in Mrd. Rubel)	Anteil einzelner Steuern (in Prozent)			
		Zahlungen für die Nutzung mineralischer Ressourcen	Gewinnsteuer	Vermögensteuer	Sonstige
Tatarstan	54,3	23,0	39,0	17,0	21,0
Gebiet Tjumen	24,6	53,0	11,7	11,0	31,0
Bezirk der Chanten und Mansen – Jugra	297,0	57,2	9,6	10,3	22,9
Bezirk der Jamal-Nenzen*	43,1	35,0	29,0	9,2	k.A.

* Für den Bezirk der Jamal-Nenzen wurden die Angaben für das Jahr 2002 verwendet.
Quellen: Finansy Chanty-Mansijskogo avtonomnogo okruga, im Internet veröffentlicht unter: http://www.admhmao.ru/economic/econom/12_2003ut/Finans.htm; Rakipova, Anna: Ėffektivnye nalogi – stabil'naja ėkonomika, in: Respublika Tatarstan, 21.11.2003, im Internet veröffentlicht: http://www.rt-online.ru/numbers/analyst/?ID=1287; Rol' nalogov na prirodnye resurcy v dochodach bjudžeta Tjumenskoj oblasti, Analitičeskij doklad, im Internet veröffentlicht unter: http://www.invur.ru/print.php?page=docs&cat=analit&doc=rol_nalog_tumen; Doklad o social'no-ėkonomičeskom razvitii Jamalo-Neneckogo avtonomnogo okruga v 2002 godu, im Internet veröffentlicht: http://depecon.gov.yamal.ru/report/2002/rep2002.html

Erdgas- und Erdölunternehmen tragen oftmals auch die Verantwortung für die soziale und wirtschaftliche Stabilität in den Regionen, da sie zur Erschließung der Lagerstätten ganze Städte in den entlegenen Fördergebieten aufgebaut haben und diese auch weiterhin unterhalten (wie z.B. im Autonomen Bezirk der Chanten und Mansen das Ölunternehmen Surgutneftegas für die Stadt Surgut; das Ölunternehmen TNK-BP für die Stadt und den Rayon Nischnewartowsk; das Ölunternehmen Jukos für die Stadt Neftejugansk oder Gazprom für die Stadt Nowyj Urengoj im Autonomen Bezirk der Jamal-Nenzen). Für gewährte Vorteile verlangten die Regionen von den Unternehmen erheblichen Investitionen in die wirtschaftliche und soziale Entwicklung der jeweiligen Fördergebiete. Damit wurden nicht nur Arbeitsplätze sondern auch die Aufrechterhaltung der regionalen Infrastruktur finanziert und die Bedingungen für eine stabile wirtschaftliche Entwicklung in der Region geschaffen. Die Tätigkeit dieser Unternehmen hatte damit direkten Einfluss auf soziale Spannungsfelder und die politische und fiskalpolitische Handlungsfähigkeit der regionalen Behörden.

Der Schwerpunkt der Analyse wirtschaftspolitischer Kompetenzen der regionalen politischen Elite soll, wie oben begründet, auf der Lizenzierung und Steuerregulierung liegen. Dabei konzentriert sich die Untersuchung auf die rechtliche Regulierung dieser Kompetenzen in den jeweiligen Regionen. Darüber hinaus werden die zuständigen regionalen Organe vorgestellt.

2.3.1. Lizenzierung

Wie schon in den vorhergehenden Abschnitten zur Lizenzierung der Öl- und Gasbranche dargestellt, lag das Lizenzvergabeverfahren laut dem föderalen Gesetz »Über die Bodenschätze« in der gemeinsamen Kompetenz der Russischen Föderation und der russischen Regionen (das so genannte »Prinzip der zwei Schlüssel«).[93] Die Vergabe der Lizenzen mit Explorations- und Produktionsrechten für Rohstoffe war erst gültig, wenn neben den zuständigen föderalen Organen die entsprechenden regionalen Behörden zugestimmt hatten. Die Lizenzvergabe war in zwei verschiedenen Verfahren möglich. Zu einem wurden Lizenzen über Auktionen (Tender) vergeben, in denen der Bieter mit dem höchsten Gebot den Zuschlag bekam. Zum anderen waren Ausschreibungen möglich, in denen ein entscheidendes Kriterium für die Auswahl die bestmögliche technische Lösung für die Rohstoffsförderung war. Die rechtlichen und institutionellen Verfahren dafür wurden durch die föderalen Gesetze geregelt. Auf ihrer Grundlage hatten die Regionen das Recht, eigene Gesetze für die Durchführung der

---

93   Föderales Gesetz »O nedrach« vom 21.02.1992, veröffentlicht in: Vedomosti S"ezda narodnych deputatov Rossijskoj Federacii i Verchovnogo Soveta Rossijskoj Federacii, 16/1992, St. 834. Zusätzliche Änderungen wurden festgelegt im föderalen Gesetz »O vnesenii izmenenij i dopolnenij v zakon ›O nedrach‹« vom 08.02.1995, veröffentlicht in: Sobranie zakonodatel'stva Rossijskoj Federacii, 10/1995, St. 823 sowie im föderalen Gesetz »O vnesenii v zakonodatel'nye akty Rossijskoj Federacii izmenenij i dopolnenij, vytekajuščich iz Federal'nogo zakona ›O soglašenii o rozdele produkcii‹« vom 10.02.1999, veröffentlicht in: Sobranie zakonodatel'stva RF, 7/1999, St. 879. Allerdings wurde das »Prinzip der zwei Schlüssel« nach den Änderungen zum föderalen Gesetz »Über die Bodenschätze« im August 2004 abgeschafft. Danach werden die Entscheidungen über die Verteilung der Lizenzen nun auf föderaler Ebene getroffen: Föderales Gesetz »O vnesenii izmenenij v zakonodatel'nye akty Rossijskoj Federacii i priznanii utrativšimi silu nekotorych zakonodatel'nych aktov Rossijskoj Federacii v svjazi s prinjatiem federal'nych zakonov ›O vnesenii izmenenij i dopolnenij v Federal'nyj zakon ›Ob obščich principach organizacii zakonodatel'nych (predtsvitel'nych) i ispolnitel'nych organach vlasti sub"ektov Rossijskoj Federacii‹ i ›Ob obščich principach organizacii mestnogo samoupravlenija v Rossijskoj Federacii‹« vom 22.08.2004, in: Sobranie zakonodatel'stva RF, 35/2004, St. 3607.

2.3. DIE WIRTSCHAFTSPOLITISCHEN KOMPETENZEN

Lizenzvergabeverfahren zu verabschieden.[94] Die regionalen Gesetze sollten die föderalen Gesetze erläutern und dürfen ihnen de jure nicht widersprechen. Im Falle verfassungswidriger regionaler Gesetze müssen die föderalen Gesetze in Kraft gesetzt werden.

Da die föderale Gesetzgebung bezüglich der Bodenschätze keine klare Rechtsgrundlage darstellte, wurde es durch Kompetenzstreitigkeiten zwischen dem föderalen Zentrum und den Regionen ständig unterminiert. Bis Ende 1999 hatten einige Regionen, darunter auch die Republik Tatarstan, ihre eigenen Gesetze über Bodenschätze verabschiedet.[95] Gemäß dieser befanden sich alle Bodenschätze in dem jeweiligen Territorium in regionalem bzw. lokalem Besitz. Zusätzlich wurden die Beziehungen zwischen dem föderalen Zentrum und den Regionen im Bereich der Nutzung der Bodenschätzen, insbesondere der Lizenzvergabeverfahren, durch entsprechende bilaterale Abkommen reguliert.[96]

Mit dem neuen föderalen Steuerkodex von 2001 wurde in der Russischen Föderation ein vereinfachtes System eingeführt, das neben der Zahlung für die Teilnahme an der Auktion (Gebotssumme) nur noch drei Gebühren vorsah, von denen nur eine regelmäßig zu entrichten war. Für die regelmäßige Gebühr, die in den föderalen Haushalt abgeführt wurde, setzte die föderale Regierung die Mindest- und Höchstsätze fest. Die anderen beiden Gebühren wurden nur unter bestimmten, jeweils im Rahmen der Lizenzvergabe zu verhandelnden, Bedingungen fällig. Sie flossen in den regionalen Haushalt.[97] Die Abschaffung zahlreicher Gebühren hat die Kompetenzen im Bereich der Lizenzierung und vor allem

---

94 Im Gebiet Tjumen waren dies folgende Gesetze: »O nedrach« vom 10.10.1996, mit den Änderungen vom 07.12.2000 veröffentlicht in: Sbornik Zakonov Tjumenskoj oblasti, Teil III, 2000, St. 185; »O nefti i gaze« vom 26.02.1999, mit den Änderungen vom 12.03.2001; veröffentlicht in: Sbornik Zakonov Tjumenskoj oblasti, Teil II, 2000, St. 283; »O platežach na pravo pol'zovanija nedrami na territorii Tjumenskoj Oblasti« vom 28.03.1997, veröffentlicht in: Tjumenskie izvestija, 11.04.1997, S. 1.
Im Autonomen Bezirk der Chanten und Mansen waren dies die Gesetze »O nedropol'zovanii« vom 18.04.1996 und »O razrabotke mestoroždenij uglevodov na territorii avtonomnogo okruga« vom 26.06.1998, beide im Internet veröffentlicht unter: http://www.hmao.wsnet.ru/pravo/flame.htm.
Im Autonomen Bezirk der Jamal-Nenzen waren es die Gesetze »O nedrach i nedropol'zovanii v Jamalo-neneckom avtonomnom okruge« vom 10.02.1997, veröffentlicht in: »Garant«, Moskau 11.06.2004, sowie »O stabilizacii i stimulirovanii proizvodstva i uveličenii dobyči židkich uglevodov v Jumalo-neneckom avtonomnom okruge« vom 05.05.1999, veröffentlicht in: Vedomosti Gosudartsvennoj Dumy, 5/1999, St. 12.
95 Ausführlich dazu siehe bei: Šafranik, Jurij / Krjukov, Valerij: Neftegazovye resursy v kruge problem, Moskau 1997, S. 172–186.
96 ebd., S. 183–186.
97 Krjukov, Valerij u.a.: Regional'nye aspekty reformirovanija nalogovoj sistemy v neftegazovom sektore Rossii, Novosibirsk 2001, S. 85.

den Verhandlungsspielraum der Regional- und Lokalverwaltungen mit den Erdgas- und Erdölunternehmen wesentlich eingeschränkt.

Die konkrete Regelung der Lizenzierungsverfahren in den vier Untersuchungsregionen wird in den folgenden Abschnitten vorgestellt.

2.3.1.1. Republik Tatarstan

Im Falle Tatarstans wurden verschiedene regionale Gesetze und Regierungserlasse verabschiedet, die großen Spielraum für die regionalen Behörden schufen.[98] Von großer Bedeutung war das regionale Gesetz »Über das Erdöl und Erdgas«[99], das alle Bodenschätze auf dem Territorium der Republik als regionales Eigentum deklarierte. Die Regulierung der Lizenzvergabe sowie die Erhebung von den Lizenzgebühren waren ausschließlich der Kompetenz der Regierung Tatarstans unterstellt. Das Gesetz sah die Lizenzvergabe im Rahmen einer Auktion (Tender) oder einer Ausschreibungen für eine festgelegte Laufzeit vor. Die Kriterien für die Auswahl der Lizenznehmer wurden durch die regionale Regierung festgelegt. Außerdem erlaubte das Gesetz die Vergabe der Lizenzen auf Grund direkter Vereinbarungen zwischen der regionalen Regierung und dem Unternehmen. Dies war in Fällen möglich, in denen das Unternehmen auf Grund vorheriger Abkommen bereits Rohstoffe aus der entsprechenden Lagerstätte gefördert hatte oder wenn der Anwärter für die entsprechende Lagerstätte bereits die Spezialtechnologie für eine Ausbeutung entwickelt hatte. Außerdem konnte die Regionalverwaltung eine Lizenz bei der nachgewiesenen außerordentlichen Bedeutung der Lagerstätte für die Rohstoffbasis des dort tätigen Unternehmens ohne Auktion oder Ausschreibungen vergeben. Zudem konnten Lizenzen auf Grund direkter Vereinbarungen vergeben werden, wenn die lizenzierte Lagerstätte durch entsprechende regionale Gesetze von einer öffentlichen Nutzung ausgeschlossen wurde, und/oder die Lagerstätte für »geschlossen« erklärt wurden. Die Lizenzvergabe fand auch dann durch direkte Vereinbarungen statt,

---

98 Gesetz der Repubilk Tatarstan »O nedrach« vom 25.12.1992, veröffentlicht in: Vedomosti Verchovnogo Soveta Tatarstana, 11–12/1992, St. 14, mit den Änderungen »O vnesenii izmenenij v zakon Respubliki Tatarstan ›O nedrach‹« vom 06.12.1999, veröffentlicht in: Vedomosti Gosudarstvennogo Sovjeta Tatarstana, 12/1999, St. 2486 und »O vnesenii izmenenij v zakon Respubliki Tatarstan ›O nedrach‹« vom 21.11.2001, veröffentlicht in: Vedomosti Gosudarstvennogo Sovjeta Tatarstana, 11/2001, St. 1193; Regierungserlass »O porjadke licenzirovanija pol'zovanija nedrami v Respublike Tatarstan« vom 26.08.1992, veröffentlicht in: Normativnye akty RT, 8/1992, St. 495; Gesetz »O nefti i gaze« vom 19.06.1997, veröffentlicht in: Respublika Tatarstan, 08.07.1997, S. 3f.
99 Gesetz der Repubilk Tatarstan »O nefti i gaze« vom 19.06.1997, veröffentlicht in: Respublika Tatarstan, 08.07.1997, S. 3f.

2.3. DIE WIRTSCHAFTSPOLITISCHEN KOMPETENZEN

wenn für die angekündigte Auktion oder Ausschreibung nur ein Gebot eingereicht worden war.[100]

Die Höhe der Lizenzzahlungen und die Verteilung der Einnahmen aus deren Gebühren zwischen dem föderalen und regionalen Haushalt wurde jedes Jahr durch das tatarische Parlament im Rahmen des regionalen Haushaltes festgelegt. Außerdem erhielten die regionalen Behörden das Recht, PSA-Vorträge mit ausländischen Investoren ohne Teilnahme von Vertreter des föderalen Zentrums abzuschließen.

Seit Anfang 2001 wurden grundlegende Änderungen in der regionalen Gesetzgebung für die Öl- und Gasbranche durchgesetzt. Unter Druck des föderalen Zentrums wurde die Übereinstimmung der regionalen Gesetze mit der föderalen Gesetzgebung überprüft. In der Folge wurden die regionalen Gesetze »Über die Bodenschätze« und »Über das Erdöl und Erdgas« sowie das Gesetz »Über PSA« durch den Obersten Gerichtshof der Republik Tatarstan für ungültig erklärt. Danach mussten Änderungen in der regionalen Gesetzgebung vorgenommen werden, um diese an die föderalen Gesetze anzupassen. Die neue Fassung des regionalen Gesetzes »Über die Bodenschätze« von 2001 erklärte die regionalen Bodenschätze zu föderalem Eigentum. Die Nutzung der Bodenschätze wurde durch Lizenzen für die Erforschung und Förderung auf Grund gemeinsamer Entscheidung von föderalen und regionalen Behörden, des staatlichen Fonds für Bodenschätze und des Ministerkabinetts Tatarstans, erlaubt. Die Möglichkeit der Vergabe von Lizenzen im Rahmen bilateralen Vereinbarungen wurde gänzlich abgeschafft.[101]

Zu den wichtigen regionalen Organen, die für die Lizenzvergabe in Tatarstan zuständig sind, gehörten das Regionalparlament, die Regierung und das regionale Organ des föderalen Fonds für Bodenschätze. Die Kompetenzen des tatarischen Parlaments im Bereich der Bodennutzung umfassten die Bestimmung der Ausrichtungen der regionalen Politik in diesem Bereich. Er war für die gesetzliche Regelung der Bodennutzung auf dem Territorium der Republik verantwortlich und kontrollierte die Ausführung dieser Gesetze. Die regionale Regierung war für Bearbeitung und Realisierung regionaler Programme im Bereich der geologischen Untersuchungen zuständig. Sie setzte die Höhe der Zahlungen für die Nutzung der Bodenschätze fest, bereitete Lizenzverfahren vor und führte diese durch. Die Vertreter der Regierung nahmen auch an den Abschlüssen von PSA-Verträgen teil. Zur Kompetenz der regionalen Regierung gehörte ferner die Finanzierung der regionalen Programme für die geologische Erfor-

---

100 Artikel 17 des Gesetzes der Republik Tatarstan »O nefti i gaze« vom 19.06.1997, veröffentlicht in: Respublika Tatarstan, 08.07.1997, S. 3f.
101 Artikel 16 des Gesetzes der Republik Tatarstan »O nedrach« vom 21.11.2001, veröffentlicht in: Vedomosti Gosudartsvennogo Soveta Tatarstana, 11/2001, St. 1193.

schung der Bodenschätze und die personelle Besetzung des regionalen Fonds für Bodenschätze. Das regionale Organ des föderalen Fonds für Bodenschätze lizenzierte und kontrollierte gemeinsam mit den Vertretern der regionalen Verwaltung die Exploration und Produktion der Rohstoffe und war für die Realisierung der staatlichen Politik im Bereich der geologischen Erforschung und Förderung der Bodenschätze verantwortlich. Es kontrollierte die rationale Nutzung und den Schutz der Bodenschätze und besaß geologische Informationen über die Vorräte an Bodenschätzen in Tatarstan.

2.3.1.2. Gebiet Tjumen, Autonome Bezirke der Chanten und Mansen – Jugra sowie der Jamal-Nenzen

In den drei anderen untersuchten Regionen – im Gebiet Tjumen, den Autonomen Bezirken der Chanten und Mansen sowie der Jamal-Nenzen – spiegelte die regionale Struktur der staatlichen Organen, die für die Nutzung von Bodenschätzen auf regionaler Ebene verantwortlich waren, die föderalen Strukturen wider. Diese umfassten die folgenden vier Gruppen von Institutionen. Erstens die regionalen Abteilungen des föderalen Komitees für Geologie und die Nutzung von Bodenschätzen (Goskomnedra), das föderale Umweltschutzkomitee sowie die Regionalabteilungen des föderalen Finanzministeriums und des föderalen Zollkomitees.

Die zweite Gruppe bildeten die regionalen Parlamente (Dumas), zu deren Kompetenzen die Verabschiedung der Gesetze gehörte, die zum einen die Ordnungsverfahren für die Bodennutzung auf dem regionalen Territorium festlegten und zum anderen den Schutz der Rechte und Interessen der Bevölkerung garantierten. Außerdem waren sie für die rechtliche Regulierung der Teilnahme der Regionen an PSA-Abkommen zuständig.

Zur dritten Gruppe gehörten die regionalen und lokalen Exekutivorgane, die Regional- bzw. Lokalverwaltungen. Sie regulierten die Bodennutzungsverhältnisse, indem sie die territorialen Programme für die geologischen Erforschungen erarbeiteten, realisierten und die territorialen Datenbanken über Bodenschätze unterhielten. Sie waren für die Vorbereitung der Auktionen und Ausschreibungen, deren Durchführung und für die Vergabe der Lizenzen verantwortlich. Gemeinsam mit den Regionalabteilungen des föderalen Komitees für Geologie und die Nutzung von Bodenschätzen bestimmten sie die Bedingungen für die Bodennutzung und kontrollierten die Förderung der Bodenschätze. Diesbezüglich setzte die regionale bzw. lokale Administration die konkrete Höhe der Gebühren für die Nutzung der Bodenschätze fest. Ergänzend wurden im Autonomen Bezirk der Chanten und Mansen regionale Unternehmen wie z. B. »Tenderresurs« und »Monitoring« oder wissenschaftlich-analytische Zentren für die rationale Bodennutzung gegründet, die vor allem beratend tätig waren. Außerdem führten sie die Expertise für die lokale Bodennutzung durch und stellten die Datenbanken über potentielle Vorkommen und seismische Erkundungen zusammen.

Die vierte Gruppe bildeten die Regionalabteilungen der föderalen Interressortkommissionen (Meschwedomstvennye komissii), darunter die Kommission für Rohstoffvorräte und die Kommission für die Ausbeutung von Erdölfelder, deren Aufgaben die Ausarbeitung der Nutzungsbedingungen von Bodenschätzen, die Erörterung der Anträge für die Vergabe einer Lizenz, die Erstellung von Statistiken der territorialen Rohstoffvorräte und die vierteljährliche Kontrolle der Erfüllung der mit den Förderlizenzen verbundenen Auflagen durch die Unternehmen umfassten.

Zur gemeinsamen Kompetenz der föderalen und regionalen bzw. lokalen Behörden gehörte die Bestimmung der Höhe der Zahlungen für die Nutzung der Bodenschätze. In den 1990er Jahren waren dies insgesamt drei Gebühren, die sich auf 1–2% der bei der Suche und 3–5% der bei der Erschließung entstandenen Kosten[102] beliefen, Einnahmen, die komplett an die örtlichen Haushalte abgeführt wurden. Hinzu kamen 6–16% des Verkaufspreises der Produktion, die zu 30% in den regionalen Haushalt flossen. Reduzierte Raten und eine generelle Befreiung vom regionalen bzw. lokalen Anteil an den Gebühren konnten aber durch die Verabschiedung regionalen Gesetzen festgelegt werden.

Im **Gebiet Tjumen** waren 1997 durch das Gesetz »Über die Gebühren für die Nutzung der Bodenschätze auf dem Territorium des Gebiets Tjumen«[103] flexible Zahlungssätze eingeführt worden. Die Höhe wurde für jedes Unternehmen auf der Basis des minimalen Satzes der Lizenzgebühren für die Förderung mineralischen Ressourcen (Royalties) und des Verkaufspreises der Rohstoffe durch das fördernde Unternehmen (ohne Mehrwertsteuer und Verbrauchssteuer) sowie den Förderkosten (ohne Mehrwertsteuer, Verbrauchssteuer und Royalties) auf dem lizenzierten Feld berechnet. Die Lizenzgebühren für das Recht, mineralische Ressourcen zu suchen und zu schätzen, waren abhängig von der Form des Rohstoffes und den geographischen Bedingungen der Lagerstätte.

Im **Autonomen Bezirk der Chanten und Mansen – Jugra** basierten die »Spielregeln« zwischen Unternehmen und den lokalen Behörden auf drei Gesetzen. Das Gesetz »Über die Nutzung von Bodenschätzen«[104] konzentrierte sich

---

102 Diese Lizenzgebühren bezogen sich nur auf vom Staat erschlossene Bodenschätze und sollten eine Kompensation staatlicher Vorleistungen darstellen. Mit einigen Ausnahmen waren aber alle in den 1990er Jahren betriebenen Öl- und Gasfelder bereits vor Ende der Sowjetunion erschlossen worden, so dass diese Lizenzgebühren von fast allen Produzenten geleistet werden mussten.

103 Gesetz des Gebiets Tjumen »O platežach na pravo pol'zovanija nedrami na territorii Tjumenskoj Oblasti« vom 28.03.1997, veröffentlicht in: Tjumenskie izvestija, 11.04.1997, S. 2.

104 Gesetz des Autonomen Bezirkes der Chanten und Mansen »O nedropol'zovanii« vom 18.04.1996, im Internet veröffentlicht unter: http://www.hmao.wsnet.ru/pravo/flame.htm.

vorwiegend auf die lokalen Besonderheiten der Tätigkeit der Unternehmen auf den lizenzierten Erdöl- und Erdgasfelder und den Schutz der Rechte der Urbevölkerung. Das Gesetz sah eine ganze oder teilweise Befreiung von Zahlungen für die Nutzung der Bodenschätze im Falle nachgewiesener niedriger ökonomischer Effizienz der Förderung auf den entsprechenden Feldern vor. Die Zahlungsbefreiung wurde für jede Lagestätte separat durch lokale Gesetze geregelt. Außerdem konnten die regionalen Behörden in den ersten drei Jahren der Förderung lediglich die minimalen Gebührensätze für die Nutzung der Bodenschätze verlangen.

Das Gesetz »Über die Ausbeutung der Bodenschätze auf dem Territorium des autonomen Bezirkes der Chanten und Mansen«[105] präzisierte die rechtlichen und wirtschaftlichen Bedingungen für die Tätigkeit der Unternehmen und setzte die Grundregeln für die Suche, die Exploration und die Ausbeutung der Bodenschätze fest. Dabei konnte jedes auf dem Territorium tätige Öl- und Gasunternehmen die Senkung der Royalties beantragen, sofern eine Erschöpfung der Lagerstätte oder eine bedeutende Änderung der geologischen Förderungsbedingungen vorlagen, die zu einer Steigerung der Betriebskosten des Feldes führten. Bei der Berechnung möglicher Vergünstigungen für das Unternehmen wurden von Seiten der lokalen Administration auch die Ausgaben für die territorialen Umweltschutzmaßnahmen berücksichtigt. Das Gesetz legte auch die Zahlungsform der Gebühren fest. Danach konnten die Unternehmen ihre Einzahlungen in den lokalen Haushalt in Form einer Übereignung materieller und technischer Ressourcen an die Verwaltung oder in Form bestimmter Dienstleistungen erbringen. Außerdem war die Übereignung von Wertpapieren des Unternehmens an die lokale Administration erlaubt. Die Vergünstigungen unterschieden sich bei jedem Unternehmen, da sie jeweils bilateral ausgehandelt wurden. Das Gesetz sah Entschädigungen im Falle einer vorzeitigen Abschaffung oder Begrenzung der vorgesehenen Steuervergünstigungen durch die lokalen Behörden vor. Im Oktober 2000 wurde die Möglichkeit der lokalen Verwaltung zur Vergabe von Steuervergünstigungen abgeschafft.[106]

Das Gesetz »Über die Teilnahme des autonomen Bezirkes an PSA-Projekten auf dem Territorium des Bezirkes« spielte keine Rolle, da im Untersu-

---

105 Gesetz des Autonomen Bezirkes der Chanten und Mansen »O razrabotke mestoroždenij uglevodov na territorii avtonomnogo okruga« vom 26.06.1998, im Internet veröffentlicht unter: http://www.hmao.wsnet.ru/pravo/flame.htm.

106 Gesetz des Autonomen Bezirkes der Chanten und Mansen »O vnesenii izmenenija v statju 9 zakona Chanty-Mansijskogo avtonomnogo okruga ›O razrabotke mestoroždenij uglevodov na territorii avtonomnogo okruga‹« vom 09.10.2000, im Internet veröffentlicht unter: http://www.hmao.wsnet.ru/pravo/flame.htm.

2.3. DIE WIRTSCHAFTSPOLITISCHEN KOMPETENZEN

chungszeitraum keine PSA-Projekte mit einer Teilnahme der regionalen Administration realisiert wurden.

Im **Autonomen Bezirk der Jamal-Nenzen** regulierte das Gesetz »Über die Stabilisierung und Stimulierung der Produktion und die Steigerung der Förderung flüssiger Kohlenwasserstoffe«[107] die Zahlung von Lizenzgebühren für die dort tätigen Gas- und Ölfirmen. Die in dieser Region registrierten Unternehmen, die wenig förderwürdige oder nahezu erschöpfte Lagerstätten ausbeuteten, waren nach diesem Gesetz von der Abführung des lokalen Anteils der Royalties befreit.

2.3.2. Besteuerung

Die Gesetze, die die Finanzbeziehungen zwischen dem föderalen Zentrum und den Regionen regelten, sind schon in den ersten Jahren nach Erklärung der Unabhängigkeit der Russischen Föderation verabschiedet worden. 1991 trat das Gesetz »Über die Grundlagen der Haushaltsordnung und des Haushaltsvorgangs«[108] in Kraft, das die Unabhängigkeit der föderalen, regionalen und lokalen Haushalte und die Grundlagen des russischen Steuersystems festlegte. Danach waren die Entscheidungskompetenzen für die Erhebung der wichtigsten Steuern, für die Regelung von Steuervergünstigungen und die Regulierung des Transfers der Einnahmen aus föderalen Steuern in die regionalen Haushalte, dem föderalem Zentrum übertragen worden. Dadurch blieben den Regionen nur begrenzte Möglichkeiten, ihre Haushaltseinnahmen zu kontrollieren. Sie konnten damit nur noch die Ausgabenseite ihres Haushaltes beeinflussen. Darüber hinaus haben finanzstarke Regionen lange mit dem föderalem Zentrum verhandelt, um Steuerprivilegien zu erreichen. Einige Republiken, wie Tatarstan, Baschkortostan und Sacha (Jakutien), haben die Abführung ihrer Steuereinnahmen an das föderale Zentrum ausgesetzt und verlangten den Übergang zur Zahlung in Form eines einmaligen Transfers auf vertraglicher Basis. Das föderale Zentrum übertrug daraufhin große Teile seiner Aufgaben auf die regionalen und lokalen Ebenen, jedoch ohne diese mit den dazu benötigen Einnahmenkompetenzen für die Realisierung der Aufgaben auszustatten.

Nach der Verfassung der Russischen Föderation von 1993 waren die Kompetenzen des föderalen Zentrum auf die Fragen der Regulierung des föderalen Haushalts, der föderalen Steuern und des föderalen Fonds zu regionalen Wirt-

---

107 Gesetz des Autonomen Bezirkes der Jamal-Nenzen »O stabilizacii i stimulirovanii proizvodstva i uveličenii dobyči židkich uglevodov v Jamalo-Neneckom Avtonomnom Okruge« vom 05.05.1999, veröffentlicht in: Vedomosti Gosudartsvennoj Dumy, 5/1999, St. 12.

108 Föderales Gesetz »Ob osnovach nalogovoj sistemy v Rossijskoj Federacii« vom 27.12.1991, veröffentlicht: in »Garant« Spravočno – pravovaja sistema, 15.06.2004.

schaftsentwicklung begrenzt. Gemeinsam mit den Regionen war das föderale Zentrum für die Festlegung von Besteuerungsgrundsätzen verantwortlich. In allen anderen Fragen zur Finanzregulierung wurde den Regionen das Entscheidungsmonopol übertragen. Das führte dazu, dass diese Fragen in der Praxis durch bilaterale Verträge zwischen dem föderalen Zentrum und den Regionen entschieden wurden, die die Verpflichtungen zum Transfer von Steuereinahnen und die konkreten Bedingungen für die Steuerabführung an den föderalen Haushalt festlegten.[109] Im Rahmen dieser bilateralen Verträge erhielten die regionalen Gouverneure die Entscheidungskompetenzen für ihre Regionen und es wurden ihnen die Kontrolle über einen großen Teil des staatlichen Eigentums und der Finanzressourcen ihrer Regionen zugestanden.

Nach einem zusätzlichen Präsidialerlass von 1993 erhielten die regionalen und lokalen Administrationen das Recht, eigene Steuern einzuführen, die ausschließlich von ihnen kontrolliert und reguliert wurden.[110] In der Folge stieg die Zahl der verschieden Steuern und Abgaben in einigen Regionen auf über 100 an. Die regionalen Behörden schufen sich so eine eigene Basis für Steuereinnahmen und übten damit Einfluss auf die Wirtschaftssubjekte aus. Einen Überblick über die Besteuerung der Erdöl- und Erdgaswirtschaft auf der regionalen und lokalen Ebene bis zum Inkrafttreten der Steuerreform 2001 gibt Tabelle 2.9.

Aufgrund der Vielzahl unabgestimmter Änderungen entwickelte sich ein intransparentes Steuersystem mit verschiedenen Formen der budgetären Schattenwirtschaft. Steuervergünstigungen und Steuerzahlungen sowie die Verteilung der Subventionen und die Regulierung der Verschuldungen der Unternehmen gegenüber dem regionalen bzw. lokalen Haushalt wurden oft in individuellen Vereinbarungen zwischen der regionalen bzw. lokalen Administration und den Unternehmen ausgehandelt. Oft wurden Steuern in Gütern – etwa in Form von Energielieferungen an regionale Institutionen – bezahlt. Zudem waren die Unternehmen verpflichtet, Beiträge in die regionalen außerbudgetären Fonds[111] für die

---

109 Bilaterale Verträge zwischen dem föderalen Zentrum und den Republiken Baschkortostan, Tatarstan und Sacha (Jakutien) spielten während des Untersuchungszeitraums noch eine wichtige Rolle, obwohl sie sich langsam den für alle anderen Regionen geltenden allgemeinen Bestimmungen annäherten.

110 Föderaler Präsidialerlass »O formirovanii respublikanskogo bjudžeta v Rossijskoj Federacii v 1994 godu« vom 22.12.1993, veröffentlicht in: Sobranie Aktov Prezidenta i Pravitel'stva Rossijskoj Federacii, 52/1993, St. 5074.

111 Föderales Gesetz »Ob osnovach bjudžetnych prav i prav po formirovaniju i ispol'zovanii vnebjudžetnych fondov« vom 15.04.1993, veröffentlicht in: Sobranie Zakonodatel'stva Verchovnogo Soveta Rossijskoj Federacii, 18/1993, St. 635. Danach erhielten die regionalen Exekutivorgane das Recht, außerbudgetäre Fonds zu bilden. In den untersuchten Regionen wurde der außerbudgetäre Fonds für die Reproduktion der Rohstoffvorräte gegründet, in den die Einnahmen der Rohstoffentnahmesteuer abgeführt wurden.

Sozial-, Gesundheits- und Bildungswesen einzuzahlen. Die damit geschaffene Möglichkeit, die Steuereinnahmen aus den Unternehmen zu maximieren, führte auch zu Interessengegensätzen und verursachte Konflikte zwischen den Verwaltungseinheiten. Der schwierigste Konflikt bestand zwischen dem hier untersuchten Gebiet Tjumen und den Autonomen Bezirken der Chanten und Mansen sowie der Jamal-Nenzen.

Nachdem die Autonomen Bezirke 1993 unabhängig vom Gebiet Tjumen eigene lokale Haushalte gebildet hatten, führten sie Anfang 1994 lediglich 23% der Einkünfte aus der Erdöl- und Erdgasproduktion an den Haushalt des Gebiets Tjumen ab und behielten 77% in ihren Haushalten. Daraufhin versuchte die Administration des Gebiets Tjumen durch die Verabschiedung eines neuen Gesetzes die Kontrolle über die Erdöl- und Erdgasinfrastruktur der beiden Bezirke zu übernehmen. Der Streit wurde erst 1997 vom Verfassungsgericht beendet, welches allen drei Verwaltungseinheiten die gleichen Rechte einräumte und die Ansprüche des Gebiets Tjumen zurückwies.[112]

Die Mitte der 1990er Jahre vorgenommenen Veränderungen der föderalen Gesetzgebung bezüglich des Übergangs zu einer allgemeingültigen Regelung bei der Abgrenzung von Einnahmen- und Ausgabenkompetenzen zwischen der föderalen, regionalen und lokalen Ebene waren inkonsequent und blieben ohne große Bedeutung. Verhandlungen zwischen den drei Ebenen fanden auch weiterhin statt. Allgemein wurde die Position der regionalen bzw. lokalen Administration gestärkt und die Kontrolle des föderalen Zentrums geschwächt.[113]

Die finanziellen Mittel sollten für die geologische Erkundung der Rohstoffe in der jeweiligen Region verwendet werden.

112 Ausführliche Darstellung beim Abschnitt 4.1.
113 Mehr zur Entwicklung des fiskalischen Föderalismus in Russland bei: Shleifer, Andrei / Treisman, Daniel: Without a map. Political tactic and economic reform in Russia, Cambridge, MA 2000, S. 113–136; Easter, Gerald: Institutional legacy of the old regime as a constraint to reform: The case of fiscal policy, in: Harter, Stephanie / Easter, Gerald: Shaping the economic space in Russia. Decision making process, institutions and adjustment to change in the El'tsin Era, Aldershot 2000, S. 296–319. Kusznir, Julia / Mitrochin, Sergej: Die aktuelle Reform des fiskalischen Föderalismus in Russland, in: Höhmann, Hans-Hermann / Fruchtmann, Jakob / Pleines, Heiko (Hg.): Das russische Steuersystem im Übergang: Rahmenbedingungen, institutionelle Veränderungen, kulturelle Bestimmungsfaktoren, Bremen 2002, S. 230–245; Baranova, Kira: Russland – eine Föderation im Werden, in: Osteuropa Wirtschaft, 2/2002, S. 101–116; Eckardt, Sebastian: Russia's market distorting federalism: Decentralisation, governance, and economic performance in Russia in the 90ies, in: Arbeitspapiere des Osteuropa-Instituts der Freien Universität Berlin, Heft 42/2002; Ganske, Christian: The impact of Putin's regional policy on the political economy of partial economic reform in Russia's Regions, (Manuskript) Birmingham 2002.

Bis Ende 2001 bestanden die regionalen Einnahmen, die für die erdöl- und erdgasfördernden Regionen von großer Bedeutung waren, zum einen aus ihrem Anteil an den föderalen Steuern, wie Mehrwertsteuer und Gewinnsteuer. Diese Steuern wurden nach festgelegten Proportionen zwischen der föderalen und regionalen Ebene aufgeteilt. Zwischen 1994 und 1998 belief sich der regionale Anteil auf 25% der Mehrwertsteuer und auf 22–25% der Gewinnsteuer. Die Regionen hatten bis 1996 zudem das Recht zusätzlich 5% auf die Gewinnsteuer aufzuschlagen, Einnahmen, die direkt im regionalen Haushalt verblieben.[114] Ende der 1990er Jahre wurde ein neuer Verteilungsschlüssel für diese Steuern festgelegt. Den regionalen Haushalten blieben danach 15% der Mehrwertsteuer und 19% der Gewinnsteuer sowie 70% der Rohstoffentnahmensteuer und 20% der Grundsteuer.[115]

Die Einnahmen aus regionalen Steuern, wie die Vermögenssteuer und die Steuer für die Straßennutzung, wurden zu 100% an den regionalen Haushalt abgeführt. Während die von den Regionen verfügten Steuern durch föderale Gesetze festgelegt wurden, regelten regionale Gesetze die Form, die Höhe und den Termin der Steuerzahlungen. Zu den Kompetenzen der Regionen gehörte auch die Zuweisung von Steuervergünstigungen für die in der Region tätigen Unternehmen.

Tabelle 2.9: Besteuerung der Öl- und Gasindustrie auf der regionalen und lokalen Ebene (bis Ende 2001)

Steuerart	Steuerverteilung auf administrativen Ebenen	Steuersatz	Steuergrundlage
Mehrwertsteuer (MwSt)	Regionaler Haushalt: 15%	20%	Verkauf von Rohöl
Lizenzgebühren für das Recht, mineralische Ressourcen zu suchen und zu schätzen	Lokale Haushalte: 100%	1–2%	summierte Such- und Schätzkosten sowie Erkundungskosten für mineralische Ressourcen
Lizenzgebühr für die Erforschung mineralischer Rohstoffe	Lokale Haushalte: 100%	3–5%	Forschungskosten

---

114 Präsidialerlass der Russischen Föderation »O formirovanii respublikanskogo bjudžeta Rossijskoj Federacii i otnošenijach s bjudžetami sub"ektov Rossijskoj Federacii v 1994 g.« vom 22.12.1993, veröffentlicht in: Sobranie Aktov Prezidenta i Pravitel'stva Rossijskoj Federacii, 52/1993, St. 5074.

115 Gesetz der Russischen Föderation »O federal'nom bjudžete na 2000 god« vom 31.12.1999, veröffentlicht in: Sobranie zakonodatel'stva Rossijskoj Federacii, 1/2000, St. 10.

2.3. DIE WIRTSCHAFTSPOLITISCHEN KOMPETENZEN

Steuerart	Steuerverteilung auf administrativen Ebenen	Steuersatz	Steuergrundlage
Lizenzgebühren für die Förderung mineralischer Ressourcen (Royalties)*	Regionaler Haushalt: 20%	6–16%	Verkaufswert der Produktion
Rohstoffentnahmesteuer	Regionaler Haushalt: 70%	10%	Verkaufswert der ersten extrahierten Rohstoffe
Vermögenssteuer	Regionaler Haushalt: 100%	Bis zu 2%	Unbares Vermögen
Gewinnsteuer	Regionaler Haushalt: 30% Lokale Haushalte: 5%	35%	besteuerter (Brutto-) Gewinn
Einmalige Lizenzgebühren für das Recht, mineralische Rohstoffe zu fördern	Regionale Haushalte: 30% Lokale Haushalte: 30%	Mindestens 10%	Höhe der regelmäßigen Zahlung, berechnet nach dem Jahresdurchschnitt der voraussichtlichen Kapazität der Förderunternehmen
Steuern für die Straßennutzung	Regionale Haushalte: 100%	1%	Verkaufswert der Produktion (ohne MwSt und Verbrauchssteuer)
Grundsteuer	Regionale Haushalte: 20% Lokale Haushalte: 50%	Abhängig von der Fläche	pro Hektar nach durch die lokale Administration festgesetzten Tarifen

* Für das Gebiet Tjumen gilt folgende Verteilung: in den regionalen Haushalt des Gebiets Tjumen' 5,5% und in den Haushalt der Autonomen Bezirke Chanten und Mansen bzw. Jamal-Nenzen 20%.

Quelle: eigene Zusammenstellung der Autorin nach: Krjukov, V.A. / Sevast'janova, A.E. / Tokarev, A.N. / Šmat, V.V.: Regional'nye aspekty reformirovanija nalogovoj sistemy v neftegazovom sektore Rossii, Novosibirsk 2001, S. 80–103; Tokarev, Anatolij: Nalogovoe regulirovanie neftegazovogo sektora: regional'nye aspekty, Novosibirsk 2000, S. 130–161.

Die weitreichenden Kompetenzen der regionalen Administration im russischen Steuersystem erlaubten die Herausbildung eines System so genannter flexibeler Besteuerung für die Bodennutzung, das in einer Reihe russischer Regionen, vor allem in der hier untersuchten Republik Tatarstan und im Autonomen Bezirk der Chanten und Mansen, zwischen 1992 und 2001 angewendet wurde.

Es umfasste verschiedene Mechanismen bei der regionalen Steuererhebung für die Öl- und Gasunternehmen.[116]

Mit der Durchführung der Steuerreform Ende der 1990er Jahre begann die föderale Regierung das System der Finanzbeziehungen zu zentralisieren. Die zum Jahresanfang 2000 in Kraft getretenen Haushalts- und Steuerkodices führten eine neue Finanzordnung ein, mit der eine Reihe von Einschränkungen und Anforderungen für die Haushalte und die Haushaltpolitik in den Regionen festgelegt wurden. Die Verträge zwischen dem föderalen Zentrum und den Regionen, die den Regionen spezielle Privilegien garantierten, wurden im Wesentlichen abgeschafft. So wurde den Regionalverwaltungen das Recht entzogen, über außerbudgetäre Fonds zu verfügen. Nach dem Prinzip »eine Steuer – ein Haushalt« wurde durch den neuen Steuerkodex der Verteilungsschlüssel der Steuereinnahmen zwischen den verschiedenen Verwaltungsebenen geändert.

Die Mehrwertsteuer wurde nun vollständig an den föderalen Haushalt abgeführt, während die Regionen die gesamte Einkommenssteuer einbehielten. Außerdem wurde durch das föderale Zentrum der Gewinnsteuersatz von 35% auf 24% reduziert und damit der regionale Anteil von 24% auf 16,5% sowie der lokale Anteil von 5% auf 2% gesenkt. Infolgedessen reduzierten sich für die Regionen die Einnahmen aus dem Steueraufkommen. Drei für Förderregionen wichtige Steuern, die Rohstoffentnahmesteuer, die Verbrauchsteuer und die Lizenzgebühren für die Förderung mineralischer Ressourcen (Royalties), wurden abgeschafft und durch eine einzige Steuer für die Nutzung der Bodenschätze ersetzt, von deren Einnahmen nur 20% in den regionalen Haushalten verbleiben. Zudem wurden die Differenzierungsmöglichkeiten bei der Steuererhebung im Bezug auf die geologischen und wirtschaftlichen Bedingungen der Lagerstätten und damit verbundene Steuervergünstigungen abgeschafft. Die Regionen konnten im Rahmen des föderalen Steuerkodexes einige Steuervergünstigungen auf regionale Steuern einführen: wie z. B. maximal 0,5% bei der Vermögenssteuer, bis zu 4% beim regionalen Anteil der Gewinnsteuer, sofern das Unternehmen in die Entwicklung der regionalen Wirtschaft investierte.

Einen Überblick über die neue Regelung der Besteuerung der Erdöl- und Erdgaswirtschaft auf der regionalen Ebene gibt Tabelle 2.10.

---

116 Ausführlich dazu: Tokarev, Anatolij: Nalogovoe regulirovanie neftegazovogo sektora: regional'nye aspekty, Novosibirsk 2000; Morozova, G.V. / Solomko, I.M.: Regional'nye bjudžety v uslovijach bjudžetnogo federalizma, Chabarovsk 2002, S. 8–50; Tokarev, Anatolij: Analiz struktury dochodov rentnogo charaktera v neftjanom sektore Rossii: učet interesov syr'evych regionov, in: Krjukov, Valerij / Sevast'janova, Anastasija (Hg.): Neftegazovyj sektor Rossii v teorii i na praktike, Novosibirsk 2003, S. 73–105.

Tabelle 2.10: Besteuerung der Öl- und Gasindustrie auf der regionalen Ebene (2002–2005)

Steuerart	Verteilung der Steuereinnahmen (in %)	Steuersatz	Steuergrundlage
Vermögenssteuer	Regionale Haushalte: 100%	2%	Jährlicher Durchschnittswert des Vermögens
Gewinnsteuer	Regionale Haushalte: 14,5%	24%	Differenz aus Einnahmen und Ausgaben
Ab 2003	Regionale Haushalte: 17,0%		
2004–2005	Regionale Haushalte: 17,5%		
Steuer auf die Förderung mineralischer Ressourcen (Ölindustrie)	Regionale Haushalte 20%	340 Rubel/ Tonne	Produktionsquoten des geförderten Rohstoffes; Steuersatz wird mittels eines Koeffizienten ermittelt, der die Dynamik der Weltmarktpreise berücksichtigt
Ab 2004	Regionale Haushalte: 14,4%	347 Rubel/ Tonne	
Ab 2005	Regionale Haushalte: 5%	419 Rubel/ Tonne	
Grundsteuer	Regionaler Haushalt: 35% Lokale Haushalte: 50%	0,1–2%	Kosten für Grundbucheinträge und Grundstückpreise

Quelle: eigene Zusammenstellung der Autorin nach: Krjukov, V.A. / Sevast'janova, A.E. / Tokarev, A.N. / Šmat, V.V.: Regional'nye aspekty reformirovanija nalogovoj sistemy v neftegazovom sektore Rossii, Novosibirsk 2001; Smirnov, A.: Problemy regulirovanija neftegazovogo kompleksa Rossii, in: Obščestvo i ėkonomika, 10/2003, S. 138–147, hier S. 143. Artikel 31 des föderalen Gesetzes »O vnesenii izmenenij v bjudžetnyj kodeks Rossijskoj Federacii v časti regulirovanija mežbjudžetnych otnošenij« vom 20.08.2004, veröffentlicht in: Rossijskaja Gazeta (Special'nyj Vypusk) Nr. 3559, 25.08.2004.

Das föderale Zentrum hatte seine eigenen Kompetenzen im Bereich der Regulierung der Bodennutzung deutlich erweitert und damit die regionalen minimiert. Die Regionen konnten praktisch keine Maßnahmen zur Regulierung der Steuererhebung mehr einleiten. Der direkte Anteil der regionalen und lokalen Haushalte an den Steuerzahlungen der Erdöl- und Erdgaswirtschaft wurde dadurch auf unter 4% reduziert, wie Tabelle 2.11 zeigt.

Tabelle 2.11: Die Verteilung der Steuerzahlungen der Öl- und Gasindustrie zwischen den Haushaltsebenen

	Erdölförderung		Erdölverarbeitung		Erdgasförderung	
	2001	2002	2001	2002	2001	2002
Föderation	95,5%	96,9%	95,6%	96,7%	96,1%	96,6%
Regionen	3,2%	2,9%	3,0%	2,2%	3,3%	3,2%
Kommunen	1,3%	0,2%	1,4%	1,1%	0,6%	0,2%

Quelle: Tokarev, Anatolij: Analiz struktury dochodov rentnogo charaktera v neftjanom sektore Rossii: učet interesov syr'evych regionov, in: Krjukov, Valerij / Sevast'janova, Anastasija (Hg.): Neftegazovyj sektor Rossii v teorii i na praktike, Novosibirsk 2003, S. 73–105, hier S. 91.

In den folgenden Abschnitten wird nun gezeigt, wie die vier Untersuchungsregionen ihre Entscheidungsspielräume bei der Besteuerung der Erdöl- und Erdgaswirtschaft genutzt haben.

2.3.2.1. Republik Tatarstan

In Tatarstan hat der 1994 abgeschlossene Vertrag »Über die Abgrenzung von Kompetenzen und die gegenseitige Delegierung von Vollmachten zwischen den staatlichen Machtorganen der Russischen Föderation und der Republik Tatarstan«[117] den regionalen Behörden im Bereich der Regulierung der Öl- und Gasproduktion, im Vergleich zu den anderen russischen Regionen, wesentliche Kompetenzerweiterungen erlaubt. Laut eines diesen Vertrag ergänzenden Abkommens[118] erhielt die Republik jährlich eine bevorzugte Erdölexportquote zugeteilt und die dadurch erzielten Einnahmen wurden direkt dem regionalen Haushalt überwiesen.

Durch zusätzliche Abkommen, die unter anderem die Haushaltsbeziehungen zwischen der Russischen Föderation und der Republik Tatarstan regulierten, wurden die Transferleistungen der Republik an den föderalen Haushalt verringert. Im Gegensatz zu anderen russischen Regionen mussten die regionalen Behörden so nur 13% der Einnahmen aus der Gewinnsteuer an den föderalen Hauhalt abführen. Die Höhe der Einnahmen aus der Mehrwertsteuer für den regionalen Haushalt wurde zwischen den föderalen Behörden und Tatarstan

---

117 Vertrag zwischen der Russischen Föderation und Republik Tararstan »O razgraničenii predmetov vedenija i vzaimnom delegirovanii polnomočij meždu organami vlasti Rossijskoj Federacii i organami gosudartsvennoj vlasti Respubliki Tatarstan« vom 15.02.1994, in: Muchametšin, F.M. / Izmajlov, R.T. (Hg.): Suverennyj Tatarstan, Moskau 1997, S. 33–39.

118 Abkommen über die Realisierung und den Transport von Erdöl und Erdölprodukte zwischen der Russischen Föderation und der Republik Tatarstan vom 15.02.1994, in: Muchametšin, F.M. / Izmajlov, R.T. (Hg.): Suverennyj Tatarstan, Moskau 1997, S. 150–153.

2.3. DIE WIRTSCHAFTSPOLITISCHEN KOMPETENZEN

jedes Jahr neu geregelt.[119] Während Tatarstan so oft weniger als 40% der Einnahmen aus der Mehrwertsteuer an den föderalen Haushalt abführen musste, waren es bei anderen Regionen rund 60% dieser Einnahmen. Außerdem verblieben im regionalen Haushalt die Einnahmen aus der Verbrauchssteuer für die Erdöl- und Erdgasproduktion.[120] Einen Überblick über die regionale Besteuerung gibt Tabelle 2.12.

Darüber hinaus wurden für das regionale Erdölunternehmen Tatneft große Steuervergünstigungen geschaffen. Schon 1995 waren Tatneft und seine Tochterunternehmen von der Mehrwertsteuer, der Gewinnsteuer und der Verbrauchssteuer (Akzise) auf die Ölproduktion, die durch die Inbetriebnahme stillgelegter und unrentabler Lagerstätten gewonnen wurde, befreit worden. Seit 1996 wurde auf diese Produktion auch keine Steuer für die Straßennutzung und teilweise auch keine Royalties mehr erhoben.[121]

Das 1997 verabschiedete Gesetz »Über das Erdöl und Erdgas«[122] hat die Steuervergünstigungen wesentlich erweitert. Vergünstigungen waren vorgesehen (1) für die Förderung aus verlustbringenden und wenig rentablen Erdöl- und Erdgasquellen, (2) für die Förderung aus neu erschlossenen Quellen und (3) für die Förderung mit neuen Methoden zur Steigerung der Produktion. Einen Überblick über die Vergünstigungen gibt Tabelle 2.13.

Um die Produktion der Rohstoffe zu stimulieren, wurde ein außerbudgetärer Fonds zur Reproduktion der Rohstoffvorräte geschaffen, in den die regionalen Einnahmen aus der Rohstoffentnahmesteuer flossen. Die Mittel waren für das Auffinden neuer Lagerstätten vorgesehen. Kam es nach der Entdeckung neuer Lagerstätten zu einer Förderung, wurden die abgeführten Einnahmen aus Verbrauchssteuer und Royalties zwischen dem regionalen Haushalt sowie dem Unternehmen aufgeteilt.

---

119   Abkommen zwischen den Regierungen der Russischen Föderation und der Republik Tatarstan über die wirtschaftlichen Beziehungen vom 15.02.1994, in: Muchametšin, F.M. / Izmajlov, R.T. (Hg.): Suverennyj Tatarstan, Moskau 1997, S. 143–146.
120   Krjukov, V.A. / Sevast'janova, A.E. / Tokarev, A.N. / Šmat, V.V.: Regional'nyje aspekty reformirovanija nalogovoj sistemy v neftegazovom sektore Rossii, Novosibirsk 2001, S. 50.
121   Regierungserlass der Republik Tatarstan »O zadanii po dobyče nefti AO ›Tatneft‹ na 1996 god« vom 09.01.1996, im Internet veröffentlicht unter: http://www.tatar.ru.
122   Gesetz der Republik Tatarstan »O nefti i gaze« vom 19.06.1997, veröffentlicht in: Respublika Tatarstan, 08.07.1997, S .3f.

Tabelle 2.12: Besteuerung der Öl- und Gasindustrie in der Republik Tatarstan (bis Ende 2001)

Steuerart	Steuerverteilung auf regionaler Ebene	Steuersatz	Steuergrundlage
Mehrwertsteuer (MwSt)	Die Verteilung zwischen föderalem und regionalem Haushalt wurde durch jährliche Abkommen zwischen den Finanzministerien der Russischen Föderation und Republik Tatarstan geregelt.	20%	Verkauf von Rohöl
Verbrauchssteuer (Akzise)	Regionaler Haushalt: 100%	73,92 Rubel/ Tonne	Produktionsquoten für den geförderten Rohstoff
Lizenzgebühren für das Recht, mineralische Ressourcen zu suchen und zu schätzen	Regionaler Haushalt: 100%	1%	summierte Such- und Schätzkosten sowie Erkundungskosten für mineralische Ressourcen
Lizenzgebühr für die Erforschung mineralischer Rohstoffe	Regionaler Haushalt: 100%	3–5%	Forschungskosten
Lizenzgebühren für die Förderung mineralischer Ressourcen (Royalties)	Regionale Haushalte: 30%	2–6%	Verkaufswert der Produktion (ohne MwSt, Akzise und Exportzölle)
Rohstoffentnahmesteuer	Regionaler Haushalt: 70%	1,7 – 10%	Verkaufswert der ersten extrahierten Rohstoffe (ohne MwSt, Akzise und Exportzölle, sowie ohne Steuer für die Straßennutzung)
Exportzölle	Regionaler Haushalt: 100%	Euro/ Tonne	Abhängig vom jeweiligen Weltmarktpreis
Vermögenssteuer	Regionaler Haushalt: 100%	2%	Unbares Vermögen
Gewinnsteuer	Regionaler Haushalt: 35%	35%	Besteuerter (Brutto-) Gewinn

2.3. DIE WIRTSCHAFTSPOLITISCHEN KOMPETENZEN

Steuerart	Steuerverteilung auf regionaler Ebene	Steuersatz	Steuergrundlage
Einmalige Lizenzgebühren für das Recht, mineralische Rohstoffe zu fördern	Regionaler Haushalt: 30%	---------	Höhe der regelmäßigen Zahlung, berechnet nach dem Lizenzwert und den Wert des Rohstoffes und Koeffizient der Richtigkeit der voraussichtlichen Rohstoffsreserven
Steuern für die Straßennutzung	Regionaler Haushalt: 100%	1%	Verkaufswert der Produktion (ohne MwSt und Verbrauchssteuer)
Grundsteuer	Regionaler Haushalt: 20%	Abhängig von der Fläche	Pro Hektar nach durch die lokale Administration festgesetzten Tarifen

Quellen: Eigene Zusammenstellung der Autorin nach entsprechenden regionalen Gesetzen.

Mit Hilfe dieser Steuervergünstigungen und Steuerbefreiungen wurden in Tatarstan zwischen 1996 und 1999 zusätzlich 44,9 Millionen Tonnen Öl (28,7% der gesamten Produktion) gefördert. Dies führte zu zusätzlichen Steuereinnahmen von 13,5 Milliarden Rubel für den regionalen Haushalt, was 40% der gesamten regionalen Steuereinnahmen ausmachte.[123]

Tabelle 2.13: Die Steuervergünstigungen für die Ölförderung in Tatarstan (bis Ende 2001)

Ölförderung	Steuervergünstigungen auf	Steuerbefreiung von
Wenig rentable Quellen		Verbrauchssteuer Royalties Rohstoffentnahmesteuer
Neu erschlossene Quellen	Verbrauchssteuer Rohstoffentnahmesteuer	Royalties
Verwendung neuer Methoden zur Steigerung der Produktion	Rohstoffentnahmesteuer	Royalties

Quelle: nach Artikeln 10–13 des Gesetzes »Über das Erdöl und Erdgas« vom 19.06.1997, veröffentlicht in: Respublika Tatarstan, 08.07.1997, S. 3f.

---

123 Muslimov, Renat: Tatarstan's oil and gas policies. Why fix it if it ain't broken?, in: Oil and Gas Eurasia, 10/2003, S. 13–14, hier S. 14.

Seit Anfang 2001 wurde die regionale Gesetzgebung in wesentlichen Teilen geändert. Unter dem Druck des föderalen Zentrums wurde die Übereinstimmung der regionalen Gesetze mit der föderalen Gesetzgebung überprüft. In der Folge wurden mehrere regionale Gesetze, welche die Kompetenzen der Exekutiv- und Legislativorgane sowie die Lizenzierung und Besteuerung der Ölindustrie regelten, durch den Obersten Gerichtshof der Republik Tatarstan für ungültig erklärt. Danach mussten Änderungen in der regionalen Gesetzgebung vorgenommen werden, um diese an die föderalen Gesetze anzupassen. Im Ergebnis wurden die oben aufgeführten Steuervergünstigungen abgeschafft.

2.3.2.2. Gebiet Tjumen, Autonome Bezirke der Chanten und Mansen sowie der Jamal-Nenzen

Im **Gebiet Tjumen** wurden in den 1990er Jahren etliche Gesetze verabschiedet, die, bezogen auf die regionalen Steueranteile, Vergünstigungen oder sogar einen völligen Zahlungserlass vorsahen. Zu den wichtigen gehörten die Gesetze: »Über die Vorzugsbesteuerung«[124], »Über die Investitionstätigkeit im Gebiet Tjumen«[125], und das jedes Jahr neu erlassene Gesetz »Über die Gewährleistung von Steuervergünstigungen für die einzelnen Kategorien der Steuerzahler.«[126] Die Steuervergünstigungen wurden vom Parlament beschlossen und vom Gouverneur genehmigt. Von großer Bedeutung für die Öl- und Gasunternehmen in der Region war das Gesetz »Über die Vorzugsbesteuerung«. Es ermöglichte ihnen die Senkung oder gar Befreiung von der Zahlung auf die regionalen Steueranteile, erlaubte eine Reduktion der Steuerbasis und sah Steuerstundungen vor. Die Steuervergünstigungen wurden jeweils für ein Jahr genehmigt und sollten nicht individuell einzelnen Unternehmen sondern der ganzen Branche gleichmäßig zugute kommen. Um die Steuervergünstigungen zu erhalten, musste das Unternehmen allerdings in der Region seinen Sitz haben und dort auch wirtschaftlich aktiv sein. Die Steuervergünstigungen wurden von der Region somit an den eigenen wirtschaftlichen Nutzen gekoppelt. Dies zeigt sich zum Beispiel auch bei der Befreiung der Öl- und Gasunternehmen vom regionalen Anteil an der Abgabe für die Nutzung von Bodenschätzen. Diese entsprach 8% der Summe der von dem entsprechenden Öl- und Gasunternehmen bei regionalen Firmen bestellten Produktionsanlagen.

---

124 Gesetz des Gebiets Tjumen »O l'gotnom nalogooblozenii« vom 15.04.1996, in: Pravovye spravočnye sistemy Konsul'tant-Plus.
125 Gesetz des Gebiets Tjumen »Ob investicionnoj dejatel'nosti v Tjumenskoj Oblasti« vom 07.10.1999, in: Pravovye spravočnye sistemy Konsul'tant-Plus.
126 Gesetz des Gebiets Tjumen »O predostavlenii nalogovych l'got otdel'nym kategoriam nalogoplatel'ščikov« zu jedem Jahr siehe in: Pravovye spravočnye sistemy Konsul'tant-Plus.

2.3. DIE WIRTSCHAFTSPOLITISCHEN KOMPETENZEN

Die regionale Gesetzgebung für die Regulierung der Nutzung der Bodenschätze im **Autonomen Bezirk der Chanten und Mansen**, die rund 60 verschiedene Gesetze umfasst, gehörte zu den höchstentwickelten in Russland. Allgemein erlaubten diese Gesetze Steuernachlässe auf den regionalen Anteil föderaler Steuern und auf lokale Steuern im Falle einer direkten Verwertung der Bodenschätze bzw. bei einer Investitionstätigkeit des Unternehmens in die regionale Wirtschaft.

Von großer Bedeutung für die dort tätigen Öl- und Gasunternehmen war das 1997 verabschiedete Gesetz »Über die Steuervergünstigungen im Autonomen Bezirk der Chanten und Mansen«.[127] Es legte den allgemeinen Rahmen möglicher Steuervergünstigungen fest. Zusätzlich wurde jährlich ein weiteres Gesetzt durch die regionale Duma verabschiedet, das den Unternehmen jeweils für ein Jahr Steuernachlässe gewährte. Im Dezember 2000 wurden gesetzliche Änderungen vorgenommen, so dass nunmehr Steuervergünstigungen nur für solche Unternehmen vorgesehen waren, die unter anderem in die Entwicklung der regionalen Infrastruktur oder die Schaffung von sozialen Einrichtungen für die Urbevölkerung investiert haben. Solche Investitionen waren für die Zeit der Realisierung des Projektes von den regionalen Steuern befreit. Nach der Durchführung der Steuerreformen 2001 hat dieses Gesetz allerdings deutlich an Bedeutung verloren.

Das Gesetz »Über die Unterstützung der Investitionstätigkeit auf dem Territorium des Autonomen Bezirk der Chanten und Mansen«[128] ermöglichte Steuervergünstigungen auf regionale Steuern für Investitionsprojekte im Bereich der geologischen Erforschung von Bodenschätzen und der Erdöl- und Erdgasproduktion und ihrer Verarbeitung. Im Rahmen dieses Gesetzes konnte die Regionalverwaltung durch die Zuweisung von Investitionskrediten aus dem regionalen Haushalt oder durch die Zuweisung von lokalem Vermögen die Investitionstätigkeiten der Unternehmen unterstützen. Den Unternehmen konnten zudem auch Bürgschaften und Kreditgarantien zugeteilt werden. Die regionale Verwaltung garantierte den investierenden Unternehmen auch die teilweise Übernahme der Rückzahlung des Investitionskredites aus dem regionalen Haushalt.

---

127 Gesetz des Autonomen Bezirkes der Chanten und Mansen »O nalogovych l'gotach v Chanty-Mansijskom avtonomnom okruge« vom 12.12.1997, mit der Änderungen »O nalogovych l'gotach v Chanty-Mansijskom avtonomnom okruge« vom 25.12.2000, im Internet veröffentlicht unter: http://www.hmao.wsnet.ru/pravo/frame.htm.

128 Gesetz des Autonomen Bezirkes der Chanten und Mansen »O podderžke investicionnoj dejatel'nosti organami gosudarstvennoj vlasti avtonomnogo okruga na territorii ChMAO« vom 08.10.1999, im Internet veröffentlicht unter: http://www.hmao.wsnet.ru/pravo/flame.htm.

Zu den wichtigen regionalen Gesetzen gehörte auch das Gesetz »Über die Stimulierung der beschleunigten Bearbeitung der Öl- und Gasfeldern«.[129] Ziel des Gesetzes war die beschleunigte Bearbeitung neu erschlossenen oder nicht länger als fünf Jahre fördernder Feldern, indem regionale Steuerzahlungen in Investitionen umgewandelt werden konnten. Zur Anwendung des Gesetzes waren keine weiteren administrativen Beschlüsse notwendig. Vielmehr trafen die Unternehmen selbst die Entscheidungen über die Anwendung der Steuervergünstigungen. Die Investitionsmittel konnten 100% des lokalen Anteils der Mehrwertsteuer, 50% der Steuer für die Straßennutzung, 100% der Vermögenssteuer und 100% der Royalties umfassen. Das Gesetz wurde im Juni 2001 abgeschafft.[130]

Im **Autonomen Bezirk der Jamal-Nenzen** wurden schon 1996 bilaterale Abkommen zwischen der Regionalverwaltung und den auf dem Territorium registrierten Unternehmen abgeschlossen, in denen Steuerkredite aus dem regionalen Haushalt für Investitionsprojekte gewährt wurden. Das zwei Jahre später verabschiedete Gesetz »Über die Investitionen im Autonomen Bezirk der Jamal-Nenzen«[131] hat den rechtlichen Rahmen für Vergünstigungen erweitert. Das Gesetz sah unter anderem auch die Restrukturierung von Steuerschulden des Unternehmens durch die Verwendung dieser Schuldensumme für Investitionen in die Entwicklung verschiedener regionaler Branchen vor. Die Projektinvestoren waren oft vom regionalen Anteil der Gewinn- und Vermögenssteuer befreit und erhielten Steuervergünstigungen für die Straßennutzungssteuer für die Amortisationszeit der investierten Mittel. Dabei durfte der Gesamtbetrag der Steuervergünstigungen allerdings die Höhe der Investitionen nicht übersteigen. Die Anwendung der entsprechenden Steuernachlässe wurde für jedes Projekt auf bilateralem Wege entschieden. Die Auswertung des Projektes oblag dem Komitee für Investitions- und Staatsprogramme bei der Regionalverwaltung.

---

129 Gesetz des Autonomen Bezirkes Chanten und Mansen »O stimulirovanii uskorennogo vvoda v razrabotku neftegazovych mestoroždenij v predelach licenzionnych učastkov nedr na territorii Chanty-Mansijskogo Avtonomnogo Okruga« vom 09.04.1999, im Internet veröffentlicht unter: http://www.hmao.wsnet.ru/pravo/flame.htm.

130 Gesetz des Autonomen Bezirkes Chanten und Mansen »Ob otmene zakona Chanty-Mansijskogo Avtonomnogo Okruga ›O stimulirovanii uskorennogo vvoda v razrabotku neftegazovych mestoroždenij v predelach licenzionnych učastkov nedr na territorii Chanty-Mansijskogo Avtonomnogo Okruga‹« vom 26.06.2001, im Internet veröffentlicht unter: http://www.hmao.wsnet.ru/pravo/flame.htm.

131 Gesetz des Autonomen Bezirkes der Jamal-Nenzen »Ob investicijach v Jamalo-Neneckom avtonomnom okruge« vom 04.02.1998, veröffentlicht in: Vedomosti Gosudarstvennoj Dumy JaNAO, 2/1998, St. 9.

2.3. DIE WIRTSCHAFTSPOLITISCHEN KOMPETENZEN

Nach dem Gesetz »Über die Stabilisierung und Stimulierung der Produktion und die Steigerung der Förderung von flüssigen Kohlenwasserstoffen«[132] konnten die Öl- und Gasunternehmen, die auf dem Territorium des Autonomen Bezirks der Jamal-Nenzen registriert waren, Vergünstigungen auf die Zahlung der Vermögenssteuer erhalten. Die Höhe dieser Vergünstigungen wurde nach der Berechnung des durchschnittlichen jährlichen Wertes der förderwürdigen Lagerstätten des Unternehmens bestimmt. Außerdem waren für die Unternehmen, die sich mit der Suche und Schätzung mineralischer Ressourcen auf dem lokalen Territorium beschäftigten, Steueraufschübe und Steuerkredite sowie Ratenzahlungen vorgesehen.[133]

---

132 Gesetz des Autonomen Bezirkes der Jamal-Nenzen »O stabilizacii i stimulirovanii proizvodstva i uveličenii dobyči židkich uglevodov v JaNAO« vom 05.05.1999, veröffentlicht in: Vedomosti Gosudarstvennoj Dumy JaNAO, 5/1998, St. 18.
133 Gesetz des Autonomen Bezirkes der Jamal-Nenzen »Ob izmenenijach srokov uplaty naloga i sbora a takzhe peni v časti, začisljaemoj v okružnoj budžet i budžety municipal'nych obrazovanij v Jamalo-Neneckom Avtonomnom Okruge« vom 01.10.1999, veröffentlicht in: Vedomosti Gosudarstvennoj Dumy JaNAO, 10/1999, St. 35.

3. Fallstudie: Republik Tatarstan

3.1. Die Position der Region im föderalen System

Kennzeichnend für die Republik Tatarstan ist eine im russischen Vergleich sehr weitreichende Autonomie vom föderalen Zentrum und die Herrschaft einer starken politischen Elite.[1] Im Juli 1991 fanden in der Republik Präsidentschaftswahlen statt, aus denen Mintimer Schajmijew[2] als Sieger hervorging.[3] Er bemühte sich von Beginn an um eine stärkere Unabhängigkeit vom föderalen Zentrum, wobei er auf die »nationale Karte« setzte.[4] Am 21. März 1992 wurde deshalb ein

---

1 Aufgrund dieser Ausnahmestellung ist die Position Tatarstans im föderalen System Russlands häufig analysiert worden. Siehe z.B.: Walker, Edward W.: The dog that didn't bark: Tatarstan and asymmetrical federalism in Russia, in: The Harriman Review, 4/1996, S. 1–35; Muchametšin, F.M. / Izmajlov, R.T. (Hg.): Suverennyj Tatarstan, Moskau 1997; Michajlov, Valentin: Tatarstan: Jahre der Souveränität. Eine kurze Bilanz, in: Osteuropa, 4/1999, S. 366–386; McAuley, Mary: Russia's politics of uncertainty, Cambridge 1997, S. 82–108; Faroukshine, Midkhat: Regional autoritarianism flourishes in Tatarstan, in: Russian Regional Report, 06.11.1997, S. 5–7; Moukhariamov, N. M.: The Tatarstan model: A situational dynamic, in: Stavrakis, Peter J. (Hg.): Beyond the monolith. The emergence of regionalism in post-Soviet Russia, Washington 2000; Matsuzato, Kimitaka: From ethno-bonopartism to centralized caciquismo: Characteristics and origins of the Tatarstan political regime, 1990–2000, in: Journal of Communist Studies and Transition Politics, 14/2001, S. 43–77, hier S. 50–51; Heidemann-Grüder, Andreas: Der heterogene Staat: Föderalismus und regionale Vielfalt in Rußland, Berlin 2000, S. 229–234, 272–286; Gogolev, Andrej: Popravlaja brov' ne vykoli glaz, interv'ju s Presidentom Respubliki Tatarstan M. Šajmievym, in: Kommersant''-Vlast', 7/2001, S. 53; Farukhshin, Midkhat: Tatarstan: syndrome of authoritarianism, in: Ross, Cameron (Hg.): Regional politics in Russia, Manchester 2002, S. 193–207; Schneider, Eberhard: Die Kompetenzabgrenzungsverträge zwischen der Föderation und den Föderationssubjekten: Dynamik und Asymmetrie, in: Brunner, Georg: Der russische Föderalismus. Bilanz eines Jahrzehnts, Münster 2004, S. 61–77; Mucharjamov, N.M. / Mucharjamova, L.M.: Tatarstan v uslovijach recentralizacii po-putinski, in: Macuzato, Kimitaka (Hg.): Fenomen Vladimira Putina i rossijskie regiony. Pobeda neozhidanaja ili zakonomernaja?, Moskau 2004, S. 312–366.
2 Zur Biographie von Schajmijew siehe Anhang.
3 Mintimer Schajmijew wurde drei Mal zum Präsidenten gewählt. Am 14.03.2005 wurde er von Präsident Putin als Kandidat für eine weitere Amtsperiode vorgeschlagen, was am 25.03.2005 durch das regionalen Parlament bestätigt wurde. Siehe Nikolaev, Jurij / Alekseeva, Natalia: Šajmievu dobavili srok. Samyj nepokornyj iz glav regionov stanovitsja naznačencem, in: Izvestija, 18.03.2005, S. 2.
4 Die ethnische Zusammensetzung der Region ist durch einen russisch-tatarischen Dualismus gekennzeichnet, wobei der Anteil der in der Region lebenden Tataren 2002 52,9% und der Russen 39,5% betrug. (Zahlen der russischen Volkszählung 2002, ver-

3. FALLSTUDIE: REPUBLIK TATARSTAN

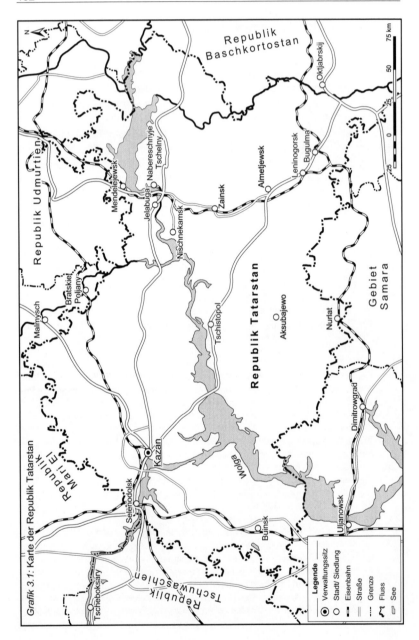

Grafik 3.1: Karte der Republik Tatarstan

3.1. DIE POSITION DER REGION IM FÖDERALEN SYSTEM 153

Referendum über den staatsrechtlichen Status Tatarstans abgehalten. Da die Republik den Föderationsvertrag der Russischen Föderation ablehnte, wurde im November 1992 vom Obersten Sowjet eine neue Verfassung verabschiedet, die die Republik zum »souveränen Staat« und »Subjekt des Völkerrechts« erklärte.[5] Darüber hinaus wurden mehrere auf Autonomie zielende Gesetze im Bereich der regionalen Wirtschaft angenommen, wie etwa »Über das Eigentum der Republik Tatarstan«[6], »Über die Organisation der Tätigkeit der Legislativorgane der Republik in der Periode der Umgestaltung des staatlichen und kommunalen Eigentums der Republik Tatarstan (über die Entstaatlichung und die Privatisierung)«[7], »Über die Bodenschätze«[8]. Im Ergebnis erhielt die regionale Regierung die Möglichkeit, die wirtschaftlichen Ressourcen auf dem Territorium Tatarstans zu verwalten und die regionale Wirtschaftspolitik eigenständig zu bestimmen.

Die eigenständige Gesetzgebung wurde vor allem bei der Privatisierung der staatlichen Unternehmen erfolgreich eingesetzt. Die Mehrheit der strategisch wichtigen Unternehmen vor allem in der Erdölwirtschaft, im Maschinenbau und in der Rüstungsindustrie wurde so unter die Kontrolle der regionalen Regierung gebracht. Die föderale Regierung in Moskau reagierte darauf mit einer Reihe wirtschaftlicher Sanktionen. Insbesondere wurden Staatsaufträge an Betriebe in Tatarstan gestoppt. Ergebnis dieser Maßnahmen war eine politische und wirtschaftliche Konfrontation zwischen Tatarstan und dem föderalen Zentrum.

1993 begannen dann Verhandlungen über einen Kompromiss zwischen regionaler und föderaler Regierung. Die tatarische Regierung änderte ihre Taktik; anstelle der Forderung nach Unabhängigkeit setzte man das Ziel einer vertraglich geregelten Kooperation mit der Russischen Föderation, die der Region

---

öffentlicht in: Itogi vserossijskoj perepesi naselenia 2002, Band 4, Nacional'nyj sostav i vladenie jazykami, graždanstvo, im Internet verfügbar unter: http://www.perepis2002.ru/index.html?id=17).

5   Verfassung der Republik Tatarstan vom 30.11.1992, in: Muchametšin F.M. / Izmajlov, R.T. (Hg.): Suverennyj Tatarstan, Moskau 1997, S. 201–240.

6   Gesetz der Republik Tatarstan »O sobstvennosti v Respublike Tatarstan« vom 19.10.1991, veröffentlicht in: Pravovaja Sistema »Garant«, 01.06.2004.

7   Gesetz der Republik Tatarstan »Ob organizacii raboty ispolnitel'no-rasporjaditel'nych organov v respublike na period provedenija ėkonomičeskich reform (o razgosudarstvlenii i privatizacii) vom 29.11.1991, veröffentlicht in: Pravovaja Sistema »Garant«, 01.06.2004.

8   Gesetz der Republik Tatarstan »O nedrach« vom 25.12.1992, veröffentlicht in: Vedomosti Verchovnogo Soveta Tatarstana, 11–12/1992, St. 14, mit den Änderungen »O vnesenii izmenenij v zakon Respubliki Tatarstan ›O nedrach‹ vom 06.12.1999, veröffentlicht in: Vedomosti Gosudarstvennogo Sovjeta Tatarstana, 12/1999, St. 2486 und »O vnesenii izmenenij v zakon Respubliki Tatarstan ›O nedrach‹« vom 21.12.2001, veröffentlicht in: Vedomosti Gosudarstvennogo Sovjeta Tatarstana, 11/2001, St. 1193.

eine weitreichende Autonomie ließ. Zur Vorbereitung eines entsprechenden Vertrages wurde eine bilaterale Kommission gebildet. Im Ergebnis wurden zwischen der Föderation und Tatarstan eine Reihe bilateraler Abkommen unterzeichnet, darunter eines über die wirtschaftliche Zusammenarbeit[9], über Produktion und Transport von Öl und Produkten der Petrochemie[10] und über Eigentumsfragen.[11] An föderalen politischen Prozessen beteiligte Tatarstan sich nur sehr begrenzt. Beim föderalen Referendum über die Politik von Präsident Jelzin im April 1993 hatte Tatarstan die niedrigste Wahlbeteiligung von allen russischen Regionen. Die Dumawahlen im Dezember 1993 wurden von der Bevölkerung weitgehend boykottiert. Die parallel angesetzten Wahlen in den Föderationsrat wurden von Tatarstan nicht durchgeführt.

Die Verhandlungen zwischen der Russischen Föderation und der Republik Tatarstan wurden am 15. Februar 1994 mit der Unterzeichnung eines Grundlagenvertrages über die Abgrenzung der Kompetenzen zwischen den staatlichen Machtorganen der Russischen Föderation und der Republik Tatarstan[12] abgeschlossen, in dem das föderale Zentrum den »besonderen Status« dieser Region bestätigte. Der regionalen politischen Elite wurde praktisch erlaubt, unabhängig vom föderalen Zentrum zu agieren, woraufhin die tatarische Regierung zusätzliche Kompetenzen und Vollmachten an sich zog. So wurde ihr das Recht zugestanden, die Personalpolitik sowohl der tatarischen als auch der auf ihrem Territorium tätigen föderalen Behörden zu bestimmen. Weitere bilaterale Abkommen zwischen dem Zentrum und der regionalen Administration führten dazu, dass letztere das Eigentumsrecht an Bodenschätzen und Grund und Boden so wie die Kontrolle über den regionalen Industriekomplex bewahrte. Sie verfügte damit über das auf ihrem Territorium geförderte Erdöl und Erdgas, besaß das Recht auf eigene Steuererhebung und auf einen Großteil des Exporterlöses dieser Produkte. Außerdem konnte die regionale Administration eine eigene Außenpolitik verfolgen.

---

9   Abkommen zwischen den Regierungen der Russischen Föderation und der Republik Tatarstan »Ob ėkonomičeskom sotrudničestve« vom 22.01.1992, in: Muchametšin, F.M. / Izmajlov, R.T. (Hg.): Suverennyj Tatarstan, Moskau 1997, S. 143–146.
10 Abkommen zwischen den Regierungen der Russischen Föderation und der Republik Tatarstan »O realizacii i transportirovke nefti i produktov neftepererabotki« vom 05.06.1993, in: ebd., S. 150–152.
11 Abkommen zwischen den Regierungen der Russischen Föderation und der Republik Tatarstan »Po voprosam sobstvennosti« vom 22.06.1993, in: ebd., S. 147–149.
12 Vertrag zwischen der Russischen Föderation und der Republik Tatarstan »O razgraničenii predmetov vedenija i vzaimnom delegirovanii polnomočij meždu organami vlasti Rossijskoj Federacii i organami gosudartsvennoj vlasti Respubliki Tatarstan« vom 15.02.1994, in: ebd., S. 33–39.

3.1. DIE POSITION DER REGION IM FÖDERALEN SYSTEM

Mit dem Grundlagenvertrag begann eine zunehmende Kooperation zwischen der regionalen und föderalen Regierung. Zwischen dem tatarischen Präsidenten Schajmijew und dem russischen Präsidenten Jelzin wurde ein informeller Pakt abgeschlossen, der einerseits die Nichteinmischung der föderalen Regierung in der regionalen Politik vorsah. Schajmijew nutzte die daraus resultierende weit reichende Autonomie der Region, um unabhängig vom föderalen Zentrum zu agieren und eine starke Kontrolle der regionalen Politik zu erreichen. Andererseits sicherte er der russischen Führung die Unterstützung der regionalen Verwaltung. Dies zeigte sich deutlich bei den starken Ergebnissen, die die föderale Partei der Macht bei landesweiten Wahlen 1995 und 1999 in Tatarstan erzielte.[13]

Mit dem Amtsantritt von Präsident Wladimir Putin im Jahre 2000 wurden die speziellen Beziehungen des föderalen Zentrums zu Tatarstan in Frage gestellt. In einem ersten Schritt bestand das Zentrum auf einer Anpassung der tatarischen Gesetze an das übergeordnete föderale Recht. Dies beinhaltete die Abschaffung etlicher Privilegien, die sich die Republik Tatarstan in den 1990er Jahren selber eingeräumt hatte. So wurde die in der regionalen Verfassung festgeschriebene Souveränität der Republik durch das russische Verfassungsgericht als verfassungswidrig eingestuft. Die föderale Regierung forderte darauf-

---

13 Ausführlich dazu: Walker, Edward W.: The dog that didn't bark: Tatarstan and asymmetrical federalism in Russia, in The Harriman Review, 4/1996, S. 1–35; Idiatulina, K.S.: Regional'noe političeskoe liderstvo v Rossii: puti évolucii, Kazan' 1997, S. 118–130; Grušina, Natalja: Regional profile: Republic of Tatarstan, in: Russian Regional Report vom 05.02.1997, S. 7–9; Petrov, N. / Zapeklyj, A.: Respublika Tatarstan, in: Makfol, M. / Petrov, N. (Hg.): Političeskij al'manach Rossii 1997, Band II, Buch I, Moskau 1998, S. 229–253; Michajlov, Valentin: Tatarstan: Jahre der Souveränität. Eine kurze Bilanz, in: Osteuropa, 4/1999, S. 366–386; McAuley, Mary: Russia's politics of uncertainty, Cambridge 1997, S. 82–108; Faroukshine, Midkhat: Regional autoritarianism flourishes in Tatarstan, in: Russian Regional Report, 06.11.1997, S. 5–7; Moukhariamov, N. M.: The Tatarstan model: A situational dynamic, in: Stavrakis, Peter J. (Hg.): Beyond the monolith. The emergence of regionalism in post-Soviet Russia, Washington 2000; Matsuzato, Kimitaka: From ethno-bonopartism to centralized caciquismo: Characteristics and origins of the Tatarstan political regime, 1990–2000, in: Journal of Communist Studies and Transition Politics, 14/2001, S. 43–77, S. 50f.; Heidemann-Grüder, Andreas: Der heterogene Staat: Föderalismus und regionale Vielfalt in Rußland, Berlin 2000, S. 229–234, 272–286; Gogolev, Andrej: Popravljaja brov' ne vykoli glaz, Interv'ju s Presidentom Respubliki Tatarstan M. Šajmievym, in: Kommersant''-Vlast', 7/2001, S. 53; Farukhshin, Midkhat: Tatarstan: syndrome of authoritarianism, in: Ross, Cameron (Hg.): Regional politics in Russia, Manchester 2002, S. 193–207; Schneider, Eberhard: Die Kompetenzabgrenzungsverträge zwischen der Föderation und den Föderationssubjekten: Dynamik und Asymmetrie, in: Brunner, Georg: Der russische Föderalismus. Bilanz eines Jahrzehnts, Münster 2004, S. 61–77.

hin die Streichung wichtiger Teile, die die tatarische Autonomie betrafen, aus der regionalen Verfassung.[14]

Dies löste Proteste der regionalen politischen Elite aus, die sich auf den bilateralen Vertrag von 1994 berief. Dabei wurde von ihrer Seite signalisiert, dass sie im Falle der Ablehnung ihrer Vorschläge eine Eskalation des Konfliktes provozieren würde. Schajmijew erklärte etwa:

> Für uns besteht Stabilität aus zwei Komponenten: innerhalb der Republik (im Bezug auf die Beziehungen zwischen ethnischen Tataren und Russen) und auf der Ebene der Beziehungen mit dem föderalen Zentrum. Der Vertrag von 1994 hat die beiden Komponenten stabilisiert. Wird es keinen bilateralen Vertrag mehr geben, wird die Stabilität in der Region nicht mehr gesichert und die Beziehungen mit dem föderalen Zentrum auch instabil sein. Deshalb ist es schwer, sich eine Situation vorzustellen, in der wir den Vertrag aufgeben würden.[15]

Im Oktober 2000 kam es zu einer Kompromisslösung mit dem föderalen Zentrum. Das Zentrum erklärte sich bereit, den bilateralen Vertrag von 1994 zu verlängern und damit den Sonderstatus Tatarstans innerhalb der Föderation zu bestätigen, obwohl Teile des Vertrages für verfassungswidrig erklärt worden waren. Gleichzeitig musste Tatarstan etliche Widersprüche der regionalen Gesetzgebung zum föderalen Recht beseitigen.

Zur Anpassung des regionalen Rechts an das föderale wurde eine spezielle bilaterale Kommission geschaffen. Zusätzlich fanden Treffen zwischen Schajmijew und Putin statt, um strittige Fragen zu klären. Wie Sharafutdinova und Magomedov kommentierten:

> The fact that the two presidents had to resolve key conflicts in an informal and personal meeting shows that nothing has changed in the way politics work. In this sense, the relations between Shaimiev and Putin differ little from the relation between Shaimiev and Yeltsin.[16]

Im Ergebnis wurden in der regionalen Verfassung 357 Änderungen eingeführt, die schließlich im April 2002 als eine neue Verfassung verabschiedet wurde.

---

14 Entscheidung des Verfassungsgerichts der Russischen Föderation auf Anfrage von Deputierten der föderalen Duma zur Kontrolle der Übereinstimmung der Verfassung der Russischen Föderation mit einigen Regelungen der Verfassungen der Republik Adygeja, Republik Baschkortostan, Republik Inguschetien, Republik Komi und Republik Tatarstan vom 27.06.2000, in: Rossijskaja Gazeta, 25.07.2000, S. 2f.

15 Regional'nye voždi vozvraščajutsja. Interv'ju Marii Kalašnikovoj s Prezidentom Respubliki Tatarstan M. Šajmievym, in: Nezavisimaja Gazeta, 28.11.2001, S. 3.

16 Sharafutdinova, Gul'naz / Magomedov, Arbakhan: Volga Federal Okrug, in: Reddaway, Peter / Orttung, Robert W.: The Dynamics of Russian Politics, vol. II, S. 153–186, hier S. 161.

3.1. DIE POSITION DER REGION IM FÖDERALEN SYSTEM

Allerdings blieben einige vom Zentrum kritisierte Regelungen unverändert, darunter die Erklärung der Souveränität der Republik und der Bezug auf den bilateralen Vertrag von 1994.[17] Die informelle Grundlage des Abkommens zwischen Schajmijew und Jelzin wurde im Prinzip von Putin übernommen. Die tatarische Regionalverwaltung unterstützt einerseits die neue Partei der Macht, die Putinnahe Edinaja Rossija, in die Schajmijew eintrat. Die auf Schajmijew zugeschnittene Organisation der internen tatarischen Machtverhältnisse blieb andererseits im Wesentlichen erhalten.[18]

Dementsprechend resümiert Kimitaka Matsuzato:

> The Tatarstan Regime is based on a trinity: the corporate solidarity of the elite, a sturdy and indivisible electoral machine, and the appointment system of local chief executives. These three elements are integrated under the personality of Shaimiev. Paradoxically for Putin, while advocating the dictatorship of law, he had no alternative but to sacrifice federal legal norms to keep Shaimiev in power. Possible political turbulence which might be caused by Shaimiev's retirement would make Putin's containment policy (the limitation of privileged status to Tatarstan and Bashkortostan) vulnerable.[19]

Der schwache Einfluss des Zentrums auf die politische Entwicklung innerhalb Tatarstans wird auch durch die Position des Vertreters des Präsidenten in der Region demonstriert. Von 1994 bis 2000 gab es gemäß dem bilateralen Vertrag von 1994 überhaupt keinen offiziellen Vertreter der Föderation in Tatarstan. Mit der Schaffung der neuen Präsidentenvertreter für föderale Bezirke wurde Tatarstan in den Wolgabezirk[20] eingeordnet, der unter Leitung von Sergej Kirijenko[21] stand. Putins Reform wurde von Schajmijew scharf kritisiert. Schajmijew nahm

---

17 Artikel 1, 3, 21 der Verfassung der Republik Tatarstan vom 10.5.2002, in: Gesetz Republik Tatarstan »O vnesenii izmenenij i dopolnenij v Konstituciju Respubliki Tatarstan« vom 19.04.2002, veröffentlicht in: Respublika Tatarstan, vom 30.04.2002, S. 3–6.
18 Ausführlich zum Thema siehe: Sergeev, Sergej: Političeskaja opozicija v sovremennoj Rossijskoj Federacii: federal'nyj i regional'nyj aspekty, Kazan' 2004, S. 311–323; Cashaback, David: Federalism under Putin; Development in Tatarstan; Papier vorbereitet für ICCEES Congress, Berlin 22.–28.7.2005.
19 Matsuzato, Kimitaka: From ethno-bonopartism to centralized caciquismo: Characteristics and origins of the Tatarstan political regime, 1990–2000, in: Journal of Communist Studies and Transition Politics, 14/2001, S. 43–72, hier S. 72.
20 Der Föderalbezirk Wolga umfasst die Republiken Tatarstan, Baschkortostan, Tschuwaschien, Mari-El, Mordwinien und Udmurtien sowie die Gebiete Kirow, Nischni Nowgorod, Orenburg, Pensa, Perm, Samara, Saratow, Uljanowsk und den Autonomen Bezirk der Komi-Permjaken.
21 Zu den biographischen Daten von Kirijenko siehe Anhang.

an den von Kirijenko organisierten Treffen nicht teil und diskutierte seine Beziehung zur Föderation direkt mit Putin.[22]

3.2. Die relevanten politischen Akteure

3.2.1. Die regionale Exekutive

Das Staatsoberhaupt der Republik Tatarstan ist der **Präsident**. Kandidieren für das Präsidentenamt (im Untersuchungszeitraum) kann jeder Bürger der Republik Tatarstan, der mindestens 30 Jahre alt ist, das Wahlrecht besitzt und über tatarische Sprachkenntnisse verfügt. Der Präsident wird für fünf Jahre gewählt. Die ursprünglich in der Verfassung vorgesehenen Beschränkungen, dass der Präsident nicht älter als 65 Jahre alt sein darf und maximal zwei Amtszeiten amtieren darf, wurden 1996 durch das regionale Parlament abgeschafft, um Präsident Schajmijew eine weitere Kandidatur zu erlauben.[23]

Die tatarische Verfassung gibt dem Präsidenten herausragende Vollmachten. Sie übergab ihm die Kontrolle über das Ministerkabinett, also die regionale Exekutive, die bis zur Verabschiedung der Verfassung 1992 dem Parlament untergeordnet war. Der Präsident ernennt und entlässt die Vertreter der Exekutiveorgane der Republik, vom Regierungschef bis zu den einzelnen Ministern und den Leitern der entsprechenden Komitees. Der Präsident leitet die Tätigkeit der Regierung. Die präsidialen Wirtschaftskompetenzen umfassen unter anderem den Haushalt und die Sozial- und Wirtschaftentwicklungsprogramme der Republik. Außerdem schlägt er dem Parlament die Kandidaten für das Amt des Generalstaatsanwaltes und des Vorsitzenden der regionalen Nationalbank vor. Der Präsident besitzt das Recht zur gesetzgebenden Initiative für die Einführung und Abschaffung von Steuer sowie für die Gewährung von Vergünstigungen bei Steuern, die dem regionalen Haushalt zufließen.[24]

Die dem Präsidenten direkt unterstellte **Regierung** besteht aus dem Premierminister, seinem ersten Stellvertreter und sechs »einfachen« Stellvertretern, den Fachministern und den Leitern der staatlichen Komitees. Nach der regionalen Verfassung umfasst ihr Kompetenzbereich unter anderem die Umsetzung der föderalen und regionalen Gesetze, die Ausarbeitung und Ausführung des regionalen Haushalts sowie der sozialen und wirtschaftlichen Entwicklungspro-

---

22 »Putin chočet imet' sil'nuju vlast, kak v Tatarstane«, Interview von Marina Kalašnikova mit Präsident Šajmiev, in: Respublika Tatarstan, 05.12.2000, S. 1f.
23 N.N.: Tatarstan's Constitution amended, in: Russian Regional Report vom 04.12.1996, S. 3.
24 Artikel 111–112 der Verfassung der Republik Tatarstan vom 10.5.2005, in: Gesetz der Republik Tatarstan »O vnesenii izmenenij i dopolnenij v Konstituciju Respubliki Tatarstan« vom 19.4.2002, veröffentlicht in: Respublika Tatarstan, vom 30.04.2002, S. 3–6.

gramme. Außerdem ist die Regierung für die Verwaltung und Nutzung des regionalen Staatseigentums zuständig.

Bis Ende 1994 wurde die Regierung von dem bereits 1989 berufenen Muchammat Sabirow geleitet, einem Wirtschaftsfunktionär aus der regionalen Erdölindustrie. Sein Nachfolger wurde Farid Muchametschin, der damalige Parlamentsvorsitzende und ein enger Vertrauter des tatarischen Präsidenten. Muchametschin trug dazu bei, die regionale Exekutive de facto unter die Kontrolle des Präsidenten zu bringen. Als 1998 Muchametschin erneut zum Parlamentvorsitzenden gewählt wurde, ernannte Schajmijew Finanzminister Rustam Minninchanow[25] zum neuen Regierungschef. Minninchanow blieb bis zum Ende des Untersuchungszeitraums in dieser Position.

Parallel zur Regierung gründete Schajmijew Anfang der 1990er Jahre zusätzlich einen **Präsidialapparat**, dessen Tätigkeit und Funktionen nicht durch die tatarische Verfassung reguliert werden. Dies erlaubte es ihm, ein unabhängiges Machtorgan zu bilden, das de facto sowohl Kompetenzen eines Legislativorgans als auch eines Exekutivorgans besaß, darunter die Ausarbeitung von Gesetzen und die Überwachung der Implementierung. Zum ersten Leiter des Präsidialapparats wurde Chaljaf Nizamow ernannt, der schon seit 1985 Leiter verschiedener direkt Schajmijew unterstellter Organe gewesen war. Im Mai 1998 wurde er dann wegen angeblicher Putschpläne entlassen. Zu seinem Nachfolger ernannte Schajmijew Eksam Gubaidullin, der dieses Amt behielt, bis er Mitte 2005 zum Vertreter der Republik im Föderationsrat wurde.

3.2.2. Die regionale Legislative

Das Parlament der Republik Tatarstan – der **Staatliche Sowjet** (Gosudarstwennyj Sowjet) ist ein Einkammerorgan, dessen 130 Abgeordnete[26] von 1994 bis 2000 in einem dreistufigen System von der Bevölkerung direkt gewählt wurden: 1. ein Abgeordneter wurde im Kazaner städtischen Bezirk gewählt; 2. weitere 60 Abgeordnete vertraten die administrativ-territorialen Einheiten; 3. weitere 69 Abgeordneten wurden nach Mehrheitswahlrecht in Einzelwahlkreisen bestimmt, in die das ganze Territorium Tatarstans aufgeteilt ist. Dabei konnten die in den territorialen Einheiten gewählten Deputierten, mit der Ausnahme des Premiermi-

---

25 Zu den biographischen Daten von Minninchanow siehe Anhang.
26 Bis 1994 bestand das regionale Parlament aus 250 Abgeordneten. Die Änderungen wurden mit dem Gesetz über der Wahl der Parlamentsabgeordneten eingeführt. Danach wurde zum einen die Zahl der Abgeordneten gesenkt, zum anderen wurde das Parlament von Obersten Sowjet in Staatlichen Sowjet umbenannt. Die Kompetenzen des Parlaments wurden dabei wesentlich zu Gunsten des Präsidenten geändert, siehe dazu das Gesetz der Republik Tatarstan »O vyborach narodnych deputatov Respubliki Tatarstan« vom 29.11.1994, in: Respublika Tatarstan, 08.12.1994, S. 1–3.

nisters, ihr Amt in der Exekutive mit ihrer parlamentarischen Tätigkeit unbefristet verbinden. Dafür brauchten sie aber jeweils die individuelle Zustimmung des Parlaments. Im Gegensatz dazu, konnten die in den Einzelwahlkreisen gewählten Deputierten ihre vorherigen Aktivitäten automatisch weiterführen.[27]

Zu den Kompetenzen des regionalen Parlaments gehören unter anderem die Verabschiedung und die Änderung der regionalen Verfassung, die rechtliche Regulierung der gegenseitigen Vollmachten zwischen der Republik Tatarstan und der Russischen Föderation sowie die Billigung des regionalen Haushalts, die Einführung regionaler Steuern und außerbudgetärer Fonds. Mit einer Zweidrittel-Mehrheit kann das Parlament in öffentlicher Abstimmung die Entlassung des Präsidenten auf Grund von Verfassungsverletzungen fordern.

Das Parlament ist aber in der regionalen Politik kein wirklich eigenständiger Akteur. De facto hat sich die Praxis herausgebildet, dass jeder Kandidat auf der Wahlliste vom Präsidenten genehmigt werden muss. Dementsprechend entstand ein System, das einerseits die Wahl von Verwaltungsleitern in das Regionalparlament ermöglicht und andererseits ihre Unterordnung unter den Präsidenten sicherstellt. Damit konnte praktisch ein und dieselbe Person Vertreter der Administration und des sie kontrollierenden Organs sein.[28]

Diese Struktur erlaubte es den präsidentennahen Kräften nach den Parlamentswahlen im März 1995 eine Mehrheitsfraktion zu bilden. Unter den insgesamt 130 Abgeordneten des tatarischen Parlaments in der Legislaturperiode von 1995 bis 1999 befanden sich 52 Mitglieder der Regionalverwaltung und 45 führende Wirtschaftsfunktionäre, darunter der Generaldirektor des Ölunternehmens Tatneft und die Direktoren wichtiger regionaler Banken. Nach den regionalen Parlamentswahlen im Jahr 2000 befanden sich unter den Abgeordneten 56 Vertreter der Administration und 47 Wirtschaftsfunktionäre. Einen Überblick über die Wirtschaftsvertreter im Parlament gibt Tabelle 3.1.

Die neue tatarische Verfassung von 2002 änderte das Prinzip der Wahlen zum regionalen Parlament. Die Sitze zum nunmehr aus 100 Abgeordneten

---

27 Farukhshin, Midkhat: Tatarstan: syndrome of authoritarianism, in: Ross, Cameron (Hg.): Regional politics in Russia, Manchester 2002, S. 193–207, hier S. 196, auch Michajlov, Valentin: Tatarstan: Jahre der Souveränität. Eine kurze Bilanz, in: Osteuropa, 4/1999, S. 366–386, hier S. 384–386.

28 Siehe: Farukšin, Midchat: Federalizm i demokratija: složnyj balans, in: Polis, 6/1997, S. 165–171, hier S. 170; Michajlov, Valentin: Tatarstan: Jahre der Souveränität. Eine kurze Bilanz, in: Osteuropa, 4/1999, S. 366–386, hier S. 384–385; Denisov, Igor': Vzaimodejstvie pravjaščich i ėkonomičeskich ėlit v regionach Rossii, Kazan' 2003 (Manuskript), im Internet veröffentlicht unter: http://polit.mezhdunarodnik.ru/archives/denisov_vzaimo.pdf; Michajlov, V.V. / Bažanov, V.A. / Farukshin, M. Ch. (Hg.): Osobaja zona: vybory v Tatarstane, Ul'janovsk 2000, im Internet veröffentlicht unter: http://www.democracy.ru/library/articles/tatarstan/.

3.2. DIE RELEVANTEN POLITISCHEN AKTEURE

bestehenden Parlament werden zur Hälfte über Direktmandate aus den Einzelwahlkreisen und zur Hälfte über Parteilisten nach Verhältniswahlrecht vergeben. Um bei der Mandatsverteilung berücksichtigt werden zu können, müssen Parteien oder Wahlvereinigungen mindestens 7% der abgegebenen Stimmen erhalten.[29]

Tabelle 3.1: Vertreter der Erdölwirtschaft im Parlament Tatarstans 1995–2004

	Legislaturperiode 1995–1999	In % (N = 130)	Legislaturperiode 2000–2004	In % (N = 130)
Unternehmen insgesamt	45	34,6	47	36,2
Ölproduktion	3	2,3	8	6,15
Petrochemie	1	0,77	2	1,5
Zusammen	4	3,1	10	7,7
Davon:				
Tatneft	3	2,3	8	6,15
Nischnekamskneftechim	1	0,77	1	0,77
Zavod SK im Kirova	-	-	1	0,77

Quellen: Zusammenstellung der Autorin nach dem Beschluss der Zentralen Wahlkommission der Republik Tatarstan »Spisok narodnych Deputatov Respubliki Tatarstan izbrannych 5 marta 1995 goda i zaregestrirovannych Centrizbirkomom RT« vom 09.03.1995, veröffentlicht in: Respublika Tatarstan, 11.03.1995, S. 3.; dem Beschluss der Zentralen Wahlkommission der Republik Tatarstan »Spisok narodnych Deputatov Respubliki Tatarstan izbrannych 19 dekabrja 1999 goda« vom 24.12.1999, veröffentlicht in: Respublika Tatarstan, 28.12.1999, S. 3; sowie dem Beschluss der Zentralen Wahlkommission der Republik Tatarstan »Spisok narodnych Deputatov Respubliki Tatarstan izbrannych pri povtornom golosovanii 29 dekabrja 1999 goda« vom 31.12.1999, veröffentlicht in: Respublika Tatarstan, 06.01.2000, S. 3.

Bezeichnend für die Position des Parlaments in der tatarischen Politik ist die Vermeidung offener Widerstände gegen die Präsidentenpolitik. Der bisher einzige Konflikt entstand 1998 um die Ernennung eines neuen Parlamentsvorsitzenden, nachdem der alte Vorsitzende, Wasilij Lichatschew, der 1991 durch das Parlament gewählt worden war, von Schajmijew zum Vertreter Tatarstans bei der Europäischen Union ernannt worden war. Für die Nachfolge schlug Schajmijew seinen Kandidaten, Farid Muchamedschin[30] vor, der nur von einer vergleichsweise knappen Mehrheit im Parlament gewählt wurde, da mehrere Abgeordnete diesen Kandidaten nicht akzeptieren wollten. Als Reaktion hierauf entließ Schaj-

---
29 Verfassung der Republik Tatarstan vom 10.05.2002, Gesetz der Republik Tatarstan »O vnesenii izmenenij i dopolnenij v Konstituciju Respubliki Tatarstan« vom 19.04.2002, veröffentlicht in: Respublika Tatarstan, 30.04.2002, S. 3–6.
30 Zu den biographischen Daten von Muchametschin siehe Anhang.

mijew vierzehn Abgeordneten aus ihren Positionen in der Regionalverwaltung. Auch der Leiter des Präsidialapparates und ein Minister verloren ihre Posten.[31] Muchamedschin blieb bis zum Ende des Untersuchungszeitraums auf dem Posten des Parlamentsvorsitzenden.

Charakteristisch für ein so organisiertes politisches System, in dem die regierende Elite die Machtstrukturen unter Kontrolle hat, ist das Fehlen einer Opposition im vollen Sinne dieses Wortes. Bis Ende 1994 existierten im tatarischen Parlament zahlreiche Gruppen, die eine deutliche Opposition leisteten. Sie stellten rund 120 der insgesamt 250 Abgeordneten und gehörten im Wesentlichen zu zwei Fraktionen, der demokratischen Gruppe »Einverständnis« (Soglasije) mit 50 Abgeordneten und der nationalistischen Gruppe »Tatarstan« mit 70 Abgeordneten. Die Legislative war stark genug, sich dem Präsidenten zu widersetzen.

Allerdings verschaffte die unruhige politische Situation 1993–1994 dem tatarischen Präsidenten Freiräume in der inneren Politik. Einerseits brachte Schajmijew die ethno-nationalistischen Gruppierungen unter seine Kontrolle. Der russische Politologe Boris Makarenko resümierte die Situation folgendermaßen:

> Schajmijew war einer der ersten Gouverneure, dem es gelang, die nationale Bewegung in der Republik unter die eigene Kontrolle zu bringen und dabei die eigene Position in zweierlei Hinsicht zu stärken. Zum einen hat er mit der »nationalen Karte« bei den Verhandlungen mit dem föderalen Zentrum gespielt und dabei möglichst günstige Entscheidungen für sich und für die Republik erhalten. Zum anderem hat er innerhalb der Republik die ethno-nationalistische Bewegungen nicht nur untergeordnet, sondern auch marginalisiert. Er tat dies nicht, weil er kein tatarischer Patriot ist oder ihm die nationale Idee fremd ist, sondern weil diese Bewegungen eine Gefahr weniger für das Zentrum als vielmehr für die traditionelle regionale Politik darstellten.[32]

Gleichzeitig wurde der regionalen demokratischen Opposition der Zugang zu den politischen und wirtschaftlichen Ressourcen entzogen.

---

31 Ausführlicher dazu: Faroukshin, Midkhat: Tatarstan's leadership reshuffle shows incipient pluralism, in: Russian Regional Report, 4.6.1998, S. 10–11; Faroukshin, Midkhat: Tatarstan's government reshuffle lacks transparency, in: Russian Regional Report, 30.7.1998, S. 13–15; Salagaev, Alexander / Sergeev, Sergej: Kommentarij po rezul'tatam ėkspertnogo oprosa »Samye vlijatel'nye ludi Rossii – 2003« v Respublike Tatarstan, in: Samye vlijatel'nye ludi Rossii, Institut Situacionnogo analiza i novych technologij, Moskau 2003, S. 164–176; sowie Ovruckij, L.: »Maj-98: dva goda spustja« Interv'ju s Muchammatom Sabirovym, in: Zvezda Povolžja, 14.–18.5.2000, S. 2.

32 Zitiert nach: Bezborodov, Viktor: Šajmievu nikogo nie udalos' udivit', in: Vybor Tatarstana. Vybory Prezidenta Respubliki Tatarstan v zerkale rossijskoj pressy (avgust 2000–aprel' 2001), Kazan' 2001, S. 435–436, hier S. 436.

Unter den Parlamentsabgeordneten der zweiten (1995–1999) und dritten (2000–2004) Legislaturperiode gehörten so nur sehr wenige Abgeordnete oppositionellen Parteien an, wie etwa ein Vertreter der demokratischen, drei Vertreter der regionalen nationalistischen Parteien sowie drei Vertreter der Kommunistischen Partei. Im Parlament wurden keine unabhängigen Fraktionen gebildet.

Im 2004 gewählten Parlament formierten sich dann nur die einzelnen Gruppen der regierenden regionalen Elite. Dies waren die Fraktion der föderalen Partei der Macht, Jedinaja Rossija[33], der auch Schajmijew beigetreten war, mit 76 Abgeordneten sowie die Fraktionsgruppe Tatarstan – novyj vek[34] mit 11 Abgeordneten unter der Leitung von Rinat Galejew[35], dem ehemaligen Direktor des Ölunternehmens Tatneft und dem Leiter des Parlamentskomitees für Wirtschaft, Investitionen und Unternehmertum. Eine unvereinigte Gruppe stellten die unabhängigen Deputierten, die die Interessen der regionalen Großunternehmen vertraten, wie Ilschat Fadiew, der Direktor von Tatenergo und Mitglied des Parlamentskomitees für Haushalt, Steuer und Finanzen. Die vier Abgeordneten der Kommunistischen Partei bildeten ebenfalls eine Fraktion. Drei von ihnen wurden jedoch später aus der Partei ausgeschlossen. Das Parlament wurde damit zum Verhandlungsort für die herrschende regionale Elite. Dies zwang den Präsidenten, das Parlament ernst zu nehmen. Er nahm an allen Plenarsitzungen persönlich teil.[36]

3.2.3. Elitenstruktur und informelle Machtverhältnisse

Neben den formalen Institutionen existieren einflussreiche informelle Strukturen, die den Zugang zur politischen Macht in Tatarstan regeln. Spezifisch für die regionale Elite ist, dass sowohl in der Politik als auch in der Wirtschaft eine Gruppe dominiert, die sich im Wesentlichen aus dem Präsidenten Mintimer Schajmijew und seiner Familie zusammensetzt. In Tatarstan wurden administrative Schlüsselpositionen und die Kontrolle über regionale Ressourcen vorwiegend an nahe Verwandte der Präsidentenfamilie oder deren Freunde vergeben. Allerdings konnten wichtige administrative Posten auch Personen erlangen, die sich bestimmte

---

33   Die regionale Parteigruppe der föderalen Jedinaja Rossija wurde in Tatarstan im Februar 2002 gegründet. Zum Sekretär des Politbüros der Partei wurde der Parlamentsvorsitzende Farid Muchamedschin gewählt. Die regionale Abteilung umfasst zurzeit 45 kommunale Abteilungen. Mehr zur Tätigkeit der Partei siehe auf der Internetseite der Partei, im Internet veröffentlicht unter: http://www.edinros.ru/news.html?rid=1762&x=26&y=7.
34   Mehr dazu siehe auf der Internetseite der Bewegung unter: http://www.t-nv.ru/index.php?cat=aq.
35   Zu den biographischen Daten von Galejew siehe Anhang.
36   Siehe dazu die Internetseite des tatarischen Parlaments unter: http://www.gossov.tatarstan.ru/.

Verdienste erworben hatten und damit die Achtung der »Familie« genossen oder mit denen in der Vergangenheit erfolgreich zusammengearbeitet wurde.

An der Spitze dieser Hierarchie stehen der Präsident und seine »Familie«, die auch entfernte Verwandte umfasst. Die nächste Ebene bilden Freunde der »Familie«, gefolgt von der zahlenmäßig großen Gruppe der »sozial nahe stehenden« hohen Funktionäre. Zu ihnen gehören meist ethnische Tataren ländlicher Herkunft oder Funktionäre, die auf Grund ihrer sachlichen Kompetenz und Loyalität zu ihren Vorgesetzten ihre Position festigen konnten.[37]

Laut einer Studie über die führenden Gruppen in Tatarstan setzte sich die herrschende Elite im Jahre 2003 zu 80% aus ethnischen Tataren zusammen. Die Mehrheit der regierenden Politiker war ländlicher Herkunft, zwischen 40 und 60 Jahre alt und besaß einen Hochschulabschluss, vorwiegend im agrarwissenschaftlichen Bereich. Rund 90% der Vertreter der politischen Elite entstammten der alten Nomenklatura, wobei 60% der führenden Politiker sogar die gleichen Positionen wie in der Sowjetzeit innehatten.[38]

Im Rahmen des Privatisierungsprozesses Anfang der 1990er Jahre folgte Tatarstan nicht dem föderalen Vorbild,[39] sondern entwickelte ein eigenes »tatarisches Modell«, das auf einer starken Kontrolle über die Wirtschaftsprozesse durch die Administration basierte. Durch die Einführung eigener Privatisierungsschecks und den Ausschluss regionaler Unternehmen von föderalen Auktionen, sicherte sich die Administration die Kontrolle über die regionalen Unternehmen.[40]

---

[37] Salagaev, Alexander / Sergeev, Sergej: Kommentarij po rezul'tatam ėkspertnogo oprosa »Samye vlijatel'nye ljudi Rossii – 2003« v Respublike Tatarstan, in: Institut Situacionnogo analiza i novych technologij: Samye vlijatel'nye ljudi Rossii, Moskau 2003, S. 164–176; siehe dazu auch: Farukšin, Midhat: O samych vlijatel'nych ljudjach Tatarstana, in: Zvezda Povolžja, 3.–9.7.2004, S. 2; sowie Micheev, Sergej: Šajmievu i Putin ne pomecha, 30.08.2002, im Internet veröffentlicht unter: http://www.politcom.ru/2002/p_re gion10.php.

[38] ebd.; siehe auch Farukšin, Midhat: O samych vlijatel'nych ludjach Tatarstana, in: Zvezda Povolžja, 3.–9.7.2004, S. 2.

[39] Das von Jegor Gajdar ausgearbeitete föderale Privatisierungsprogramm wurde von den regionalen politischen Eliten Tatarstans abgelehnt. Tatarstans Präsident Šajmiev begründete dies in einem Interview folgendermaßen: »One can be a backward province in an economically leading country, but at the same time one can be a flourishing region in an economically weak country. Even Russia as a whole has a great economic policy that doesn't guarantee success for the enterprise of Tatarstan because competitive benefits are established at the regional level«, in: Magomedov, Arbakhan: Regional ideologies in the context of international relations, Working Paper, 12/2001, Eidgenössische Technische Hochschule Zürich, S. 29f.

[40] Nach dem Ende des Privatisierungsprozesses der wichtigsten regionalen Unternehmen 1997 im Bereich der Brennstoffindustrie sowie der ölfördernden und ölverarbeitenden Industrie hatte die tatarische Regierung insgesamt die Aktienmehrheit an 392 regiona-

3.2. DIE RELEVANTEN POLITISCHEN AKTEURE

Anfang 2000 befanden sich rund 65 Prozent des regionalen Vermögens in der Hand der regierenden Elite.[41] Damit bilden die Vertreter der Administration gleichzeitig die Wirtschaftselite der Region.

Matzusato charakterisiert die Zusammensetzung der regionalen Elite folgendermaßen:

> The coherence of Tatar elites is secured by the predominance of rural elites. Agrarian bureaucrats, with Shaimiev at the head of the list, constitute the nucleus of political power, with the military-industrial complex as their junior partner. Strangely, these two currently loss-making sectors have secured hegemony over the entire regional elite, and the profit-making oil lobby (located in the south-eastern part of the republic) ›feeds‹ these hegemonic groups.... Apparently, the rural-agrarian bias in elite recruitment was especially strong in the TASSR. This may have been due to some Tatar national characteristics, or a reflection of affirmative action under the old regime which gave advantage to Tatar-speaking youth, who largely hailed from rural areas. Competitive election after the collapse of the old regime strengthened this rural bias...In a similar way Tatarstan's ›agrarian bureaucracy‹, which has its origin in the old regime was even further strengthened under the new regime.[42]

Bei der Zusammensetzung der regionalen Elite lassen sich vier Einflussgruppen unterscheiden, die für die Analyse dieser Arbeit relevant sind: (1) die Schajmijew-Gruppe, (2) die Gruppe um den Vorsitzenden des regionalen Parlaments Farid Muchametschin, (3) die Gruppe um Premierminister Rustam Minninchanow, und (4) die Gruppe um den ersten stellvertretenden Premierminister Rawil Muratow.

Die Schajmijew-Gruppe stützt sich vor allem auf den Präsidialapparat. Eine wichtige Rolle in dieser Gruppe kam dem Leiter des Präsidialapparats Eksam Gubajdullin zu. Außerdem umfasste sie unter anderem den Berater des Präsidenten für politische Fragen, Rafail Chakimow, den Berater des Präsidenten für Fragen der Bodennutzung, des Erdöls und des Erdgases, Renat Muslimow, der an der Ausarbeitung mehrerer Entwicklungsprogramme für die regionale Ölindustrie beteiligt war. Zudem gehörten zu dieser Gruppe rund 50% der Abgeordneten des regionalen Parlaments, die vom Präsidenten bestimmt wurden, darunter die Vertreter der administrativen Einheiten sowie die Abgeordnete der

---

    len Unternehmen erworben. Mehr dazu bei: Denisov, Igor': Vzaimodejstvie pravjaščich i ėkonomičeskich ėlit v regionach Rossii, Kazan' 2003 (Manuskript), im Internet veröffentlicht unter: http://polit.mezhdunarodnik.ru/archives/denisov_vzaimo.pdf.

41   Interview der Autorin mit Prof. Midhat Farukschin, dem Dekan der Fakultät für Politikwissenschaften an der Kazaner Universität (Tatarstan) vom 10.06.2004.

42   Matsuzato, Kimitaka: From ethno-bonopartism to centralized caciquismo: Characteristics and origins of the Tatarstan political regime, 1990–2000, in: Journal of Communist Studies and Transition Politics, 14/2001, S. 43–72, hier S. 52.

föderalen Duma, die in der Region gewählt wurden, und die Vertreter regionaler Industriebetriebe und der Bankelite.

Die zweite Gruppe um den Vorsitzenden des Parlaments, Farid Muchametschin[43], umfasste im Wesentlichen die Personen, die während seiner Tätigkeit als Vorsitzender des Parlaments oder als Premierminister mit ihm zusammengearbeitet hatten. Charakteristisch für diese Gruppe war, dass ihre politischen Ressourcen einerseits aus der Nähe zur Präsidenten-Familie und andererseits aus der Kontrolle eines großen Teils der Abgeordneten des Parlaments herrührten.

Zur dritten Gruppe um Premierminister Rustam Minninchanow[44] und seine zwei Brüder gehörten auch der stellvertretende Premierminister und gleichzeitige Minister für Landwirtschaft Marat Achmetow. Die Machtbasis der Gruppe basierte auf der Freundschaft Minninchanows mit dem Präsidenten, vor allem auf der engen Beziehung zwischen Minninchanow und dem Sohn des Präsidenten, Radik Schajmijew. Diese Freundschaft hatte Minninchanows Karriere wesentlich bestimmt, er stieg innerhalb weniger Jahre vom administrativen Leiter des Bezirkes Wysokogorski zum Finanzminister und später zum Regierungschef auf. Seine Position in der regionalen Politik wurde auch dadurch gestärkt, dass er der Vorsitzende des Vorstandes von mehreren Unternehmen der Erdöl- und petrochemischen Industrie wurde.

Die vierte Gruppe bildete sich um den ersten stellvertretenden Premierminister Rawil Muratow[45] – den »ewigen« Stellvertreter in diesem Amt. Als Baumeister des tatarischen »Wirtschaftswunders« genoss Muratow große Autorität, die ihm eine bestimmte Selbständigkeit in der Regierung schuf. Seit 1996 wurde ihm die Kontrolle über die Ölverarbeitung übergeben. Er wurde zum Vorstandsvorsitzenden der Ölunternehmen Ukrtatnafta[46] und Tatneftechiminvest gewählt. Außerdem wurde er Vorstandsmitglied mehrerer großer regionaler Unternehmen, darunter KamAZ und Tatinkom, was seine Rolle in der regionalen Politik wesentlich stärkte.

---

43 Zu den biographischen Daten von Muchametschin siehe Anhang.
44 Zu den biographischen Daten von Minninchanow siehe Anhang.
45 Zu den biographischen Daten von Muratow siehe Anhang.
46 Das Unternehmen Ukrtatnafta ist ein joint venture mit der Raffinerie in Krementschug (Ukraine). Es wurde 1995 gemäß eines Abkommens zwischen den tatarischen und ukrainischen Regierungen gegründet. Bis Ende 2003 befanden sich 43% der Stammaktien des Unternehmens bei der ukrainischen Regierung, 28,7% bei der tatarischen Regierung und 8,6% bei Tatneft, weitere 0,04% der Aktien gehörten Tatneftehiminvest-Holding, Suwar und Bank Devon-Kredit (gehört zu Tatneft). Mehr zur Tätigkeit des Unternehmen auf der Internetseite des Unternehmens: http://www.ukrtatnafta.com.

Zwischen diesen Gruppen, auch zwischen den letzten beiden Gruppen, die beide von Regierungsmitgliedern präsentiert werden, gibt es regelmäßig Rivalitäten um eine Stärkung des eigenen Einflusses innerhalb der regionalen Elite.[47]

3.3. Die relevanten Wirtschaftsakteure

Die regionale Erdölwirtschaft ist in der vertikal integrierten Firma Tatneft zusammengefasst, die damit für die Fallstudie der einzige relevante Wirtschaftsakteur ist.

3.3.1. Tatneft

Tatneft ist ein vertikal-integriertes Unternehmen, das Erdölexploration, -entwicklung und -produktion vor allem in der Republik Tatarstan betreibt. Einen Überblick über die Organisationsstruktur des Unternehmens gibt Tabelle 3.2.

Die nachgewiesenen Erdölreserven des Unternehmens wurden auf 990 Millionen Tonnen geschätzt, die über vier Hauptfelder verteilt sind. Das größte von ihnen, Romaschkinskoe, umfasst mehr als die Hälfte der gesamten Erdölressourcen von Tatneft. Aufgrund der Erschöpfung seiner zwei größten Ölfelder sank die Produktion Anfang der 1990er Jahre dramatisch. Trotzdem schaffte es Tatneft ab 1994, seine Ölproduktion dank fortschrittlicher Ölfördertechnologie auf einem Niveau von etwa 24 Millionen Tonnen zu stabilisieren. Das Unternehmen ist heute der sechstgrößte Erdölproduzent in Russland und deckt ungefähr 7,7% der russischen Gesamtproduktion ab.[48]

---

47 Salagaev, Alexander / Sergeev, Sergej: Kommentarij po rezul'tatam ėkspertnogo oprosa »Samye vlijatel'nye ljudi Rossii – 2003« v Respublike Tatarstan, in: Institut Situacionnogo analiza i novych technologij: Samye vlijatel'nye ljudi Rossii, Moskau 2003, S. 164– 176; siehe dazu auch: Farukšin, Midhat: O samych vlijatel'nych ljudjach Tatarstana, in: Zvezda Povolžja, 3.–9.7.2004, S. 2; sowie Micheev, Sergej: Šajmievu i Putin ne pomecha, 30.08.2002, im Internet veröffentlicht unter: http://www.politcom.ru/2002/p_re gion10.php.

48 Firmenportrait findet sich bei: RMG Securities: Tatneft. Company report, Moskau 1998; Pleines, Heiko: Russia's oil companies and the present crisis. Part 8. Is no news really good news?, in: FSU Oil&Gas Monitor (NewsBase), 16.3.1999; AOA »Tatneft'« Annual Report, Moskau 1999; Mazalov, Ivan: Tatneft. Troika Dialog Research, Moskau 2000; Reznikov, Konstantin: Tatneft: Results and prospects, Alfa-Bank, 27.11.2000, im Internet veröffentlicht unter: http//www.alfa-bank; Pleines, Heiko: Wirtschaftseliten und Politik im Russland der Jelzin-Ära (1994–99), Hamburg 2003, S. 224f.; Heinrich, Andreas: Globale Einflussfaktoren auf das Unternehmensverhalten. Die corporate governance des russischen Erdöl- und Erdgassektors, Münster 2004, S. 117–119; McCann, Leo: Globalisation and Post-socialist Development: The Tatarstan Variety of Capitalism, in: Post-Communist Economies, 3/2004, S. 349–362, hier S. 353–354. Siehe dazu auch die Internetseite des Unternehmens: http://www.tatneft.ru sowie ergänzend http//www.nefte.ru/company/rus/tatneft.htm.

Tabelle 3.2: Die Organisationsstruktur von Tatneft

Region	Produktion	Verarbeitung	Vertrieb
Wolga-Ural Region (Republik Tatarstan) Republik Kalmückien Ukraine	Almetjewneft Asnakajewskneft Bawlyneft Dschalilneft Jelchowneft Jamaschneft Irkenneft Leninogorskneft Nurlatneft Prikamneft Zainskneft	Tatneftegazpererabotka Nischnekamskij NPZ Ukrtatnafta	Tatneft-EuropaAG Tatneft-Moskva Tatneft-Aviadervis Tatneft-Nischnij Nowgorod Sajmen

Quelle: Struktura dejatel'nosti AOA »Tatneft« na 2003–2004 gg., im Internet veröffentlicht unter: http://www.tatneft.ru/structura.htm

Die Republik Tatarstan hielt im Jahr 2005 33% der Stammaktien an der Gesellschaft und besaß eine »goldene Aktie«, die ihr bei Aktionärsversammlungen und im Aufsichtsrat ein Vetorecht gibt.[49] Die Regierung Tatarstans unterstützt Tatneft und seine vertikale Integration aktiv und gewährt dem Unternehmen vorteilhafte Bedingungen.

3.4. Die wirtschaftspolitischen Entscheidungsprozesse auf der regionalen Ebene

Bei dem Konflikt mit dem Zentrum um die regionale Autonomie kam Tatneft eine Schlüsselrolle zu. Das Unternehmen wurde 1991 durch einen Erlass der tatarischen Regierung der regionalen Verwaltung unterstellt und zwei Jahre später zusammen mit der petrochemischen Industrie der Region in die Holding Tatneftechiminvest eingegliedert, an der die Regionalverwaltung 50% hielt.[50] Tatneft hatte einen Anteil von 13,14% an dieser Holding. 1994 wurde Tatneft durch die tatarische Regierung in eine Aktiengesellschaft umgewandelt. Nach dem Privatisierungsplan, der durch die regionale Regierung ausgearbeitet wurde, sollten 40% der Aktien an die regionale Regierung gehen, weitere 41,34% der Aktien waren für die Beschäftigten und das Management des Unternehmens vorgesehen und 18,66% der Aktien sollten an Investoren verkauft werden.

---

49 Siehe dazu: Struktura akcionernogo kapitala OAO Tatneft, veröffentlicht unter: http://www.tatneft.ru/info.htm.

50 Zur Holding gehörten nach ihrer Konsolidierung 1995 u.a. Tatneft (40%), Nischnekamskneftechim (33,9%), Nischnekamskschina (40%), Tatnefteprodukt-Holdning (62,9%), von Tasma (80,2%), Polimerfoto (68,9%), Chimitscheskij zavod imeni Karpova (22,4%), Polimiz (23,1%) und Alnas (26,4%), siehe: N.N.: »Tatarstan seeks foreign investment«, in: Russian Regional Report vom 28.08.1996, S. 6.

3.4. DIE WIRTSCHAFTSPOLITISCHEN ENTSCHEIDUNGSPROZESSE

Dieser Plan führte zum Konflikt mit der Holding Rosneft, die damals noch die staatlichen Anteile an allen Ölfirmen vereinigte. Rosneft bestand auf einem Anteil von 38% an Tatneft. In Folge des Konfliktes sperrte der ebenfalls im föderalen Staatsbesitz befindliche Pipelinebetreiber Transneft der tatarischen Ölfirma den Zugang zum Leitungsnetz. Letztendlich verblieb Tatneft aber im Zuge der Einigung mit der russischen Regierung unter der Kontrolle der Regionalverwaltung.

1995 übergab die Regionalverwaltung ihre Anteile an Tatneft der Holding Tatneftechiminvest. In den Vorstand der Holding berufen wurden unter anderem der erste stellvertretende Premierminister Tatarstans, Rawil Muratow, der in der Regierung für die Erdölwirtschaft zuständig war, und der regionale Minister für Staatsvermögen, Farid Jezufin, sowie die Direktoren der beteiligten Unternehmen. Zu den wichtigsten Aufgaben der Holding gehörten die Unterstützung Tatnefts bei seiner Expansion außerhalb der Region, die Realisierung des Ölexportes, die Regulierung der Zahlungen zwischen den Unternehmen und dem regionalen Haushalt sowie die Ausarbeitung eines Entwicklungsprogramms für die regionale Erdölwirtschaft.[51]

Ergebnis war unter anderem eine Regelung der Lizenzvergabe für die regionale Erdölförderung, die es Tatneft erlaubte, die Lizenzen für fast alle Ölfelder in der Region ohne große Hindernisse erhalten.[52] Außerdem wurden spezielle Programme ausgearbeitet, die wesentliche Steuervergünstigungen für das Unternehmen vorsahen. Schon ab 1995 waren Tatneft und seine Tochterfirmen von mehreren regionalen Steuern befreit. Die entsprechenden Regelungen zu den Ölquoten, die von der Steuer befreit werden durften, wurden jährlich vom Parlament auf Vorschlag von Schajmijew festgelegt.[53] Insgesamt wurde von 1996 bis 1999 die Produktion von fast 45 Millionen Tonnen Erdöl, entsprechend 29% der regionalen Produktion, steuerlich begünstigt. Die Steuervorteile von Tatneft gingen dabei vor allem zu Lasten des föderalen Haushaltes, wie Tabelle 3.3 zeigt.

---

51 Präsidialerlass der Republik Tatarstan »O dal'nejšem soveršenstvovanii upravlenia neftegazochimičeskim kompleksom Respubliki Tatarstan« vom 13.06.1995, im Internet veröffentlicht unter: http://www.tatar.ru/?DNSID=fc34d1e8d40b06d359c39f08f9 8e760b&node_id=2565&lid=275.
52 Ausführlich dazu Abschnitt 2.3.1.1.
53 Ausführlich Abschnitt 2.3.2.1.

Tabelle 3.3: Wirtschaftliche Bewertung der steuerlichen Stimulierung der Ölförderung von Tatneft

Daten	1996	1997	1998	1999
Umfang des geförderten Öl mit steuerlicher Begünstigung (Mln. Tonnen)	6,1	7,4	7,2	4,5
Zusätzliche Zahlungen in Haushalte und Außerbudgetäre Fonds (in Mio. Rubel) [in Mio.US-Dollar]				
- Tatarstan	668 [130]	1174 [203]	855 [87]	1845 [75]
- Föderales Zentrum	106 [20]	361 [62]	244 [25]	577 [23]
Entgangene Steuereinnahmen durch Vergünstigungen (in Mio. Rubel) [in Mio.US-Dollar] - Tatarstan	- 451 [- 88]	- 673 [- 116]	- 738 [- 75]	- 886 [- 36]
- Föderales Zentrum	-----	-----	----	-----
Staatliche Mehreinnahmen insgesamt (in Mio. Rubel) [in Mio.US-Dollar]				
-Tatarstan	217 [42]	501 [87]	117 [12]	959 [39]
-Föderales Zentrum	106 [20]	361 [62]	244 [25]	577 [23]
Mehreinnahmen von Tatneft (in Mio. Rubel) [in Mio.US-Dollar]	382 [74]	508 [88]	451 [45]	825 [33]

Quelle: Minninchanov, Rustam: Rol' neftegazovoj otrasli v ėkonomike Respubliki Tatarstan i perspektivy ee razvitija, in: TatCentr.ru, 29.06.2004, im Internet veröffentlicht unter: http://neft.tatcenter.ru/16027_print.htm.

Aufgrund ihres Vetorechts auf der Aktionärsversammlung von Tatneft, das auf der goldenen Aktie beruht, bestimmt die Regionalverwaltung die Zusammensetzung des Aufsichtsrates von Tatneft. Im Untersuchungszeitraum bestand dieser aus 15 Mitgliedern. Davon besetzten die Vertreter verschiedener Ministerien und des Präsidialapparates der Republik fünf Plätze, was ihnen auch hier ein Vetorecht einräumte.[54]

---

54 Zu den staatlichen Vertretern 1998–2005 gehörten der Premierminister Rustam Minninchanov, der Präsidentenberater für die Fragen über Bodennutzung, Öl und Gas

3.4. DIE WIRTSCHAFTSPOLITISCHEN ENTSCHEIDUNGSPROZESSE

Zwischen 1994 und 1997 war der leitende Manager des Unternehmens zugleich Aufsichtsratsvorsitzender. 1998 verstärkte dann die Regionalverwaltung ihre Kontrolle über die Erdölwirtschaft. Den Posten des Aufsichtsratsvorsitzenden übernahm nun der Premierminister der Republik, der auch in den Aufsichtsrat des Unternehmens Taif[55] gewählt wurde, das Radik Schajmijew, dem Sohn des Präsidenten, gehörte. Radik Schajmijew selber war 1998–1999 Mitglied des Aufsichtsrates von Tatneft, genau wie sein Cousin Ilschat Fardijew, der damals die Administration der Stadt Almetjewsk, dem Firmensitz von Tatneft, leitete.[56] Nach Kritik aus der regionalen Elite räumten die Angehörigen von Schajmijew ihre Posten bei Tatneft zugunsten von Stellvertretern, die von der Firma Taif und einer nahestehenden Bank entsandt wurden. Nach Druck von ausländischen Investoren wurden aber 2004 auch diese Stellvertreter nicht mehr in den Aufsichtsrat von Tatneft gewählt. Stattdessen erhielt nur ein Vertreter der ausländischen Investoren einen Sitz im Aufsichtsrat. Durch die Vertreter regionaler Unternehmen behielt die Regionaladministration aber die Kontrolle über den Aufsichtsrat.[57]

Durch die direkte Kontrolle über das Management durch die Regionalverwaltung bestimmt diese die Unternehmensstrategie von Tatneft. Damit wurde Tatneft zu einem Instrument der regionalen Wirtschaftspolitik. Dies zeigte sich zum einen darin, dass die Einnahmen des Unternehmens für die Förderung der regionalen Wirtschaft verwendet wurden. Zwischen 1997 und 1998 hat die regionale Regierung Kredite in Höhe von 230 Millionen US-Dollar für die Durchführung regionaler Entwicklungsprogramme bei westlichen Banken aufgenommen, die durch die Ölproduktion von Tatneft gedeckt wurden.[58] Zum anderen unterstützte Tatneft den Aufbau der regionalen petrochemischen Industrie, darunter

---

Renat Muslimow, der Finanzminister Radik Gajzatullin, der Minister für Bodenfragen Walerij Wasiljew, der Administrationsleiter von Stadt und Bezirk Almetjewsk Rischat Abubakirow.

55   Das amerikanisch-tatarische Unternehmen Taif umfasste im Jahr 2003 23 unterschiedliche Unternehmen, die in wichtigen wirtschaftlichen Bereichen Tatarstans tätig sind, wobei Radik Schajmijew gleichzeitig Vorstandsmitglied und Berater des Leiters dieses Unternehmens ist. Taif hat seine Anteile unter anderem auch bei Nischnekamskneftehim (ca. 10%), NischnekamskNPZ (7,5%), siehe dazu: N.N.: Genprokuratura RF iniciirovala proverku odnoj iz krupnejših kompanij respubliki – OAO Tataro-amerikanskie investicii i finansy (TAIF), 19.03.2004, im Internet veröffentlicht unter: http://gazeta.eta tar.ru/news/view/10/5221.

56   Nach der Entlassung vom Posten des Vorstandsmitgliedes 1999 wurde Fardijew zum Leiter des regionalen Stromproduzenten ›Tatenergo‹ ernannt.

57   Dazu: V »Tatnefti« stanet bol'še nezavisimych direktorov, in: Gazeta.Etatar.ru, 07.02.2005, im Internet veröffentlicht unter: http://gazeta.etatar.ru/news/print/11036.

58   Thornhill, John / Harris, Clay: Tatarstan used front to borrow from foreign banks, in: Financial Times, 09.09.1999, sowie N.N.: Kak Tatarstan ispol'zoval kompaniju »Tatneft'«,

von 1997 bis 2002 den Bau des petrochemischen Unternehmens NischnekamskNPZ[59], obwohl Tatneft selber an einer Raffinerie in der Ukraine beteiligt war. Tatneft investierte in den Bau rund 1,1 Milliarden US-Dollar und bekam damit die Kontrollrechte über das Unternehmen. Am Projekt waren auch das Unternehmen Taif (7,5% der Aktien) und das petrochemische Unternehmen Nischnekamskneftechim (25% der Aktien) beteiligt.[60] Nach der Produktionsaufnahme des NischnekamskNPZ im Jahre 2002 begann ein Konflikt zwischen Tatneft und Taif, da Taif die Kontrolle über das Unternehmen übernehmen wollte. Nach langen Verhandlungen mit persönlicher Intervention von Präsident Schajmijew wurde im August 2005 ein Kompromiss erreicht. Tatneft verkaufte sein Aktienpaket an Taif und verpflichtete sich ein neues petrochemisches Unternehmen in der Region zu bauen. Damit erhielt Taif, das mit der Präsidentenfamilie verbundene Unternehmen, die uneingeschränkte Kontrolle über die regionale Erdölverarbeitungsindustrie.[61]

Gleichzeitig sicherte die tatarische Regierung Tatneft eine privilegierte Position in der Region. In das Gesetz zur Regulierung ausländischer Investitionen in der Erdölindustrie von 1997 wurde die Klausel aufgenommen, das joint ventures in Tatarstan nur im Falle einer Beteiligung von mindestens 50% für Tatneft zulässig seien.[62]

Außerdem garantiert die regionale Regierung die Monopolstellung von Tatneft, indem sie dafür sorgt, dass die Bedürfnisse des regionalen Marktes mit Ölprodukten dieses Unternehmens gedeckt werden. So liefert Tatneft die Kraftstoffe nicht nur für die staatlich kontrollierten, sondern auch für die privaten Tankstellen und für die Agrarwirtschaft. Die Regionalverwaltung übte zudem

in: Zvezda povolžja vom 06.10.1999, im Internet veröffentlicht unter: http://dpcom.narod.ru/199939/ddddd.htm.

59 NischnekamskNPZ: Nischnekamskij Neftepererabatyvajuščij Zavod (Nischnekamsk Ölverarbeitungsunternehmen).

60 Mitte 2005 verkaufte das Unternehmen Nischnekamskneftechim seinen Anteil an Taif, was dem letzten zum zweiten großen Aktionär vom NischnekamskNPZ machte. Mehr dazu bei: Korneeva, Tatjana: Obezdolennyj zavod, in: Kommersant"-Kazan', 24.08.2005, im Internet veröffentlicht unter: http://www.kommersant.ru/region/kazan/page.htm?year=2005&issue=157&id=12664.

61 Siehe: N.N.: Kovarstvo i lubov'. Učrediteli Nižnekamskogo NPZ snova ne mogut dogovoritsja, in: Neft' i Kapital, 11/2003, S. 21–25; Korneeva, Tatjana: Obezdolennyj zavod, in: Kommersant"-Kazan', 24.08.2005, im Internet veröffentlicht unter: http://www.kommersant.ru/region/kazan/page.htm?year=2005&issue=157&id=12664; Strachov, Timofej: Soglasno ponesennym zatratam, in: Vremja & Den'gi, 06.09.2005, im Internet veröffentlicht unter: http://www.e-vid.ru/index-m-192-p-63-article-10858-print-1.htm.

62 Präsidialerlass der Republik Tatarstan »O merach po uveličeniju neftedobyči v Respublike Tatarstan« vom 12.02.1997, im Internet veröffentlicht unter: http://www.tatar.ru/?DNSID=d7ff71c10442af269fd61c3527b6063f&node_id=2565&lid=275.

3.4. DIE WIRTSCHAFTSPOLITISCHEN ENTSCHEIDUNGSPROZESSE

Druck auf konkurrierende Ölunternehmen von »außen« aus. Die großen russischen Erdölgesellschaften hatten kaum Möglichkeiten, in der Region zu agieren. Dies zeigte sich auch bei Russlands damals größter Ölfirma Lukoil. Schon ab Anfang der 1990er Jahre versuchte Lukoil in Tatarstan tätig zu werden. Zu einer Realisierung gemeinsamer Projekte, dem Bau einer Produktpipeline, einer Tankanlage und Tankstellen, kam es aber nicht. Man konnte sich nicht einigen, wie groß der Anteil der regionalen Regierung an den geplanten Projekten sein sollte. So wurden nach erfolglosen Verhandlungen nur rund 20 Tankstellen von Lukoil gebaut. Ende 2003 gaben Vertreter von Lukoil bekannt, dass das Unternehmen sein Tankstellennetz an Tatneft abgeben werde, da Lukoil eine wirtschaftliche Tätigkeit in Tatarstan unmöglich gemacht werde.[63]

Auf Grund eines regionalen Programms über die Entwicklung des Brennstoffkomplexes, das die Regierung gemeinsam mit der Tatneftechiminvest-Holding nach Schajmijew's Vorschlag 1999 ausgearbeitet hatte, wurde Tatneft bis 2003 in eine vertikal integrierte Ölgesellschaft auf der Basis der tatarischen Erdöl- und petrochemischen Industrie umstrukturiert.[64] 2003 schuf die tatarische Regierung die neue Holding »Svjazinvestneftechim«. In dieser zu 100 Prozent der Regierung gehörenden Holding wurden die staatlichen Kontrollaktienpakete an 18 wichtigen regionalen Unternehmen, darunter an Tatneft, zusammengefasst.[65]

Die aus der Kontrolle der Regionalverwaltung resultierenden wirtschaftlichen Nachteile für Tatneft zeigen sich deutlich beim Verkauf des produzierten

---

[63] Ivanov, Achmet: Respublika Tatarstan v dekabre 1996 goda, vypusk fevral' 1997, im Internet veröffentlicht unter: http://www.igpi.ru/monitoring/10476454767/1996/12967/16.html; N.N: »Lukoil« i »Tatneft'« menjajutsja benzozapravkami, 28.09.2003, im Internet veröffentlicht unter: http://www.neftemarket.ru/info-press-view.htm?id=937&month=09&year=2003.

[64] In Rahmen der Realisierung dieses Programms hat Tatneft 1999 Kontrollpakete an Tatneftgeofizika erworben, die für die Erdölexploration in der Region zuständig war. Zwischen 2001 und 2001 kam zu weiteren Erwerbungen: Nischnekamskschina – dem größten russischen Produzenten von Autoreifen, Nischnekamskij zavod technitscheskogo ugleroda – dem Produzenten von technischen Kohlenstoffen. Außerdem wurde das Unternehmen »Tatneft-Neftechim« gebildet, dem die Leitung über die neun Ölchemieunternehmen übergeben wurde, die zu Tatneft gehörten. Damit wurde die Leitung über den Erdölchemiekomplex der Republik ganz an Tatneft übergeben. Mehr dazu bei: Tatneft – the History of Company, Kazan' 2003; Nugaev, R.A./ Jagudina, L.Š: Neftjanye resursy Respubliki Tatarstan: dobyča, realizacija, zapasy, in: Ėkonomičeskij vestnik Tatarstana, 4/2003, S. 5–12.

[65] Außerdem gehörten zur Holding unter anderem 30% der Aktien der größten regionalen Bank Ark-Bars, 85% der Aktien von Tatenergo, 100% der Aktien von »Tatchimfarmapparaty« und 35% der Aktien von Nizhnekamskneftechim. Mehr dazu bei: Leonov, Oleg: Mintimer Šajmiev gotovit sebje vychodnoje posobie, in: RBC Daily, 22.03.2003, im Internet veröffentlicht unter: http://www.aksionbkg.ru/library/91/112/?_9432=10031&print=yes.

Erdöls. Tatneft musste regelmäßig einen großen Teil seiner Produktion zu Vorzugspreisen an regionale Betriebe insbesondere in der Landwirtschaft und der Petrochemie abgeben. Gleichzeitig wurde etwa ein Drittel der Erdölproduktion zur Begleichung der von der Regionalverwaltung aufgenommenen ausländischen Kredite verwendet. Die Exportlieferungen führte das österreichische Unternehmen Nira-Export durch, das von Radik Schajmijew gegründet wurde.[66] Die übrige Produktion wurde auf Anordnung der tatarischen Regierung zu Vorzugsbedingungen an die Firma Taif verkauft.[67]

Tatneft finanzierte außerdem die politischen Projekte der regionalen Administration. Dies betraf die von Schajmijew initiierte und 1999 gebildete nicht-staatliche Bewegung ›Tatarstan – nowyj vek – Tatarstan jana gasyr‹. Zum Leiter der Bewegung wurde der Parlamentsvorsitzende Farid Muchamedschin gewählt. Außerdem waren in dem politischen Rat dieses Organs der ehemalige Direktor von Tatneft M. Galejew und der aktuelle Direktor S. Tachautdinow vertreten. Die Bewegung sollte ursprünglich die von Schajmijew favorisierte föderale Partei ›Otetschestwo – Wsja Rossija‹ in der Region unterstützen. Nach dem schlechten Ergebnis von ›Otetschestwo – Wsja Rossija‹ bei den Parlamentswahlen im Dezember 1999 und dem Scheitern ihres Präsidentschaftskandidaten, des Moskauer Oberbürgermeisters Jurij Luschkow, näherte sich die Bewegung Putins Partei ›Jedinaja Rossija‹ an und konnte auf diese Weise der regionalen Elite eine Parlamentsmehrheit sichern.[68] Grundlage dafür war eine umfangreiche Wahl-

---

66 Kovalev, Anatolij: O klane Šajmieva zamolvite slovo. Komu Duma dala šans na beskonečnoe pravlenie, in: Novaja Gazeta vom 18.12.2000, S. 1, 15.

67 Regierungserlass der Republik Tatarstan »O porjadke vzaimozačetov meždu AO ›Tatneft‹ i AO ›Taif‹« vom 19.08.1998, in: Pravovaja Sistema »Garant« vom 20.06.2004. Dementsprechend zahlte Taif an das Unternehmen Tatneft 300 Rubel pro Tonne in Form von Wechseln und zusätzliche 50 Rubel zahlte die Regierung der Republik aus dem Regionalhaushalt. (Im Vergleich dazu belief sich der Preis auf dem russischen Markt 1998 auf 518 Rubel pro Tonne Erdöl. 1999 variierte der Preis zwischen 633 und 2013 Rubel pro Tonne Erdöl. Quelle: Rossijskij Statističeskij Ežegodnik 2000, Moskau 2000, S. 570).
Siehe dazu auch: Postnova, Vera: Černaja dyra. 20 tysjač neftjanikov Tatarstana ostanutsja bez raboty, in: Nezavisimaja gazeta, 16.03.2002, S. 1, 4 oder Faroukshine, Midkhat: »Tatarstan's oil has already been divided up«, in: Russian Regional Report, 13.11.1997, S. 12.

68 Mehr zum Thema bei: Idiatullin, Šamil': Demokratija pachnet neft'ju. Tatarstan gotov zaščiščat' svoj osobyj status vzaimootnošenij s federal'nym centrom, in: Neftegazovaja vertikal', 12/1999, S. 21–23; Morozov, Oleg: Šajmiev, Mintimer: My dolžny imet' aktivnye ryčagi vlijanija na federal'nom urovne, 17.11.2003, im Internet veröffentlicht unter: http://www.morozov-ov.ru/index_2.php?id=50; Strachov, Timofej: Naši edrosy samye »edrennye«, in: Vremja i den'gi, 19.04.2005, im Internet veröffentlicht unter: http://www.e-vid.ru/article.jsp?id=15934.

3.4. DIE WIRTSCHAFTSPOLITISCHEN ENTSCHEIDUNGSPROZESSE

kampagne. Wie der tatarische Premierminister Minninchanow erklärte: »Bei der Realisierung der Medienprojekte ist der Beitrag von Tatneft riesig. Kein anderer Haushalt schafft es, dies zu finanzieren«.[69]

Infolge dieser administrativ bestimmten Strategie stiegen die Schulden des Unternehmens Ende der 1990er Jahre auf 900 Millionen US-Dollar, was für Tatneft fast den Bankrott bedeutet hätte.[70] Aufgrund des ab 1999 steigenden Weltmarktpreises für Öl konnte die finanzielle Lage des Unternehmens aber wesentlich verbessert werden. Es wurden wieder deutliche Gewinne erzielt. Es gelang Tatneft jedoch nicht, eine unabhängige Wirtschaftsstrategie zu erarbeiten.

Als das föderale Zentrum unter Präsident Putin 2001 begann, Druck auf die tatarische Regierung auszuüben, um eine Anpassung der regionalen Gesetzgebung an föderale Bestimmungen zu erzwingen, geriet auch die Vorzugsbehandlung von Tatneft in die Kritik. In der Folge wurden mehrere regionale Gesetze, welche die Kompetenzen der Exekutiv- und Legislativorgane sowie die Lizenzierung und Besteuerung der Ölindustrie regelten, durch den Obersten Gerichtshof der Republik Tatarstan für ungültig erklärt.

Dies stieß auf starken Widerstand bei der politischen Elite in der Region, welche sowohl die Schaffung von Garantien für die Unabhängigkeit der regionalen Administration als auch möglichst günstige Regelungen für die regionale Ölindustrie anstrebte. Nach mehreren persönlichen Treffen des Präsidenten Tatarstans mit Präsident Putin gelang es der regionalen Administration, trotz der Änderungen der regionalen Gesetze eine gewisse Unabhängigkeit der politischen Elite vom föderalen Zentrum zu bewahren. Für die Ölunternehmen konnten besondere günstige Steuermechanismen ausgearbeitet werden. Die dadurch entstehenden Einnahmen blieben im regionalen Haushalt.

Kern der Steuermechanismen war ein spezielles soziales föderales Programm für den Zeitraum 2001–2006. Zu den wichtigsten Zielen des Programms gehörte die Unterstützung der weiteren Entwicklung der regionalen Erdölindustrie. Die Mittel für die Realisierung des Programms wurden aus dem föderalen Haushalt (19,87%), dem regionalen Haushalt (13,8% der gesamten vorgesehenen Ausgaben) und aus eigenen Einnahmen des Erdölunternehmens Tatneft gesichert. Um diese Mittel zu erhalten, wurden dem Erdölunternehmen beson-

---

69 Novosti Tatnefti: Rustam Minninchanov: V kanun svojego 1000-letija Kazan' dolžna brat' primer podgotovki prazdnika s al'met'evcev!, in: Regional'nyj express, 06.08.2003, im Internet veröffentlicht unter: http://r-express.infoglobal.ru/number/tatneft/?ID=59; so wie N.N.: Tatarskie dvorniki i vrači rabotajut na »Edninuju Rossiju«, in: Grani.ru, 24.11.2003, im Internet veröffentlicht: http://www.rb.kolokol.ru/Politics/Russia/Election/m.51745.html.
70 Thornhill, John / Harris, Clay: Tatarstan used front to borrow from foreign banks, in: Financial Times, 09.09.1999.

dere Steuervergünstigungen gewährt. Der föderale Beitrag wurde fast vollständig aus den in Tatarstan erhobenen föderalen Steuern finanziert, die auf diese Weise in die Region zurückflossen.[71]

Auch bei den Debatten um die Besteuerung der Rohstoffförderung, die 2004–2006 stattfanden, versuchte sich die regionale Elite direkt in die Verhandlungsprozesse zwischen Regierung, Ministerien und Parlament auf der föderalen Ebene einzumischen, wobei sie spezielle Steuerregelungen für die Ölförderung stark unterstützte.[72] Anschließend wurde ein Gesetz verabschiedet, das eine differenzierte Steuer auf die Förderung mineralischer Ressourcen einführt.[73] Die am 1. Januar 2007 in Kraft getretenen Regelungen sehen unter anderem eine Steuerbefreiung für die Förderung aus zu mehr als 80% erschöpften Erdöl- und Erdgasquellen vor. Dies ermöglicht es Tatarstan, die regionale Ölproduktion und die daraus resultierenden Einnahmen der Erdölwirtschaft weiterhin auf dem heutigen Niveau zu halten.[74]

3.5. Resümee

Sowohl in der Politik als auch in der Wirtschaft wird Tatarstans regionale Elite von einer Gruppe um Republikpräsident Mintimer Schajmijew und seine Familie dominiert. Nahe Verwandte und enge Freunde des Präsidenten erhielten Schlüsselpositionen in der Regionalverwaltung und regionalen Wirtschaftsunternehmen. Der weitere Kreis der regionalen Elite entstammt im Wesentlichen der sowjetischen Nomenklatura und besteht zum größten Teil aus ethnischen Tataren.

Im Ergebnis sind sowohl die politischen als auch die wirtschaftlichen Akteure in der Region Schajmijew zumindest informell untergeordnet. Er bestimmt prak-

---

71 Föderaler Regierungserlass »O federal'noj celevoj programme social'no-ėkonomičeskogo razvitija Respubliki Tatarstan do 2006 goda« vom 24.08.2001, im Internet veröffentlicht unter http://www.tatar.ru/?DNSID=0968aacb270b8c164d5727849eb6ad9a&node_id=2565&lid=567.

72 Kovalev, Anatolij: O klane Šajmieva zamolvite slovo. Komu Duma dala šans na beskonečnoe pravlenie, in: Novaja Gazeta, 18.12.2000, S. 1, 15; Vorob'eva, Ekaterina / Rybal'čenko, Irina: President Rossii vstal na storonu Tatarstana, in: Tatcenter. Delovoj Centr Republik Tatarstan, 27.12.2004, im Internet veröffentlicht unter: http://www.neft.tatcenter.ru/market/22040.htm.

73 Föderales Gesetz »O vnesenii izmenenij v glavu 26 časti vtoroj Nalogovogo kodeksa Rossijskoj Federacii i priznanii utrativšim silu otdel'nych položenij zakonodatel'nych aktov Rossijskoj Federacii« vom 27.07.2006, in: Sobranie zakonodatel'stva Rossijskoj Federacii, 31/2006 (Band I), St. 3450.

74 Kovalev, Anatolij: O klane Šajmieva zamolvite slovo. Komu Duma dala šans na beskonečnoe pravlenie, in: Novaja Gazeta, 18.12.2000, S. 1, 15; Vorob'eva, Ekaterina / Rybal'čenko, Irina: President Rossii vstal na storonu Tatarstana, in: Tatcenter. Delovoj Centr Republik Tatarstan, 27.12.2004, im Internet veröffentlicht unter: http://www.neft.tatcenter.ru/market/22040.htm.

tisch unangefochten die Politik der Regionalverwaltung. Das Parlament hat de facto keine politischen Gestaltungsmöglichkeiten. Die regionale Politik basierte auf weitgehend informellen Beziehungsnetzwerken, die die formellen Entscheidungswege aushebeln, ohne sie zu beseitigen. Der personenbezogene informelle Charakter der Politikgestaltung hat zur Folge, dass die formale Bedeutung eines Postens nicht unbedingt mit der tatsächlichen Entscheidungsgewalt des Posteninhabers zusammenfällt. Die zentralen Akteure um Schajmijew übernehmen so Kompetenzen, die ihnen formal nicht zu stehen und erhalten auch Funktionen in anderen Funktionssystemen, wie etwa der Wirtschaft. Die zeigt sich deutlich an der Dominanz des Schajmijew-Clans in der regionalen Erdölwirtschaft.

Am Beispiel von Tatneft ist deutlich zu sehen, dass in Tatarstan die politische Elite von der informellen Kontrolle über die regionale Wirtschaft profitiert. Und zwar profitiert sie sowohl in ihrer Funktion als Staatsvertreter über Steuereinnahmen und Steuerung der regionalen Wirtschaftsentwicklung als auch persönlich durch Machtsicherung und Bereicherung. Politische Akteure übernehmen dabei Funktionen in regionalen Unternehmen, um diese in ihrem Interesse zu leiten. Im Falle von Tatneft ist so der tatarische Premierminister Vorstandsvorsitzender; die Vertreter der Regionalverwaltung haben ein Vetorecht im Unternehmen. Dementsprechend musste Tatneft den regionalen Haushalt finanzieren und Teile der regionalen Wirtschaft subventionieren, insbesondere die Landwirtschaft, aus der die große Mehrheit der politischen Elite Tatarstans hervorgegangen ist. Darüber hinaus wurde Tatneft benutzt, um Werbekampagnen für politische Organisationen zu finanzieren und zu organisieren. Gleichzeitig wurde externen Wirtschaftsakteuren, die von der Regionalverwaltung nicht kontrolliert werden konnten, der Zugang zum regionalen Markt verweigert, wie der Fall von Lukoil zeigt.

Ergänzend ist anzumerken, dass Tatarstan seine wirtschaftliche Lage nicht nur durch Subventionen aus der Erdölwirtschaft stabilisiert, sondern auch dank der Unterstützung des föderalen Zentrums. Durch seinen Sonderstatus unter den russischen Regionen erhält Tatarstan erhebliche Mittel aus dem föderalen Haushalt. Gleichzeitig fühlt sich die politische Elite der Region bisher stark genug, um eine Einmischung des föderalen Zentrums in die regionale Wirtschaftspolitik abzuwehren. Die politische Elite Tatarstans kann damit weitgehend autonom agieren.

Zusammenfassend zeigt die Fallstudie zu Tatarstan, dass die eigentlichen Wirtschaftsakteure ihre eigenen Interessen nicht in den politischen Entscheidungsprozess einbringen können. Im Gegenteil wurde umgekehrt die Wirtschaft im Interesse der politischen Elite instrumentalisiert. Damit ist die Republik Tatarstan ein hervorragendes Beispiel für das Patronage-Modell.

4. Fallstudie: Gebiet Tjumen

4.1. Die Position der Region im föderalen System

Das Gebiet Tjumen[1], das die Autonomen Bezirke der Jamal-Nenzen sowie der Chanten und Mansen umfasst, gehört zu den wirtschaftlich stärksten russischen Regionen. Die Autonomen Bezirke der Jamal-Nenzen und der Chanten und Mansen tragen insgesamt 91% zum Bruttosozialprodukt und 97% zur Industrieproduktion des Gebiets Tjumen bei. Die Bezirke liegen auch bei weiteren wichtigen Wirtschaftskennzahlen, wie etwa Investitionen oder Pro-Kopf-Einkommen der Bevölkerung weit vor der Region Tjumen.

Das Gebiet gehört zu den russischen Regionen, die durch die Unabhängigkeitsprozesse Anfang der 1990er Jahre stark erschüttert wurden. Schon 1990 war vom regionalen Legislativorgan ein Projekt zur Umwandlung des Gebiets in die Republik Tjumen ausgearbeitet worden, dass unter anderem die Bildung einer wirtschaftlichen Sonderzone vorsah. Nach Verhandlungen mit dem föderalen Zentrum wurde es dem Gebiet Tjumen durch einen Präsidialerlass erlaubt, einen unabhängigen Haushalt und einen eigenen territorialen Fonds für Bodenschätze zu bilden.[2] In diesen Fonds sollten unter anderem 10% der Einnahmen aus der regionalen Erdöl- und Erdgasproduktion fließen. Darüber hinaus wurden im Gebiet »Territorien für die vorrangige Nutzung der Bodenschätze durch die Urbevölkerung« gebildet. Die Bevölkerungsgruppe der Jamal-Nenzen reagierte darauf mit der Ausrufung einer eigenen Republik der Jamal-Nenzen. Im Gegensatz dazu hatte die politische Elite der Chanten und Mansen auf Unabhängigkeitsbestrebungen verzichtet und konzentrierte sich vorrangig auf die Vergrößerung der wirtschaftlichen Selbständigkeit durch die Ausarbeitung von Gesetzen, die ihr die Kontrolle über den Boden und die Bodenschätze sowie die Wälder sicherten.

Von großer Bedeutung für die weitere politische Entwicklung der Region war die Verabschiedung des föderalen Gesetzes »Über die Bodenschätze« im Jahre 1992, das die Regulierung der Nutzung von Bodenschätzen in den Beziehungen zwischen dem föderalem Zentrum und den Regionen regelte. Danach erhielten die beiden Autonomen Bezirke mit zusammen 30% den größten Anteil

---

[1] Das Gebiet Tjumen wurde 1944 geschaffen. In sein Territorium wurden die schon 1930 gebildeten nationalen und ab 1977 autonomen Bezirke der Jamal-Nenzen und der Chanten und Mansen eingegliedert.

[2] Föderaler Präsidialerlass »O razvitii Tjumenskoj oblasti« vom 19.09.1991, veröffentlicht in: Vedomosti S"ezda narodnych deputatov RSFSR i Verchovnogo Soveta RSFSR, 38/1991, St. 1232.

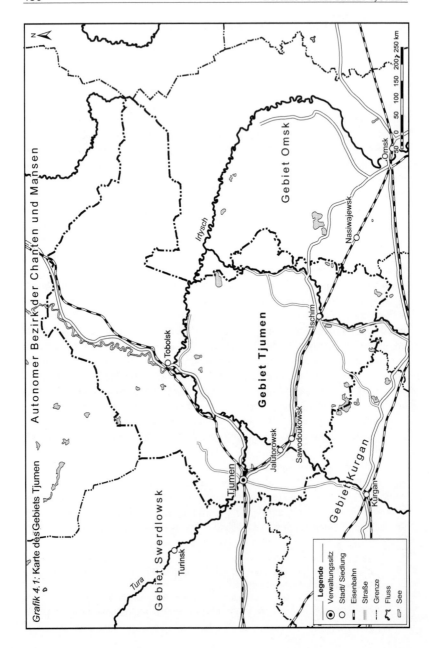

Grafik 4.1: Karte des Gebiets Tjumen

an den Einnahmen, während das Gebiet nur 20% bekam. Dementsprechend bedeutete die Unabhängigkeit der Autonomen Bezirke einen großen finanziellen Verlust für das Gebiet.

In der Folge kam es zu ersten Konfrontationen zwischen den drei Verwaltungseinheiten. Bereits Ende 1992 wurde zwischen den beiden Autonomen Bezirken, dem Gebiet Tjumen und dem föderalen Zentrum ein föderativer Vertrag geschlossen, auf dessen Grundlage die Autonomen Bezirke zu gleichberechtigten Subjekten der Russischen Föderation erklärt wurden. Darüber hinaus erhielten sie das Recht über die Bodenschätze und andere Ressourcen auf ihrem Territorium frei zu verfügen. Dies verschärfte allerdings die Konfrontationen zwischen den Bezirken und dem Gebiet.

Nach langen Verhandlungen wurde ein Kompromiss erreicht, der in der Verfassung der Russischen Föderation von 1993 festgeschrieben wurde. Danach wurden die Autonomen Bezirke als gleichberechtigte Subjekte der Russischen Föderation anerkannt, was ihre Rechte wesentlich erweiterte. Unter anderem konnten sie eigene Legislativ- und Exekutiveorgane wählen und eigene Gesetze verabschieden. Allerdings blieben die Autonomen Bezirke Bestandteil des Territoriums des Gebiets Tjumen (das so genannte »Matrjoschka-Modell«) und mussten gemeinsam mit dem Gebiet die staatlichen Organe der Region wählen. Die Verfassung legte auch die Regulierung der gegenseitigen Beziehungen entweder auf Grund eines föderalen Gesetzes oder durch bilaterale Abkommen fest. Für die Koordinierung der Zusammenarbeit dieser drei Subjekte wurden der Rat der drei Gouverneure und der Rat der drei Parlamente ins Leben gerufen. Bis Ende 1997 kam es aber wiederholt zu heftigen Konflikten zwischen dem Gebiet und den Autonomen Bezirken, oftmals ausgelöst durch Versuche der Bezirke, ihre Souveränität zu festigen.

Schon kurz nach Festlegung der gleichen Rechte für die Autonomen Bezirke durch die Verfassung erklärte die Duma des Bezirkes der Jamal-Nenzen 1994 in ihrem eigenen Statut die Unabhängigkeit vom Gebiet Tjumen, ohne Besprechungen mit dem Gebiet geführte zu haben. Die Administration des Gebiets unter der Leitung von Leonid Rokezkij reagierte darauf mit der Verabschiedung eines regionalen Statutes, das die Rechte der Autonomen Bezirke stark einschränkte. Die Autonomen Bezirke protestierten dagegen mit der Zurückhaltung von Zahlungen an den Haushalt des Gebiets Tjumen und boykottierten Ende 1996 die Gouverneurswahlen im Gebiet.[3]

---

3 Rokezkij betonte in einem Interview, dass er sich mehr als Föderalist und nicht als Regionalist sieht: »Ich möchte in einem einheitlichen und mächtigen Russland leben. Ich lese die russische Verfassung wie sie geschrieben ist durch und verteidige die Beachtung der russischen Gesetze. Von ›Tjumener Separatismus‹ habe ich keine Ahnung. Mir scheinen alle diese Spiele um die regionale Selbständigkeit eine große Dumm-

Schließlich wurde 1997 der Konflikt vor das russische Verfassungsgericht gebracht. Das Gericht erklärte in seinem Beschluss die Regionen zu gleichberechtigten Subjekten, jedoch als ein Teil des Gebiets Tjumen. Obwohl zur Regulierung der Beziehungen danach mehrere regionale Gesetze verabschiedet wurden, blieben die Beziehungen vor allem im wirtschaftlichen Bereich kompliziert. Die Abgrenzung der Kompetenzen sollte durch einen Vertrag reguliert werden. Seine Unterzeichnung wurde jedoch von den drei Seiten abwechselnd verweigert, da die Meinungsunterschiede zu groß waren. Das wirtschaftlich arme Gebiet Tjumen versuchte die Kontrolle an sich zu ziehen, während die reichen Autonomen Bezirke ihre Autonomie bewahren wollten, was die politische Situation in der Region mehrmals destabilisierte und zu offenen Konflikten führte.[4]

Nachdem 2001 Sergej Sobjanin, der Vertreter des Autonomen Bezirkes der Chanten und Mansen, zum Gouverneur des Gebiets Tjumen gewählt wurde, änderte sich die Taktik zum Aufbau der gegenseitigen Beziehungen wesentlich. Sobjanin, als Vertreter der administrativen Politik des Zentrums unter Putin, hatte zwei Aufgaben zu erfüllen. Zum einen musste er die Beziehungen zwischen dem Gebiet und den Bezirken normalisieren und zum anderen die drei

---

heit.« Zitiert nach Golovkov, Aleksandr: Neprostota vlasti, in: Nezavisimaja Gazeta, 30.03.2000, S. 10, 12. Mehr zum Thema bei: Mulin, Sergej: Leonid Rokeckij protiv popytki razdelit' oblast', in: Nezavisimaja gazeta, 28.09.1996, S. 4; »Net mesta teplee sibiri«: Interview mit Rokezkij in: Obščaja gazeta, 25.09–01.10.1997, Sasaki, Ritsuko: Oil Factor in Tiumen election, in: Russian Regional Report, 13.11.1996, S. 3; Orttung, Robert: Tyumen re-elects Roketskii, in: Russian Regional Report, 15.01.1997, S. 2.

4   Ausführlich dazu: Stoner-Weiss, Kathryn: Local heroes: the political economy of Russian regional governance, Princeton, NJ, 1997, S. 110f., 177–181; Petrov, Nikolaj / Titkov, Aleksej / Glubotskij, Aleksandr: Tjumenskaja Oblast', in: Makfol, Majkl / Petrov, Nikolaj (Hg.): Političeskij Almanach Rossii, Buch 2, Band II, Moskau 1998, S. 938–952; Vulfovič, Anatolij: Tjumenskaja oblast': godovščina vyborov gubernatora i vybory oblastnoj dumy, vypusk fevral' 1998, in Internet veröffentlicht unter: http://www.igpi.ru/monitoring/1047 645476/1998/0298/72.html; Glatter, Peter: Elections deepen split in Tyumen oblast, in: Russian Regional Report, 24.04.1997, S. 1–4; Paretskaya, Anna: Constitutional court rules on Tyumen's dispute with its Autonomous Okrugs, in: Russian Regional Report, 17.07.1997, S. 3; Westphal, Kirsten: Russische Energiepolitik. Ent- oder Neuverflechtung von Staat und Wirtschaft?, Baden-Baden 2000, S. 162f.; Kellison, Bruce: Tiumen, dezentralization, and center – perirephy tension, in: Lane, David (Hg.): The political economy of Russian oil, Lanham/Oxford 1999, S. 127–142; Peter Glatter: Federalization, fragmentation, and the west Siberian oil and gas province, in: ebd., S. 143–160; Antonov, Vitalij: Složnej dlja politikov – lušče dlja graždan. Interview mit Leonid Rokezkij, in Trud, 07.12.2000, S. 1,3; Uglublennyj analiz situacii v Tjumenskoj oblasti, in: Janovskij, K.É. / Žavoronkov, S.V. / Kočetkova, O.V. u.a..: Politiko-ėkonomičeskie problemy rossijskich regionov, Moskau 2001, im Internet veröffentlicht unter: http://www.iet.ru/special/ce pra/politec/politec.html; Glatter, Pete: Continuity and change in the Tyumen' regional elite 1991–2001, in: Europe-Asia Studies, 3/2003, S. 401–435, hier S. 416–420.

4.1. DIE POSITION DER REGION IM FÖDERALEN SYSTEM

Föderationssubjekte auf die politische Integration und letztendliche Zusammenlegung im Rahmen des neuen im Jahre 2001 begonnenen föderalen Projekt[5] und damit verbundenen föderalen Gesetzes »Über die Bildung der neuen Subjekte der RF«[6] vorbereiten. Infolgedessen sollten die wichtigen politischen und wirtschaftlichen Kompetenzen der Autonomen Bezirke abgeschafft, ihre staatlichen Organe vereinfacht und ihre Kompetenzen an die entsprechenden Organe des Gebiets Tjumen übergeben werden. Einen entsprechenden Vertrag sollten die drei Föderationssubjekte bis Anfang 2005 abschließen.

Bei der Realisierung der ersten Aufgabe setzte Sobjanin verstärkt auf eine soziale und wirtschaftliche Kooperation der drei Verwaltungseinheiten. Sobjanins Amtsantritt erleichterte die Suche nach Kompromissen. Schon im Februar 2001 kündigten die Gouverneure der Autonomen Bezirke an, für die Dauer von fünf Jahren jährlich rund 15 Milliarden Rubel (ungefähr 0,5 Milliarden US-Dollar) in die Tjumener Wirtschaft zu investieren. Als Gegenleistung verlangten sie große Anteile an den regionalen Unternehmen des Gebiets Tjumen. Bis Ende 2003 wurden so mehr als 30 gemeinsame Investitionsprojekte durchgeführt.[7] Die regionalen Administrationen der Autonomen Bezirke, vor allem der Chanten und Mansen, übernahmen so im Grunde genommen durch diese Integrationsprozesse allmählich die Kontrolle über die wichtigen regionalen Unternehmen, was die Rolle der Autonomen Bezirke im politischen und wirtschaftlichen Leben des Gebiets Tjumen wesentlich stärkte.[8] 2001 wurde auch ein Abkommen »Über

---

5 Mehr über die Zusammenlegung der russischen Regionen bei: Kusznir, Julia: Die russische Territorialreform. Die Zusammenlegung von Regionen im politischen Kontext, in: Russlandanalysen, 90/2006, im Internet veröffentlicht unter: http://www.russlandanalysen.de/content/media/Russlandanalysen90.pdf, sowie Gligič-Zolotareva, M.: »Ukrupnenie sub"ektov Federacii: pro et contra«, in: Federalizm, 1/2002, S. 93–108; G. Pol Gud [Georg Paul Good]: Rossija pri Putine: ukrupnenie regionov, im Internet veröffentlicht unter: http://www.ruthenia.ru/logos/number/46/06.pdf.

6 Föderales Gesetz »O porjadke prinjatija v Rossijskuju Federaciju i obrazovanie v ee sostave novogo sub"ekta RF« vom 17.12.2001, in: Sobranie zakonodatel'stva RF, 51/2001, St. 4916.

7 Pal'janova, Svetlana: Tjumenskaja Oblast': odin ili tri sub"ekta Federacii?, Analitičeskoe issledovanie, 05.02.2003, im Internet veröffentlicht unter: http://www.avk.ru/siteDatabase.nsf/v0/1EF2B43CF7EB1799C3256CC50044826D/$File/Tumen.pdf.

8 Beispielsweise zahlte der Autonome Bezirk der Chanten und Mansen 500 Millionen Rubel in den regionalen Haushalt des Gebiets Tjumen. Außerdem hat die Administration des Bezirks dem Gebiet einige Investitionsprojekte abgekauft, für die das Gebiet große Kredite von ausländischen Investoren erhalten, sie jedoch nicht realisiert und zurückgezahlt hatte. Im Rahmen dieser Projekte übernahm der Bezirk die Tjumener Arzneimittelfabrik. Die Administration des Bezirks der Jamal-Nenzen investierte in 13 unterschiedliche Tjumener Unternehmen, vor allem im Maschinenbau, z.B. in »Tjumenskie Motorostroiteli« und »Tjumenskij Mašinostroitel'nyj zavod«. Mehr bei Ivkin, Sergej

die Hauptrichtungen der koordinierten Politik im sozialen und wirtschaftlichen Bereich« zwischen den drei Verwaltungseinheiten geschlossen, in dessen Rahmen verschiedene regionale Erlasse unter anderem über die Koordination in der Steuerpolitik, über die Entwicklung der regionalen Infrastruktur sowie der Industrieproduktion verabschiedet wurden.[9]

In der Frage der politischen Integration wurden lange Gespräche geführt, die oft kompromisslos endeten. Die Bezirke schlugen vor, für zwei Jahre alle ihre Kompetenzen zu behalten und dem Gebiet Tjumen stattdessen die gesamten Einnahmen aus der Steuer auf die Nutzung der Bodenschätze zu überlassen. Die Administration des Gebiets nahm diese Vorschläge aber nicht an und präsentierte einen eigenen Vorschlag, der den Bezirken beispielsweise von 24 administrativen Kompetenzen nur 12 wenig bedeutende gewährte. Im Juni 2004, nach mehrmaligen persönlichen Interventionen des Vertreters des russischen Präsidenten im Föderalbezirk, kam es zur Verabschiedung eines Vertrages über die Abgrenzung der gegenseitigen Kompetenzen zwischen den drei Regionen. In diesem Vertrag hat die Administration des Gebiets zugestanden, dass die Bezirke wichtige administrative Kompetenzen, wie z.B. die Regulierung der budgetären Beziehungen zwischen der Bezirksadministration und lokalen Selbstverwaltungen, die Finanzierung des Bildungs- und Gesundheitswesen für fünf Jahren behalten. Die Bezirke haben sich wiederum verpflichtet, jährlich 20 Milliarden Rubel (etwa 700 Millionen USD) in den Haushalt des Gebiets abzuführen. Diese Einnahmen werden zum Teil für die Realisierung der gemeinsamen Entwicklungsprogramme verwendet und zum anderen Teil für die Haushaltsausgaben des Gebiets Tjumen.[10] Im Rahmen der föderalen Steuer- und Haushaltsreform, die vom Zentrum als Druckmittel auf die finanziell starken Regionen benutzt worden war, haben diese drei Regionen die Einnahmen aus der Steuer auf die Förderung von Bodenschätze an das föderale Zentrum abgeben müssen. Die Haushalte in diesen Regionen büßten dementsprechend ab 2005 jähr-

---

/ Perminova, Irina: Panichida po matreške, in: Ėkspert-Ural, 10.05.2004, im Internet veröffentlicht unter: http://www.mfit.ru/local/pub_4_191.html.

9   Regionales Abkommen »Soglašenie ob osnovnych napravlenijach soglasovannoj politiki v social'no-ėkonomičeskoj sfere organov gosudarstvennoj vlasti Tjumenskoj oblasti, Chanty-Mansijskogo avtonomnogo okruga« vom 15.02.2001, im Internet veröffentlicht unter: http://www.hmao.wsnet.ru/pravo/flame.htm. Mehr dazu bei: Belimov, Viktor: Tjumenskaja integracija polučila vtoroe dychanie, 17.09.2001, im Internet veröffentlicht unter: http://www.strana.ru/topics/125/01/09/17/60073.html.

10 Lakedemonskij, Aleksandr: Vremja Jastrebov, in: Expert-Ural, 9/2003, S. 8f.; Jablonskij, Nikolaj / Kulešov, Igor': Tjumenskij kompromiss, ChAMO i JaNAO zaplatjat za samostojatel'nost' 100 milliardov rublej, in: Kommersant''-Region Ekaterinburg, 10.07.2004, S. 3; Sotnik, Vitalij: Prognozy »temnoj lošadki«, in: Uralpolit.ru, 23.08.2004, im Internet veröffentlicht unter: http://www.uralpolit.ru/yanao/?art=8735.

lich mehrere Milliarden Rubel ein, was für das Gebiet Tjumen ein erhebliches Haushaltsdefizit bedeutet.

Allerdings machte das föderale Zentrum im November 2005 mit der Berufung des Tjumener Gouverneurs Sobjanin zum Leiter der Präsidialverwaltung in Moskau einen von der regionalen politischen Elite nicht erwarteten Schritt.[11] Sobjanins Nachfolger wurde Wladimir Jakuschew.[12] Er kennt sich mit der politischen Situation in der Region sehr gut aus und wird, was für das föderale Zentrum wichtig ist, die von Sobjanin angefangene Politik weiterführen. Es ist zu erwarten, dass die Beziehungen zwischen dem Gouverneur Jakuschew mit den verschiedenen Einflussgruppen in der Region bleiben, wie sie sich während Sobjanins Amtszeit entwickelt haben. Seine Aufgaben bleiben unverändert: die Integrationsprozesse der Regionen zur Ende zu bringen.[13]

Das Zentrum hat so fast alle Voraussetzungen für die Vereinigung der drei Regionen geschaffen. Aus der ursprünglich angestrebten wirtschaftlichen Integration wurde dabei zunehmend ein vom Zentrum forciertes Zusammenlegungsprojekt. Auf diese Weise schafft das föderale Zentrum mit der neuen Region Tjumen die erdöl- und erdgasreichste Region Russlands mit einer transparenten Administration- und Finanzstruktur und mit einem loyalen Gouverneur an der Spitze.

4.2. Die relevanten politischen Akteure

4.2.1. Die regionale Exekutive

Die Exekutive wird im Gebiet Tjumen durch **den Gouverneur** mit der ihm unterstellten regionalen Administration repräsentiert. Der Gouverneur wurde im Untersuchungszeitraum durch direkte Wahlen für fünf Jahre gewählt. Zum Gouverneur konnte jeder Staatsbürger der Russischen Föderation, der mindestens 30 Jahre alt war und ständig oder größtenteils in dieser Region lebte, gewählt werden. Der Gouverneur koordiniert die Zusammenarbeit zwischen der regionalen Verwaltung und der Duma. Er nimmt entweder persönlich oder durch einen Ver-

---

11 Makarkin, Sergej: Sergej Sobjanin – rukovoditel' administracii prezidenta, in: Politkom.ru, 13.12.2005, im Internet veröffentlicht unter: http:www.politkom.ru/2005/amalit280.php; A.A.: Putin proizvel perestanovki w administracii, in: Info-Kommersant", 14.11.2005.
12 Ryčkova, Larisa: Tjumenskuju Oblast' vozglavil preemnik Sergeja Sobjanina, in: Kommersant", 26.05.2005, S. 2.
13 Für die Realisierung dieser Ziele, die unter anderem die Durchführung eines Referendums über die Vereinigung der drei Subjekte und regionale Parlamentswahlen sowie die neue Aufteilung der Wahlbezirke umfassten, waren 180 Millionen Rubel im regionalen Haushalt für das Jahr 2006 vorgesehen. Sotnik, Vitalij: Kak naznačali Sobjanina, in: Uralpolit.ru, 14.11.05, im Internet veröffentlicht: http://www.uralpolit.ru/tumrn/news/?art=12866.

treter an den Parlamentssitzungen teil, in denen er eine beratende Stimme hat. Er besitzt das Recht der Gesetzgebungsinitiative in den Legislativorganen auf regionaler und lokaler Ebene und hat ein Vetorecht bei regionalen Gesetzen. Für die Durchführung der föderalen und regionalen Gesetze werden vom Gouverneur zusätzlich Beschlüsse und Verordnungen erlassen.

Der Gouverneur wurde in direkten Wahlen durch die Bevölkerung des Gebiets Tjumen und der zwei Autonomen Bezirke für fünf Jahre gewählt, wobei nur eine Wiederwahl zulässig war. Der Gouverneur konnte von seinem Posten durch die Duma mit 2/3 der Abgeordnetenstimmen abberufen werden, wenn er sich mehrmalige Verstöße gegen die Verfassung und die regionalen Gesetzen hatte zu Schulden kommen lassen. Obwohl er durch die gesamte Bevölkerung des Gebiets gewählt wurde, waren seine Kompetenzen auf das Territorium des Gebiets Tjumen ohne die Autonomen Bezirke beschränkt.

Zur **regionalen Administration** (ab April 2005 regionale Regierung[14]), die dem Gouverneur unterstellt ist, gehörte der Vize-Gouverneur. Dieser Posten wurde direkt nach den Gouverneurwahlen 1997 eingeführt; ihm wurde die Kontrolle über die regionalen politischen Prozesse, über die nicht-staatlichen Organisationen und die Vorbereitung regionaler Wahlen übertragen. Außerdem umfasste die Administration die stellvertretenden Gouverneure und die Leiter der Departements. Die regionale Administration ist für die Ausarbeitung des regionalen Haushaltes, der regionalen Sozial- und Wirtschaftsprogramme sowie für deren Realisierung verantwortlich. Außerdem verwaltet sie das regionale Vermögen und garantiert die Durchführung der regionalen Wirtschafts-, Sozial- und Kulturpolitik.[15] Sie entwickelt die regionale Finanz- und Investitionspolitik, Maßnahmen zur Entwicklung des Unternehmertums und unterstützt die regionalen Bank- und Kreditsstrukturen. Sie kontrolliert die Erfüllung der Förderlizenzen für Bodenschätze und die Einhaltung der Naturschutzgesetzgebung.[16]

Zum ersten Gouverneur der Region wurde 1991 Jurij Schafranik[17] ernannt, der schon 1990 den Posten des Vorsitzenden des regionalen Exekutivkomitees innehatte. Nach seinem Amtsantritt versuchte Schafranik die regionale Einheit und die Kontrolle über den Erdgas- und Erdölkomplex zu bewahren. Nach Schafraniks Ernennung zum föderalen Minister für Brennstoffindustrie im Jahre 1993 übernahm Leonid Rokezkij[18] den Posten des Gouverneurs. Rokezkij gewann

---

14 Gouverneurerlass des Gebiets Tjumen »O sozdanii pravitel'stva Tjumenskoj oblasti« vom 18.04.2005, Nr. 34, in: Pravovye spravočnye sistemy Konsul'tant-Plus.
15 Artikel 37–43 des Statutes des Gebiets Tjumen vom 15.06.1995, im Internet veröffentlicht unter: http://www.tmn.ru/~tyumduma/f-docums.htm.
16 ebd.
17 Zur Biographie von Schafranik siehe Anhang.
18 Zur Biographie von Rokezkij siehe Anhang.

4.2. DIE RELEVANTEN POLITISCHEN AKTEURE 187

die Gouverneurswahlen 1997 und blieb bis zum Januar 2001 auf diesem Posten. Während seiner Amtszeit als Gouverneur war er gleichzeitig Aufsichtsratsvorsitzender des Erdölunternehmens TNK und Mitglied des Aufsichtsrates des Tobolskij Petrochemieunternehmens.

Bei den Gouverneurswahlen vom 14.01.2001 wurde Sergej Sobjanin gewählt, der ehemalige Vorsitzende der Duma des Autonomen Bezirkes der Chanten und Mansen. Im Februar 2005 wurde Sobjanin auf Vorschlag von Präsident Putin durch das regionale Parlament in seinem Amt bestätigt. Mit seiner Ernennung zum Leiter der Präsidialadministration ging Sobjanin allerdings bereits im November 2005 nach Moskau. Sobjanin war während seiner Amtszeit als Gouverneur Vorstandsmitglied des Gasunternehmens Zapsibgazprom und auch des Erdölunternehmens TNK. Letzteren Posten verlor er allerdings im Juni 2003, nach der Umstrukturierung von TNK in TNK-BP.

In den 1990er Jahre nahmen die **Vertreter des Präsidenten der Russischen Föderation** im Gebiet Tjumen keine wichtige Rolle ein. Nach den 2000 durchgeführten Reformen Präsident Putins, die die Kompetenzen der Vertreter erweiterte, hat ihre Rolle in der regionalen Politik jedoch an Bedeutung zugenommen. Das Gebiet Tjumen wurde in den Föderalbezirk Ural[19] eingegliedert, der Pjotr Latyschew[20] unterstellt war. Seine Kompetenzen umfassten unter anderem die Kontrolle der regionalen Abteilungen der Rechtschutzorgane und der Staatsanwaltschaft, was ihm einen besonderen Status in der regionalen Machtstruktur sicherte. Er war für die Unsetzung der föderalen Gesetzgebung und die Anpassung der regionalen Gesetze verantwortlich. Latyschew entschied über die föderale Personalpolitik im Föderalbezirk, d. h. alle wichtigen Personalentscheidungen im Bereich der regionalen Politik waren mit ihm persönlich und dem föderalen Zentrum abzustimmen. Auch bei den Vorbereitungen und den Durchführungen der Gouverneurswahlen und den Parlamentswahlen sowie Kommunalwahlen verhandelte er im Namen des föderalen Zentrums persönlich mit den möglichen Kandidaten für den Gouverneursposten und den Vertretern der Parteien. Außerdem kontrollierte er die regionalen Außenwirtschaftsbeziehungen und die Entwicklung der regionalen Mittel- und Kleinunternehmen. Das föderale Zentrum übergab ihm zudem die Kontrolle über die Nutzung der Finanzen aus dem föderalen Haushalt, über die regionalen Abteilungen der föderalen Fernsehkanäle und die Koordinierung der regionalen Medien, die von den Gouverneuren abhängig waren. Ab 2004 wurden seine Kompetenzen in der Personal-

---

19 Der Föderalbezirk Ural umfasst die Gebiete Tscheljabinsk, Kurgan, Swerdlowsk und Tjumen, einschließlich seiner beiden Autonomen Bezirke.
20 Zur Biographie von Latyschew siehe Anhang.

politik erweitert, er wurde für die Auswahl, die Prüfung und die Absprache der Kandidaten für den Gouverneurposten mit dem Zentrum zuständig.[21]

Dementsprechend schuf Latyschew eine Reihe von Verwaltungs- und Koordinationsstrukturen auf der föderalen Bezirksebene, wie etwa das föderale Uralbezirkszentrum für wirtschaftliche Planung und Prognostizierung oder das Beratungskomitee für die Massenmedien, das für die Zusammenarbeit mit den regionalen Medien zuständig war. Sergei Pushkarev drückte es folgendermaßen aus:

> He [Latyschew] feels that he has two main responsibilities: serving as a crisis manager, coordinating work to correct previous mistakes, and playing the role in reforming the relationship among the federal government, regional leadership, economic elites, and societal groups within the framework of the existing constitution.[22]

Für die Koordination der Arbeit im Föderalbezirk wurden in jeder Region föderale Inspektoren eingesetzt. Im Gebiet Tjumen war dies Föderalinspektor Sergej Smetanjuk, der vorher Vorsitzender des Stadtparlaments von Tjumen gewesen war.[23] Erster Stellvertreter Latyschews wurde Anfang 2000 Sergej Sobjanin, der damalige Vorsitzende der Duma des Autonomen Bezirks der Chanten und Mansen und ihr Vertreter im Föderationsrat. Er bekleidete diesen Posten bis zu seiner Wahl zum Tjumener Gouverneur im Januar 2001.[24]

4.2.2. Die regionale Legislative

Das regionale Parlament des Gebiets Tjumen, die **Duma**, ist ein Einkammerorgan, das bis Ende 2005 aus 25 Abgeordneten bestand. Die Legislaturperiode des Parlamentes beträgt fünf Jahre, kann jedoch auf Grund einer Entscheidung über die Selbstauflösung oder einer Entscheidung des Gouverneurs, sollte das

---

21 Mints, Natalya: Latyshev and the Ural media, in. Russian Regional Report, 04.10.2000, S. 6; Petrov, Nikolaj (Hg.): Federal'naja Reforma 2000–2004, Tom II, Strategii, instituty, problemy, Moskau 2005, S. 161f.
22 Pushkarev, Sergei: Latyshev builds new structures in Ural federal district, in: Russian Regional Report, 10.01.2001, S. 7f..
23 Ausführlich bei: Mints, Natalya: Latyshev taking real power from governors in Urals, in: Russian Regional Report, 21.11.2000, S. 6–7; Kondrat'ev, Sergei: Urals Federal Okrug, in: Reddaway, Peter / Orttung, Robert W. (Hg.): The dynamics of Russian politics. Putin's reform of federal-regional relation, vol. I, Lanham, MD 2004, S. 187–211.
24 Nach dem Weggang von Sobjanin wurde Sergej Vachrukow, der bisherige Stellvertreter für die wirtschaftliche und soziale Entwicklung, zum ersten Stellvertreter von Latyschew berufen.

4.2. DIE RELEVANTEN POLITISCHEN AKTEURE

Parlament nicht mehr beschlussfähig sein, vorzeitig beendet werden.[25] Nach dem Statut des Gebiets Tjumen werden die Wahlen zur regionalen Duma nach dem Mehrheitswahlrecht in Einzelwahlkreisen auf Grundlage einheitlicher Normen für das gesamte Territorium durchgeführt. In Übereinstimmung mit dem föderalen Gesetz »Über allgemeine Prinzipien der Organisation der Exekutive- und Legislativorgane«[26] änderte die Duma Mitte 2003 die Wahlprinzipien zum Jahresbeginn 2005. Zum einen vergrößerte sie die Zahl der Abgeordneten von 25 auf 52. Zum anderen ordnete sie an, dass 26 Abgeordnete nach Parteilisten gewählt werden und weitere 26 Abgeordnete in Einzelwahlkreisen.[27] Im Mai 2005 wurde die Zahl der Abgeordneten auf 32 reduziert, wobei weiterhin jeweils die Hälfte der Abgeordneten über Parteilisten bzw. in Einzelwahlkreisen bestimmt wird.[28]

Die Kompetenzen der Duma umfassen unter anderem die Verabschiedung der regionalen Gesetze und des regionalen Haushalts, die Bildung außerbudgetärer Fonds und die Kontrolle über ihre Verwendung. Die regionale Duma legt, basierend auf der föderalen Steuergesetzgebung, die regionalen Steuern sowie Steuervergünstigungen fest und reguliert die Verwaltung des regionalen Vermögens und seiner Privatisierung. Außerdem entscheidet sie über die Emission lokaler Wertpapiere. Zudem ist sie für die rechtliche Regulierung der Nutzung und für den Schutz der Naturressourcen verantwortlich. Außerdem gehören zu ihren Kompetenzen die Billigung der Struktur der regionalen Administration und die Zustimmung zur Ernennung der stellvertretenden Gouverneure, sowie die Absetzung des Gouverneurs. Durch die Abgeordneten werden ständige Kommissionen gebildet, die die Kompetenzen der Duma bezüglich der Ausarbeitung regionaler Gesetze und ihre Kontrollrechte gewährleisten sollen.[29]

---

25 Artikel 27–36 des Statutes des Gebiets Tjumen vom 15.06.1995, im Internet veröffentlicht unter: http://www.tmn.ru/~tyumduma/f-docums.htm.

26 Föderales Gesetz »O vnesenii izmenenij i dopolnenij v federal'nyj zakon ›Ob obščich principach organizacii zakonodatel'nych (predstavitel'nych) i ispolnitel'nych organov vlasti sub"ektov Rossijskoj Federacii‹« vom 04.07.2003, in: Sobranie Zakonodatel'stva RF, 27/2003, St. 2709.

27 Erlass der Duma des Gebiets Tjumen »O vnesenii izmenenij v Ustav Tjumenskoj Oblasti v svjazi s vneseniem izmenenij v federal'nyj zakon ›Ob obščich principach organizacii zakonodatel'nych (predstavitel'nych) i ispolnitel'nych organov vlasti sub"ektov Rossijskoj Federacii‹« vom 24.06.2003, Nr. 924, in: Pravovye spravočnye sistemy Konsul'tant-Plus.

28 Erlass der Duma des Gebiets Tjumen »O vnesenii izmenenij v Ustav Tjumenskoj Oblasti« vom 23.05.2005, Nr. 1124, in: Pravovye spravočnye sistemy Konsul'tant-Plus.

29 Im Gebiet Tjumen waren im Parlament die Kommission für Haushalt, Steuer und Finanzen, die Kommission für staatliche Bauvorhaben und örtlichen Verwaltung, die Kommission für die Sozialfragen und die Kommission für Wirtschaftspolitik und Bodennutzung tätig.

Das Statut des Gebiets Tjumen legt fest, dass Rechtsakte, die vom regionalen Parlament verabschiedet werden und die Regulierung der gemeinsamen Kompetenzen der drei Verwaltungseinheiten betreffen, in den Autonomen Bezirken nur dann in Kraft treten, wenn sie durch die Legislativorgane der Autonomen Bezirke gebilligt wurden.[30]

Die ersten regionalen Parlamentswahlen fanden am 6. März 1994 statt. Die Duma wurde für zwei Jahre gewählt, jedoch verlängerten die Abgeordneten ihre Amtszeit bis Dezember 1997. Auf den Posten des Vorsitzenden der Duma wurde Nikolaj Baryschnikow[31] berufen, der frühere stellvertretende Gouverneur des Autonomen Bezirkes der Chanten und Mansen. Die Duma führte mit Gouverneur Rokezkij eine koordinierte Politik. Nach den Parlamentswahlen vom 14. Dezember 1997 wurde Sergej Korepanow[32], ein Vertreter des Autonomen Bezirkes der Jamal-Nenzen mit Verbindungen zur Gasindustrie, zum Duma-Vorsitzenden gewählt. Von Anfang an opponierte Korepanow, der durch die Vertreter der Autonomen Bezirke im Parlament unterstützt wurde, gegen die Politik von Gouverneur Rokezkij und seiner Administration, was oft Konflikte zwischen den zwei Organen verursachte. Am 16. Dezember 2001 wurde Korepanow erneut zum Parlamentsvorsitzenden gewählt.

Bei der Zusammensetzung der Duma in ihrer zweiten und dritten Legislaturperiode 1997 bzw. 2001 war die starke Präsenz von Vertretern der Erdöl- und Erdgasindustrie auffällig. In den beiden Legislaturperioden bildeten sie mit jeweils insgesamt neun Abgeordneten (d.h., 36% der Stimmen) eine repräsentative Gruppe im Parlament. Dabei dominierte mit fünf Abgeordneten das Gasunternehmen Gazprom, wie Tabelle 4.1 zeigt.

Politische Parteien und Bewegungen spielten, mit Ausnahme der Partei der Macht, bei den politischen Entscheidungen in der Region keine wesentliche Rolle. Schon Anfang der 1990er Jahre bildeten sich in der Region sowohl demokratisch als auch nationalistisch orientierte politische Bewegungen. Allerdings schafften es nur wenige Parteien politisch zu überleben.[33] Zu denen gehörten

---

30   Artikel 27–36 des Statutes der Gebiet Tjumen, im Internet veröffentlicht unter: http://www.tmn.ru/~tyumduma/f-docums.htm.
31   Zur Biographie von Baryschnikow siehe Anhang.
32   Zur Biographie von Korepanow siehe Anhang.
33   Mehr zum Parteisystem im Gebiet Tjumen bei: Petrov, Nikolaj / Titkov, Aleksej / Glubotskij, Aleksandr: Tjumenskaja Oblast', in: Makfol, Majkl / Petrov, Nikolaj (Hg.): Političeskij Almanach Rossii 1997, Buch 2, Band II, Moskau 1998, S. 938–952, hier S. 947–950; Bobrov, I.V.: Političeskie partii i obščestvennye organizacii kak projavlenie social'noj aktivnosti graždan (Manuskript), im Internet veröffentlicht unter: http://kodweb.pirit.info:8000/nic?doc&nd=466200547&nh=0&ssect=0.

4.2. DIE RELEVANTEN POLITISCHEN AKTEURE

die Kommunisten. Sie waren mit zwei Fraktionen präsent. Die ›RKRP‹[34] wurde in der regionalen Duma durch ihren Leiter Aleksandr Tscherepanow vertreten. Die landesweit starke KPRF[35] wurde in Tjumen von Wladimir Tschertischew geleitet, einem Vertreter der Ölfirma Sidanko, der 1999 in die Staatsduma wechselte. Die demokratischen Kräfte vertraten die föderalen Parteien ›Jabloko‹ und ›Sojuz Pravych Sil‹ (Union der Rechten Kräfte). Nach dem Verlust in den föderalen Parlamentswahlen 1999 und 2003 erlebten sie innere Krisen, die praktisch zum Untergang dieser Parteien in der regionalen politischen Arena führten. Außerdem war auch die national-populistische Partei ›LDPR‹[36] in der Region registriert, wurde aber kaum aktiv.

Tabelle 4.1: Die Vertreter von Öl- und Gasunternehmen in der zweiten und dritten Legislaturperiode der Duma im Gebiet Tjumen

Branche	Legislaturperiode 1997–2001	In % (N = 25)	Legislaturperiode 2001–2005	In % (N = 25)
Öl	1	4,0	2	8,0
Gas	5	20,0	5	20,0
Gemischte Unternehmen (aus Öl-und Gasindustrie)	3	12,0	2	8,0
Zusammen	**9**	**36,0**	**9**	**36,0**
Darunter				
Gazprom*	5	20,0	5	20,0
Lukoil	0	0,0	1	4,0
Surgutneftegas	1	4,0	1	4,0
Sibneft	1	4,0	0	0,0
TNK	1	4,0	0	0,0

* Umfasst einen doppelten Abgeordneten, der sowohl in der Duma des Gebiets Tjumen und als auch des Autonomen Bezirks der Jamal-Nenzen einen Sitz hatte.
Quelle: http://www.tmn.ru/~tyumduma/f_deputats.htm, Stand 20.1.2004.

Die Partei der Macht vertrat in der Region in den 1990er Jahren die vom ehemaligen Ministerpräsidenten Wiktor Tschernomyrdin mit Unterstützung von Gazprom geschaffene föderale Partei ›Nasch dom Rossija‹ (Unser Haus Russland), in der Gouverneur Rokezkij auch Mitglied wurde. Mit der Wahl von Sobjanin zum

---

34 RKRP – Rossijskaja Kommunističeskaja Rabočaja Partija (Russische Kommunistische Arbeitspartei).
35 KPRF – Kommunističeskaja Partija Rossijskoj Federacii (Kommunistische Partei der Russischen Föderation).
36 LDPR – Liberal'no-demokratičeskaja Partija Rossii (Liberaldemokratische Partei Russlands).

regionalen Gouverneur übernahm die Putin-nahe Partei ›Jedinstwo‹ (Einheit), die sich im März 2002 in ›Jedinaja Rossija‹ (Einheit Russlands) umwandelte, die Position der regionalen Partei der Macht. 2005 umfasste sie schon 26 lokale Abteilungen im Gebiet. Zu den Mitgliedern gehören eine Reihe der regionalen und lokalen administrativen Vertreter, wie etwa der damalige Gouverneur des Gebiets Sobjanin und Vertreter der regionalen Wirtschaft. Sobjanin war auch Mitglied des föderalen Obersten Sowjet der Partei. Auch die Mehrheit der Abgeordneten der 2001 gewählten regionalen Duma waren Mitglieder der Partei. Ihre Fraktion umfasste 18 von 25 Abgeordnete, wovon 4 Vertreter der Öl- und Gasunternehmen[37] waren.[38]

4.2.3. Die Struktur der regionalen politischen Elite

Pete Glatter stellt zu den regionalen und lokalen Elite des Gebiets Tjumen fest:

> In the first place [...] leading regional figures share profiles which are typical of Russian regional elite leaders (the obkom first secretaries) in the immediate post-Brezhnev period: they are all successful local insiders, for example, and their Soviet and Communist Party careers were inextricably intertwined. The main differences are that this post-Soviet leadership group is younger and has not had any higher education in Moscow. Secondly, these career profiles exhibit two important characteristics for which the Tyumen' elite was noted in the late Soviet period. One is the high level of integration between oil and gas and the regional political-administrative system. The other is the likelihood of promotion from the region to a region related ministry in Moscow. Thirdly, the steady progress of this leadership group up the promotion ladder in the 1980s is a remarkable common feature, given the purges which rocked the Tyumen' regional elite until late in the decade.[39]

In den 1990er Jahre waren in der regionalen politischen Elite zwei starke Gruppen präsent. Die erste Gruppe bildete sich um Gouverneur Leonid Rokezkij. Die Zugehörigkeit zu dieser Gruppe wurde durch den Gouverneur bestimmt, wobei Treue und Zuverlässigkeit gegenüber dem Gouverneur und Mittelmäßigkeit, als Garantie gegen Konkurrenz zum Gouverneur, zu den zentralen Auswahlkriterien gehört zu haben scheinen. In der Einschätzung der meisten Experten war

---

37 Die Liste der Abgeordneten der regionalen Duma, die in der Fraktion »Einheit Russland« zusammengeschlossen waren ist im Internet veröffentlicht unter: http://edinros.ru/news.html?rid=1874&id=65784.

38 Mehr zu den Tätigkeit der regionalen Abteilung der Partei ›Jedinaja Rossija‹ im Gebiet Tjumen siehe auf der Internetseite der Partei, im Internet veröffentlicht unter: http://www.edinros.ru/news.html?rid=1874&id=65786.

39 Glatter, Pete: Continuity and change in the Tyumen' regional elite 1991–2001, in: Europe-Asia Studies, 3/2003, S. 401–435, hier S. 406f.

4.2. DIE RELEVANTEN POLITISCHEN AKTEURE 193

die regionale Administration damit eine Versammlung ineffizienter Bürokraten. In Rokezkijs Amtzeit fand in der regionalen Administration praktisch kein Kaderwechsel statt. Die Mehrheit der regionalen Beamten hatte mit dem Gouverneur schon in den Strukturen des regionalen Exekutivkomitees (Ispolkom) in der Sowjetzeit zusammengearbeitet.[40]

Wichtige Entscheidungen wurden zum großen Teil von Rokezkij selbst getroffen, wobei sie häufig als nicht gut durchdacht und konzeptionslos bezeichnet wurden. Einen gewissen Einfluss erreichte der Vize-Gouverneur. Von 1997 bis 2000 übte dieses Amt Waleri Perwuschin aus, ehemaliger Vorsitzender der Kommunistischen Partei des Jamal-Nenzen Bezirkes und danach Sekretär des Administrativen Sowjets der drei Regionen. Während seiner Arbeit als Vize-Gouverneur unterstützte er die Interessen des Bezirks der Jamal-Nenzen sehr und wurde dafür von seinem Posten entlassen.[41] Sein Nachfolger wurde der aus dem Gebiet Tjumen stammende Sergej Sarytschew.[42] Zu den Rokezkij nahestehenden Personen gehörte auch Nikolaj Belousow, der erste Stellvertreter des Gouverneurs mit Zuständigkeit für Wirtschaftsfragen.[43] Ebenfalls einflussreich waren Ludmila Wolkowa, eine Stellvertreterin des Gouverneurs und Verwaltungsleiterin, sowie Wladimir Sagwjasinskij, ebenfalls ein Stellvertreter des Gouverneurs und Leiter des Komitees für die Verwaltung des staatlichen Vermögens.

Die zweite Gruppe innerhalb der politischen Elite präsentierten die Vertreter der regionalen Duma, deren Mehrheit – 14 von 25 Abgeordneten – nach den Parlamentswahlen 1997 aus den Autonomen Bezirken kamen. Die von Rokezkij unterstützte Idee der Vereinigung des Gebiets mit den Bezirken führte zu einem starken Konflikt mit dem Parlament. Während die Initiativen des Gou-

---

40 Rokezkij erklärte sein Festhalten an alten Kadern in der regionalen Administration in einem Interview folgendermaßen: »Ich habe einen Nachteil – ich habe mich nicht daran gewöhnt, die Mitarbeiter zu wechseln. Es könnte sein, dass es besser gewesen wäre, den Jüngeren eine Chance zu geben, aber es tut mir leid, mich von den alten bewährten Kadern zu trennen. Möglicherweise ist es keine Schwäche, sondern gesunder Menschenverstand, der mich auf den Gedanken bringt, dass die niedrige und mittlere Schicht der ›Boden der Verwaltung‹ ist, den man sehr einfach durch ›tiefes Umpflügen‹ beschädigen kann. Dann ist es schwer ihn wieder anzusetzen.« Zitiert nach Golovkov, Aleksandr: Neprostota vlasti, in: Nezavisimaja Gazeta, 30.03.2000, S. 10,12.
41 Offiziell ist Waleri Perwuschin auf eigenen Wunsch zurückgetreten, inoffiziell verlor er seinen Posten, weil er zwei Mal die Kandidatur Sergej Korepanows zum Parlamentsvorsitzenden unterstützte, der auch aus dem Bezirk der Jamal-Nenzen kam und auf diesen Posten gewählt wurde. Siehe in: Info.Jamal.ru: Gubernator Tjumenskoj Oblasti Leonid Rokeckij podpisal rasporjaženie, kotorym udvletvoril zajavlenie ob otstavke gubernatora Valerija Pervušina, 19.01.2000, im Internet veröffentlicht unter: http://www.yamal.ru/new/news/000119.htm.
42 Zur Biographie von Sarytschew siehe Anhang.
43 Zur Biographie von Belousow siehe Anhang.

verneurs im politischen Bereich scheiterten,⁴⁴ konnte jedoch bei den wirtschaftlichen und sozialen Regulierungen ein Kompromiss gefunden werden. Dabei nutzte Rokezkij mehrmals die Taktik der bilateralen Verhandlungen mit einzelnen Abgeordneten. Von den 25 Abgeordneten der Duma (1997–2001) haben nur sieben Abgeordnete mit dem Gouverneur aktiv kooperiert, darunter unter anderem Wladimir Nikiforow, Direktor von Zabsibgazprom, einer Tochterfirma von Gazprom und Mitglied der parlamentarischen Kommission für die regionale Gesetzgebung sowie Wladimir Kramskoj, Leiter der Tjumener Gasleitungsverwaltung, ebenfalls einer Tochterfirma von Gazprom, und Leiter der Duma-Kommission für Haushalt, Steuern und Finanzen.

Außerdem gehörten zu den wichtigen, aber inoffiziellen Entscheidungsträgern die Ehefrau des Gouverneurs Galina Rokezkaja, eine ambitiöse Frau, der es gelang mit Hilfe der administrativen Ressourcen ihres Mannes Entscheidungen sowohl in politischen als auch in wirtschaftlichen Bereichen zu ihren eigenen Gunsten zu beeinflussen.⁴⁵ Ihr Engagement war eine der wesentlichen Ursachen für die Ablehnung des Gouverneurs durch die Mehrheit der Abgeordneten, was zu heftigen Konfrontationen und schließlich zu Rokezkijs Niederlage bei den Gouverneurswahlen 2001 führte.

Da in der Region die Spielregeln in der Wirtschaft und in der Politik unter Rokezkij nach den Kalkulationen des Gouverneurs und seiner Familie festgelegt wurden, konnte sich in der Region eine strukturierte und organisierte Wirtschaftselite als autonomer Akteur nicht bilden.

Nach dem Amtsantritt von Sergej Sobjanin als Gouverneur des Gebiets Tjumen kam es 2001 zu einem umfassenden Kaderwechsel in der regionalen Administration. Rokezkijs Vertraute wurden entlassen und durch relativ junge Fachleute ersetzt. Die Mehrheit von ihnen hatte mit dem neuen Gouverneur ent-

---

44 Im Januar 2000 wies z.B. die Tjumener Duma aus formalen Gründen die Gesetzinitiative von Rokezkij zurück. Er schlug vor, die Tjumener Gouverneurswahlen am gleichen Tag wie die föderalen Präsidentenwahlen im März 2000 durchzuführen. Allerdings äußerten sich die Gouverneure der Bezirke dagegen, da sie ihre Wahlen schon auf diesen Tag verschoben hatten. Mehr Info bei: Berezin, Lev: Tjumen': chronika gubernatorskich vyborov, in: Vybory i problemy graždanskogo obščestva na Urale, Moskovskij Centr Karnegi, Moskau 2001, im Internet veröffentlicht unter: http://www.carnegie.ru/ru/news/244113berezin.doc.

45 Galina Rokezkaja war Vorstandsvorsitzende der Tjumener Städtischen Bank, die die Konten der wichtigsten regionalen Unternehmen führte und die Mittel des regionalen und kommunalen Haushaltes von Tjumen verwaltete. Die Bank besaß Anteile an mehreren regionalen Unternehmen, darunter an »Tjumenenergo«, dem regionalen Stromversorger, sowie an mehreren wichtigen regionalen Medien. Mehr dazu bei Kajdalova, Elena: Tjumenskie Druz'ja Solonika, in: Novaja gazeta, 06.03.2000, S. 3; Lur'e, Oleg: Dve istorii iz žizni mamy Rokki, im Internet veröffentlicht unter: http://gubernator.narod.ru/publication.html.

weder schon während seiner Tätigkeit im Autonomen Bezirk der Chanten und Mansen zusammengearbeitet oder eine Karriere in der regionalen Wirtschaft gemacht, bevor sie in die Politik wechselte. Unter Sobjanin lassen sich zwei politische Machtgruppen differenzieren. Die erste Gruppe wurde durch Vertreter der regionalen Administration und des Parlaments repräsentiert. Führende Positionen in dieser Gruppe nahmen neben Gouverneur Sobjanin seine Vertreter in der Regionalverwaltung ein, darunter Vize-Gouverneur Wladimir Jakuschew,[46] der für die regionalen Finanzen, für die Beziehungen mit dem Tjumener Regionalparlament und für die Ausarbeitung der politischen Abkommen mit den autonomen Bezirken zuständig war. Ebenfalls zu dieser Gruppe gehörte der erste Stellvertreter des Gouverneurs, Pawel Mitrofanow,[47] dem die Departements für den Brennstoffkomplex, für Naturressourcen, für Industrie und Investitionen sowie für Handel und Außenbeziehungen unterstanden. Auch der Vorsitzende der Duma des Gebiets Tjumen, Sergej Korepanow, ist dieser Gruppe zuzurechnen.

Die zweite Machtgruppe bestand aus den Vertretern der großen Öl- und Gasunternehmen. Diese wird zum einen repräsentiert durch die Vertreter der Branche, die im regionalen Parlament sitzen. Zu ihnen gehören zum Beispiel der Leiter der Gazprom-Tochter Zapsibgazprom, Aleksandr Zawjalow, der mit Gouverneur Sobjanin bereits in der regionalen Duma der Chanten und Mansen zusammengearbeitet hatte, der Leiter der Verwaltung von Gazproms Erdgasfernleitungen, Wladimir Kramskoj, der in der dritten Legislaturperiode der regionalen Duma die Kommission für Haushalt, Steuer und Finanzen leitete, sowie der Leiter von Lukoil-Zapadnaja Sibir, Wladimir Nekrasow, der in der dritten Legislaturperiode der regionalen Duma der Kommission für Wirtschaftspolitik und Naturnutzung vorstand.

Darüber hinaus werden die Öl- und Gasunternehmen in der regionalen Politik aber auch durch höher stehende Firmenrepräsentanten vertreten, die in der Region kein politisches Amt bekleiden. Hier spielt zum Beispiel Semjon Wajnschtok, der Präsident von Transneft, dem staatlichen Betreiber der Ölpipelines, eine wichtige Rolle. Mit Gouverneur Sobjanin ist er durch eine langjährige Zusammenarbeit in der Stadt Kogalym verbunden, in der Sobjanin Verwaltungschef war, während Wajnschtok das Lukoil-Tochterunternehmen Lukoil-Zapadnaja Sibir leitete, das in dieser Stadt seinen Sitz hat.[48] Ebenfalls von Bedeutung

---

46 Zur Biographie von Jakuschew siehe Anhang.
47 Zur Biographie von Mitrofanow siehe Anhang.
48 In der Stadt Tjumen hatten beide zudem die Internetplatform »Vsluch.ru« und die Zeitung »Vsluch o glavnom« gegründet. Die Leitung wurde dem Politologen Dmitrij Ogulčanskij aus dem Autonomen Bezirk der Chanten und Mansen übergeben. Insgesamt werden rund 80 Prozent der regionalen Medien im Gebiet Tjumen von der regionalen Administration kontrolliert; Polozov, Aleksandr: Četyre masti Tjumenskoj vlasti,

ist der Präsident des Ölunternehmens Lukoil, Wagit Alekperow. Sobjanin und Alekperow kennen sich ebenfalls aus Kogalym, wo Letzterer lange in der Erdölförderung tätig war.[49]

Zudem sind der Gouverneur des Autonomen Bezirkes der Chanten und Mansen Aleksandr Filipenko und der Gouverneur des Autonomen Bezirkes der Jamal-Nenzen, Jurij Nejelow, von großer Bedeutung für die politischen Prozesse im Gebiet Tjumen.[50]

4.3. Die relevanten Wirtschaftsakteure

Im Folgenden werden die im Gebiet Tjumen aktiven russischen Öl- und Gasgesellschaften in alphabetischer Reihenfolge kurz vorgestellt. Dies sind Gazprom und TNK. Darüber hinaus sind auch Lukoil, Sibneft, Surgutneftegas sowie Jukos im Gebiet Tjumen vertreten. Da diese Unternehmen im Untersuchungszeitraum jedoch den Schwerpunkt ihrer wirtschaftlichen Aktivitäten im Autonomen Bezirk der Chanten und Mansen hatten, werden sie in der entsprechenden Fallstudie (Abschnitt 5.3) vorgestellt. Die Portraits der Unternehmen umfassen jeweils ihre Entstehung, die Eigentums- und Kontrollverhältnisse, sowie die regionale Orientierung.

4.3.1. Gazprom

Ende der achtziger Jahre wurden Pläne entworfen, nach denen der Konzern Gazprom in eine gesamtsowjetische Aktiengesellschaft umgewandelt werden sollte. Diese Pläne wurden jedoch nicht realisiert und das einheitliche Gasversorgungssystem von Gazprom blieb in Russland bis zum Ende der Sowjetunion in föderalem Besitz unter der Kontrolle des staatlichen Komitees für Staatseigentum (GKI).[51] Die wesentlichen strukturpolitischen Schritte zur Privatisierung des Konzerns wurden Ende 1992 durch ein Präsidialdekret eingeleitet. Danach sollte die Durchführung der Privatisierung des Unternehmens innerhalb von drei Jahren abgeschlossen sein und die Eigentümerstruktur wie folgt gestaltet werden: 40% sollten im Besitz der föderalen Regierung bleiben; weitere 35% der Unternehmensanteile sollten an die Bevölkerung der gasproduzierenden Regionen ausgegeben werden; 15% sollten an die Beschäftigten des Unternehmens vergeben und die letzten zehn Prozent sollten vom Konzern selbst gehalten werden. Der Anteil ausländischer Investoren durfte neun Prozent nicht überschrei-

---

Sovmestnyj specprojekt ėkspertnogo kanala »UralPolit.Ru« i gazety »Glavnyj sovetnik«, 02.06.2004, im Internet veröffentlicht unter: http://www.uralpolit.ru/tumen/?art=4504.
49 ebd.
50 ebd.
51 Föderaler Präsidialerlass »Ob obespečenii dejatel'nosti edinoj sistemy gazosnabženija strany« vom 01.06.1992, veröffentlicht in: Vedomosti Soveta Narodnych Deputatov i Verchovnogo Soveta RF 23/1992, St. 1271.

4.3. DIE RELEVANTEN WIRTSCHAFTSAKTEURE 197

ten.[52] Daraufhin wurde am 18. Februar 1993 der staatliche Konzern Gazprom in die RAO (Russische Aktiengesellschaft) Gazprom umgestaltet.[53]

2003 stellte sich die Eigentümerstruktur Gazproms folgendermaßen dar: im Besitz des russischen Staates befanden sich 39% der Anteile;[54] im Streubesitz von russischen natürlichen und juristischen Personen waren 51%, davon besaß Gazprom selber 16%; der Anteil ausländischer juristischer Personen betrug 10%. In Form von ADRs[55] wurden an ausländischen Börsen 4,3% gehandelt.[56] Zu den größten ausländischen Unternehmen, die an Gazprom beteiligt sind, gehört die deutsche Ruhrgas AG, die insgesamt sieben Prozent an dem Unternehmen hält.[57]

Die Struktur des Unternehmens besteht aus 61 Tochterunternehmen, die zu 100 % Gazprom gehören, darunter acht Produktionsgesellschaften, die auch in den Bereichen Verarbeitung und Transport aktiv sind und 14 Gasleitungstochtergesellschaften sowie Gazeksport, die gemeinsam für das Gaspipelinenetz zuständig sind. Zur zweiten Gruppe der Tochterunternehmen, an denen Gazprom Anteile besitzt, gehören Zulieferbetriebe und Forschungsorganisationen, die indirekt in das einheitliche Gasversorgungssystem integriert sind (einen Überblick gibt die Tabelle 4.2).[58] 1997 wurden die Tochterbetriebe, die für die Versor-

---

52 Föderaler Präsidialerlass »O preobrazovanii gosudarstvennogo gazovogo koncerna ›Gazprom‹ v rossijskoe akcionernoe obščestvo ›Gazprom«« vom 05.11.1992, veröffentlicht in: Sobranie aktov prezidenta i pravitel'stva RF, 19/1992, St. 1607.
53 Zur Privatisierung des Konzerns Gazprom siehe auch: Sager, Matthew J.: The Russian natural gas industry in the mid-1990s, in: Post-Soviet Geography, 9/1995, S. 521–564; Preuss Neudorf, Katharina: Die Erdgaswirtschaft in Russland: Merkmale, Probleme und Perspektiven unter besonderer Berücksichtigung der Integration der russischen und der europäischen Erdgaswirtschaft, Köln 1996, S. 70–73; Krjukov, Valerij: Institucional'naja struktura neftegazovogo sektora, Novosibirsk 1998, S. 225–231; Westphal, Kirsten: Russische Energiepolitik. Ent- oder Neuverflechtung von Staat und Wirtschaft, Baden-Baden 2000, S. 51–53.
54 2005 hat der Staat seinen Anteil an Gazprom auf mehr als 50% erhört, in: N.N.: Gazprom Deal Finalised full Liberalisation Promised, in: FSU Oil&Gas Monitor, Nr. 25, 29.06.2005, Newsbase.com, S. 5
55 ADRs (American Depositary Receipts) werden von einer US-Bank ausgegeben und als US-ausländische Wertpapiere an den Börsen gehandelt. ADRs repräsentieren von der Bank gehaltene ausländische Wertpapiere. Die Besitzer von ADRs haben denselben Anspruch auf Dividendenzahlungen usw. wie die Besitzer von Originalaktien. Eine Gazprom-ADR entspricht zehn der in Russland gehandelten Gazprom-Aktien.
56 Im Internet veröffentlicht unter: http://www.gazprom.ru/articles/article2449.shtml.
57 Russia Morning Comment, 21.05.2003, United Financial Group, Moskau.
58 Zur Struktur von Gazprom vgl. ausführlich: Westphal, Kirsten: Russische Energiepolitik. Ent- oder Neuverflechtung von Staat und Wirtschaft, Baden-Baden 2000, S. 51–53; Muchin, Aleksej: »Gazprom« imperija i ee imperatory, Moskau 2001, S. 1–10; vgl. außerdem die Internetseite des Unternehmens unter: http://www.gazprom.ru.

Tabelle 4.2: Die Organisationsstuktur von Gazprom

Unternehmen mit 100% Anteil von Gazprom	Unternehmen mit mehr als 50% Anteil von Gazprom	Unternehmen mit 50% und weniger Anteil von Gazprom
Astrachangazprom	Brestgazoapparat	Awtogaz
Batransgaz	Wolgogaz	Ahk Azot
Burgaz	Wolgogradneftemasch	ArmRosgazprom
WNIGAZ	WNIPlgazdobytscha	Belgazprom
Wolgogradtransgaz	Wostokgazprom	IK Wega
Wolgotransgaz	Gazprombank	Wip-Premjer
Gazkompleksimpeks	Gazpromgeofizika	NPO
Gaznadzor	Gazmasch	Vologdagazpromresurs
Gazobezopasnost	Gazkom	Volta S.p.A.
Gazoenergetitscheskaja kompanija	Gazprom-Kran	Gazum
	GazpromPurInvest	Gaz-Oil
Gazprom(Ju.K.) Ltd	Gazpromtrubinvest	Gaz-Agro-Friport
Gaypromfinans B.W.	Gazstrojdretal	Gazawtomatika****
Gazpromavia	Gaztelekom	Gazpromtrans****
Gazprominvestarena	Gaztorgpromstroj	Gaz-Truby
Gazpromnvestholding	Gazenergoservis	Gaztranzit
Gazprmrazwitije	Giprogazcentr	Gelenschik-Bank*
Gazpromstrojinžiniring	Giprospecgaz	IK Gorizont
Gazproomenergo	Dialoggazservis	EcPoPolGaz
Gazsvjaz	Ditagaz	ZaWod TBD
Gazflot	Druschba	AB Imperial
Gazeksport	Zapsibgazprom	Iveco Uralaz
Informgaz	Zarubeschneftegaz	KazRosGaz
Informgazinvest	Krasndargazstroj	Kaspijskaja Neftjanaja
Irkutskgazprom	Krasnojarskgazprom	Kompania
ITC Gazprom	Kaunasskaja	Kombank Prikamje
Kawkaztransgaz	termoelektrostancja	Latvijas Gaze
Kaspijskgazprom	Lengazspecstroj (LGSS)	Lietuvos Dujos
Kubangazprom	Lazumaja	Meschdunarodnyj Fond
Lentransgaz	Orgenergo	Interprivatizacija
Meschregiongaz	Promgaz	Moldowagaz
Mostransgaz	PiterGaz B.V.	Moskwskij vekselnyj bank
Nadymgazprom	Riwmar	Mospromagrotorgdom***
Nadymstrojgazdobytscha	Sibur	Nojabrskij gorodskoj Bank
NIIgaekonomika	Specgazavtostroj	OverGaz Inc.
NGCHK	SewKawNIPgaz	KB Olimpijskij
Nord Transgaz	Stimul	ORFIN (Orenburgdkaja finansovaja kompanija)
Nojabrskgazdobytscha	Urengojstrojgaz**	
Orenbuggazprom	Fora Gazprom	Permskije Motory
Permtransgaz	Fond Buduschtscheje otetschestwa	Prometej-Sotschi
Podzemgazprom		Promtorgbank
Podzemgidromineral	CKBN	

4.3. DIE RELEVANTEN WIRTSCHAFTSAKTEURE

Unternehmen mit 100% Anteil von Gazprom	Unternehmen mit mehr als 50% Anteil von Gazprom	Unternehmen mit 50% und weniger Anteil von Gazprom
Samaratransgaz	Centrergogaz	Promyschlenno-stroitelnyj bank
Severgazprom	Centrgaz	Regionrejestr
Severneftegazprom	Elektorgaz	RNKB
Servisgazprom**		Rosneftegazstroj
Szischenzyj Gaz		Rosschelf
Sibneft		Swerdlowskbank
Surgutgazprom		Sibirgazbank
Surgutgazstroj		Slowrusgaz
Tatransgaz		Sogaz
Termjukmortrans		SR-Draga
Tomsktransgaz		Strojtransgaz
Topenergo		Surgutneftegazbank*
TjumenNIIprogaz		TatInvestBank*
Tjumentransgaz		Technologii Motorov
Uraltransgaz		Tomskpromstrojbank
Urengojgazprom		Torgowyj Dom Rus'Gaz
Ekologo-analitit-scheskij centr gazovoj promyschlennosti		Turusgaz
		Gostinica Tjumen'
Jugtransgaz		Universal'naja birscha
Jamalgazinvest		Sibirskij Gaz**
Jamburggazdobyča		Uralskij trastovyj bank*
		Chimsorbent
		Choroschevskaja energetit-scheskaja kompanija
		CentrKaspneftegaz
		JugoRosGaz
		JuschNIIGiprogaz
		Meschdunarodnyj Konsorcium po upravleniu i tazvitiju gazotransportnoj sistemy Ukrainy
		BSPS B.V.(Goluboj Potok)
		Intersonnektor (UK) Limited
		Eesti Gaas
		Stella Vitae

Anmerkungen: * Unternehmen, deren Aktien im IV Quartal 2005 realisiert wurden.
**- Unternehmen, die sich zurzeit in der Liquidationsphase befinden
*** Unternehmen, die zurzeit keine Tätigkeit führen.
Quelle: Perečen' osnovnych kompanij s dolevym učastiem AOA "Gazprom" (po sostojaniju na 01.10.2005), im Internet veröffentlicht unter: http://www.gazprom.ru/articles/child_company.shtml.

gung der Beschäftigen von Gazprom im Bereich Landwirtschaft, Bauindustrie und kommunale Infrastruktur verantwortlich waren, größtenteils in eigenständige Unternehmen umgewandelt. In einigen Fällen wurden die Tochterbetriebe der Kontrolle der regionalen Behörden übergeben. Das Unternehmensstatut verpflichtet Gazprom dazu, die Lizenzen für die Ausbeutung der Felder des Konzerns selbst und nicht über Produktionseinheiten zu halten.[59]

Die Finanzkrise 1998 schwächte die finanzielle Position von Gazprom wesentlich. Um seine Schulden zu begleichen, entschied sich Gazprom unter der Leitung von Rem Wiachirew mehrere Tochterfirmen an das unabhängige Gasunternehmen Itera zu verkaufen. Infolgedessen verlor Gazprom zwischen 1998 und 2001 die Kontrolle über die Tochterfirmen Rospan, Purgaz, Tarkosalneftegaz, Sibneftegaz, Atschimneftegaz, Zapsibgazprom und Severneftegazprom, deren Vermögen auf rund fünf Milliarden US-Dollar geschätzt wurde. Diese Unternehmen besaßen Lizenzen, die zusammen 10% der gesamten Gasreserven von Gazprom umfassten.

Anfang 2001 kam es bei Gazprom zu einem Führungswechsel. Die Leitung übernahm der Präsident Putin nahe stehender Aleksej Miller. Mit der öffentlichen Unterstützung durch den Präsidenten begann der neue Leiter von Gazprom Anfang 2001 die verlorenen Gasaktiva wieder in den Konzern zu holen. Im Juni 2001 beschloss der Aufsichtsrat von Gazprom 32% der Anteile an Purgaz, das von Itera übernommen worden war, zurückzukaufen. Mit Purgaz verlor Itera auch die Lizenz für das Juschno-Russkoje Erdgasfeld im Autonomen Bezirk der Jamal-Nenzen. Ebenfalls 2001 gelang es Gazprom im Rahmen von Konkursverfahren die Aktienmehrheit an Severneftgazprom und Zapsibgazprom zurück zu gewinnen. Nach einigen Jahren verblieben von den Ende der 1990er Jahre veräußerten größeren Aktiva im Erdgasbereich nur Rospan, Takosaleneftegaz und Sibneftegaz außerhalb der völligen Kontrolle Gazproms.

Gazprom verfügt über den größten Vorrat an Erdgas weltweit. Auf das Unternehmen entfallen 30% der Reserven und 25% der Gasförderung weltweit sowie 40% des weltweiten Handels mit diesem Brennmaterial. In Russland fördert Gazprom 88% des Gases und besitzt das absolute Monopol auf den Gastransport. Im Gebiet Tjumen sind zwei Tochterunternehmen von Gazprom aktiv: Sibur und Zapsibgazprom.

---

59   Westphal, Kirsten: Russische Energiepolitik. Ent- oder Neuverflechtung von Staat und Wirtschaft, Baden-Baden 2000, S. 70; vgl. dazu auch Kryukov, Valery / Moe, Arild: The new Russian corporatism? A case study of Gazprom, London 1996, S. 15f.

4.3.1.1. Sibur

Sibur[60] wurde 1995 gegründet und hielt Anteile an petrochemischen und gasverarbeitenden Unternehmen. 1997 wurde die Privatisierung des Unternehmens durch die föderale Regierung genehmigt. In der folgenden Auktion erwarben Gazprom nahestehende Strukturen 20,22% der Sibur-Aktien. Eine zweite Auktion Ende 1998, bei der 51% der Aktien zum Verkauf angeboten waren, gewann dann ein Tochterunternehmen von Gazprom, die Gazoneftechimitscheskaja kompanija unter der Leitung von Jakob Goldowskij. Goldowskij versuchte die völlige Kontrolle über Sibur zu übernehmen und erwarb gleichzeitig für Sibur in großem Umfang Beteiligungen an in- und ausländischen Firmen.[61] Im Ergebnis wurden die Schulden von Sibur Anfang 2001 auf mehr als 1 Milliarde US-Dollar geschätzt. Das Unternehmen stand damit kurz vor dem Bankrott. Zur diesem Zeitpunkt wurde das Management von Gazprom durch die russische Regierung als Mehrheitseigner ausgewechselt. Das neue Management setzte auf verstärkte Kontrollen und entschied Sibur wieder unter eigene Kontrolle zu bringen. Dazu wurden eine Reihe von Strafprozessen gegen Goldowskij und weitere Mitglieder des Vorstandes von Sibur eingeleitet. So unter Druck gesetzt verkaufte Goldowskij seinen Kontrollanteil an Sibur und ab 2002 wurde Sibur wieder von Gazprom kontrolliert.[62]

Im Gebiet Tjumen ist das Tochterunternehmen von Sibur, Sibur-Tjumen, tätig, das 9 petrochemische Unternehmen umfasst, darunter Tobolsk-Neftechim[63], das zu den wichtigsten und größten regionalen Unternehmen gehört. Es wurde schon Mitte der 1970er Jahre gegründet und Anfang der 1990er Jahre in eine Aktiengesellschaft umgewandelt. Mehr als 50% der Aktien wurden dabei von einem unbekannten Unternehmen erworben, das vermutlich die Interessen des damaligen ersten Vize-Premierministers Oleg Soskowez vertrat. Mitte der 1990er Jahre übernahm Rosprom – Jukos das Aktienpaket. Als Rosprom durch die Finanzkrise 1998 Liquiditätsprobleme hatte, wurde Tobolsk-Neftechim im folgenden Jahr an Sibur verkauft. 2001 wurde das Unternehmen dann für ban-

---

60 Sibur ist die Abkürzung von Sibirsko-Uralskaja neftechimitscheskaja kompania (Sibirisch-Uralisches Ölverarbeitungsunternehmen).
61 So etwa die reifenproduzierenden Unternehmen in Omsk, Jaroslav und Volgograd (zusammen 50% der Reifenproduktion in Russland), die ungarischen petrochemischen Unternehmen Borsodchem und TVK, außerdem eine Reihe regionaler Unternehmen wie Sibur-Neftechim (Gebiet Nischnij Nowgorod), Uralorgsintez (Gebiet Perm), Sibur-Samara. Zum Unternehmensportrait siehe auf der Webseite des Unternehmens: http://www.sibur.ru/.
62 Makarkin, Aleksej: Bol'šaja sem'ja »Sibura« ili Goldovskij i drugie, in: Politkom.ru, 10.01.2002, im Internet veröffentlicht unter: http://www.politcom.ru/2002/aaa_skandal3.php; Fokina, Ekaterina: Poperek bat'ki k gazu ne lez', in: Profil, 26/2005, S. 16f.
63 Bis Ende 2001 ›Tobolskij neftechimičeskij kompleks‹ (Tobolsk Petrochemiekomplex).

krott erklärt. Nach der Übernahme von Sibur durch Gazprom wurden für das Unternehmen verschiedene Investitionsprogramme gemeinsam mit der regionalen Verwaltung ausgearbeitet, die die finanzielle Lage des Unternehmens stabilisierten.[64]

4.3.1.2. Zapsibgazprom

Zapsibgazprom ist eines der größten regionalen Unternehmen im Gebiet Tjumen und hat dort auch seinen Sitz. Das Unternehmen ist in 30 Regionen Russland tätig und ist für die Gasversorgung zuständig. Zwischen 1992 und 2002 hat das Unternehmen mehr als 14.000 Kilometer Gasleitungen gebaut. Zapsibgazprom hat zudem in dieser Zeit mehr als 1,5 Milliarden Kubikmeter Gas geliefert. Allein im Gebiet Tjumen liefert das Unternehmen im Rahmen seiner Zahlungsverpflichtungen jährlich an die regionalen Haushalte rund 20 Millionen Kubikmeter Gas.[65]

Zapsibgazprom wurde 1993 auf der Basis des schon seit 1987 im Gebiet Tjumen tätigen Unternehmens Zapsibgazpromstroj gebildet und in die Gazprom Holding integriert. Die Aktien des neu geschaffenen Unternehmens wurden zwischen Gazprom, das ein Kontrollpaket von 51% der Aktien erhielt, und dem Management von Zapsibgazprom aufgeteilt. Das Unternehmen gewann die Lizenz für das Erdgasfeld Juschno-Russkoe mit 800 Milliarden Kubikmetern Erdgasreserven, das sich auf dem Territorium des Autonomen Bezirks der Jamal-Nenzen befindet.

Das Management von Zapsibgazprom versuchte sich auf Kosten des Unternehmens zu bereichern. Hierzu übergab Zapsibgazprom 1998 die Förderlizenz an Severneftegazprom, das über indirekte Beteiligungen zu 52% vom Zabsibgazprom-Management kontrolliert wurde und zu 48% dem Gasunternehmen Itera gehörte. Im August 2000 organisierte das Management von Zapsibgazprom die Ausgabe zusätzlicher Aktien an sich selber und reduzierte damit den Anteil von Gazprom auf 33,9%. In Dezember 2001 verkaufte das Management dann seinen Aktienanteil von 50,58% an Firmen, die direkt oder indirekt unter der Kontrolle des Ölunternehmens Jukos standen.

Das neue Management von Gazprom versuchte dann 2001 Zapsibgazprom zurück zu gewinnen. Gazprom benutzte die Schulden von Zapsibgazprom, um ein Konkursverfahren zu beantragen. Im Februar 2002 leitete das Tjume-

---

64 Perspektivy razvitija neftechimii i dobyči nefti i gaza na Juge Tjumenskoj oblasti, in: Novosti www.oilru.com, 05.06.2002, im Internet veröffentlicht unter: http://www.oilru.com/news/11988/; Administracija Tjumenskoj oblasti i AOA »Sibur« podpisala dogovor o sotrudničestve, in: Rosbalt.ru, 11.03.2004, im Internet veröffentlicht unter: http://www.rjb.ru/gnews.cgi?lang=ru&id=1079002268&city=26.
65 Zum Unternehmensportrait ist im Internet veröffentlicht unter: http://www.zsgp.ru/.

ner Arbitragegericht ein Verfahren ein. Der Prozess endete im September 2002 mit der Übergabe von Zapsibgazprom an Gazprom. Gazprom setzte ein neues Management ein, übernahm die Anteile weiterer Zapsibgazprom-Aktionäre und auch die Förderlizenz für das Erdgasfeld Juschno-Russkoe.[66]

4.3.2. TNK[67]

TNK (Tjumenskaja Neftjanaja Kompanija) wurde 1995 auf Initiative von Gouverneur Rokezkij durch die Zusammenlegung der Förderbetriebe Nischnewartowskneftegaz und Tjumenneftegaz mit der Ölraffinerie von Rjazan sowie fünf regionalen Marketingfirmen geschaffen. TNK ist mit nachgewiesenen 1,233 Milliarden Tonnen Erdölreserven und einer Jahresproduktion von etwa 43 Millionen Tonnen eines der größten vertikal-integrierten Unternehmen Russlands. Die Hauptförderbetriebe operieren in Westsibirien.[68]

Im Zuge von Privatisierungsauktionen wurden 50% der Aktien von TNK 1997/98 an Unternehmen der Alfa-Group und Access / Renova Holding (AAR) verkauft, weitere 49,9% der Aktien blieben damals in staatlichem Besitz. Die neuen Eigentümer wechselten im Februar 1998 das Management von TNK aus. Ende 1999 gelang es der Alfa-Group, die weiteren staatlichen Anteile zu erwerben und das gesamte Unternehmen mit den Tochterfirmen unter ihre Kontrolle zu bringen. Damit änderte sich der Führungsstil des Unternehmens deutlich, was eine erhebliche Verbesserung der betriebswirtschaftlichen und finanziellen Lage mit sich brachte. Die Finanzkrise 1998 konnte das Unternehmen unbe-

---

66 Mehr dazu bei: Michajlov, Leonid: Schvatilas' mat': obobrali ee dočki, in: Rossijskaja Gazeta, 19.02.2002, S. 3; Reznik, Irina: »Zapsibgazprom« pod kontrolem, in: Vedomosti, 25.03.2002, S. 4.
67 Ab 2003 TNK-BP.
68 Firmenportraits finden sich bei: RMG Securities: Tyumen Oil Company »TNK«, Moskau 1998; Pleines, Heiko: Russia's oil companies and the present crisis. Part 4. Tyumenneft. Is good management enough? in: FSU Oil&Gas Monitor (NewsBase), 16.02.1999; Tyumen Oil Company Annual Report, Moskau, 1999; Mazalov, Ivan: TNK (Tyumen Oil Company) Troika Dialog Research, Moskau 1999; Lane, David / Seifulmukov, Iskander: Structure and ownership, in: Lane, David (Hg.): The political economy of Russian oil, Lanham/Oxford 1999; S. 15–46, hier S. 30–32; Westphal, Kirsten: Russische Energiepolitik. Ent- oder Neuverflechtung von Staat und Wirtschaft, Baden-Baden 2000, S. 139, 150; Pappé, Ja.Š.: »Oligarchi«: ėkonomičeskaja chronika 1992–2000, Moskau 2000, S. 123f.; Drankina, Ekaterina: Kreking gorjučich monstrov, in: Expert 17.01.2000, S. 54–56; Pleines, Heiko: Wirtschaftseliten und Politik im Russland der Jelzin-Ära (1994–99), Münster 2003, S. 225f.; Heinrich, Andreas: Globale Einflussfaktoren auf das Unternehmensverhalten. Die corporate governance des russischen Erdöl- und Erdgassektors, Münster 2004, S. 119–122; Siehe dazu auch die Internetseite des Unternehmens veröffentlicht unter: http://www.tnk.ru; http://www.tnk-bp.ru; auch http//www.nefte.ru/company/rus/tnk.htm.

schadet überstehen. Die Alfa-Group besitzt großes politisches Wirkungsvermögen in Russland und seinen Regionen; sie kontrolliert auch die gleichnamige Bank. Während der 1990er Jahre stand die Holding dem Kreml recht nahe, da sie angeblich zu politischen Kampagnen und aktiver Medienpolitik beitrug. Ein Indikator hierfür war der Personalaustausch zwischen Alfa-Group und Präsidialverwaltung. Auch unter Präsident Putin sah sich die Alfa-Group im Gegensatz zu anderen Großunternehmen kaum politischem Druck ausgesetzt.[69]

Tabelle 4.3: Organisationsstruktur des Erdölunternehmens TNK

Region	Produktion	Verarbeitung	Vertrieb
Westsibirien Gebiet Tjumen Autonomer Bezirk der Chanten und Mansen Sachalin Gebiet Irkutsk Ukraine	Nischnewartowskneftegaz Samotloreftegaz Nischnewartowskoje NP TNK-Njagan (Kondpetroleum) TNK-Uwat Tjumenneftegaz Yugraneft Orenburgneft Kowyktaneftegaz Varjeganneftegaz Nowosibirskneftegaz Saratowneftegaz Udmurtneftegaz TNK-Nischnewartowsk TNK-Sachalin Rospan Rusia-Petroleum	Rjazan NPZ Nischnewartowsk NPZ Orsknefteorgsintes Lisitschanskneftorgsintes Nischnewartowskojepo SaratowskijNPZ	TNK-Stolica KalugaNP KarelNP KurskNP RjazanNP TulaNP OrenburgNP TNK-Ukraina ZapsiNP RostowNP SaratowNP

Quelle: Naše proizvodstvo, auf der Internetseite des Unternehmens http://www.tnk-bp.ru/operations/.

Im November 1999 erwarb TNK im Zuge einer feindlichen Übernahme die zwei wichtigsten Förderbetriebe von Sidanko, Tschernogorneftegaz und Kondpetroleum, was zum Konkurs von Sidanko beitrug. Auf Intervention von Seiten ausländischer Investoren und der russischen Regierung wurde im Dezember 1999 ein Kompromiss zwischen den Unternehmen erreicht, auf dessen Grundlage

---

69 Hashim, Mohsin: Putin's Etatization Project and Limits to Democratic Reforms in Russia, in: Communist and Post-Communist Studies, 38/2005, S. 25–48, hier S. 38f.; Shevtsova, Lilija: Putin's Russia, Washington 2005, S. 104–126.

Tschernogorneftegaz in den Besitz ihrer Muttergesellschaft zurückging, während TNK 25%+1 Aktie an Sidanko erhielt. Das Verfahren endete erst Anfang 2001 endgültig, als TNK und British Petroleum (BP) auf der Basis eines Vertrages ihre Aktiva an der Gesellschaft Sidanko zusammenlegten.

Im September 2000 erwarb TNK 85% der Aktien an Onako, der kleinsten Öl-Holding in Russland. In der Folge übernahm TNK bis Ende 2001 die fünf Tochterunternehmen von Onako, deren wichtigste Orenburgneft ist und schließlich 2002 Onako selbst.

Im Dezember 2002 wurde ein Aktienpaket von 74,95% an Slavneft mittels eines Unternehmens namens Invest Oil, das von Sibneft und TNK gemeinsam kontrolliert wird, übernommen.

Im Februar 2003 gaben British Petroleum und die russische AAR die Bildung einer strategischen Partnerschaft und die Absicht zur Zusammenlegung ihrer Erdölaktiva in Russland und der Ukraine bekannt. In Folge dieser Fusion entstand TNK-BP.

4.4. Die wirtschaftspolitischen Entscheidungsprozesse auf der regionalen Ebene

Wie in Abschnitt 4.1. beschrieben, war die Amtszeit von Gouverneur Rokezkij (1991–2001) durch starke Konflikte zwischen Tjumen und den Autonomen Bezirken gekennzeichnet. Als Ergebnis der Einbeziehung der Bevölkerung der Autonomen Bezirke in die Wahlen im Gebiet Tjumen erhielten Abgeordnete aus den Bezirken 1997 die Mehrheit im Parlament und stellten den Parlamentsvorsitzenden und die Leiter wichtiger Parlamentsausschüsse. Mit seinem Versuch, die Bezirke in seinen Machtbereich zu integrieren, schuf Rokezkij so ein oppositionelles Parlament, das die Interessen der Bezirke gegenüber der Tjumener Administration vertrat. Da die Kompetenzen des Tjumener Regionalparlaments nicht die Autonomen Bezirke umfassen, waren also Vertreter der Bezirke für eine Politik verantwortlich, die ihre Wähler nicht direkt betraf. Die resultierenden Interessenkonflikte haben auch mehrere Initiativen Rokezkijs zur Entwicklung der regionalen Öl- und Gasbranche zum Scheitern gebracht.

Da die Erdölproduktion im Gebiet Tjumen aufgrund schlechter geologischer Bedingungen moderne Fördertechnik und damit erhebliche Investitionen erfordert, wurde bis Mitte der 1990er Jahre im Gebiet kaum Erdöl produziert, wie auch Tabelle 4.2 zeigt. Um Investitionen in die Erdölproduktion zu fördern, hat die Rokezkij Administration das Uwatsk-Projekt ausgearbeitet.

Tabelle 4.4: Die Struktur der regionalen Industrie im Gebiet Tjumen (in %)

	1995	1998	2001
Maschinenbau*	15,6	14,7	28,0
Elektroenergie	30,2	29,9	18,0
Chemische und Ölverarbeitungsindustrie	14,8	12,5	14,0
Holzindustrie	4,6	6,9	6,0
Holzbearbeitungsindustrie	4,9	7,2	5,0
Erdölindustrie	**0,1**	**3,2**	**5,0**
Baustoffindustrie	4,7	3,1	2,0

* Die Maschinenbauindustrie in der Region umfasst 50 Unternehmen, die vor allem auf die Produktion der Anlagen für Ölproduktion und Ölverarbeitung spezialisiert sind, wie etwa Neftemasch, Sibneftemasch, Tjumenskie Motorostroiteli. Mehr bei: Pal'janova, Svetlana (Hg.): Tjumenskaja Oblast': odin ili tri sub"ekta Federacii? Analitičeskoe issledovanie, 05.02.2003, im Internet veröffentlicht unter: http://www.fund.avk.ru/siteDatabase.nsf/v0/1EF2B43CF7EB1 799C3256CC50044826D/$File/Tumen.pdf.

Quelle: Statističeskij Sbornik Tjumenskaja Oblast' 2002, Tjumenskij oblastnoj komitet gosudartstvennoj statistiki, Tjumen 2002.

Das Uwatsk-Projekt[70] begann 1993 mit dem Vorschlag des regionalen Explorationsunternehmens Zabsibgeolkom mit den regionalen Ölunternehmen, die entsprechende Förderlizenzen hielten, eine Holding zur Ausbeutung des Uwatsk-Ölfeldes zu gründen.[71] Dieser Vorschlag erhielt große Unterstützung von Rokezkij. Infolgedessen wurde gemeinsam mit der regionalen Administration das Unternehmen Uwatneft gegründet, das später mit weiteren regionalen Unternehmen in TNK eingegliedert wurde. 1995 organisierte die regionale Administration dann eine erste Ausschreibung für die Ölfelder. Daraufhin bewarben sich für das Uwatsk-Projekt fünf große russische Ölunternehmen: TNK, Jukos, Lukoil, Sibneft, Surgutneftegas. Außerdem waren ausländische Investoren am Projekt beteiligt, wie das kanadische Unternehmen Black Sea Energy, das auf dem Uwat-Territorium das Joint-Venture Tura-Petroleum mit Tjumenneftegaz (Tochterfirma von TNK) für das Kaltschinskoe Erdölfeld und das Joint-Venture Radonezh Petroleum mit Tjumennedra (Tochterfirma von TNK) für den Keumskij Erdölfeld gegründet hat. Gemäß eines Beschlusses der föderalen Regierung vom Juni 1996 muss-

70 Uwatskij Projekt ist eine Bezeichnung für eine Gruppe von lizenzierten Ölfeldern in südlichen Teil des Gebiets Tjumen. Zu den größten Ölfeldern dieser Gruppe gehören die Kaltschinskoje-Ölfeld mit 21,4 Mio. Tonnen Ölreserven und das Urnenskoje-Ölfeld mit 15 Mio.Tonnen.
71 In der Holding Uvatneft schlossen sich die Unternehmen wie Nowosibirskgeologija, Tjumennedra, Sinko, und damals unabhängigen Tjumenneftegas zusammen. Mehr Informationen unter: Uvatskij Projekt, im Internet veröffentlicht unter: http://www.oilcapital.ru/info/projects/63395/private/63407.shtml.

4.4. DIE WIRTSCHAFTSPOLITISCHEN ENTSCHEIDUNGSPROZESSE

ten die Ölunternehmen, die die Lizenzen auf die im Projekt vereinigten Ölfelder besaßen, das Projekt einschließlich der erforderlichen Infrastrukturmaßnahmen gemeinsam realisieren. Das Regionalparlament verabschiedete daraufhin auf Vorschlag von der Regionalverwaltung und Uwaneft eine Reihe von Gesetzen, die dem Uwatsk-Projekt den vorteilhaften PSA-Status geben sollte.[72] Die Erdölunternehmen begannen jedoch nur sehr langsam mit der Realisierung des Projektes. Solange das Projekt noch nicht in die Produktionsphase eingetreten war, wurden keine regionalen Steuern gezahlt, was den Interessen der Regionalverwaltung widersprach, die sich vom Uwatsk-Projekt erhebliche Einnahmen für den regionalen Haushalt versprochen hatte. Ende der 1990er Jahre betrugen die Steuerschulden für die Nutzung der Bodenschätze der in der Region tätigen Unternehmen gegenüber dem regionalen Haushalt insgesamt 765,8 Millionen Rubel (30 Millionen US-Dollar).

Um den Druck auf die Unternehmen zu erhöhen, setzte Rokezkij Anfang 2000 eine gemeinsame Sitzung von Verwaltung, Parlament und Ölfirmen aus dem Gebiet und den beiden autonomen Bezirken an, um die Frage der Steuerschulden zu diskutieren. Die Sitzung wurde von den Unternehmensvertretern jedoch boykottiert. Die Vertreter der regionalen Verwaltungen und Parlamente beschlossen daraufhin, sie formell über ihre soziale und wirtschaftliche Verantwortung in den Regionen zu informieren.[73] Konkret wurden Änderungsvorschläge zur Besteuerung, Preisregulierung und Kontrolle der Einhaltung der Lizenzauflagen für Erdölproduzenten ausgearbeitet. Zur Reduzierung großer Schulden gegenüber dem regionalen Haushalt wurde den Steuerbehörden das Recht auf Zwangsvollstreckung eingeräumt. Die Vorschläge wurden zum Großteil in die neue Fassung des föderalen Steuergesetzes 2000 aufgenommen.[74]

Einen noch schärferen Konflikt als die Steuerfrage provozierte der Umgang der Regionalverwaltung mit TNK. Die Aktiva der regionalen Ölfirmen waren von Rokezkij 1995 als Sicherheit für die Ausgabe von Staatsanleihen genutzt worden. Dies gab den Anstoß, die Ölfirmen zu TNK zusammenzufassen. Da das Unternehmen große Schulden gegenüber dem Staatshaushalt angehäuft hatte, beschloss die Regionalverwaltung 1997 zur Begleichung der Schulden einen Anteil von 40% an dem Unternehmen zu verkaufen. Die Auktion gewann die

---

72   Zur Regelung von PSA siehe Abschnitt 2.1.2.3.
73   Beschluss der Tjumener Duma »Ob informacii rukovoditelej neftjanych i gazovych kompanij, veduščich svoju dejatel'nost' na territorii Tjumenskoj oblasti, ob ich učastii v social'no-ėkonomičeskom razvitii regiona« von 07.02.2000, Nr. 915, in: Pravovye spravočnye sistemy Konsul'tant-Plus.
74   Uglublennyj analiz situacii v Tjumenskoj oblasti, in: Janovskij, K.Ė. / Žavoronkov, S.V./ Kočetkova, O.V. u.a.: Politiko-ėkonomičeskie problemy rossijskich regionov, Moskau 2001, im Internet veröffentlicht unter: http://www.iet.ru/special/cepra/politec/politec.html.

Alfa-Group, die 810 Millionen US-Dollar geboten hatte. Bei der Auktion profitierte die Alfa-Group davon, dass sie bereits vorab mit Rokezkij vereinbart hatte, dass sie TNK in Abstimmung mit der Regionalverwaltung leiten würde und der Firmensitz in Tjumen bleiben würde. Rokezkij erhielt einen Sitz im Aufsichtsrat der Firma. Dementsprechend war es nicht überraschend, dass nach der Auktion Manipulationsvorwürfe laut wurden.[75]

Die neuen Besitzer bekamen aber Probleme mit dem Management der größten Tochterfirma von TNK – Nischnewartowskneftegaz, das gegen das Auktionsergebnis vor Gericht klagte. Die Alfa-Group, die von Rokezkij unterstützt wurde, revanchierte sich mit dem Vorwurf, das Management von Nischnewartowskneftegaz unter Leitung von Viktor Palij sei durch Missmanagement und den illegalen Transfer von Aktien ins Ausland für die finanziellen Probleme von TNK verantwortlich. Der von Rokezkij unter Druck gesetzte regionale Gerichtshof entschied zugunsten der Alfa-Group. Palij musste die Firma verlassen und wurde anschließend Abgeordneter des Tjumener Regionalparlaments, wo er sich der Opposition zu Rokezkij anschloss.[76]

Im Folgenden ignorierte das Management von TNK zunehmend die Interessen der Regionalverwaltung. Ende 1999 wurde der Unternehmenssitz von Tjumen nach Moskau verlegt. Durch die Übernahme des verbliebenen staatlichen Anteils erhielt die Firma zusätzliche Spielräume. Trotzdem wurde TNK weiterhin von Rokezkijs Administration beim Erwerb von Förderlizenzen unterstützt. So wurde etwa im Januar 2000 durch rechtliche Schritte die Lizenz für das Kaltschinskoje-Ölfeld von Tura-Petroleum zurückgefordert, obwohl die Firma schon mehr als 44 Millionen US-Dollar in das Feld investiert hatte. Die Lizenz wurde anschließend an Tjumenneftegaz, eine Tochterfirma von TNK vergeben. Außerdem gelang es TNK die Anteile des kanadischen Unternehmens Black Sea Energy an Tura Petroleum und Radonezh Petroleum zu erwerben. Damit übernahm TNK die Koordination über den größten Teil der Uwat-Projekte.[77]

Ein weiterer bezeichnender Konflikt in der regionalen Politik entstand 1999 durch das Vorgehen Rokezkijs gegen zum Gazprom-Konzern gehörende Zapsi-

---

75   Gel'man, Moisej: Dobyča vlasti iz neftjanoj skvažiny, in: Novaja Gazeta, 18.11.2002, S. 3.
76   Akopov, Piotr: Nižnevartovsk: ochota na mera, in: Nezavisimaja Gazeta-Regiony, 1/1999, S. 1f.
77   Mehr dazu bei: Nolinskij, Andrej: Uvatskij Projekt TNK: urezannye plany, nejasnye perspektivy zaklučenia SPS, in: Rus.Energy.com, 06.07.2001, im Internet veröffentlicht unter: http://www.rusenergy.com/projects/a06072001.htm; Uvatskij Projekt, in: Oilcapital.ru, im Internet veröffentlicht unter: http: www.oilcapital.ru/info/projects/63395/private/63407.shtml.

4.4. DIE WIRTSCHAFTSPOLITISCHEN ENTSCHEIDUNGSPROZESSE

bkombank.[78] Die Bank war einer der größten Gläubiger des regionalen Haushaltes und beteiligte sich an der Finanzierung regionaler Entwicklungsprogramme. Im April 1999 weigerte sich die damals von Wladimir Jakuschew geleitete Bank Vertreter der Tjumener Stadtbank, die sich unter der Kontrolle der Ehefrau des Gouverneurs befand, in den Aufsichtsrat aufzunehmen. Die Regionalverwaltung reagierte hierauf mit der Einleitung von Untersuchungsverfahren gegen die Zapsibkombank, in deren Folge die Bankgebäude für einige Tage blockiert wurden. Mangels verwendbarer Erkenntnisse wurde das Verfahren nach einigen Monaten eingestellt. Die Zapsibkombank reagierte ihrerseits, in dem sie ihren Sitz in den Autonomen Bezirk der Jamal-Nenzen verlegte. Dem regionalen Haushalt entgingen dadurch erhebliche Steuereinnahmen.[79]

Als Folge der verschiedenen Konflikte auf regionaler Ebene, insbesondere der Konfrontation mit den Autonomen Bezirken und mit zentralen Unternehmen, bildete sich Ende der 1990er Jahre eine starke Opposition zu Rokezkij, die die anstehenden Gouverneurswahlen nutzen wollte, um ihn zu entmachten. Eine weitere Kraft, die sich gegen Rokezkij stellte, wurde im Jahre 2000 der Bevollmächtigte für den Föderalbezirk Ural, Latyschew. Er berief den Vorsitzenden des Parlaments der Chanten und Mansen, Sobjanin, und den Vize-Gouverneur des Autonomen Bezirks der Jamal-Nenzen, Michail Ponomarew, zu seinen Stellvertretern und verbündete sich auf diese Weise mit den politischen Eliten der autonomen Bezirke. Auf der föderalen Ebene stand Latyschew der neuen Führung von Gazprom nahe, die sowohl wegen der Zapsibkombank-Affäre als auch wegen der Probleme mit Zapsibgazprom und Sibur, Rokezkij ablehnend gegenüberstand. Auch große Erdölunternehmen, die durch die Vorzugsbehandlung von TNK diskriminiert wurden, namentlich Lukoil und Transneft, wollten einen Wechsel in der regionalen Führung. Mittelständische Unternehmen, die unter der inkonsistenten Wirtschaftspolitik und der Bevorzugung der Unternehmen der Rokezkij-Familie litten, setzten sich ebenfalls für einen Machtwechsel ein.

Die Gruppe der Unterstützer von Rokezkij war hingegen sehr klein. Von Bedeutung war hier vor allem TNK zusammen mit der Alfa-Group, die durch Rokezkij gezielt gefördert wurden. Hinzu kam das regionale Stromunternehmen Tjumenenergo sowie Unternehmen, die aus dem regionalen Haushalt finanziert

---

78 Vertreter von Gazprom sind die Vorstandsmitglieder der Zabsibkombank, siehe: Sovet direktorov Zabsibkombank, im Internet veröffentlicht unter: http://www.wscb.ru/wscbwww.nsf/goto?OpenPage&doc=07D94CDED3DDA6EA45256ADC003A6721&exp=01.02.00.
79 Sitnikova, Marina: Ne kočegary my, in: Profil', 46/2000, im Internet veröffentlicht unter: http://www.profile.ru/items/?item=5220.

wurden oder der Rokezkij-Familie gehörten.[80] Als sich ein Sieg Rokezkijs abzuzeichnen schien, begann auch Surgutneftegas eine Annäherung. Die Ölunternehmen TNK und Surgutneftegas unterstützten Rokezkij öffentlich und vermittelten diese Position auch ihren Beschäftigen.

Noch im Herbst 2000 zu Beginn des Wahlkampfes konnte die Opposition zu Rokezkij keinen Erfolg versprechenden Gegenkandidaten vorzeigen. Erst wenige Monate vor der Wahl konnte sie sich auf Sobjanin als gemeinsamen Kandidaten einigen. Sobjanin hatte eine starke Machtbasis im Autonomen Bezirk der Chanten und Mansen und war als Verfechter der Unabhängigkeit der Autonomen Bezirke auch für die Jamal-Nenzen akzeptabel. Er besaß außerdem die Unterstützung von Latyschew und hatte gute Kontakte zu den Rokezkij-kritischen Ölunternehmen. Als der Kreml seine Neutralität im regionalen Machtkampf zeigte, wurde im November, also nur zwei Monate vor der Wahl, Sobjanin offiziell als Kandidat der beiden Autonomen Bezirke bestätigt.[81] Leiter des Wahlkampfes von Sobjanin wurde bezeichnenderweise Jakuschew, der Leiter der Zapsibkombank.

Rokezkij nutzte seinen Einfluss auf die regionalen Medien für einen umfangreichen Wahlkampf, in dem er sich als Kämpfer gegen die Oligarchen präsentierte, denen er vorwarf, die Bodenschätze der Region ausbeuten zu wollen.[82] Sobjanin wurde als Vertreter der Oligarchen und der separatistischen Bezirke kritisiert. Auch der föderalen Bürokratie und ihrem regionalen Vertreter, Latyschew, wurden heftige Vorwürfe gemacht.

---

80 Permjakova, Ol'ga: Est' tol'ko mig meždu prošlym i buduščim (vybory gubernatora 1996–2000), in: Vlast', 9/2000, S. 36–44; Berezin, Lev: Tjumen': chronika gubernatorskich vyborov, in: Vybory i problemy graždanskogo obščestva na Urale, Moskovskij Centr Karnegi, Moskau 2001, im Internet veröffentlicht unter: http://www.carnegie.ru/ru/news/244113berezin.doc; Kondrat'ev, Sergej: Vybory gubernatora Tjumenskoj Oblasti: Pobeda Severa nad Jugom, in: Vybory i problemy graždanskogo obščestva na Urale, Moskovskij Centr Karnegi, Moskau 2001, im Internet veröffentlicht unter: http://www.carnegie.ru/ru/news/243911kondratiev.doc; Permjakova, Ol'ga: Tjumenskaja Gebiet: vremja vybora ili bremja vyborov, in: Vlast', 4/2001, S. 46–53.
81 Kondrat'ev, Sergej: Vybory gubernatora Tjumenskoj Oblasti: Pobeda Severa nad Jugom, in: Vybory i problemy graždanskogo obščestva na Urale, Moskovskij Centr Karnegi, Moskau 2001, im Internet veröffentlicht unter: http://www.carnegie.ru/ru/news/243911kondratiev.doc.
82 Rokezkij selbst hat folgende Erklärung für seinen Wahlkampf gegeben: »Diese Wahlen sind mein Kampf gegen Oligarchen. Ich bin nicht einer Gruppe der Oligarchen gefällig. Ihre Tätigkeit im Tjumener Norden ist für den Staat ruinös, und sie möchten keine Stabilität im Gebiet haben, sondern Aufruhr.« Dazu siehe: »Ėti vybory – moja bitva s oligarchami« Interv'ju Nikolaja Anisimova s Gubernatorom Leonidom Rokeckim, in: Zavtra, 09.01.2001, im Internet veröffentlicht unter: http://zavtra.ru/cgi/veil/data/zavtra/01/371/21.html.

4.4. DIE WIRTSCHAFTSPOLITISCHEN ENTSCHEIDUNGSPROZESSE

Sobjanin hingegen konnte, wohl auch aufgrund seiner kurzfristigen Kandidatur, kein klares Programm vorstellen. Er setzte allein auf die wirtschaftliche und politische Kooperation mit den Autonomen Bezirken. Dabei nutzte er seine starke Position im Parlament, um mehrere entsprechende Gesetzesinitiativen einzuleiten. So konnte zum Jahresende das Abkommen zwischen den drei Föderationssubjekten über gegenseitige finanzielle Verpflichtungen unterzeichnet werden. Außerdem akzeptierte die Tjumener Duma auf Vorschlag von Sobjanin im Dezember 2000 das Projekt der Koordinierung der Sozial- und Wirtschaftspolitik der drei Regionen. Die hinter der Kandidatur von Sobjanin stehenden Einflussgruppen nutzten diese Initiativen, um ihre Unterstützung öffentlich zu zeigen.

Obwohl Rokezkij noch Aufsichtsratsvorsitzender von TNK war, begann das Ölunternehmen gegen Ende des Jahres seine Unterstützung für den amtierenden Gouverneur einzustellen. Die Gouverneurswahlen im Januar 2001 gewann Sobjanin dann mit 52,78% der Stimmen. Dabei erhielt er in den autonomen Bezirken jeweils drei Viertel der Stimmen. Rokezkij landete mit rund 29% der Stimmen abgeschlagen auf dem zweiten Platz.[83]

Der Machtwechsel führte auch zu einer neuen Politik gegenüber den Öl- und Gasunternehmen in der Region. TNK verlor seine Vorzugsbehandlung. Stattdessen unterstützte Sobjanin nun seine Verbündeten aus dem Wahlkampf. Mit Hilfe Sobjanins wurden Gerichtsverfahren gegen die Leitung von Zapsibgazprom eingeleitet. Im Januar 2002 wurde ein Partnerschaftsabkommen zwischen Gazprom und der Tjumener Administration unterzeichnet. Dabei verpflichtete sich Gazprom, seine Zahlungen in den regionalen Haushalt durch die Umregistrierung von Tochterfirmen zu erhöhen. Sobjanin verpflichtete sich im Gegenzug, Gazprom bei der Rückgewinnung seiner Aktiva zu unterstützen. Nach dem Abschluss des Konkursverfahrens gegen Zapsibgazprom gelang es Sobjanin, die alte Unternehmensleitung abzulösen.[84] In Kooperation mit Gazprom wurden anschließend zentrale Teile des Unternehmens in das neu geschaffene Unternehmen Tjumengazprom integriert, das von Gazprom übernommen wurde. Die

---

83 Kondrat'ev, Sergej: Vybory gubernatora Tjumenskoj Oblasti: Pobeda Severa nad Jugom, in: Vybory i problemy graždanskogo obščestva na Urale, Moskovskij Centr Karnegi, Moskau 2001, im Internet veröffentlicht unter: http://www.carnegie.ru/ru/news/243911kondratiev.doc.
84 Auf Druck der Regionalverwaltung wurde der alte Direktor, Wladimir Nikoforow, von seinem Posten entlassen und durch Aleksander Sawjalow, den früheren Leiter eines Tjumener Lebensmittelunternehmens, ersetzt. Außerdem unterstützte Sobjanin die Ernennung von Aleksander Razjanow, der gemeinsam mit Sobjanin in der Duma des Autonomen Bezirks der Chanten und Mansen gesessen hatte, zum stellvertretenden Leiter Gazproms. Mehr dazu bei Zadorožnyj, Aleksandr: »Zapsibgazprom« ešče potorguetsja, 22.02.2002, in: Strana.ru, im Internet veröffentlicht unter: http://www.strana.ru/print/116522.html.

Regionalverwaltung wurde gleichzeitig Partner Gazproms bei Förderprojekten und sicherte dafür ihre Unterstützung bei der Lizenzvergabe zu.[85]

Die regionale Duma arbeitete 2002 auch gesetzliche Initiativen im Bereich der petrochemischen Industrie aus, die dem Unternehmen Sibur und seiner Tochterfirma Tobolsk – Neftechim ein Monopol auf dem russischen Erdölgasverarbeitungsmarkt schaffen sollten. Die Einbringung der Entwürfe in den föderalen Gesetzgebungsprozess war aber nicht erfolgreich, da sie auf starke Kritik unter anderem von mehreren Erdölunternehmen stießen.[86]

Während Sobjanin so die ihm nahe stehenden Unternehmen förderte, übte er auf TNK erheblichen Druck aus. Gegen Tochterfirmen des Unternehmens wurden administrative Strafen verhängt, weil sie die Auflagen ihrer Förderlizenzen nicht erfüllt hatten. Im Ergebnis kam es im Juli 2004 zu einem Kompromiss zwischen TNK-BP und der Regionalverwaltung. Das Ölunternehmen verpflichtete sich in den nächsten 20 Jahren zusätzlich zwei Milliarden US-Dollar in die Region zu investieren und vermehrt Aufträge an regionale Maschinenbauunternehmen zu vergeben. Die Regionalverwaltung sagte eine Beteiligung von 230 Millionen US-Dollar an Projekten in den darauffolgenden zwei Jahren zu und garantiere administrative Unterstützung, einschließlich Steuervergünstigungen.[87]

Als die föderale Steuerreform für den regionalen Haushalt erhebliche Einnahmeverluste erwarten ließ, gelang es der Regionalverwaltung 2004 führende in der Region tätige Ölunternehmen, darunter TNK, Lukoil und Rosneft, durch das Angebot von Steuervergünstigungen dazu zu bewegen, den Sitz von Tochterfirmen in die Region zu verlegen.[88] Während Rokezkij einseitig TNK bevorzugte und sich damit die Feindschaft der anderen großen Öl- und Gasunternehmen der Region zuzog, gelang es Sobjanin also alle großen Unternehmen in seine Wirtschaftsfördermaßnahmen einzubinden.

---

85   Mokrousova, Irina / Rybal'čenko, Irina: »Gazprom« našel podchod k sibirskoj dočke, in: Kommersant'', 23.01.2002, S. 4; Mokrousova Irina: Gazprom ostaetsja na Jamale, in: Kommersant'', 31.01.2002, im Internet veröffentlich unter: http://www.kommersant.ru/doc.aspx?DocsID=308365.
86   Sidorov, Nikolaj: Neobchodim balans interesov. »Sibur« pytajetsja zakrepit' svoju monopoliju na ispol'zovanie poputnogo gaza, in: Nezavisimaja Gazeta, 02.11.2000, S. 4; Pokrovskij, Sergej: Poputnyj gaz i štrafy, im Internet veröffentlicht unter: http://www.cogeneration.ru/art/alt_fuel/png.html.
87   N.N.: TNK-BP Earmarks US$2 Billion Investment for Tyumen Region, in: FSU Oil&Gas Monitor, Newsbase.com, Nr.29 vom 21.07.2004, S. 9
88   Mehr siehe Ivkin, Sergej / Perminova, Irina: Panichida po matreške, in: Ekspert-Ural, 10.05.2004, im Internet veröffentlicht unter: http://www.mfit.ru/local/pub_4_191.html.

4.5. Resümee

Für die Fallstudie Tjumen muss der Untersuchungszeitraum in zwei separate Phasen aufgeteilt werden. Die Konstellation der politischen Elite und ihre Beziehungen mit Wirtschaftsakteuren unterscheiden sich grundlegend zwischen den Amtszeiten von Gouverneur Rokezkij (1991–2001) und seinem Nachfolger Sobjanin (2001–2005).

Die regionale politische Elite der 1990er Jahre lässt sich in zwei Gruppen aufteilen. Die erste Gruppe formierte sich um Gouverneur Rokezkij und bestand im Wesentlichen aus seinen Weggefährten aus der lokalen und regionalen Verwaltungsstruktur der Kommunistischen Partei der 1970er und 1980er Jahre. In der Einschätzung der meisten Experten war die Regionalverwaltung unter Rokezkij damit eine Versammlung ineffizienter Bürokraten. Hinzu kamen Verwandte Rokezkijs, insbesondere seine Ehefrau, die erheblichen informellen Einfluss erlangte. Zur zweiten Gruppe der regionalen politischen Elite gehörten in den 1990er Jahre die Abgeordneten der regionalen Duma, deren Mehrheit nach den Parlamentswahlen 1997 aus den Autonomen Bezirken kam. Die Beziehungen zwischen diesen beiden Gruppen waren in der Regel angespannt und eskalierten in häufigen Konflikten zwischen Regionalverwaltung und Regionalparlament.

Aufgrund der Dominanz der politischen Elite um Rokezkij und wegen der relativ geringen Bedeutung der Region für die Erdölwirtschaft schlossen sich die Wirtschaftsunternehmen nicht zu einem kollektiven Akteur zusammen. Unter Rokezkij erhielt die von ihm geschaffene TNK eine Vorzugsbehandlung, die auch erhalten blieb, als die Firma von der privaten Alfa-Gruppe übernommen wurde. TNK erhielt Lizenzen für wichtige Erdölfelder der Region sowie damit verbundenen Steuervergünstigungen. Konkurrierende Firmen wurden durch die Regionalverwaltung bei der Lizenzvergabe diskriminiert. Im Gegenzug wurde Rokezkij Aufsichtsratsmitglied von TNK. Außerdem verpflichtete sich das Unternehmen seinen Firmensitz in Tjumen zu belassen und damit erhebliche Steuern in den Haushalt der Region abzuführen. Ende 1999 wurde der Firmensitz von TNK dann jedoch nach Moskau verlegt.

Gleichzeitig regte sich Ende der 1990er Jahre zunehmend Widerstand gegen die Wirtschaftspolitik Rokezkijs und die Mehrheit der unabhängigen regionalen Großunternehmen unterstützte bei den Gouverneurswahlen den oppositionellen Kandidaten. Die Opposition formierte sich um die Vertreter der Autonomen Bezirke im Regionalparlament sowie den Bevollmächtigten des Präsidenten für den Föderalbezirk Ural und wurde sowohl von Gazprom als auch von der Mehrheit der großen Ölunternehmen unterstützt. Die Unternehmen nutzten ihren Einfluss auf die Bevölkerung der Produktionsstandorte gezielt im Wahlkampf. Über enge Kontakte zur oppositionellen politischen Elite sowie über die Mobilisierung der öffentlichen Meinung waren sie so am Machtwechsel beteiligt.

Dementsprechend ist die von Lapina und Tschirikowa ohne weitere Begründung vorgenommene Charakterisierung der Amtszeit Rokezkijs als »Privatisierung der Macht«[89] durch die Wirtschaft nicht zu bestätigen. Treffender wäre es, die Beziehungen zwischen der Wirtschaft und der Politik in der Region in diesem Zeitraum mit dem Modell der »Unterdrückung« oder des »Kampfes aller gegen alle« zu beschreiben. Die Tatsache, dass Lapina und Tschirikowa dieses Modell nur in rohstoffarmen und schwachen Regionen für möglich halten, ergibt nicht automatisch einen Widerspruch, da Tjumen unter Rokezkij ohne die Autonomen Bezirke, die sich gegen ihn richteten, wirtschaftlich schwach und außerdem von erheblichen politischen Konflikten geprägt war.

Der Sieg von Sobjanin bei den Gouverneurswahlen führte 2001 dann zu einer neuen Konstellation. Erster Ansatzpunkt war ein umfangreicher Kaderwechsel in der regionalen Administration. Der neue Gouverneur entließ Rokezkijs Vertraute und ersetzte sie durch relativ junge Fachleute. Die Mehrheit von ihnen hatte mit dem neuen Gouverneur entweder schon während seiner Tätigkeit im Autonomen Bezirk der Chanten und Mansen zusammengearbeitet oder eine Karriere in der regionalen Wirtschaft gemacht, bevor sie in die Politik wechselte. Sobjanin gelang es im Vergleich zu Rokezkij seine Machtbasis erheblich zu erweitern. Neben der Regionalverwaltung konnte er sich auch auf eine Mehrheit im regionalen Parlament verlassen und die Unterstützung des föderalen Präsidentenvertreters und der Autonomen Bezirke gewinnen. Daneben formierten sich nun Vertreter der in der Region aktiven großen Erdöl- und Erdgasunternehmen als eigenständige Akteure, die über Parlamentsabgeordnete und über informelle Konsultationen Einfluss auf die regionale Politik nahmen.

Sobjanin setzte auf eine kooperative Zusammenarbeit mit den Erdöl- und Erdgasunternehmen in seiner Region. Mit seiner Hilfe konnte Gazprom z.B. die Kontrolle über seine Tochterfirmen in der Region zurück gewinnen. Durch die Einführung von Steuervergünstigungen gelang es ihm, mehrere Ölunternehmen dazu zu bewegen, den Sitz von Tochterfirmen in die Region zu verlegen. Grundlage für die Kooperation zwischen Regionalverwaltung und Unternehmen wurden formelle Kooperationsverträge. Die Interaktion zwischen Politik und Wirtschaft kann als Partnerschaftsmodell beschrieben werden.

---

89 Lapina, Natalia / Čirikova, Alla: Regional'nye elity RF: Modeli povedenija i političeskoj orientacii, Moskau 1999, S. 85–94; Lapina, Natalia: Business und Macht in den russländischen Regionen, Berichte des BIOst, 41/1998, Köln.

5. Fallstudie: Autonomer Bezirk der Chanten und Mansen – Jugra

5.1. Die Position der Region im föderalen System

Der westsibirische Autonome Bezirk der Chanten und Mansen – Jugra[1] strebte Anfang der 1990er Jahre nicht nach Unabhängigkeit. Die regionalen politischen Eliten setzten vielmehr auf den Ausbau der wirtschaftlichen Selbstständigkeit durch eine allmähliche und vorsichtige Erweiterung der Kompetenzen sowie auf eine Kooperation mit dem Gebiet Tjumen. Wie in Kapitel 4.1 beschrieben, wurde Ende 1992 zwischen den Autonomen Bezirken der Chanten und Mansen und der Jamal-Nenzen, dem Gebiet Tjumen und dem föderalen Zentrum ein Vertrag geschlossen, auf dessen Grundlage die autonomen Bezirke zu gleichberechtigten Subjekten der Russischen Föderation erklärt wurden. Darüber hinaus erhielten sie das Recht, über die Bodenschätze und die anderen Ressourcen auf ihrem Territorium frei zu verfügen.

Bis zum Ende der 1990er Jahre kam es aber regelmäßig zu Konflikten. Das wirtschaftlich arme Gebiet Tjumen versuchte die Kontrolle an sich zu ziehen, während die wohlhabenderen autonomen Bezirke ihre bis dahin erreichte Eigenständigkeit bewahren wollten, was die politische Situation in der Region mehrmals destabilisierte und zu offenen Konflikten führte.[2]

Nachdem im Jahr 2001 Sergej Sobjanin, der Vertreter des Autonomen Bezirkes der Chanten und Mansen, zum Gouverneur des Gebiets Tjumen gewählt wurde, änderte sich das Verhältnis der drei Regionen zueinander wesentlich. Noch im selben Jahr wurde ein Abkommen zwischen den drei Verwaltungseinheiten geschlossen, in dessen Rahmen verschiedene regionale Erlasse, unter anderem über die Koordination in der Steuerpolitik sowie über die Entwicklung der regionalen Infrastruktur und der Industrieproduktion, verabschiedet wurden.

---

1 Der Autonome Bezirk der Chanten und Mansen wurde 2003 in Autonomer Bezirk der Chanten und Mansen – Jugra unbenannt, Föderaler Präsidialerlass »O vklučenii novogo naimenovanija sub"ekta Rossijskoj Federacii v statju 65 Konstitucii Rossijskij Federacii« vom 25.07.2003, veröffentlicht in: Rossijskaja Gazeta, 30.07.2003.

2 Ausführlich dazu: Petrov, Nikolaj / Titkov, Aleksej / Glubotskij, Aleksandr: Tjumenskaja Oblast', in: Makfol, Majkl [McFaul, Michael] / Petrov, Nikolaj (Hg.): Političeskij Almanach Rossii, Buch 2, Band II, Moskau 1998, S. 938–952; Glatter, Peter: Federalization, fragmentation and the West Siberian oil and gas province, in: Lane, David (Hg.): The political economy of Russian oil, Lanham/Oxford 1999, S. 143–160; Glatter, Peter: Continuity and change in the Tyumen' regional elite 1991–2001, in: Europe-Asia Studies 3/2003, S. 401–435, hier S. 416–420.

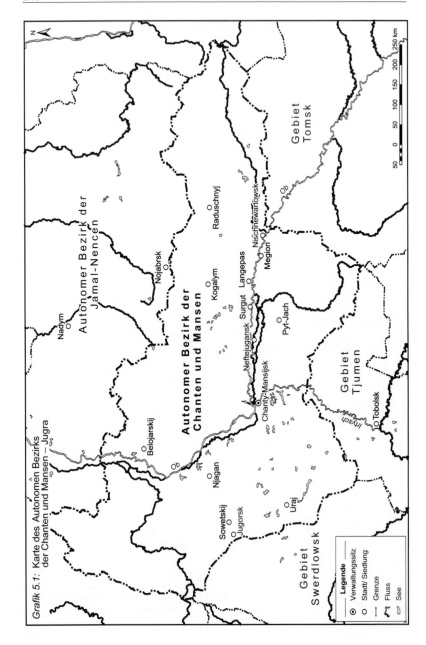

Grafik 5.1: Karte des Autonomen Bezirks der Chanten und Mansen – Jugra

Im Sommer 2004 konnte schließlich ein Vertrag über die Abgrenzung der gegenseitigen Kompetenzen zwischen diesen drei Regionen unterzeichnet werden.³ Der Plan des Kremls, die drei Regionen zu einer zusammenzulegen, stieß allerdings auf starken Widerstand der Regionalverwaltung des Autonomen Bezirks, die sich mit dem Verlust ihrer Funktion konfrontiert sah.

5.2. Die relevanten politischen Akteure

5.2.1. Die regionale Exekutive

Das Staatsoberhaupt des Bezirkes der Chanten und Mansen ist der **Gouverneur**, der durch direkte Wahlen für fünf Jahre gewählt wurde. Zum Gouverneur konnte jeder Staatsbürger der Russischen Föderation, der mindestens 30 Jahre alt war und ständig oder größtenteils in dieser Region lebte, gewählt werden. Bei Verfassungsverstößen oder Rechtsbruch kann der Gouverneur unter anderem durch ein Misstrauensvotum des Parlaments bei Zustimmung von zwei Dritteln der Abgeordneten abberufen werden.[4] Amtszeitbeschränkungen sind für den Gouverneur nicht vorgesehen.

Der Gouverneur bestimmt die regionale Politik. Er koordiniert die Zusammenarbeit zwischen der lokalen Regierung und der Duma. Er nimmt entweder persönlich oder durch einen Vertreter an den Parlamentssitzungen teil, in denen er eine beratende Stimme hat. Er besitzt das Recht der Gesetzesinitiative auf regionaler und lokaler Ebene und hat ein Vetorecht bei regionalen Gesetzen. Für die Umsetzung der föderalen und regionalen Gesetze werden vom Gouverneur Verordnungen erlassen. Außerdem erstellt er jährlich den Haushalt sowie wirtschaftliche und soziale Entwicklungsprogramme. Zusätzlich verwaltet er persönlich die Mittel des Gouverneursfonds und bestimmt die Personalpolitik im Bezirk. Er schlägt z.B. den Kandidaten für den Posten des Vize-Gouverneurs vor.[5] Dem Gouverneur ist die regionale Administration untergeordnet. Sie besitzt jedoch sehr begrenzte Kompetenzen, da im Rahmen einer Umstrukturierung der regionalen Verwaltung 1996 ihre wichtigen Kompetenzen der neu geschaffenen regionalen Regierung übergeben wurden.[6]

---

3   Siehe die Darstellung zur Zusammenlegung dieser Regionen in Kapitel 4.1.
4   Artikel 45–58 des Statutes des Autonomen Bezirkes der Chanten und Mansen vom 26.04.1995, im Internet veröffentlicht unter: http://www.hmao.wsnet.ru/pravo/frame_2.htm.
5   Obwohl die regionale Gesetzgebung den Posten des Vize-Gouverneurs vorsah, wurde er in den regionalen Machtstrukturen während der Untersuchungszeitraum nicht eingeführt.
6   Gesetz des Autonomen Bezirkes der Chanten und Mansen »O pravitel'stve Chanty-Mansijskogo avtonomnogo Okruga – Jugry« vom 29.05.1996, in: Pravovye spravočnye sistemy Konsul'tant-Plus.

Das Exekutivorgan des Bezirkes ist damit die **Regierung**. Zur Regierung gehören der Regierungsleiter, seine Stellvertreter und die Regierungsmitglieder. Die Zusammensetzung und die Struktur der Regierung werden durch den Gouverneur bestätigt, der auch über den Rücktritt der regionalen Regierung entscheidet. Der Regierungsleiter ist für die Tätigkeit der Regierung verantwortlich und er bestimmt die Richtungen der Regierungspolitik. Gemäß dem Verfassungsstatut des Autonomen Bezirks kann auch der Gouverneur das Amt des Regierungsleiters ausüben. Die regionale Regierung ist für die Ausarbeitung des regionalen Haushaltes, der regionalen Sozial- und Wirtschaftsprogramme sowie für ihre Realisierung verantwortlich. Außerdem verwaltet sie das regionale Vermögen und garantiert die Durchführung der regionalen Wirtschafts-, Sozial- und Kulturpolitik. Sie entwickelt die lokale Finanz- und Investitionspolitik, Maßnahmen zur Entwicklung des Unternehmertums und unterstützt die lokalen Bank- und Kreditstrukturen. Die Regierung kontrolliert die Erfüllung der Lizenzauflagen und Naturschutzgesetzgebung durch Rohstoffproduzenten.[7]

Bei den ersten Gouverneurswahlen am 26. November 1996 wurde Aleksandr Filipenko[8], der die Region seit März 1989 leitete, im Amt bestätigt. Bei der Gouverneurswahl am 26. März 2000 wurde Filipenko erneut gewählt. Nach Ablauf seiner Amtszeit wurde er 2005 von Putin erneut für das Amt vorgeschlagen und vom regionalen Parlament bestätigt.[9] Außerdem war Gouverneur Filipenko nach der Schaffung der regionalen Regierung der Regierungsleiter des Bezirkes. Zudem war er während des gesamten Untersuchungszeitraums Vorstandsmitglied mehrerer Erdölunternehmen, unter anderem bei Surgutneftegas und TNK[10] sowie Aufsichtsratvorsitzender der regionalen Chanty-Mansijskij Bank, die Anfang der 1990er Jahre von der Regionalverwaltung gegründet worden war.

---

7 Artikel 52–55 des regionalen Statutes des Autonomen Bezirkes der Chanten und Mansen – Ustav (Osnovnoj Zakon) Chanty-Mansijskogo Okruga – Jugry, vom 26.04.1995, mit den Änderungen vom 28.11.1996; 30.09.1997; 12.01.1998; 16.04.1998; 06.01.2000; 30.10.2000; 09.10.2001; 11.03.2002; 06.12.2002; 14 und 25.02.2003; 30.04.2003; 30.12.2003; 17.04.2005 und 22.11.2005, im Internet veröffentlicht unter: http://www.admhmao.ru/pravo/frame_2.htm.
8 Zur Biographie von Filipenko siehe Anhang 1.
9 Filipenko gehört zu den ersten Gouverneuren, die nach der neuen Verwaltungsreform, die ab 01.01.2005 in Kraft trat, vom Präsidenten ernannt wurden. Mehr dazu bei: Sotnik, Vitalij: Bez 5 minut naznačenec Filipenko, in: Uralpolit, 21.02.2005, im Internet veröffentlicht unter: http://www.uralpolit.ru/hmao/art=18674.
10 Filipenko war Vorstandsmitglied des Ölunternehmens »TNK« bis zur Fusion dieses Unternehmens mit dem britischen Ölunternehmen BP Mitte 2003, im Internet veröffentlicht unter: http://saint-petersburg.ru/print/24638/.

Die Bank ist für die Verwaltung der Gelder des Regionalhaushalts zuständig und gehört gemessen am Kapital zu den 25 größten russischen Banken.[11]

5.2.2. Die regionale Legislative

Das Regionalparlament, die **Duma**, des Autonomen Bezirks der Chanten und Mansen bestand bis Ende 2000 aus 23 Abgeordneten, die nach Mehrheitswahlrecht gewählt wurden. Sechs der Mandate wurden in einheitlichen nationalen Wahlkreisen vergeben, in denen die Kandidaten nur von Vereinigungen der Urbevölkerung aufgestellt werden konnten. Es konnte sich jedoch jeder Bewohner des Bezirkes um eine Nominierung bewerben und alle Einwohner konnten gleichberechtigt wählen. Nach Änderungen des lokalen Statuts im Januar 2001 wurde die Zahl der Abgeordneten auf 25 erhöht, wobei nur noch fünf Mandate in einheitlichen nationalen Wahlkreisen vergeben wurden.[12] Nach den folgenden Änderungen in der regionalen Gesetzgebung stieg ab 2005 die Zahl der Abgeordneten auf 26. Die Wahl von 13 Abgeordneten findet regionsweit nach Verhältniswahl statt. Weitere zehn Abgeordnete des Parlaments werden in Einzelwahlkreisen gewählt. Drei Abgeordnete werden die Urbevölkerung des Bezirkes vertreten, die nach Mehrheitswahlrecht gewählt werden.[13]

Die Legislaturperiode des Parlamentes beträgt fünf Jahre. Diese kann jedoch aufgrund einer Entscheidung über die Selbstauflösung oder einer Entscheidung des Gouverneurs bei fehlender Beschlussfähigkeit des Parlaments vorzeitig beendet werden.[14]

Die Kompetenzen des regionalen Parlaments umfassen unter anderem die Verabschiedung der regionalen Gesetze und des regionalen Haushalts, die Bildung außerbudgetärer Fonds und die Kontrolle über ihre Realisierung. Die regi-

---

11 Mehr Informationen siehe auf der Internetseite der Chanty-Mansijskij Bank – im Internet veröffentlicht unter: http://www.khmb.ru/ru/.

12 Gesetz des Autonomen Bezirkes der Chanten und Mansen »O vyborach deputatov Dumy Chanty-Mansijskogo okruga« vom 25.01.1995, in: Pravovye spravočnye sistemy Konsul'tant-Plus.

13 Artikel 23 des regionalen Statutes des Autonomen Bezirkes der Chanten und Mansen – Ustav (Osnovnoj Zakon) Chanty-Mansijskogo Okruga – Jugry, vom 26.04.1995, mit den Änderungen vom 28.11.1996; 30.09.1997; 12.01.1998, 16.04.1998; 06.01.2000; 30.10.2000; 09.10.2001; 11.03.2002; 06.12.2002; 14 und 25.02.2003; 30.04.2003; 30.12.2003; 17.04.2005 und 22.11.2005, im Internet veröffentlicht unter: http://www.admhmao.ru/pravo/frame_2.htm.

14 Artikel 37–44 des regionalen Statutes des Autonomen Bezirkes der Chanten und Mansen – Ustav (Osnovnoj Zakon) Chanty-Mansijskogo Okruga – Jugry, vom 26.04.1995, mit den Änderungen vom 28.11.1996; 30.09.1997; 12.01.1998, 16.04.1998; 06.01.2000; 30.10.2000; 09.10.2001; 11.03.2002; 06.12.2002; 14 und 25.02.2003; 30.04.2003; 30.12.2003; 17.04.2005 und 22.11.2005, im Internet veröffentlicht unter: http://www.admhmao.ru/pravo/frame_2.htm.

onale Duma legt, basierend auf der föderalen Steuergesetzgebung, die regionalen Steuern sowie die Steuervergünstigungen fest und reguliert die Verwaltung des regionalen Vermögens und seiner Privatisierung. Außerdem entscheidet sie über die Emission lokaler Wertpapiere. Zudem ist sie für die rechtliche Regulierung der Nutzung sowie für den Schutz der Naturressourcen verantwortlich. Außerdem gehören zu ihren Kompetenzen die Billigung der Struktur der regionalen Administration und die Zustimmung zur Ernennung der stellvertretenden Gouverneure wie auch die Absetzung des Gouverneurs. Durch die Abgeordneten werden ständige Kommissionen gebildet, die sowohl für die Ausarbeitung regionaler Gesetze als auch für die Beobachtung ihrer Umsetzung zuständig sind. Dazu gehören die Kommissionen für Regionalpolitik, Sozialpolitik, den Haushalt und die Versammlung der indigenen Bevölkerung des Nordens.[15]

Die ersten Wahlen zur regionalen Duma wurden am 6. Dezember 1994 gleichzeitig mit den Parlamentswahlen im Gebiet Tjumen durchgeführt. Sergej Sobjanin wurde anschließend zum Parlamentsvorsitzenden bestimmt. Charakteristisch für die Zusammensetzung der Abgeordneten war, dass Vertreter der lokalen Verwaltungen die Mehrheit bildeten. Vertreter der Erdöl- und Erdgasindustrie stellten nur vier der Abgeordneten. Die Duma wurde dementsprechend von der regionalen Administration mehr als ein Hilfsorgan für die Durchführung wichtiger Entscheidungen genutzt.

Dies änderte sich nach den Parlamentswahlen vom 27. Oktober 1996. Sergej Sobjanin wurde erneut zum Vorsitzenden gewählt. Die Zusammensetzung der Abgeordneten unterschied sich aber stark von der ersten Legislaturperiode, da jetzt neun Sitze entsprechend 40% der Stimmen an Vertreter der Erdöl- und Erdgasindustrie fielen, während der Rest weiterhin größtenteils von Vertretern der lokalen Verwaltungen besetzt wurde. In der dritten Legislaturperiode wurde Wasilij Sondykow[16] zum Duma-Vorsitzenden gewählt. Die Zusammensetzung der dritten Duma ist vor allem durch eine weitere Zunahme der Abgeordneten gekennzeichnet, die Öl- und Gasunternehmen vertreten, deren Zahl sich auf 15, entsprechend 60% der Stimmen, erhöhte. Einen Überblick über Unternehmensvertreter im regionalen Parlament gibt Tabelle 5.1.

---

15   Mehr dazu auf der Webseite des Parlaments des Autonomen Bezirkes der Chanten und Mansen, im Internet veröffentlicht unter: http://www.admhmao.ru/power/duma/ (Stand 01.11.2004).
16   Zur Biographie von Sondykow siehe Anhang.

5.2. DIE RELEVANTEN POLITISCHEN AKTEURE

Tabelle 5.1: Die Vertreter von Öl- und Gasunternehmen in der zweiten und dritten Legislaturperiode der Duma im Autonomen Bezirk der Chanten und Mansen

Branche	Legislaturperiode 1996–2000	In % (N = 23)	Legislaturperiode 2001–2005	In % (N = 25)
Öl	7	30,8	9	36,0
Gas	2	8,8	4	16,0
Gemischte Unternehmen	0	0	2	8,0
Zusammen	**9**	**39,6**	**15**	**60,0**
Darunter				
Gazprom	2	8,7	4	16,0
Lukoil	2	8,7	2	8,0
Jukos	0	0	1	4,0
Surgutneftegas	2	8,7	3	12,0
Slavneft	1	4,3	1	4,0
Sidanko	1	4,3	0	0
TNK	1	4,3	1	4,0

Quelle: eigene Erstellungen nach der Zusammensetzung der Duma in der zweiten und dritten Legislaturperiode, im Internet veröffentlicht unter: http://www.hmao.wsnet.ru/power/index.htm.

Aufgrund der Dominanz von Firmenvertretern und Verwaltungsbeamten bildeten sich in der Duma keine offiziellen Fraktionen. Politische Parteien, die in der Region formal vertreten waren, haben sich nicht aktiv am politischen Leben beteiligt und organisierten auch keine Opposition. Eine wichtige Rolle spielte allein die gesellschaftlich-politische Vereinigung ›Jugra‹, die auf Vorschlag von Filipenko im Juni 1999 geschaffen wurde. Sie fungierte unter Leitung der Regionalverwaltung als Quasi-Partei. Die Vereinigung unterstützte die Kandidaten der Regionalverwaltung im Wahlkampf[17] und wurde von der Regionalverwaltung als Instrument zur Beeinflussung der öffentlichen Meinung verstanden. Durch den Verzicht auf eine parteipolitische Organisation und die Betonung sozialer und kommunaler Aspekte konnte ›Jugra‹ bei der Bevölkerung eine vergleichsweise hohe Akzeptanz erreichen. Mit dem neuen föderalen Gesetz »Über die politische Parteien«, das nur föderalen Parteien politische Tätigkeit erlaubt, konnte sich ›Jugra‹ ab 2003 nicht mehr an Wahlkampagnen beteiligen.[18] ›Jugra‹ betei-

---

17 Ausführliche Informationen zur »Mežregional'noe obščestvennoe dviženie ›Jugra‹« sind im Internet veröffentlicht unter: http://www.admhmao.ru/politics/Opdugra/.
18 Wie Gouverneur Filipenko kommentierte: »Wir verlieren eine der wichtigsten Komponenten unserer Tätigkeit – die politische – aber das Gesetz ist ein Gesetz, das wir vollziehen müssen, ob man es möchte oder nicht. Ich bin überzeugt, dass wir

ligte sich aber weiterhin an politischen Prozessen, insbesondere mit der Ausarbeitung von Gesetzen bezüglich der Kompetenzabgrenzung zwischen dem Autonomen Bezirk und dem Gebiet Tjumen und bezüglich der Kommunalreform. In beiden Fällen sollte ›Jugra‹ die Akzeptanz der Vorschläge bei der Bevölkerung erhöhen und damit die Verhandlungsposition der Regionalverwaltung stärken. Außerdem setzte sich die Vereinigung für die föderalen Parlaments- und Präsidentenwahlen ein, wobei sie die regionale Parteiliste von ›Jedinaja Rossija‹ aktiv unterstützte. So wurde mit Hilfe der regionalen Administration nach den föderalen Parlamentswahlen 1999, auf nachdrückliche Empfehlungen des föderalen Zentrums, eine regionale Abteilung der föderalen Partei ›Jedinstvo‹ gegründet, die im März 2002 in ›Jedinaja Rossija‹ umbenannt wurde. Zum Leiter wurde der ehemalige Stellvertreter des Gouverneurs, Gennadij Korepanow, berufen.[19] Im September 2003 wurde auch Gouverneur Filipenko Mitglied der Partei.[20] In der Duma der dritten Legislaturperiode wurde auch eine Fraktion von ›Jedinaja Rossija‹ gebildet, die 17 Abgeordnete umfasste.

5.2.3. Die Struktur der regionalen politischen Elite

Im autonomen Bezirk der Chanten und Mansen lassen sich für den Untersuchungszeitraum zwei politische Elitegruppen unterscheiden. Die erste Gruppe bildeten die Vertreter der Regionalverwaltung und Regierung, die Parlamentsabgeordneten, darunter auch die Vertreter der indigenen Bevölkerung der Chanten und der Mansen sowie die Vertreter des Präsidenten im Föderalbezirk. Die zweite Gruppe war durch die politisch aktiven Wirtschaftseliten der Region vertreten.

Zentrale Akteure der ersten Gruppe sind neben Gouverneur Aleksandr Filipenko unter anderem der Leiter der Administration Wiktor Kriwych, der für die Kaderpolitik verantwortlich war, sein erster Stellvertreter Georgij Gerlovskij, der für die Koordination der Beziehungen zwischen Regierung und Parlament zuständig war und den Bezirk außerdem bei den Verhandlungen über die Kompetenzabgrenzung mit dem Gebiet Tjumen vertrat. Ende der 1990er Jahre wurden die für Wirtschaft zuständigen leitenden Positionen in der Regionalverwaltung mit jüngeren Personen besetzt, von denen eine dynamischere und offenere Wirtschaftspolitik erwartet wurde. Zentrale Vertreter der jungen Reformer waren

---

noch genug Arbeit haben werden«, in: Info: Aleksander Filipenko: »›Jugra‹ utračivajet političeskuju sostavljajuščuju«, 25.11.2003, in: http://www.nakanune.ru/?page=news&id=3072&topic=13&&c_year=2003&c_month=1.

19 Mehr zur Tätigkeit der regionalen Abteilung der föderalen Partei ›Edinaja Rossija‹ im Bezirk der Chanten und Mansen siehe auf der Internetseite der Partei, im Internet veröffentlicht unter: http://www.edinros.ru/news.html?rid=1902&id=66018.

20 Info-Jugra-TV: Gubernatora ChMAO prinjali v partiju, in: Jugra-TV, 17.09.2003, im Internet veröffentlicht unter: http://www.ugra-tv.ru/news/readnews.php?nn=1882.

5.2. DIE RELEVANTEN POLITISCHEN AKTEURE

Oleg Tschermezow und Sergej Sarytschew. Die Administration entwickelte jedoch kein eigenes Gewicht in der Politik. Ohne Genehmigung des Gouverneurs wurden keine Verhandlungen mit den Wirtschaftseliten geführt.

Unter den Mitgliedern der in der Regionalregierung konzentrierten politischen Elite spielte der stellvertretende Regierungschef für Fragen der Nutzung der Bodenschätze, Wladimir Karasew, eine große Rolle, der Verbindungen zur Erdölindustrie besaß. Zu dieser Gruppe gehörten auch der Abgeordnete der Duma der Russischen Föderation Wladimir Asejew, der stellvertretende Gouverneur und Leiter der lokalen Vertretung im Gebiet Tjumen Nikolaj Dobrynin, die regionalen Vertreter im russischen Föderationsrat Genadij Olejnik und Pjotr Wolostrignow sowie die Verwaltungsleiter der von der Regionalveraltung subventionierten Kommunen.[21] Die lokale politische Elite des Bezirks ist nicht konsolidiert, d.h. die Leiter der einzelnen Kommunalverwaltungen entwickeln jeweils bilaterale Beziehungen mit der Regionalverwaltung.

Eine weitere Untergruppe stellten die Vertreter der indigenen Bevölkerung dar, die es geschafft haben, sich durch ihre Abgeordnetenmandate im regionalen Parlament als eigenständige Einflussgruppe zu etablieren. Einflussreichste politische Vertreter waren Wasilij Sondykow, seit 2001 Vorsitzender der regionalen Duma, sein Stellvertreter und Vorsitzender der Versammlung der Urbevölkerung des Nordens, Jeremej Ajpin sowie die Abgeordnete der regionalen Duma Tatjana Gogolewa, die auch die nicht-staatliche Organisation ›Spasenije Jugry‹ (Rettung von Jugra) leitete.

Außerdem gehörten zur ersten Gruppe der föderale Inspektor für den Bezirk, Sergej Duchanin, ein ehemaliger Leiter der lokalen Geheimdienstorgane und der Vertreter des Präsidenten im Föderalbezirk Pjotr Latyschew.

Die zweite Gruppe der lokalen politischen Elite bildeten die Vertreter der Wirtschaftselite, vor allem über Sitze im regionalen Parlament, wie Wladimir Bogdanow (Vorstandsvorsitzender von Surgutneftegas), der seit 1996 auch Abgeordneter der regionalen Duma war. Zu dieser Gruppe gehörten ebenfalls Pawel Zavalnyj (Tjumentransgaz), Jurij Waschenin (Surgutgazprom), der seit 1996 auch Duma-Abgeordneter war, sowie Sergej Kudrjaschow (Juganskneftegaz), Wladimir Nekrasow (Lukoil-Zapadnaja Sibir), Hakim Gumerskij und Wladimir Grabowskij (TNK), Jurij Schuljew (Slavneft-Megionneftegaz). In den Kommunen, in denen die großen Unternehmen aktiv sind, haben ihre Vertreter eine enge Verbindung mit der lokalen Politik, so dass der Einfluss der Regionalverwaltung hier stark abgeschwächt ist.

---

21 Sotnik, Vitalij: Četyre masti jugorskoj vlasti. Sovmestnyj specproekt ékspertnogo kanala »UralPolit.Ru« i gazety »Glavnyj sovetnik«, 26.02.2004, im Internet veröffentlicht unter: http://www.uralpolit.ru/projekts/?art=1643.

5.3. Die relevanten Wirtschaftsakteure

Im Folgenden werden die im Autonomen Bezirk der Chanten und Mansen aktiven russischen Ölgesellschaften in alphabetischer Reihenfolge kurz vorgestellt. Das sind Gazprom, Jukos, Lukoil, Slavneft, Surgutneftegas, TNK.[22] Die Portraits der Unternehmen umfassen jeweils ihre Entstehung, ihre Eigentums- und Kontrollverhältnisse, sowie ihre regionale Orientierung. Zu den wichtigsten Steuerzahlern in den regionalen Haushalt gehörten Surgutneftegas mit einem Anteil von 35%, Jukos und Lukoil mit jeweils 20% und TNK mit 15%.[23]

5.3.1. Gazprom[24]

Im Bezirk der Chanten und Mansen sind zwei Tochterunternehmen von Gazprom aktiv, die auch dort registriert sind: Tjumentransgaz und Surgutgazprom. Die Unternehmen sind für die Gaslieferungen von den nördlichen Erdgasfeldern, vor allem aus Jamal in die Ural- und Zentralgebiete Russlands zuständig. Mehr als 80% des in Russland geförderten Gases werden von diesen Unternehmen transportiert.[25] Ein ausführliches Portrait von Gazprom findet sich im Abschnitt 4.3.1.

5.3.2. Lukoil

Das Erdölunternehmen Lukoil wurde bereits 1993 gegründet. Heute ist es ein weit verzweigtes Unternehmen mit gegenwärtig 125 über verschiedene Geschäftsbereiche verteilten Einzelfirmen. Das Kerngeschäft von Lukoil liegt in dem 32 Untereinheiten umfassenden Bereich der Ölproduktion und -verarbeitung und in der Vermarktung von Ölprodukten. Lukoil besitzt außerdem eine Öltanker- und Güterwagen-Flotte, eine petrochemische Abteilung, eine Versicherungsagentur, mehrere Banken, ein Handelsunternehmen, das mit Ölanlagen handelt und hält Aktienpakete an Pipelines und Schiffswerften etc.

Seit der Gründung des Unternehmens war das Management bestrebt, Lukoil vollständig zu kontrollieren. Der Geschäftsleitung gelang es, den Einstieg von Großaktionären zu verhindern. Unter der Kontrolle des Managements befinden

---

22   Das Erdölunternehmen Sidanko wird hier nicht als relevanter Akteur betrachtet, da das Unternehmen Ende der 1990er Jahren an das Erdölunternehmen TNK verkauft und in die Struktur von TNK eingegliedert wurde.

23   Siehe dazu: Chanty-Mansijskij avtonomnyj okrug – kreditnyj rejting, Analiz i kommentarii, Standard&Poor's, 20.09.2004, im Internet veröffentlicht unter: http://www.sandp.ru/printer.phtml?idcontent=1462&generic=analysis.

24   Ausführliches Portrait siehe im Abschnitt 4.3.1. Gazprom, Kapitel 4. Fallstudie: Gebiet Tjumen dieser Arbeit.

25   Unternehmensportrait von Surgutgazprom, im Internet veröffentlicht unter: http://www.gazprom.ru/articles/surgutgazprom.shtml und das Unternehmensportrait vom Tjumentransgaz – unter http://www.gazprom.ru/articles/tum_00.shtml.

5.3. DIE RELEVANTEN WIRTSCHAFTSAKTEURE

sich heute ca. 36% der Unternehmensanteile, was es zum einzigen Großaktionär mit Stimmenmehrheit im Aufsichtrat macht. Der Geschäftsleitung von Lukoil steht als Generaldirektor der ehemalige sowjetische stellvertretende Minister für Öl und Gas Wagit Alekperow vor. Lukoil verfolgt eine konsequente Strategie zur Aufrechterhaltung seiner politischen Position. Zu dieser Strategie gehört die Förderung von engen Beziehungen zur Regierung als auch zu nationalen und regionalen Behörden. Darüber hinaus hat Lukoil in die Medien und in Aktivitäten im sozialen Bereich investiert. Es besitzt den viertgrößten Fernsehkanal und die drittgrößte Zeitung des Landes. In den Regionen, in denen das Unternehmen aktiv ist, unterstützt es die lokalen Sozialfonds. Zudem verfügt Lukoil über sehr gute Beziehungen zum russischen Energieministerium. So lassen sich bei vielen leitenden Beamten des Ministeriums Verbindungen zu Lukoil feststellen.

Mit einer Erdölproduktion von über 80 Millionen Tonnen ist Lukoil das zweitgrößte vertikal-integrierte Ölunternehmen in Russland und das viertgrößte private Ölunternehmen weltweit. 2005 besaß es 16 115 Millionen Barrels nachgewiesene Erdölreserven[26] und exportierte 48% seiner Gesamtproduktion. Lukoil ist die einzige wirklich internationale russische Ölgesellschaft: es hält 6,2% seiner Reserven und hat 5,6% seiner Produktion außerhalb von Russland.[27] Die Hauptanlagen von Lukoil in der Ölproduktion befinden sich in Westsibirien, wobei sich seine Anlagenbasis in den letzten Jahren auch in den europäischen Teil Russlands, nach Aserbaidschan und Kasachstan ausgebreitet hat.

Die wichtigsten Fördereinrichtungen von Lukoil[28] befinden sich im Bezirk der Chanten und den Mansen, wo die Tochterunternehmen Langepasneftegaz,

---

26 OAO Lukoil. Zapasy nefti i gaza, im Internet veröffentlicht unter: http://www.lukoil.ru/static_6_5id_252_.html.
27 OAO Lukoil. Zapasy nefti i gaza za rubežom, im Internet veröffentlicht unter: http://www.lukoil.ru/static_6_5id_255_.html.
28 Firmenportraits von Lukoil finden sich bei: Krjukov, V.A.: Institucional'naja struktura neftegazovogo sektora: problemy i napravlenija transformacii, Novosibirsk 1998, S. 168–170; Mazalov, Ivan: Lukoil, Troika Dialog Research, Moskau 1999; Peregudov, Sergej P. / Lapina, Natalia / Semenenko, Irina, S.: Gruppy interesov i rossijskoje gosudarstvo, Moskau 1999, S. 102–122; Evseev, Avtandil: Regional'naja politika nacional'noj kompanii »Lukoil«, in: Vlast' 6/1999, S. 11–16; Westphal, Kirsten: Russische Energiepolitik. Ent- oder Neuverflechtung von Staat und Wirtschaft, Baden-Baden 2000, S. 135f., 147f.; Pappė, Jakov Š.: »Oligarchi«, Moskau 2000, S. 164–175; Amirov, Andrej: Lukoil. Obzor dejatel'nosti, Moskau 2001; Peregudov, Segej P.: Korporacii, obščestvo i gosudarstvo. Evolucija otnošenij, Moskau 2003, S. 108–127; Pleines, Heiko: Wirtschaftseliten und Politik im Russland der Jelzin-Ära (1994–99), Hamburg 2003, S. 219f.; Henderson, James / Radosevic, Slavo: The influence of alliances on corporate growth in the post-Soviet period: Lukoil and Jukos, Working Paper Series, 34/2003, London; Heinrich, Andreas: Globale Einflussfaktoren auf das Unternehmensverhalten. Die corporate governance des russischen Erdöl- und Erdgassektors, Münster 2004, S. 107–

Uraineftegaz, Pokatschewneftegaz und Kogalymneftegaz agieren. Diese Unternehmen werden in einer einzigen Tochterorganisation, der Lukoil-Zapadnaja Sibir zusammengefasst. Dieses Unternehmen besitzt 54 Erdölfelder und 50 Lizenzen für die Förderung der Erdölressourcen. Lukoil-Zapadnaja Sibir ist für etwa zwei Drittel der Erdölproduktion von Lukoil verantwortlich.[29]

Tabelle 5.2: Die Organisationsstruktur von Lukoil

Region	Produktion	Verarbeitung	Vertrieb
In fast allen erdölfördernden Regionen Russlands tätig, wie etwa Westsibirien (unter anderem im Autonomen Bezirk der Chanten und Mansen, im Gebiet Tjumen, im Autonomen Bezirk der Jamal-Nenzen, Republik Komi, Gebiet Perm, Nord Kaspij)	Lukoil-Zapadnaja Sibir Astrachanmorneft Kaliningradmorneft Nizhnewolzhskneft Permneft Archangelskneftedobytschaa Komi-TEK Komineft KomiArticOil Komiquest AmKomi Tebukneft Nobel Oil Bitran Parmaneft	PermNPZ* VolgogradNPZ UchtaNPZ	AdygejaNP** AstrachanNP Baltservis WolgogradNP AbadsechskNP WologdaNP KirovNP PermNP Tscheljabinsk-NP

* NPZ = neftepererabatyvajuščij zavod = Raffinerie; ** NP = nefteprodukt = Erdölprodukt
Quelle: Struktura dejatel'nosti AOA Lukoil na 2003–2004 gg., im Internet veröffentlicht unter: http://www.lukoil.ru

5.3.3. Slavneft

Das Unternehmen Slavneft wurde 1994 nach einer Übereinkunft der Regierungen der Russischen Föderation und Belarus gegründet. Zu den wichtigsten Aktionären der Gesellschaft gehörten das russische Ministerium für Staatsbesitz mit 45% der Aktien, der Russländische Fonds für Staatsbesitz mit 29,95%, das Ministerium für Staatsbesitz von Belarus mit 10,83% und einem Vetorecht bei strategisch wichtigen Entscheidungen sowie der Aktionärsfonds der Angestellten des Unternehmens mit 6,3%. Der übrige Teil der Aktien wurde an ausländische Investoren verkauft. Seit Mitte der 1990er Jahre begann die Ölförderung

---

109. Siehe auch die Internetseite des Unternehmens, veröffentlicht unter: http://www.lukoil.ru.
29   N.N.: OOO »Lukoil-Zapadnaja Sibir'«, in: Neft' i Kapital, 15.02.2005, im Internet veröffentlicht unter: http://www.oilcapital.ru/info/companies/comp1/63424/private/63458.shtml.

5.3. DIE RELEVANTEN WIRTSCHAFTSAKTEURE

und -verarbeitung deutlich zurückzugehen. Zu den äußeren Faktoren, die den Rückgang der Produktion der Gesellschaft beeinflussten, gehörten die niedrigen Weltmarktpreise für Öl und der damit verbundene niedrige Rohstoffexport. Erschwerend hinzu kamen Bartergeschäfte auf dem internen Markt sowie eine hohe Verschuldung der Abnehmer gegenüber der Gesellschaft auf dem russischen und weißrussischen Markt. Pläne der Regierung in den Jahren 1997 und 1998, Slavneft an private Finanzgesellschaften zu verkaufen bzw. das Unternehmen in eine nationale Ölgesellschaft einzugliedern, wurden nicht realisiert. Schließlich verkaufte die Regierung von Belarus ihr Aktienpaket im November 2002 an TNK und Sibneft.[30] Im darauf folgenden Monat wurde das im Besitz der Russischen Föderation befindliche Aktienpaket von 74,95% des Firmenkapitals ebenfalls an die Gesellschaften Sibneft und TNK verkauft.

Tabelle 5.3: Die Organisationsstruktur von Slavneft

Region	Produktion	Verarbeitung	Vertrieb
Westsibirien Mittlere Ob-Region (Gebiet Uljanowsk)	Megionneftegaz Slawneft-Nizhnewartowsk	Jaroslav NPZ im. Mendeleeva (Rusojl)	Slavneft-JaroslavNP
	Sobol Obneftgeologija Slavneft-Krasnojarskneftegaz Mesojachneftegaz	Slavneft-Jaroslavnefteorgsintes	Slavneft-CentrNP
		Mozyrskij NPZ	Slavneft-Tunoschna

Quelle: Struktura kompanii AOA »Neftegazovaja kompanija ›Slavneft'‹«, im Internet abrufurbar unter: http://www.slavneft.ru/company/structure.php.

Slavneft besitzt 73 Lizenzen für die Förderung von Erdöl auf dem Territorium von Ost- und Südsibirien, dem Bezirk Krasnojarsk und dem Gebiet Uljanowsk. Von größerer Bedeutung für das Unternehmen sind die Ölfelder im Autonomen Bezirk der Chanten und Mansen, wo die Förderarbeiten von dem Tochterunternehmen Megionneftegaz auf vierzehn Erdölfeldern durchgeführt werden. Zu den Neuerwerbungen Anfang 2000 gehörte darüber hinaus das Ölförderunternehmen Mesojachaneftegaz im Autonomen Bezirk der Jamal-Nenzen.[31]

---

30 Medjedev, Il'ja: V »Slavneft'« prišli sil'nye novye sil'nye chozjaeva, in: Kreml.org, 27.01.2003, im Internet veröffentlicht unter: http://www.kreml.org/opinions/14182853?mode=print&user_session=9d706e5ce91002140c499419b6bba033.
31 Firmenportraits finden sich bei: Company profiles: Slavneft, in: Analytica Newsletter 12/1998; Pleines, Heiko: Russia's oil companies and the current crisis. Part 10. To be or not to be, in: FSU Oil & Gas Monitor (NewsBase), 06.04.1999; Westphal, Kirsten: Russische Energiepolitik. Ent- oder Neuverflechtung von Staat und Wirtschaft, Baden-Baden 2000, S. 140, 151; Pleines, Heiko: Wirtschaftseliten und Politik im Russland der Jelzin-Ära (1994–99), Hamburg 2003, S. 223f.; Heinrich, Andreas: Globale Einfluss-

5.3.4. Surgutneftegas

Das Unternehmen Surgutneftegas wurde durch einen Präsidialerlass vom November 1993 gegründet. Zu ihm gehörte der Förderbetrieb Surgutneftegas, die Raffinerie Kirishinefteorgsintez bei St. Petersburg und Großhändler in unmittelbarer Nähe der Raffinerie.

Tabelle 5.4: Die Organisationsstruktur von Surgutneftegas

Region	Produktion	Verarbeitung	Vertrieb
Westsibirien (Autonomer Bezirk der Chanten und Mansen), Bezirk Leningrad	Surgutneftegas	Kirischi NPZ	KaliningradNP KirischiNP NovgorodNP NeftoKombi Orengoneft PskowNP TwerNP

Quelle: Obščie svedenija ob Obščestve AOA Surgutneftegas, im Internet veröffentlicht unter: http://www.surgutneftegas.ru/rus/about.xpml.

Seit Beginn der Privatisierung ist das Firmenmanagement unter der Leitung von Wladimir Bogdanow nach dem System des cross-ownership organisiert. Die Management-Struktur von Surgutneftegas ist hoch zentralisiert. Alle Entscheidungen der Firmenleitung, auch viele routinemäßigen, müssen mit Wladimir Bogdanow persönlich geklärt werden, der sowohl Generaldirektor von Surgutneftegas als auch Präsident der Surgut Holding ist, die das Kontrollaktienpaket an Surgutneftegas hält. Die Surgut Holding wiederum gehört mehrheitlich dem Rentenfonds von Surgutneftegas, der vom Management kontrolliert wird. Ende Mai 1998 übernahm Surgutneftegas 34% der Anteile an der Gasverarbeitungsanlage von Surgut, einem der Hauptabnehmer für das von Surgutneftegas produzierte Erdgas. In der Folge intensivierte das Management die Kontrolle über Surgutneftegas indem es die Surgut Holding Aktienanteile an dem Tochterunternehmen aufkaufen ließ. 2001 wurden der Förderbetrieb Surgutneftegas und die Surgut Holding zu der Surgut-Group zusammengefasst.

Die Strategie der Holding ist auf die Entwicklung der Ölproduktion in Westsibirien ausgerichtet. Charakteristisch für Surgutneftegas ist auch, dass die Produktion in einer Region, im Autonomen Bezirk der Chanten und Mansen, konzentriert ist, wo das Unternehmen seinen Firmensitz hat. Mit einer Erdölproduktion von etwa 64 Millionen Tonnen 2005 gehört das Unternehmen zu den größten rus-

faktoren auf das Unternehmensverhalten. Die corporate governance des russischen Erdöl- und Erdgassektors, Münster 2004, S. 112f.; Siehe dazu auch die Internetseite des Unternehmens: http://www.slavneft.ru, vgl. auch http//www.nefte.ru/company/rus/slavneft.htm.

sischen vertikal-integrierten Ölunternehmen. Auch die Erdölreserven des Unternehmens befinden sich hauptsächlich in dieser Region. Die nachgewiesenen Ölreserven wurden 2003 auf cirka 910 Millionen Tonnen geschätzt. Eine professionelle und aggressive Entwicklung der Produktion in der Region hat Surgutneftegas zu einer der stabilsten russischen Ölgesellschaften gemacht. Ein Nachteil dieser Strategie liegt darin, dass sie stark von der Einträglichkeit der regionalen Ölproduktion abhängt, wobei die Ressourcenbasis abnimmt.[32]

5.3.5. TNK

Im Bezirk der Chanten und Mansen ist eine der größten Tochterunternehmen von TNK-BP – Nizhnewartowskneftegaz aktiv. Das Unternehmen besitzt unter anderem die Lizenz für das Samotlor-Feld, das größte Erdölfeld Russlands. Die jährliche Produktion von Nizhnewartowskneftegaz belief sich auf rund 18 Millionen Tonnen. Ein ausführliches Portrait von TNK findet sich im Abschnitt 4.3.2.

5.3.6. Jukos

Jukos wurde im April 1993 aus den Ölgesellschaften Juganskneftegaz (JuganskNG) und Samaraneftegaz (SamaraNG), drei Raffinerien und mehreren Einzelhandelsunternehmen in Zentralrussland gebildet. Jukos war das Flagschiff der von Michail Chodorkowskij geführten Rosprom-Holding der Bank Menatep. 1995 wurden von dieser Finanzgruppe 78% der Anteile an dem Unternehmen übernommen, die im Weiteren auf 85% erhöht wurden.

Die Unternehmensstrategie war lange auf Wachstum ausgerichtet. Mit Aufnahme westlicher Kredite erwarb Jukos 1997 die Wostotschnaja Neftjanaja Kompanija (WNK), was die Reserven- und Produktionsbasis des Unternehmens erheblich vergrößerte. Nach der Finanzkrise 1998 stand das Unternehmen allerdings vor dem Konkurs. Die wesentliche Erhöhung der Erdölpreise in den folgenden Jahren hat geholfen, den Konkurs zu vermeiden. Das Management entwi-

---

32 Ein Firmenportrait von Surgutneftegas findet sich bei: Henderson, James / Saliterman, Scott / Satskov, Eugene: Surgutneftegas, Renaissance company profile, Moskau 1998; Krjukov, V.A.: Institucional'naja struktura neftegazovogo sektora: Problemy i napravlenija transformacii, Novosibirsk 1998, S. 173f.; Mazalov, Ivan: Surgutneftegas. Troika Dialog Research, Moskau 1999; Lane, David / Seifulmukov, Iskander: Structure and ownership, in: Lane, David (Hg.): The political economy of Russian oil, Lanham/Oxford 1999, S. 15–46, S. 32f.; Westphal, Kirsten: Russische Energiepolitik. Ent- oder Neuverflechtung von Staat und Wirtschaft, Baden-Baden 2000, S. 136, 148; Pleines, Heiko: Wirtschaftseliten und Politik im Russland der Jelzin-Ära (1994–99), Münster 2003, S. 224; Heinrich, Andreas: Globale Einflussfaktoren auf das Unternehmensverhalten. Die corporate governance des russischen Erdöl- und Erdgassektors, Münster 2004, S. 113–117; vgl. auch die Internetseite des Unternehmens, veröffentlicht unter: http://www.surgutneftegas.ru sowie: http//www.nefte.ru/company/rus/surgutneftagaz.htm.

ckelte in der Folge eine langfristige Strategie, die mit einer Produktionssteigerung verbunden war. Dabei konzentrierte man sich auf eine intensivere Ausbeutung der bereits erschlossenen Förderquellen mit Hilfe ausländischer Technologie und Serviceunternehmen.

Außerdem plante das Unternehmen Anfang 1998 den Zusammenschluss mit Sibneft. Die Verhandlungen scheiterten jedoch. Zu einem neuen Versuch kam es Mitte 2003, wobei sich die zwei Unternehmen offiziell zusammengeschlossen haben. Die Fusion wurde jedoch rückgängig gemacht unter anderem wegen dem Verfahren gegen zwei führende Jukos-Aktionäre, Michail Chodorkowskij und Platon Lebedew, denen Betrug und Steuerhinterziehung vorgeworfen wurde. Gleichzeitig wurde gegen Jukos ein Untersuchungsverfahren wegen Steuerhinterziehung eingeleitet. Die staatlichen Forderungen gegen Jukos summierten sich bis Ende 2004 auf über 28 Milliarden US-Dollar. Allein die Nachforderungen erreichten damit eine Höhe von etwa 75 Prozent des von Jukos ausgewiesenen Umsatzes für die entsprechenden Steuerjahre. Da der Konzern nicht in der Lage war, die entsprechenden Summen aufzubringen, wurde eine Zwangsvollstreckung eingeleitet. Jugauskneftegaz, das größte Förderunternehmen von Jukos, wurde im Dezember 2004 versteigert. Der Erlös reichte aber bei weitem nicht aus, um die Steuerschulden von Jukos zu begleichen. Ende Januar 2005 beliefen sie sich immer noch auf etwa neun Milliarden US-Dollar. Der Jukos-Konzern stand damit vor dem Aus. Jukos verlor mit Jugauskneftegaz nicht nur das Kernstück des Konzerns, sondern aufgrund seiner Zahlungsunfähigkeit auch seine ausländischen Kunden, die begannen, Verträge mit anderen russischen Produzenten abzuschließen.

Das mit Abstand größte Förderunternehmen des Jukos-Konzerns, Jugauskneftegaz, wurde im Dezember 2004 zur Begleichung der Steuerschulden zwangsversteigert. Die Auktion gewann die Baikal Finance Group (BFG), die kurz vor der Auktion in der Stadt Twer registriert wurde. Das Unternehmen bot 9,35 Milliarden US-Dollar. Ende Dezember 2004 erklärte dann der staatliche Erdölkonzern Rosneft, für das Gebot von BFG aufzukommen und damit Jugauskneftegaz erworben zu haben. Das Management von Jugauskneftegaz wurde durch Vertreter von Rosneft ersetzt.[33]

---

33 Denis Skorobogat'ko, Dmitrij Butrin: »Jugansk« kupili ljudi iz »Londona«, in: Kommersant", 20.12.2004; Petr Sapožnikov, Elena Kiseleva: Rukovodstvo »Bajkalfinansgrupp« objavleno v rozysk, in: Kommersant", 21.12.2004. Mehr zu Jukos-Affäre siehe Pleines, Heiko / Schröder, Hans – Henning (Hg.): Jukos-Affäre. Russlands Energiewirtschaft und die Politik, in: Arbeitspapiere und Materialien, Forschungsstelle Osteuropa, 64/2005; auch Kusznir, Julia: Der Staat schlägt zurück. Wirtschaftliche Konsequenzen der Jukos-Affäre, in: Osteuropa, 7/2005, S. 76–87.

5.3. DIE RELEVANTEN WIRTSCHAFTSAKTEURE

Tabelle 5.5: Die Organisationsstruktur von Jukos

Region	Produktion	Verarbeitung	Vertrieb
Westsibirien (unter anderem im Autonomen Bezirk der Chanten und Mansen im Autonomen Bezirk der Jamal-Nenzen, und im Gebiet Tjumen) Gebiet Tomsk Gebiet Samara	Juganskneftegaz Samaraneftegaz Vostotschnaja NK (VNK) Tomskneft	Atschinskij NPZ Novokujbyschew NPZ Syzran NPZ Kujbyschew NPZ Tomskij NChK*	BelgorodNP BrjanskNP WoroneschNP LipeckNP OrelNP PensaNP SamaraNP TambowNP UljanowskNP KrasnojarskNP NowosibirskNP TuwaNP TomskNP TschakasNP

* NChK = neftechimičeskij kombinat = petrochemische Gesellschaft.
Quelle: Struktura AOA Jukos na 2003–2004 gg., im Internet veröffentlicht unter: http://www.jukos.ru

Im Hinblick auf seine 2,014 Milliarden Tonnen nachgewiesenen Erdölreserven und die 81 Millionen Tonnen Erdöl, die im Jahre 2003 produziert wurden, war Jukos Russlands größter Erdölproduzent. Etwa 70% der Reserven befanden sich im Bezirk der Chanten und Mansen. Das Unternehmen Juganskneftegaz arbeitete auf 25 Erdölfeldern in dieser Region. Seine Erdölproduktion betrug jährlich rund 30 Millionen Tonnen.[34]

---

[34] Firmenportraits finden sich bei: RMG Securities: Jukos. Company report, Moskau 1997; Pappė, Jakov: Perspektivy rossijskogo neftjanogo sektora, Moskau 1998, S. 20; Krjukov, Valerij A.: Institucional'naja Struktura neftegazovogo sektora: problemy i napravlenija trnsformacii, Novosibirsk 1998, S. 170–171; Lysova, Tatjana / Nogina, Anna: Dvulikij Jukos, in: Expert 14.09.1998, S. 38–40; Pleines, Heiko: Russia's oil companies and the present crisis. Part 3 Jukos in deep trouble, in: FSU Oil & Gas Monitor (NewsBase), 09.02.1999; Mazalov, Ivan: Jukos. Troika Dialog Research, Moskau 2000; Westphal, Kirsten: Russische Energiepolitik. Ent- oder Neuverflechtung von Staat und Wirtschaft, Baden-Baden 2000, S. 141, 148f.; Pleines, Heiko: Wirtschaftseliten und Politik im Russland der Jelzin-Ära (1994–99), Hamburg 2003, S. 225f.; Sikaramova, Anžela: Jukos snabžajet vsju Rossiju, in: Nezavisimaja Gazeta, 18.11.2003, im Internet veröffentlicht unter: http://ng.ru/printed/economic/2003-10-29/3_attack.html; Henderson, James / Radosevic, Slavo: The influence of alliances on corporate growth in the post-soviet period: Lukoil and Jukos, Working Paper Series, 34/2003, London; Heinrich, Andreas: Globale Einflussfaktoren auf das Unternehmensverhalten. Die corporate governance des russischen Erdöl- und Erdgassektors, Münster 2004, S. 123–125; siehe dazu auch die Internetseite des Unternehmen veröffentlicht unter: http://www.yukos.ru; vg. auch http//www.nefte.ru/company/rus/yukos.htm.

5.4. Die wirtschaftspolitischen Entscheidungsprozesse auf der regionalen Ebene

Das Zentrum der politischen Macht im Bezirk der Chanten und Mansen wird durch die regionale Administration beziehungsweise durch den Gouverneur präsentiert. Gouverneur Filipenko fungiert als Vermittler zwischen regionalen politischen Interessen und den Wirtschaftsunternehmen und wird deshalb als Garant für politische und wirtschaftliche Stabilität in der Region wahrgenommen. Seine politische Flexibilität und die Fähigkeit, Kompromisse in strittigen Situationen zwischen den Ölunternehmen und der indigenen Bevölkerung der Region zu finden, werden hoch geschätzt.[35] Grundlage der Rolle Filipenkos sind formelle Partnerschaftsabkommen, die in den 1990er Jahre zwischen den Erdöl- und Erdgasunternehmen und der regionalen Administration getroffen wurden. Die Abkommen regelten alle wesentlichen Aspekte der wirtschaftlichen Tätigkeit der Unternehmen, von der Förderung über die Modernisierung der Pipelines bis hin zu Zahlungen an den Regionalhaushalt und die Lösung sozialer Probleme.

Die Abkommen beinhalteten zwei zentrale Funktionen. Zum einen bekräftigten sie die Verteilung der Einflusszonen, insbesondere die Verteilung der Förderquellen zwischen den großen Unternehmen und beendeten den Konkurrenzkampf zwischen ihnen. Zum anderen haben die Abkommen durch die enge Zusammenarbeit zwischen den beiden Seiten die Zuständigkeit für wirtschaftspolitische Entscheidungen im Bereich der Öl- und Gasindustrie von der föderalen auf die regionale Ebene übertragen. Aus Sicht der Unternehmen waren dabei die Kompetenzen der Regionalverwaltung in den Bereichen Lizenzierung und Besteuerung ein wesentliches Motiv für diesen Schritt.

Bis Mitte der 1990er Jahre lag der Schwerpunkt der Abkommen bezüglich der Beziehung zwischen Regionalverwaltung und Unternehmen auf der Regelung der Steuerzahlungen. Die Abkommen gewährten den Unternehmen erhebliche Erleichterungen bei regionalen Steuern und sahen vorteilhafte Restrukturierungen von Steuerschulden vor. Die Unternehmen garantierten im Gegenzug ihren langfristigen Verbleib als Steuerzahler in der Region. Die ersten Abkommen dieser Art wurden mit den Erdölunternehmen Jukos und TNK abgeschlossen.[36]

Nach der Übernahme mehrerer Unternehmen durch große Holdinggesellschaften Mitte der 1990er Jahre änderte sich der Inhalt der Partnerschaftsabkommen wesentlich. Neben Fragen der Besteuerung trat nun als zentraler

---

35 Verchovskij, Ilja: Kommentarij po rezul'tatam ėkspertnogo oprosa »Samye vlijatel'nye ljudi Rossii – 2003« v Chanty-Mansijkom Avtonomnom Okruge, in: Institut Situacionnogo analiza i novych technologij: Samye vlijatel'nye ljudi Rossii, Moskau 2003, S. 676–682.

36 Maloveckij, Aleksandr V.: Investicionnaja politika neftjanych korporacij, Surgut / Moskau 2002, S. 121.

5.4. DIE WIRTSCHAFTSPOLITISCHEN ENTSCHEIDUNGSPROZESSE

Aspekt der Zugriff auf Erdölfelder über Lizenzen. Die Regionalverwaltung verpflichtete sich dementsprechend in den bilateralen Partnerschaftsabkommen, das jeweilige Unternehmen beim Erwerb konkreter Lizenzen zu unterstützen. Die Unternehmen sagten im Gegenzug Zahlungen in den Regionalhaushalt zu, deren Abwicklung in den Abkommen detailliert geregelt wurde.

Im Rahmen von Auktionen und Ausschreibungen gewannen von 1994 bis 2003 Erdölunternehmen Lizenzen für Erdölreserven im Umfang von einer Milliarde Tonnen. In den Haushalt des Autonomen Bezirks flossen dadurch 12,4 Mrd. Rubel (etwa 400 Mio. US-Dollar) an Rohstoffentnahmesteuer und 5,6 Mrd. Rubel (etwa 235 Mio. US-Dollar) an Lizenzgebühren. (Siehe dazu die Tabelle 5.6.)

Tabelle 5.6: Ergebnisse der durchgeführten Lizenz-Auktionen im Bezirk der Chanten und Mansen 1994–2003

Unternehmen	Anteil der Ressourcen C1+C2 an den ausgeschriebenen Ressourcen insgesamt (in %)	Zahlungen der Unternehmen in den regionalen Haushalt (Rohstoffentnahmesteuer + Lizenzgebühren) (in Mio. Rubel)	Kosten der Auktion für den regionalen Haushalt (einschließlich Exploration) (in Mio. Rubel)	Saldo des regionalen Haushalts (in Mio. Rubel)
Surgutneftegas	39,08	6 716,2	1 2502, 4	+ 5 786,2
Lukoil-Zapadnaja Sibir	10,15	2 821,1	3 247, 8	+ 426,7
Jukos	6,23	1 549,7	1 992,6	+ 442,9
Sidanko	0,20	742,2	63,7	- 678,5
Slavneft	2,89	836,3	925,9	+ 89,6
TNK	8,05	1 411,1	2 575,6	+ 1 164,5
Nojabrskneftegaz (Sibneft)	1,33	71,8	425,0	+ 353,2
Bashneft	3,54	414,6	1 134,0	+ 719,4
Unabhängige Erdölproduzenten	28,52	3 299,3	9123,6	+ 5 821,5
Zusammen	100,00	17 862,3	31990,6	+ 14 128,3

Quelle: Resul'taty aukcionov da neftedobyvajuščich kompanij, in: Neft' i Gas Jugry, Analitičeskij obzor, in: Neftegazovaja Vertikal', 13/2003, im Internet veröffentlicht unter: http://www.ngv.ru/magazin/view.hsql?id=1608&mid=71.

Zusätzlich enthielten die Abkommen jetzt Verpflichtungen der Unternehmen zur Umsetzung von Investitionsprojekten, zur Energieversorgung der Region sowie Arbeitsplatzgarantien.

Das 1997 mit Surgutneftegas unterzeichnete Abkommen sah zum Beispiel vor, dass das Unternehmen unter der Bedingung bestimmte Steuervergünstigungen erhielt, dass es in der Region fünf Kraftwerke baute. Die Beziehung des Unternehmens zur Regionalverwaltung wurde auch dadurch intensiviert, dass Gouverneur Filipenko in den Aufsichtsrat berufen wurde.[37] Das im gleichen Jahr mit Gazprom geschlossene Abkommen erlaubte es dem Gasunternehmen, seine überfälligen regionalen Steuerschulden u.a. durch den Bau von sozialen Einrichtungen zu begleichen. Gleichzeitig verpflichtete sich Gazprom zur Teilnahme am regionalen Investitionsprogramm.[38]

Wettbewerbsmechanismen bei der Vergabe von Lizenzen und bei der Realisierung von Investitionsprojekten wurden damit ausgeschaltet. Der Abgeordnete des Regionalparlaments Wiktor Agejew konstatierte dementsprechend:

> Unabhängig davon, dass die Lizenzen durch Auktionen und Ausschreibungen unter formal unparteiischen Bedingungen vergeben werden, wird die regionale Administration immer ihr nahe stehende Unternehmen bevorzugen. Und wenn ein neues Unternehmen in der Region erscheint, werden die Interessen der in der Region schon tätigen Unternehmen favorisiert.[39]

So zahlten die unabhängigen Erdölproduzenten beim Lizenzerwerb zwischen 6,2 und 11,5 Rubel pro Tonne Erdölreserven, während die großen Erdölunternehmen wie Lukoil, TNK und Jukos nur zwischen 1,9 und 2,5 Rubel pro Tonne bezahlen mussten.[40]

Im Ergebnis haben die großen Wirtschaftsvertreter mit der politischen Elite der Region eine kooperative Zusammenarbeit entwickelt. Das Regionalparlament wurde dabei zum zentralen Verhandlungsplatz zwischen wirtschaftlichen und politischen Eliten. Der Gouverneur nimmt entweder persönlich an Parlamentssitzungen teil oder schickt seinen Stellvertreter. Das oft bilaterale Aushandeln der Beziehungen zwischen Unternehmen und Regionalverwaltung resultierte in einer Flut von Regelungen. Während der 1990er Jahre wurden so insgesamt etwa 60 verschiedene Gesetze zur Regulierung der Nutzung der Bodenschätze und zur regionalen Besteuerung verabschiedet. Hinzu kam eine deutlich größere Zahl

---

37 Ebd., S. 113.
38 Ebd., S. 114.
39 Zitiert nach: ebd., S. 121.
40 Neft' i Gas Jugry, Analitičeskij obzor, in: Neftegazovaja Vertikal', 13/2003, im Internet veröffentlicht unter: http://www.ngv.ru/magazin/view.hsql?id=1608&mid=71.

5.4. DIE WIRTSCHAFTSPOLITISCHEN ENTSCHEIDUNGSPROZESSE 235

lokaler Verordnungen, die reduzierte Zahlungen oder vollständige Zahlungsbefreiungen für einzelne Lagerstätten festlegten.

Die Unternehmen erhielten dadurch weitreichende Zahlungserleichterungen. Die regionalen Behörden durften in den ersten drei Jahren der Förderung lediglich die Mindestsätze für Gebühren, die mit der Nutzung der Bodenschätze verbunden sind, festsetzen.[41] Regionale Gesetze erlaubten erhebliche Nachlässe auf die regionalen Anteile an föderalen Steuern und auf Regionalsteuern bei direkter Förderung der Bodenschätze oder bei Investitionen der Öl- und Gasunternehmen in die Wirtschaft der Region.[42] Die Regionalverwaltung förderte auch den Abschluss steuervergünstigter PSA-Abkommen für Ölquellen in der Region. Das erste Abkommen wurde 1999 zwischen der föderalen und regionalen Regierung sowie dem Erdölunternehmen TNK für das Samotlor-Erdölfeld abgeschlossen. Nach der Verschärfung der Auflagen für PSA-Abkommen durch das föderale Gesetz von 2001 wurde diese Strategie aber nicht weiterverfolgt.[43]

Nach einem von 1999 bis 2000 gültigen regionalen Gesetz waren keine weiteren administrativen Beschlüsse zur Anwendung der Steuervergünstigungen notwendig; vielmehr trafen die Unternehmen selbst die Entscheidung darüber, wie diese Steuervergünstigungen ausgenutzt werden sollten. Die nicht versteuerten Gewinne sollten dabei wieder in die Rohstoffproduktion investiert werden.[44] Schon 1999 nutzten sieben Ölunternehmen diese Regelungen für insgesamt 27 neue Erdölfelder und produzierten damit steuerbefreit 7,25 Millionen Tonnen Erdöl. Im Ergebnis reduzierten die Öl- und Gasunternehmen ihre Steuerzahlungen erheblich, investierten mehr in die Erschließung neuer Ölquellen und steigerten ihre Produktion, wie Tabelle 5.7 zeigt.

---

41   Gesetz des Autonomen Bezirkes der Chanten und Mansen »O nedropol'zovanii« vom 18.04.1996, im Internet veröffentlicht unter: http://www.hmao.wsnet.ru/pravo/flame.htm; das regionale Gesetz »O razrabotke mestoroždenij uglevodov na territorii avtonomnogo okruga« vom 26.06.1998, im Internet veröffentlicht unter: http://www.hmao.wsnet.ru/pravo/flame.htm.

42   Gesetz »O nalogovych l'gotach v Chanty-Mansijskom avtonomnom okruge« vom 12.12.1997, mit der Änderung »O nalogovych l'gotach v Chanty-Mansijskom avtonomnom okruge« vom 25.12.2000, im Internet veröffentlicht unter: http://www.hmao.wsnet.ru/pravo/flame.htm; Gesetz »O razrabotke mestoroždenij uglevodov na territorii avtonomnogo okruga« vom 26.06.1998, im Internet veröffentlicht unter: http://www.hmao.wsnet.ru/pravo/flame.htm; Gesetz »O podderžke investicionnoj dejatel'nosti organami gosudarstvennoj vlasti avtonomnogo okruga na territorii ChMAO« vom 08.10.1999, im Internet veröffentlicht unter: http://www.hmao.wsnet.ru/pravo/flame.htm.

43   Maloveckij, Aleksandr V.: Investicionnaja politika neftjanych korporacij, Surgut / Moskau 2002, S.239–244.

44   Gesetz »O stimulirovanii uskorennogo vvoda v razrabotku neftegazovych mestoroždenij v predelach licenzionnych učastkov nedr na territorii ChMAO« vom 09.04.1999, im Internet veröffentlicht unter: http://www.hmao.wsnet.ru/pravo/flame.htm.

Tabelle 5.7: Ergebnisse der stimulierten Steuererhebung im Autonomen Bezirk der Chanten und Mansen (April 2000).

Unternehmen	Beginn der Anwendung der stimulierten Steuer	Zusätzliche Erdölförderung (in Tsd. Tonnen)	Reinvestitionen aus dem regionalen Haushalt (in Mio. Rubel)
Surgutneftegas	Januar 1999	6326	2195,0
Ritek (Lukoil)	April 1999	145	30,0
Lukoil-Zapadnaja Sibir (Lukoil)	Juli 1999	145	30,0
Slavneft-Megionneftegaz (Slavneft)	Juli 1999	485	29,2
Jugansknefteaz (Jukos)	August 1999	32	1,0
Tursunt	Oktober 1999	119	15,6
Sobol	Oktober 1999	103	33,0
Insgesamt		7251	2308,0

Quelle: Karasev, Valerij: Gosudarstvo vse vremja pytaetsja izymat' mifičeskie sverchpribyli, in: Neft' i kapital, 6/2000, S. 34–38.

Die Kooperation zwischen Regionalverwaltung und den in der Region aktiven Erdöl- und Erdgasunternehmen wurde zuerst bei den Gouverneurswahlen 2000 kritisiert. Wesentlicher Herausforderer von Gouverneur Filipenko wurde Sergej Atroschenko, Leiter der von ihm geschaffenen Rentnerpartei, die sowohl im Autonomen Bezirk als auch im Gebiet Tjumen aktiv war. Als Förderer von Atroschenko galt zum einen das föderale Zentrum, dem nachgesagt wurde, auf diese Weise die landesweite Vertretung der Kommunistischen Partei schwächen zu wollen und gleichzeitig eine politische Vertretung in der Region zu erhalten. Zum anderen wurde Atroschenko vom Ölunternehmen Sibneft unterstützt, das auf diese Weise offensichtlich Zugang zur Region erhalten wollte.

Aufgrund dieser Unterstützung hatte Atroschenko für seinen Wahlkampf erhebliche Finanzmittel zur Verfügung, die er unter anderem verwendete, um lokale Parteiorganisationen einzurichten. Außerdem verteilte er an Wähler Zertifikate, die im Falle seiner Wahl zum Gouverneur die Auszahlung von Bargeld an die Halter der Zertifikate versprach. Diese Aktion wurde von der regionalen Wahlkommission als illegale Wählerbeeinflussung gewertet und Atroschenko wurde per Gerichtsbeschluss von der Wahl ausgeschlossen. Die Gouverneurswahlen gewann dann fast alternativlos Filipenko mit 90% der Stimmen.[45]

---

45 Analitičeskoe issledovanie Chanty-Mansijskij AO, (Manuskript), Centr političeskich technologij, Moskau 2004, S. 18–22.

5.4. DIE WIRTSCHAFTSPOLITISCHEN ENTSCHEIDUNGSPROZESSE 237

Eine neue Herausforderung für die enge Kooperation zwischen Regionalverwaltung und Wirtschaftsvertretern wurde Putins Steuerreform. Ab 2001 schränkte sie die Entscheidungsspielräume der Regionen bei der Vergabe von Steuererleichterungen stark ein. Somit drohte der Regionalverwaltung der Verlust des zentralen Instruments in der Kooperation mit den Unternehmen. Dementsprechend wehrte sich die politische Elite des Autonomen Bezirks gegen die Steuerreform. Sie bewirkte die Organisation eines runden Tisches mit Vertretern der föderalen Ministerien, um die Probleme der Förderregionen und der Ölunternehmen nach der Steuerreform zu diskutieren. Gouverneur Filipenko kritisierte die Steuerreform und die damit verbundene Beschränkung der Kompetenzen der Regionen heftig und verwahrte sich gegen das schärfere Vorgehen der Steuerbehörden gegen Ölunternehmen in der Region. Er präsentierte anschließend einige Vorschläge, die die Folgen der Steuerreform für die Region abschwächen sollten. Im Ergebnis wurde am runden Tisch ein Kompromiss zwischen Zentrum und Region ausgehandelt.[46]

So gelang es der regionalen Regierung der Chanten und Mansen in Zusammenarbeit mit dem Regionalparlament ein Programm auszuarbeiten, das attraktive Bedingungen für weitere Investitionen der Ölunternehmen schafft. Außerdem begann die Bezirksadministration im März 2002 mit der Ausarbeitung der notwendigen Gesetze für eine Absicherung der Risikofaktoren für die Investoren in der regionalen Wirtschaft. Dies sichert den Unternehmen den direkten Zugang zu neuen Ölfeldern und die Steigerung der Produktion. Den regionalen Behörden garantiert es stabile Haushaltseinnahmen.[47] Die regionale politische Elite und die Wirtschaftselite verteidigten somit gemeinsam die regionale Autonomie und damit ihre Entscheidungsspielräume gegen das föderale Zentrum.

Im Zuge der Jukos-Affäre ging das föderale Zentrum dann aber Ende 2003 erneut gegen die Eliten der Region vor. Zum einen wurden gegen den Leiter von Juganskneftegaz, der zentralen Produktionsfirma von Jukos, und die Leiter von drei Kommunalverwaltungen, in denen Juganskneftegaz tätig war, Untersuchungsverfahren wegen Steuerhinterziehung bzw. strafbarer Vorteilsgewährung eingeleitet.[48] Zum anderen initiierte Latyschew, der Vertreter des Präsiden-

---

46 Pravosudov, Sergej: Syr'evye regiony kritikujut pravitel'stvo, in: Nezavisimaja gazeta, 01.02.2001, S. 4.
47 Neft' i Gas Jugry, Analitičeskij obzor, in: Neftegazovaja Vertikal', 13/2003, im Internet veröffentlicht unter: http://www.ngv.ru/magazin/view.hsql?id=1608&mid=71; Nikolaev, Valerij / Sotnikov, Nikolaj: Kupite sebe neftjanuju skvažinu, in: Uralpolit, 19.11.2003, im Internet veröffentlicht unter: http://www.uralpolit.ru/hmao/?article_id=8329.
48 Betroffen waren der Administrationsleiter der Stadt Neftejugansk Viktor Tkačev, der Administrationsleiter der Stadt Pyt'-Jach Valerij Vesnin und der Leiter des Neftejugansk-Rayon Aleksander Klepikov. Mehr dazu bei: Ryčkova, Larisa: Byvšego direktora »Juganskneftegaza« neubedit'no opravdali, in: Kommersant'', 18.08.2005, S. Sotnik,

ten im Föderalbezirk, im Rahmen eines Präventivprogramms Überprüfungen von Mitgliedern des regionalen Parlaments und der Regionalverwaltungen. Im Ergebnis wurden gegen etliche Mitglieder der regionalen politischen Elite unter dem Vorwurf der unberechtigten Bevorzugung von Erdölunternehmen Prozesse angestrengt, darunter gegen den stellvertretenden Regierungschef für Fragen zur Nutzung der Bodenschätze, Wladimir Karasew, und den Leiter der Abteilung für Erdöl und Erdgas, Wenjamin Panow.[49]

Durch dieses Vorgehen wurde die Position von Gouverneur Filipenko nachhaltig geschwächt. Zum einen wurde sein Verhandlungsspielraum gegenüber den Wirtschaftsunternehmen weiter eingeschränkt. Zum anderen wurde auch seine Stellung in den Verhandlungen um die Zusammenlegung mit dem Gebiet Tjumen schwieriger. Da wesentliche Änderungen in der Steuergesetzgebung[50] und in der Regulierung der Bodennutzung in Kraft treten sollen, die die Spielräume der Regionen weiter einschränken sowie möglicherweise ein föderales Projekt zur Zusammenlegung der Föderationssubjekte[51] realisiert werden soll, wird das Kooperationsmodell zwischen Regionalverwaltung und Wirtschaftsunternehmen, wie es Filipenko entwickelt hat, vor seine entscheidende Bewährungsprobe gestellt werden.

5.5. Resümee

In der Region der Chanten und Mansen, genau wie in Tatarstan und im Gebiet Tjumen, ist die politische Elite durch eine gemeinsame Herkunft aus der sowjetischen Nomenklatura gekennzeichnet. Die meisten Mitglieder der politischen Elite des Autonomen Bezirks begannen ihre Kariere als Sekretäre der regionalen oder lokalen Komitees der Kommunistischen Partei in der Breschnew-Ära

---

Vitalij: Jugra: sčastlivčiki i neudačniki sezona, in: Uralpolit.ru, 03.08.2005, im Internet veröffentlicht: http://www.uralpolit.ru/hmao/?art=25702.

49 Vasil'ev, Dmitrij: Sud osvobodil obvinjaemogo s bol'ju v serdce, in: Kommersant", 17.08.2005, Sotnik, Vitalij: Jugra: sčastlivčiki i neudačniki sezona, in: Uralpolit.ru, 03.08.2005, im Internet veröffentlicht: http://www.uralpolit.ru/hmao/?art=25702; V'jugin, Michail: Poročaščie svjazi, in: Vremja novostej, 17.02.2005, im Internet veröffentlicht unter: http://www.vremya.ru/print/118659.html.

50 Während der regionale Haushalt in den 1990er Jahren noch rund 60% der Einnahmen der Rohstoffentnahmesteuer erhielt, verblieben nach der Steuerreform von 2000 nur noch 20% der Einnahmen im regionalen Haushalt. Danach wurden diese Einnahmen im Jahre 2004 auf 13,4% gesenkt und schon 2005 waren es nur noch 5%. Nach der geplanten nächsten Stufe der föderalen Steuerreform sollen die Steuereinnahmen aus der Förderung mineralischer Ressourcen direkt in den föderalen Haushalt abgeführt und dann an alle Regionen gleichmäßig verteilt, d.h. dass die Förderregionen dann keine direkten Einnahmen mehr aus der Ölförderung haben werden. Mehr dazu im Abschnitt 2.3.2.

51 Mehr dazu siehe im Abschnitt 4.1.

5.5. RESÜMEE

Mitte der 1970er Jahre. Die damals gebildeten Freundschaften zwischen ihnen sind bis jetzt von großer Bedeutung. Da die meisten von ihnen im Zuge der Erschließung der Erdölfelder in die Region kamen, ist für die Region außerdem eine enge Verflechtung zwischen den Vertretern der Öl- und Gasindustrie und den Vertretern der regionalen Administration charakteristisch.

Bis Ende 2005 war der Gouverneur der zentrale politische Akteur im Bezirk. Er vermittelte bei den Verhandlungen zwischen der regionalen Administration und den großen Erdöl- und Erdgasunternehmen und sicherte durch seine politische Fähigkeit in Konfliktsituationen Kompromisse zwischen den Wirtschaftsakteuren und der Bevölkerung. Seine Position als Vermittler wurde auch dadurch gestärkt, dass er in den Aufsichtsrat mehrerer Unternehmen berufen wurde.

Wirtschaftsakteure, in diesem Fall die Vertreter der Erdöl- und Erdgasindustrie, übernahmen formelle politische Ämter in der regionalen Legislative und gestalteten gemeinsam mit der politischen Elite die Wirtschaftspolitik der Region. Das Parlament wurde so zum Ort der Verhandlungen zwischen wirtschaftlicher und politischer Elite. Wie die Fallstudie zeigt, haben die Vertreter der Unternehmen dabei vor allem über die direkte Beeinflussung staatlicher Akteure versucht, auf für sie relevante politische Entscheidungsprozesse Einfluss zu nehmen. Sie verfolgten dabei eine Vereinnahmungsstrategie über Wahlkampfhilfe und finanzielle Unterstützung.

Aufgrund der daraus resultierenden Interaktion konnten sowohl die Politiker um den Gouverneur als auch die Bürokraten in der Regionalverwaltung große Profite erzielen, die sich nicht nur in einer stabilen wirtschaftlichen und sozialen Entwicklung der Region sondern auch in konkreter Macht- bzw. Positionssicherung zeigten.

Zu beachten ist allerdings, dass die Region der Chanten und Mansen in zweierlei Hinsicht ein Sonderfall ist. Zum einen ist die regionale Wirtschaft komplett auf die Erdöl- und Erdgaswirtschaft ausgerichtet, so dass andere Wirtschaftsinteressen und auch andere soziale Interessen kaum eine Rolle spielen. In einer komplexeren Ökonomie würde die Entwicklung und Vertretung weiterer Interessen wahrscheinlich unter der dominanten Rolle der Erdöl- und Erdgasunternehmen leiden. Zum anderen wird die Region nicht von einem großen Unternehmen beherrscht. Das hat zur Folge, dass sich die Wirtschaftsakteure erst auf eine gemeinsame Position einigen müssen. Diese Notwendigkeit eines Verhandlungsprozesses konnte die politische Elite nutzen, um die eigenen Position zu festigen. Die Region der Chanten und Mansen ist damit ein gutes Beispiel für das Partnerschaftsmodell in der Typologisierung von Lapina und Tschirikowa.[52]

52　Lapina, Natalia / Čirikova, Alla: Regional'nye elity RF: Modeli povedenija i političeskoj orientacii, Moskau 1999, S. 85–94; Lapina, Natalia: Business und Macht in den russländischen Regionen, Berichte des BIOst, 41/1998, Köln.

Diese Situation kann sich allerdings in den nächsten Jahren radikal ändern. Zum einen werden die großen Unternehmen vom föderalen Zentrum immer mehr unter Druck gesetzt. Die Position der Unternehmen in der Region wird damit zunehmend abhängig davon, wie sich ihre Beziehungen mit dem föderalen Steuerministerium, dem Ministerium für Naturressourcen und dem föderalem Sicherheitsdienst entwickeln. Die Verhandlungen auf der regionalen Ebene verlieren damit an Bedeutung. Zum anderen wird die Position der regionalen Administration durch das föderale Zentrum geschwächt. Ihre politischen Kompetenzen werden wesentlich beschnitten. Eine Umsetzung des Plans zur Zusammenlegung mit dem Gebiet Tjumen würde der Regionalverwaltung schließlich alle Spielräume in Verhandlungen mit den Unternehmen rauben. Dadurch wird das gut funktionierende Partnerschaftsmodell auf eine harte Probe gestellt.

6. Fallstudie: Autonomer Bezirk der Jamal-Nenzen

6.1. Die Position der Region im föderalen System

Wie bereits in Kapitel 4.1 dargestellt, bemühte sich der Autonome Bezirk der Jamal-Nenzen in den 1990er Jahren offensiv um Selbständigkeit von dem Gebiet Tjumen. Schon 1990 hatte sich der Bezirk unter der Führung von Lew Bajadin, dem Vertreter der indigenen Bevölkerung, zur Republik erklärt und vergeblich versucht, alle Bodenschätze unter eigene Kontrolle zu bringen.

Trotz des Ende 1992 geschlossenen Vertrages, auf dessen Grundlage der Autonome Bezirk zu einem gleichberechtigten Subjekt der Russischen Föderation wurde und das Verfügungsrecht über die Bodenschätze auf seinem Territorium erhielt, kam es regelmäßig zu Konflikten mit dem Gebiet Tjumen. Nach der Wahl Sobjanins zum Gouverneur im Gebiet Tjumen 2001 normalisierten sich die Beziehungen jedoch weitgehend.[1] Allerdings wurden die Pläne zur Zusammenlegung mit dem Gebiet Tjumen von der regionalen politischen Elite genau wie im Fall des Autonomen Bezirks der Chanten und Mansen stark kritisiert. Oft scheiterten die Verhandlungen zwischen den Administrationen, da die Administration des Bezirkes wichtige Kompetenzen in politischen und wirtschaftlichen Bereichen bewahren wollte.

6.2. Die relevanten politischen Akteure

6.2.1. Die regionale Exekutive

Die Exekutive wird im Untersuchungszeitraum auch im Autonomen Bezirk der Jamal-Nenzen durch den **Gouverneur** mit der ihm unterstellten regionalen Administration repräsentiert. Der Gouverneur wurde durch direkte Wahlen für fünf Jahre gewählt. Zum Gouverneur konnte jeder Staatsbürger der Russischen

---

[1] Ausführlich dazu: Petrov, Nikolaj / Titkov, Aleksej / Glubotskij, Aleksandr: Tjumenskaja oblast', in: Makfol, Majkl [McFaul, Michael] / Petrov, Nikolaj (Hg.): Političeskij Almanach Rossii, Buch 2, Band II, Moskau 1998, S. 938–952; Glatter, Peter: Federalization, fragmentation and the West Siberian oil and gas province, in: Lane, David (Hg.): The political economy of Russian oil, Lanham/Oxford 1999, S. 143–160; Glatter, Peter: Continuity and change in the Tyumen' regional elite 1991–2001, in: Europe-Asia Studies, 3/2003, S. 401–435, hier S. 416–420; Titkov, Aleksej / Muchin, Aleksej: Jamalo-Neneckij avtonomnyj okrug, in: Političeskij al'manach Rossii, Buch 2, Band II, Moskau 1998, S. 1081–1089; Naumova, Veronika: Vladimir Kolunin. Jamal – samostojatel'naja territorija unikal'noj oblasti, in: Tjumenskie izvestija, 22.09.1997, S. 2.

Grafik 6.1: Karte des Autonomen Bezirks der Jamal-Nenzen

6.2. DIE RELEVANTEN POLITISCHEN AKTEURE

Föderation, der mindestens 30 Jahre alt war und ständig oder größtenteils in dieser Region lebte, gewählt werden.[2]

Der Gouverneur besitzt das Recht der Gesetzgebungsinitiative auf regionaler und lokaler Ebene und hat ein Vetorecht bei regionalen Gesetzen. Er koordiniert die Zusammenarbeit zwischen der lokalen Verwaltung und der Duma und nimmt entweder persönlich oder durch einen Vertreter an den Parlamentssitzungen teil, in denen er eine beratende Stimme hat. Für die Durchführung der föderalen und regionalen Gesetze werden vom Gouverneur zusätzlich Beschlüsse und Verordnungen erlassen. Außerdem verwaltet der Gouverneur persönlich die Mittel des Gouverneursfonds und bestimmt die Personalpolitik der Exekutive.

Zur regionalen Administration gehören der Vize-Gouverneur, die stellvertretenden Gouverneure und Verwaltungsleiter. Die regionale Administration ist für die Ausarbeitung des regionalen Haushaltes, der regionalen Sozial- und Wirtschaftsprogramme sowie für ihre Realisierung verantwortlich. Außerdem verwaltet sie das regionale Vermögen und garantiert die Durchführung der regionalen Wirtschafts-, Sozial- und Kulturpolitik. Sie entwickelt die lokale Finanz- und Investitionspolitik, Maßnahmen zur Entwicklung des Unternehmertums und sie unterstützt die lokalen Bank- und Kreditsstrukturen. Die Administration kontrolliert die Erfüllung der Lizenzen und die Einhaltung der Naturschutzgesetzgebung durch die Rohstoffproduzenten.[3]

Bei Verfassungsverstößen oder Rechtsbruch kann der Gouverneur durch ein Misstrauensvotum des Parlaments bei Zustimmung von zwei Dritteln der Abgeordneten, abberufen werden.[4] Bis 1999 belief sich die Amtszeit des Gouverneurs auf vier Jahre, später wurde sie auf fünf Jahre verlängert. Nur eine einmalige Wiederwahl war möglich.[5] Mit der Einführung des föderalen Gesetzes über die Änderungen der allgemeinen Prinzipien der Organisation der Legislativ- und Exekutivorgane der Subjekte der RF im Jahre 2003 wurde es jedoch ermöglicht, den regierenden Gouverneur zum dritten Mal zu wählen.[6]

---

2   Gesetz des Autonomen Bezirkes der Jamal-Nenzen »O vyborach gubernatora Jamalo-Neneckogo avtonomnogo okruga« vom 22.11.1999, im Internet veröffentlicht unter: http://www.yamal.ru/new/index03.htm; Artikel 51 des Statutes des Autonomen Bezirkes der Jamal-Nenzen vom 05.10.1995, im Internet veröffentlicht unter: http://www.yamal.ru/new/index03.htm.

3   Artikel 49–59 des Statutes des Autonomen Bezirkes der Jamal-Nenzen vom 05.10.1995, im Internet veröffentlicht unter: http://www.yamal.ru/new/index03.htm.

4   Artikel 41–45 des Statutes des Autonomen Bezirkes der Jamal-Nenzen vom 05.10.1995, im Internet veröffentlicht unter: ebd.

5   Artikel 49–59 des Statutes des Autonomen Bezirkes der Jamal-Nenzen, im Internet veröffentlicht unter: ebd.

6   Föderales Gesetz »O vnesenii izmenenij i dopolnenij v federal'nyj zakon ›Ob obščich principach organizacii zakonodatel'nych (predstavitel'nych) i ispolnitel'nych organov

Gouverneur des Autonomen Bezirkes der Jamal-Nenzen war seit Februar 1994 Jurij Nejelow[7], der im November 1996 und erneut im März 2000 in Wahlen bestätigt wurde.[8] Nejelow war gleichzeitig bis 1999 Vorstandsmitglied des Unternehmens Gazprom.

6.2.2. Die regionale Legislative

Die regionale Legislative wird durch das Parlament, die **Duma**, ein Einkammerorgan, vertreten. Die Legislaturperiode des Parlamentes beträgt fünf Jahre, kann jedoch vorzeitig aufgrund einer Entscheidung über die Selbstauflösung oder aufgrund einer Entscheidung des Gouverneurs bei Beschlussunfähigkeit des Parlaments beendet werden.[9] Die regionale Duma hatte ursprünglich 13 und ab 1996 dann 21 Abgeordnete, von denen drei die indigene Bevölkerung des autonomen Bezirkes vertreten. Die Wahlen von 18 Abgeordneten wurden in Einzelwahlkreisen durchgeführt, in denen auch drei Vertreter der indigenen Bevölkerung bestimmt wurden.[10] In Reaktion auf Änderungen im föderalen Gesetz »Über allgemeine Prinzipien der Organisation der Exekutive- und Legislativorgane«[11] musste das regionale Parlament Ende 2004 die Wahlprinzipien ändern. Danach werden jetzt acht Abgeordnete des Parlaments in Einzelwahlkreisen und elf weitere Abgeordnete über Parteilisten nach Verhältniswahlrecht gewählt. Trotz der neuen Regelung hat das Parlament aber drei Plätze im Parlament für die Vertreter der indigenen Bevölkerung bewahrt.[12]

---

vlasti sub"ektov Rossijskoj Federacii« vom 4.7.2003, in: Sobranie Zakonodatel'stva RF, 27/2003 (Band I), St. 2706.

7   Zur Biographie von Nejelow siehe Anhang.

8   Am 9. März 2005 wurde die Kandidatur von Nejelow von Präsident Putin für eine weitere Amtsperiode als Gouverneur vorgeschlagen, was auch 27. März 2005 durch das regionale Parlament bewilligt wurde. in: Sotnik, Vitalij: Poslednij »severnyj general«. Naznačenie Neelova zaveršilo formirovanie gubernatorskogo korpusa v »tjumenskoj matreške«, in: Uralpolit.ru, 09.03.2005, im Internet veröffentlicht unter: http://www.uralpolit.ru/yanao/?art=19343.

9   Artikel 40–45 des Statutes des Autonomen Bezirkes der Jamal-Nenzen vom 05.10.1995, im Internet veröffentlicht unter: http://www.yamal.ru/new/index03.htm.

10 Artikel 49–59 des Statutes des Autonomen Bezirkes der Jamal-Nenzen vom 05.10.1995, Im Internet veröffentlicht unter http://www.yamal.ru/new/rigth03.htm#02.

11 Gesetz der RF »O vnesenii izmenenij i dopolnenij v federal'nyj zakon ›Ob obščich principach organizacii zakonodatel'nych (predstavitel'nych) i ispolnitel'nych organov vlasti sub"ektov Rossijskoj Federacii«« vom 04.07.2003, in: Sobranie Zakonodatel'stva RF, 27/2003, St. 2709.

12 Siehe dazu: Vopreki rossijskomu zakonodatel'vu v novyj sostav vojdut aborigeny, in: Uralpolit.ru, 14.09.2004, im Internet veröffentlicht unter: http://www.uralpolit.ru/yanao/news/?art=9711.

6.2. DIE RELEVANTEN POLITISCHEN AKTEURE

Die Kompetenzen des regionalen Parlaments umfassen unter anderem die Verabschiedung der regionalen Gesetze und des regionalen Haushalts, die Bildung außerbudgetärer Fonds und die Kontrolle über ihre Realisierung. Die regionale Duma legt, basierend auf der föderalen Steuergesetzgebung, die regionalen Steuern sowie die Steuervergünstigungen fest und reguliert die Verwaltung des regionalen Vermögens und seiner Privatisierung. Außerdem entscheidet sie über die Emission regionaler Wertpapiere. Zudem ist sie für die rechtliche Regulierung der Nutzung und für den Schutz der Naturressourcen verantwortlicht. Des Weiteren gehören die Billigung der Struktur der regionalen Administration und die Zustimmung zur Ernennung der stellvertretenden Gouverneure, sowie die Absetzung des Gouverneurs zu ihren Kompetenzen. Durch die Abgeordneten werden ständige Kommissionen gebildet, die die Kompetenzen der Duma im Bereich der Ausarbeitung regionaler Gesetze und der Kontrolle ihrer Umsetzung gewährleisten sollen.[13]

Die erste Duma wurde am 6. März 1994 gewählt. Vertreter der regionalen Administration bildeten die Mehrheit, so dass die Duma de facto kaum mehr als eine Erweiterung der Administration war, die sich vor allem mit der Erarbeitung der regionalen Verfassung (dem Statut) und weiteren Gesetzen beschäftigte. In der 1996 gewählten regionalen Duma konnten die Vertreter der Erdgas- und Erdölindustrie und Vertreter der städtischen Administrationen, in denen diese Unternehmen aktiv waren dann zusammen eine einflussreiche Koalition bilden. Zum Vorsitzenden der Duma wurde Sergej Korepanow gewählt, der ehemalige Leiter einer Tochterfirma von Gazprom, der aber schon 1997 Vorsitzender der Duma im Gebiet Tjumen wurde. Seinen Posten im Autonomen Bezirk übernahm dann Andrej Artjuchow[14] – damals Abgeordneter der Stadt Nowyj Urengoj, wo die Gazprom-Tochterfirma Urengojgazprom ihren Sitz hat. Nach seiner Wahl zum Parlamentsvorsitzenden wurde er auch zum stellvertretenden Leiter von Urengojgazprom ernannt.

In der dritten Legislaturperiode, die im Jahre 2000 begann, wurde Aleksej Arteew zum Vorsitzenden der Duma gewählt. Nach den Umstrukturierungen der regionalen Administration wurde er im November 2000 zum stellvertretenden Gouverneur. Zum Parlamentsvorsitzenden wurde dann Sergej Charutschi[15], ein Vertreter der indigenen Bevölkerung, gewählt. Charakteristisch für die Duma der dritten Legislatvperiode war, dass die Vertreter der Gas- und Erdölunternehmen die Zahl ihrer Abgeordneten wesentlich vergrößert haben (wie Tabelle 6.1 zeigt)

---

13 Dies waren die Kommissionen für Gesetzgebung, für Haushalt, Steuer und Finanzen; für Bodenschätze und ihre Nutzung und wirtschaftliche Entwicklung, sowie für Sozialpolitik und die Angelegenheiten der indigenen Bevölkerung.
14 Zur Biographie von Artjuchow siehe Anhang.
15 Zur Biographie von Charutschi siehe Anhang.

und gemeinsam mit den städtischen Vertretern (6 Abgeordnete) nun bereits die absolute Mehrheit der Parlamentssitze erreichten. Sechs Sitze, entsprechend 28,8% der Stimmen, hielten die Vertreter Gazproms, die auch in den für das Unternehmen wichtigen Parlamentskommissionen tätig waren, wie z.B. Wladimir Stoljarow (Jamburggazdobytscha) in der Kommission für Gesetzgebung, Haushalt, Steuern und Finanzen, Gennadij Kutscherow (Urengojgazprom), Wladimir Medko (Nadymgazprom) und Anatolij Krasnikow (Surgutgazprom) in der Kommission für Bodenschätze, ihre Nutzung und wirtschaftliche Entwicklung.

Tabelle 6.1: Die Vertreter von Öl- und Gasunternehmen in der zweiten und dritten Legislaturperiode der Duma im Autonomen Bezirk der Jamal-Nenzen

Branche	Legislaturperiode 1996–2000	In % (N.=21)	Legislaturperiode 2000–2005	In % (N.=21)
Öl	0	0	1	4,8
Gas	2	9,6	6	28,8
Gemischte Unternehmen	1	4,8	1	4,8
Zusammen	**3**	**14,4**	**8**	**38,4**
Darunter				
Gazprom*	2	9,6	6	28,8
Itera	0	0	1	4,8
Rosneft	0	0	1	4,8
Sidanko	1	4,8	0	0

* darunter ein Abgeordneter, der in der Duma des Gebiets Tjumen und der Duma des Autonomen Bezirkes der Jamal-Nenzen vertreten war.
Quelle: eigene Erstellungen nach Informationen in: Jamalo-Neneckij Avtonomnyj Okrug (Izdanie administracii Okruga), Salechard 2003.

Allgemein spielten die politischen Parteien im politischen Leben der Region keine wichtige Rolle. Die wegen ihrer Arbeitsverträge nur vorübergehend ansässigen Industriearbeiter, die die regionale Bevölkerung darstellen, engagierten sich kaum politisch. Dementsprechend konnten Parteien sich praktisch nicht durchsetzen. Die einzige Ausnahme bildete Ende der 1990er Jahre die föderalen Partei der Macht ›Jedinstwo‹. Diese direkt der regionalen Administration untergeordnete regionale Abteilung der Partei wurde vor allem von Mitgliedern der regionalen und lokalen Verwaltungen sowie von den Vertreter der großen regionalen Unternehmen getragen. Im Dezember 2001 transformierte sich diese Abteilung in die regionale Abteilung der föderalen Partei ›Jedinaja Rossija‹. Die Partei umfasste 2005 im Bezirk 13 kommunale Abteilungen und bestand aus rund 4000 Personen. In der regionalen Duma wurde in der Legislaturperiode 2000–2005 deshalb zum ersten Mal 2004 eine Fraktion unter dem Namen ›Jedinaja Rossija‹ gebildet. Zum Fraktionsleiter wurde Jefim Kepelman gewählt, der Vertreter der Kommunalverwaltung von Nowyj Urengoj – Gazproms Fördergebiet. Zu den Mitgliedern der Fraktion gehörten außerdem die Stellvertreter des Parlamentsvorsitzenden und fünf Leiter der Parlamentskommissionen. Allerdings engagierte sich der Gouverneur Nejelow im Gegensatz zu seinen Amtskollegen im Gebiet Tjumen und im Bezirk der Chanten und Mansen nur begrenzt für die Partei und besaß bis Ende 2005 kein Parteibuch von ›Jedinaja Rossija‹.[16]

6.2.3. Die Struktur der regionalen politischen Elite

Die regionale politische Elite kann, ähnlich wie im Gebiet Tjumen und im Autonomen Bezirk der Chanten und Mansen, in zwei Gruppen eingeteilt werden. Zur ersten Gruppe gehörten auch im Bezirk der Jamal-Nenzen die Vertreter der Administration unter der Leitung des Gouverneurs Nejelow, etliche Parlamentsabgeordnete und die föderalen Vertreter in der Region. Die zweite Gruppe wurde im Wesentlichen von den politisch aktiven Repräsentanten der Energiewirtschaft und den mit ihnen verbündeten Kommunalpolitikern gebildet.

Als Nejelow 1992 aus der Tjumener Administration in die Bezirksadministration der Jamal-Nenzen versetzt wurde, hatte er in dieser Region weder Verbindungen zur politischen noch zur wirtschaftlichen Elite. Innerhalb weniger Jahre gelang es ihm jedoch durch umfangreiche Personalwechsel die alten Kader durch jüngere Fachleute zu ersetzen, die mit ihm bereits in Komsomol-Zeiten oder in der Tjumener Administration zusammengearbeitet hatten. Die Administration wurde umstrukturiert und direkt dem Gouverneur untergeordnet, was seine Position im regionalen politischen System wesentlich stärkte.

Die zentralen Funktionen in der Regionalverwaltung wurden so von Vertrauten Nejelows übernommen. Zu ihnen gehörte unter anderem der 1995 ernannte Vize-Gouverneur Michail Ponomarjow.[17] Seine Kompetenzen umfassten die administrative Kaderpolitik, die Kommunalpolitik und die Kontakte der Administration mit der regionalen Duma im Bereich der Gesetzgebung. Außerdem war er für die Vorbereitung der Wahlkämpfe und für die Ausarbeitung der regionalen politischen Entwicklungsstrategien zuständig. Ebenfalls ein enger Vertrauter des Gouverneurs war sein erster Stellvertreter Iosif Lewinson,[18] dessen Kompetenz die Zusammenarbeit der Administration mit den Erdöl- und Erdgasunternehmen umfasst. Er war auch für die Regulierung der Nutzung der Bodenschätze und für die Entwicklung der regionalen Wirtschaftspolitik verantwortlich. Lewinson leitete

---

16 Mehr zur Tätigkeit der regionalen Abteilung der Partei ›Jedinaja Rossija‹ auf der Internetseite der Partei: http://www.edinros.ru/news.html?rid=1908&id=65946.
17 Zur Biographie von Ponomarjow siehe Anhang.
18 Zur Biographie von Lewinson siehe Anhang.

außerdem die regionale Datenbank, die die Informationen über die regionalen Gas- und Ölressourcen zusammenfasste. Außerdem wurde Lewinson Anfang 2001 Mitorganisator der nicht-kommerziellen regionalen Organisation ›Regionalnyj Fond Razwitija Jamala‹[19] (Regionale Stiftung für die Entwicklung von Jamal), die unter anderem die Entwicklung der unabhängigen Gasproduzenten in der Region finanziell förderte. Gleichzeitig war Lewinson Vorstandsmitglied in folgenden Unternehmen des Energiesektors: Sibneft-Nojabrskneftegaz, Rospan-International, Rosneft-Purneftegaz, Sibur, Tjumenenergo und Novatek.[20]

Als Vize-Gouverneur Ponomarjow im Jahre 2000 zum Stellvertretenden Präsidentenvertreter im föderalen Ural-Bezirk berufen wurde, wurde Lewinson sein Nachfolger und blieb bis 2005 im Amt. Die Verantwortung für politische Fragen, insbesondere die Kooperation mit der regionalen Duma übernahm in der Regionalverwaltung im Zuge des Wechsels von 2000 Aleksej Artejew.

Eine weitere einflussreiche Akteurin in der Regionalverwaltung war Natalia Komarowa[21], eine erste stellvertretende Gouverneurin mit Zuständigkeit für die regionale Finanzpolitik. Bis zu ihrer Ernennung war sie die Leiterin der Kommunalverwaltung von Nowyj Urengoj. 2003 wurde Komarowa in die föderale Duma gewählt, wo sie später das Komitee für die Bodenschätze leitete und die Interessen ihrer Region stark unterstützte.

Wie im Gebiet Tjumen und im Autonomen Bezirk der Chanten und Mansen wurde Latyschew seit seiner Ernennung zum Vertreter des Präsidenten im Föderationsbezirk Ural im Jahr 2000 auch im Autonomen Bezirk der Jamal-Nenzen zu einem wichtigen politischen Akteur. Gemäß seiner Kompetenzen, die seit der Einführung dieses Postens durch das föderale Zentrum laufend erwei-

---

19   Die Stiftung ›Regionalnyj Fond Razwitija Jamala‹ wurde auf Grundlage eines Erlasses des Gouverneurs 2001 gegründet und hat das Ziel regionale Investitionsprojekte im wirtschaftlichen und sozialen Bereich finanziell zu unterstützen. Die regionale Administration wurde zum Stifter. Das von der Regionalverwaltung gestellte Stiftungsvermögen umfasste zwei Millionen Rubel sowie Aktienpaketen von drei regionalen Unternehmen (40% der Aktien von Jamalneftegaydobytscha, 25,1% von Tambejneftegaz, 11% von Minlej). Im Mai 2003 tauschte die Stiftung ihre gesamten Aktienanteile gegen 5,6% an dem unabhängigen Erdgasproduzenten Novatek. Im Mai 2005 verkaufte die Stiftung ihre Novatek-Anteile an die Vneschnekonombank. Einige Tagen später wurde durch den Bezirksstaatsanwaltschaft ein Gerichtsverfahren gegen den Leiter der Stiftung Maksim Kim angestrengt. Ihm wurde vorgeworfen beim Verkauf der Novatek-Anteile seine Kompetenzen missbraucht zu haben und so die Existenz der Stiftung bedroht zu haben. Bis Ende 2005 kam es aber zu keinem Gerichtsurteil. Mehr dazu siehe bei: A.A.: Prokuratura zakryvaet »jamal'skij košelek«, in: Expert-Ural, 24/2005, S. 3f.
20   Sotnik, Vitalij: Četyre masti jamal'skoj masti. Sovmestnyj specproekt ėkspertnogo kanala »UralPolit.Ru« i gazety »Glavnyj sovetnik«, 18.02.2004, im Internet veröffentlicht unter: http://www.uralpolit.ru/projects/?art=1491.
21   Zur Biographie von Komarowa siehe Anhang.

6.2. DIE RELEVANTEN POLITISCHEN AKTEURE

tert wurden, war er z.B. zuständig für die Führung eines Dialoges zwischen den Vertretern der regionalen Administration und des föderalen Zentrums sowie für die Präsentation der Interessen des Zentrums bei den regionalen und kommunalen Wahlen. Ohne seine Zustimmung werden seitdem keine wichtigen Entscheidungen bei Personalwechsel innerhalb der Administration getroffen. In der Region wurde er durch den ihm direkt unterstellten Föderalinspektor Stanislaw Kazarez vertreten, der vorher stellvertretender Leiter der regionalen Abteilung des russischen Inlandsgeheimdienstes FSB gewesen war.

Die zweite Gruppe in der regionalen politischen Elite bildeten die Vertreter der Erdöl- und Erdgasunternehmen, die entweder direkt durch ihren Status als Abgeordnete oder indirekt über persönliche Kontakte mit den Vertretern der Administration in Kontakt waren. Eine dominierende Position nahmen die Vertreter des Gasunternehmens Gazprom ein, darunter die Leiter der Gazprom-Tochterfirmen Urengojgazprom, Rem Sulejmanow, Janburgazdobytscha, Oleg Andrejew und Nojabrskgazdobytscha, Walerij Minlikajew. Außerdem waren die Vertreter der Ölunternehmen von Bedeutung, wie etwa der Leiter von Rosneft-Purneftegaz, Jurij Baldujew, der Leiter von Sibneft-Nojabskneftegaz, Michail Stawskij, sowie die Vertreter der unabhängigen Gasproduzenten im Bezirk, der Vorstandvorsitzende von Novatek, Leonid Michelson, und der Leiter von Itera, Igor Makarow.[22]

Charakteristisch für die Wirtschaftselite der Region war ihr Lokalbezug, d.h. es gab praktisch keine Wirtschaftsvertreter, die im ganzen Bezirk einflussreich waren. Sie konzentrierten sich vielmehr alle jeweils auf die Kommune, in der ihr eigenes Unternehmen aktiv war. Zum großen Teil werden die Kommunalverwaltungen dort wo Gazprom aktiv ist, Urengoj, Jamburg oder Nadym, direkt nach den Vorstellungen des Unternehmens gebildet. Dies betraf auch die Städte, in denen die großen Ölproduzenten tätig waren, wie z. B. Nojabrsk im Falle von Sibneft. Gegenüber der Regionalverwaltung traten die Unternehmen deshalb häufig in Kooperation mit den jeweiligen Kommunalverwaltungen als individuelle Akteure auf. Im Gegensatz etwa zum Bezirk der Chanten und Mansen verhandelte die Regionalverwaltung nicht kollektiv mit den Wirtschaftseliten sondern setzte sich aufgrund der geringen Konsolidierung der Wirtschaftseliten mit jedem Unternehmen bzw. jeder Kommunalverwaltung einzeln auseinander. Auch im Regionalparlament kooperierten die Wirtschaftseliten vorrangig mit den Vertretern aus »ihren« Städten.[23]

---

22 Sotnik, Vitalij: Četyre masti jamal'skoj masti. Sovmestnyj specproekt ékspertnogo kanala »UralPolit.Ru« i gazety »Glavnyj sovetnik«, 18.02.2004, im Internet veröffentlicht unter: http://www.uralpolit.ru/projects/?art=1491.
23 Analitičeskij Analiz »Jamalo-Neneckij AO«, (Manuskript) Centr političeskich technologij, Moskau 2004.

Neben diesen beiden Gruppen waren auch die Vertreter der indigenen Bevölkerung, der Nenzen, in der regionalen Politik aktiv. Ihr Einfluss basierte vor allem auf Abgeordnetenmandaten. Sergej Charjutschi, der Leiter der föderalen Versammlung der indigenen Bevölkerung des Nordens, wurde so 2000 auch Vorsitzender der regionalen Duma. Chomjako Jezyngi, der in den 1990er Jahren Vorsitzender der regionalen Versammlung der indigenen Bevölkerung ›Jamal – potomkam‹ (Jamal für die Nachkommen) war, wurde in allen drei Legislaturperioden in das Regionalparlament gewählt. Aleksandr Jewaj, sein Nachfolger als Vorsitzender von ›Jamal – potomkam‹, war ebenfalls Parlamentsabgeordneter. Die Vertreter der indigenen Bevölkerung etablierten sich jedoch nicht als eigenständige Interessengruppe. Sie setzten auf kooperative Beziehungen zwischen Parlament und Regionalverwaltung und hatten gleichzeitig gute Beziehungen zu Gazprom. Jezyngi war so Berater für die Probleme der indigenen Bevölkerung beim Leiter von Nadymgazprom. [24]

6.3. Die relevanten Wirtschaftsakteure

Im Folgenden werden die im Autonomen Bezirk der Jamal-Nenzen relevanten russischen Erdgas- und Erdölgesellschaften in alphabetischer Reihenfolge kurz vorgestellt. Dies sind Gazprom, Itera, Novatek, Rosneft und Sibneft. Die Portraits der Unternehmen umfassen jeweils ihre Entstehung, ihre Eigentums- und Kontrollverhältnisse sowie ihre regionale Orientierung. Die Wahl der Unternehmen wurde nach dem Anteil der Unternehmen am regionalen Haushalt getroffen. Der Haushalt des autonomen Bezirkes der Jamal-Nenzen wird zu 90% von Steuerzahlungen der dort tätigen Erdöl- und Erdgasunternehmen finanziert. Dabei kommen etwa 60% der Steuereinnahmen von Tochterfirmen von Gazprom und mehr als 20% von den Erdölproduzenten Rosneft und Sibneft sowie rund 10% von den unabhängigen Gasproduzenten, Itera und Novatek.[25]

6.3.1. Gazprom

Der Autonome Bezirk der Jamal-Nenzen ist das wichtigste Fördergebiet von Gazprom mit einem Anteil von über 80% an der Gesamtproduktion des Konzerns. Die Förderung ist dabei konzentriert in Nadyj-Pur-Tazovskij, wo die fünf größten Tochterfirmen von Gazprom aktiv sind und auf der Grundlage von etwa 20 Lizenzen Erdgas fördern. Dies sind: Janburgazdobytscha, Nadymgazprom, Nojabrskgazdobytscha, Urengojgazprom und Purgaz. Außerdem sind die Unternehmen Tjumentransgaz und Surgutgazprom, die für den Gastransport zustän-

---

24 Jamalo-Neneckij Avtonomnyj Okrug (Izdanie administracii Okruga), Salechard 2003.
25 Siehe dazu: Jamalo-Neneckij avtonomnyj okrug – kreditnyj rejting, Analiz i kommentarii, Standard&Poor's, 04.11.2004, im Internet veröffentlicht unter: http://www.sandp.ru/printer.phtml?idcontent=1565&generic=analysis.

dig sind, in der Region aktiv. Ein ausführliches Portrait von Gazprom findet sich im Abschnitt 4.3.1.

6.3.2. Itera

Die Itera-Unternehmensgruppe wurde 1992 als Handelsunternehmen gegründet, das sich mit dem Verkauf und der Lieferung von Öl- und Ölprodukten in GUS-Staaten beschäftigte. Itera trat 1994 in das Gasgeschäft ein, nachdem turkmenische Unternehmen für erhaltene Waren nur mit Gas bezahlen konnten. Das Unternehmen erhielt das exklusive Recht des Transits von turkmenischem Erdgas in die Ukraine und einen privilegierten Zugang zum russischen Pipelinenetz, das von Gazprom kontrolliert wird. Im Folgenden begann Itera zusätzlich russisches und zentralasiatisches Erdgas zu kaufen, das an Verbraucher in Armenien, Georgien, Moldawien, den baltischen Staaten und in einige russische Regionen geliefert wurde.[26] Heute umfasst die Gruppe 150 Unternehmen weltweit. Für die Leitung der russischen Unternehmen, die in die Itera-Unternehmensgruppe eingingen, wurde 1998 die Itera Holding Ltd. gegründet.[27]

Die guten Verbindungen von Itera im Autonomen Bezirk der Jamal-Nenzen zeigten sich im November 1998 bei der Gründung der Firma ZAO TEK Itera-Rus mit der Filiale in Salechard im Autonomen Bezirk der Jamal-Nenzen. Ihre Aufgabe war die Absprache der Aktivitäten der Erdgasproduzenten mit der regionalen Administration in den Produktionsgebieten. Das Management von Itera erhielt einen Anteil von 45%, die Verwaltungen des Autonomen Gebiets der Jamal-Nenzen und der Region Swerdlowsk hielten je 15% und weitere 25% übernahm Meschregiongaz, die Gazprom-Tochter für das russische Gasleitungsnetz.

Nach der Finanzkrise von 1998 übernahm das Itera-Management mehrere Tochterfirmen von Gazprom, die die Lizenzen für mehr als 10% der gesamten Erdgasreserven von Gazprom besaßen. Während Gazprom den Verkauf offiziell mit seinem großen Schuldenstand begründete, vermuten viele Experten, dass das Management von Gazprom sich durch den Verkauf an Itera zu Vorzugsbedingungen persönlich bereichern wollte.[28] Im Ergebnis umfasste die Itera Holding Ende 1999 die Förderbetriebe Sibneftegaz (Anteil von 70% im Besitz von Itera), Purgaz (49%) sowie über das deutsche Unternehmen TNG-Energy

---

26 Heinrich, Andreas / Pleines, Heiko: Die Beziehungen zwischen Gazprom und Itera. Fallstudie: Russische Gaslieferungen an Georgien (unveröffentlichtes Manuskript), Berlin / Bremen 2001.
27 Firmenportraits von Itera findet sich auf die Internetseite des Unternehmens http://www.itera.ru/isp/eng/.
28 Mehr dazu siehe bei: Michajlov, Leonid: Kuda tekut milliardy Urengoja, in: Soveršenno sekretno, 6/2000, im Internet veröffentlicht: http://www.sovsekretno.ru/2000/06/1.html.

die Förderbetriebe Tarkosalneftegaz (42%) und Chantschejneftegaz (26,8%).[29] Außerdem erhielt Itera die Lizenzen für »kleinere« Gasfelder, die Gazprom für nicht interessant hielt.

Mit diesen Übernahmen stieg Itera in die Gasproduktion ein, die im Autonomen Bezirk der Jamal-Nenzen konzentriert war. Mit einer jährlichen Produktion von 30 Milliarden Kubikmeter war das Unternehmen schon 2000 zu einem der führenden Erdgasproduzenten in Russland geworden. Insgesamt verfügte Itera über rund zwei Billionen Kubikmeter Erdgasreserven.[30]

Tabelle 6.2: Die Organisationsstruktur von Itera (1999–2002)

Region	Produktion	Vertrieb
Bezirk der Jamal-Nenzen, Region Swerdlowsk, Republik Kalmykija	Chantschejneftegaz Purgaz Severneftegazprom Sibneftegaz Tarkosalneftegaz	Itera-Rus

Quelle: Internetseite des Unternehmens: http://www.itera.ru.

2001 begann die Position von Itera allerdings stark zu wackeln. Dies wurde zu einem durch die Einführung des neuen Steuergesetzes verursacht, dass die Möglichkeit abschaffte Steuerschulden mit Gütern zu bezahlen, auf der ein großer Teil des Handels von Itera basierte. Gleichzeitig begann ein Konflikt zwischen dem Unternehmensmanagement und Gazproms Leitung über die Rückgabe der 1998 und 1999 von Gazprom verkauften Unternehmensanteile. Ein Kompromiss zwischen Gazprom und Itera wurde im Juni 2002 erreicht. Itera verpflichtete sich, die Lizenz für das Gubkinskoje-Erdgasfeld und 32% der Aktien an Purgaz zurück an Gasprom zu geben. Damit verlor Itera die Kontrolle über seinen größten Gasproduzenten. Außerdem tauschte Itera 52% der Aktien an Severneftegazprom gegen Gazproms Minderheitenanteile an Talkosaleneftegas und Sibneftegaz.[31]

Um die übrigen Aktiva vor dem Zugriff Gazproms zu schützen, fusionierte Itera bereits im April 2002 seine Tochterfirmen Tarkosalneftegaz und Chantschejneftegaz mit dem unabhängigen Gasunternehmen Novatek (damals noch

---

29 Igrukov, Nikolaj: Snova na starte. »Itera« vstupaet v novuju fazu razvitija, in: Neft' i kapital, 7–8/2002, im Internet veröffentlicht unter: http://www.oilcapital.ru/main_print.asp?IDR=2331.
30 Makarov, Igor: »Itera« – odin iz krupnejšich v SNG postavščikov gaza, in: Meždunarodnaja Žizn', 3/2000, S. 65–71.
31 Bušueva, Julija: »Itera« možet lišitsja gaza, in: Vedomosti, 02.07.2001, S. 3; N.N.: AOA »Gazprom« vykupil u MGK »Itera« 32% akcij ZAO »Purgaz«, in: RBC-News, 02.04.2002, im Internet veröffentlicht unter: http://www.relcom.ru/Right?id=20020402190451.

Novafininvest). Itera wurde dabei zum Trader des von Novatek geförderten Erdgases. Ende 2004 übernahm Novatek dann die vollständige Kontrolle über Tarkosalneftegaz und Chantschejneftegaz und Itera erhielt im Gegenzug einen Anteil von 10% an Novatek.[32] Die Tätigkeit von Itera konzentriert sich damit vor allem auf Gaslieferungen in die Region Swerdlowsk und nach Weißrussland sowie auf die Erschließung des Beregowoj-Erdgasfeldes im Autonomen Bezirk der Jamal-Nenzen.[33]

Bis Ende 2002 befanden sich etwa 61% der Anteile an Itera in zwei Aktienfonds der Mitarbeiter. Weitere 20% gehörten dem Präsidenten der Holding, Igor Makarow, 13% der Anteile waren im Besitz von ausländischen Investoren. Anfang 2003 wurden die Aktienfonds der Mitarbeiter liquidiert und die Anteile zwischen den Managern der Holding aufgeteilt. Dabei wurden 20% der Anteile dem Präsidenten Makarow übergeben, der damit seinen Anteil am Unternehmen auf 40% erhöht hat. Die weiteren Aktionäre wurden nicht bekannt gegeben.[34]

6.3.3. Novatek

Novatek, bis März 2003 als Novafininvest bekannt, wurde 1994 in der Region Samara gegründet. Das Unternehmen konzentrierte sich zuerst auf die Produktion von Pipelinezubehör. Ende der 1990er Jahre stieg es durch den Erwerb von Anteilen an Produktionsbetrieben und den Einstieg in Joint Venture selber in die Erdöl- und Erdgasförderung ein.[35] Der Schwerpunkt der Förderung lag dabei im Autonomen Bezirk der Jamal-Nenzen. 2002 schloss Novatek ein Partnerschaftsabkommen mit dem Gasunternehmen Itera, auf dessen Grundlage Novatek die Kontrolle über zwei Tochterfirmen von Itera Tarkosalneftegaz und Chantschejneftegaz übernahm.

---

32 N.N. : Kak zaprjagali »temnuju lošadku«, in: Kompanija, 24.01.2005, im Internet veröffentlicht: http://www.prsp.ru/press/pub.html?con=20050124.

33 Mehr dazu bei: Heinrich, Andreas / Kusznir, Julia: Independent gas producers in Russia, KICES Working Paper, 2/2005, Koszalin; N.N.: »Itera« ustroila rasprodažu. Ona izbavilas' ot svoej doli v dvuch gazodobyvajuščich predprijatijach, in: Vedomosti, 27.12.2004, S. 4; N.N.: Kak zaprjagali »temnuju lošadku«, in: Kompanija, 24.01.2005, im Internet veröffentlicht: http://www.prsp.ru/press/pub.html?con=20050124.

34 Zu Unternehmensportraits von Itera siehe: Resnik, Irina: Fraza »vozvrat aktivov« nanosit vred stranie, Interv'ju Igorja Makarova Prezidenta gruppy Itera, in: Vedomosti, 09.07.2002, im Internet veröffentlicht unter: http://www.vedomosti.ru/stories/2002/07/09-37-01.html?ac=743d2abe3f78e10; vgl. auch Makarov, Igor: »Itera« – odin iz krupnejšich v SNG postavščikov gaza, in: Meždunarodnaja Žizn', 3/2000, S. 65–71.

35 Das Unternehmen erwarb Tarkosalneftegaz, Purneftegazgeologia, Geoilbent, Jurcharoneftegaz und Chantschejneftegaz und beteiligte sich an den Joint Venture Selkupneftegaz (34%), Tambejneftegaz (25,1%), Pur-Land (47,5%).

Tabelle 6.3: Die Organisationsstruktur von Novatek

Region	Produktion	Verarbeitung	Vertrieb
Bezirk der Jamal-Nenzen	Archnowagaz Chantschejneftegaz Gejolbent Jargeo Jurcharowneftegaz NovaSib Purneftegazgeologia Selkupneftegaz Terneftegaz Tambejneftegaz	NovaChim	NovaTrans

Quelle: zusammengestellt nach Informationen in: Godovoj otčet otkrytogo akcionernogo obščestva »Novatek«, im Internet veröffentlicht unter: http://www.novatek.ru/netcat_files/80_41.pdf.

Im Jahr 2004 hat das Unternehmen 21,6 Milliarden Kubikmeter Erdgas und 3,2 Millionen Tonnen Erdöl gefördert. Die Erdgasreserven des Unternehmens beliefen sich auf 1,7 Billionen Kubikmeter. Damit gehört Novatek zu den größten unabhängigen Gasproduzenten Russlands.[36]

Zu den Aktionären von Novatek gehörten die Unternehmen Levit, mit einem Anteil von 46,6% und SWGI-Growth mit 40,6% sowie der ›Regionalnyj Fond Razwitija Jamala‹ (Regionale Stiftung der Entwicklung von Jamal) mit einem Anteil von 5,6%. Mehrere Experten sind der Meinung, dass das Unternehmen de facto durch seinen Direktor Leonid Michelson und den Vize-Gouverneur des Autonomen Bezirks der Jamal-Nenzen, Iosif Lewinson, kontrolliert wird.[37]

2005 verkaufte die Regionale Stiftung ihre Aktien an die Wneschnekonombank. Der Plan 25% + 1 Aktie an das französisch-belgische Unternehmen Total zu verkaufen, scheiterte jedoch an der Ablehnung durch die russische föderale Antimonopolkommission.[38]

6.3.4. Rosneft

Das Unternehmen Rosneft wurde 1993 als staatliches Unternehmen auf der Basis der 1991 entstandenen Gesellschaft Rosneftegaz gegründet, die den Platz des aufgelösten Ministeriums für Öl- und Gasindustrie der UdSSR einnahm. Im Sep-

---

36 Unternehmensportrait im Internet veröffentlicht unter: http://novatek.ru.
37 Taranov, Ivan: Kto on glavnyj geroj, in: Parlamentskaja Gazeta, 19.09.2003, S. 4; Malinin, Valentin: Gazovyj blef »Novateka«, 24.05.2005, im Internet veröffentlicht unter: http://web.compromat.ru/main/mix/novatek.htm; N.N.: Kak zaprjagali »temnuju lošadku«, in: Kompanija, 24.01.2005, im Internet veröffentlicht: http://www.prsp.ru/press/pub.html?con=20050124
38 Bazina, Galina: Novatek opasen dla Gazproma, in: Gazeta.ru, 05.05.2005, im Internet veröffentlicht unter: http://www.gazeta.ru/2005/05/05/oa_156807.shtml.

tember 1995 wurde die Ölgesellschaft Rosneft in die offene Aktiengesellschaft Rosneft umgestaltet. In ihr wurden verschiedene ölfördernde- und verarbeitende Unternehmen zusammengefasst, die im Zuge der Privatisierung noch nicht von anderen zu dieser Zeit gegründeten vertikal-integrierten Gesellschaften übernommen worden waren. Eine Besonderheit von Rosneft besteht darin, dass das Unternehmen nicht auf einen bestimmten Teil der Russischen Föderation konzentriert ist, sondern in fast allen erdölfördernden Regionen vertreten ist. Insgesamt 30 Firmen unterschiedlichen Charakters gehören zu der Ölgesellschaft.

Tabelle 6.4: Die Organisationsstruktur von Rosneft

Region	Produktion	Verarbeitung	Vertrieb
Westsibirien (unter anderem im Autonomen Bezirk der Jamal-Nenzen, im Autonomen Bezirk der Chanten und Mansen und im Gebiet Tjumen)	Jugansknegtegaz Rosneft Purnegtegaz Selkupnegtegaz Bankorneft Sewernaja Neft Poljarnoe Sijanie Rosneft-Sachalinmornegtegaz Sachalinskie Projekty	Komsomolsk NPZ Rosneft-MZ Nefteprodukt Tuapsinskij NPZ	AltajNP Artag ArchangelskNP JamalNP Kalm Kabardino-Balkarskaja toplivnaja kompanija Karatschaewo-TscherkesskNP
Sachalin	Groznegtegaz Rosneft-Krasnodarnegtegaz Rosneft-Stavropolnegtegaz Rosneft-Dagneft Dagneftegaz Kaspoil		KrasnodarNP KubanNP KurganNP MurmanskNP NachodkaNP SewerrnefteServis SmolenskNP StawropolNP TuapseNP Wostoknefteprodukt Wostotschnyj Neftenalivnoj Terminal
Republik Komi (Timano-Pietschora)			
Südrussland			

* Jugansknegtegaz wurde Anfang 2005 im Folge der Jukos-Affäre durch Rosneft erworben.
Quelle: Struktura AOA Rosneft', im Internet veröffentlicht unter: http://www.rosneft.ru/company/structure.html.

Die Privatisierung von Anteilen an Rosneft wurde seit 1996 geplant, jedoch nicht umgesetzt. Zum Ende des Untersuchungszeitraums im Jahre 2005 befanden sich so immer noch hundert Prozent der Aktien von Rosneft im Besitz der föderalen Regierung. Häufige, politisch bedingte Wechsel der Unternehmensführung verhinderten die Ausarbeitung langfristiger Entwicklungsstrategien und einer soliden Finanzpolitik. Im Zusammenhang mit Zahlungsschwierigkeiten wurden

Rosneft für die Dauer eines Jahres die Kontrollrechte über seinen Förderbetrieb Purneftegaz entzogen. Die finanzielle Situation des Unternehmens verschärfte sich auch durch die Finanzkrise 1998. Eine Verbesserung der Finanzlage gelang erst, als Rosneft zusätzliche staatliche Exportquoten für Erdöl erhielt und an PSA-Abkommen teilnahm.

Die Übernahme der zentralen Produktionsfirma von Jukos machte Rosneft Anfang 2005 zu einem der größten Erdölproduzenten Russlands. Die Erdölreserven des Unternehmens der Kategorie ABC1+C2 wurden Anfang 2006 auf 3,379 Milliarden Tonnen eingeschätzt. Während die jährliche Produktion von Rosneft unter 20 Millionen Tonnen lag, erreichte das Unternehmen 2005 vor allem durch die Zerschlagung von Jukos eine Erdölproduktion von 75 Millionen Tonnen. Rosneft besitzt strategische Interessen in West- und Ostsibirien, im Fernen Osten (Sachalin), im Nordwesten und Süden des europäischen Teils von Russland sowie in der Region des Kaspischen Meeres (Kasachstan und Aserbaidschan). In Westsibirien fördert das Unternehmen mehr als 50% seiner Gesamtproduktion an Erdöl und 35% seines Erdgases. Im Autonomen Bezirk der Jamal-Nenzen ist der größte Förderbetrieb Rosneft-Purneftegaz ansässig, der mehr als 10 Lizenzen für Öl- und Gasförderung in diesem Bezirk besitzt.[39] Die Übernahme der zentralen Produktionsfirma von Jukos machte Rosneft dann Anfang 2005 zu einem der größten Erdölproduzenten Russlands.[40]

6.3.5. Sibneft

Das Unternehmen Sibneft wurde 1995 gegründet. Sibneft's Hauptaktivitäten im Bereich der Öl- und Gasexploration sowie der Produktion, Verarbeitung und Vermarktung der Rohstoffe werden durch die vier Unternehmen Nojabrsk-

---

39   Firmenportraits von Rosneft finden sich bei: Gorst, Isabel: Rosneft looks to the Far East to begin its comeback, in: Pretoleum Economist, 5/1997, S. 154f.; Pappé, Jakov: Perspektivy rossijskogo neftjanogo sektora, Moskau 1998, S. 23–29; Pleines, Heiko: Russia's oil companies and the current crisis. Part 9. Rosneft, the government's plaything, in: FSU Oil &Gas Monitor (NewsBase), 23.03.1999; Westphal, Kirsten: Russische Energiepolitik. Ent- oder Neuverflechtung von Staat und Wirtschaft, Baden-Baden 2000, S. 138, 147; Pleines, Heiko: Wirtschaftseliten und Politik im Russland der Jelzin-Ära (1994–99), Münster 2003, S. 222, Heinrich, Andreas: Globale Einflussfaktoren auf das Unternehmensverhalten. Die corporate governance des russischen Erdöl- und Erdgassektors, Münster 2004, S. 105–107. Siehe dazu auch die Internetseite des Unternehmens, veröffentlicht unter: http://www.rosneft.ru; vgl. auch: http//www.nefte.ru/company/rus/rosneft.htm.

40   Mehr dazu bei: Pleines, Heiko / Schröder, Hans-Henning (Hg.): Jukos-Affäre. Russlands Energiewirtschaft und die Politik, in: Arbeitspapiere und Materialien, Forschungsstelle Osteuropa, 64/2005; auch Kusznir, Julia: Der Staat schlägt zurück. Wirtschaftliche Konsequenzen der Jukos-Affäre, in: Osteuropa, 7/2005, S. 76–87.

neftegaz, Omsk-Raffinerie, Nojabrskneftegazgeofizika und Omsknefteprodukt wahrgenommen.

Sibnefts Anteile lagen in den Händen einer Gruppe von Aktionären um den russischen Oligarchen, Roman Abramowitsch, die 72% der Aktien besaßen und das Management direkt kontrollierten.

Im Dezember 2002 gewann ein Konsortium bestehend aus Sibneft und TNK (je 50%) die Privatisierungsauktion von Slavneft. Der Anteil von 50% des Eigentums an Slavneft erhöhte die Reserven von Sibneft um 43% . Bezüglich der Ölreserven mit 627 Millionen Tonnen und Produktionszahlen ist Sibneft Russlands fünftgrößtes Unternehmen.

Im Zuge einer Fusion zwischen den Ölunternehmen Sibneft und Jukos Ende 2003 erwarb das letztgenannte Unternehmen 20% der Aktien von Sibneft. Allerdings konnte die Fusion wegen der Verhaftung der Jukos-Eigentümer Chodorkowkij und Lebedew und der Gerichtsverfahren wegen Steuerhinterziehung nicht zu Ende gebracht werden. Dieser Aktienanteil verblieb noch unter der Kontrolle des Managements von Jukos.[41]

Tabelle 6.5: Die Organisationsstruktur von Sibneft

Region	Produktion	Verarbeitung	Vertrieb
Westsibirien (unter anderem im Autonomen Bezirk der Chanten und Mansen, im Gebiet Tjumen und im Autonomen Bezirk der Jamal-Nenzen) Gebiet Omsk	Nojabrskneftegaz Sibneft-Jugra Meretojachanneftegaz Sibneft-Tschukotka	Omsk NPZ	OmskNP KusbasNP BarnaulNP NowosibirskNP Tjumen'NP JekaterinburgNP SwerdlowskNP Sibneft-AZS Servis (Region Moskau)

Quelle: www.sibneft.ru (Seite existierte bis zur Übernahme von Sibneft durch Gazprom im Jahre 2005).

Ende September 2005 verkaufte das Management von Sibneft 75,67% seiner Aktien an Gazprom. Gazprom zahlte für den erworbenen Anteil 13,091 Milliarden US-Dollar, was zu einer der größten Fusionen in Russland führte. Mit dem Ölunternehmen Sibneft übernahm Gazprom auch 50% der Anteile am Erdölun-

---

41 InfoSuperbroken: Po trebovaniju Rosnefti arestovany 20% akcij Sibnefti, in: Superbroken. ru, 07.07.2005, im Internet veröffentlicht unter: http://www.superbroker.ru/cc/comments. aspx?cc=1093.

ternehmen Slavneft.⁴² Im folgenden wurde das Unternehmen Sibneft in ›Gazprom Neft‹ umgewandelt.⁴³

Sibneft besitzt 45 Lizenzen für Erdöl- und Erdgasfelder in den Bezirken der Jamal-Nenzen und der Chanten und Mansen, im Autonomen Bezirk der Tschuktschen und der Region Tomsk. Der Hauptförderbetrieb des Unternehmens Sibneft-Nojabrskneftegaz befindet sich im Süden des Autonomen Bezirks der Jamal-Nenzen und befasst sich vor allem mit der Erforschung, Produktion und Entwicklung von Öl und Gas. Das Unternehmen ist für rund 96% der gesamten Förderung von Sibneft verantwortlich. 2004 produzierte Sibneft 34 Millionen Tonnen Erdöl, wovon 38% für den Export bestimmt waren. Die Gesellschaft besaß darüber hinaus Gasreserven der Kategorie SEC in Höhe von 65,7 Billionen Kubikmeter und Erdölreserven von 4,5 Milliarden Barrels.⁴⁴

6.4. Die wirtschaftspolitischen Entscheidungsprozesse auf der regionalen Ebene

Die politische Situation im Autonomen Bezirk der Jamal-Nenzen wurde geprägt von der starken wirtschaftlichen Abhängigkeit von Gazprom und von Versuchen der Regionalverwaltung, sich aus dieser Abhängigkeit zu lösen.

Anfang der 1990er Jahre hatte Gazprom kein Interesse an der regionalen Politik. Die Situation änderte sich nach den ersten föderalen Parlamentswahlen 1993, in denen der von Gazprom unterstützte Kandidat im Autonomen Bezirk der Jamal-Nenzen nicht gewählt wurde. Sein Gegenkandidat gewann den Wahlkreis

---

42 Debilova, Ekaterina: »Gazprom« vozmet $12 mlrd na pokupku »Sibnefti«, in: Vedomosti, 20.09.2005, S. 1; Skorobogat'ko, Denis / Grib, Natalia: Sibneft' dobyča. Rossija ne požalela $13 mlrd. za delo žizni Abramoviča, in: Kommersant'', 29.09.2005, S. 1f.
43 Rešenie vneočerednogo obščego sobranija akcionerov OAO Sibneft vom 13.06.2006 »Izmenenija k ustavu ot 01.06.2006 o smenie naimenovanija i mestonachoždenija obščestva, im Internet veröffentlicht unter: http://www.gazprom-neft.ru/investor/corp-governance/Company%20Charter%20App-rus.pdf
44 Firmenportraits finden sich bei: Krjukov, Valerij A.: Institucional'naja Struktura neftegazovogo sektora: problemy i napravlenija trnsformacii, Novosibirsk 1998, S. 174–176; Pappė, Jakov: Perspektivy rossijskogo neftjanogo sektora, Moskau 1998, S. 23–29; Pleines, Heiko: Russia's oil companies and the current crisis. Part 8. Sibneft struggling to survive, in: FSU Oil &Gas Monitor (NewsBase), 09.03.1999; Westphal, Kirsten: Russische Energiepolitik. Ent- oder Neuverflechtung von Staat und Wirtschaft, Baden-Baden 2000, S. 138, 149f.; Boutenko, Anna / Reznikov, Konstantin: Slavneft Boosts Fair Values of Sibneft and TNK; Alfa-Bank, Oil and Gas, Moskau 18.12.2002; Pleines, Heiko: Wirtschaftseliten und Politik im Russland der Jelzin-Ära (1994–99), Münster 2003, S. 222; Heinrich, Andreas: Globale Einflussfaktoren auf das Unternehmensverhalten. Die corporate governance des russischen Erdöl- und Erdgassektors, Münster 2004, S. 107–109; Siehe dazu auch die Internetseite des Unternehmen veröffentlicht unter: http://www.sibneft.ru, vg. auch http//www.nefte.ru/company/rus/sibneft.htm.

6.4. DIE WIRTSCHAFTSPOLITISCHEN ENTSCHEIDUNGSPROZESSE

durch scharfe Kritik an Gazprom, nachdem der Gaskonzern mit Lohnzahlungen und Sozialleistungen in Verzug geraten war. Die Niederlage bei den nationalen Wahlen wurde allgemein als Denkzettel der Region an Gazprom interpretiert. Als Reaktion hierauf begann das Management von Gazprom in der regionalen Politik aktiv zu werden.

Als Ansatzpunkt hierfür wurde die Auswechslung des Gouverneurs durch Präsident Jelzin gesehen. Gazprom unterstützte den neuen Gouverneur, Nejelow, und seine Kandidaten bei den folgenden Wahlen sowohl zum Föderationsrat als auch zur Tjumener Duma.[45] Nejelow wurde in den Aufsichtsrat von Gazprom gewählt, was seine Position in den Verhandlungen mit Gazprom wesentlich verbesserte. Auch bei den Gouverneurswahlen im Oktober 1996 erhielt Nejelow die Unterstützung von Gazprom und den mit dem Konzern verbundenen Kommunalpolitikern. Er gewann die Wahlen mit 68,9% der abgegeben Stimmen.[46]

Die Kooperation zwischen Regionalverwaltung und Gaskonzern funktionierte auch auf der wirtschaftlichen Ebene. Im Februar 1995 schlossen Gazprom und die Regionalverwaltung ihr erstes allgemeines Partnerschaftsabkommen ab. Ab Januar 1997 wurden zusätzlich die finanziellen Beziehungen, insbesondere Gazproms Steuerzahlungen, durch jährliche Abkommen geregelt. Dabei wurden Rohstofflieferungen als Zahlung akzeptiert. Ergebnis waren eine Reihe fragwürdiger Geschäfte. So wurde etwa in das Abkommen von 1997 Itera integriert.[47] Gazprom lieferte der Region Erdgas, das zum Großhandelspreis und nicht zum Marktpreis gegen Steuerschulden des Konzerns verrechnet wurde.

---

45 Siehe dazu die Tabelle 6.1.
46 Mehr bei: Titkov, Aleksej / Muchin, Aleksej: Jamalo-Neneckij avtonomnyj okrug, in: Političeskij al'manach Rossii, Buch 2, Band II, Moskau 1998, S. 1081–1089; Panorama kul'turnoj žizni regionov Rossii v seti internet, Jamalo-Nenenckij Avtonomnyj Okrug, Rossijskaja Gosudarstvennaja biblioteka, Moskau 2002, im Internet veröffentlicht unter http://orel3.rsl.ru/regions/84.pdf, S. 21–26, Analitičeskij Analiz: Jamalo-Neneckij AO, Centr političeskich technologij, Moskau, Dezember 2000 (Manuskript).
47 Mehr zu den Beziehungen zwischen Itera und Gazprom bieten: Pleines, Heiko: Scrutinizing the Gazprom-Itera relationship, in: NewBase, FSU Oil & Gaz Monitor, Nr. 5, 06.02.2000; Heinrich, Andreas / Pleines, Heiko: Die Beziehungen zwischen Gazprom und Itera. Fallstudie: Russische Gaslieferungen an Georgien, Berlin / Bremen, unveröffentlichtes Manuskript 2001; Heinrich, Andreas: Globale Einflussfaktoren auf das Unternehmensverhalten. Die corporate governance des russischen Erdöl- und Erdgassektors, Münster 2004, S. 204–210.

Die Regionalverwaltung verkaufte das Gas zum gleichen Preis an Itera,[48] was allerdings den föderalen Regelungen widersprach.[49]

Trotz dieser Vorzugsbehandlung häufte Itera Steuerschulden an. Anstatt die Steuerschuld einzutreiben, trat die Regionalverwaltung die Schulden an Meschregiongaz, eine Tochterfirma von Gazprom, ab. Meschregiongaz wiederum beglich die Schulden mit Gaslieferungen, die erneut zum Vorzugspreis an Itera verkauft wurden. Im Ergebnis akkumulierte Gazprom erhebliche Steuerschulden, die sich Ende der 1990er Jahre auf rund 11 Milliarden Rubel (446 Millionen US-Dollar) beliefen. Die Verhandlungen über die Begleichung der Steuerschuld wurden auf Seiten der Regionalverwaltung von der stellvertretenden Gouverneurin Natalia Komarowa geführt. Gazprom überwies jedoch nur 6 Milliarden in den regionalen Haushalt und beglich den Rest durch die Lieferung von Lebensmitteln und anderen Gütern mit der Erklärung, dass die finanzielle Lage zu schlecht sei, um alle Schulden in bar zu begleichen.[50]

Gleichzeitig wurde mit dem föderalen Gesetz »Über die Gasversorgung in der RF« das Vermögen der Tochterfirmen von Gazprom am Hauptsitz des Konzerns, also in Moskau, verbucht. Die Vermögenssteuer der Tochterfirmen im Autonomen Bezirk der Jamal-Nenzen ging damit nicht mehr in den Haushalt des Autonomen Bezirks sondern in den der Stadt Moskau.[51] Die resultierende deutliche Reduzierung der Zahlungen Gazproms in den regionalen Haus-

---

48   Der Großhandelspreis wurde von Gazprom nach dessen eigener Preisliste kalkuliert. Von 1997 bis 1999 belief sich dieser Preis auf 45 Rubel (cirka 7 US-Dollar) für 1000 Kubikmeter Erdgas. Die regionale Administration verkaufte dieses Gas für den gleichen Preis weiter an das Unternehmen ›Itera-Rus‹, welches das Gas für 80 US-Dollar pro 1000 Kubikmeter an das Unternehmen ›Itera-International Energy‹ verkaufte. Während Gazprom also nur den Inlandspreis erhielt und die regionale Administration überhaupt keine Gewinne erzielte, realisierte Itera allein durch den Verkauf einen Gewinn von 88%. Mehr dazu im Bericht des russischen Rechnungshofes: Otčet o rezul'tatach tematičeskoj proverki Meždunarodnoj ėnergetičskoj korporacii ›Itera‹ i ee dočernich predprijatij; Rossijskaja Sčėtnaja palata, 04.05.2001, im Internet veröffentlicht unter: http://www.budgetrf.ru/Publications/Schpalata/2001/bulletin/schpal452001bull9-9.htm.

49   Nach dem föderalen Regierungserlass über die Regulierung der Erhebung von Zahlungen für die Nutzung der Bodenschätze mussten die Erdgas- und Erdölproduzenten bei der Abrechnung der Zahlungen in den föderalen und regionalen Haushalten die Marktpreise der besteuerten Ressourcen nutzen. Siehe: Regierungserlass »Ob utverždenii položenija o porjadke i uslovijach vzimanija platežej za pravo pol'zovanija nedrami, akvatoriej i učastkami morskogo dna« vom 28.10.1992, in: Sobranie aktov Prezidenta i Pravitel'stva Rossijskoj Federacii, 18/1992, St. 1466.

50   Otčet o rezul'tatach tematičeskoj proverki Meždunarodnoj ėnergetičskoj korporacii ›Itera‹ i ee dočernich predprijatij; Rossijskaja Sčėtnaja palata, 04.05.2001, im Internet veröffentlicht: http://www.budgetrf.ru/Publications/Schpalata/2001/bulletin/schpal452001bull9-9.htm.

51   Föderales Gesetz »O gazosnabženii v Rossijskoj Federacii« vom 31.03.1999, Sobranie zakonodatel'stva RF, 14/1999, St. 1667.

6.4. DIE WIRTSCHAFTSPOLITISCHEN ENTSCHEIDUNGSPROZESSE

halt führte zum Bruch mit der Regionalverwaltung. Hinzu kam, dass im Zuge der Reorganisation Gazproms Entscheidungsprozesse zentralisiert wurden, so dass die Leiter der Tochterfirmen weniger Spielräume in ihrer Beziehung zur Regionalverwaltung erhielten.

Um Gazprom unter Druck zu setzen, erklärte der Gouverneur öffentlich, Lizenzen für Erdgasfelder nur noch in offener Ausschreibung zu vergeben, da »in der Region nicht nur Gazprom, sondern auch andere Unternehmen aktiv arbeiten möchten.«[52] Als Folge des Konfliktes wurde Nejelow 1999 nicht mehr in den Aufsichtsrat von Gazprom gewählt. Auch die Unterstützung der Regionalverwaltung und der regionalen Versammlung der indigenen Bevölkerung ›Jamal – potomkam‹ konnte daran nichts ändern.[53]

In Reaktion auf den Bruch mit Gazprom begann die Regionalverwaltung mit den in der Region vertretenen unabhängigen Gasproduzenten sowie mit den in der Region aktiven Erdölunternehmen zu kooperieren. Auf diese Weise sollte ein Gegengewicht zu Gazprom geschaffen werden, um die wirtschaftliche Abhängigkeit der Region zu mindern und damit auch politische Handlungsspielräume zurück zu gewinnen.

Bei der Entwicklung der regionalen wirtschaftlichen Konzepte zur Unterstützung der unabhängigen Gasproduzenten spielte der Vize-Gouverneur Lewinson eine wichtige Rolle. Bis zu seinem Einstieg in die Politik 1996 leitete Lewinson das regionale geologische Unternehmen Purneftegazgeologia, das für Explorationsarbeiten zuständig war und damit die Informationen über die Gasressourcen in der Region besaß. Später gelang es dem Unternehmen mit Lewinsons Hilfe, der als Vize-Gouverneur für die Lizenzvergabe zuständig war, Lizenzen für einige Erdgasfelder zu erhalten.[54] Lewinson war der größte Aktionär des Unternehmens und wurde 2001 im Rahmen der Fusion mit Novatek Großakti-

---

52 N.N.: Licenzii na razrabotku neftegazovych mestoroždenij na Jamale budut polučat' tol'ko ispravnye nalogoplatel'ščiki, in: Businesspress.ru, 14.03.2001, im Internet veröffentlicht unter: http://www.businesspress.ru/newspaper/article_mId_36_ald_57820.html; Širjaeva, Natalja: Ja – mal?, in: Profil, 27/2001, S. 16f.

53 Die Vertreter der Organisation ›Jamal – Potomkam‹ haben sich in einem öffentlichen Brief an den föderalen Regierungsleiter gewandt mit der Bitte, die Kandidatur von Gouverneur Nejelow als staatlichen Vertreter für den Aufsichtsrat von Gazprom zu unterstützen. Dies sollte sowohl die Interessen und die Rechte der Stammbevölkerung als auch die Bedeutung des Bezirkes für Gazprom demonstrieren. Siehe dazu: Kučin, Andrej: Neelov stučitsja v »Gazprom«, in: Nakanune, 16.01.2004, im Internet veröffentlicht unter: http://www.nakanune.ru/news/neelov_stuchitsja_v_gazprom.

54 Purneftegasgeologia erforschte 367 Gas- und Erdölfelder in der Region, deren Reserven sich zusammen auf 1,6 Milliarden Tonnen Erdöl und 4,2 Trillionen Kubikmeter Erdgas beliefen, mehr bei: http://www.yamal.ru/new/bizn08.htm.

onär bei Novatek.[55] Die Regionalverwaltung förderte nun über Lizenzvergaben und Steuererleichterungen, wie etwa eine Befreiung von der Vermögenssteuer, die Entwicklung von Novatek.[56] Der Anteil der unabhängigen Gasproduzenten an der regionalen Produktion stieg so von zwei Prozent Ende der 1990er Jahre auf 13% im Jahre 2001.[57]

In einem weiteren Schritt bewegte die Regionaladministration insgesamt elf Produktionsfirmen dazu, sich zu Sojusgaz zusammenzuschließen und eine Börse für den Erdgashandel zu gründen. Diese sollte den regionalen Gasmarkt liberalisieren und damit auch die Regionalverwaltung aus der Abhängigkeit von Gazprom als Monopolisten befreien. Die beteiligten Firmen verpflichteten sich gleichzeitig ihre Verpflichtungen gegenüber der Region zuverlässig zu erfüllen.[58]

Mit in der Region aktiven Erdölfirmen, namentlich Rosneft und Sibneft, wurden von der Regionalverwaltung 1999 erste Partnerschaftsabkommen geschlossen. Zu den wichtigsten Punkten gehörten von Seiten der Administration die Garantie für Steuererleichterungen und einer günstigen Behandlung bei der Lizenzvergabe, von Seiten der Unternehmen versprach man, wirtschaftliche und soziale Verpflichtungen in der Region zu übernehmen. Die Abkommen wurden für vier Jahre geschlossen und anschließend verlängert. Die Abkommen wurden durch regionale Gesetze umgesetzt, an deren Ausarbeitung die Vertreter der Erdölfirmen als Parlamentsabgeordnete aktiv beteiligt waren.[59]

Insbesondere Rosneft profitierte von dieser Kooperation. Die Firma konnte ihre Erdölproduktion in der Region stark ausweiten und in die Gasproduktion einsteigen. Im Gegenzug zahlte das Unternehmen seine Steuern pünktlich und investierte in die soziale Infrastruktur der Region. 2003 gingen so etwa 60% der Investitionen von Rosneft in den Autonomen Bezirk der Jamal-Nenzen.[60] Zusätzlich gelang es der Regionalverwaltung weitere Erdölfirmen zu einem Engage-

---

55 Mehr dazu im Unternehmensportrait von Novatek, Abschnitt 6.3.3.
56 Mehr Informationen zur regionalen Steuerpolitik finden sich im Abschnitt 2.3.2.2.
57 Dazu gehörten Gasunternehmen wie Tarkosaleneftegaz, Jangpur und Geojlbent LTD, die die Vostotschno-Tarkosalinskoje, Severeogubkinskoje und Prisklonnoje-Erdgasfelder erfolgreich zur Ausbeutung vorbereiteten, siehe: Neelov, Jurij: Bolezni rosta golodom ne lečat. JaNAO za spravedlivye i stabilnye zakony, in: Neftegazovaja vertikal', 6/2000, S. 24–27.
58 Dazu gehörten z.B. das Gasunternehmen Arktitscheskaja gazovaja kompanija und die Tochterfirmen von Novatek wie Tarkosalenefetegaz, Purneftagazgeologija, Gebolejnt, mehr dazu siehe bei: Polozov, Aleksander: Malyj TEK Jamala rodil »Sojuzgaz«, in: Strana.ru, 24.11.2001, im Internet veröffentlicht unter: http://www.strana.ru/topics/189/01/10/24/75986.html.
59 Mehr dazu im Kapitel 2.2.2.
60 »Purneftegaz« v 2004 g. Planirujet rost neftedobyči v 13%, in: Vestnik kompanii, 58–59/2007, im Internet abrufbar unter: http://vestnik.rosneft.ru/number10_07_03/v21.html

ment in der Region zu bewegen, wie z.B. Lukoil, TNK und Jukos, die 2001 ihr Interesse am Erwerb der Lizenzen für neue Erdgasfelder bekundeten.[61]

Parallel zur Distanzierung von Gazprom wollte Nejelow seine politische Position durch die Übernahme des Gouverneursamtes des Gebiets Tjumen stärken. Die Gouverneurswahlen im Gebiet und den beiden Autonomen Bezirken sollten zeitgleich Anfang 2001 stattfinden. Um seine Position zu verbessern, setzte Nejelow Ende 1999 vorgezogene Wahlen im Autonomen Bezirk der Jamal-Nenzen durch, um so als Wahlsieger in die Gouverneurswahl von Tjumen gehen zu können.

Zu den Wahlen am 26. März 2000 traten neben Nejelow nur zwei formal unabhängige Kandidaten an, die ihm de facto nahe standen. Gleichzeitig wurde der Wahlkampf Nejelows von den unabhängigen Gasproduzenten und von den in der Region aktiven Erdölunternehmen unterstützt. Der Wahlsieg mit 88% der Stimmen bestätigte, dass es ihm gelungen war, eine alternative Machtbasis zu Gazprom zu finden.[62]

Sein Versuch, bei den Gouverneurswahlen in Tjumen anzutreten, stieß aber auf heftigen Widerstand sowohl des föderalen Zentrums als auch Gazproms und Nejelow wurde gezwungen seine Kandidatur zurückzuziehen. Wie in Kapitel 4 beschrieben, gewann anschließend mit Sobjanin der Kandidat des föderalen Zentrums und des neuen Managements von Gazprom die Wahlen in Tjumen. Das neue Management von Gazprom bemühte sich im Folgenden um einen Kompromiss mit Nejelow. Im September 2001 wurde so ein neues Partnerschaftsabkommen geschlossen, in dem Gazprom sich verpflichtete, unabhängig von Änderungen im föderalen Steuergesetz, seine Steuerzahlungen in den regionalen Haushalt in gleichen Höhe beizubehalten und regionale Entwicklungsprogramme finanziell zu unterstützen.[63]

---

61   Info: Jamalo-Neneckij AO. Jurij Neelov gotovitsja podpisat' soglašenija s »Gazpromom«, »Lukoilom«, »Siburom«, in: Volgainform.ru, 14.09.2002, im Internet veröffentlicht unter: http://www.volgainform.ru/allnews/53976.

62   Die zwei weiteren Kandidaten waren Gennadij Tatartschuk, der damalige Leiter des Departements des föderalen staatlichen Arbeitsamts im Bezirk, und Nikolaj Kodyrko der Leiter des staatlichen Unternehmens ›Tjumenerokontrol‹. Tatartschuk bekam 1,9% der Stimmen und der zweite Kandidat Kodyrko nur 1,5%. Mehr zu den Wahlen bei: Berezin, Lev: Tjumen': chronika gubernatorskich vyborov, in: Vybory i problemy graždanskogo obščestva na Urale, Moskovskij Centr Karnegi, Moskau 2001, im Internet veröffentlicht unter: http://www.carnegie.ru/ru/news/244113berezin.doc; Sobakina, Darja: Ural'skie mužiki deržat guberniju, 27.05.2002, in: Politkom.ru, im Internet veröffentlicht unter: http://www.politkom.ru/2002/spec_pr2.php.

63   Polozov, Aleksander: Malyj TEK Jamala rodil »Sojuzgaz«, in: Strana.ru, 24.11.2001, im Internet veröffentlicht unter: http://www.strana.ru/topics/189/01/10/24/75986.html.

Der zunehmende Druck des föderalen Zentrums auf die Regionen führte in den folgenden Jahren aber zu einer Schwächung der Regionalverwaltung des Autonomen Bezirks der Jamal-Nenzen, die sich der Zusammenlegung mit dem Gebiet Tjumen widersetzte. Gleichzeitig behinderte die Regionalverwaltung, ganz im Gegensatz etwa zum neuen Gouverneur von Tjumen, die Bemühungen des Managements von Gazprom, die an unabhängige Gasproduzenten verlorenen Aktiva zurück zu gewinnen. Schrittweise begannen das föderale Zentrum und Gazprom so, den Druck auf die Regionalverwaltung zu verstärken.

Gazprom erhöhte durch Firmenübernahmen seinen Anteil an der regionalen Produktion. Im Ergebnis verblieb Novatek als einziger unabhängiger Gasproduzent in der Region.[64] Auch die Position der Erdölfirmen in der Region wurde geschwächt. Rosneft als Firma unter der Kontrolle der föderalen Regierung konnte auf Dauer keine eigenständige Position in der Region behaupten. Mit der Übernahme von Sibneft durch Gazprom im Jahre 2005 wurde auch die zweite große Ölfirma in der Region neutralisiert. Im Ergebnis waren die regionale Wirtschaft und damit auch die Finanzen der Region wieder vollständig von Gazprom abhängig. Dies zeigte sich daran, dass der Anteil der direkt oder indirekt von Gazprom kontrollierten Steuerzahlungen in den regionalen Haushalt von 60% auf fast 80% stieg.[65]

Gleichzeitig schwächte das föderale Zentrum die Position der Regionalverwaltung durch seine Förderung der Zusammenlegung der Autonomen Bezirke mit dem Gebiet Tjumen'. Die Regionalverwaltungen der Autonomen Bezirke mussten so Kompetenzen an die Regionalverwaltung von Tjumen abgeben. Zusätzlich schwächten die von Präsident Putin durchgesetzten allgemeinen Kompetenzbeschränkungen für Regionen auch die Position der Regionalverwaltung im Autonomen Bezirk der Jamal-Nenzen. Die Neuregelung der Unternehmensbesteuerung und der Lizenzvergabe nahmen der Regionalverwaltung so wichtige Instrumente in den Verhandlungen mit den Öl- und Gaskonzernen. Die im September 2004 eingeführte Ernennung der Gouverneure durch den Präsidenten setzte Nejelow unter zusätzlichen Druck, da seine Amtszeit bereits Anfang 2005 ablief. Um von Putin für das Amt des Gouverneurs vorgeschlagen zu werden, musste Nejelow erhebliche Kompromisse eingehen. Insbesondere musste er einige seiner engsten Vertrauten aus der Regionalverwaltung entlassen, darunter Vize-Gouverneur Lewinson.[66]

---

64 Mehr dazu bei: Heinrich, Andreas / Kusznir, Julia: Independent gas producers in Russia, KICES Working Paper, 2/2005, Koszalin.
65 Siehe dazu: Jamalo-Neneckij avtonomnyj okrug – kreditnyj rejting, Analiz i kommentarii, Standard&Poor's, 04.11.2004, im Internet veröffentlicht unter: http://www.sandp.ru/printer.phtml?idcontent=1565&generic=analysis.
66 Mehr dazu bei: Borisov, Nikolaj / Derbilova, Ekaterina / Nikol'skij, Aleksej: Čtoby zaščitit' »Novatek« uchodit v ostavku vice-gubernator JaNAO Iosif Levinzon, in: Vedomosti,

6.5. Resümee

Wie in den anderen Untersuchungsregionen besteht auch im Autonomen Bezirk der Jamal-Nenzen die politische Elite aus Weggefährten des Gouverneurs aus der sowjetischen Nomenklatura. Genau wie im Autonomen Bezirk der Chanten und Mansen ist dabei gleichzeitig eine enge Verflechtung mit Vertretern der Erdöl- und Erdgasindustrie festzustellen. Entweder haben die Vertreter der regionalen Exekutiv- oder Legislativeorgane vor dem Einstieg in die Politik in regionalen Erdöl- oder Erdgasunternehmen gearbeitet, oder sie haben nach der politischen Kariere zu diesen Unternehmen gewechselt. Genau wie in den anderen Regionen ist auch im Autonomen Bezirk der Jamal-Nenzen der Gouverneur der zentrale politische Akteur. Er sieht sich den Vertretern der Energiewirtschaft gegenüber. Sie nehmen entweder formell über ihren Status als Abgeordnete im Regionalparlament oder informell über mit ihnen verbündete Kommunalpolitiker Einfluss auf die regionale Politik.

Zu einem besonderen Charakteristikum der regionalen Wirtschaftselite gehörte dabei ihr Lokalbezug, d.h. es gab praktisch keine Wirtschaftsvertreter, die im ganzen Bezirk einflussreich waren. Sie konzentrierten sich vielmehr alle jeweils auf die Kommune, in der ihr eigenes Unternehmen aktiv war. Gegenüber der Regionalverwaltung traten die Unternehmen deshalb häufig in Kooperation mit den jeweiligen Kommunalverwaltungen als individuelle Akteure auf. Im Gegensatz etwa zum Bezirk der Chanten und Mansen verhandelte die Regionalverwaltung dementsprechend nicht kollektiv mit den Wirtschaftseliten sondern setzte sich aufgrund der geringen Konsolidierung der Wirtschaftseliten mit jedem Unternehmen bzw. jeder Kommunalverwaltung einzeln auseinander. Auch im Regionalparlament kooperierten die Wirtschaftseliten vorrangig mit den Vertretern aus »ihren« Städten.

Trotz dieser Zersplitterung kam Gazprom aufgrund seiner großen wirtschaftlichen Bedeutung für die Region unter den Wirtschaftsakteuren eine Sonderrolle zu. Die Beziehung des Gouverneurs zu Gazprom prägte deshalb generell die Interaktion zwischen politischen und wirtschaftlichen Akteuren in der Region. Von 1994 bis 1999 kooperierte der Gouverneur mit Gazprom. Der Konzern unterstützte seinen Wahlkampf und dieser wurde im Gegenzug in den Aufsichtsrat von Gazprom gewählt. Gazprom erhielt über formelle Abkommen erhebliche Steuervergünstigungen, erfüllte jedoch im Gegenzug seine verbliebenen Zahlungsverpflichtungen gegenüber dem regionalen Haushalt und im sozialen

---

30.06.2005, Siehe Sotnik, Vitalij: Jamal: sčaslivčiki i neudačniki sezona, Specproekt »UralPolit.ru«, 28.07.2005, im Internet veröffentlicht unter: http://www.uralpolit.ru/yanao/?art=25484; Press-Služba Gubernatora: Postanovlenie o nadelenii polnomočijami gubernatora JaNAO vručen, in: Severnyj Luč, 18.03.2005, im Internet veröffentlicht unter: http://sl.yamal.ru/materials/government/2005/03/18/ic19j1p78w.mtml.

Bereich nur sehr begrenzt. Zudem konzentrierte der Erdgaskonzern Entscheidungsprozesse in Moskau und reduzierte damit seine Verhandlungsbereitschaft gegenüber der regionalen politischen Elite. Ende der 1990er Jahre kam es so zum Konflikt.

In einer neuen Phase von 2000 bis 2005 versuchte Nejelow, durch die Zusammenarbeit mit anderen Unternehmen ein Gegengewicht zu Gazprom zu schaffen und dadurch politische und wirtschaftliche Handlungsspielräume zurück zu gewinnen. Die Regionalverwaltung begann Lizenzen für Erdgasfelder in offenen Ausschreibungen zu vergeben und dabei unabhängige Erdgasproduzenten zu fördern. Während Gouverneur Nejelow seinen Posten im Gazprom-Aufsichtsrat verlor, wurde sein Stellvertreter Aufsichtsratsmitglied bei mehreren mit Gazprom konkurrierenden Produktionsfirmen. Zusätzlich wurden mit den in der Region aktiven Erdölunternehmen Partnerschaftsabkommen ausgearbeitet, die über Steuererleichterungen eine Produktionssteigerung motivierten.

Im Ergebnis wuchs die wirtschaftliche Bedeutung der unabhängigen Gasproduzenten und der Erdölunternehmen für die Region, so dass die Abhängigkeit von Gazprom reduziert wurde. Die Förderung der übrigen Unternehmen ermöglichte der Regionalverwaltung dabei die Entwicklung enger kooperativer Beziehungen zu diesen Unternehmen, die ebenfalls in formellen Abkommen fixiert wurden. Im Gegensatz zu Gazprom erfüllten die anderen Unternehmen ihre Zusagen bezüglich Steuerzahlungen und Investitionen im Sozialbereich aber weitgehend. Gouverneur Nejelow gelang es so auch ohne die Unterstützung Gazproms wiedergewählt zu werden.

Die Kooperation Gazproms mit dem föderalen Zentrum gegen die regionale politische Elite schwächte letztere aber anschließend erheblich. Wie auch im Falle des Autonomen Bezirkes der Chanten und Mansen sind die Handlungsspielräume der Regionalverwaltung durch die Reform des föderalen Systems stark eingeschränkt worden. Der Verlust von Kompetenzen bei der Besteuerung und Lizenzvergabe und mehr noch die geplante Zusammenlegung mit dem Gebiet Tjumen schränkte die wirtschaftspolitischen Kompetenzen der regionalen politischen Elite zunehmend ein. Nachdem die Gouverneure seit 2004 vom russischen Präsidenten vorgeschlagen werden, sah sich Nejelow gezwungen, enge Vertraute zu entlassen, um seinen Posten zu behalten. Langfristig wird Gazprom damit wieder an Einfluss gewinnen. Dementsprechend kann der Autonome Bezirk der Jamal-Nenzen insgesamt als gutes Beispiel für das Modell der Privatisierung der Macht gesehen werden, wie es Lapina und Tschirikowa in ihrer Typologie vorgestellt haben.

7. Ergebnisse

In der vorliegenden Arbeit wurde die Bedeutung der Dreiecksbeziehung Großunternehmen – regionale politische Eliten – föderales Zentrum für die Entwicklung regionaler Politik in der Russischen Föderation unter den Präsidenten Boris Jelzin und Wladimir Putin untersucht. Den Kern der empirischen Analyse bildeten Fallstudien zur Rolle der großen Erdöl- und Erdgasunternehmen in den vier Untersuchungsregionen.

Für die Analyse wurde die Methode vergleichender Fallstudien (fokussierter Vergleich) angewandt. Die Regionen wurden ausgehend von der Regimetypologie von Lapina / Tschirikowa[1] ausgewählt: Die Republik Tatarstan (1994–2005) wurde als Beispiel für das Patronage-Modell untersucht, das Gebiet Tjumen (1994–2000) als Beispiel für das Modell der »Unterdrückung« oder des »Kampfes aller gegen alle« und (2001–2005) als Beispiel für das Partnerschaftsmodell, der Autonome Bezirk der Chanten und Mansen – Jugra (1994–2005) ebenfalls für das Partnerschaftsmodell und der Autonome Bezirk der Jamal-Nenzen (1994–2005) für das Modell der Privatisierung der Macht. Einen Überblick über die Fallstudien gibt Tabelle 7.1.

Die zentralen Ergebnisse der Analyse sollen hier abschließend zusammengefasst, systematisiert und in ihren Forschungskontext eingeordnet werden. Dazu werden zuerst die Ergebnisse zu den relevanten Akteursgruppen ausgewertet. Anschließend werden die Mittel der Einflussnahme der Wirtschaftsakteure einer vergleichenden Analyse unterzogen, um dann die in der Einleitung vorgestellten Modelle der Interaktion zwischen politischen und wirtschaftlichen Akteuren für die hier vorgestellten Fallstudien zusammenfassend zu überprüfen. Nach dieser auf die regionalen Akteure bezogenen Analyse wird die Rolle des föderalen Zentrums in der regionalen Politik resümiert. Abschließend wird diskutiert, welche Bedeutung die Untersuchungsergebnisse für das Verständnis russischer Politik haben und welche Entwicklungsperspektiven sich für Russland unter Präsident Putin ergeben.

7.1. Die relevanten Akteure

Nach Higley / Pakulski / Wesolowski gestaltete sich der Elitenwandel in Russland zu Beginn der postsowjetischen Transformationszeit als ein zweidimensionaler Prozess der Fragmentierung und Zersplitterung der nationalen Elite einerseits

---

1   Eine ausführliche Darstellung der Typologie findet sich in Abschnitt 1.2.

Tabelle 7.1: Die Fallstudien im Überblick

Region	Gouverneur	Amtszeit	Wirtschaftsakteure	Mittel der Einflussnahme	Strategie	Interaktionsmodell
Republik Tatarstan	Mintimer Schajmijew	1991–2005*	Tatneft	Kein eigenständiger Akteur		Patronage
Gebiet Tjumen	Leonid Rokezkij	1991–2000	TNK	Persönliche Kontakte/Beratung mit staatlichen Akteuren; Spenden und Wahlkampfhilfe	Kooperation	Unterdrückung
			Gazprom, Lukoil, Sibneft, Surgutneftegas, Jukos	nur 2000 auf Seite der Opposition: Persönliche Kontakte/Beratung mit staatlichen Akteuren; Spenden und Wahlkampfhilfe	Konfrontation	
	Sergej Sobjanin	2001–2005	Gazprom, Lukoil, TNK, Sibneft, Surgutneftegas, Jukos	Persönliche Kontakte/Beratung mit staatlichen Akteuren; Formelle Kooperationsabkommen; Mitarbeit in politischen Gremien	Kooperation	Partnerschaftsmodell

7.1. DIE RELEVANTEN AKTEURE

Region	Gouverneur	Amtszeit	Wirtschaftsakteure	Mittel der Einflussnahme	Strategie	Interaktionsmodell
Autonomer Bezirk der Chanten und Mansen	Aleksandr Filipenko	1989–2005*	Gazprom, Lukoil, Slavneft, TNK, Jukos	Persönliche Kontakte/Beratung mit staatlichen Akteuren; Formelle Kooperationsabkommen; Mitarbeit in politischen Gremien; Loyale Anhänger in staatliche Positionen; Legale Spenden und Wahlkampfhilfe	Kooperation bis Vereinnahmung	Partnerschaftsmodell
Autonomer Bezirk der Jamal-Nenzen	Jurij Nejelow	1994–2005*	Gazprom (1994–2005)	Persönliche Kontakte/Beratung mit staatlichen Akteuren; Formelle Kooperationsabkommen; Mitarbeit in politischen Gremien; Loyale Anhänger in staatliche Positionen	1994–99: Vereinnahmung 2001–05: Konfrontation	Privatisierung der Macht
			Rosneft, Sibneft (1997–2005)	Persönliche Kontakte/Beratung mit staatlichen Akteuren; Formelle Kooperationsabkommen	Kooperation	
			Itera, Novatek (1999–2005)	Persönliche Kontakte/Beratung mit staatlichen Akteuren; Formelle Kooperationsabkommen; Loyale Anhänger in staatliche Positionen; Mitarbeit in politischen Gremien	Kooperation	

* die Gouverneure wurden 2005 für weitere 5 Jahre von Präsident Putin im Amt bestätigt.

und einem Spannungsverhältnis zwischen Zentrum und Regionen andererseits.[2] Aufgrund der politischen und gesellschaftlichen Veränderungen, die die Entmachtung der Kommunistischen Partei, die Mobilisierung der Öffentlichkeit und personelle Umbesetzungen im Verwaltungsbereich mit sich brachten, spaltete sich die alte sowjetische Elite in neue Untergruppen auf. Die Verbindungen der Gruppenmitglieder, die auf einer Reihe verschiedener Kennzeichen wie persönliche Beziehungen, Herkunft und politische Funktionen beruhten, blieben dabei bis in die 1990er Jahre hinein bestehen. Das hatte zur Folge, dass eine wirtschaftliche und politische Elite aufstieg, die im Kontext der neuen Wirtschaftsordnung und der neu entstehenden politischen Strukturen einflussreich agieren konnte. Die sich intellektuell legitimierende *Intelligencija* bzw. die wissenschaftliche und kulturelle Elite verlor jedoch ihren Einfluss.[3] Es lässt sich so eine Segmentierung der traditionellen sowjetischen Führungsschichten und der Aufstieg von neuen Interessengruppen im Rahmen des neu gebildeten politischen und gesellschaftlichen Systems konstatieren. Dieser Elitenwandel basierte auf Gesellschaftsprozessen der 1960er und 1970er Jahre, die von Schichten der *Intelligenzija* initiiert worden waren, sich kontinuierlich verstärkten und im Verlauf der Transformation und dem damit verbundenen sozialen Wandel wesentlich an Bedeutung gewannen.[4]

2 Higley, J. / Pakulski, J. / Wesolowski, W.: Introduction: Elite change and democratic regimes in Eastern Europe, in: Dies. (Hg.): Postcommunist elites and democracy in Eastern Europe, Basingstoke 1998, S. 1–33, hier S. 27; vgl. auch Schröder, Hans-Henning: Elitenwechsel oder Elitenkonversion? Zur Rekrutierung russischer Eliten im Übergang vom Plan zum Markt 1988–1995, in: Meier, Christian / Pleines, Heiko / Schröder, Hans-Henning (Hg.): Ökonomie-Kultur-Politik. Transformationsprozesse in Osteuropa. Festschrift für Hans-Hermann Höhmann, Bremen 2003, S. 310–324, hier S. 312.

3 Afanas'ev, Michail: Pravjaščie élity Rossii: Obraz dejatel'nosti, in: Mirovaja ėkonomika i meždunarodnye otnošenija, 3/1996, S. 46–56, hier S. 47; vgl. dazu auch Schröder, Hans-Henning (Hg.): Ökonomie-Kultur-Politik. Transformationsprozesse in Osteuropa. Festschrift für Hans-Hermann Höhmann, Bremen 2003, S. 310–324, hier S. 313; ders.: Auf dem Weg zur einer neuen Ordnung? Der wirtschaftliche, soziale und politische Wandel in Russland von 1992 bis 2002, in: Hillenbrand, Olaf / Kempe, Iris (Hg.): Der schwerfällige Riese. Wie Russland den Wandel gestalten soll, Gütersloh 2003, S. 25–200, hier S. 87; Lapina, Natalia: Die Formierung der neuen rußländischen Elite. Probleme der Übergangsperiode, Berichte des BIOst, 7/1996, Köln.

4 Schröder, Hans-Henning: Elitenwechsel oder Elitenkonversion? Zur Rekrutierung russischer Eliten im Übergang vom Plan zum Markt 1988–1995, in: Meier, Christian / Pleines, Heiko / Schröder, Hans-Henning (Hg.): Ökonomie-Kultur-Politik. Transformationsprozesse in Osteuropa. Festschrift für Hans-Hermann Höhmann, Bremen 2003, S. 310–324, hier S. 313; ders.: Auf dem Weg zur einer neuen Ordnung? Der wirtschaftliche, soziale und politische Wandel in Russland von 1992 bis 2002, in: Hillenbrand, Olaf / Kempe, Iris (Hg.): Der schwerfällige Riese. Wie Russland den Wandel gestalten soll, Gütersloh 2003, S. 25–200, hier S. 86–88.

7.1. DIE RELEVANTEN AKTEURE

Die zweite Dimension der Elitenfragmentierung war durch die russische Geografie bedingt, die traditionell auf einem Spannungsverhältnis zwischen Zentrum und Regionen beruht.[5] Nach dem Zusammenbruch des sowjetischen Zentralstaates erhielten die regionalen *politischen Eliten* (in der Terminologie von Lapina und Tschirikowa *regionale Machteliten*) umfassende Funktionen, die sie in den meisten russischen Regionen faktisch zur dominierenden Macht werden ließen.[6] Sie treffen in ihrer Region wichtige strategische Entscheidungen und stimmen sie mit anderen Akteuren des politischen Prozesses auf regionaler und föderaler Ebene ab.

Bei der Auswahl der relevanten Akteure für die Fallstudien wurde im Wesentlichen auf den Positionsansatz zurückgegriffen. Demnach werden Eliten als die Inhaber von Spitzenpositionen in Institutionen oder größeren Gruppen verstanden, die nach gesetzlichen oder anderen formalen Ordnungen über erhebliche Entscheidungsbefugnisse in ihrem jeweiligen Verantwortungsbereich verfügen. Ergänzt wurde dieser Ansatz durch den Reputationsansatz, der trotz der inhärenten Unsicherheitsmomente als Ergänzung nützlich war. Der Reputationsansatz definiert die Zugehörigkeit zu Eliten entsprechend dem Urteil von Experten zum politischen Einfluss bestimmter Akteure. Im Gegensatz zum Positionsansatz geht der Reputationsansatz damit nicht von den formalen Positionen aus, sondern fragt nach dem tatsächlichen Einfluss von Positionsinhabern. Insbesondere zur Identifizierung der einflussreichen Wirtschaftsakteure war der Reputationsansatz deshalb eine wichtige Ergänzung zum Positionsansatz, obwohl etliche der hier erfassten Wirtschaftsakteure auch über formale politische Ämter am Entscheidungsprozess beteiligt sind.

Lapina und Tschirikowa zählen den Gouverneur, die Verwaltung der Region, die Organe der Legislative mit den dort aktiven Parteien sowie die Vertreter des Präsidenten der Russischen Föderation und andere Vertreter der föderalen Strukturen – unter anderem des Verteidigungs- und Innenministeriums, des Föderalen Sicherheitsdienstes, des Steuerministeriums und der Zentralbank – zu den

---

5 Zur Entwicklung und Struktur der russischen föderalen Eliten ist viel geforscht worden. Einen guten Überblick zur Elitenforschung auf föderaler Ebene gibt Schröder, Hans-Henning: Elitenwechsel oder Elitenkonversion? Zur Rekrutierung russischer Eliten im Übergang vom Plan zum Markt 1988–1995, in: Meier, Christian / Pleines, Heiko / Schröder, Hans-Henning (Hg.): Ökonomie-Kultur-Politik. Transformationsprozesse in Osteuropa. Festschrift für Hans-Hermann Höhmann, Bremen 2003, S. 310–324.

6 Lapina und Tschirikowa verwenden die Begriffe »politische Elite« (političeskaja élita) und »Machtelite« (vlastnaja élita) synonym, vgl. Lapina, N. / Čirikova, A.: Regional'nye élity RF: Modeli povedenija i političeskoj orientacii, Moskau 1999, S. 13; vgl. ebenso Chirikova, Alla / Lapina, Natalia: Regional Elite: A quiet revolution on a Russian scale, Working Paper, 4/2001, Eidgenössische Technische Hochschule, Zürich, S. 14, Anm. 7.

offiziellen Repräsentanten der politischen Macht.[7] Bei den ausgewählten Fällen wurde trotz personeller Überschneidungen analytisch zwischen zwei Gruppen unterschieden: 1) politisch-administrative Akteure der regionalen Ebene und 2) wirtschaftliche Akteure. Den Vertretern des föderalen Zentrums kommt dabei in der ersten Gruppe eine Sonderrolle zu.

7.1.1. Die Akteurskonstellation in den Untersuchungsregionen

In der Republik Tatarstan wird die regionale Elite sowohl in der Politik als auch in der Wirtschaft von einer Gruppe um Republikpräsident Mintimer Schajmijew und seine Familie dominiert. Nahe Verwandte und enge Freunde des Präsidenten erhielten Schlüsselpositionen in der Regionalverwaltung und in regionalen Wirtschaftsunternehmen. Der weitere Kreis der regionalen Elite entstammt im Wesentlichen der sowjetischen Nomenklatura und besteht zum größten Teil aus ethnischen Tataren. Im Ergebnis sind sowohl die politischen als auch die wirtschaftlichen Akteure in der Region Schajmijew zumindest informell untergeordnet. Er bestimmt praktisch unangefochten die Politik der Regionalverwaltung. Das Parlament hat de facto keine politischen Gestaltungsmöglichkeiten. Die regionale Politik basiert auf weitgehend informellen Beziehungsnetzwerken, die die formellen Entscheidungswege aushebeln, ohne sie zu beseitigen. Der personenbezogene informelle Charakter der Politikgestaltung hat zur Folge, dass die formale Bedeutung eines Postens nicht unbedingt mit der tatsächlichen Entscheidungsgewalt des Posteninhabers zusammenfällt. Die zentralen Akteure um Schajmijew übernehmen so Kompetenzen, die ihnen formal nicht zu stehen und erhalten auch Funktionen in anderen Funktionssystemen, wie etwa der Wirtschaft. Die zeigt sich deutlich an der Dominanz des Schajmijew-Clans in der regionalen Erdölwirtschaft. Den regionalen Vertretern des föderalen Zentrums gelang es ebenfalls nicht, sich gegenüber Schajmijew als relevante Akteure zu etablieren. Durch die direkte Intervention von Präsident Putin wurde jedoch in den letzten Jahren der Handlungsspielraum von Schajmijew verringert.

Im Gebiet Tjumen bestand die regionale politische Elite während der Amtszeit von Gouverneur Rokezkij (1991–2000) aus zwei Gruppen. Die erste Gruppe formierte sich um den Gouverneur und bestand im Wesentlichen aus seinen Weggefährten aus der lokalen und regionalen Verwaltungsstruktur der Kommunistischen Partei der 1970er und 1980er Jahre. Hinzu kamen Verwandte Rokezkijs, insbesondere seine Ehefrau, die erheblichen informellen Einfluss erlangte. Zur zweiten Gruppe der regionalen politischen Elite gehörten in den 1990er Jahre die Abgeordneten der regionalen Duma, deren Mehrheit nach den Parlamentswahlen 1997 aus den autonomen Bezirken kam. Die Beziehungen zwischen die-

---

7 Ausführlich siehe dazu den Abschnitt 1.1.4.

sen beiden Gruppen waren in der Regel angespannt und eskalierten in häufigen Konflikten zwischen Regionalverwaltung und Regionalparlament. Aufgrund der Dominanz der politischen Elite um Rokezkij und aufgrund der relativ geringen Bedeutung der Region für die Erdölwirtschaft schlossen sich die Wirtschaftsunternehmen nicht zu einem kollektiven Akteur zusammen. Der Interessenkonflikt auf der regionalen Ebene ermöglichte es dem regionalen Vertreter des Präsidenten gegen Ende der Amtszeit von Rokezkij zu einem einflussreichen Akteur zu werden.

Die Wahl von Sobjanin zum Gouverneur führte dann zu einer neuen Konstellation der regionalen Elite. Eine erste Maßnahme in seiner Amtsperiode (2001–2005) war ein umfangreicher Kaderwechsel in der regionalen Administration. Der neue Gouverneur entließ Rokezkijs Vertraute und ersetzte sie durch relativ junge Fachleute. Die Mehrheit von ihnen hatte mit dem neuen Gouverneur entweder schon während seiner Tätigkeit im Autonomen Bezirk der Chanten und Mansen zusammengearbeitet oder eine Karriere in der regionalen Wirtschaft gemacht, bevor sie in die Politik wechselte. Sobjanin gelang es im Vergleich zu Rokezkij seine Machtbasis erheblich zu erweitern. Neben der Regionalverwaltung konnte er sich auch auf eine Mehrheit im regionalen Parlament verlassen und die Unterstützung des föderalen Präsidentenvertreters und der autonomen Bezirke gewinnen. Daneben formierten sich nun Vertreter der in der Region aktiven großen Erdöl- und Erdgasunternehmen als eigenständige Akteure, die über Parlamentsabgeordnete und über informelle Konsultationen Einfluss auf die regionale Politik nahmen.

Im Autonomen Bezirk der Chanten und Mansen ist die politische Elite ebenfalls durch eine gemeinsame Herkunft aus der sowjetischen Nomenklatura gekennzeichnet. Die meisten Mitglieder der politischen Elite des Autonomen Bezirks begannen ihre Kariere als Sekretäre der regionalen oder lokalen Komitees der Kommunistischen Partei in der Breschnew-Ära Mitte der 1970-er Jahre. Die damals gebildeten Freundschaften zwischen ihnen sind bis jetzt von großer Bedeutung. Da die meisten von ihnen im Zuge der Erschließung der Erdölfelder in die Region kamen, ist für die Region außerdem eine enge Verflechtung zwischen den Vertretern der Öl- und Gasindustrie und den Vertretern der regionalen Administration charakteristisch. Wirtschaftsakteure, in diesem Fall die Vertreter der Erdöl- und Erdgasindustrie, übernahmen formelle politische Ämter in der regionalen Legislative und gestalteten gemeinsam mit der politischen Elite die Wirtschaftspolitik der Region. Das Parlament wurde so zum Ort der Verhandlungen zwischen wirtschaftlicher und politischer Elite.

Bis Ende 2005 war der Gouverneur der zentrale politische Akteur im Bezirk. Er vermittelte bei den Verhandlungen zwischen der regionalen Administration und den großen Erdöl- und Erdgasunternehmen und sicherte durch seine politische Fähigkeit die Kompromisse in Konfliktsituationen. Seine Position als Vermittler wurde auch dadurch gestärkt, dass er in den Aufsichtsrat mehrerer Unternehmen berufen wurde. Das föderale Zentrum versuchte jedoch zunehmend, seine Handlungsspielräume einzuschränken.

Im Autonomen Bezirk der Jamal-Nenzen bestand die politische Elite ebenfalls aus Weggefährten des Gouverneurs aus der sowjetischen Nomenklatura. Genau wie im Autonomen Bezirk der Chanten und Mansen ist dabei gleichzeitig eine enge Verflechtung mit Vertretern der Erdöl- und Erdgasindustrie festzustellen. Entweder haben die Vertreter der regionalen Exekutiv- oder Legislativorganen vor dem Einstieg in die Politik in der regionalen Erdöl- oder Erdgaswirtschaft gearbeitet oder sie sind nach der politischen Kariere zu diesen Unternehmen gewechselt. Genau wie in den anderen Regionen ist auch im Autonomen Bezirk der Jamal-Nenzen der Gouverneur der zentrale politische Akteur. Er sieht sich den Vertretern der Energiewirtschaft gegenüber. Sie nehmen entweder formell über ihren Status als Abgeordnete im Regionalparlament oder informell über mit ihnen verbündete Kommunalpolitiker Einfluss auf die regionale Politik.

Zu einem besonderen Charakteristikum der regionalen Wirtschaftselite im Autonomen Bezirk der Jamal-Nenzen gehörte dabei ihr lokaler Bezug, d.h. es gab praktisch keine Wirtschaftsvertreter, die im ganzen Bezirk einflussreich waren. Sie konzentrierten sich alle vielmehr jeweils auf die Kommune, in der ihr eigenes Unternehmen aktiv war. Gegenüber der Regionalverwaltung traten die Unternehmen deshalb häufig in Kooperation mit den jeweiligen Kommunalverwaltungen als individuelle Akteure auf. Im Gegensatz etwa zum Bezirk der Chanten und Mansen verhandelte die Regionalverwaltung dementsprechend nicht kollektiv mit den Wirtschaftseliten sondern setzte sich aufgrund der geringen Konsolidierung der Wirtschaftseliten mit jedem Unternehmen bzw. jeder Kommunalverwaltung einzeln auseinander. Auch im Regionalparlament kooperierten die Wirtschaftseliten vorrangig mit den Vertretern aus »ihren« Kommunen. Trotz dieser Zersplitterung kommt Gazprom aufgrund seiner großen wirtschaftlichen Bedeutung für die Region unter den Wirtschaftsakteuren eine Sonderrolle zu. In den letzten Jahren hat Gazprom in Zusammenarbeit mit dem föderalen Zentrum die Machtbasis des Gouverneurs systematisch untergraben.

7.1.2. Die regionale politische Elite

Die in der vorliegenden Arbeit vorgestellten Fallstudien zeigen eine starke Kontinuität zwischen der sowjetischen Nomenklatura und den regionalen postkommunistischen politischen Eliten. Wie die Untersuchungen in den gewählten Regionen belegen, hat die große Mehrheit der führenden Elite ihre Wurzeln in der Nomenklatura des alten sowjetischen Systems, die in der Regel in die Breschnew-Ära zurückreichen. Dies bestätigt auch eine für die Fallstudien vorgenommene Aus-

7.1. DIE RELEVANTEN AKTEURE 275

wertung der Biografien der führenden Vertreter der regionalen Administrationen und der regionalen Parlamente für das Ende des Untersuchungszeitraums. In Tatarstan waren immer noch etwa 90% der Vertreter der politischen Elite aus der alten Nomenklatura, wobei rund 60% der führenden Politiker die gleichen Ämter wie in der Sowjetzeit bekleideten. Im Gebiet Tjumen und den Autonomen Bezirken hatten etwa 80% der politischen Elite ihre Karriere in der sowjetischen Nomenklatura begonnen.

Dementsprechend ist auch das sozio-demographische Profil der politischen Eliten in den Untersuchungsregionen sehr einheitlich. Das durchschnittliche Alter der Vertreter der politischen Elite liegt zwischen 45 und 60 Jahren. Es dominieren Männer. In Tatarstan sind sie vor allem im Agrarbereich ausgebildet, in den drei anderen Regionen dominiert eine technische Ausbildung. Die Mehrheit hat ein Zweitstudium in den Bereichen Wirtschaft, Verwaltung oder Jura absolviert und im Zuge der politischen Karriere einen akademischen Grad erworben. Bezüglich der ethnischen Zugehörigkeit ist festzustellen, dass in Tatarstan vor allem ethnische Tataren die politische Elite stellen, während in den drei weiteren Regionen ethnische Russen in der Politik dominieren. Die indigene Bevölkerung (Chanten und Mansen bzw. Nenzen) wird in der Politik der Autonomen Bezirke nur von einer kleinen Gruppe vertreten.

Da die Zusammensetzung der politischen Elite in den regionalen Administrationen sehr stark von der Personalpolitik und der politischen Ausrichtung des Gouverneurs abhängig war, fand während des Untersuchungszeitraums in drei der untersuchten Regionen Tatarstan, Autonomer Bezirk der Chanten und Mansen und Gebiet Tjumen unter Gouverneur Rokezkij (1991–2000) keine wesentliche Kaderrotation in der regionalen Administration statt. Die Kontinuität auf dem Gouverneursposten sicherte die Positionen der leitenden Mitarbeiter in der Regionalverwaltung. Zu erheblichen Personalwechseln in der regionalen Administration kam es allerdings im Autonomen Bezirk der Jamal-Nenzen und im Gebiet Tjumen unter Gouverneur Sobjanin (2001–2005). Diese Personalwechsel wurden durch äußeren Druck provoziert und dienten der Schaffung eines neuen Machtgleichgewichts in der Region.

Während die Zusammensetzung der regionalen politischen Eliten durch den postsozialistischen Transformationsprozess kaum verändert wurde, zeigt sich doch eine deutliche Verschiebung der Machtbalance. Bis Ende der 1990er Jahre konnte man feststellen, dass die in den untersuchten Regionen Anfang der 1990er Jahren präsente politische Elite als ein »geschlossener« kollektiver Akteur agierte. Die Konsolidierung der politischen Elite in der einflussreichen Exekutive machte sie von den Ergebnissen der regionalen Parlamentswahlen unabhängig und gab alternativen Kandidaten bei Gouverneurswahlen keine Chance. Dementsprechend spielten demokratische Legitimierung und parteipolitische Zuordnung keine wichtige Rolle. Politische Parteien waren deshalb in allen untersuchten Regionen unterentwickelt und traten im Wesentlichen in der Form einer Partei der (regionalen oder föderalen) Macht auf.

Der Gouverneur, als Leiter der im politischen System dominierenden Exekutive, hatte entscheidenden Einfluss auf die Gestaltung der politischen Beziehungen in der Region. Über seine Personalpolitik bestimmte er wesentlich die Zusammensetzung der politischen Elite. Gleichzeitig legte er den informellen Verhaltenskodex fest, der die Rollen der unterschiedlichen Elitengruppen, ihre Rechte und ihre Pflichten definierte. Die Legitimation seiner Macht basierte deswegen nicht auf parteipolitischer Programmatik sondern mehr auf ideen-politischen Prinzipien des Regionalismus.

Aufgrund dieser weitgehenden Fixierung und Abhängigkeit von der Person des Gouverneurs war Machtsicherung ein kollektives Anliegen der dominierenden regionalen politischen Elite. Dabei ging es nicht nur um die Sicherung der eigenen Position, sondern auch um Zugang zu damit verbundenen wirtschaftlichen Ressourcen. Während die politischen Eliten auf der föderalen Ebene in den 1990er Jahren stark zerstritten waren und sich nur in konkreten Situationen, wie etwa bei Präsidentenwahlen, zusammenschlossen, gelang es den regionalen Eliten bereits Anfang der 1990er Jahre, gemeinsam Methoden der Interaktion innerhalb der regionalen Machtstrukturen zu schaffen. Dabei wurde die Position der Exekutive gefestigt und die Wirtschaftseliten in die politischen Entscheidungsprozesse integriert. Diese Interaktion funktionierte allerdings in den untersuchten Regionen in sehr unterschiedlicher Form von der Patronage bis zur Privatisierung der Macht.

7.1.3. Die Vertreter des föderalen Zentrums

Die für die regionalen politischen Entscheidungsprozesse relevanten Vertreter des föderalen Zentrums in den untersuchten Regionen waren die offiziellen Vertreter des Präsidenten der Russischen Föderation in der Region. Unter Präsident Jelzin waren diese Vertreter in den einzelnen Regionen etabliert, wobei auf die Einsetzung eines Vertreters in Tatarstan im Zuge der bilateralen Verhandlungen verzichtet wurde. Unter Präsident Putin wurde das System der föderalen Interessenvertretung reformiert und bevollmächtigte Vertreter des Präsidenten waren nun jeweils für mehrere zu Föderalbezirken zusammengefasste Regionen zuständig. Die Föderalbezirke deckten alle russischen Regionen ab, ohne dass einzelne Regionen eine formale Sonderstellung erhielten. Trotzdem war die Stellung der regionalen Eliten in Tatarstan auch unter Präsident Putin stark genug, um direkte Verhandlungen zwischen Republikpräsident und föderalem Präsidenten durchzusetzen. Dem regionalen Vertreter des föderalen Zentrums kam damit keine Bedeutung zu.

7.1. DIE RELEVANTEN AKTEURE

In Tjumen hingegen wurde der Vertreter des föderalen Zentrums nach den Reformen Präsident Putins im Jahre 2000 zu einem zentralen Akteur. Das Gebiet Tjumen wurde in den Föderalbezirk Ural eingegliedert, der Pjotr Latyschew unterstellt war. Für die Koordination der Arbeit im Föderalbezirk wurden in jeder Region föderale Inspektoren eingesetzt. Im Gebiet Tjumen war dies Föderalinspektor Sergej Smetanjuk, der vorher Vorsitzender des Stadtparlaments von Tjumen gewesen war. Latyschew berief den Vorsitzenden des Parlaments der Chanten und Mansen, Sobjanin, und den Vize-Gouverneur des Autonomen Bezirks der Jamal-Nenzen, Michail Ponomarjow, zu seinen Stellvertretern und verbündete sich auf diese Weise mit den politischen Eliten der autonomen Bezirke, die das Tjumener Regionalparlament dominierten und in Opposition zu Gouverneur Rokezkij standen. Gleichzeitig kooperierte Latyschew mit Gazprom und den großen Erdölunternehmen, die vom Gouverneur diskriminiert wurden. Latyschew wurde so zum Bindeglied zwischen den einzelnen Oppositionsgruppen und konnte damit den Wechsel auf dem Gouverneursposten im Sinne des föderalen Zentrums koordinieren. Sergej Sobjanin, als neuer Gouverneur, arbeitete eng mit Latyschew zusammen und sicherte eine weitgehend reibungslose Beziehung zum föderalen Zentrum ab, die ihm 2005 die Beförderung zum Leiter der Präsidialverwaltung in Moskau einbrachte.

Auch im Autonomen Bezirk der Chanten und Mansen gewann Latyschew als zuständiger Vertreter des föderalen Präsidenten gemeinsam mit seinem Föderalinspektor Sergej Duchanin, der vor seiner Ernennung 2000 Leiter der Bezirksabteilung des Inlandsgeheimdienstes FSB gewesen war, an Einfluss. Nach seiner Einsetzung im Jahre 2000 verbündete er sich mit der regionalen Elite gegen den Tjumener Gouverneur und agierte deshalb eher in Kooperation mit der Elite des Autonomen Bezirks, als dass er die politischen Verhältnisse im Autonomen Bezirk selber beeinflusste. Dies änderte sich mit dem föderalen Projekt zur Zusammenlegung der autonomen Bezirke mit dem Gebiet Tjumen. Das föderale Zentrum versuchte nun über Druck auf die Erdölunternehmen bei der Lizenzvergabe und der Besteuerung die regionalen Eliten zu spalten. In Reaktion hierauf gelang es der regionalen Elite ähnlich wie in Tatarstan, unter Umgehung des Präsidentenvertreters im Föderalbezirk direkte Gespräche mit dem föderalen Zentrum in Moskau zu erzwingen. Die regionalen politischen und wirtschaftlichen Eliten verteidigten so gemeinsam die regionale Autonomie und damit ihre Entscheidungsspielräume gegen das föderale Zentrum.

Es zeigte sich jedoch bald, dass die Position der regionalen Eliten im Autonomen Bezirk schwächer war als in Tatarstan. Dem durch die Föderalismusreformen erzeugten Druck konnten sich die regionalen politischen Eliten nur schwer widersetzen. Die Neuregelung der Unternehmensbesteuerung und Lizenzvergabe nahmen der Regionalverwaltung wichtige Instrumente in den Verhandlungen mit den Öl- und Gaskonzernen. Im Zuge der Pläne zur Zusammenlegung mit dem Gebiet Tjumen mussten die Regionalverwaltungen der autonomen Bezirke außerdem Kompetenzen an die Regionalverwaltung von Tjumen abgeben. Hinzu kam, dass Latyschew im Jahre 2003 im Zusammenhang mit der Jukos-Affäre die Einleitung strafrechtlicher Untersuchungsverfahren nicht nur gegen Tochterfirmen des Erdölkonzerns, sondern auch gegen regionale Politiker initiierte. Zentrale Akteure der regionalen Elite wurden auf diese Weise ausgeschaltet.

Wie im Gebiet Tjumen und im Autonomen Bezirk der Chanten und Mansen wurde Latyschew nach seiner Ernennung zum Vertreter des Präsidenten im Föderationsbezirk Ural im Jahr 2000 auch im Autonomen Bezirk der Jamal-Nenzen zu einem wichtigen politischen Akteur. In der Region wurde er durch Föderalinspektor Stanislaw Kazarez direkt vertreten, der vorher Stellvertretender Leiter der regionalen Abteilung des russischen Inlandsgeheimdienstes FSB gewesen war. Ähnlich wie im Autonomen Bezirk der Chanten und Mansen verfolgte das föderale Zentrum auch hier eine Strategie der Druckerzeugung, um die regionalen Eliten zu schwächen.

Zum einen wurde dazu die Kontrolle des föderalen Zentrums über den Erdgaskonzern Gazprom genutzt. Gazprom baute seine Position in der regionalen Wirtschaft systematisch aus und sicherte damit eine weitgehende Abhängigkeit der Region von seiner Unternehmenstätigkeit. Dadurch konnte Latyschew, der gute Kontakte zum Management von Gazprom besitzt, seine Verhandlungsposition gegenüber der regionalen Elite verbessern.

Der allgemeine Druck durch die Föderalismusreform wurde im Autonomen Bezirk der Jamal-Nenzen noch durch die im September 2004 eingeführte Ernennung der Gouverneure durch den Präsidenten verstärkt, da die Amtszeit von Gouverneur Jurij Nejelow bereits Anfang 2005 ablief. Um von Putin ernannt zu werden, musste er erhebliche Kompromisse eingehen. Insbesondere musste er Lewinson, seinen engsten Vertrauten in der Regionalverwaltung, entlassen. Auch hier gelang es somit dem föderalen Zentrum, zentrale Akteure der regionalen Elite auszuschalten.

7.1.4. Die Wirtschaftseliten

Die Vertreter der Erdöl- und Erdgaswirtschaft, die hier auf der regionalen Ebene als zentrale Wirtschaftseliten untersucht wurden, lassen sich in zwei Untergruppen einteilen: die Direktoren großer staatlicher oder ehemals staatlicher Betriebe und die Vertreter großer privater Finanz- und Industriekonglomerate (FIG), die während der Transformationsprozesse der 1990er Jahre geschaffen wurden.

In den Untersuchungsregionen entwickelte sich die Beziehung zwischen diesen beiden Gruppen der Wirtschaftseliten teilweise unterschiedlich. Grundsätzlich lassen sich jedoch drei Entwicklungsphasen unterscheiden.

7.1. DIE RELEVANTEN AKTEURE

In der ersten Phase zwischen 1992–1995 gelang es den roten Direktoren in allen Untersuchungsregionen, ihre Position in den großen Erdöl- und Erdgasunternehmen zu behalten. In der Republik Tatarstan wurde die Erdölindustrie der regionalen Verwaltung unterstellt. Der damalige Direktor konnte durch seine alten Verbindungen zur politischen Nomenklatura seinen Posten behalten. Im Autonomen Bezirk der Jamal-Nenzen beließ der aus dem Erdgasministerium hervorgegangene Konzern Gazprom die leitenden Manager auf ihren Posten in den regionalen Tochterunternehmen. Im Gebiet Tjumen und im Autonomen Bezirk der Chanten und Mansen gelang es den roten Direktoren in Zusammenarbeit mit der Regionalverwaltung, die Kontrolle über die regionale Erdölwirtschaft zu übernehmen. Den Direktoren half dabei die Tatsache, dass ein großer Teil der politischen Elite dieser Regionen früher ebenfalls in der Erdölwirtschaft gearbeitet hatte, so dass hier enge Kontakte bestanden. So übernahm z.B. das alte Management von Surgutneftegas de facto die Kontrolle über den Konzern. Die Tjumener Erdölwirtschaft wurde durch die Regionalverwaltung zu TNK zusammengefasst. Die Gouverneure erhielten nach der Privatisierung Posten in den Aufsichtsräten der Unternehmen und konnten so die Unternehmenspolitik mitbestimmen und teilweise auch persönlich von ihrer Funktion profitieren. Im Ergebnis bestand die Wirtschaftselite in allen Untersuchungsregionen Mitte der 1990er Jahre vor allem aus roten Direktoren, die mit der ebenfalls aus der Sowjetzeit verbliebenen politischen Elite kooperierten.

In der zweiten Phase kam es von 1995 bis 1999 zu einer durchgreifenden Reorganisation der Erdölunternehmen, wobei die Kontrolle über mehrere große Erdölunternehmen an Finanzunternehmen und damit an Vertreter der zweiten Untergruppe der Wirtschaftseliten ging. Dies betrifft allerdings nur die sibirischen Regionen und nicht Tatarstan, wo Tatneft weiter unter der Kontrolle der Regionalverwaltung blieb. In den sibirischen Regionen haben die neuen Eigentümer im Zuge der Eingliederung der Erdölunternehmen in ihre Holdings jedoch die alten Direktoren abgesetzt und einen umfassenden Personalwechsel vorgenommen. Dabei kam es häufig zu heftigen und teilweise jahrelangen Konflikten zwischen dem alten Management und den neuen Eigentümern. Während die Regionalverwaltung sich im Autonomen Bezirk der Chanten und Mansen aus diesen Konflikten heraushielt, ergriff Rokezkij als Gouverneur von Tjumen massiv Partei für die Alfa-Gruppe als neuen Eigentümer von TNK.

In beiden Fällen konnten die neuen Eigentümer aber kooperative Beziehungen mit der regionalen Exekutive aufbauen. Sie begannen in den Regionen eine politische Strategie zu entwickeln und ihre Interessen auch über eine Vertretung in den regionalen Parlamenten durchzusetzen. Trotz ihrer wirtschaftlichen Stärke konnten die »Oligarchen« aber auf der regionalen Ebene nur begrenzt Einfluss nehmen und blieben von den Entscheidungen des Gouverneurs abhängig.

In der folgenden Phase (2000–2005) gelang es den Wirtschaftseliten in den sibirischen Förderregionen diese Konstellation zu ihren Gunsten zu ändern. Möglich wurde diese Entwicklung zum einen durch die organisatorische und finanzielle Stärkung der Erdölwirtschaft und zum anderen durch die Schwächung der regionalen politischen Eliten aufgrund der Politik von Präsident Putin. Der Versuch des Gouverneurs des Autonomen Bezirks der Jamal-Nenzen, mit Hilfe neuer Unternehmer die Rolle von Gazprom in der Region zu schwächen, war nur vorübergehend von Erfolg. Die entsprechende Stärkung der *newcomer* hatte deswegen nur begrenzte Auswirkungen auf die Zusammensetzung der regionalen Wirtschaftseliten, unter denen Gazprom weiterhin eine Sonderrolle zukommt.

7.2. Die Mittel der Einflussnahme der Erdöl- und Erdgasindustrie in den Untersuchungsregionen

7.2.1. Ergebnisse der Fallstudien

In der Republik Tatarstan profitiert die politische Elite von der informellen Kontrolle über die regionale Wirtschaft sowohl in ihrer Funktion als Staatsvertreter über Steuereinnahmen und Steuerung der regionalen Wirtschaftsentwicklung als auch persönlich durch Machtsicherung und Bereicherung. Politische Akteure übernehmen dabei Funktionen in regionalen Unternehmen, um diese in ihrem Interesse zu leiten. Im Falle von Tatneft ist so der tatarische Premierminister Vorstandsvorsitzender und die Vertreter der Regionalverwaltung haben ein Vetorecht im Unternehmen. Dementsprechend musste Tatneft den regionalen Haushalt finanzieren und Teile der regionalen Wirtschaft subventionieren, insbesondere die Landwirtschaft, aus der die große Mehrheit der politischen Elite Tatarstans rekrutiert wird. Darüber hinaus wurde Tatneft benutzt, um Werbekampagnen für politische Organisationen zu finanzieren und zu organisieren. Gleichzeitig wurde externen Wirtschaftsakteuren, die von der Regionalverwaltung nicht kontrolliert werden konnten, der Zugang zum regionalen Markt verweigert. Zusammenfassend zeigt die Fallstudie zu Tatarstan, dass die eigentlichen Wirtschaftsakteure ihre eigenen Interessen nicht in den politischen Entscheidungsprozess einbringen können.

Im Gebiet Tjumen unter Gouverneur Leonid Rokezkij (1991–2000) erhielt das von ihm geschaffene Erdölunternehmen TNK eine Vorzugsbehandlung, die auch erhalten blieb, als die Firma von der privaten Alfa-Gruppe übernommen wurde. TNK erhielt Lizenzen für wichtige Erdölfelder der Region sowie damit verbundene Steuervergünstigungen. Konkurrierende Firmen wurden durch die Regionalverwaltung bei der Lizenzvergabe diskriminiert. Im Gegenzug wurde Rokezkij Aufsichtsratsmitglied von TNK. Außerdem verpflichtete sich das Unternehmen, seinen Firmensitz in Tjumen zu belassen und damit erhebliche Steuern in den

7.2. MITTEL DER EINFLUSSNAHME DER ERDÖL- UND ERDGASINDUSTRIE

Haushalt der Region abzuführen. Ähnlich wie im Falle von Tatarstan ergibt sich eine enge Verflechtung politischer und wirtschaftlicher Interessen. Eine klare Unterordnung der Wirtschaft unter die Politik erfolgt jedoch nicht. TNK gelingt es vielmehr über direkte Kontakte mit dem Gouverneur eine gewisse Eigenständigkeit zu wahren. Die übrigen Wirtschaftsakteure vernachlässigen die regionale Politik und bemühen sich kaum um eine Einflussnahme.

Ende der 1990er Jahre regte sich jedoch zunehmend Widerstand gegen die Wirtschaftspolitik Rokezkijs und die Mehrheit der unabhängigen regionalen Großunternehmen unterstützte bei den Gouverneurswahlen den oppositionellen Kandidaten. Die Opposition formierte sich um den Vertreter der autonomen Bezirke im Regionalparlament sowie den Bevollmächtigten des Präsidenten für den Föderalbezirk Ural und wurde sowohl von Gazprom als auch von der Mehrheit der großen Ölunternehmen unterstützt. Die Unternehmen benutzten ihren Einfluss auf die Bevölkerung der Produktionsstandorte gezielt im Wahlkampf. Über enge Kontakte zur oppositionellen politischen Elite und über die Mobilisierung der öffentlichen Meinung waren sie so am Machtwechsel beteiligt. Zentrale Mittel der Einflussnahme waren zum einen direkte Kontakte mit der politischen Opposition und zum anderen die Beeinflussung der öffentlichen Meinung gegen den Gouverneur. Sie kombinierten damit eine konfrontative Strategie gegenüber dem Gouverneur mit einer legalen Vereinnahmung der politischen Opposition.

Nach der Amtsübernahme 2001 setzte Gouverneur Sobjanin dementsprechend auf eine kooperative Zusammenarbeit mit den Erdöl- und Erdgasunternehmen in seiner Region. Mit seiner Hilfe konnte Gazprom z.B. die Kontrolle über Tochterfirmen in der Region zurück gewinnen. Durch die Einführung von Steuervergünstigungen gelang es ihm, mehrere Ölunternehmen dazu zu bewegen, den Sitz von Tochterfirmen in die Region zu verlegen. Grundlage für die Zusammenarbeit zwischen Regionalverwaltung und Unternehmen wurden formelle Kooperationsverträge. Sobjanin konnte sich so der Vereinnahmung widersetzen und motivierte die Unternehmen stattdessen auf eine kooperative Strategie zu setzen.

Im Autonomen Bezirk der Chanten und Mansen übernahmen die Vertreter der Erdöl- und Erdgasindustrie formelle politische Ämter in der regionalen Legislative und gestalteten gemeinsam mit der politischen Elite die Wirtschaftspolitik der Region. Das Parlament wurde dadurch zum Ort der Verhandlungen zwischen wirtschaftlicher und politischer Elite. Wie die Fallstudie zeigt, haben die Vertreter der Unternehmen dabei vor allem über die direkte Beeinflussung staatlicher Akteure versucht, auf für sie relevante politische Entscheidungsprozesse Einfluss zu nehmen. Sie verfolgten dabei eine legale Vereinnahmungsstrategie über Wahlkampfhilfe und finanzielle Unterstützung. Aufgrund der resultierenden Interaktion konnten sowohl die Politiker um den Gouverneur als auch die Bürokraten in der Regionalverwaltung große Profite erzielen, die sich nicht nur in einer stabilen wirtschaftlichen und sozialen Entwicklung der Region sondern auch in konkreter Macht- bzw. Positionssicherung zeigten.

Im Autonomen Bezirk der Jamal-Nenzen wurde die Interaktion zwischen politischen und wirtschaftlichen Akteuren durch die Beziehung des Gouverneurs zu Gazprom geprägt. Von 1994 bis 1999 kooperierte der Gouverneur mit Gazprom. Der Konzern unterstützte den Wahlkampf des Gouverneurs Nejelow und dieser wurde im Gegenzug in den Aufsichtsrat von Gazprom gewählt. Gazprom erhielt über formelle Abkommen erhebliche Steuervergünstigungen, erfüllte jedoch im Gegenzug seine verbliebenen Zahlungsverpflichtungen gegenüber dem regionalen Haushalt und im sozialen Bereich nur sehr begrenzt. Während Nejelow so auf eine kooperative Zusammenarbeit setzte, verfolgte Gazprom eine Vereinnahmungsstrategie, die eigene Zugeständnisse an die regionale Politik überflüssig machte. Im Ergebnis kam es Ende der 1990er Jahre zum Konflikt.

In einer neuen Phase von 2000 bis 2005 versuchte Nejelow, durch die Zusammenarbeit mit anderen Unternehmen ein Gegengewicht zu Gazprom zu schaffen und dadurch politische und wirtschaftliche Handlungsspielräume zurück zu gewinnen. Die Regionalverwaltung begann so Lizenzen für Erdgasfelder in offenen Ausschreibungen zu vergeben und dabei unabhängige Erdgasproduzenten zu fördern. Während Gouverneur Nejelow seinen Posten im Gazprom-Aufsichtsrat verlor, wurde sein Stellvertreter Aufsichtsratsmitglied bei mehreren mit Gazprom konkurrierenden Produktionsfirmen. Zusätzlich wurden mit den in der Region aktiven Erdölunternehmen Partnerschaftsabkommen ausgearbeitet, die über Steuererleichterungen eine Produktionssteigerung motivierten. Die Regionalverwaltung versuchte so mit alternativen Wirtschaftsakteuren eine kooperative Zusammenarbeit aufzubauen. Da diese Akteure weniger einflussreich waren, akzeptierten sie das Angebot der Regionalverwaltung und setzten auf eine kooperative Strategie. Dadurch gelang es Gouverneur Nejelow auch ohne die Unterstützung Gazproms wiedergewählt zu werden.

Gazprom setzte weiter auf eine Vereinnahmungsstrategie. Der Konzern erhöhte durch Firmenübernahmen seinen Anteil an der regionalen Produktion. Im Ergebnis waren die regionale Wirtschaft und damit auch die Finanzen der Region 2005 wieder vollständig von Gazprom abhängig. Dies zeigte sich daran, dass der Anteil der direkt oder indirekt von Gazprom kontrollierten Steuerzahlungen in den regionalen Haushalt auf 80% stieg. Mit der gleichzeitigen Schwächung der regionalen Eliten durch die Föderalismusreform konnte Gazprom seine Vereinnahmungsstrategie so weitgehend durchsetzen.

7.2.2. Vergleichende Analyse

Da die Wirtschaftseliten in Tatarstan nicht als eigenständige Akteure agierten, können die Mittel und Strategien der politischen Einflussnahme nur für die westsibirischen Untersuchungsregionen sinnvoll verglichen werden. Hier konzentrierten sich die Wirtschaftseliten bei der Beeinflussung von Politik auf direkte Kontakte mit staatlichen Akteuren. Einen Überblick über die verwendeten Mittel der Einflussnahme gibt Tabelle 7.1. Es zeigt sich, dass alle relevanten Wirtschaftsakteure direkte Kontakte zur Regionalverwaltung und auch zum Gouverneur persönlich nutzen, um Informationen und Meinungen auszutauschen und Maßnahmen abzustimmen. Diese Abstimmung wurde häufig in formellen Kooperationsabkommen fixiert.

Zusätzlich waren in allen Untersuchungsregionen ab Mitte der 1990er Jahre Vertreter der Wirtschaftseliten im regionalen Parlament vertreten. Sie konnten so unmittelbar an der Gestaltung politischer Entscheidungen und insbesondere für sie relevanter Gesetze mitwirken. Einen Überblick über den Stimmenanteil der Vertreter der Erdöl- und Erdgaswirtschaft in den Untersuchungsregionen gibt Tabelle 7.2. Die Positionierung loyaler Vertreter in der politisch einflussreicheren Regionalverwaltung blieb jedoch die Ausnahme. Einen Überblick über Vertreter der Wirtschaftsakteure in politischen Gremien gibt Tabelle 7.3.

Tabelle 7.2: Anteil der Wirtschaftsakteure in den regionalen Parlamenten der zweiten und dritten Legislaturperiode (in %)

Region	II Legislaturperiode	III Legislaturperiode
Tatarstan	34,6%	36,2%
Gebiet Tjumen	36,0%	36,0%
Autonomer Bezirk der Chanten und Mansen	39,6%	60,0%
Autonomer Bezirk der Jamal-Nenzen	14,4%	38,4%

Quelle: Tabellen 3.1; 4.1; 5.1. und 6.1. dieser Arbeit.

Ein weiteres Mittel der politischen Einflussnahme der Wirtschaftseliten waren legale und auch illegale Unterstützungsleistungen für Politiker. In der Regel unterstützten die Unternehmen dabei den Gouverneur. Nur im Falle von Tjumen 2000–01 und dem Autonomen Bezirk der Jamal-Nenzen 2001–05 wandten sich einflussreiche Unternehmen gegen den Gouverneur. Ursache waren in beiden Fällen Versuche der Regionalverwaltung diese Unternehmen zu benachteiligen. Für die Unterstützung von Politikern durch Unternehmen war dabei neben Geldzahlungen auch die Wahlkampfhilfe über von den Unternehmen kontrollierte Medien von zentraler Bedeutung. In den hier untersuchten Fällen kann die illegale Beeinflussung über Korruption die Interaktion zwischen wirtschaftlichen und politischen Elite nicht erklären, auch wenn sie für einzelne Akteure sicher von großer Bedeutung war.

Tabelle 7.3: Vertreter der Wirtschaftsakteure in politischen Gremien

Region	Parlament		Regionale Administration	
Tatarstan	Tatneft	(1995–1999)	Tatneft	(1997–2005)
Gebiet Tjumen	Gazprom	(1997–2005)	Gazprom	(2001–2005)
	Lukoil	(2001–2005)		
	Surgutneftegas	(1997–2005)		
	Sibneft	(1997–2000)	Slavneft	(1998–2001)
	TNK	(1997–2000)		
Autonomer Bezirk der Chanten und Mansen	Gazprom	(1996–2005)		
	Lukoil	(1996–2005)		
	Surgutneftegas	(1996–2005)		
	Slavneft	(1996–2005)		
	TNK	(1996–2005)		
	Jukos	(1996–2005)		
Autonomer Bezirk der Jamal-Nenzen	Gazprom	(1996–2005)	Novatek	(2000–2005)
	Itera	(2000–2005)		
	Rosneft	(2000–2005)		

Quelle: Tabellen 3.1; 4.1; 5.1. und 6.1. dieser Arbeit.

Andere Mittel der Einflussnahme, wie etwa der Rechtsweg oder die Mobilisierung der öffentlichen Meinung im eigenen Firmeninteresse, wurden von keinem der analysierten Wirtschaftsakteure genutzt. Es scheint also, dass alle Wirtschaftsakteure über direkte Kontakte politische Akteure zu ihren Gunsten vereinnahmen wollten. Diese Vereinnahmungsstrategie war jedoch nicht immer erfolgreich. Im Falle Tatarstans wurden vielmehr im Gegenteil die Wirtschaftsakteure von der politischen Elite vereinnahmt. In den westsibirischen Untersuchungsregionen gelang es der politischen Elite häufig, sich als zumindest gleichwertiger Akteur zu etablieren und die Unternehmen damit zu einer Kooperationsstrategie anstelle der Vereinnahmung zu zwingen. Nur in zwei Fällen (Tjumen 2000–01 und Jamal-Nenzen 2001–05) führten die Machtansprüche der politischen Elite zur Konfrontation mit einflussreichen Unternehmen. Eine erfolgreiche Vereinnahmung der politischen Akteure durch die Wirtschaftseliten erfolgte dementsprechend nur im Autonomen Bezirk der Jamal-Nenzen in den 1990er Jahren und mit starken Einschränkung im Autonomen Bezirk der Chanten und Mansen im gesamten Untersuchungszeitraum.

7.3. Modelle der Interaktion zwischen politischen und wirtschaftlichen Akteuren auf der regionalen Ebene

Die hier durchgeführte Fallstudie hat die Zuordnung der Republik Tatarstan (1994–2005) zum Patronage-Modell bestätigt. Gouverneur Mintimer Schajmijew hat eindeutig die Position eines Patrons übernommen. Sowohl die politischen als auch die Wirtschaftsakteure sind ihm untergeordnet. Von ihm persönlich ist die Aufteilung materieller und finanzieller Ressourcen abhängig. Sowohl die regionale Wirtschaftspolitik als auch die Regeln zur Entwicklung von regionalen Unternehmen werden von ihm mit Unterstützung der Regionalverwaltung bestimmt. Die Wirtschaftsakteure können ihre eigenen Interessen nicht einbringen. Externen Wirtschaftsakteuren, die von der Regionalverwaltung nicht kontrolliert werden können, wird der Zugang zum regionalen Markt verweigert.

Die von Lapina und Tschirikowa ohne weitere Begründung vorgenommene Charakterisierung des Gebiets Tjumen unter Gouverneur Leonid Rokezkij (1991–2000) als Beispiel für die »Privatisierung der Macht« durch die Wirtschaft kann hingegen in der Fallstudie nicht bestätigt werden. Besser wäre wohl, die Beziehungen zwischen der Wirtschaft und der Politik in der Region in diesem Zeitraum mit dem Modell der »Unterdrückung« oder »Kampf aller gegen alle« zu beschreiben. Die Tatsache, dass Lapina und Tschirikowa diese Modelle nur in rohstoffarmen und schwachen Regionen für möglich halten, ergibt nicht automatisch einen Widerspruch, da Tjumen unter Rokezkij ohne die Autonomen Bezirke, die ihn ja nicht unterstützten, wirtschaftlich schwach war und außerdem von erheblichen politischen Konflikten geprägt war.

Unter Gouverneur Sobjanin (2001–05) ist die Beziehung zwischen staatlichen und wirtschaftlichen Akteuren im Gebiet Tjumen gut als Partnerschaftsmodell zu beschreiben, wobei in Rahmen eines Dialoges zwischen der Administration und den Großunternehmen im gemeinsamen Interesse günstige Bedingungen für die Entwicklung der Wirtschaft geschaffen wurden.

Auch der Autonome Bezirk der Chanten und Mansen (1994–2005) bietet ein gutes Beispiel für das Partnerschaftsmodell in der Typologisierung von Lapina und Tschirikowa. Gouverneur Filipenko konnte gute Beziehungen mit den Großunternehmen entwickeln. Die Großunternehmen wiederum erhielten sehr günstige Steuer- und Lizenzbedingungen, die ihre Produktion wesentlich erhöht haben. Der Gouverneur persönlich trat als Garant für einen stabilen regionalen Markt auf, der durch formelle Abkommen mit den Unternehmen festgeschrieben wurde.

Der Autonome Bezirk der Jamal-Nenzen (1994–2005) hingegen kann als gutes Beispiel für das Modell der Privatisierung der Macht gesehen werden. Die dominierende Position von Gazprom und seine Unterstützung durch das föderale Zentrum diktierten die Regeln für die Entwicklung der Beziehungen zwischen den regionalen Unternehmen und der Administration. Die Versuche der regionalen Administration sich aus der Abhängigkeit von Gazprom zu lösen, führten nach vorübergehenden Erfolgen zur Schwächung der Position der regionalen Administration und schließlich fast zu ihrer Unterordnung unter den Gasmonopolisten.

Seit der Föderalismusreform von Präsident Putin, die die Handlungsspielräume der regionalen Eliten zunehmend einschränkt, ist das föderale Zentrum ein zentraler Erklärungsfaktor für die Entwicklung regionaler Politik geworden. Es bestimmt seitdem die Entwicklung der Interaktion zwischen Wirtschaft und regionaler Politik in erheblichem Umfang mit.

7.4. Die Rolle des föderalen Zentrums in der regionalen Politik

Die Rolle des föderalen Zentrums für die Beziehungen zwischen Wirtschaftsunternehmen und regionaler politischer Elite kann in zwei Entwicklungsphasen geteilt werden. In der ersten Phase unter Präsident Jelzin (1992–1999) gewannen die Regionen weit reichende Autonomie vom föderalen Zentrum. In der zweiten Phase unter Präsident Putin (seit 2000) wurden die Beziehungen zwischen dem Zentrum und den Regionen neu gestaltet, wobei das föderale Zentrum versuchte, seinen Einfluss stark zu vergrößern.

Anfang der 1990er Jahre nutzten die regionalen politischen Eliten die Schwäche des föderalen Zentrums unter Präsident Jelzin, um die eigene Macht auszuweiten. Sie verstärkten zunächst die Kontrolle über das von ihnen regierte Territorium und die dort vorhandenen Bodenschätze. Gleichzeitig begannen sie, die rechtlichen, politischen, wirtschaftlichen und gesellschaftlichen Strukturen in ihren Gebieten zu konsolidieren. Auf der Grundlage der Verfassungen der Republiken bzw. regionaler Statuten gelang es ihnen Mitte der 1990er Jahre, die Wahl der regionalen politischen Führungen durch die Bevölkerung oder – in wenigen Fällen – die Ernennung durch das regionale Parlament durchzusetzen. Die Vergabe politischer Ämter in den Regionen war damit unabhängig vom föderalen Zentrum. Durch die Praxis der bilateralen Machtabgrenzungsverträge wurden gleichzeitig die Handlungsspielräume der Regionen vergrößert.

Dadurch gewannen die Regionen Mitte der 1990er Jahre an Unabhängigkeit gegenüber dem Zentrum. Sie begannen, den Föderationsrat, d.h. die zweite Kammer des nationalen Parlaments, für die Vertretung ihrer Interessen zu nutzen. Dadurch waren die neuen regionalen Eliten in der Lage ihre Machtpositionen zu konsolidieren.

Die Republik Tatarstan konnte so eine sehr weit reichende Autonomie vom föderalen Zentrum gewinnen. 1992 verabschiedete die Republik Tatarstan eine neue Verfassung, die die Republik zum »souveränen Staat« und »Subjekt des Völkerrechts« erklärte. Darüber hinaus wurden mehrere auf Autonomie zielende Gesetze im Bereich der regionalen Wirtschaft angenommen, auf deren Grund-

7.4. DIE ROLLE DES FÖDERALEN ZENTRUMS

lage die regionale Regierung die Möglichkeit erhielt, die wirtschaftlichen Ressourcen auf dem Territorium Tatarstans zu verwalten und die regionale Wirtschaftspolitik eigenständig zu bestimmen. Ein 1994 unterzeichneter Grundlagenvertrag zwischen dem föderalen Zentrum und der Republik bestätigte den »besonderen Status« dieser Region. Der regionalen politischen Elite wurde praktisch erlaubt, unabhängig vom föderalen Zentrum zu agieren, woraufhin die tatarische Regierung zusätzliche Kompetenzen und Vollmachten an sich zog. So wurde ihr das Recht zugestanden, die Personalpolitik sowohl der tatarischen als auch der auf ihrem Territorium tätigen föderalen Behörden zu bestimmen. Weitere bilaterale Abkommen zwischen dem Zentrum und der regionalen Administration führten dazu, dass letztere das Eigentumsrecht an Bodenschätzen und Grund und Boden sowie die Kontrolle über den regionalen Industriekomplex bewahrte. Sie verfügte damit über das auf ihrem Territorium geförderte Erdöl und Erdgas, besaß das Recht auf eigene Steuererhebung und auf einen großen Teil des Exporterlöses dieser Produkte.

Auch das Gebiet Tjumen gehört zu den russischen Regionen, deren Status durch die Unabhängigkeitsprozesse Anfang der 1990er Jahre stark verändert wurde. Schon 1990 war vom regionalen Legislativorgan ein Projekt zur Umwandlung des Gebiets in die Republik Tjumen ausgearbeitet worden, das unter anderem die Bildung einer wirtschaftlichen Sonderzone vorsah. Nach Verhandlungen mit dem föderalen Zentrum konnte das Gebiet Tjumen einen unabhängigen Haushalt und einen eigenen territorialen Fonds für Bodenschätze bilden. Ende 1992 wurde zwischen den beiden autonomen Bezirken, dem Gebiet Tjumen und dem föderalen Zentrum ein föderativer Vertrag geschlossen, auf dessen Grundlage die autonomen Bezirke zu gleichberechtigten Subjekten der Russischen Föderation erklärt wurden. Darüber hinaus erhielten sie das Recht, über die Bodenschätze sowie die anderen Ressourcen auf ihrem Territorium frei zu verfügen.

Später gewährte die Verfassung der Russischen Föderation von 1993 den Autonomen Bezirken den Status gleichberechtigter Subjekte der Russischen Föderation, was ihre Rechte gegenüber dem Gebiet Tjumen wesentlich erweiterte. Unter anderem konnten sie eigene Legislativ- und Exekutivorgane wählen und eigene Gesetze verabschieden.

Insgesamt waren die 1990er Jahre so durch eine zunehmende Entscheidungsautonomie der Regionen geprägt und damit einhergehend eine starke Divergenz bei der Entwicklung politischer Regime auf der regionalen Ebene, die wiederum zu sehr unterschiedlichen Beziehungen zwischen dem föderalen Zentrum und einzelnen Regionen führte.

Unter Präsident Wladimir Putin begann dann aber ab 2000 eine Politik der Unterordnung und der Entmachtung der Regionen Russlands, die vor allem auf die Schwächung der Position der Gouverneure abzielte. Dazu gehört die Anfang 2000 begonnene Anpassung der regionalen Gesetze an das übergeordnete föderale Recht, in deren Rahmen große Teil der Privilegien der Regionen für ungültig erklärt wurden, da sie im Widerspruch zu föderalem Recht ständen. Auch die bilateralen Verträge zwischen dem Zentrum und den Regionen wurden abgeschafft. Der nächste Schritt in der Realisierung der föderalen Politik wurde die Reorganisation des Föderationsrates im Juni 2000, die die direkte Beteiligung der Gouverneure an politischen Prozessen auf der föderalen Ebene beendete. Ein weiterer Schritt zur Einschränkung regionaler Autonomie wurde die Bildung neuer Föderationsbezirke und die Kompetenzerweiterung der Stellvertreter des Präsidenten in diesen Bezirken. Im September 2004 kam es zu einer weiteren Schwächung der politischen Rolle der Gouverneure, indem sie nun vom Präsidenten ernannt und vom regionalen Parlament nur noch bestätigt werden.

Im Zuge der Wirtschaftsreformen wurden gleichzeitig die haushalts- und wirtschaftspolitischen Spielräume der Regionen eingeschränkt. Die 2000 verabschiedeten föderalen Steuer- und Haushaltskodices haben die regionalen Kompetenzen zum großen Teil zu Gunsten des föderalen Zentrums begrenzt. Die Steuereinnahmen der Regionen wurden reduziert. Die regionalen Organe der föderalen Behörden, wie z.B. des Innenministeriums, Justizministeriums oder des Steuerministeriums wurden eindeutig dem Zentrum unterstellt. Außerdem wurde den Gouverneuren das Recht zur Einrichtung von Sonderwirtschaftszonen entzogen. Nach neuen föderalen Gesetzesänderungen haben die Regionen ab 2007 weitgehend auch ihr Mitwirkungsrecht bei der Vergabe von Lizenzen für die Förderung von Bodenschätzen, wie Erdöl und Erdgas verloren.[8]

Insbesondere für die hier untersuchten westsibirischen Regionen bedeutet auch die Initiative des föderalen Zentrums zur Zusammenlegung mehrerer Regionen und insbesondere zur Auflösung der autonomen Bezirke eine erhebliche Einmischung der föderalen Exekutive in die regionale Politik.

Im Ergebnis verloren alle russischen Regionen unter Präsident Putin einen Teil ihrer politischen und wirtschaftlichen Handlungsfähigkeit. Die Republik Tatarstan musste so unter dem Druck des föderalen Zentrums ihren Sonderstatus teilweise aufgeben. Durch die Anpassung der tatarischen Gesetze an das übergeordnete föderale Recht hat die regionale Administration etliche Privilegien verloren. Dabei geriet auch die Vorzugsbehandlung von Tatneft in die Kritik des föderalen Zentrums, so dass mehrere regionale Gesetze abgeschafft wurden, die die Lizenzierung und Besteuerung der Ölindustrie regelten. Dies stieß jedoch

---

8 Föderales Gesetz »O vnesenii izmenenij v glavu 26 časti vtoroj Nalogovogo kodeksa Rossijskoj Federacii i priznanii utrativšim silu otdelnych položenij zakonodatel'nych aktov Rossijskoj Federacii« vom 27.07.2006, in: Sobranie zakonodatel'stva Rossijskoj Federacii, 31/2006 (Band I), St. 3450.

7.4. DIE ROLLE DES FÖDERALEN ZENTRUMS

auf starken Widerstand bei der politischen Elite in der Region, welche sowohl die Schaffung von Garantien für die Unabhängigkeit der regionalen Administration als auch möglichst günstige Regelungen für die regionale Ölindustrie bewahren wollte. Nach mehreren persönlichen Treffen des Präsidenten Tatarstans mit Präsident Putin gelang es der regionalen Administration, trotz der Änderungen der regionalen Gesetze eine gewisse Unabhängigkeit der politischen Elite vom föderalen Zentrum zu bewahren.

Im Gebiet Tjumen gelang es dem föderalen Zentrum durch eine Koalition des Vertreters des Präsidenten im Föderalbezirk mit der regionalen Wirtschaftselite und der politischen Elite der autonomen Bezirke einen Machtwechsel herbeizuführen und mit Sobjanin einen loyalen Gouverneur an die Macht zu bringen. Als Kompensation für Verluste durch die Einschränkung der regionalen Autonomie wurde dem Gebiet Tjumen die Eingliederung der wirtschaftsstarken autonomen Bezirke in Aussicht gestellt. Im Ergebnis wurde das Gebiet Tjumen so zum Gewinner der föderalen Reformen, allerdings unter der Bedingung politischer Loyalität gegenüber dem Zentrum. Sobjanin persönlich wurde für seine Loyalität 2005 mit der Berufung zum Leiter der Präsidialadministration in Moskau belohnt.

Im Autonomen Bezirk der Chanten und Mansen haben die föderalen Reformen insbesondere im Bereich der Lizenzvergabe und Besteuerung der politischen Elite die zentrale Grundlage für Verhandlungen mit der regionalen Wirtschaftselite weitgehend genommen. Die Unternehmen in der Region orientieren sich auch bezüglich ihrer Position in der Region zunehmend auf die föderalen Ministerien in Moskau. Die regionale politische Elite wird so marginalisiert. Hinzu kam, dass im Zuge der Jukos-Affäre wichtige Vertreter der regionalen Administration, die für die Verhandlungen mit den Großunternehmen zuständig waren, wegen Steuerhinterziehung bzw. strafbarer Vorteilsgewährung verklagt wurden. Die Initiative zur Zusammenlegung des Autonomen Bezirks mit dem Gebiet Tjumen könnte längerfristig sogar zur Auflösung der regionalen Elite im Zuge der politischen Kompetenzverlagerung nach Tjumen führen.

Ähnlich wie im Autonomen Bezirk der Chanten und Mansen bewirkten die föderalen Reformen auch im Autonomen Bezirk der Jamal-Nenzen eine deutliche Schwächung der regionalen politischen Elite. Das föderale Zentrum unterstützte die Bemühungen von Gazprom, seine Position in der Region zu Lasten unabhängiger Gasproduzenten, die dem Gouverneur nahe standen, zu festigen. Auch die Übernahme von Sibneft, dem wichtigsten regionalen Erdölproduzenten, bewirkte eine Stärkung der Rolle Gazproms. Allein schon aufgrund seines Anteils von mittlerweile fast 80% an den regionalen Steuereinnahmen, kann Gazprom erheblichen Druck auf die politische Elite der Region ausüben. Der Verlust von Kompetenzen im Bereich der Besteuerung und Lizenzvergabe schränkte den Verhandlungsspielraum der regionalen Politik gegenüber dem Erdgaskonzern zusätzlich ein. Die im September 2004 eingeführte Ernennung der Gouverneure durch den Präsidenten setzte den Administrationsleiter unter direkten Druck. Um im Amt zu bleiben, musste er wichtige Verbündete aus leitenden Positionen in der Regionalverwaltung entlassen. Auch hier könnte die Initiative zur Zusammenlegung des autonomen Bezirks mit dem Gebiet Tjumen längerfristig sogar zur Auflösung der regionalen Elite führen.

Die Versuche der letzten drei Jahren zeigen aber, dass die Zusammenlegung von Regionen vom Zentrum nicht so willkürlich wie geplant, realisiert werden können. Die Versuche des Kreml, die Regionen unter Druck zu setzen, um die Zusammenlegungsprozesse schneller realisieren zu können, haben häufig zu einer Versteifung der Positionen geführt. Präsident Putin ist trotz jahrelanger Initiativen zur Stärkung der Machtvertikale, d.h. zur Unterordnung der Regionen, weiterhin nicht in der Lage, sich erfolgreich direkt in die Verhandlungsprozesse auf regionaler Ebene einzumischen.[9]

Zusammenfassend kann festgehalten werden, dass die föderale Politik der Unterordnung der Regionen für die Untersuchungsregionen sehr unterschiedliche Folgen hat. Während Tatarstan im Zuge bilateraler Verhandlungen Kompromisse durchsetzen kann, gehören die beiden autonomen Bezirke offensichtlich zu den Verlierern der föderalen Reformen, die einen großen Teil ihrer Handlungsspielräume aufgeben mussten und längerfristig als eigenständige Akteure vollständig von der politischen Bühne verschwinden können. Das Gebiet Tjumen hingegen hat aufgrund der politischen Loyalität des Gouverneurs politisch und wirtschaftlich profitieren können. Im Gegensatz zu Tatarstan ist im Falle von Tjumen die Eigenständigkeit aber abhängig vom Wohlwollen der föderalen Führung.

Der Wandel der Machtpositionen der regionalen politischen Eliten hat auch Auswirkungen auf ihre Beziehungen mit den in ihrer Region aktiven Unternehmen. Obwohl einige Wissenschaftler die Meinung vertreten, dass der Druck des politischen Zentrums unter Putin die nationalen Unternehmen zur »Flucht« in die russischen Regionen zwang[10], zeigen die hier vorgestellten Fallstudien deutlich, dass sich die Großunternehmen schon seit Mitte der 1990er Jahre vor allem über Abgeordnetenmandate ihrer Vertreter in den regionalen Parlamenten politisch engagiert haben. Die Entwicklung seit dem Amtsantritt Putins kann

---

9   Ausführlicher zu den Zusammenlegungsprojekten: Kusznir, Julia: Die russische Territorialreform, in: Russlandanalysen, 90/2006, im Internet veröffentlicht unter: http://www.russlandanalysen.de/content/media/Russlandanalysen90.pdf, S. 2–7 und Kusznir, Julia: Fallstudie: Die Zusammenlegung der Region Tjumen mit zwei autonomen Bezirken, in: ebd., S. 9f.
10 Orttung, Robert W.: Business and politics in the Russian regions, in: Problems of Post-Communism, 2/2004, S. 48–60, hier S. 54–56.

7.4. DIE ROLLE DES FÖDERALEN ZENTRUMS

deshalb weniger als Flucht, bzw. als Verlagerung des Interessenschwerpunktes, beschrieben werden, sondern ist eher als Anpassung der Unternehmen an die Folgen der Föderalismusreform zu werten. Die Reform zwang sie, regionale Privilegien, die vorher nur mit der regionalen politischen Elite ausgehandelt wurden, nun auch gegenüber dem föderalen Zentrum aktiv zu vertreten.

Dementsprechend verfolgten das föderale Zentrum und die Wirtschaftsakteure bei der Beeinflussung der regionalen Politik unterschiedliche Ziele. Während das föderale Zentrum die Handlungsspielräume der regionalen Politik einschränken wollte, sahen viele in der Region aktive Unternehmen die regionale Politik als Garanten der eigenen Privilegien. Häufig kam es so zu einem Bündnis der regionalen politischen und wirtschaftlichen Eliten gegen das föderale Zentrum, wie etwa in Tatarstan oder im Autonomen Bezirk der Chanten und Mansen. Eine Interessenkoalition zwischen föderalem Zentrum und in der Region vertretenen Unternehmen entstand entweder, wenn das föderale Zentrum als Eigentümer Einfluss auf die dominierenden Wirtschaftsunternehmen nehmen konnte, wie etwa im Autonomen Bezirk der Jamal-Nenzen, oder wenn Unternehmen durch die Regionalverwaltung diskriminiert wurden und deshalb gemeinsam mit dem föderalen Zentrum an einem Machtwechsel in der Region interessiert waren, wie etwa im Gebiet Tjumen im Jahre 2001.

Die hier vorgestellten Fallstudien zeigen klar, dass die Föderalismusreform von Präsident Putin zu einer deutlichen Reduzierung der regionalen Privilegien der Unternehmen geführt hat. Trotzdem konnten die Unternehmen auf der regionalen Ebene größere Handlungsautonomie bewahren als auf der föderalen Ebene. Gleichzeitig gilt es festzuhalten, dass nationale Unternehmen in etlichen Fällen mit Unterstützung oder zumindest der schweigenden Zustimmung des föderalen Zentrums auf der regionalen Ebene politischen Einfluss nahmen.

Die Kooperation zwischen dem föderalen Zentrum und den Großunternehmen wurde dabei in der Regel durch die Vertreter des Präsidenten in den Föderalbezirken organisiert. Nur die regionale Elite von Tatarstan war stark genug, um grundsätzlich auf direkten Verhandlungen mit dem Präsidenten zu bestehen, auch wenn es um die Wirtschaftsunternehmen der Region ging. In den westsibirischen Untersuchungsregionen hingegen koordinierte der Präsidialvertreter Piotr Latyschew die Beziehungen, etwa die Unterstützung der Unternehmen für die vom föderalen Zentrum bevorzugten Kandidaten bei regionalen Parlaments- und Gouverneurswahlen. Er hatte dabei aber formal eher die Funktion eines Agenten des föderalen Zentrums und konnte kaum eigenständig Politik gestalten. Er hatte kaum eigene Einflussmöglichkeiten auf die Unternehmen, da seine wirtschaftspolitischen Kompetenzen eng begrenzt waren. Für die Interessen der Unternehmen waren deshalb zum einen die regionalen politischen Eliten und zum anderen das föderale Zentrum direkt relevant. Durch geschickte Verhandlungen und informelle Kontakte konnte ein Präsidialvertreter aber durchaus einen gewissen Handlungsspielraum erhalten. Gleichzeitig war sein Geschick mitentscheidend für die Interessendurchsetzung des föderalen Zentrums in den jeweiligen Regionen.

Die zunehmende Beschränkung der wirtschaftspolitischen Kompetenzen der regionalen Ebene führt dazu, dass die Bedeutung der regionalen politischen Elite für die Unternehmen sinkt, während das föderale Zentrum auch für die regionale Wirtschaftstätigkeit an Bedeutung gewinnt. Die Gouverneure können so seit 2005 in der Regel weder relevante Privilegien anbieten, noch sind sie in der Lage, in Opposition zum föderalen Zentrum eine eigene Wirtschaftspolitik zu verfolgen und mit Unternehmen Koalitionen in Opposition zu Präsident Putin einzugehen. Eine der zentralen Bedingungen für die erfolgreiche Tätigkeit der nationalen Großunternehmen Russlands ist damit auch auf der regionalen Ebene Loyalität, vor allem die persönliche Loyalität der Unternehmensleitung gegenüber den föderalen Machtstrukturen.

Hinzu kommt, dass staatliche Unternehmen in der nationalen Wirtschaft wieder an Bedeutung gewinnen, so dass die Zahl der gegenüber dem föderalen Zentrum zumindest formal autonomen Akteure zurückgeht. Staatliche Unternehmen dienen nicht nur als Agenten der föderalen Politik, sie machen auch nichtstaatlichen Unternehmen in den Regionen Konkurrenz und schränken so deren Einflussmöglichkeiten auf die regionale Politik ein. Eine Reihe russischer Wissenschaftler spricht daher davon, dass statt »state capture« zunehmend »business capture« zu konstatieren sei, dass die Wirtschaftsunternehmen nicht mehr den Staat für ihre Ziele vereinnahmen können, sondern umgekehrt die Vertreter der föderalen Exekutive zunehmend die Kontrolle über die nationalen Unternehmen übernehmen und deren wirtschaftliche Ressourcen zur Realisierung eigener Interessen nutzen.[11]

Eine empirische Fundierung dieser Einschätzung leisten Irina Slinko, Evgeny Yakovlev und Ekaterina Zhuravskaya durch eine Analyse der Bevorzugung einzelner Unternehmen in der regionalen Gesetzgebung, die sie als Maßstab für *state capture* nehmen. Für den Zeitraum 1992 bis 2000 kommen sie zu dem Schluss, dass politisch einflussreiche Unternehmen auf der regionalen Ebene sehr von ihrem Einfluss profitierten. Im Vergleich zu Unternehmen mit geringem oder keinen politischen Einfluss entwickelten sie sich dynamischer und erziel-

---

11   Yakovlev, A. Evolution of Business-State Interaction in Russia: from State Capture to Business Capture?, Working Paper WP1/2005/02, im Internet abrufbar unter: http://www.hse.ru/science/preprint/WP1_2005_02.pdf; Pappė, Jakov: Otnošenija federal'noj ėkonomičeskoj ėlity i vlasti v Rossii v 2000–2004 godach: tormoženie v centre i novaja strategija v regionach, in: Fruchtmann, Jakob (Hg.): Regional'naja ėlita v sovremennoj Rossii, Moskau 2005, S. 77–92, hier S. 81.

ten größere Gewinne. Gleichzeitig erlitten die regionalen Haushalte durch state capture erhebliche Verluste.[12]

Eine Folgestudie bis 2003 zeigt, dass das Ausmaß der regionalen Vergünstigungen für Wirtschaftsunternehmen unter Präsident Putin weitgehend unverändert geblieben ist. Verändert hat sich jedoch die Zusammensetzung der Unternehmen, die von diesen Vergünstigungen profitieren. Während es unter Präsident Jelzin regionale Unternehmen sowie Unternehmen der Finanz-Industriellen Gruppen (der »Oligarchen«) waren, die von einer regionalen Vorzugsbehandlung profitierten, sind es unter Präsident Putin zunehmend Unternehmen, die sich unter der Kontrolle der föderalen Exekutive befinden. Damit wird aber fraglich, ob noch von state capture durch Wirtschaftsakteure auf der regionalen Ebene gesprochen werden kann. Denn nun steht hinter den Wirtschaftsakteuren das föderale Zentrum, so dass es nach der Umverteilung politischer Macht zwischen Zentrum und Regionen nun auch um eine Umverteilung wirtschaftlicher Ressourcen zugunsten des politischen Zentrums zu gehen scheint.[13]

7.5. Resümee: Interessenvertretung im russischen Föderalstaat

Im Zuge der schrittweisen Reformen des Föderalismus hat der russische Präsident Wladimir Putin die Handlungsspielräume der regionalen politischen Eliten seit 2000 zunehmend eingeschränkt. Das föderale Zentrum, in der Regel repräsentiert durch den Präsidialvertreter im jeweiligen Föderalbezirk, ist damit zu einem zentralen Akteur auf der regionalen Ebene geworden. Die hier vorgestellten Fallstudien zeigen so deutlich, dass der regionalen politischen Elite Entscheidungskompetenzen sowohl bei zentralen Personalfragen als auch in der Wirtschaftspolitik genommen worden sind. Dies bedeutet gleichzeitig, dass die regionale politische Elite gegenüber dem föderalen Zentrum auch als Verhandlungspartner der Wirtschaft an Bedeutung verliert. Die nationalen Großunternehmen wiederum verlieren zunehmend ihre Möglichkeit, regionale und föderale politische Eliten gegeneinander auszuspielen. Sie geraten damit in eine engere Abhängigkeit vom Kreml, ohne dessen Einverständnis Großunternehmen in Russland mittlerweile kaum noch erfolgreich operieren können.

Die Fallstudien zeigen aber auch, dass die Gouverneure trotz des erheblichen Verlustes an formalen Kompetenzen immer noch eine wichtige Rolle in der russischen Politik spielen können. Dies gilt vor allem für ihre Fähigkeit, bei Konflikten zwischen regionalen Elitegruppen oder zwischen Region und Zentrum informell vermitteln zu können. Hier ist der Einfluss der Gouverneure auf

---

12   Slinko, Irina / Yakovlev, Evgeny / Zhuravskaya, Ekaterina: Laws for Sale: from Russia, in: American Law and Economics Review, 1/2005, S. 284–318.
13   Yakovlev, Evgeny / Zhuravskaya, Ekaterina: State Capture: From Yeltsin to Putin, CEFIR-Working Paper, 52/2005, im Internet abrufbar unter: www.cefir.ru.

die regionalen Medien, die regionale Wirtschaftselite, die Vertreter der regionalen Abteilungen der föderalen Partei der Macht, sowie auf die regionalen Parlamente von großer Bedeutung. Dabei lassen sich drei Gruppen von Gouverneuren bzw. regionalen politischen Eliten unterscheiden. Die erste Gruppe befindet sich gegenüber dem föderalen Zentrum auf Rückzugsgefechten. Sie versucht im Konflikt mit dem Kreml möglichst viele Kompetenzen möglichst lange zu behalten, wird aber immer wieder zu für sie nachteiligen Kompromissen gezwungen. In den hier vorgestellten Fallstudien gilt dies für die beiden autonomen Bezirke. Die zweite, deutlich kleinere Gruppe kann ihre Position gegenüber dem Kreml besser behaupten. Auch sie muss im Zuge der Föderalismusreform Zugeständnisse machen, diese werden aber im Zuge zäher Verhandlungen deutlich abgeschwächt. Das Musterbeispiel für diese Gruppe ist die Republik Tatarstan. Die dritte Gruppe hat sich mit dem föderalen Zentrum arrangiert. Im Gegenzug für eine kremltreue Politik erhält sie eine Vorzugsbehandlung. Das zentrale Beispiel hierfür ist Sobjanin als Gouverneur von Tjumen.

Im Ergebnis haben die Putinschen Reformen damit eine Kräfteverschiebung zwischen Zentrum und Regionen und auch zwischen den einzelnen Regionen gebracht, nicht jedoch eine Formalisierung und Institutionalisierung des föderalen Systems. Die Regionen werden im russischen Föderalismus immer noch ungleich behandelt und die Kompetenzabgrenzung zwischen Zentrum und Regionen erfolgt in vielen Aspekten immer noch über informelle bilaterale Verhandlungen. Dies gilt nicht nur für starke Regionen wie Tatarstan, sondern wie in der entsprechenden Fallstudie gezeigt wurde auch für schwache Regionen wie den Autonomen Bezirk der Chanten und Mansen. Die Einführung der Präsidialvertreter in den Föderalbezirken, die sehr unterschiedliche Strategien verfolgen, hat die Beziehung zwischen föderalem Zentrum und Regionen in vielen Fällen zusätzlich personalisiert. Auch die Beziehung zu Wirtschaftsunternehmen unter Kontrolle des föderalen Zentrums, wie etwa zu Gazprom, kann die Position der regionalen politischen Elite gegenüber dem föderalen Zentrum erheblich beeinflussen.

Gleichzeitig bleibt festzuhalten, dass das föderale Zentrum in der Regel die regionale Elitenkonstellation nicht in Frage stellt. Die regionalen Machtstrukturen bleiben in den meisten Regionen bestehen, was sich auch darin zeigt, dass Präsident Putin, seitdem er die Gouverneure ernennt, in den meisten Fällen den Amtsinhaber erneut nominiert hat. Mit wenigen Ausnahmen, wie etwa Tjumen im Jahre 2001, geht es dem föderalen Zentrum also nicht darum, die Machtverhältnisse in den Regionen neu zu ordnen, sondern nur die Machtbalance zwischen Zentrum und Regionen zum eigenen Vorteil zu verschieben. Ein Gouverneur, der auf Opposition zum Präsidenten der Föderation verzichtet, kann in seiner Region weiter Politik gestalten. Wie Nikolaj Petrow in einem Kommentar treffend bemerkte, entspricht dies der russischen Politikgestaltung im Sinne eines Business und bringt die Gouverneure in eine ähnliche Position wie mittelmäßige »Oligarchen«.[14]

Zusammenfassend bedeutet dies, dass sich die Machtverhältnisse im hier betrachteten Beziehungsdreieck zwischen Großunternehmen – regionalen politischen Eliten – föderalem Zentrum unter Präsident Putin erheblich zugunsten des föderalen Zentrums verschoben haben. Sowohl die Großunternehmen als auch die regionalen politischen Eliten haben die unter Präsident Jelzin gewonnenen Möglichkeiten autonomer Politikgestaltung weitgehend wieder verloren. Das Zentrum hat damit neue Handlungsspielräume gewonnen. Politikgestaltung im föderalen System erfordert aber nach wie vor die Kooperation der Gouverneure und Großunternehmen. Deren Bereitschaft und Fähigkeit zur Umsetzung der politischen Vorgaben des Kremls ist damit ein zentraler Faktor zur Erklärung des Erfolges oder Misserfolges Putinscher Politik.

Wesentlich für die weitere Entwicklung nicht nur des russischen Föderalismus, sondern des russischen politischen Systems insgesamt ist dabei, dass die föderale Exekutive ihre neue Kompetenzen und Handlungsspielräume nicht nutzt, um die Beziehungen zwischen den verschiedenen politischen Akteuren zu formalisieren und institutionalisieren. Gegenüber der von den föderalen politischen Eliten selbst als »Chaos« empfundenen Jelzin-Periode haben sich damit nur die Machtverhältnisse geändert, nicht aber die Spielregeln. Eine Schwächung des föderalen Zentrums im Falle eines Übergangs zu einem weniger machtbewussten Präsidenten würde angesichts der kaum veränderten Organisationsstruktur der Macht quasi automatisch wieder zu einer Stärkung der Regionen und der Großunternehmer führen. Die zentrale Aufgabe einer Föderalismusreform, die Etablierung stabiler, personenunabhängiger formalisierter Beziehungsmuster ist hingegen nicht einmal ernsthaft versucht worden. Die von vielen Wissenschaftlern in den 1990er Jahren als zentral genannten Merkmale des russischen Föderalismus, also Asymmetrie und Instabilität, sind damit weiterhin vorhanden. Durch die Kräfteverschiebung sind sie jedoch jetzt nicht mehr auf der Seite des föderalen Zentrums sichtbar, sondern eher auf der Seite der Regionen. Damit werden sie von den föderalen politischen Eliten derzeit als weniger bedrohlich wahrgenommen.

Die Etablierung der Vertikale der Macht in dieser Form schwächt aber gleichzeitig Rückkopplungsmechanismen. Die Regionen erhalten zunehmend Aufgaben im sozialen Bereich und auch von den Unternehmen verlangt Putin »soziale Verantwortung«. Falls die dem Kreml gegenüber loyalen Akteure zur

---

14 Petrov, Nikolai: Undercutting the Senators, in: The Moscow Times, 30.05.2006, S. 11.

Wahrnehmung dieser Aufgaben nicht fähig sind, werden sie dies jedoch kaum eingestehen. Da die Gouverneure selber nicht mehr von ihrer Bevölkerung gewählt werden und außerdem aus einer direkten Vertretung in föderalen Entscheidungsprozessen ausgeschlossen sind, besteht für den Kreml das Risiko, dass Misserfolge in der Sozial- und Wirtschaftspolitik nicht mehr rechtzeitig wahrgenommen werden. Der offensichtliche Versuch, durch die Übertragung von formaler Verantwortung Regionen und Unternehmen zu potentiellen Sündenböcken in den Augen der Bevölkerung zu machen, könnte daran scheitern, dass die Loyalitätsbekundungen und Abhängigkeiten der Gouverneure und Unternehmer gegenüber dem Zentrum zu offenkundig sind.

Wie es weiter gehen wird, ist schwierig zu prognostizieren. Deutlich zu sehen ist, dass das unter Putin neu gebildete Beziehungsmuster zwischen Zentrum und Regionen kein abgeschlossener Prozess ist. Es scheinen für Zukunft drei Entwicklungsszenarios denkbar zu sein:

Erstens: die Beziehungen zwischen föderalem Zentrum und Regionen werden weiterhin, wie seit Beginn der Amtszeit Putins, eine Zentralisierung erfahren. Dabei wird angestrebt, dass die Zentralisierung praktisch alle Bereiche des Föderalismus erfasst, von der politischen Ebene über die wirtschaftliche bis zur sozialen. Eine solche Politik würde die Grundlagen des russischen Föderalismus aushöhlen und die Errichtung eines unitarischen Staates bedeuten.

Beim zweiten Szenario können sich die Regionen und ihre Eliten gegen den Druck der neuen regionalen Politik des Zentrums weitgehend behaupten. Im Ergebnis könnte ein Prozess der permanenten Schein-Reformierung stattfinden, bei dem die politischen Regime innerhalb der Regionen weiter nach gewohnten, allenfalls leicht modifizierten Regeln agieren können.

Ein drittes, eher unwahrscheinliches Szenario wäre, dass das föderale Zentrum es schafft, in Zusammenarbeit mit oder im Widerspruch zu den regionalen Eliten, neue formale Regelungen zur Grundlage und zur Praxis des föderalen Systems zu machen. Aber wie die Ergebnisse der föderalen Reformen in den letzten Jahren zeigen, wird dies nicht wirklich gewollt, und es würde auch einen schwierigen, langandauernden Reformprozess bedeuten.

Literaturverzeichnis

Wissenschaftliche Literatur

Afanas'ev, Michail: Rossijskaja provincija: peredel vlasti ili gosudarstvennoe stroitel'stvo, in: Vlast', 6/1994, S. 52–58.

Afanas'ev, Michail: Pravjaščie élity Rossii: Obraz dejatel'nosti, in: Mirovaja ékonomika i meždunarodnye otnošenija, 3/1996, S. 46–56.

Ball, Alan R. / Millard, Frances: Pressure politics in industrial societies, Basingstoke 1986.

Balzer, Maldestam Marjorie: The Tension between Might and Rights: Siberian and Energy Developers in Post-Socialist Binds, in: Europe-Asia Studies, 4/2006, S. 567–588.

Baranova, Kira: Russland – eine Föderation im Werden, in: Osteuropa Wirtschaft, 2/2002, S. 101–116.

Barnes, Andrew: Russia's new business groups and state power, in: Post-Soviet Affairs, 19/2003, S. 154–186.

Barzilov, Sergej / Černyšov, Aleksej: Provinicija, élita, nomenklatura, intelligencija, in: Svobodnaja mysl', 1/1996, S. 44–56.

Belickaja, Irina M.: Rol' predprijatij neftegazovogo kompleksa v formirovanii nalogovogo potenciala regiona, im Internet veröffentlicht unter: http://nv-study.intramail.ru/modules.php?name=Pages&pa=showpage&pid=47.

Belin, Laura / Fossato, Floriana / Kachkaeva, Anna: The distorted Russian media market, in: Rutland, Peter: Introduction. Business and the state in Russia, in: Belin, Laura / Fossato, Floriana / Kachkaeva, Anna (Hg.): Business and the state in contemporary Russia, Boulder 2001, S. 65–87.

Berezin, Lev: Tjumen': chronika gubernatorskich vyborov, in: Vybory i problemy graždanskogo obščestva na Urale, Moskovskij Centr Karnegi, Moskau 2001, im Internet veröffentlicht unter: http://www.carnegie.ru/ru/news/244113berezin.doc.

Bethekenhagen, Jochen / Hermann, Clement: Die sowjetische Energie- und Rohstoffwirtschaft in den 80er Jahren, München 1985.

Bezborodov, Viktor: Šajmievu nikogo nie udalos' udivit', in: Vybor Tatarstana. Vybory Prezidenta Respubliki Tatarstan v zerkale rossijskoj pressy (avgust 2000–aprel' 2001), Kazan' 2001.

Bikalova, Nadežda: Intergovernmental Fiscal Relations in Russia, in: Finance & Development, September 2001, S. 36–39.

Bizyukov, Petr u.a.: Bergarbeiterproteste im Kuzbass. Das Jahr des »Schienenkrieges« in Fallstudien, Bericht des BIOst, 36/1999, Köln.

Blankart, B.: Zur ökonomischen Theorie der Bürokratie, in: Public Finance, 30/1975, S. 166–185.

Blümle, Ernst-Bernd: Lobby, in: Staatslexikon, Bd. 3, Freiburg 1987.

Bobrov, I.V.: Političeskie partii i obščestvennye organizacii kak projavlenie social'noj aktivnosti graždan (Manuskript), im Internet veröffentlicht unter: http://kodweb.pirit.info:8000/ni c?doc&nd=466200547&nh=0&ssect=0.

Bobylev, Ju.N.: Reformirovanie nalogoobloženija mineral'no-syr'evogo sektora, Moskau 2001, S. 40–54.

Bos, Ellen / Helmerich, Antje (Hg.): Zwischen Diktatur und Demokratie. Staatspräsidenten als Kapitäne des Systemwechsels in Osteuropa, Berlin 2006, S. 55–78.

Boutenko, Anna / Reznikov, Konstantin: Slavneft Boosts Fair Values of Sibneft and TNK, Alfa-Bank, Oil and Gas, Moskau 18.12.2002.

Breitling, R.: Die zentralen Begriffe der Verbandsforschung. ›Pressure Groups‹, Interessengruppen, Verbände, in: Politische Vierteljahresschrift, 61/1960, S. 47–73.

Brie, Michael / Stykow, Petra: Regionale Akteurkoordinierung im russischen Transformationsprozeß, in: Wollmann, Helmut / Wiesenthal, Helmut / Bönker, Frank (Hg.): Transformation sozialistischer Gesellschaften: Am Ende des Anfangs, Leviathan Sonderheft 15/1995, Opladen, S. 207–232.

Bruder, W. / Dose, N.: Bürokratie, in: Nohlen, Dieter (Hg.): Wörterbuch Staat und Politik, Bonn 1995, S. 74–79.

Brunner, Georg (Hg.): Der russische Föderalismus. Bilanz eines Jahrzehnts, Hamburg 2004.

Buchanan, James / Tollison, Robert / Tullock, Cordon (Hg.): Toward a theory of the rent seeking society, College Station 1980.

Busygina, Irina M.: Das Institut der Vertreter des Präsidenten in Rußland: Probleme des Werdegangs und Entwicklungsperspektiven, in: Osteuropa, 7/1996, S. 664–695.

Busygina, Irina M.: Die Gouverneure im föderativen System Rußlands, in: Osteuropa, 6/1997, S. 544–556.

Busygina, Irina M.: Neue Strukturen des Föderalismus in Rußland, in: Osteuropa, 10/2001, S. 1131–1145.

Cashaback, David: Federalism unter Putin: Development in Tatarstan; Papier vorbereitet für ICCEES Congress, Berlin 22.–28.07.2005.

Centr političeskich technologij: Analitičeskij Analiz »Jamalo-Neneckij AO« (Manuskript), Centr političeskich technologij, Moskau 2004.

Centr političeskich technologij: Analitičeskoe issledovanie »Chanty-Mansijskij AO« (Manuskript), Centr političeskich technologij, Moskau 2004.

Chernavskii, S.Ia: The tax and structural tools of macroeconomic policy in the energy sector, in: Problems of Economic Transition, 3/2002, S. 5–100

Chirikova, Alla / Lapina, Natalia: Regional Elite: A quiet revolution on a Russian scale, Working Paper 4/2001, Eidgenössische Technische Hochschule, Zürich.

Christenko, V.: Reforma mežbjudžetnych otnošenij: novye zadači, in: Voprosy Ėkonomiki, 8/2000, S. 4–14.

[Čirikova, Alla] Tschirikowa, Alla: Regionale Eliten und regionale Machtstruktur, in: Goszka, Gabriele / Schulze, Peter (Hg.): Rußlands Weg zur Zivilgesellschaft, Bremen 2001, S. 127–139.

Crowley, Stephen: Between a rock and a hard place: Russia's Troubled Coal Industrie, in: Rutland, Peter (Hg.): Business and the state in contemporary Russia, Boulder 2001, S. 129–151.

Daumann, Frank: Interessenverbände im politischen Prozeß, Tübingen 1999.

DeBardeleben, Joan / Galkin, Aleksander A.: Electoral behavior and attitudes in Russia: Do regions make a diffirence or do regions just differ?, in: Stavrakis, Peter J. / DeBardeleben, Joan / Black,J. L. / Koehn, Jodi (Hg.): Beyond the monolith. The emergence of regionalism in post-Soviet Russia, Baltimore 1997, S. 57–80.

Denisov, Igor': Vzaimodejstvie pravjaščich i ėkonomičeskich ėlit v regionach Rossii, Kazan' 2003 (Manuskript), im Internet veröffentlicht unter: http://polit.mezhdunarodnik.ru/archives/denisov_vzaimo.pdf.

Downs, Anthony: Inside bureaucracy, Boston 1967.

Downs, Anthony: Theory of bureaucracy, in: American Economic Review, 55/1965, S. 439–446.

Dunleavy, P.: Democracy, bureaucracy and public choice. Economic explanations in political science, New York 1991.

Dusseault, David / Hansen, Martin Ejnar / Mikhajlov, Slava: The significance of economy in the Russian bilateral treaty process, in: Communist and Post-communist Studies, 38/2005, S. 121–130.

Dye, Thomas R.: Who's running America: Institutional leadership in the United States, Englewood Cliffs/NJ 1976.

Dye, Tomas R. / Zeiger, H.: The irony of democracy, Belmont 1990; Prewitt, Kenneth / Stone, Alan: The ruling elites, New York 1973.

Easter, Gerald: Institutional legacy of the old regime as a constraint to reform: The case of fiscal policy, in: Harter, Stephanie / Easter, Gerald: Shaping the economic space in Russia. Decision making process, institutions and adjustment to change in the El'tsin Era, Aldershot 2000, S. 296–319.

Eckardt, Sebastian: Russia's market distorting federalism: Decentralisation, governance, and economic performance in Russia in the 90ies, in: Arbeitspapiere des Osteuropa-Instituts der Freien Universität Berlin, 42/2002.

Evseev, Avtandil: Regional'naja politika nacional'noj kompanii »Lukoil«, in: Vlast', 6/1999.

Farukhshin, Midkhat: Tatarstan: syndrome of authoritarianism, in: Ross, Cameron (Ed.): Regional politics in Russia, Manchester 2002, S. 193–207.

Farukšin, Midchat: Federalizm i demokratija: složnyj balans, in: Polis, 6/1997, S. 165–171.

Fedosov, P.A. / Valentej, S.D. / Solov'ev, V.D. / Lubovnyj, V.J.: Perspektivy rossijskogo federalizma: federal'nye okruga, regional'nye političeskie režimy, municipalitety, in: Polis, 4/2002, S. 159–183.

Felber, Wolfgang: Elitenforschung in der Bundesrepublik Deutschland, Stuttgart 1976.

Fillipov, Michail / Švecova, Ol'ga: Asymmetric bilateral bargaining in the new Russian Federation: a path-dependence explanation, in: Communist and Post-Communist Studies, 32/1999, S. 61–76.

Frank, R. / Leech, Beth L.: Basis interest. The importance of groups in politics and in political science, Princeton/NJ 1998.

Fruchtmann, Jakob: Der russische Föderalismus unter Präsident Putin: Diskurse – Realitäten, Dissertation, eingereicht an der Universität Bremen, Juli 2003, im Internet veröffentlicht unter: http://deposit.ddb.de/cgi-bin/dokserv?idn=975326511&dok_var=d1&dok_ext=pdf&filename=975326511.pdf#search=%22Fruchtmann%2C%20Jakob%3A%20 Der%20 russische%20F%C3%B6deralismus%20%22.

Fruchtmann, Jakob (Hg.): Regional'naja élita v sovremennoj Rossii, Moskau 2005.

Frye, Timothy: Capture or exchange? Business lobbying in Russia, in: Europe-Asia Studies, 7/2002, S. 1017–1036.

Gajdar, E. / Sinel'nikov – Murylev, S. / Glavackaja, N. (Hg.): Rossijskaja ékonomika v 2005 g. Tendencii i perspektivy, Institut perechodnogo perioda, Moskau 2006, im Internet veröffentlicht unter: http://www.iet.ru/files/text/trends/2005/2005.pdf?PHPSESSID=3943f9484bb0, S. 122–123.

Ganske, Christian: The impact of Putin's regional policy on the political economy of partial economic reform in Russia's Regions, (Manuskript) Birmingham 2002.

Gel'man, Vladimir: Regime transition, uncertainty and prospects for democratisation: The politics of Russia's regions in a comparative perspective, in: Europe-Asia Studies, 6/1999, S. 939–956.

Gel'man, Vladimir: Regional'nye režimy: Zaveršenije transformacii?, in: Svobodnaja mysl', 9/1996, S. 13–22.

Gel'man, Vladimir: Transformacii i režimy. Neopredelennost' i ee posledstvija, in: Gel'man, V. / Ryženkov, S. / Brie, M. : Rossija regionov: Transformacija političeskich režimov, Moskau 2000, S. 16–60.

Gel'man, Vladimir / Ryženkov, Sergej / Brie, Michael: Rossija regionov: Transformacija političeskich režimov, Moskau 2000.

Gel'man, Vladimir Ja.: Vozvraščenie Leviafana? Politika recentralizacii v sovremennoj Rossii, in: Polis, 2/2006, S. 90–109.

Glatter, Peter: Continuity and change in the Tyumen' regional elite 1991–2001, in: Europe-Asia Studies, 3/2003, S. 401–435.

Glatter, Peter: Federalization, fragmentation and the West Siberian oil and gas province, in: Lane, David (Hg.): The political economy of Russian oil, Lanham/Oxford 1999, S. 143–160.

Gligič-Zolotareva, M.: »Ukrupnenie sub"ektov Federacii: pro et contra«, in: Federalizm, 1/2002, S. 93–108.

Golosov, Grigorii, V.: Die Abschaffung der Gouverneurswahlen, in: Russlandanalysen, 74/2005, im Internet veröffentlicht unter: http://www.russlandanalysen.de/content/media/Russlandanalysen74.pdf, S. 2–8.

Golosov, Grigorij V.: Die Novellierung von Partei- und Wahlgesetz in ihren Folgen für das russische Parteisystem, in: Russlandanalysen, 53/2005, im Internet veröffentlicht unter: http://www.russlandanalysen.de/content/media/Russlandanalysen53.pdf, S. 2–5.

Golosov, Grigorij V.: Wahlen der Regionalparlamente, Dezember 2003 bis Februar 2005, in: Russlandanalysen, 56/2005, im Internet veröffentlicht unter: http://www.russlandanalysen. de/content/media/Russlandanalysen56.pdf, S. 2–5.

Gontmacher, Evgenij: Social'naja politika v Rossii: Ėvolucija 90-ch i novyj start, in: Pro et Contra, 3/2001, S. 7–23.

Gorokhovskij, Bogdan: Non-monetäre Steuerzahlungen im post-sowjetischen Russland, in: Höhmann, Hans-Hermann / Fruchtmann, Jakob / Pleines, Heiko (Hg.): Das russische Steuersystem im Übergang, Bremen 2002, S. 174–194.

Grävingholt, Jörn: Pseudodemokratie in Rußland? Der Fall Baschkortostan. Dissertation im Fach Politikwissenschaft, eingereicht an der Humboldt-Universität zu Berlin am 5. Februar 2002.

Gray, Dale F.: Evaluation of taxes and revenues from the energy sector in the Baltics, Russia, and other former Soviet Union countries, Washington 1998 (IMF Working Paper WP34/1998)

Gud, G. Pol [Georg Paul Good]: Rossija pri Putine: ukrupnenie regionov, im Internet veröffentlicht unter: http://www.ruthenia.ru/logos/number/46/06.pdf.

Haas, Ernst B.: Words can hurt you or who said what to whom about regimes, in: International Organization, 2/1982, S. 207–243.

Hague, Rod / Harrop, Martin: Comparative government and politics, New York 2001.

Hall, Peter: Beyond the comparative method, in: APSA-CP Newsletter, 2/2004, S. 1–4.

Hanson, Philip / Teague, Elizabeth: Big Business and the State in Russia, in: Europe-Asia Studies, 5/2005, S. 657–680.

Harter, Stefanie / Grävingholt, Jörn / Pleines, Heilko / Schröder, Hans-Henning.: Geschäfte mit der Macht. Wirtschaftseliten als politische Akteure im Rußland der Transformationsjahre 1992–2001, Bremen 2003.

Harter, Stephanie / Easter, Gerald: Shaping the economic space in Russia. Decision making process, institutions and adjustment to change in the El'tsin Era, Aldershot 2000.

Hashim, Mohsin: Putin's Etatization Project and Limits to Democratic Reforms in Russia, in: Communist and Post-Communist, 38/2005, S. 25–48.

Heinemann-Grüder, Andreas: Der heterogene Staat: Föderalismus und regionale Vielfalt in Rußland, Berlin 2000.

Heinemann-Grüder, Andreas: Der asymmetrische Föderalismus Russlands, in: Höhmann, Hans-Hermann / Schröder, Hans–Henning (Hg.): Russland unter neuer Führung. Politik, Wirtschaft und Gesellschaft am Beginn des 21. Jahrhunderts, Bremen 2001, S. 78–86.

Heinemann-Grüder, Andreas: Putins Reform der föderalen Struktur. Vom Nachtwächterstaat zum Etatismus, in: Osteuropa 9/2000, S. 979–990.

Heinemann-Grüder, Andreas: Föderalismus in Russland, in: Mangott, Gerhard (Hg.): Zur Demokratisierung Russlands, Band 2. Leadership, Parteien, Regionen und Zivilgesellschaft, Baden-Baden 2002, S. 79–114.

Heinrich, Andreas / Kusznir, Julia: Independent gas producers in Russia, KICES Working Paper 2/2005, Koszalin.

Heinrich, Andreas / Kusznir, Julia / Pleines, Heiko: Foreign investment and national interests in the Russian oil and gas industry, in: Post-Communist Economies, 4/2002, S. 495–507.

Heinrich, Andreas / Pleines, Heiko: Die Beziehungen zwischen Gazprom und Itera. Fallstudie: Russische Gaslieferungen an Georgien, Berlin / Bremen, unveröffentlichtes Manuskript 2001.

Heinrich, Andreas: Das Steuerverhalten der russischen Erdölindustrie, in: Höhmann, Hans-Hermann / Fruchtmann, Jakob / Pleines, Heiko: Das russische Steuersystem im Übergang. Rahmenbedingungen, institutionelle Veränderungen, kulturelle Bestimmungsfaktoren, Bremen 2002, S. 121–140.

Heinrich, Andreas: Die Besteuerung der russischen Erdölindustrie: Viele Köche verderben den Brei, in: Heinrich, Andreas / Pleines, Heiko: Steuerlast und Steuerverhalten russischer Wirtschaftsbranchen. Teil II, Besteuerung der russischen Öl- und Gasindustrien: Arbeitspapiere und Materialien der Forschungsstelle Osteuropa, 28/2001, S. 4–36.

Heinrich, Andreas: Globale Einflussfaktoren auf das Unternehmensverhalten. Die corporate governance des russischen Erdöl- und Erdgassektors, Münster 2004, S. 107–109.

Heinrich, Andreas: Rußlands Gazprom. Teil 2. Gazprom als Akteur auf internationaler Ebene, Bericht des BIOst, 34/1999, Köln.

Henderson, James / Radosevic, Slavo: The influence of alliances on corporate growth in the post-Soviet period: Lukoil and Jukos, Working Paper Series 34/2003, London.

Herspring, Dale R. (Hg.): Putin's Russia. Past Imperfect, Future Uncertain, Lanham 2006.

Higley, J. / Pakulski, J. / Wesolowski, W.: Introduction: Elite change and democratic regimes in Eastern Europe, in: Dies. (Hg.): Postcommunist elites and democracy in Eastern Europe, Basingstoke 1998, S. 1–33.

Höhmann, Hans-Hermann / Fruchtmann, Jakob / Pleines, Heiko: Das russische Steuersystem im Übergang. Rahmenbedingungen, institutionelle Veränderungen, kulturelle Bestimmungsfaktoren, Bremen 2002.

Höhmann, Hans-Hermann / Pleines, Heiko (Hg.): Wirtschaftspolitik in Osteuropa zwischen ökonomischer Kultur, Institutionenbildung und Akteursverhalten, Bremen 2003.

Höhmann, Hans-Hermann / Schröder, Hans-Henning (Hg.): Russland unter neuer Führung. Politik, Wirtschaft und Gesellschaft am Beginn des 21. Jahrhunderts, Bremen 2001.

Huskey, Eugene: Presidential power in Russia, Armonk/New York 1999.

Idiatulina, K.S.: Regional'noe političeskoe liderstvo v Rossii: puti évolucii, Kazan' 1997, S. 118–130.

Institut prava i publičnoj politiki (Hg.): Strana posle kommunizma: gosudarstvennoje upravlenie v novoj Rossii, T. 2, Moskau 2004.

International Energy Agency: Key World Energy Statistics, Paris 2004.

Janovskij, K.È: Uglublennyj analiz situacii v Tjumenskoj oblasti, in: Janovskij, K.È. / Žavoronkov, S.V. / Kočetkova O.V u.a..: Politiko-ékonomičeskie problemy rossijskich regionov, Moskau 2001, im Internet veröffentlicht unter: http://www.iet.ru/special/cepra/politec/politec.html.

Janovskij K.È / Žavoronkov, S.V. / Kočetkova O.V (u.a.) (Hg.).: Politiko-èkonomičeskie problemy rossijskich regionov, Moskau 2001, im Internet veröffentlicht unter: http://www.iet.ru/special/cepra/politec/politec.html.

Johnson, Juliet E.: Russia's emerging financial-industrial groups, in: Post-Soviet Affairs, 4/1997, S. 333–365.

Kellison, Bruce: Tiumen, dezentralization, and center–perirephy tension, in: Lane, David (Hg.): The political economy of Russian oil, Lanham/Oxford 1999, S. 127–142.

Kempe, Iris: Russland am Wendepunkt: Die soziale Frage. Eine Untersuchung der russischen Sozialpolitik von 1991 bis 1996, Berlin 1996.

Keohane, Robert O.: The demand for international regimes, in: International Organization, 2/1982, S. 325–355.

Khartukov, Eugene M.: Changing tax system challenges producers and refiners in Russia, in: Oil and Gas Journal, special issue, 25.03.1996, S. 41–46.

Kirsch, Guy: Neue Politische Ökonomie, Düsseldorf 1997.

Kolčin, Sergej: Metamorfozy monopolii. Ili kak rossijskij neftegazovyj kompleks stanovitsja takovym na samom dele, in: Neft' Rossii, 5/2003, im Internet veröffentlicht unter: http://www.oilru.com/nr/116/2023.

Kolčin, Sergej: Nefteoligarchi i vlast': Nanajskaja bor'ba, in: Vlast', 11/2003, S. 20–26.

Kolčin, Sergej: Process peremen v rossijskom neftegazovom komplekse prodolžaetsja, in: Vlast', 10/2002, S. 38–44.

Kollman, Ken: Outside lobbying, Princeton 1998.

Kondrat'ev, Sergei: Urals Federal Okrug, in: Reddaway, Peter / Orttung, Robert W. (Hg.): The dynamics of Russian politics. Putin's reform of federal-regional relation, Volume I, Lanham, MD 2004, S. 187–211.

Kondrat'ev, Sergej: Vybory gubernatora Tjumenskoj Oblasti: Pobeda Severa nad Jugom, in: Vybory i problemy graždanskogo obščestva na Urale, Moskovskij Centr Karnegi, Moskau 2001, im Internet veröffentlicht unter: http://www.carnegie.ru/ru/news/243911kondratiev.doc.

Krjukov, V. A. / Sevast'janova, A. E. / Tokar'ev, A. N. / Šmat, V. V. (Hg.): Regional'nye aspekty reformirovanija nalogovoj sistemy v neftegazovom sektore Rossii, Novosibirsk 2001, S. 20–28.

Krjukov, V. A.: Institucional'naja struktura neftegazovogo sektora, problemy i napravlenija transformacii, Novosibirsk 1998.

Krjukov, V.A..: Gazovaja promyšlennost', in: Problemy prognozirovanija, 1/1998, S. 42–55.

Krjukov, V.A.: Diktatura nefti, in: Èko, 3/1999, S. 63–70.

Krjukov, V.A.: Institucional'naja struktura neftegazovogo sektora: Problemy i napravlenija transformacii, Novosibirsk 1998.

Krjukov, V.A.: Zakrytaja effektivnost', ili kak gosudarstvo pytaetsja upravlat' neftjanymi kompanijami, in: Èko, 9/2002, S. 19–37.

Krjukov, V.A: Začem nužna Rossii nacional'naja neftjanaja kompanija?, in: Èko, 4/1999, S. 2–10.

Kryukov, Valery / Moe, Arild: The new Russian corporatism? A case study of Gazprom, London 1996.

Kryukov, Valery A.: Interrelations between the state and large businesses in Russia, in: Oil & Gas Law & Taxation Review, 12/1999, S. 349–357.

Krueger, Anne: The political economy of the rent-seeking society, in: American Economic Review, 5/1974, S. 291–303.

Kryshtanovskaya, Olga / White, Stephen: From Soviet nomenklatura to Russian elite, in: Europe-Asia Studies, 5/1996, S. 711–733.

Kryštanovskaja, Ol'ga: Biznes-ėlita i oligarchi: itogi desjatiletija, in: Mir Rossii, 4/2002, Im Internet veröffentlicht unter http://www.socio.ru/wr/4-02/Kr.doc.

Kryshtanovskaya, Olga / White, Stephen: The rise of the Russian business elite, in: Communist and Post-Communist Studies, 3/2005.

Kryshtanovskaya, Ol'ga / White, Stephen: Losing power in Russia, in: The Journal of Communist Studies and Transition Politics, 2/2005, S. 200–222.

Kryschtanowskaia, Olga: Anatomie der russischen Elite. Die Militarisierung Russlands unter Putin, Köln 2005.

Kühne, K.: Zur ökonomischen Theorie der Bürokratie, in: Helmstädter, E. (Hg.): Neuere Entwicklung in den Wirtschaftswissenschaften, Berlin 1978, S. 609–632.

Kukolev, I.: Regional'nye ėlity: bor'ba za veduščie roli prodolžaetsja, in: Vlast', 1/1996, S. 46–52.

Kusznir, Julia / Mitrochin, Sergej: Die aktuelle Reform des fiskalischen Föderalismus in Russland, in: Höhmann, Hans-Hermann / Fruchtmann, Jakob / Pleines, Heiko (Hg.): Das russische Steuersystem im Übergang: Rahmenbedingungen, institutionelle Veränderungen, kulturelle Bestimmungsfaktoren, Bremen 2002, S. 230–245.

Kusznir, Julia: Wirtschaftsakteure in der regionalen Politik, in: Höhmann, Hans-Hermann / Pleines, Heiko / Schröder, Hans-Henning (Hg.): Nur ein Ölboom? Bestimmungsfaktoren und Perspektiven der russischen Wirtschaft, Münster 2005, S. 185–209.

Kusznir, Julia: Der Präsident und die Gouverneure: »New Deal«?, in: Russlandanalysen, 74/2005, im Internet veröffentlicht unter: http://www.russlandanalysen.de/content/media/Russlandanalysen74.pdf, S. 14–15.

Kusznir, Julia: Der Staat schlägt zurück. Wirtschaftliche Konsequenzen der Jukos-Affäre, in: Osteuropa, 7/2005, S. 76–87.

Kusznir, Julia: Die russische Territorialreform. Die Zusammenlegung von Regionen im politischen Kontext, in: Russlandanalysen, 90/2006, im Internet veröffentlicht unter: http://www.russlandanalysen.de/content/media/Russlandanalysen90.pdf, S. 2–8.

Kusznir, Julia: Fallstudie: Die Zusammenlegung der Region Tjumen mit zwei autonomen Bezirken, in: Russlandanalysen, 90/2006, im Internet veröffentlicht unter: http://www.russlandanalysen.de/content/media/Russlandanalysen90.pdf, S. 9–10.

Lane, David (Hg.): The political economy of Russian oil, Lanham/Oxford 1999.

Lane, David / Seifulmukov, Iskander: Structure and ownership, in: Lane, David (Hg.): The political economy of Russian oil, Lanham/Oxford 1999, S. 15–46.

Lane, David: Russia. The oil elite's evolution, divisions, and outlooks, in: Higley, John / Lengyel, György: (Hg.): Elites after state socialism. Theory and analysis, Lanham/New York 2000, S. 179–198.

Lankina, Tomila: President Putin's Local Government Reforms, in: Reddaway, Peter / Orttung, Robert W. (Hg.): The Dynamic of Russian Politics. Putin's Reform of Federal–Regional Relations, Vol. II, Lanham 2005, S. 145–177.

Lapina, Natalia / Tschirikova, Alla: Regionale Machtstrukturen, in: Schulze, Peter W. / Spanger, Hans-Joachim (Hg.): Die Zukunft Rußlands. Staat und Gesellschaft nach der Transformationskrise, Frankfurt 2000, S. 114–125.

Lapina, Natalia / Čirikova, Alla: Regional'nye élity RF: Modeli povedenija i političeskoj orientacii, Moskau 1999.

Lapina, Natalia / Čirikova, Alla: Strategii regional'nych élit: ékonomika, modeli vlasti, političeskij vybor, Moskau 2000.

Lapina, Natalia: Die Formierung der neuen rußländischen Elite. Probleme der Übergangsperiode, Berichte des BIOst, 7/1996, Köln.

Lapina, Natalia: Die rußländischen Wirtschaftseliten und Probleme der nationalen Entwicklung, Berichte des BIOst, 16/1997, Köln.

Lavrov, A. / Klimanov, V. / Oniščenko, V.: Perspektivy reform bjudžetnoj sistemy na regional'nom urovne, in: Ékonomist, 8/2001, S. 77–82.

Ljubimov, Aleksej: Istorija lobbizma v Rossii, Moskau 2005.

Ljuchterchandt-Michaleva, Galina: Partii v regionach i na municipal'nom urovne, in: Ryženkov, Sergej / Vinnik, Nikolaj (Hg.): Reforma mestnogo samoupravlenija v regional'nom izmerenii: Po materialam iz 21 regiona Rossijskoj Federacii, Moskau 1999, S. 134–148.

Luchterhandt, Otto: Der Aufbau der föderalen Vertikale, in: Brunner, Georg (Hg.): Der russische Föderalismus. Bilanz eines Jahrzehnts, Münster 2004, S. 241–280.

Magomedov, Arbachan: Političeskie élity rossijskoj provincii, in: Mirovaja ékonomika i meždunarodnye otnošenija, 4/1994, S. 72–79.

Magomedov, Arbakhan: Regional ideologies in the context of international relations, Working Paper, 12/2001, Eidgenössische Technische Hochschule Zürich.

Makarenko, Boris I.: Die Regionalparlamente zwischen Volksvertretung und Elitenkartell, in: Schulze, Peter W. / Spager, Hans-Joachim (Hg.): Die Zukunft Rußlands. Staat und Gesellschaft nach der Transformationskrise, Frankfurt 2000, S. 172–207.

Makarenko, Boris I.: Gubernatorskie ›partii vlasti‹ kak novyj obščestvennyj fenomen, in: Politija, 1/1998, S. 50–58.

Makarychev, Andrei S. / Valuev, Vasilii N.: External relations of Tatarstan: Neither inside, nor outside, but alongside Russia, Working Paper, 23/2002, Swiss Federal Institute of Technology Zurich.

Makfol, Majkl [McFaul, Michael] / Petrov, Nikolaj (Hg.): Političeskij al'manach Rossii 1997, Band I, Moskau 1998.

Makfol, Majkl [McFaul, Michael] / Petrov, Nikolaj (Hg.): Političeskij al'manach Rossii, Buch 2, Band II, Moskau 1998.

Mangott, Gerhard (Hg.): Zur Demokratisierung Russlands, Band 2. Leadership, Parteien, Regionen und Zivilgesellschaft, Baden-Baden 2002.

Maloveckij, Aleksandr V.: Investicionnaja politika neftjanych korporacij, Surgut / Moskau 2002.

Matsuzato, Kimitaka: From ethno-bonapartism to centralized caciquismo: Characteristics and origins of the Tatarstan political regime, 1990–2000, in: Journal of Communist Studies and Transition Politics, 14/2001, S. 43–77.

[Matsuzato, Kimitaka] Macuzato, Kimitaka (Hg.): Fenomen Vladimira Putina i rossijskie regiony. Pobeda neožidannaja ili zakonomernaja?, Moskau 2004, S. 312–366.

McAuley, Mary: Russia's politics of uncertainty, Cambridge 1997.

McCann, Leo: Globalisation and Post-socialist Development: The Tatarstan Variety of Capitalism, in: Post-Communist Economies, 3/2004, S. 349–362.

Merkel, Wolfgang / Sandschneider, Eberhard: Systemwechsel 4. Die Rolle von Verbänden in Transformationsprozessen, Opladen 1999.

Merkel, Wolfgang: Systemwandel. Defekte Demokratien, in: Merkel, Wolfgang / Busch, Andreas (Hg.): Demokratie in Ost und West. Festschrift für Klaus von Beyme, Frankfurt/Main 1999.

Michajlov, V.V. / Bažanov, V.A. / Farukshin, M. Ch. (Hg.): Osobaja zona: vybory v Tatarstane, Ul'janovsk 2000, im Internet veröffentlicht unter: http://www.democracy.ru/library/articles/tatarstan/.

Michajlov, Valentin: Tatarstan: Jahre der Souveränität. Eine kurze Bilanz, in: Osteuropa, 4/1999, S. 366–386.

Michaleva, Galina: Russlands regionale Oberhäupter: Von autonomen Akteuren unter Jelzin zu loyalen Dienern Putins, in: Bos, Ellen / Helmerich, Antje (Hg.): Zwischen Diktatur und Demokratie. Staatspräsidenten als Kapitäne des Systemwechsels in Osteuropa, Berlin 2006, S. 55–78.

Miljakov, N.V.: Nalogi i nalogoobloženie, Moskau 2000.

Mitchell, William C. / Munger, Michael C.: Economic models of interest groups, in: American Journal of Political Science, 2/1991, S. 512–546.

Mitrovaja, Tatjana / Pappė, Jakov: »Gazprom«: ot »bol'šoj truby k bol'šomu biznesu«, in: Pro et Contra, 2–3/2006, S. 73–85.

Mommsen, Margareta: Einflußgruppen in der russischen Exekutive, in: Höhmann, Hans-Hermann / Pleines, Heiko / Schröder, Hans-Henning (Hg.): Nur ein Ölboom? Bestimmungsfaktoren und Perspektiven der russischen Wirtschaftsentwicklung, Münster 2005.

Morozova, G.V. / Solomko, I.M.: Regional'nye bjudžety v uslovijach bjudžetnogo federalizma, Chabarovsk 2002, S. 8–50.

Moser, Nat / Oppenheimer, Peter: The oil industry: Structural transformation and corporate governance, in: Granville, Brigitte / Oppenheimer, Peter (Hg.): Russia's post-communist economy, Oxford 2001.

Moukhariamov, N. M.: The Tatarstan model: A situational dynamic, in: Stavrakis, Peter J. (Hg.): Beyond the monolith. The emergence of regionalism in post-Soviet Russia, Washington 2000, S. 213–232.

Mucharjamov, N.M. / Mucharjamova, L.M.: Tatarstan v uslovijach recentralizacii po-putinski, in: [Matsuzato, Kimitaka] Macuzato, Kimitaka (Hg.): Fenomen Vladimira Putina i rossijskie regiony. Pobeda neozhidannaja ili zakonomernaja?, Moskau 2004, S. 312–366.

Muchametšin, F.M. / Izmajlov, R.T. (Hg.): Suverennyj Tatarstan, Moskau 1997.

Muchin, Aleksej: »Gazprom« imperija i ee imperatory, Moskau 2001.

Muchin, A.A.: Kremlevskie vertikali. Neftegazovyj kontrol', Moskau 2006.

Neščadin, Andrej: Einheit der Reformen oder Reform der Einheit, in: Segbers, Klaus (Hg.): Rußlands Zukunft: Räume und Regionen, Baden-Baden 1994, S. 75–98.

Nies, Susanne: Die Einheitliche Sozialsteuer und die Reform des russischen Sozialversicherungssystems, in: Höhmann, Hans-Hermann / Fruchtmann, Jakob / Pleines, Heiko: Das russische Steuersystem im Übergang. Rahmenbedingungen, institutionelle Veränderungen, kulturelle Bestimmungsfaktoren, Bremen 2002, S. 298–313.

Nikolajev, I. / Kalinin, A.: Prirodnaja renta: cena voprosa (na primere neftjanoj otrasli), in: Obščestvo i ėkonomika, 12/2003, S. 75–107.

N.N.: Tatarstanskaja Model': Mify i real'nost', Kazan' 1997.

Noll, R.: The political foundations of regulatory policy, in: Zeitschrift für die gesamte Staatswissenschaft, 129/1983, S. 377–407.

Nugaev, R.A. / Jagudina, L.Š: Neftjanye resursy Respubliki Tatarstan: dobyča, realizacja, zapasy, in: Ėkonomičeskij vestnik Tatarstana, 4/2003, S. 5–12.

Nußberger, Angelika: Die Grundlagen des russischen Wahlrechts, in: Russlandanalysen, 5/2003, im Internet veröffentlicht unter: http://www.russlandanalysen.de/content/media/ Russlandanalysen5.pdf, S. 2–4.

Olkott, Marta (Olcott, Martha): Vladimir Putin i neftjanaja politika Rossii, Moskovskij Centr Karnegi, Rabočie materialy, 1/2005, im Internet veröffentlicht unter: www.carnegie.ru/ru/ pubs/workpapers/WP-2005-01-www.pdf.

Orttung, Robert W.: Business and politics in the Russian regions, in: Problems of Post-Communism, 2/2004, S. 48–60.

Panskov, V.G.: Nalogi i nalogoobloženie v Rossijskoj Federacii, Moskau 2001.

Pappė, Jakov Š.: Neftjanaja i gazovaja diplomatija Rossii, in: Pro et Kontra, 3/1997, S. 33–45.

Pappė, Jakov: Perspektivy rossijskogo neftjanogo sektora, Moskau 1998.

Pappė, J.Š.: »Oligarchi«: ėkonomičeskaja chronika 1992–2000, Moskau 2000.

Pappė, Jakov: Otnošenija federal'noj ėkonomičeskoj ėlity i vlasti v Rossii v 2000–2004 godach: tormoženie v centre i novaja strategija v regionach, in: Fruchtmann, Jakob (Hg.): Regional'naja ėlita v sovremennoj Rossii, Moskau 2005, S. 77–92.

Peregudov, Segej P.: Korporacii, obščestvo i gosudarstvo. Ėvolucija otnošenij, Moskau 2003.

Peregudov, Sergej P. / Lapina, Natal'ja / Semenenko, Irina, S.: Gruppy interesov i rossijskoje gosudartsvo, Moskau 1999.

Permjakova, Ol'ga: Est' tol'ko mig meždu prošlym i buduščim (vybory gubernatora 1996–2000), in: Vlast', 9/2000, S. 36–44.

Permjakova, Ol'ga: Tjumenskaja Oblast': vremja vybora ili bremja vyborov, in: Vlast', 4/2001, S. 46–53.

Perović, Jeronim: Die Regionen Russlands als neue politische Kraft, Bern 2001.

Perović, Jeronim: Regionalisierung unter Putin. Alte Muster und neue Trends, in: Osteuropa, 4/2002, S. 427–442.

Petrov, N. / Zapeklyj, A.: Respublika Tatarstan, in: Makfol, M. / Petrov, N. (Hg.): Političeskij al'manach Rossii 1997, Band II, Buch I; Moskau 1998, S. 229–253.

Petrov, Nikolaj (Hg.): Federal'naja Reforma 2000–2004, Tom II, Strategii, instituty, problemy, Moskau 2005, S. 161f.

Petrov, Nikolaj / Titkov, Aleksej / Glubotskij, Aleksandr: Tjumenskaja Oblast', in: Makfol, Majkl / Petrov, Nikolaj (Hg.): Političeskij Almanach Rossii, Buch 2, Band II, Moskau 1998, S. 938–952.

Petrov, Nikolaj: How Have the Presidential Envoys Changed the Administrative-Political Balance of Putin's Regime?, in: Reddaway, Peter / Orttung, Robert W. (Hg.): The Dynamic of Russian Politics. Putin's Reform of Federal–Regional Relations, Vol. II, Lanham 2005, S. 33–63.

Petrov, Nikolaj: Polpredy v sisteme federal'noj ispolnitel'noj vlasti, in: Petrov, Nikolaj (Hg.): Federal'naja reforma 2000–2004, Tom II. Strategii, instituty, problemy, Moskau 2005, S. 157–198.

Petrov, Nikolaj: Sovet Federacii i predstavitel'stvo interesov regionov v centre, in: Petrov, Nikolaj: Regiony Rossii v 1998 godu: Ežegodnoe priloženie k političeskomu al'manachu Rossii, Moskau 1999, S. 180–233.

Petrov, Nikolai / Slider, Darrell: Putin and the Regions, in: Herspring, Dale R. (Hg.): Putin's Russia. Past Imperfect, Future Uncertain, Lanham 2006, S. 237–258.

Petuchov, Vladimir V. / V'juniskij, Vladimir: Rol' ėkonomičeskich ėlit v formirovanii politiki novoj administracii prezidenta B. El'cina, Moskau 1996.

Pleines, Heiko / Schröder, Hans-Henning (Hg.): Jukos-Affäre. Russlands Energiewirtschaft und die Politik, in: Arbeitspapiere und Materialien, Forschungsstelle Osteuropa, 64/2005.

Pleines, Heiko / Westphal, Kirsten: Rußlands Gazprom. Teil I: Die Rolle des Gaskonzerns in der russischen Politik und Wirtschaft, Berichte des BIOst, 33/1999, Köln.

Pleines, Heiko: Aufstieg und Fall. Oligarchen in Russland, in: Osteuropa, 3/2004, S. 71–81.

Pleines, Heiko: Die Besteuerung der russischen Erdgasindustrie, in: Heinrich, Andreas / Pleines, Heiko: Steuerlast und Steuerverhalten russischer Wirtschaftsbranchen. Teil II, Besteuerung der russischer Öl- und Gasindustrie, in: Arbeitspapiere und Materialien, 28/2001, Forschungsstelle Osteuropa, Bremen, S. 36–48.

Pleines, Heiko: Sozialpartner, Oligarchen und graue Eminenzen. Zur Rolle nicht-staatlicher Akteure in wirtschaftspolitischen Entscheidungsprozessen, in: Höhmann, Hans-Hermann / Pleines, Heiko (Hg.): Wirtschaftspolitik in Osteuropa zwischen ökonomischer Kultur, Institutionenbildung und Akteursverhalten, Bremen 2003, S. 225–245.

Pleines, Heiko: Wirtschaftseliten und Politik im Russland der Jelzin-Ära (1994–99), Münster 2003.

Preuss Neudorf, Katharina: Die Erdgaswirtschaft in Rußland: Merkmale, Probleme und Perspektiven unter besonderer Berücksichtigung der Integration der russischen und der europäischen Erdgaswirtschaft, Köln 1996.

Radygin, A. / Entov, R.: Infosment prav sobstvennosti i kontraktnych objazatel'stv, in: Voprosy ėkonomiki 5/2003, S. 83–100.

Reddaway, Peter / Lapidus, W. / Ickes, Gail / Barry, W. / Saivetz, Carol / Breslauer, George: Russia in the Year 2003, in: Post-Soviet Affairs, 20/2004, S. 1–45.

Reddaway, Peter / Orttung, Robert W. (Hg.): The Dynamic of Russian Politics. Putin's Reform of Federal–Regional Relations, Vol. I, Lanham 2004.

Reddaway, Peter / Orttung, Robert W. (Hg.): The Dynamic of Russian Politics. Putin's Reform of Federal–Regional Relations, Vol. II, Lanham 2005.

Rigby, T.H.: Russia's provincial bosses: a collective career profile, in: Journal of Communist Studies and Transition Politics, 17/2001, S. 1–14.

Rivera, Sharon Werning: Elites in Post-communist Russia: A changing of the Guard?, in: Europe-Asia Studies, 3/2000, S. 413–432.

Ross, Cameron (Ed.): Regional politics in Russia, Manchester 2002.

Ross, Priscilla: Unkown Russian giant, in: Energy Economist, 12/1996, S. 15–18.

Rose-Ackerman, Susan: Corruption and government. Causes, consequences, and reform, Cambridge 1999.

Rutland, Peter: Introduction. Business and the state in Russia, in: Ders. (Hg.): Business and the state in contemporary Russia, Boulder 2001, S. 1–21.

Šafranik, J.K. / Krjukov, V.A.: Neftegazovye resursy v kruge problem, Moskau 1997.

Sagers, Matthew J.: The Russian natural gas industry in the mid-1990s, in: Post-Soviet Geography, 9/1995, S. 521–564.

Sagers, Matthew J. / Kryukov, Valerij A. / Shmat, Vladimir V.: Resource rent from the oil and gas sector and the Russian economy, in: Post-Soviet Geography, 7/1995, S. 387–425.

Salagaev, Alexander / Sergeev, Sergej: Kommentarij po rezul'tatam ėkspertnogo oprosa »Samye vlijatel'nye ljudi Rossii – 2003« v Respublike Tatarstan, in: Samye vlijatel'nye ljudi Rossii, Institut Situacionnogo analiza i novych technologij, Moskau 2003, S. 164–176.

Segbers, Klaus (Hg.): Rußlands Zukunft: Räume und Regionen, Baden-Baden 1994.

Schneider, Eberhard: Die Kompetenzabgrenzungsverträge zwischen der Föderation und den Föderationssubjekten: Dynamik und Asymmetrie, in: Brunner, Georg: Der russische Föderalismus. Bilanz eines Jahrzehnts, Münster 2004, S. 61–77.

Schröder, Hans-Henning (Hg.): Ökonomie-Kultur-Politik. Transformationsprozesse in Osteuropa. Festschrift für Hans-Hermann Höhmann, Bremen 2003, S. 310–324.

Schröder, Hans-Henning: Auf dem Weg zur einer neuen Ordnung? Der wirtschaftliche, soziale und politische Wandel in Russland von 1992 bis 2002, in: Hillenbrand, Olaf / Kempe, Iris (Hg.): Der schwerfällige Riese. Wie Russland den Wandel gestalten soll, Gütersloh 2003, S. 25–200.

Schröder, Hans-Henning: Elitenwechsel oder Elitenkonversion? Zur Rekrutierung russischer Eliten im Übergang vom Plan zum Markt 1988–1995, in: Meier, Christian / Pleines, Heiko / Schröder, Hans-Henning (Hg.): Ökonomie-Kultur-Politik. Transformationsprozesse in Osteuropa. Festschrift für Hans-Hermann Höhmann, Bremen 2003, S. 310–324.

Schröder, Hans-Henning: Mächte im Hintergrund: Die Rolle von »Familie« und »Oligarchen« im politischen Kräftespiel, in: Höhmann, Hans-Hermann / Schröder, Hans-Henning (Hg.): Russland unter neuer Führung. Politik, Wirtschaft und Gesellschaft am Beginn des 21. Jahrhunderts, Bremen 2001, S. 67–77.

Schulze, Peter W. / Spanger, Hans-Joachim (Hg.): Die Zukunft Rußlands. Staat und Gesellschaft nach der Transformationskrise, Frankfurt 2000.

Segbers, Klaus (Hg.): Explaining post-Soviet patchworks, Bd. 1, Actors and sectors in Russia between accommodation and resistance, Aldershot 2001.

Sergeev, Sergej: Političeskaja opozicija v sovremennoj Rossijkoj Federacii: federal'nyj i regional'nyj aspekty, Kazan' 2004, S. 311–323.

Sevastianova, Anastasia: Resource rent and regions: The case of the West Siberian oil and gas complex, in: Segbers, Klaus (Hg.): Explaining post-Soviet patchworks. The political economy of regions, regimes and republics, Bd. 3, Ashgate 2001, S. 123–137.

Sharafutdinova, Gul'naz / Magomedov, Arbakhan: Volga Federal Okrug, in: Reddaway, Peter / Orttung, Robert W.: The Dynamics of Russian Politics, S. 153–186.

Shevcova, Lilija: Putin's Russia, Washington 2005.

Shevtsova, Lilia: Russia's post-communist politics: Revolution or continuity?, in: Lapids, Gail I. (Hg.): The new Russia. Troubled transformation, Boulder 1995, S. 5–36.

Shlapentokh, Vladimir: The short time horizon in the Russian mind, in: Communist and Post-communist Studies, 38/2005, S. 1–24.

Shlapentokh, Vladimir: Wealth versus political power: the Russian case, in: Communist and Post-communist Studies, 37/2004, S. 135–160.

Shleifer, Andrei / Treisman, Daniel: Without a map. Political tactic and economic reform in Russia, Cambridge, MA 2000.

Slepcov, S.N.: Institut gubernatora v Rossii: tradicii i sovremennye real'nosti, Moskau 1997, S. 44–88.

Slider, Darrell: The Region's Impact on Federal Policy: The Federation Council, in: Reddaway, Peter / Orttung, Robert W. (Hg.): The Dynamic of Russian Politics. Putin's Reform of Federal–Regional Relations, Vol. II, S. 123–144.

Slinko, Irina / Yakovlev, Evgeny / Zhuravskaya, Ekaterina: Laws for Sale: from Russia, in: American Law and Economics Review, 1/2005, S. 284–318.

Smirnov, A.: Problemy regulirovanija neftegazovogo kompleksa Rossii, in: Obščestvo i ékonomika, 10/2003, S. 138–147.

Stavrakis, Peter J. / DeBardeleben, Joan / Black, J. L. / Koehn, Jodi (Hg.): Beyond the monolith. The emergence of regionalism in post-Soviet Russia, Baltimore 1997.

Stoner-Weiss, Kathryn: Local Heroes: The Political Economy Of Russian Regional Governance, Princeton, New York 1997.

Stoner-Weiss, Kathryn: Pričiny nepokornosti rossijskich regionov central'noj vlasti: in: Institut prava i publičnoj politiki (Hg.): Strana posle kommunizma: gosudarstvennoe upravlenie v novoj Rossii, T. 2, Moskau 2004, S. 60–88.

Stykow, Petra: Staat, Verbände und Interessengruppen in der russischen Politik, in: Merkel, Wolfgang / Sandschneider, Eberhard: Systemwechsel 4. Die Rolle von Verbänden in Transformationsprozessen, Opladen 1999, S. 137–179.

Stykow, Petra: Staat und Wirtschaft in Russland. Interessenvermittlung zwischen Korruption und Konzertierung, Wiesbaden 2006.

Tankaev, R.U. / Avramenko, N.V. / Musin, K.A.: Sidanko, Moskau 1996.

Thomas, Matthew: Surgutneftegaz, ING Barings Russian Research, London 2000.

Titkov, Aleksej / Muchin, Aleksej: Jamalo-Neneckij avtonomnyj okrug, in: Političeskij al'manach Rossii, Buch 2, Band II, Moskau 1998, S. 1081–1089.

Tokarev, Anatolij: Analiz struktury dochodov rentnogo charaktera v neftjanom sektore Rossii: učet interesov syr'evych regionov, in: Krjukov, Valerij / Sevast'janova, Anastasija (Hg.): Neftegazovyj sektor Rossii v teorii i na praktike, Novosibirsk 2003, S. 73–105.

Tokarev, Anatolij: Nalogovoe regulirovanie neftegazovogo sektora: regional'nye aspekty, Novosibirsk 2000.

Tompson, William: The political implications of Russia's resource-based economy, Paper from ICCEES Congress (Manuskript), 25.07–30.07.2005.

Troschke, Manuela: Die Energiewirtschaft Russlands im Transformationsprozess. Eine ökonomische und politische Analyse, München 1999.

Trunin, I. / Zolotarova, A.: Bjudžetnyj federalizm v Rossii: problemy, teoria, opyt, Moskau 2001, im Internet veröffentlicht unter: http://www.jet.ru/special/cepra/federalizm/federa lizm. html-1K-02.10.2001.

Tulejev, A. M.: Političeskoe liderstvo v sovremennoj Rossii. Regional'nyj rakurs, Moskau 2000.

Tullock, Gordon: The politics of bureaucracy, Washington 1965.

Tullock, Gordon: The welfare costs of tariffs, monopolies, and theft, in: Western Economic Journal, 3/1967, S. 224–232.

Turovskij R.F.: Centr i Regiony. Problemy političeskich otnošenij, Moskau 2006.

Urban, Franz / König, Thomas: Informationsaustausch in politischen Netzwerken, in: Jansen, D. / Schubert, K. (Hg.): Netzwerke und Politikproduktion, Marburg 1995, S. 111–131.

Verchovskij, Ilja: Kommentarij po rezul'tatam ėkspertnogo oprosa »Samye vlijatel'nye ljudi Rossii – 2003« v Chanty-Mansijkom Avtonomnom Okruge, in: Samye vlijatel'nye ljudi Rossii, Institut Situacionnogo analiza i novych technologij, Moskau 2003, S. 676–682.

Vulfovič, Anatolij: Tjumenskaja oblast': godovščina vyborov gubernatora i vybory oblastnoj dumy, im Internet veröffentlicht unter: http://www.igpi.ru/monitoring/1047645476/1998/0298/72.html.

Walker, Edward W.: The dog that didn't bark: Tatarstan and asymmetrical federalism in Russia, in: The Harriman Review, 4/1996, S. 1–35.

Westphal, Kirsten: Russische Energiepolitik. Ent- oder Neuverflechtung von Staat und Wirtschaft?, Baden-Baden 2000.

Wiest, Margarete: Russlands schwacher Föderalismus und Parlamentarismus. Der Föderationsrat, Münster 2003.

Wollmann, Helmut / Wiesenthal, Helmut / Bönker, Frank (Hg.): Transformation sozialistischer Gesellschaften: Am Ende des Anfangs, Leviathan Sonderheft, 15/1995, Opladen.

Yakovlev, Evgeny / Zhuravskaya, Ekaterina: State Capture: From Yeltsin to Putin, CEFIR Working Paper, 52/2005 (www.cefir.ru).

Yakovlev, A: Evolution of Business-State Interaction in Russia: from State Capture to Business Capture?: working paper, WP1/2005/02, im Internet veröffentlicht unter: http://www.hse.ru/science/preprint/WP1_2005_02.pdf.

Zaslavskij, S.E. / Nefedova, T.I.: Lobbizm v Rossii: istoričeskij opyt i sovremennye probemy, in: Pravo i politika, 2/2000.

Zasurskii, Ivan: Mass media between political instrumentalization, economic concentration and global assimilation, in: Segbers, Klaus (Hg.): Explaining post-Soviet patchworks, Bd. 1, Actors and sectors in Russia between accommondation and resistance, Aldershot 2001, S. 201–227.

Zasurskij, Ivan: Politika, den'gi i pressa v sovremennoj Rossii, in: Svobodnaja Mysl', 10/1996, S. 3–18.

Ziener, Gert: Fiskalische Ansätze zur Gewinnung notwendiger Auslandsinvestitionen für die Erdölwirtschaft Russlands, in: Osteuropa-Wirtschaft, 2/2002, S. 118–134.

Zubarevič, Natalja: Prišel, uvidel, pobedil? Krupnyj biznes i regional'naja vlast', in: Pro et Contra, 7/2002, veröffentlicht im Internet unter: http://pubs.carnegi.ru/p&c/Vol7-2002/1/07nz.asp.

Zubarevič, Natalja: Zony vlijanija krupnych korporacij v rossijskich regionach, in: Fruchtmann, Jakob (Hg.): Regional'naja élita v sovremennoj Rossii, Moskau 2005, S. 93–113.

Journalistische Berichterstattung

Akopov, Piotr: Nižnevartovsk: ochota na mera, in: Nezavisimaja Gazeta – Regiony, 1/1999, S. 1f.

Anisimov, Nikolaj: »Ėti vybory – moja bitva s oligarchami.« Interv'ju s Gubernatorom Leonidom Rokeckim, in: Zavtra, 09.01.2001, im Internet veröffentlicht unter: http://zavtra.ru/cgi/veil/data/zavtra/01/371/21.html.

Antonov, Vitalij: Složnej dlja politikov – lučše dlja graždan. Interview mit Leonid Rokezkij, in Trud, 07.12.2000, S. 1, 3.

Barachova, Alla / Tirmaste, Maria-Luisa: Dmitrij Kozak spustil prezidentov s gor na zemlju, in: Kommersant'', 24.09.05, im Internet veröffentlicht unter: http://www.kommersant.ru/doc.html?docId=611855.

Bazina, Galina: Novatek opasen dlja Gazproma, in: Gazeta.ru, 05.05.2005, im Internet veröffentlicht unter: http://www.gazeta.ru/2005/05/05/oa_156807.shtml.

Belimov, Viktor: Tjumenskaja integracija polučila vtoroe dychanie, 17.09.2001, im Internet veröffentlicht unter http://www.strana.ru/topics/125/01/09/17/60073.html.

Borisov, Nikolaj / Derbilova, Ekaterina / Nikol'skij, Aleksej: Čtoby zaščitit' »Novatek« uchodit v otstavku vice-gubernator JaNAO Iosif Levinzon, in: Vedomosti, 30.06.2005, S. 4.

Browning, Lynnley: Court rules Rosneft to keep control of Purneftegaz, in: Moscow Times, 03.09.1996.

Butrin, Dmitrij: Ne tak slivalis', in: Kommersant'', 01.12.2003, S. 1.

Bušujeva, Julia: »Itera« možet lišitsja gaza, in: Vedomosti, 02.07.2001, S. 3.

Debilova, Ekaterina: »Gazprom« vozmet $12 mlrd na pokupku »Sibnefti«, in: Vedomosti, 20.09.2005, S. 1.

DeLay, Jennifer: Russian government's transfer of PSA responsibility essentially meaningless, in: FSU Oil & Gas Monitoring (NewsBase), 14/2004, S. 4.

Doroveev, Ilja / Baranov, Alexandr: Rosneft': vse ešče vperedi, in: Interfax-AiF, im Internet veröffentlicht unter: http://www.icsmir.ru/aif97/aifask33.asp?slprod=1076.

Drankina, Ekaterina: Kreking gorjučich monstrov, in: Expert, 17.01.2000, S. 54–56.

Faroukshin, Midkhat: Tatarstan's government reshuffle lacks transparency, in: Russian Regional Report, 30.07.1998, S. 13–15.

Faroukshin, Midkhat: Tatarstan's leadership reshuffle shows incipient pluralism, in: Russian Regional Report, 04.06.1998, S. 10–11.

Faroukshine, Midkhat: Tatarstan's oil has already been divided up, in: Russian Regional Report, 13.11.1997, S. 12.

Faroukshine, Midkhat: Regional authoritarianism flourishes in Tatarstan, in: Russian Regional Report, 06.11.1997, S. 5–7.

Fokina, Ekaterina: Poperek bat'ki k gazu ne lez', in: Profil, 26/2005, S. 16f.

Gel'man, Moisej: Dobyča vlasti iz neftjanoj skvažiny, in: Novaja Gazeta, 18.11.2002, S. 3.

Glatter, Peter: Elections deepen split in Tyumen oblast, in: Russian Regional Report, 24.04.1997, S. 1–4.

Gogolev, Andrej: Popravljaja brov' ne vykoli glaz, Interv'ju s Presidentom Respubliki Tatarstan M. Šajmievym, in: Kommersant''-Vlast', 7/2001, S. 53.

Golovkov, Aleksandr: Neprostota vlasti, in: Nezavisimaja Gazeta, 30.03.2000, S. 10, 12.

Gorst, Isabel: Rosneft Looks to the Far East to Begin its Comeback, in: Petroleum Economist, 5/1997, S. 154f.

Grušina, Natalja: Regional profile: Republic of Tatarstan, in: Russian Regional Report, 05.02.1997, S. 7–9.

Henderson, James / Saliterman, Scott / Satskov, Eugene: Surgutneftegaz, Renaissance company profile, Moskau 1998.

Idiatullin, Šamil': Demokratija pachnet neft'ju. Tatarstan gotov zaščiščat' svoj osobyj status vzaimootnošenij s federal'nym centrom, in: Neftegazovaja vertikal', 12/1999, S. 21–23.

Igrukov, Nikolaj: Snova na starte. »Itera« vstupaet v novuju fazu razvitija, in: Neft' i kapital, 7–8/2002, im Internet veröffentlicht unter: http://www.oilcapital.ru/main_print.asp?IDR=2331.

InfoSuperbroker: Po trebovaniju Rosnefti arestovany 20% akcij Sibnefti, in: Superbroker. ru, 7.7.2005, im Internet veröffentlicht unter: http://www.superbroker.ru/cc/comments. aspx?cc=1093.

Ivanov, Achmet: Respublika Tatarstan v dekabre 1996 goda, vypusk fevral' 1997, im Internet veröffentlicht unter: http://www.igpi.ru/monitoring/10476454767/1996/12967/16.html.

Ivkin, Sergej / Perminova, Irina: Panichida po matreške, in: Ėkspert-Ural, 10.05.2004, im Internet veröffentlicht unter: http://www.mfit.ru/local/pub_4_191.html.

Jablonskij, Nikolaj / Kulešov, Igor': Tjumenskij Kompromiss, ChMAO i JaNAO zaplatjat za samostojatel'nost' 100 milliardov rublej, in: Kommersant"-Region Ekaterinburg, 10.07.2004, S. 3.

Ettner, Hagen: Putin und Matrjoschkas – das Ende des russländischen Föderalismus, in: Ost-West Gegeninformationen, 1/2006, S. 26–30.

Kajdalova, Elena: Tjumenskie Druz'ja Solonika, in: Novaja gazeta, 06.03.2000, S. 3.

Kalašnikova, Marina: »Putin chočet imet' sil'nuju vlast', kak v Tatarstane.« Interview mit Präsident Šajmiev, in: Respublika Tatarstan, 05.12.2000, S. 1f.

Karasev, Valerij: Gosudarstvo vse vremja pytaetsja izymat' mifičeskie sverchpribyli, in: Neft' i kapital, 6/2000, S. 34–38;

Kladkova, L.: Bitva za Rosneft'. Drang nach Osten, in: Profil', 36/1997, S. 18–21.

Kolčin, Sergej: Ternistoj tropoj konsolidacii idut veduščie kompanii rossijskoj neftjanki, in: Neft' Rossii, 2/2003, im Internet veröffentlicht unter: http://www.oilru.com/nr/110/1883/.

Korneeva, Tatjana: Obezdolennyj zavod, in: Kommersant"-Kazan', 24.08.2005, im Internet veröffentlicht unter: http://www.kommersant.ru/region/kazan/page.htm?year= 2005&issue=157&id=12664....

Korneeva, Tatjana: Taif vozglavila tatarskuju neftechimiju, in: Kommersant", 24.11.2005, im Internet veröffentlicht unter: http://www.kommersant.ru/doc.html?DocID=62 9326&IssueId=23569

Kornyševa, A.: Dekret o podzemel'e, in: Kommersant"-Vlast', 10.–16.02.2003, S. 36–39.

Kovalev, Anatolij: O klane Šajmieva zamolvite slovo. Komu Duma dala šans na beskonečnoe pravlenie, in: Novaja Gazeta, 18.12.2000, S. 1, 15

Kučin, Andrej: Neelov stučitsja v »Gazprom«, in: Nakanune, 16.01.2004, im Internet veröffentlicht unter: http://www.nakanune.ru/news/neelov_stuchitsja_v_ gazprom.

Kudrin, A.L.: Ob itogach ispolnenija federal'nogo bjudžeta za 2000 g. i zadačach organov finansovoj sistemy RF za 2001 g. i na srednesročnuju perspektivu, im Internet veröffentlicht unter: http://www1.minfin.ru/off_inf/kudrin.htm.

Lakedemonskij, Aleksandr: Vremja Jastrebov, in: Expert-Ural, 9/2003, S. 8f.

Landes, Adam / Metnev, Vladislav: Gazprom: the dawning of a new valuation era: re-initiation of coverage. Renaissance Capital Russia, Russia Oil & Gas Yearbook, 2002, S. 15.

Landes, Adam / Metnev, Vladislav: Russian Oil & Gas Yearbook: Date Mining, 25.07.2002, Renaissance Capital Research, Moskau (pdf), S. 139–143.

Leonov, Oleg: Mintimer Šajmiev gotovit sebe vychodnoje posobie, in: RBC Daily, 22.03.2003, im Internet veröffentlicht unter: http://www.aksionbkg.ru/library/91/112/?_9432 =10031&print=yes.

Locatelli, C.: The Russian oil industry restructuration: towards the emergence of western type enterprises?, in: Energy Policy, 27/1999, S. 435–449.

Lubash, D.: Tatneft – Company reports Merill Lynch capital markets, New York 1999.

Lurje, Oleg: Dve istorii iz žizni mamy Rokki, im Internet veröffentlicht unter: http://gubernator.narod.ru/publication.html.

Lysova, Tatjana / Nogina, Anna: Dvulikij Jukos, in: Expert, 14.09.1998, S. 38–40.

Makarkin, Aleksej: Bol'shaja sem'ja »Sibura« ili Goldovskij i drugie, in: Politkom.ru, 10.01.2002, im Internet veröffentlicht unter: http://www.politcom.ru/2002/aaa_skandal3.php.

Makarkin, Sergej: Sergej Sobjanin – rukovoditel' administracii prezidenta, in: Politkom.ru, 13.12.2005, im Internet veröffentlicht: http:www.politkom.ru/2005/amalit280.php.

Makarov, Igor: »Itera« – odin iz krupnejšich v SNG postavščikov gaza, in: Meždunarodnaja Žizn', 3/2000, S. 65–71.

Malinin, Valentin: Gazovyj blef »Novateka«, 24.05.2005, im Internet veröffentlicht unter: http://web.compromat.ru/main/mix/novatek.htm.

Michajlov, Leonid: Kuda tekut milliardy Urengoja, in: Soveršenno sekretno, 6/2000, im Internet veröffentlicht: http://www.sovsekretno.ru/2000/06/1.html.

Michajlov, Leonid: Schvatilas' mat': obobrali ee dočki, in: Rossijskaja Gazeta, 19.02.2002, S. 3.

Micheev, Sergej: Šajmievu i Putin ne pomecha, 30.08.2002, im Internet veröffentlicht unter: http://www.politcom.ru/2002/p_region10.php.

Mints, Natalya: Latyshev and the Ural media, in: Russian Regional Report, 04.10.2000, S. 6.

Mints, Natalya: Latyshev taking real power from governors in Urals, in: Russian Regional Report, 21.11.2000, S. 6f.

Mokrousova, Irina: Gazprom ostaetsja na Jamale, in: Kommersant'', 31.01.2002, im Internet veröffentlicht unter: http://www.kommersant.ru/doc.aspx?DocsID=308365.

Mokrousova, Irina / Rybal'čenko, Irina: »Gazprom« našel podchod k sibirskoj dočke, in: Kommersant'', 23.01.2002, S. 4.

Morozov, Oleg: Šajmiev, Mintimer: My dolžny imet' aktivnye ryčagi vlijanija na federal'nom urovne, 17.11.2003, im Internet veröffentlicht unter: http://www.morozov-ov.ru/index_2.php?id=50.

Mulin, Sergej: Leonid Rokeckij protiv popytki razdelit' Oblast', in: Nezavisimaja gazeta, 28.09.1996, S. 4.

Muslimov, Renat: Tatarstan's oil and gas policies. Why fix it if it ain't broken?, in: Oil and Gas Eurasia, 10/2003, S. 13f.

N.N.: Uvatskij Projekt, in: Oilcapital.ru, 22.07.2004, im Internet veröffentlicht unter: http://www.oilcapital.ru/info/projects/63395/private/63407.shtml.

N.N.: Tatarstan seeks foreign investment, in: Russian Regional Report, 28.08.1996, S. 6.

N.N.: Tatarstan's Constitution amended, in: Russian Regional Report, 04.12.1996, S. 3.

N.N.: Jamalo-Neneckij AO. Jurij Neelov gotovitsja podpisat' soglašenija s »Gazpromom«, »Lukoilom«, »Siburom«, in: Volgainform.ru, 14.09.2002, im Internet veröffentlicht unter: http://www.volgainform.ru/allnews/53976.

LITERATURVERZEICHNIS

N.N.: Genprokuratura RF iniciirovala proverku odnoj iz krupnejših kompanij respubliki – OAO Tataro-amerikanskie investicii i finansy (TAIF), 19.03.2004, im Internet veröffentlicht unter: http://gazeta.etatar.ru/news/view/10/5221.

N.N.: Putin proizvel perestanovki w administracii, in: Info-Kommersant'', 14.11.2005.

N.N.: »Itera« ustroila rasprodažu. Ona izbavilas' ot svoej doli v dvuch gazodobyvajučših predprijatijach, in: Vedomosti, 27.12.04, S. 4.

N.N.: Administracija Tjumenskoj oblasti i AOA »Sibur« podpisala dogovor o sotrudničestve, in: Rosbalt.ru, 11.3.2004, im Internet veröffentlicht unter: http://www.rjb.ru/gnews.cgi?lang=ru&id=1079002268&city=26.

N.N.: Perspektivy razvitija neftechimii i dobyči nefti i gaza na Juge Tjumenskoj oblasti, in: Novosti www.oilru.com, 05.06.2002, im Internet veröffentlicht unter: http://www.oilru.com/news/11988/.

N.N.: Vopreki rossijskomu zakonodatel'vu v novyj sostav vojdut aborigeny, in: Uralpolit.ru, 14.09.2004, im Internet veröffentlicht unter: http://www.uralpolit.ru/yanao/news/?art=9711.

N.N.: AOA »Gazprom« vykupil u MGK »Itera« 32% akcij ZAO »Purgaz«, in: RBC-News, 02.04.2002, im Internet veröffentlicht unter: http://www.relcom.ru/Right?id=20020402190451.

N.N.: Aleksander Filipenko: »»Jugra‹ utračivajet političeskuju sostavljuščuju«, 25.11.2003, in: http://www.nakanune.ru/?page=news&id=3072&topic=13&&c_year=20 03&c_month=1.

N.N.: Gubernator Tjumenskoj Oblasti Leonid Rokeckij podpisal rasporjaženie, kotorym udvletvoril zajavlenie ob ostavke gubernatora Valerija Pervušina, 19.01.2000, im Internet veröffentlicht unter: http://www.yamal.ru/new/news/000119.htm.

N.N.: Gubernatora ChMAO prinjali v partiju, in: Info-Jugra-TV, 17.09.2003, im Internet veröffentlicht unter: http://www.ugra-tv.ru/news/readnews.php?nn=1882.

N.N.: Kak Tatarstan ispol'zoval kompaniju »Tatneft'«, in: Zvezda Povolžja, 06.10.1999, im Internet veröffentlicht unter: http://dpcom.narod.ru/199939/ddddd.htm.

N.N.: Kak zaprjagali »temnuju lošadku«, in: Kompanija, 24.01.2005, im Internet veröffentlicht: http://www.prsp.ru/press/pub.html?con=20050124.

N.N.: Kovarstvo i ljubov'. Učrediteli Nižnekamskogo NPZ snova ne mogut dogovoritsja, in: Neft' i Kapital, 11/2003, S. 21–25.

N.N.: Prokuratura zakryvaet »jamal'skij košelek«, in: Ėkspert-Ural, 24/2005, S. 3f.

N.N.: Licenzii na razrabotku neftegazovych mestoroždenij na Jamale budut poluč at' tol'ko ispravnye nalogoplatel'ščiki, in: Businesspress.ru, 14.03.2001, im Internet veröffentlicht unter: http://www.businesspress.ru/newspaper/article_mId_36_ald_57820.html.

N.N.: »Lukoil« i »Tatneft'« menjajutsja benzozapravkami, 28.09.2003, im Internet veröffentlicht unter: http://www.neftemarket.ru/info-press-view.htm?id=937&month=09 &year=2003.

N.N.: Tatarskie dvorniki i vrači rabotajut na »Edninuju Rossiju«, in: Grani.ru, 24.11.2003, im Internet veröffentlicht unter: http://www.rb.kolokol.ru/Politics/Russia/Elec tion/m.51745.html.

N.N.: V »Tatnefti« stanet bol'še nezavisimych direktorov, in: Gazeta.Etatar.ru, 07.02.2005, im Internet veröffentlicht unter: http://gazeta.etatar.ru/news/print/11036.

N.N.: TNK-BP Earmarks US$2 Billion Investment for Tyumen Region, in: FSU Oil&Gas Monitor, Newsbase.com, Nr.29 vom 21.07.2004, S. 9.

Nash, Ronald / Jacob, Harmut / Moisseev, Alexei: The economics of tariff reform, Renaissance Capital, 10.07.2002, S. 16–18. (pdf).

Naumova, Veronika / Kolunin, Vladimir: Jamal – samostojatel'naja territorija unikal'noj oblasti, in: Tjumenskie izvestija, 22.09.1997, S. 2.

Neelov, Jurij: Bolezni rosta golodom nie lečat. JaNAO za spravedlivye i stabil'nye zakony, in: Neftegazovaja vertikal', 6/2000, S. 24–27.

Nikolaev, Jurij / Alekseeva, Natalia: Šajmievu dobavili srok. Samyj nepokornyj iz glav regionov stanovitsja naznačencem, in: Izvestia, 18.03.2005, S. 2.

Nikolaev, Valerij / Sotnikov, Nikolaj: Kupite sebe neftjanuju skvažinu, in: Uralpolit vom 19.11.2003, im Internet veröffentlicht unter: http://www.uralpolit.ru/hmao/?article_id=8329.

Nolinskij, Andrej: Uvatskij Projekt TNK: urezannye plany, nejasnye perspektivy zaklučenia SPS, in: Rus.Energy.com, 06.07.2001, im Internet veröffentlicht unter: http://www.rusenergy.com/projects/a06072001.htm.

Novosti Tatnefti: Rustam Minninchanov: V kanun svoego 1000-letija Kazan' dolžna brat' primer podgotovki prazdnika s al'met'evcev!, in: Regional'nyj express, 06.08.2003, im Internet veröffentlicht unter: http://r-express.infoglobal.ru/number/tatneft/?ID=59.

Orttung, Robert: Tyumen re-elects Roketskii, in: Russian Regional Report, 15.01.1997, S. 2.

Ovruckij, L.:»Maj-98: dva goda spustja«. Interv'ju s Muchammatom Sabirovym, in: Zvezda Povolžja, 14–18.05.2000, S. 2.

Pal'janova, Svetlana: Tjumenskaja oblast': odin ili tri sub"ekta Federacii?, Analitičeskoe issledovanie, 05.02.2003, im Internet veröffentlicht unter: http://www.avk.ru/siteDatabase.nsf/v0/1EF2B43CF7EB1799C3256CC50044826D/$File/Tumen.pdf.

Paretskaya, Anna: Constitutional court rules on Tyumen's dispute with its Autonomous Okrugs, in: Russian Regional Report, 17.07.1997, S. 3.

Petrov, Nikolaj: Naznačenija gubernatorov. Itogi pervogo goda. Brifing Moskovskogo Centra Karnegi, 3/2006, im Internet veröffentlicht unter: http://www.carnegie.ru/ru/pubs/briefings/Briefing-2006-03-web2.pdf.

Petrov, Nikolai: Undercutting the Senators, in: The Moscow Times, 30.05.2006, S. 11.

Pleines, Heiko: Russia's oil companies and the present crisis. Part 3 Yukos in deep trouble, in: FSU Oil & Gas Monitor (NewsBase), 09.02.1999.

Pleines, Heiko: Russia's oil companies and the present crisis. Part 4. Tyumenneft. Is good management enough? in: FSU Oil & Gas Monitor (NewsBase), 16.02.1999.

Pleines, Heiko: Russia's oil companies and the current crisis. Part 8. Sibneft struggling to survive, in: FSU Oil & Gas Monitor (NewsBase), 09.03.1999.

Pleines, Heiko: Russia's oil companies and the present crisis. Part 8. Is no news really good news?, in: FSU Oil & Gas Monitor (NewsBase), 16.03.1999.

Pleines, Heiko: Russia's oil companies and the current crisis. Part 9. Rosneft, the government's plaything, in: FSU Oil & Gas Monitor (NewsBase), 23.03.1999.

Pleines, Heiko: Russia's oil companies and the current crisis. Part 10. To be or not to be, in: FSU Oil & Gas Monitor (NewsBase), 06.04.1999.

Pleines, Heiko: Scrutinizing the Gazprom-Itera relationship, in: NewsBase, FSU Oil & Gas Monitor, Nr. 5, 06.02.2000.

Pokrovskij, Sergej: Poputnyj gaz i štrafy, im Internet veröffentlicht unter: http://www.cogene ration.ru/art/alt_fuel/png.html.

Polozov, Aleksander: Malyj TEK Jamala rodil »Sojuzgaz«, in: Strana.ru, 24.11.2001, im Internet veröffentlicht unter: http://www.strana.ru/topics/189/01/10/24/75986.html.

Polozov, Aleksandr: Četyre masti Tjumenskoj vlasti, Sovmestnyj specproekt ėkspertnogo kanala »UralPolit.Ru« i gazety »Glavnyj sovetnik«, 02.06.2004, im Internet veröffentlicht unter: http://www.uralpolit.ru/tumen/?art=4504.

Postnova, Vera: Černaja dyra. 20 tysjač neftjanikov Tatarstana ostanutsja bez raboty, in: Nezavisimaja gazeta,16.03.2002, S. 1, 4.

Pravosudov, Sergej: Syr'evye regiony kritikujut pravitel'stvo, in: Nezavisimaja gazeta, 01.02.2001, S. 4.

Press-Služba Gubernatora: Postanovlenie o nadelenii polnomočijami gubernatora JaNAO vručen, in: Severnyj Luč, 18.3.2005, im Internet veröffentlicht unter: http://sl.yamal.ru/ materials/government/2005/03/18/ic19j1p78w.mtml.

Pushkarev, Sergei: Latyshev build new structures in Ural federal district, in: Russian Regional Report, 10.01.2001, S. 7f.

Ratnovsky, Lev: Taxation system and export duties. Weekly analytical report, 24.04.2000, Institut for Financial Studies, S. 1–4.

Regional'nye voždi vozvrasčajutsja. Interv'ju Marii Kalašnikovoj s Prezidentom Respubliki Tatarstan M. Šajmievym, in: Nezavisimaja Gazeta, 28.11.2001, S. 3.

Resnik, Irina:»Fraza ›vozvrat aktivov‹ nanosit vred strane«, Interv'ju Igorja Makarova Prezidenta gruppy Itera, in: Vedomosti, 09.07.2002, S. 3.

Reznik, Irina:»Zapsibgazprom« pod kontrolem, in: Vedomosti, 25.03.2002, S. 4.

Reznikov, Konstantin: Effect of tax changes on oil companies, Alfa Bank, 07.12.2000.

Rybal'čenko, I.: Minprirody atakuet licenzii, in: Kommersant'', 11.01.2002, S. 3.

Ryčkova Larisa: Byvšego direktora »Juganskneftegaza« neubeditel'no opravdali, in: Kommersant'', 18.8.2005, S. 1.

Ryčkova, Larisa: Tjumenskuju Oblast' vozglavil preemnik Sergeja Sobjanina, in: Kommersant'', 26.5.2005, S. 2.

Sapožnikov, Petr / Kiseleva, Elena: Rukovodstvo »Bajkalfinansgrupp« objavleno v rozysk, in: Kommersant'', 21.12.2004 S. 5.

Sasaki, Ritsuko: Oil Factor in Tiumen election, in: Russian Regional Report, 13.11.1996, S. 3.

Ščupko, G.: Zdes' možno delat' ljuboj biznes, in: Expert, 13/2002, S. 79–86.

Sergeev, Petr:»Rosneft'« konsolidiruet aktivy, no ne terjaet status krupnejšej neftjanoj kompanii, Agenstvo SMI, 16.04.1999, im Internet veröffentlicht unter: http://www.smi. ru/01/04/16/141641.html.

Sidorov Nikolaj: Neobchodim balans interesov. »Sibur« pytajetsja zakrepit' svoju monopoliju na ispol'zovanie poputnogo gaza, in: Nezavisimaja Gazeta, 02.11.2000, S. 4.

Sikaramova, Anžela: Jukos snabžajet vsju Rossiju, in: Nezavisimaja Gazeta, 18.10.2003, S. 3.

Širjaeva, Natalja: Ja – mal?, in: Profil, 27/2001, S. 16f.

Sitnikova, Marina: Ne kočegary my, in: Profil', 46/2000, im Internet veröffentlicht unter: http://www.profile.ru/items/?item=5220.

Skorobogat'ko, Denis / Grib, Natalia: Sibneft' dobyča. Rossija ne požalela $13 mlrd. za delo žizni Abramoviča, in: Kommersant", 29.09.2005, S. 1f.

Skorobogat'ko Denis / Butrin, Dmitrij: »Jugansk« kupili ljudi iz »Londona«, in: Kommersant", 20.12.2004, S. 1,3.

Sobakina, Darja: Ural'skie mužiki deržat guberniju, in: Politkom.ru, 27.05.2002, im Internet veröffentlicht unter: http://www.politcom.ru/2002/spec_pr2.php.

Sokolinskaja, N. I.: Biznes-karta-98. Promyšlennost'. Bd. II. Gornodobyvajuščaja promyšlennost'. Rossija, Moskau 1998.

Sotnik, Vitalij: Bez 5 Minut naznačenec Filipenko, in: Uralpolit vom 21.02.2005, im Internet veröffentlicht unter: http://www.uralpolit.ru/hmao/art=18674.

Sotnik, Vitalij: Četyre masti jamal'skoj masti. Sovmestnyj specpro"ekt ékspertnogo kanala »UralPolit.Ru« i gazety »Glavnyj sovetnik«, 18.02.2004, im Internet veröffentlicht unter: http://www.uralpolit.ru/projects/?art=1491.

Sotnik, Vitalij: Četyre masti jugorskoj vlasti. Sovmestnyj specpro"ekt ékspertnogo kanala »UralPolit.Ru« i gazety »Glavnyj sovetnik«, 26.02.2004, im Internet veröffentlicht unter: http://www.uralpolit.ru/projekts/?art=1643.

Sotnik, Vitalij: Duma prinjala okolo 60 zakonov, posvjaščennych probleme VMSB, 17.5.2004, im Internet veröffentlicht unter: http://www.uralpolit.ru/hmao/news/?art=3932.

Sotnik, Vitalij: Jamal: sčaslivčiki i neudačniki sezona, Specprojekt »UralPolit.ru«, 28.07.2005, im Internet veröffentlicht unter: http://www.uralpolit.ru/yanao/?art=25484.

Sotnik, Vitalij: Jugra: sčastlivčiki i neudačniki sezona, in: Uralpolit.ru, 03.08.2005, im Internet veröffentlicht: http://www.uralpolit.ru/hmao/?art=25702.

Sotnik, Vitalij: Kak naznačali Sobjanina, in: Uralpolit.ru, 14.11.05, im Internet veröffentlicht: http://www.uralpolit.ru/tumrn/news/?art=12866.

Sotnik, Vitalij: Poslednij »severnyj general«. Naznačenie Neelova zaveršilo formirovanie gubernatorskogo korpusa v »tjumenskoj matreške«, in: Uralpolit.ru, 09.03.2005, im Internet veröffentlicht unter: http://www.uralpolit.ru/yanao/?art=19343.

Sotnik, Vitalij: Prognozy »temnoj lošadki«, in: Uralpolit.ru, 23.08.2004, im Internet veröffentlicht: http://www.uralpolit.ru/yanao/?art=8375.

Strachov, Timofej: Naši edrosy samye »edrennye«, in: Vremja i den'gi, 19.04.2005, im Internet veröffentlicht unter: http://www.e-vid.ru/article.jsp?id=15936.

Taranov, Ivan: Kto on glavnyj geroj, in: Parlamentskaja Gazeta, 19.09.2003, S. 4.

Thornhill, John / Harris, Clay: Tatarstan used front to borrow from foreign banks, in: Financial Times, 09.09.1999.

Transnational Corporations Statistics, im Internet veröffentlicht unter http://www.unctad.org/ templates/Page.asp?intItemID=3159&lang=1.

Vasil'ev, Dmitrij: Sud osvobodil obvinjaemogo s bol'ju v serdce, in: Kommersant", 17.08.2005.

V'jugin, Michail: Poročaščie svjazi, in: Vremja novostej, 17.02.2005, im Internet veröffentlicht unter: http://www.vremya.ru/print/118659.html.

Vorob'eva, Ekaterina / Rybal'čenko, Irina: President Rossii vstal na storonu Tatarstana, in: Tatcenter. Delovoj Centr Republik Tatarstan, 27.12.2004, im Internet veröffentlicht unter: http://www.neft.tatcenter.ru/market/22040.htm.

Vulfovič, Anatolij: Tjumenskaja Oblast': godovščina vyborov gubernatora i vybory oblastnoj dumy, Vypusk Fevral' 1998, im Internet veröffentlicht unter: http://www.igpi.ru/monitoring/1047645476/1998/0298/72.html.

Zadorožnyj, Aleksandr: »Zapsibgazprom« ešče potorguetsja, in: Strana.ru, 22.02.2002, im Internet veröffentlicht unter: http://www.strana.ru/print/116522.html.

Unternehmensberichte und Unternehmensanalysen

Amirov, Andrej: Lukoil. Obzor dejatel'nosti, Moskau 2001.

Andersen, Arthur: Russia oil and gas tax guide, Moscow, Arthur Andersen, 2001.

AOA »Tatneft'« Annual Report, Moskau 1999.

Analitičeskaja služba neftegazovoj vertikali, 17/2005, im Internet veröffentlicht unter: http://www.ngv.ru/magazin/view.hsql?id=2911&mid=112.

Boutenko, Anna/ Reznikov, Konstantin: Slavneft Boosts Fair Values of Sibneft and TNK; Alfa-Bank, Oil and Gas, Moskau 18.12.2002.

Company profiles: Slavneft, in: Analytica Newsletter 12/1998.

Glazer, Sergej / Reznikov, Konstantin: Lukoil-Komi-TEK merger, Alfa-Bank, Moskau, 05.10.1999.

Mazalov, Ivan: Lukoil, Troika Dialog Research, Moskau 1999.

Mazalov, Ivan: Surgutneftegaz, Troika Dialog Research, Moskau 1999.

Mazalov, Ivan: TNK (Tyumen Oil Company), Troika Dialog Research, Moskau 1999.

Mazalov, Ivan: Oil production subsidiaries, Troika Dialog Research, Moskau 2000.

Mazalov, Ivan: Jukos. Troika Dialog Research, Moskau 2000.

Mazalov, Ivan: Tatneft, Troika Dialog Research, Moskau 2000.

Mazalov, Ivan: Oil sector report, Troika Dialog: Moskau 2001.

Orechin, P.: »Lukoil« razmestilsja. Neft' Komi teper' pod kontrolem, Vedomosti, 19.11.1999, im Internet veröffentlicht unter: http://www.lukoil.ru/press-center/artic.htm.

O'Sullivan, Stephen / Avdeev, Dmitry: TNK/Sidanko: Sealing the deal, in: Russia Oil Comment, 02.08.2001, United Financial Group, Moskau.

O'Sullivan, Stephen / Avdeev, Dmitry: Surgutneftegaz. Share issue assessed, United Financial Group, Moskau 2000.

O'Sullivan, Stephen / Avdeev, Dmitry: Lukoil acquires Komi-TEK, United Financial Group company report, Moskau 1999.

O'Sullivan, Stephen / Avdeev, Dmitry: TNK/Sidanko: Sealing the deal, United Financial Group, Russia.

Rešenie vneočerednogo obščego sobranija akcionerov OAO Sibneft vom 13.06.2006. Izmenenija k ustavu ot 01.06.2006 o smenie naimenovanija i mestonachoždenija obščestva, im Internet veröffentlicht unter: http://www.gazprom-neft.ru/investor/corp-governance/Company%20Charter%20App-rus.pdf.

Reznikov, Konstantin: Surgutneftegaz. Drilling during consolidation, Alfa-Bank, Moskau 2000, im Internet veröffentlicht unter: http://www.alfa-bank.com.

Reznikov, Konstantin: Tatneft: Results and prospects, Alfa-Bank, 27.11.2000, im Internet veröffentlicht unter: http//www.alfa-bank.

Reznikov, Konstantin: Tatnefts debt restructuring, Alfa-Bank, Moskau 2000, im internet veröffentlicht unter: http://www.alfa-bank.com.

RMG Securities: Jukos. Company report, Moskau 1997.

RMG Securities: Tatneft'. Company report, Moskau 1998

RMG Securities: Tyumen Oil Company »TNK«, Moskau 1998.

Rossijskoe gazovoe obščestvo: Rossijskoe gazovoe obščestvo i gazovaja otrasl' v 2005–2006 gg., 21.04.2006, im Internet veröffentlicht unter http://www.gazo.ru/ru/main/news/news_cur rent.shtml?2006/04/1408.html.

Standard&Poor's: Jamalo-Neneckij avtonomnyj okrug – kreditnyj rejting, Analiz i kommentarii, 04.11.2004, im Internet veröffentlicht unter: http://www.sandp.ru/printer.phtml?idcontent=1565&generic=analysis.

Standard&Poor's: Chanty-Mansijskij avtonomnyj okrug – kreditnyj rejting, Analiz i kommentarii, Standard&Poor's, 20.09.2004, im Internet veröffentlicht unter: http://www.sandp.ru/printer.phtml?idcontent=1462&generic=analysis.

Tatneft': Tatneft – the History of Company, Kazan' 2003.

Toplivnaja promyšlennost'. Spravočnik predprijatij o organizacij otrasli, Moskau 1995.

Tyumen Oil Company Annual Report, Moskau 1999.

Unternehmensportrait von Gazprom im Internet veröffentlicht unter: http://www.gazprom.ru/articles/article2449.shtml.

Unternehmensportrait von Itera im Internet veröffentlicht unter: http://www.itera.ru/isp/eng/.

Unternehmensportrait von Lukoil im Internet veröffentlicht unter: http://www.lukoil.ru.

Unternehmensportrait von Novatek im Internet veröffentlicht unter www.novatek.ru.

Unternehmensportrait von Rosneft im Internet veröffentlicht unter: www.rosneft.ru.

Unternehmensportrait von Sibneft im Internet veröffentlicht unter: http://www.sibneft.ru.

Unternehmensportrait von Sibur im Internet veröffentlicht unter: http://www.sibur.ru/.

Unternehmensportrait von Slavneft im Internet veröffentlicht unter: www.slavneft.ru.

Unternehmensportrait von Surgutgazprom im Internet veröffentlicht unter: http://www.gazprom.ru/articles/surgutgazprom.shtml.

Unternehmensportrait von Surgutneftegas im Internet veröffentlicht unter: http://www.sur gutneftegas.ru.

Unternehmensportrait von Tatneft im Internet veröffentlicht unter http://www.tatneft.ru.

Unternehmensportrait vom Tjumentransgaz im Internet veröffentlicht unter http://www.gaz prom.ru/articles/tum_00.shtml.

Unternehmensportrait von TNK im Internet veröffentlicht unter: http://www.tnk-bp.ru.

Unternehmensportrait von Jukos im Internet veröffentlicht unter: http://www.yukos.ru.

Unternehmensportrait von Zabsibgazprom im Internet veröffentlicht unter: http://www.zsgp.ru/.

Sonstige Texte und Analysen

Administracija Jamalo-Neneckogo Avtonomnogo Okruga: Jamalo-Neneckij Avtonomnyj Okrug, Salechard 2003.

Christenko, V.B.: Doklad »O sostojanii i perspektivach razvitija vnutrennego rynka uglevodnogo syr'ja i produktov jego pererabotki, vključaja neftechimičeskuju promyšlennost'«, Ministerstvo promyšlennosti i ėnergetiki Rossijskoj Federacii, März 2006.

Dogovornyj prozess, včera, segodnja, zavtra, in: Rossijskaja Federacija, 19/1996.

Federal'naja služba gosudarstvennoj statistiki Rossijskoj Federacii: Itogi vserossijskoj perepisi naselenia 2002, Band 4, Nacional'nyj sostav i vladenie jazykami, graždanstvo, Federal'naja služba gosudarstvennoj statistiki Rossijskoj Federacii, 2002, im Internet veröffentlicht unter http://www.perepis2002.ru/index.html?id=17.

From transition to development. A country economic memorandum for the Russian Federation. April 2004. The Document of the World Bank, April 2004. Im Internet veröffentlicht unter: http://www.worldbank.org.ru/ECA/Russia.nsf/bef4f7b517099c0a85256bf b006e03e0/fe49ab3fb21ae703c3256e6f00410397/$FILE/Country%20Economic%20 Memorandum%20(English).pdf.

Jahresbotschaft des Präsidenten »Vystuplenie pri predstavlenii ežegodnogo Poslanija Prezidenta Rossijskoj Federacii Federal'nomu Sobraniju Rossijskoj Federacii« vom 08.06.2006, im Internet veröffentlicht unter: http://www.prezident.kremlin.ru/events/42.html.

Meždunarodnoe energetičeskoe agenstvo: Energetičeskaja politika Rossii. Obzor 2002, Meždunarodnoe ėnergetičeskoe agenstvo, Moskau 2002.

Neft' i Gas Jugry, Analitičeskij obzor, in: Neftegazovaja Vertikal', 13/2003, im Internet veröffentlicht unter: http://www.ngv.ru/magazin/view.hsql?id=1608&mid=71.

Panorama kul'turnoj žizni regionov Rossii v seti internet, Jamalo-Neneckij Avtonomnyj Okrug, Rossijskaja Gosudarstvennaja biblioteka, Moskau 2002, im Internet veröffentlicht unter http://orel3.rsl.ru/regions/84.pdf.

OECD: Gazovaja promyšlennost' i ėlektroėnergetika: mery regulirovanija i reformy, in: Voprosy ėkonomiki, 6/2002, S. 32–91.

Rossijskaja Sčëtnaja palata: Otčet o rezul'tatach tematičeskoj proverki Meždunarodnoj ėnergetičeskoj korporacii ›Itera‹ i ee dočernich predprijatij, 04.05.2001, im Internet veröffentlicht: http://www.budgetrf.ru /Publications/Schpalata/2001/bulletin/schpal452001 bull9-9.htm.

Statistika vnešnej torgovli: Ėksport Rossii važnejšych tovarov za janvar' – dekabr' 2005 goda, Federal'naja tamožennaja služba Rossii, 14.02.2006, im Internet veröffentlicht unter: http://www.customs.ru/ru/stats/arhiv-stats-new/trfgoods/popup.php?id286=120.

Transparency International: Global Corruption Report 2001, Berlin 2001, S. 224–314.

Rechtstexte

Föderale Ebene

Verfassung der Russischen Föderation vom 12.12.1993, in: Rossijskaja Gazeta, 25.12.1993.

Föderaler Vertrag »Dogovor o razgraničenii predmetov vedenija i polnomočij meždu federal'nymi organami gosudarstvennoj vlasti Rossijskoj Federacii i organami vlasti suverennych respublik v sostave Rossijskoj Federacii« vom 31.03.1992, veröffentlicht in: Rossijskaja Gazeta, 18.04.1992.

Föderaler Vertrag »Dogovor o razgraničenii predmetov vedenija i polnomočij meždu federal'nymi organami gosudarstvennoj vlasti Rossijskoj Federacii i organami vlasti avtonomnoj oblasti, avtonomnych okrugov v sostave Rossijskoj Federacii vom 31.03.1992, veröffentlicht in: Rossijskaja Gazeta, 18.04.1992.

Föderaler Vertrag »Dogovor o razgraničenii predmetov vedenija i polnomočij meždu federal'nymi organami gosudarstvennoj vlasti Rossijskoj Federacii i organami vlasti kraev, oblastej, gorodov Moskvy i Sankt-Petersburga v sostave Rossijskoj Federacii« vom 31.03.1992, veröffentlicht in: Rossijskaja Gazeta, 18.04.1992.

Gesetz »O vyborach glavy administracii«, in: Rossijskaja Gazeta. 14.11.1991.

Gesetz »Ob akcizach« vom 06.12.1991, veröffentlicht in: Vedomosti S"ezda narodnych deputatov RSFSR i Verchovnogo Soveta RSFSR, 52/1991, St. 1872.

Gesetz »Ob osnovach bjudžetnogo ustrojstva i bjudžetnogo processa v RF« vom 10.10. 1991, veröffentlicht in: Vedomosti Soveta narodnych deputatov RSFSR i Verchovnogo Soveta RSFSR 46/1991, St. 1543.

Gesetz »Ob osnovach nalogovoj sistemy v Rossijskoj Federacii« vom 27.12.1991, veröffentlicht in: »Garant« Spravočno-pravovaja sistema, 15.06.2004.

Gesetz »O nedrach« vom 21.02.1992, veröffentlicht in: Vedomosti S"ezda narodnych deputatov RF i Verchovnogo Soveta RF, 16/1992, St. 834.

Gesetz »Ob osnovach bjudžetnych prav i prav po formirovaniju i ispol'zovanii Rossijskoj Federacii«, 18/1993, St. 635.

Gesetz »O vnesenii izmenenij i dopolnenij v zakon ›O nedrach‹« vom 08.02.1995, veröffentlicht in: Sobranie zakonodatel'stva RF, 10/1995, St. 823.

Gesetz »O estestvennych monopolijach«, vom 17.08.1995, veröffentlicht in: Sobranie zakonodatel'stva, 34/1995, St. 3426.

Gesetz »O kontinental'nom šel'fe« vom 30.11.1995, veröffentlicht in: Sobranie zakonodatel'stva 49/1995, St. 4694; mit zusätzlichen festgelegten Änderungen im Gesetz »O vnesenii izmenenij i dopolnenij v zakon ›O kontinental'nom šel'fe‹« vom 20.04.2003, veröffentlicht in: Rossijskaja Gazeta, 26.04.2003, S. 3.

Gesetz »O porjadke formirovanija Soveta Federacii – Federal'nogo Sobranija Rossijkoj Federacii« vom 05.12.1995, in: Sobranie zakonodatel'stva RF, 50/1995, St. 4869.

Gesetz »O vnesenii izmenenij i dopolnenij v Federal'nyj zakon o soglašenijach o razdele produkcii« vom 07.01.1999, veröffentlicht in: Sobranie zakonodatel'stva RF, 2/1999, St. 246.

Gesetz »O soglašenijach o razdele produkcii« vom 30.12.1995, veröffentlicht in: Sobranie zakonodatel'stva RF 1/1996, St. 18; mit weiteren Aktualisierungen: Gesetz »O vnesenii izmenenij i dopolnenij v Federal'nyj zakon o soglašenijach o razdele produkcii« vom 07.01.1999, veröffentlicht in: Sobranie zakonodatel'stva RF, 2/1999, St. 246.

Gesetz »O vnesenii v zakonodatel'nye akty RF izmenenij i dopolnenij, vytekajuščich iz Federal'nogo zakona ›O soglašenii o rozdele produkcii‹« vom 10.02.1999, veröffentlicht in: Sobranie zakonodatel'stva 7/1999, St. 879.

Gesetz »O gazosnabženii v Rossijskoj Federacii« vom 31.03.1999, in: Sobranie zakonodatel'stva RF, 14/1999, St. 1667.

Gesetz »O federal'nom bjudžete na 2000 god« vom 31.12.1999, veröffentlicht in: Sobranie zakonodatel'stva Rossijskoj Federacii, 1/2000, St. 10.

Gesetz »O porjadke formirovanija Soveta Federacii Federal'nogo Sorbranija Rossijkoj Federacii« vom 05.08.2000, veröffentlicht in: Sobranie Zakonodatel'stva RF, 32/2000, St. 3336.

Gesetz »Nalogovyj Kodeks Rossijskoj Federacii. Čast' vtoraja« vom 05.08.2000, veröffentlicht in: Sobranie zakonodatel'stva RF 32/2000, St. 3340.

Gesetz »O vnesenii izmenenij i dopolnenij v federal'nyj zakon ›Ob obščich principach organizacii zakonodatel'nych (predstavitel'nych) i ispolnitel'nych organov gosudarstvennoj vlasti sub"ektov Rossijskoj Federacii‹« vom 29.07.2000, in: Rossijskaja Gazeta, 01.08.2000.

Gesetz »O političeskich partijach« vom 11.07.2001, in: Sobranie zakonodatel'stva RF, 29/2001, St. 2950.

Gesetz »O vnesenii izmenenij i dopolnenij v čast' vtoruju Nalogovogo kodeksa RF i nekotorye drugie akty zakonodatel'stva RF o nalogach i sborach, a takže o priznanii utrativšim silu otdel'nych aktov (položenij aktov) zakonodatel'stva RF o nalogach i sborach« vom 6.8.2001, veröffentlicht in: Sobranie zakonodatel'stva RF 33/2001, St. 3413.

Gesetz »O porjadke prinjatija v Rossijskuju Federaciju i obrazovanie v ee sostave novogo sub"ekta RF« vom 17.12.2001, in: Sobranie zakonodatel'stva RF 51/2001, St. 4916.

Gesetz »O vnesenii izmenenij i dopolnenij v glavy 22, 24, 25, 26^2, 26^3 i 27 časti vtoroj Nalogovogo kodeksa RF i nekotorye drugie zakonodatel'nye akty RF«, vom 31.12.2002, veröffentlicht in: Sobranie zakonodatel'stva RF 1/2003, St. 2.

Gesetz »O vnesenii dopolnenija v čast' vtoruju Nalogovogo kodeksa RF, vnesenii izmenenij i dopolnenij v nekotorye drugie zakonodatel'nye akty RF i priznanii utrativšimi silu nekotorych zakonodatel'nych aktov RF, vom 6.6.2003, veröffentlicht in: Sobranie zakonodatel'stva 23/2003, St. 2174.

Gesetz »O vnesenii izmenenij i dopolnenij v federal'nyj zakon ›Ob občsich principach organizacii zakonodatel'nych (predstavitel'nych) i ispolnitel'nych organov vlasti sub"ektov Rossijskoj Federacii‹«

Gesetz »O federal'nom bjudžete na 2004 god«, vom 23.12.2003, veröffentlicht in: Rossijskaja Gazeta, 30.12.2003.

Gesetz »O vnesenii izmenenij v zakonodatel'nye akty Rossijskoj Federacii i priznanii utrativšimi silu nekotorych zakonodatel'nych aktov Rossijskoj Federacii v svjazi s prinjatiem federal'nych zakonov ›O vnesenii izmenenij i dopolnenij v Federal'nyj zakon ›Ob obščich principach organizacii zakonodatel'nych (predtsvitel'nych) i ispolnitel'nych organach vlasti subjektov Rossijskoj Federacii‹ i ›Ob obščich principach organizacii mestnogo samoupravlenija v Rossijskoj Federacii‹‹« vom 22.08.2004, in: Sobranie zakonodatel'stva RF, 35/2004, St. 3607.

Gesetz »O vnesenii izmenenij v bjudžetnyj kodeks Rossijskoj Federacii v časti regulirovanija mežbjudžetnych otnošenij« vom 20.08.2004, veröffentlicht in: Rossijskaja Gazeta (Special'nyj Vypusk) Nr. 3559, 25.08.2004.

Gesetz »O vnesenii izmenenij v federal'nyj zakon ›Ob obščich principach organizacii zakonodatel'nych (predstavitel'nych) i ispolnitel'nych organov gosudarstvennoj vlasti sub"ektov Rossijskoj Federacii‹ i v federal'nyj zakon ›Ob osnovnych garantijach izbiratel'nych prav i prava na učastije v referendume graždan Rossijskoj Federacii‹« vom 11.12.2004, veröffentlicht in: Sobranie zakonodatel'stva RF 50/2004, St. 4950.

Gesetz »O vnesenii izmenenij v Federal'nyj zakon ›O porjadke formirovanija Soveta Federacii Federal'nogo Sobranija Rossijskoj Federacii‹ i Federal'nyj Zakon ›O statuse člena Soveta Federacii i statuse deputata Gosudarstvennoj Dumy Federal'nogo Sobranija Rossijskoj Federacii‹ i o priznanii utrativšim silu punkta 12 stat'i 1 Federal'nogo zakona ›O vnesenii izmenenij i dopolnenij v Federal'nyj Zakon ›O statuse člena Soveta Federacii i statuse deputata Gosudarstvennoj Dumy Federal'nogo Sobranija Rossijskoj Federacii‹‹« vom 16.12.2004, in: Sobranie Zakonodatel'stva 51/2004, St. 5128.

Gesetz »O vnesenii izmenenij v glavu 26 časti vtoroj Nalogovogo kodeksa Rossijskoj Federacii i priznanii utrativšim silu otdelnych položenij zakonodatel'nych aktov Rossijskoj Federacii« vom 27.07.2006, in: Sobranie zakonodatel'stva Rossijskoj Federacii, 31/2006 (Band I), St. 3450.

Präsidialerlass »O nekotorych voprosach dejatel'nosti organov ispolnitel'noj vlasti v RSFSR« vom 22.08.1992, veröffentlicht in: Vedomosti S"ezda narodnych deputatov i Verchovnogo Soveta RSFSR 34/1991, St. 1146.

Präsidialerlass »O razvitii Tjumenskoj oblasti« vom 19.09.1991, veröffentlicht in: Vedomosti S"ezda narodnych deputatov RSFSR i Verchovnogo Sovjeta RSFSR, 38/1991, St. 1232.

Präsidialerlass »Ob obespečenii dejatel'nosti edinoj sistemy gazosnabženija strany« vom 01.06.1992, veröffentlicht in: Vedomosti Soveta Narodnych Deputatov i Verchovnogo Soveta RF, 23/1992, St. 1271.

Präsidialerlass »Ob obespečenii dejatel'nosti edinoj sistemy gazosnabženija strany« vom 01.06.1992, veröffentlicht in: Vedomosti Soveta Narodnych Deputatov i Verchovnogo Soveta RF, 23/1992, St. 1271.

Präsidialerlass »O preobrazovanii gosudarstvennogo gazovogo koncerna ›Gazprom‹ v rossijskoe akcionernoe obščestvo ›Gazprom‹‹« vom 05.11.1992, veröffentlicht in: Sobranie aktov prezidenta i pravitel'stva RF, 19/1992, St. 1607.

Präsidialerlass »Ob osobennostjach privatizacii i preobrazovanija v akcionernye občšestva gosudarstvennych predprijatij, proizvodstvennych i naučno-proizvodstvennych ob"edinenij neftjanoj, neftepererabatyvajučšej promyšlennosti i nefteproduktoobespečenija« vom 17.11.1992, veröffentlicht in: Sobranie aktov Prezidenta i Pravitel'stva RF 22/1992, St. 1878.

Präsidialerlass »Voprosy soglašenii o razdele produkcii« vom 24.12.1993, veröffentlicht in: Sobranie aktov prezidenta i pravitel'stva RF 52/1993, St. 5084.

Präsidialerlass »O formirovanii respublikanskogo bjudžeta v Rossijskoj Federacii v 1994 godu« vom 22.12.1993, veröffentlicht in: Sobranie Aktov Prezidenta i Pravitel'stva Rossijskoj Federacii, 52/1993, St. 5074.

Präsidialerlass »O porjadke peredači v 1995 g. v zalog akcij, nachodjaščichsja v federal'noj sobstvennosti, vom 31.08.1995, veröffentlicht in: Sobranie zakonodatel'stva RF, 36/1995, St. 36.

Präsidialerlass »O sisteme federal'nych organov gosudarstvennoj vlasti« vom 15.08.1996, veröffentlicht in: Sobranie zakonodatel'stva 34/1996, St. 4082.

Präsidialerlass »O polnomočnom predstavitele Prezidenta Rossijskoj Federacii v regione Rossijskoj Federacii« vom 09.07.1997, veröffentlicht in: Sobranie Zakonodatel'stva RF, 28/1997, St. 3421.

Präsidialerlass »O polnomočnom predstavitele Prezidenta Rossijskoj Federacii v federal'nom okruge« vom 13.05.2000, veröffentlicht in: Sobranie Zakonodatel'stva RF, 20/2000, St. 2112.

Präsidialerlass »O vključenii novogo naimenovanija sub"ekta Rossijskoj Federacii v statju 65 Konstitucii Rossijskij Federacii« vom 25.07.2003, veröffentlicht in: Rossijskaja Gazeta, 30.07.2003.

Präsidialerlass »O sisteme i strukture federal'nych organov ispolnitel'noj vlasti« vom 09.03.2004, veröffentlicht in: Sobranie Zakonodatel'stva RF, 11/2004, St. 314.

Präsidialerlass »Voprosy vzaimodejstvija i koordinacii dejatel'nosti organov ispolnitel'noj vlasti subjektov RF i territorial'nych organov federal'nych organov ispolnitel'noj vlasti« vom 02.07.2005, im Internet veröffentlicht unter: http://document.kremlin.ru/doc.asp?ID=028513.

Regierungserlass »Ob utverždenii položenija o porjadke i uslovijach vzimanija platežej za pravo pol'zovanija nedrami, akvatoriej i učastkami morskogo dna« vom 28.10.1992, in: Sobranie aktov Prezidenta i Pravitel'stva Rossijskoj Federacii, 18/1992, St. 1466.

Regierungsverordnung »O porjadke licenzirovanija pol'zovanija nedrami« vom 15.07.1992, veröffentlicht in: Sobranie aktov Presidenta RF i Pravitel'stva RF, 3/1992, St. 165.

Regierungsverordnung »Ob utverždenii položenija o porjadke i uslovijach vzimanija platežej za pravo pol'zovanija nedrami, akvatoriej i učastkami morskogo dna« vom 28.10.1992, veröffentlicht in: Vedomosti S"ezda narodnych deputatov RF i Verchovnogo Soveta RF, 36/1992, St. 1985.

Regierungsverordnung »O dejatel'nosti, svjazannoj s geologičeskim izučeniem i ispol'zovaniem nedr« vom 31.07.1995, veröffentlicht in: Sobranie zakonodatel'stva RF, 32/1995, St. 3215.

Regierungsverordnung: »O preobrazovanii gosudarstvennogo predprijatija Rosneft' v otkrytoe akcionernoe obščestvo neftjanaja kompanija Rosneft'«, vom 29.09.1995, veröffentlicht in: Sobranie zakonodatel'stva RF, 41/1995, St. 3902.

Regierungsverordnung »Ob utverždenii položenija o licenzirovanii dejatel'nosti po chraneniju nefti i produktov ee pererabotki«, vom 03.04.1996, veröffentlicht in: Sobranie zakonodatel'stva RF, 15/1996.

Regierungsverordnung »O koncepcii reformirovanija mežbjudžetnych otnošenij v RF v 1999–2001 gg.« vom 30.07.1998, veröffentlicht in: Sobranie zakonodatel'stva RF, 32/1998, Nr. 3905.

Regierungsverordnung »O Programme razvitija bjudžetnogo federalizma v RF na period do 2005 g.« vom 15.8.2001, veröffentlicht in: Sobranie zakonodatel'stva RF, 34/2001, St. 3503.

Regierungserlass der Russischen Föderation »O federal'noj celevoj programme social'no-ėkonomičeskogo razvitija Respubliki Tatarstan do 2006 goda« vom 24.08.2001, veröffentlicht in: Sobranie zakonodatel'stva RF, /2001.

Regierungsverordnung »O licenzirovanii dejatel'nosti v oblasti ėkspluatacii ėlektričeskich i teplovych setej, transportirovki, chranenija, pererabotki i realizacii nefti, gaza i produktov ich pererabotki« vom 28.08.2002, veröffentlicht in: Sobranie zakonodatel'stva RF, 36/2002, St. 3476.

Verordnung vom föderalen Finanzministerium »O monitoringe sobljudenija subjektami Rossijskoj Federacii trebovanij Bjudžetnogo kodeksa i kačestva upravlenija bjudžetami sub"ektov Rossijskoj Federacii« vom 11.5.2005, im Internet veröffentlicht unter: http://min fin1.metric.ru/fvr/fvr.htm.

Pravitel'stvo Rossijskoj Federacii: Ėnergetičeskaja strategija Rossii na period do 2020 g., Moskau 2003, im Internet veröffentlicht unter: http://www.mte.gov.ru/files/103/1354.strategy.pdf .

Regionale Ebene

Republik Tatarstan

Verfassung der Republik Tatarstan vom 30.11.1992, in: Muchametšin, F.M. / Izmajlov, R.T. (Hg.): Suverennyj Tatarstan, Moskau 1997, S. 201–240.

Verfassung der Republik Tatarstan vom 10.05.2002, im Internet veröffentlicht unter: http://www.tatar.ru/?DNSID=bc97005d5514f2567b36caf8cb9967d1&node_id=222.

Gesetz der Republik Tatarstan »O sobstvennosti v Respublike Tatarstan« vom 19.10.1991, veröffentlicht in: Pravovaja Sistema »Garant«, 01.06.2004.

Gesetz der Republik Tatarstan »Ob organizacii raboty ispolnitel'no-rasporjaditel'nych organov v respublike na period provedenija ėkonomičeskich reform (o razgosudarstvlenii i privatizacii) vom 29.11.1991, veröffentlicht in: Pravovaja Sistema »Garant«, 01.06.2004.

Gesetz der Republik Tatarstan »O nefti i gaze« vom 19.06.1997, veröffentlicht in: Respublika Tatarstan, 08.07.1997, S. 3f.

LITERATURVERZEICHNIS

Gesetz der Republik Tatarstan: »O nedrach« vom 25.12.1992, veröffentlicht in: Vedomosti Verchovnogo Soveta Tatarstana, 11–12/1992, St. 14.

Gesetz der Republik Tatarstan »O vyborach narodnych deputatov Respubliki Tatarstan« vom 29.11.1994, in: Respublika Tatarstan, 08.12.1994, S. 1–3.

Vertrag zwischen der Russischen Föderation und Republik Tararstan »O razgraničenii predmetov vedenija i vzaimnom delegirovanii polnomočij meždu organami vlasti Rossijskoj Federacii i organami gosudartsvennoj vlasti Respubliki Tatarstan« vom 15.02.1994, in: Muchametšin, F.M. / Izmajlov, R.T. (Hg.): Suverennyj Tatarstan, Moskau 1997, S. 33–39.

Abkommen zwischen den Regierungen der Russischen Föderation und der Republik Tatarstan »Ob ėkonomičeskom sotrudničestve« vom 22.1.1992, in: Muchametšin, F.M. / Izmajlov, R.T. (Hg.): Suverennyj Tatarstan, Moskau 1997, S. 143–146.

Abkommen über die Realisierung und den Transport von Erdöl und Erdölprodukten zwischen der Russischen Föderation und der Republik Tatarstan vom 15.02.1994, in: Muchametšin, F.M. / Izmajlov, R.T. (Hg.): Suverennyj Tatarstan, Moskau 1997, S. 150–153.

Gesetz der Republik Tatarstan »O vnesenii izmenenij v zakon Respubliki Tatarstan ›O nedrach‹« vom 06.12.1999, veröffentlicht in: Vedomosti Gosudarstvennogo Soveta Tatarstana, 12/1999, St. 2486.

Entscheidung des Verfassungsgerichts der Russischen Föderation auf Anfrage von Deputierten der föderalen Duma zur Kontrolle der Übereinstimmung der Verfassung der Russischen Föderation mit einigen Regelungen der Verfassungen der Republik Adygeja, Republik Baškortostan, Republik Ingušetien, Republik Komi und Republik Tatarstan vom 27.06.2000, in: Rossijskaja Gazeta, 25.07.2000, S. 2f.

Gesetz der Republik Tatarstan »O vnesenii izmenenij v zakon Respubliki Tatarstan ›O nedrach‹« vom 21.11.2001, veröffentlicht in: Vedomosti Gosudarstvennogo Sovjeta Tatarstana, 11/2001, St. 1193.

Präsidialerlass der Republik Tatarstan »O dal'nejšem soveršenstvovanii upravlenia neftegazochimičeskim kompleksom Respubliki Tatarstan« vom 13.06.1995, im Internet veröffentlicht unter: http://www.tatar.ru/?DNSID=fc34d1e8d40b06d359c39f08f98e760b&node_id=2565&lid=275.

Präsidialerlass der Republik Tatarstan: »O merach po uveličeniju neftedobyči v Respublike Tatarstan« vom 12.02.1997, im Internet veröffentlicht unter: http://www.tatar.ru/?DNSID=d7ff71c10442af269fd61c3527b6063f&node_id=2565&lid=275.

Regierungserlass der Republik Tatarstan »O porjadke licenzirovanija pol'zovanija nedrami v Respublike Tatarstan« vom 26.08.1992, veröffentlicht in: Normativnye akty RT, 8/1992, St. 495.

Regierungserlass der Republik Tatarstan »O zadanii po dobyče nefti AO ›Tatneft‹ na 1996 god« vom 09.01.1996, im Internet veröffentlicht unter: http://www.tatar.ru.

Regierungserlass der Republik Tatarstan »O porjadke vzaimozačetov meždu AO ›Tatneft‹ i AO ›Taif‹« vom 19.08.1998, in: Pravovaja Sistema »Garant«, 20.06.2004.

Gebiet Tjumen

Statut des Gebiets Tjumen vom 15.06.1995, im Internet veröffentlicht unter: http://www.tmn.ru/~tyumduma/f-docums.htm.

Gesetz des Gebiets Tjumen »O l'gotnom nalogoobloženii« vom 15.04.1996, in: Pravovye spravočnye sistemy Konsul'tant-Plus.

Gesetz des Gebiets Tjumen »O nedrach« vom 10.10.1996, mit den Änderungen vom 07.12.2000 veröffentlicht in: Sbornik Zakonov Tjumenskoj oblasti, Teil III, 2000, St. 185.

Gesetz des Gebiets Tjumen »O platežach na pravo pol'zovanija nedrami na territorii Tjumenskoj Oblasti« vom 28.03.1997, veröffentlicht in: Tjumenskie izvestija, 11.04.1997, S. 1f.

Gesetz des Gebiets Tjumen »O nefti gaze« vom 26.02.1999, veröffentlicht in: Sbornik Zakonov Tjumenskoj oblasti, Teil II, 2000, St. 283.

Gesetz des Gebiets Tjumen »Ob investicionnoj dejatel'nosti v Tjumenskoj Oblasti« vom 07.10.1999, in: Pravovye spravočnye sistemy Konsul'tant-Plus.

Gesetz des Gebiets Tjumen »O predostavlenii nalogovych l'got otdel'nym kategorijam nalogoplatel'ščikov« zu jedem Jahr siehe in: Pravovye spravočnye sistemy Konsul'tant-Plus.

Abkommen zwischen dem Gebiet Tjumen und den Autonomen Bezirken der Chanten und Mansen und der Jamal-Nenzen »Soglašenie ob osnovnych napravlenijach soglasovannoj politiki v social'no-ėkonomičeskoj sfere organov gosudartsvennoj vlasti Tjumenskoj oblasti, Chanty-Mansijskogo avtonomnogo okruga« vom 15.02.2001, im Internet veröffentlicht unter: http://www.hmao.wsnet.ru/pravo/flame.htm.

Gouverneurerlass »O sozdanii pravitel'stva Tjumenskoj oblasti« vom 18.04.2005, Nr. 34, in: Pravovye spravočnye sistemy Konsul'tant-Plus.

Erlass der Duma vom Gebiet Tjumen »O vnesenii izmenenij v Ustav Tjumenskoj Oblasti v svjazi s vneseniem izmenenij v federal'nyj zakon ›Ob obščich principach organizacii zakonodatel'nych (predstavitel'nych) i ispolnitel'nych organov vlasti subjektov Rossijskoj Federacii‹« vom 24.06.2003, Nr. 924, in: Pravovye spravočnye sistemy Konsul'tant-Plus.

Erlass der Duma von Gebiet Tjumen »O vnesenii izmenenij v Ustav Tjumenskoj Oblasti« vom 23.05.2005, Nr. 1124, in: Pravovye spravočnye sistemy Konsul'tant-Plus.

Beschluss der Tjumener Duma »Ob informacii rukovoditelej neftjanych i gazovych kompanij, veduščich svoju dejatel'nost' na territorii Tjumenskoj oblasti, ob ich učastii v social'no-ėkonomičeskom razvitii regiona« von 07.02.2000, Nr. 915, in: : Pravovye spravočnye sistemy Konsul'tant-Plus.

Autonomer Bezirk der Chanten und Mansen – Jugra

Statut des Autonomen Bezirkes der Chanten und Mansen – Jugra, vom 26.04.1995, mit den Änderungen vom 28.11.1996; 30.09.1997; 12.01.1998, 16.04.1998; 06.01.2000; 30.10.2000; 09.10.2001; 11.03.2002; 06.12.2002; 14. und 25.02.2003; 30.04.2003; 30.12.2003; 17.04.2005, 22.11.2005, im Internet veröffentlicht unter: http://www.hmao.wsnet.ru/pravo/frame_2.htm.

Gesetz des Autonomen Bezirkes der Chanten und Mansen »O vyborach deputatov Dumy Chanty-Mansijskogo okruga« vom 25.01.1995, in: Pravovye spravočnye sistemy Konsul'tant-Plus.

Gesetz des Autonomen Bezirkes der Chanten und Mansen »O pravitel'stve Chanty-Mansijskogo avtonomnogo Okruga-Jugry« vom 29.05.1996, in: Pravovye spravočnye sistemy Konsul'tant-Plus.

Gesetz des Autonomen Bezirkes der Chanten und Mansen »O nedropol'zovanii« vom 18.04.1996, im Internet veröffentlicht unter: http://www.hmao.wsnet.ru/pravo/flame.htm.

Gesetz des Autonomen Bezirkes der Chanten und Mansen »O nedropol'zovanii« vom 18.04.1996, im Internet veröffentlicht unter: http://www.hmao.wsnet.ru/pravo/flame.htm.

Gesetz des Autonomen Bezirkes der Chanten und Mansen »O nalogovych l'gotach v Chanty-Mansijskom avtonomnom okruge« vom 12.12.1997, im Internet veröffentlicht unter: http://www.hmao.wsnet.ru/pravo/frame.htm.

Gesetz des Autonomen Bezirkes der Chanten und Mansen »O razrabotke mestoroždenij uglevodov na territorii avtonomnogo okruga« vom 26.06.1998, im Internet veröffentlicht unter: http://www.hmao.wsnet.ru/pravo/flame.htm.

Gesetz des Autonomen Bezirkes der Chanten und Mansen »O stimulirovanii uskorennogo vvoda v razrabotku neftegazovych mestoroždenij v predelach licenzionnych učastkov nedr na territorii Chanty-Mansijskogo Avtonomnogo Okruga« vom 09.04.1999, im Internet veröffentlicht unter: http://www.hmao.wsnet.ru/pravo/flame.htm.

Gesetz des Autonomen Bezirkes der Chanten und Mansen »O podderžke investicionnoj dejatel'nosti organami gosudarstvennoj vlasti avtonomnogo okruga na territorii ChMAO« vom 08.10.1999, im Internet veröffentlicht unter: http://www.hmao.wsnet.ru/pravo/flame.htm.

Gesetz des Autonomen Bezirkes der Chanten und Mansen »O vnesenii izmenenija v statju 9 zakona Chanty-Mansijskogo avtonomnogo okruga ›O razrabotke mestoroždenij uglevodov na territorii avtonomnogo okruga‹« vom 09.10.2000, im Internet veröffentlicht unter: http://www.hmao.wsnet.ru/pravo/flame.htm.

Gesetz des Autonomen Bezirkes der Chanten und Mansen »O nalogovych l'gotach v Chanty-Mansijskom avtonomnom okruge« vom 25.12.2000, im Internet veröffentlicht unter: http://www.hmao.wsnet.ru/pravo/flame.htm.

Gesetz des Autonomen Bezirkes der Chanten und Mansen »Ob otmene zakona Chanty-Mansijskogo Avtonomnogo Okruga ›O stimulirovanii uskorennogo vvoda v razrabotku neftegazovych mestoroždenij v predelach lizenzionnych učastkov nedr na territorii Chanty-Mansijskogo Avtonomnogo Okruga‹« vom 26.06.2001, im Internet veröffentlicht unter: http://www.hmao.wsnet.ru/pravo/flame.htm.

Autonomer Bezirk der Jamal-Nenzen

Statut des Autonomen Bezirkes der Jamal-Nenzen vom 05.10.1995, im Internet veröffentlicht unter: http://www.yamal.ru/new/index03.htm.

Gesetz des Autonomen Bezirkes der Jamal-Nenzen »O vyborach gubernatora Jamalo-Neneckogo avtonomnogo okruga« vom 22.11.1999, im Internet veröffentlicht unter: http://www.yamal.ru/new/index03.htm

Gesetz des Autonomen Bezirkes der Jamal-Nenzen »O nedrach i nedropol'zovanii v Jamalo-Neneckom avtonomnom okruge« vom 10.02.1997, veröffentlicht in: »Garant«, Moskau 11.06.2004.

Gesetz des Autonomen Bezirkes der Jamal-Nenzen »Ob investicijach v Jamalo-Neneckom avtonomnom okruge« vom 04.02.1998, veröffentlicht in: Vedomosti Gosudarstvennoj Dumy JaNAO, 2/1998, St. 9.

Gesetz des Autonomen Bezirkes der Jamal-Nenzen »O stabilizacii i stimulirovanii proizvodstva i uveličenii dobyči židkich uglevodov v Jamalo-Neneckom Avtonomnom Okruge« vom 05.05.1999, veröffentlicht in: Vedomosti Gosudartsvennoj Dumy, 5/1999, St. 12.

Gesetz des Autonomen Bezirkes der Jamal-Nenzen »Ob izmenenijach srokov uplaty naloga i sbora a takže peni v časti, začisljaemoj v okružnoj budžet i budžety municipalnych obrazovanij v Jamalo-Neneckom Avtonomnom Okruge« vom 01.10.1999, veröffentlicht in: Vedomosti Gosudarstvennoj Dumy JaNAO, 10/1999, St. 35.

Anhang: Biographien der relevanten Vertreter von Exekutiv- und Legislativorganen in den untersuchten Regionen

Artjuchow, Andrej Wiktorowitsch wurde 1958 in Ufa (Baschkortostan) geboren. 1981 schloss er die polytechnische Hochschule in Leningrad ab und erwarb dort 1985 seinen Doktortitel. Artjuchow setzte seine Karriere 1986 als Lehrbeauftragter an der industriellen Hochschule in Tjumen fort. 1988 wurde er zum Dekan der Novourengojskij Filiale der staatlichen Erdöl- und Erdgasuniversität Tjumen ernannt und blieb auf diesem Posten bis 1998. Zwischen 1994 und 2001 war er als Abgeordneter im Parlament des Autonomen Bezirkes der Jamal-Nenzen tätig. 1998 wurde er zum Vorsitzenden des Parlaments gewählt. 1997–2000 war er zugleich Abgeordneter des Parlaments im Gebiet Tjumen. Von 1998 bis 2000 war er Mitglied des russischen Föderationsrates. Im Februar 2001 wurde Artjuchow zum Stellvertreter des Gouverneurs für die Fragen der Bildung, Wissenschaft, Jugend und Sport im Gebiet Tjumen ernannt. Im Februar 2002 wurde er durch das regionale Parlament von Tjumen erneut in den Föderationsrat gewählt. Im Dezember 2005 wurde er zum Berater des Gouverneurs im Gebiet Tjumen berufen. (im Internet veröffentlicht unter http://i1600.100mb.ru/~grankin/dosye/ru_bio378.htm, Stand 04.06.2007)

Baryschnikow, Nikolaj Pjetrowitsch wurde am 02.01.1946 im Autonomen Bezirk der Chanten und Mansen geboren. 1969 absolvierte er die pädagogische Hochschule in Tjumen und arbeitete dann drei Jahre als Physiklehrer in Chanty-Mansijsk. Zwischen 1973 und 1994 hatte Baryschnikow leitende Positionen im lokalen Komsomol-Komitee und im Komitee der Kommunistischen Partei sowie den Posten des stellvertretenden Gouverneurs des Autonomen Bezirkes der Chanten und Mansen inne. Von 1994 bis 1997 war er Vorsitzender der Duma im Gebiet Tjumen. In der zweiten Legislaturperiode der regionalen Duma 1997–2001 war er Vorsitzender des Komitees für soziale Fragen und kommunale Verwaltung. Zwischen 2001 und 2005 war Baryschnikow stellvertretender Vorsitzender der regionalen Duma im Gebiet Tjumen. (im Internet veröffentlicht unter http://www.newsprom.ru/news/108936825623887.shtml, Stand 04.06.2007)

Belousow, Nikolaj Dmitrijewitsch wurde 1959 im Dorf Wikulowo im Gebiet Tjumen geboren. 1982 erlangte er einen Hochschulabschluss am Tjumener Ingenieur und Bau-Institut. Anfang der 1990er Jahre erlangte er den Posten des Bürgermeisters in der Stadt Megion und war gleichzeitig im Vorstand des in Megion ansässigen Ölunternehmens Slavneft tätig. 1998 wurde er zum ersten Stellvertreter des Gouverneurs ernannt und übte diese Funktion bis 2001 aus. Im selben Jahr wurde Belousow zum ersten Stellvertreter des Leiters von Zapsibgazprom berufen, die größte Tochterfirma von Gazprom in der Region, jedoch bereits im März 2002 von diesem Posten entlassen. Danach wurde er Leiter des Unternehmens TK NGK. (im Internet veröffentlicht unter http://www.labyrinth.ru/content/card.asp?cardid=66424, http://www.lentransgas.ru/about/entry/?id=145, Stand 04.06.2007)

Charjutschi, Sergej Nikolajewitsch wurde 1950 im Dorf Tazowskij (Autonomer Bezirk der Jamal-Nenzen) geboren. Er begann seine berufliche Karriere 1969 als Zimmermann in dem Unternehmen Jamalgazstroj. Anschließend studierte er an der Parteihochschule in Swerdlowsk. 1989 wurde er bei der ersten Sitzung der Urbevölkerung des Nordens zum Präsident der regionalen Versammlung der Organisation ›Jamal – Potomkam‹ (Jamal für die Nachkommen) gewählt. 1996 absolvierte Charjutschi die präsidiale Akademie für den staatlichen Dienst. Er ist Autor zahlreicher Artikel, in denen er das Recht der Urbevölkerung des Nordens auf Bodennutzung und Selbstverwaltung diskutiert. 2002 erlangte er den Doktortitel im Bereich der Rechtswissenschaften. Zwischen 1991 und 1997 war er der Stellvertreter des Gouverneurs im Bezirk der Jamal-Nenzen. Zwei Mal, 1997 und 2001, wurde er zum Präsidenten der Versammlung der Bevölkerung des Nordens, Sibiriens und des Fernen Ostens gewählt. Ab 1996 war er als Abgeordneter der Duma des Autonomen Bezirkes der Jamal-Nenzen tätig. 2000 wurde er zum Vorsitzenden der Duma des Autonomen Bezirkes der Jamal-Nenzen gewählt. (Im Internet veröffentlicht unter http://www.gdyanao.ru/index.php?page=biography&id=40http://www.gdyanao.ru/, Stand 04.06.2007)

Filipenko, Aleksandr Wasiljewitsch wurde am 31.05.1950 in Karaganda (Kasachstan) geboren. 1973 absolvierte er das Sibirische Maschinenbau-Institut als Ingenieur für Brückenbau. Bis zu seiner Ernennung zum Leiter der Bauabteilung des regionalen Komitees der KPdSU im Jahr 1977 arbeitete er als Ingenieur in Surgut. 1982–1983 war Filipenko der erste stellvertretende Vorsitzende des Exekutivkomitees im Autonomen Bezirk der Chanten und Mansen. Von 1983 bis 1988 arbeitete er als Parteisekretär des lokalen Komitees der KPdSU. 1989 wurde Filipenko Leiter des lokalen Exekutivkomitees und wurde schließlich im Dezember 1991 zum Verwaltungschef in diesem Bezirk ernannt. Seit 1996 ist Filipenko Gouverneur im Autonomen Bezirk der Chanten und Mansen. (Im Internet veröffentlicht unter http://www.hmao.wsnet.ru/governer/Guber_v/biogr.htm, Stand 04.06.2007)

Galejew, Rinat Gimadelislamowitsch wurde 1939 im Dorf Scharlama im Bezirk Almetjewskij (Republik Tatarstan) geboren. 1967 schloss er die Hochschule für Erdöl in Ufa als Diplomingenieur ab und absolvierte die Parteihochschule in Saratow. Von 1958 bis 1972 arbeitete er als Techniker, Ingenieur und Parteisekretär vom Dschalilneft (Tochterunternehmen von Tatneft). 1972 wurde Galejew zum zweiten Sekretär des städtischen Komitees der Kommunistischen Partei in Almetjewsk ernannt. 1974 erhielt er die Position des stellvertretenden Direktors von Tatneft und übernahm ab 1997 die Leitung von Almetjewskneft (der Tochterfirma von Tatneft). 1983 kehrte er zur Parteiarbeit zurück und arbeitete bis 1990 als erster Sekretär des Almetjewsker Komitees der KPdSU. 1990 wurde Galejew zum Direktor des Unternehmens Tatneft ernannt und blieb auf diesem Posten bis 1999. Zwischen 1998 und 1999 leitete er außerdem das Unternehmen Nischnekamskneftechim. Außerdem war er zwischen 1995 und 2005 Abgeordneter des regionalen Parlaments. Seit 1999 ist Galejew Vorstandsvorsitzender der Bank Davon-Credit (der Bank von Tatneft). (in: Federal'naja i regional'naja élita Rossii. Kto est' kto v politike i ėkonomike. Ežegodnyj biografičeskij spravočnik, Moskau 2001, S. 96, sowie im Internet veröffentlicht unter http://www.labyrinth. ru/content/card.asp?cardid=14482, Stand 05.06.2007)

Jakuschew, Wladimir Wladimirowitsch wurde 1968 in der Stadt Neftekamsk (Baschkortostan) geboren. An der staatlichen Universität Tjumen machte er seinen Abschluss, sowohl als Jurist (1993) als auch als Ökonom (1997). Zwischen 1993 und 1997 hatte er außerdem verschiedene Posten in der Zapadno-Sibirskij Kommertscheskij Bank inne. Danach wechselte er zur Zabsibkombank, dessen Präsidenten er wurde. 2001 wurde er zum Vize-Gouverneur des Gebiets Tjumen ernannt. Ab April 2005 war Jakuschew Bürgermeister der Stadt Tjumen und ab November 2005 Gouverneur des Gebietes Tjumen. (im Internet veröffentlicht unter http://admtyumen.ru/power/gover nor/biography/Biografia_Yakusheva, Stand 04.06.2007)

Kirijenko, Sergej Wladilenowitsch wurde am 26.07.1962 in Suchumi (Georgien) geboren. 1984 absolvierte er die Ingenieurhochschule in Gorkij im Fachbereich Finanzen und Bankwesen. Seine berufliche Laufbahn setzte er 1986 als Werkmeister in einer Schiffbaufabrik fort. Ein Jahr später wurde er zum Sekretär des Komsomol-Komitees und gleichzeitig zum Deputierten des Bezirkssowjets der Volksdeputierten in Gorkij gewählt. Ende der 1980er Jahre war er Leiter der Firma Akzionernaja molodeschnaja kompanija. Im Jahr 1993 schloss Kirijenko ein Studium an der Akademie der Volkswirtschaft in Moskau ab. Ab Januar 1994 war er Vorstandsvorsitzender der Sozialkommerzbank Garantija und ab November 1996 Präsident des Ölverarbeitungsunternehmens NORSIoil.

Im Mai 1997 stieg Kirijenko zum ersten stellvertretenden Minister für Brennstoff und Energie der Russischen Föderation auf und von April bis August 1998 war er Ministerpräsident der Russischen Föderation. Nach dem Ausscheiden aus der Regierung wurde Kirijenko im Dezember 1999 ins Parlament der Russischen Föderation gewählt. Im Mai 2000 wurde er zum Vertreter des Präsidenten der Russischen Föderation im Wolga Föderalbezirk ernannt und blieb auf diesem Posten bis November 2005. (Im Internet veröffentlicht unter http://www.rusenerg. ru/expo/17717/person_4813_r.htm, Stand 04.06.2007)

Komarowa, Natalja Wladimirowna wurde 1955 im Dorf Jazwo-Ljadskoje (Gebiet Pskow) geboren. 1978 schloss sie die Berg- und Metallurgiehochschule in Kommunaren ab. Ab 1980 arbeitete sie in der Kommunalverwaltung der Stadt Nowyj Urengoj. 1992 wurde sie zur ersten Stellvertreterin und 1994 zur Leiterin der Kommunalverwaltung ernannt. 1997 wurde sie in den Kommunalwahlen erneut auf diesen Posten gewählt. 2000 folgte die Ernennung zur ersten Stellvertreterin des Gouverneurs mitzuständig für die Fragen der Finanzen und Wirtschaft im Autonomen Bezirk der Jamal-Nenzen. 2001 und 2003 wurde sie in die föderale Duma gewählt. In der föderalen Duma leitete sie das Komitee für die Nutzung der Naturressourcen. (im Internet veröffentlicht unter. http://www.vsluh.ru/vip/polytic/44437.html und http://www.duma.gov.ru/index.jsp?t=deputat/99107892.html, Stand 04.06.2007)

Korepanow, Sergej Jewgenjewitsch wurde am 06.01.1948 in Narjan Man im Autonomen Bezirk der Jamal-Nenzen geboren. 1976 absolvierte er die Hochschule für zivile Luftfahrt in Kijew als Ingenieur. In der Anfangsphase der Entwicklung der Gasindustrie im Autonomen Bezirk der Jamal-Nenzen arbeitete er im lokalen Komsomol-Komitee sowie im Komitee der KPdSU. Auch hatte er leitende Positionen in der Gasindustrie inne; so war er unter anderem Direktor der lokalen Vertretung von Gazprom. Außerdem wurde er mehrmals zum Deputierten des Sowjets der Volksdeputierten im Bezirk gewählt. Zwischen 1996 und 1998 war er Vorsitzender der regionalen Duma im Autonomen Bezirk der Jamal-Nenzen. 1998 wurde er zum Duma-Vorsitzenden des Gebiets Tjumen gewählt. Auch nach den darauf folgenden Tjumener Dumawahlen im Jahr 2001 behielt er diesen Posten (Im Internet veröffentlicht unter http://www.duma72.ru/Deputy.aspx?id=29, Stand 05.06.2007).

Latyschew, Pjotr Michajlowitsch wurde 1948 in Chmelnizkij in der Ukraine geboren. 1966 absolvierte er die Hochschule des Innenministeriums und arbeitete anschließend in der Abteilung für Strafverfolgung mit dem Schwerpunkt Wirtschaft[1] in Perm. Zwischen 1986 und 1991 war er Leiter der städtischen Abteilung für Innere Angelegenheiten in Perm.[2] Von 1991 bis 1994 leitete Latyschew die Abteilung für Innere Angelegenheiten in der Region Krasnodar. Von 1990 bis 1993 war er zudem Volksdeputierter im Staatlichen Sowjet der Russischen Föderation. In der Zeit zwischen 1994 und 2000 arbeitete er als stellvertretender Minister für Innere Angelegenheiten der Russischen Föderation. Seit 2000 ist Latyschew Vertreter des Präsidenten der Russischen Föderation im **Föderalbezirk Ural**. (im Internet veröffentlicht unter http://www.uralfo.ru/?read=1218, Stand 05.06.2007)

Lewinson, Iosif Lipatjewitsch wurde am 09.05.1956 im Dorf Njalino im Autonomen Bezirk der Chanten und Mansen geboren. 1978 beendete er das Studium zum Bergbauingenieur und Geologen an der Industriellen Hochschule Tjumen. Seinen beruflichen Werdegang setzte er in der Erdöl- und Erdgasexploration bei Urengojneftegazgeologija in Urengoj fort. Anschließend wurde er Leiter der geologischen Abteilung und der Erdöl- und Erdgasexploration des Unternehmens. Zwischen 1994 und 1996 war Lewinson Abgeordneter der regionalen Duma im Autonomen Bezirk der Jamal-Nenzen. Im April 1996 wurde er zum ersten Stellvertreter des Gouverneurs dieses Bezirkes ernannt. 2000 wurde Lewinson Vize-Gouverneur des Autonomen Bezirks der Jamal-Nenzen und behielt diesen Posten bis Mitte 2005. (Im Internet veröffentlicht unter http://www.yamal.ru/new/person/Levinzon.htm sowie http://www.fedpress.ru/persona/persons/bio_226.html, http://www.viperson.ru/wind.php?ID=189010, Stand 05.06.2007)

Minninchanow, Rustam Nurgalijewitsch wurde am 01.03.1957 im Bezirk Rybnoslovodkij (Tatarstan) geboren. 1978 schloss er das Studium an einer Hochschule für Landwirtschaft als Diplomingenieur, 1986 die Hochschule für sowjetischen Handel in Kazan als Warensachverständiger ab. Zwischen 1978 und 1985 bekleidete Minninchanow im Bezirk Sabinskij (Tatarstan) verschiedene Posten. Von 1985 bis 1993 war er in der Verwaltung des Arskij Bezirkes tätig. In den Jahren 1993 bis 1996 war er Verwaltungsleiter des Wysokogorskij Bezirks. 1996 wurde er zum Finanzminister ernannt und seit 1998 ist Minninchanov Premierminister der Republik Tatarstan. (Spravočnik: Kto est' kto (ènciklopedija personalij), Im Internet veröffentlicht unter http://www.tatar.ru/peopl002.html, Stand 04.06.2007)

Mitrofanow, Pawel Petrowitsch wurde 1962 im Gebiet Kurgan geboren. 1984 schloss er das Studium an der Hochschule für Holztechnik in Swerdlowsk ab.

---

[1] OBChSS – Otdel bor'by s chiščeniem socialisitčeskoj sobstvennosti.
[2] UVD – Upravlenie vnutrennich del.

1994 absoliverte er ein Studium an einer Londoner Akademie für Finanzen und 1998 ein Studium an der Akademie für Volkswirtschaft in Moskau. Mitrofanow begann seine Karriere 1984 in einem Holzverarbeitungsunternehmen im Gebiet Tjumen. Zwischen 1985 und 1989 leitete er verschiedene gesellschaftliche Organisationen. Von 1989 bis 1993 war er Direktor des Holzverarbeitungsunternehmen Sibstrojles im Gebiet Tjumen. Ab 1993 leitete er die Filiale der Chanty-Mansijskij Bank im Gebiet Tjumen und ab 1996 leitete er die kommunale Administration im Rayon Sowetskij (Gebiet Tjumen). Gleichzeitig war er Vorsitzender der Duma in diesem Rayon. 1997 wurde Mitrofanow zum Abgeordneten des Parlaments im Gebiet Tjumen gewählt. 2001 wurde er zum ersten Stellvertreter des Gouverneurs ernannt, jedoch 2005 aus dem Dienst entlassen. (im Internet veröffentlicht unter http://www.newsprom.ru/print.shtml?lot_id=108962992702221. Stand 05.06.2007)

Muchametschin, Farid Chajrullowitsch wurde 1947 in Almetjewsk (Republik Tatarstan) geboren. Zwischen 1972 und 1986 besuchte er das Technikum für Gasindustrie in Almetjewsk, schloss die Hochschule für Erdöl in Ufa als Diplomingenieur und die Parteihochschule in Saratow ab. Ab 1970 arbeitete Muchametschin als Instrukteur des städtischen Komsomol-Komitees in Almetjewsk und ab 1973 als Instrukteur des städtischen Komitees der KPdSU. Vom 1978 bis 1985 war er stellvertretender Vorsitzender des städtischen Exekutivkomitees in Almetjewsk. Zwischen 1985 und 1987 war er Sekretär des Almetjewsker Komitees der KPdSU, bevor er 1988–1989 zum Vorsitzenden des städtischen Exekutivkomitees in Almetjewsk ernannt wurde. 1989–1990 war Muchametschin kurzzeitig Handelsminister der ASSR Tatarstan. Von 1990 bis 1991 war er Stellvertretender Vorsitzender des Obersten Sowjets der Republik, bevor er ab 1991 dessen Vorsitzender war. Von 1995 bis 1998 war er Premierminister. Seit 1998 fungiert Muchametschin wieder als Vorsitzender des Obersten Sowjets der Republik Tatarstan. (Spravočnik: Kto est' kto (ènciklopedija personalij), Im Internet veröffentlicht unter http://www.tatar.ru/peopl003.html. Stand 05.06.2007)

Muratow, Rawil Fatychowitsch wurde am 30.08.1949 im Dorf Tjurnjajevskij in Tatarstan geboren. Er studierte an der Moskauer Universität für Handel und war ab 1974 im Großhandel in Tatarstan tätig. 1987 wurde Muratow zum Minister für Handel der Republik Tatarstan ernannt, bevor er 1989 Stellvertretender Premierminister in Tatarstan wurde. Seit 1995 ist er erster stellvertretender Premierminister der Republik Tatarstan. (Spravočnik: Kto est' Kto (ènciklopedija personalij), im Internet veröffentlicht unter http://www.tatar.ru/muratov.html, Stand 04.06.2007)

Muslimow, Renat Chalijullowitsch wurde 1934 in Kazan (Republik Tatarstan) geboren. 1957 schloss er die Kazaner Universität in Geologie und Erforschung der Erdöl- und Erdgasfelder ab. Zwischen 1957 und 1960 arbeitete Muslimow als Geologe im Ölunternehmen Bugulmaneft (Tochterfirma von Tatneft). 1960–1966 war er Leitender Geologe beim Ölunternehmen Leninogorskneft (Tochterfirma von Tatneft), von 1966 bis 1997 Leitender Geologe und der erster Stellvertreter des Geschäftsführers von Tatneft. 1998 wurde Muslimow zum Berater des Präsidenten der Republik Tatarstan für Bodenschätze, Öl und Gas ernannt. (Spravočnik: Kto est' kto (ènciklopedija personalij), im Internet veröffentlicht unter http://www.tatar.ru/?node_id=447, Stand 05.06.2007)

Nejelow, Jurij Wasiljewitsch wurde am 24.06.1952 in Salechard, der Hauptstadt des Autonomen Bezirkes der Jamal-Nenzen, geboren. Er schloss 1974 ein Maschinenbau-Studium in Tjumen und 1991 ein Studium an der Moskauer Verwaltungsakademie ab. Zwischen 1974 und 1976 arbeitete er als Mechaniker und Leiter der Kraftwagenkolonne einer Fluggesellschaft in Salechard. Von 1976 bis 1986 hatte Nejelow abwechselnd die Posten des Sekretärs des regionalen und städtischen Komsomol-Komitees in Salechard und Tjumen inne. 1987 wurde er zweiter Sekretär des lokalen Komitees der KPdSU in Salechard. Ab 1987 leitete er das Exekutivkomitee im Autonomen Bezirk der Jamal-Nenzen. Zwischen 1990 und 1991 arbeitete er als Vorsitzender des lokalen Legislativkomitees in Salechard. In den folgenden drei Jahren war er Stellvertretender Verwaltungschef im Gebiet Tjumen. 1994 wurde er zum Verwaltungschef des Autonomen Bezirkes der Jamal-Nenzen ernannt. Seit 1996 ist Nejelow Gouverneur des Bezirks der Jamal-Nenzen. (Im Internet veröffentlicht unter http://www.neelov.ru/47/1/458/. Stand 05.06.2007)

Ponomarjow, Michail Nikolajewitsch wurde am 01.01.1954 im Dorf Sosnowka (Region Pensa) geboren. 1974 absolvierte er die Schule für Flugnavigatoren in Kirowograd. 1991 schloss er die Akademie der Zivilluftfahrt ab. Von 1974 bis 1992 arbeitete er in verschiedenen Dienststellungen der Fliegerstaffel bzw. Fluggesellschaft »Tjumenaviatrans« des Gebiets Tjumen.1994–2000 war er Stellvertretender Gouverneur und Vize-Gouverneur im Autonomen Bezirk der Jamal-Nenzen. 2000–2004 war er Stellvertretender Präsidentenvertreter im Ural-Bezirk. Im November 2004 wurde er zum Stellvertretenden Minister für Regionale Entwicklung der Russischen Föderation ernannt. (Im Internet veröffentlicht unter: http://www.newsprom.ru/print.shtml?lot_id=110173787025083; http://pda.ura.ru/content/svrd/23-10-2007/articles/2701.html, Stand 04.06.2007)

Rokezkij, Leonid Julianowitsch wurde 1942 im Dorf Nosow in der Ukraine geboren. 1966 wirkte er bei der Erschließung des Surgut-Territoriums mit. Nach Beendigung des Studiums an der Polytechnischen Hochschule im Jahre 1970 arbeitete er als Ingenieur in dem Unternehmen Surgutneftegazstroj, dessen Leiter er später wurde. In den 1980er Jahren wechselte er in das städtische Exekutivkomitee (Ispolkom) in Surgut. 1990 wurde Rokezkij zum Vorsitzenden des Exekutivkomitees des Gebiets Tjumen und zum Leiter des regionalen Komitees der KPdSU ernannt. Seit 1991 war er stellvertretender Verwaltungsleiter im Gebiet Tjumen. Rokezkij gewann 1997 die Gouverneurswahlen im Gebiet Tjumen und blieb bis zum Januar 2001 auf diesem Posten. (veröffentlicht in: Federal'naja i regional'naja èlita Rossii. Kto est' kto v politike i èkonomike. Ežegodnyj biografičeskij spravočnik, Moskau 2001, S. 342)

Sarytschew, Sergej Michajlowitsch wurde 1959 im Dorf Wikulowo (Gebiet Tjumen) geboren. 1990 absolvierte er die Polytechnische Hochschule in der Stadt Tomsk. Zwischen 1983 und 1991 war er als Sekretär des Komsomol-Komitees in dieser Region tätig. Zwischen 1991 und 1992 leitete er die regionale Abteilung des Russischen Nachwuchssowjets. Danach wechselte er zur regionalen Administration, in der er bis 1997 das Nachwuchskomitee leitete. 1997 wurde Sarytschew zum stellvertretenden und 2001 zum Vize-Gouverneur des Gebietes Tjumen berufen. Danach bekam er den Posten des stellvertretenden Premierministers des Bezirks der Chanten und Mansen, den er bis 2004 behielt. 2004 wurde er erneut zum Stellvertretenden Gouverneur im Gebiet Tjumen ernannt. Seit Dezember 2005 ist Sarytschew Vize-Gouverneur des Gebietes Tjumen. (im Internet veröffentlicht unter: http://www.admtyumen.ru/power/government/Vice_gubernator, Stand 05.06.2007)

Schafranik, Jurij Konstantinowitsch wurde 1952 im Dorf Karasul im Gebiet Tjumen geboren. 1974 beendete er das Studium der Ingenieurwissenschaften an der Industriellen Hochschule in Tjumen. Danach arbeitete er bei Nischnewartowskneftegaz im Autonomen Bezirk der Chanten und Mansen. Zwischen 1983 und 1985 war Schafranik der Sekretär des Bezirkskomitees der KPdSU in Langepas (Bezirk der Chanten und Mansen) und in den folgenden zwei Jahre zweiter Sekretär des städtischen Komitees der KPdSU in Langepas. 1987 wurde er der jüngste Direktor des Erdölunternehmens Langepasneftegaz, welches später in das Erdölunternehmen Lukoil integriert wurde. 1990 wurde er zum Vorsitzenden des regionalen Sowjets im Gebiet Tjumen gewählt und ein Jahr später zum Verwaltungsleiter des Gebietes Tjumen bestimmt. Zwischen 1993 und 1996 war Schafranik Minister für Brennstoff und Energie der Russischen Föderation. Ein Jahr später war er Berater des Premierministers der Russischen Föderation und gleichzeitig Vorstandsmitglied des Ölunternehmens TNK. Von April 1997 bis Januar 2001 fungierte er als Vorstandsvorsitzender des Ölverarbeitungsunternehmens Centralnaja Toplivnaja Kompanija. Seit September 2001 ist Schafranik Vorstandsvorsitzender des Unternehmen SojusNefteGaz. (Federal'naja i regional'naja élita Rossii. Kto est' kto v politike i ékonomike. Ežegodnyj biografičeskij spravočnik, Moskau 2001, S. 444, sowie im Internet veröffentlicht unter http://www.shafranik.com/rus/way.asp, Stand 05.06.2007)

Schajmijew, Mintimer Scharipowitsch wurde am 20.01.1937 im Bezirk Aktaschynskij (Republik Tatarstan) geboren. Zwischen 1969 und 1982 war er in der autonomen Sowjetrepublik Minister für Bewässerung und Wasserwirtschaft. 1983 wurde Schajmijew zum Ersten Stellvertretenden Regierungschef der Autonomen Republik ernannt und zwei Jahre später selbst Regierungschef. Ab 1989 arbeitete er als erster Sekretär des tatarischen Komitees der KPdSU und im folgenden Jahr wurde er Vorsitzender des Obersten Sowjets der Republik. 1991 wurde er zum ersten Präsidenten der Republik Tatarstan gewählt. In den Präsidentschaftswahlen der Jahre 1996 und 2001 wurde Schajmijew mit absoluter Mehrheit wiedergewählt. Zwischen 1994 und 2001 fungierte er außerdem als Senator des Föderationsrates der Russischen Föderation. Seit 2000 ist Schajmijew Mitglied des Präsidiums des Staatsrates der Russischen Föderation. (Spravočnik: Kto est' kto (énciklopedija personalij), Im Internet veröffentlicht unter http://www.tatar.ru/peopl001.html, Stand 05.06.2007)

Sobjanin, Sergej Semjonowitsch wurde am 21.06.1958 im Dorf Njaksimwol im Autonomen Bezirk der Chanten und Mansen geboren. Nach Abschluss der Hochschule für Technik in Kostroma wurde er 1980 Vorsitzender des Komsomol-Komitees in Tscheljabinsk. 1982 wurde Sobjanin zum stellvertretenden Vorsitzenden des lokalen Komitees der KPdSU und gleichzeitig zum Leiter des Exekutivkomitees (Ispolkom) der Stadt Kogalym im Autonomen Bezirk der Chanten und Mansen ernannt. Zwischen 1984 und 1988 war er stellvertretender Vorsitzender des städtischen Sowjets in Kogalym. 1990–1991 leitete Sobjanin die Abteilung des staatlichen Steueramts in Kogalym, bevor er von 1991 bis 1993 der Stadtverwaltung von Kogalym vorstand. Im April 1994 wurde er in die regionale Duma des Autonomen Bezirks der Chanten und Mansen gewählt. Gleichzeitig vertrat er die regionale Duma im Föderationsrat und leitete dort das Komitee für die Ausarbeitung der Verfassungsgesetzgebung. Mitte 2000 wurde er erster Stellvertreter des Vertreters des Präsidenten der Russischen Föderation im Föderalbezirk Ural. Im Januar 2001 wurde er zum Gouverneur im Gebiet Tjumen gewählt und im Februar 2005 auf Vorschlag von Präsident Putin vom regionalen Parlament in seinem Amt bestätigt. Mit seiner Ernennung zum Leiter der Präsidialadministration ging Sobjanin allerdings bereits im November 2005 nach Moskau. (im Internet veröffentlicht unter: http://president.kremlin.ru/state_subj/97080.shtml, Stand 05.06.2007)

Sondykow, Wasilij Semjenowitsch wurde am 09.01.1945 im Dorf Selijarowo im Autonomen Bezirk der Chanten und Mansen geboren. Er absolvierte ein Ingenieursstudium an der Hochschule für Bauwesen in Tomsk. Zwischen 1968 und 1981 arbeitete er im Rayon Nischnewartowsk abwechselnd als Fahrer und Bauleiter. Die folgenden fünf Jahre war er Sekretär des Parteikomitees im Unternehmen Meriongasstroj. Von 1986 bis 1990 leitete Sondykow das Exekutivkomitee des Rayons Nischnewartovsk. Danach wurde er zum Leiter des Sowjets der Volksdeputierten in diesem Rayon gewählt und behielt diesen Posten die nächsten vier Jahre. Zwischen 1994 und 1998 war er Leiter des Fonds für die Rekonstruktion und die Entwicklung des Rayons Nischnewartowsk. Gleichzeitig war er Abgeordneter in der ersten und zweiten lokalen Duma und stellvertretender Vorsitzender der Duma in Angelegenheiten der regionalen indigenen Bevölkerung. Zwischen 1998 und 1999 bekleidete er auch den Posten des Stellvertretenden Leiters der Regionalverwaltung in Angelegenheiten der indigenen Bevölkerung sowie den Posten des Leiters des Rates für Nationalitätenfragen. Von 1999 bis zu seiner Wahl zum Vorsitzenden der regionalen Duma des Bezirkes der Chanten und Mansen im Jahre 2001 arbeitete er auch als stellvertretender regionaler Regierungschef für Nationalitätenfragen und der indigenen Bevölkerung. (Im Internet veröffentlicht unter: http://www.dumahmao.ru/managamentoftheduma/chairmanoftheduma/, Stand 04.06.2007)

SOVIET AND POST-SOVIET POLITICS AND SOCIETY

Edited by Dr. Andreas Umland

ISSN 1614-3515

1   *Андреас Умланд (ред.)*
    Воплощение Европейской
    конвенции по правам человека в
    России
    Философские, юридические и
    эмпирические исследования
    ISBN 3-89821-387-0

2   *Christian Wipperfürth*
    Russland – ein vertrauenswürdiger
    Partner?
    Grundlagen, Hintergründe und Praxis
    gegenwärtiger russischer Außenpolitik
    Mit einem Vorwort von Heinz Timmermann
    ISBN 3-89821-401-X

3   *Manja Hussner*
    Die Übernahme internationalen Rechts
    in die russische und deutsche
    Rechtsordnung
    Eine vergleichende Analyse zur
    Völkerrechtsfreundlichkeit der Verfassungen
    der Russländischen Föderation und der
    Bundesrepublik Deutschland
    Mit einem Vorwort von Rainer Arnold
    ISBN 3-89821-438-9

4   *Matthew Tejada*
    Bulgaria's Democratic Consolidation
    and the Kozloduy Nuclear Power Plant
    (KNPP)
    The Unattainability of Closure
    With a foreword by Richard J. Crampton
    ISBN 3-89821-439-7

5   *Марк Григорьевич Меерович*
    Квадратные метры, определяющие
    сознание
    Государственная жилищная политика в
    СССР. 1921 – 1941 гг
    ISBN 3-89821-474-5

6   *Andrei P. Tsygankov, Pavel
    A.Tsygankov (Eds.)*
    New Directions in Russian
    International Studies
    ISBN 3-89821-422-2

7   *Марк Григорьевич Меерович*
    Как власть народ к труду приучала
    Жилище в СССР – средство управления
    людьми. 1917 – 1941 гг.
    С предисловием Елены Осокиной
    ISBN 3-89821-495-8

8   *David J. Galbreath*
    Nation-Building and Minority Politics
    in Post-Socialist States
    Interests, Influence and Identities in Estonia
    and Latvia
    With a foreword by David J. Smith
    ISBN 3-89821-467-2

9   *Алексей Юрьевич Безугольный*
    Народы Кавказа в Вооруженных
    силах СССР в годы Великой
    Отечественной войны 1941-1945 гг.
    С предисловием Николая Бугая
    ISBN 3-89821-475-3

10 *Вячеслав Лихачев и Владимир
    Прибыловский (ред.)*
    Русское Национальное Единство,
    1990-2000. В 2-х томах
    ISBN 3-89821-523-7

11 *Николай Бугай (ред.)*
    Народы стран Балтии в условиях
    сталинизма (1940-е – 1950-е годы)
    Документированная история
    ISBN 3-89821-525-3

12 *Ingmar Bredies (Hrsg.)*
    Zur Anatomie der Orange Revolution
    in der Ukraine
    Wechsel des Elitenregimes oder Triumph des
    Parlamentarismus?
    ISBN 3-89821-524-5

13 *Anastasia V. Mitrofanova*
    The Politicization of Russian
    Orthodoxy
    Actors and Ideas
    With a foreword by William C. Gay
    ISBN 3-89821-481-8

14 *Nathan D. Larson*
    Alexander Solzhenitsyn and the
    Russo-Jewish Question
    ISBN 3-89821-483-4

15 *Guido Houben*
    Kulturpolitik und Ethnizität
    Staatliche Kunstförderung im Russland der
    neunziger Jahre
    Mit einem Vorwort von Gert Weisskirchen
    ISBN 3-89821-542-3

16 *Leonid Luks*
    Der russische „Sonderweg"?
    Aufsätze zur neuesten Geschichte Russlands
    im europäischen Kontext
    ISBN 3-89821-496-6

17 *Евгений Мороз*
    История «Мёртвой воды» – от
    страшной сказки к большой
    политике
    Политическое неоязычество в
    постсоветской России
    ISBN 3-89821-551-2

18 *Александр Верховский и Галина
    Кожевникова (ред.)*
    Этническая и религиозная
    интолерантность в российских СМИ
    Результаты мониторинга 2001-2004 гг.
    ISBN 3-89821-569-5

19 *Christian Ganzer*
    Sowjetisches Erbe und ukrainische
    Nation
    Das Museum der Geschichte des Zaporoger
    Kosakentums auf der Insel Chortycja
    Mit einem Vorwort von Frank Golczewski
    ISBN 3-89821-504-0

20 *Эльза-Баир Гучинова*
    Помнить нельзя забыть
    Антропология депортационной травмы
    калмыков
    С предисловием Кэролайн Хамфри
    ISBN 3-89821-506-7

21 *Юлия Лидерман*
    Мотивы «проверки» и «испытания»
    в постсоветской культуре
    Советское прошлое в российском
    кинематографе 1990-х годов
    С предисловием Евгения Марголита
    ISBN 3-89821-511-3

22 *Tanya Lokshina, Ray Thomas, Mary
    Mayer (Eds.)*
    The Imposition of a Fake Political
    Settlement in the Northern Caucasus
    The 2003 Chechen Presidential Election
    ISBN 3-89821-436-2

23 *Timothy McCajor Hall, Rosie Read
    (Eds.)*
    Changes in the Heart of Europe
    Recent Ethnographies of Czechs, Slovaks,
    Roma, and Sorbs
    With an afterword by Zdeněk Salzmann
    ISBN 3-89821-606-3

24 *Christian Autengruber*
    Die politischen Parteien in Bulgarien
    und Rumänien
    Eine vergleichende Analyse seit Beginn der
    90er Jahre
    Mit einem Vorwort von Dorothée de Nève
    ISBN 3-89821-476-1

25 *Annette Freyberg-Inan with Radu
    Cristescu*
    The Ghosts in Our Classrooms, or:
    John Dewey Meets Ceaușescu
    The Promise and the Failures of Civic
    Education in Romania
    ISBN 3-89821-416-8

26 *John B. Dunlop*
    The 2002 Dubrovka and 2004 Beslan
    Hostage Crises
    A Critique of Russian Counter-Terrorism
    With a foreword by Donald N. Jensen
    ISBN 3-89821-608-X

27 *Peter Koller*
    Das touristische Potenzial von
    Kam''janec'–Podil's'kyj
    Eine fremdenverkehrsgeographische
    Untersuchung der Zukunftsperspektiven und
    Maßnahmenplanung zur
    Destinationsentwicklung des „ukrainischen
    Rothenburg"
    Mit einem Vorwort von Kristiane Klemm
    ISBN 3-89821-640-3

28 *Françoise Daucé, Elisabeth Sieca-
    Kozlowski (Eds.)*
    Dedovshchina in the Post-Soviet
    Military
    Hazing of Russian Army Conscripts in a
    Comparative Perspective
    With a foreword by Dale Herspring
    ISBN 3-89821-616-0

29 Florian Strasser
Zivilgesellschaftliche Einflüsse auf die
Orange Revolution
Die gewaltlose Massenbewegung und die
ukrainische Wahlkrise 2004
Mit einem Vorwort von Egbert Jahn
ISBN 3-89821-648-9

30 Rebecca S. Katz
The Georgian Regime Crisis of 2003-
2004
A Case Study in Post-Soviet Media
Representation of Politics, Crime and
Corruption
ISBN 3-89821-413-3

31 Vladimir Kantor
Willkür oder Freiheit
Beiträge zur russischen Geschichtsphilosophie
Ediert von Dagmar Herrmann sowie mit
einem Vorwort versehen von Leonid Luks
ISBN 3-89821-589-X

32 Laura A. Victoir
The Russian Land Estate Today
A Case Study of Cultural Politics in Post-
Soviet Russia
With a foreword by Priscilla Roosevelt
ISBN 3-89821-426-5

33 Ivan Katchanovski
Cleft Countries
Regional Political Divisions and Cultures in
Post-Soviet Ukraine and Moldova
With a foreword by Francis Fukuyama
ISBN 3-89821-558-X

34 Florian Mühlfried
Postsowjetische Feiern
Das Georgische Bankett im Wandel
Mit einem Vorwort von Kevin Tuite
ISBN 3-89821-601-2

35 Roger Griffin, Werner Loh, Andreas
Umland (Eds.)
Fascism Past and Present, West and
East
An International Debate on Concepts and
Cases in the Comparative Study of the
Extreme Right
With an afterword by Walter Laqueur
ISBN 3-89821-674-8

36 Sebastian Schlegel
Der „Weiße Archipel"
Sowjetische Atomstädte 1945-1991
Mit einem Geleitwort von Thomas Bohn
ISBN 3-89821-679-9

37 Vyacheslav Likhachev
Political Anti-Semitism in Post-Soviet
Russia
Actors and Ideas in 1991-2003
Edited and translated from Russian by Eugene
Veklerov
ISBN 3-89821-529-6

38 Josette Baer (Ed.)
Preparing Liberty in Central Europe
Political Texts from the Spring of Nations
1848 to the Spring of Prague 1968
With a foreword by Zdeněk V. David
ISBN 3-89821-546-6

39 Михаил Лукьянов
Российский консерватизм и
реформа, 1907-1914
С предисловием Марка Д. Стейнберга
ISBN 3-89821-503-2

40 Nicola Melloni
Market Without Economy
The 1998 Russian Financial Crisis
With a foreword by Eiji Furukawa
ISBN 3-89821-407-9

41 Dmitrij Chmelnizki
Die Architektur Stalins
Bd. 1: Studien zu Ideologie und Stil
Bd. 2: Bilddokumentation
Mit einem Vorwort von Bruno Flierl
ISBN 3-89821-515-6

42 Katja Yafimava
Post-Soviet Russian-Belarussian
Relationships
The Role of Gas Transit Pipelines
With a foreword by Jonathan P. Stern
ISBN 3-89821-655-1

43 Boris Chavkin
Verflechtungen der deutschen und
russischen Zeitgeschichte
Aufsätze und Archivfunde zu den
Beziehungen Deutschlands und der
Sowjetunion von 1917 bis 1991
Ediert von Markus Edlinger sowie mit einem
Vorwort versehen von Leonid Luks
ISBN 3-89821-756-2

44 *Anastasija Grynenko in Zusammenarbeit mit Claudia Dathe*
Die Terminologie des Gerichtswesens der Ukraine und Deutschlands im Vergleich
Eine übersetzungswissenschaftliche Analyse juristischer Fachbegriffe im Deutschen, Ukrainischen und Russischen
Mit einem Vorwort von Ulrich Hartmann
ISBN 3-89821-691-8

45 *Anton Burkov*
The Impact of the European Convention on Human Rights on Russian Law
Legislation and Application in 1996-2006
With a foreword by Françoise Hampson
ISBN 978-3-89821-639-5

46 *Stina Torjesen, Indra Overland (Eds.)*
International Election Observers in Post-Soviet Azerbaijan
Geopolitical Pawns or Agents of Change?
ISBN 978-3-89821-743-9

47 *Taras Kuzio*
Ukraine – Crimea – Russia
Triangle of Conflict
ISBN 978-3-89821-761-3

48 *Claudia Šabić*
"Ich erinnere mich nicht, aber L'viv!"
Zur Funktion kultureller Faktoren für die Institutionalisierung und Entwicklung einer ukrainischen Region
Mit einem Vorwort von Melanie Tatur
ISBN 978-3-89821-752-1

49 *Marlies Bilz*
Tatarstan in der Transformation
Nationaler Diskurs und Politische Praxis 1988-1994
Mit einem Vorwort von Frank Golczewski
ISBN 978-3-89821-722-4

50 *Марлен Ларюэль (ред.)*
Современные интерпретации русского национализма
ISBN 978-3-89821-795-8

51 *Sonja Schüler*
Die ethnische Dimension der Armut
Roma im postsozialistischen Rumänien
Mit einem Vorwort von Anton Sterbling
ISBN 978-3-89821-776-7

52 *Галина Кожевникова*
Радикальный национализм в России и противодействие ему
Сборник докладов Центра «Сова» за 2004-2007 гг.
С предисловием Александра Верховского
ISBN 978-3-89821-721-7

53 *Галина Кожевникова и Владимир Прибыловский*
Российская власть в биографиях I
Высшие должностные лица РФ в 2004 г.
ISBN 978-3-89821-796-5

54 *Галина Кожевникова и Владимир Прибыловский*
Российская власть в биографиях II
Члены Правительства РФ в 2004 г.
ISBN 978-3-89821-797-2

55 *Галина Кожевникова и Владимир Прибыловский*
Российская власть в биографиях III
Руководители федеральных служб и агентств РФ в 2004 г.
ISBN 978-3-89821-798-9

56 *Ileana Petroniu*
Privatisierung in Transformationsökonomien
Determinanten der Restrukturierungs-Bereitschaft am Beispiel Polens, Rumäniens und der Ukraine
Mit einem Vorwort von Rainer W. Schäfer
ISBN 978-3-89821-790-3

57 *Christian Wipperfürth*
Russland und seine GUS-Nachbarn
Hintergründe, aktuelle Entwicklungen und Konflikte in einer ressourcenreichen Region
ISBN 978-3-89821-801-6

58 *Togzhan Kassenova*
From Antagonism to Partnership
The Uneasy Path of the U.S.-Russian Cooperative Threat Reduction
With a foreword by Christoph Bluth
ISBN 978-3-89821-707-1

59 *Alexander Höllwerth*
Das sakrale eurasische Imperium des Aleksandr Dugin
Eine Diskursanalyse zum postsowjetischen russischen Rechtsextremismus
Mit einem Vorwort von Dirk Uffelmann
ISBN 978-3-89821-813-9

60   Олег Рябов
     «Россия-Матушка»
     Национализм, гендер и война в России XX
     века
     С предисловием Елены Гощило
     ISBN 978-3-89821-487-2

61   Ivan Maistrenko
     Borot'bism
     A Chapter in the History of the Ukrainian
     Revolution
     With a new introduction by Chris Ford
     Translated by George S. N. Luckyj with the
     assistance of Ivan L. Rudnytsky
     ISBN 978-3-89821-697-5

62   Maryna Romanets
     Anamorphosic Texts and
     Reconfigured Visions
     Improvised Traditions in Contemporary
     Ukrainian and Irish Literature
     ISBN 978-3-89821-576-3

63   Paul D'Anieri and Taras Kuzio (Eds.)
     Aspects of the Orange Revolution I
     Democratization and Elections in Post-
     Communist Ukraine
     ISBN 978-3-89821-698-2

64   Bohdan Harasymiw in collaboration
     with Oleh S. Ilnytzkyj (Eds.)
     Aspects of the Orange Revolution II
     Information and Manipulation Strategies in
     the 2004 Ukrainian Presidential Elections
     ISBN 978-3-89821-699-9

65   Ingmar Bredies, Andreas Umland and
     Valentin Yakushik (Eds.)
     Aspects of the Orange Revolution III
     The Context and Dynamics of the 2004
     Ukrainian Presidential Elections
     ISBN 978-3-89821-803-0

66   Ingmar Bredies, Andreas Umland and
     Valentin Yakushik (Eds.)
     Aspects of the Orange Revolution IV
     Foreign Assistance and Civic Action in the
     2004 Ukrainian Presidential Elections
     ISBN 978-3-89821-808-5

67   Ingmar Bredies, Andreas Umland and
     Valentin Yakushik (Eds.)
     Aspects of the Orange Revolution V
     Institutional Observation Reports on the 2004
     Ukrainian Presidential Elections
     ISBN 978-3-89821-809-2

68   Taras Kuzio (Ed.)
     Aspects of the Orange Revolution VI
     Post-Communist Democratic Revolutions in
     Comparative Perspective
     ISBN 978-3-89821-820-7

69   Tim Bohse
     Autoritarismus statt Selbstverwaltung
     Die Transformation der kommunalen Politik
     in der Stadt Kaliningrad 1990-2005
     Mit einem Geleitwort von Stefan Troebst
     ISBN 978-3-89821-782-8

70   David Rupp
     Die Rußländische Föderation und die
     russischsprachige Minderheit in
     Lettland
     Eine Fallstudie zur Anwaltspolitik Moskaus
     gegenüber den russophonen Minderheiten im
     „Nahen Ausland" von 1991 bis 2002
     Mit einem Vorwort von Helmut Wagner
     ISBN 978-3-89821-778-1

71   Taras Kuzio
     Theoretical and Comparative
     Perspectives on Nationalism
     New Directions in Cross-Cultural and Post-
     Communist Studies
     With a foreword by Paul Robert Magocsi
     ISBN 978-3-89821-815-3

72   Christine Teichmann
     Die Hochschultransformation im
     heutigen Osteuropa
     Kontinuität und Wandel bei der Entwicklung
     des postkommunistischen Universitätswesens
     Mit einem Vorwort von Oskar Anweiler
     ISBN 978-3-89821-842-9

73   Julia Kusznir
     Der politische Einfluss von
     Wirtschaftseliten in russischen
     Regionen
     Eine Analyse am Beispiel der Erdöl- und
     Erdgasindustrie, 1992-2005
     Mit einem Vorwort von Wolfgang Eichwede
     ISBN 978-3-89821-821-4

FORTHCOMING (MANUSCRIPT WORKING TITLES)

Stephanie Solowyda
Biography of Semen Frank
ISBN 3-89821-457-5

Margaret Dikovitskaya
Arguing with the Photographs
Russian Imperial Colonial Attitudes in Visual Culture
ISBN 3-89821-462-1

Stefan Ihrig
Welche Nation in welcher Geschichte?
Eigen- und Fremdbilder der nationalen Diskurse in der Historiographie und den Geschichtsbüchern in der Republik Moldova, 1991-2003
ISBN 3-89821-466-4

Sergei M. Plekhanov
Russian Nationalism in the Age of Globalization
ISBN 3-89821-484-2

Robert Pyrah
Cultural Memory and Identity
Literature, Criticism and the Theatre in Lviv - Lwow - Lemberg, 1918-1939 and in post-Soviet Ukraine
ISBN 3-89821-505-9

Andrei Rogatchevski
The National-Bolshevik Party
ISBN 3-89821-532-6

Zenon Victor Wasyliw
Soviet Culture in the Ukrainian Village
The Transformation of Everyday Life and Values, 1921-1928
ISBN 3-89821-536-9

Nele Sass
Das gegenkulturelle Milieu im postsowjetischen Russland
ISBN 3-89821-543-1

Julie Elkner
Maternalism versus Militarism
The Russian Soldiers' Mothers Committee
ISBN 3-89821-575-X

Alexandra Kamarowsky
Russia's Post-crisis Growth
ISBN 3-89821-580-6

Martin Friessnegg
Das Problem der Medienfreiheit in Russland seit dem Ende der Sowjetunion
ISBN 3-89821-588-1

Nikolaj Nikiforowitsch Borobow
Führende Persönlichkeiten in Russland vom 12. bis 20 Jhd.: Ein Lexikon
Aus dem Russischen übersetzt und herausgegeben von Eberhard Schneider
ISBN 3-89821-638-1

Martin Malek, Anna Schor-Tschudnowskaja
Tschetschenien und die Gleichgültigkeit Europas
Russlands Kriege und die Agonie der Idee der Menschenrechte
ISBN 3-89821-676-4

Andreas Langenohl
Political Culture and Criticism of Society
Intellectual Articulations in Post-Soviet Russia
ISBN 3-89821-709-4

Thomas Borén
Meeting Places in Transformation
ISBN 3-89821-739-6

Lars Löckner
Sowjetrussland in der Beurteilung der Emigrantenzeitung 'Rul', 1920-1924
ISBN 3-89821-741-8

Ekaterina Taratuta
The Red Line of Construction
Semantics and Mythology of a Siberian Heliopolis
ISBN 3-89821-742-6

Bernd Kappenberg
Zeichen setzen für Europa
Der Gebrauch europäischer lateinischer Sonderzeichen in der deutschen Öffentlichkeit
ISBN 3-89821-749-3

Alena Vysotskaya
Die Politik Russlands und Belarus hinsichtlich der Osterweiterung der Europäischen Union
Die Minderheitenfrage und das Problem der Freizügigkeit des Personenverkehrs
ISBN 978-389821-822-1

Siegbert Klee, Martin Sandhop, Oxana Schwajka, Andreas Umland
Elitenbildung in der Postsowjetischen Ukraine
ISBN 978-389821-829-0

Natalya Ketenci
The effect of location on the performance of Kazakhstani industrial enterprises in the transition period
ISBN 978-389821-831-3

Quotes from reviews of SPPS volumes:

On vol. 1 – *The Implementation of the ECHR in Russia*: "Full of examples, experiences and valuable observations which could provide the basis for new strategies."

Diana Schmidt, *Неприкосновенный запас*, 2005

On vol. 2 – *Putins Russland*: "Wipperfürth draws attention to little known facts. For instance, the Russians have still more positive feelings towards Germany than to any other non-Slavic country."

Oldag Kaspar, *Süddeutsche Zeitung*, 2005

On vol. 3 – *Die Übernahme internationalen Rechts in die russische Rechtsordnung*: "Hussner's is an interesting, detailed and, at the same time, focused study which deals with all relevant aspects and contains insights into contemporary Russian legal thought."

Herbert Küpper, *Jahrbuch für Ostrecht*, 2005

On vol. 5 – *Квадратные метры, определяющие сознание*: „Meerovich provides a study that will be of considerable value to housing specialists and policy analysts."

Christina Varga-Harris, *Slavic Review*, 2006

On vol. 6 – *New Directions in Russian International Studies*: "A helpful step in the direction of an overdue dialogue between Western and Russian IR scholarly communities."

Diana Schmidt, *Europe-Asia Studies*, 2006

On vol. 8 – *Nation-Building and Minority Politics in Post-Socialist States*: "Galbreath's book is an admirable and craftsmanlike piece of work, and should be read by all specialists interested in the Baltic area."

Andrejs Plakans, *Slavic Review*, 2007

On vol. 9 – *Народы Кавказа в Вооружённых силах СССР:* "In this superb new book, Bezugolnyi skillfully fashions an accurate and candid record of how and why the Soviet Union mobilized and employed the various ethnic groups in the Caucasus region in the Red Army's World War II effort."

David J. Glantz, *Journal of Slavic Military Studies*, 2006

On vol. 10 – *Русское Национальное Единство*: "A work that is likely to remain the definitive study of the Russian National Unity for a very long time."

Mischa Gabowitsch, *e-Extreme*, 2006

On vol. 14 – *Aleksandr Solzhenitsyn and the Modern Russo-Jewish Question*: "Larson has written a well-balanced survey of Solzhenitsyn's writings on Russian-Jewish relations."

Nikolai Butkevich, *e-Extreme*, 2006

On vol. 16 – *Der russische Sonderweg?:* "Luks's remarkable knowledge of the history of this wide territory from the Elbe to the Pacific Ocean and his life experience give his observations a particular sharpness and his judgements an exceptional weight."

Peter Krupnikow, *Mitteilungen aus dem baltischen Leben*, 2006

On vol. 17 – *История «Мёртвой воды»*: "Moroz provides one of the best available surveys of Russian neo-paganism."

Mischa Gabowitsch, *e-Extreme*, 2006

On vol. 18 – *Этническая и религиозная интолерантность в российских СМИ*: "A constructive contribution to a crucial debate about media-endorsed intolerance which has once again flared up in Russia."

Mischa Gabowitsch, *e-Extreme*, 2006

On vol. 25 – *The Ghosts in Our Classroom*: "Freyberg-Inan's well-researched and incisive monograph, balanced and informed about Romanian education in general, should be required reading for those Eurocrats who have shaped Romanian spending priorities since 2000."

Tom Gallagher, *Slavic Review*, 2006

On vol. 26 – *The 2002 Dubrovka and 2004 Beslan Hostage Crises:* "Dunlop's analysis will help to draw Western attention to the plight of those who have suffered by these terrorist acts, and the importance, for all Russians, of uncovering the truth of about what happened."

Amy Knight, *Times Literary Supplement*, 2006

On vol. 29 – *Zivilgesellschaftliche Einflüsse auf die Orange Revolution*: „Strasser's study constitutes an outstanding empirical analysis and well-grounded location of the subject within theory."

Heiko Pleines, *Osteuropa*, 2006

On vol. 34 – *Postsowjetische Feiern*: "Mühlfried's book contains not only a solid ethnographic study, but also points at some problems emerging from Georgia's prevalent understanding of culture."

Godula Kosack, *Anthropos*, 2007

On vol. 35 – *Fascism Past and Present, West and East*: "Committed students will find much of interest in these sometimes barbed exchanges."

Robert Paxton, *Journal of Global History*, 2007

Series Subscription

Please enter my subscription to the series *Soviet and Post-Soviet Politics and Society*, ISSN 1614-3515, as follows:

❐ complete series   OR   ❐ English-language titles
                                                     ❐ German-language titles
                                                     ❐ Russian-language titles

starting with
❐ volume # 1
❐ volume # ___
    ❐ please also include the following volumes: #___, ___, ___, ___, ___, ___, ___
❐ the next volume being published
    ❐ please also include the following volumes: #___, ___, ___, ___, ___, ___, ___

❐ 1 copy per volume   OR   ❐ ___ copies per volume

Subscription within Germany:
You will receive every volume at 1st publication at the regular bookseller's price – incl. s & h and VAT.
Payment:
❐ Please bill me for every volume.
❐ Lastschriftverfahren: Ich/wir ermächtige(n) Sie hiermit widerruflich, den Rechnungsbetrag je Band von meinem/unserem folgendem Konto einzuziehen.

Kontoinhaber: _____ Kreditinstitut: _____
Kontonummer: _____ Bankleitzahl: _____

International Subscription:
Payment (incl. s & h and VAT) in advance for
❐ 10 volumes/copies (€ 319.80)   ❐ 20 volumes/copies (€ 599.80)
❐ 40 volumes/copies (€ 1,099.80)
Please send my books to:

NAME_____ DEPARTMENT_____
ADDRESS _____
POST/ZIP CODE_____ COUNTRY _____
TELEPHONE _____ EMAIL_____

date/signature_____

A hint for librarians in the former Soviet Union: Your academic library might be eligible to receive free-of-cost scholarly literature from Germany via the German Research Foundation. For Russian-language information on this program, see
    http://www.dfg.de/forschungsfoerderung/formulare/download/12_54.pdf.

Please fax to: **0511 / 262 2201 (+49 511 262 2201)**
or mail to: *ibidem*-Verlag, Julius-Leber-Weg 11, D-30457 Hannover, Germany
or send an e-mail: ibidem@ibidem-verlag.de

***ibidem*-Verlag**
Melchiorstr. 15
D-70439 Stuttgart

info@ibidem-verlag.de

www.ibidem-verlag.de
www.edition-noema.de
www.autorenbetreuung.de